Emotionen, Sozialstruktur und Moderne

Annette Schnabel • Rainer Schützeichel (Hrsg.)

Emotionen, Sozialstruktur und Moderne

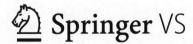 Springer VS

Herausgeber

Annette Schnabel
Umeå, Schweden

Rainer Schützeichel
Hagen, Deutschland

ISBN 978-3-531-17411-2   ISBN 978-3-531-93443-3 (eBook)
DOI 10.1007/978-3-531-93443-3

Die Deutsche Nationalbibliothek verzeichnet diese Publikation in der Deutschen Nationalbibliografie; detaillierte bibliografische Daten sind im Internet über http://dnb.d-nb.de abrufbar.

Springer VS

Einbandentwurf: KünkelLopka GmbH, Heidelberg

Gedruckt auf säurefreiem und chlorfrei gebleichtem Papier

Springer VS ist eine Marke von Springer DE. Springer DE ist Teil der Fachverlagsgruppe Springer Science+Business Media.
www.springer-vs.de

Inhalt

Emotionen, Sozialstruktur und Moderne – ein spannungsvolles Wechselverhältnis

Zur Einleitung

Annette Schnabel

Nach einer Phase der relativen Stille hat seit den 1970er Jahren das Interesse der Soziologie an Emotionen wieder kontinuierlich zugenommen. Zwar kann (noch) nicht von einem ›emotional turn‹ gesprochen werden, doch lassen sich mittlerweile die meisten für die Soziologie relevanten Themenbereiche nicht mehr ohne Bezug auf Emotionen und Emotionalität verhandeln.[1] Dies gilt selbstverständlich auch für die soziologische Auseinandersetzung mit verschiedenen Formen sozialer Ordnung und ihrem Wandel.

Woher kommt dieses gesteigerte Interesse an Emotionen in der Soziologie? Williams (2001: 11) nennt hierfür eine Reihe von Gründen, die gesellschaftliche Entwicklungen und das sozialwissenschaftliche Interesse an Emotionen mit einander zu verbinden suchen: (i) mit der wissenschaftlichen und gesellschaftlichen Infragestellung von Rationalität als erstem Organisationsprinzip der Moderne könne eine wissenschaftliche Perspektive eröffnet werden, die Emotionen und Emotionalität nicht mehr als im Widerspruch zur Moderne, sondern als deren festen Bestandteil begreife. (ii) Des Weiteren scheine die gesteigerte Aufmerksamkeit, die dem Körper in öffentlichen, medizinischen und sozialwissenschaftlichen Diskursen zukomme, das soziologische Interesse an den mit ihm als verbunden erachteten Emotionen zu steigern. (iii) Drittens trage die wissenschaftliche Fokussierung von ›consumer culture‹ und der darin zu verortenden Gefühlsarbeit als wesentlichem Bestandteil kapitalistischer Gesellschaften zu einer erhöhten soziologischen Aufmerksamkeit für Emotionen bei.

Obwohl Emotionen solchermaßen soziologisch interessant und relevant sind, ist ihr Verhältnis zu Sozialstruktur und Moderne sozialwissenschaftlich nach wie vor unterbelichtet. Die Beiträge des vorliegenden Bandes beleuchten dieses komplexe Verhältnis aus unterschiedlichen theoretischen und empirischen Perspektiven. Sie tragen damit zur Schließung einer Forschungslücke bei und eröffnen neue Antwortmöglichkeiten für die klassische Frage der Soziologie, wie soziale Ordnung möglich sei. Soll das Verhältnis zwischen Moderne und Emotionen soziologisch tiefer ausgelotet werden, dürfen drei Fragen, die auch den Beiträgen des vorliegenden Bandes zugrunde liegen, nicht aus den Augen verloren werden: Wie sind Emotionen sozial strukturiert? Wie strukturieren Emotionen soziale Ordnung? Wie verhalten sich Veränderungen der Sozialstruktur

---

1   Für einen Überblick vgl. neben anderen: Schützeichel (2006).

– im Sinne der Genese moderner Gesellschaften – und Emotionen zueinander? Betrifft die erste der drei Fragen die Beobachtung, dass Emotionen, ihr Empfinden und ihr Management sozialen Regeln und Erwartungen unterliegen, so berührt die zweite Frage die bereits bei den Klassikern der Soziologie zu findende Beobachtung, dass Sozialität für ihre Entstehung und Integration Emotionen benötige. Die dritte Frage wiederum betrifft die Veränderungen sozialer Ordnung, ihre emotionalen Ursachen und Folgen. Diese an der Erklärungsheuristik des Makro-Mikro-Makro-Modells (z. B. Coleman 1986 oder Esser 1993) angelehnten Fragen deuten an, dass das Verhältnis zwischen Sozialstruktur und Emotionen weder einseitig, noch linear gedacht werden darf, sondern vielmehr als ein dialektisches vorzustellen ist.

Um diese drei Fragen näher in den Blick zu nehmen, muss zunächst geklärt werden, was Emotionen in soziologischer Perspektive eigentlich sein könnten und sollten. Zweitens muss geklärt werden, welche Elemente sozialer Ordnung typisch sind für das, was sich Moderne nennen lassen könnte, um zu ergründen, welche Veränderungen diese Elemente durchlaufen. Erst dann lässt sich das Wechselverhältnis von Emotionen und sozialer Ordnung genauer analysieren.

1   Was also sind Emotionen?

Es ist für die Soziologie nicht leicht, Emotionen zu erfassen, da diese sehr unterschiedliche Phänomene beinhalten: Neben für die Soziologie prinzipiell nicht erfass- und beobachtbaren körperlichen Abläufen[2] schließen Emotionen kognitive Prozesse der Perzeption und der Bewertung ein, aber eben auch Prozesse der individuellen und kollektiven Zuweisung von Bedeutung und der Kommunikation darüber. Diese wiederum liegen im Kernbereich soziologischer Beobachtung. Alle drei Phänomenbereiche müssen, da sie eng mit einander verzahnt sind, in der Bestimmung dessen, was soziologisch sinnvoll als Emotionen untersucht werden kann, Beachtung finden.[3]

Obwohl sich die Definition dessen, was soziologisch unter Emotionen zu fassen wäre, von Autorin zu Autor unterscheidet, überlappen sich die meisten Bestimmungsversuche bezüglich der folgenden, als konstitutiv angesehenen Merkmale: »(a) appraisals of situational stimulus or context, (b) changes in physical or bodily sensations, (c) the free or inhibited display of expressive gestures, and (d) a cultural label applied to specific constellations of one or more of the first three components.« (Thoits 1989: 318) Diese Definition folgt einem Verständnis von Emotionen, das diese situativ verortet, kognitive Prozesse der Situationserfassung berücksichtigt und diese mit einer Disposition zum Handeln koppelt (ähnlich Kemper 1978, Roberts 1988: 183 ff., Lawler 1992: 328,

---

2   Dass diese körperlichen Abläufe soziologisch nicht erfass- und beobachtbar sind, bedeutet nicht, dass sie in ihren Konsequenzen soziologisch nicht hochgradig relevant wären.

3   Zu Emotionen als ›autonomic-motoric-cognitive states‹ vgl. Kemper (1987).

Williams 1998: 750, Elster 1998: 49). Damit lassen sich Emotionen von basalen Reflexen, mentalen Repräsentationen und kognitiven Einstellungen unterscheiden. Darüber hinaus können Klassen von Emotionen wie Pre-Emotionen (die Unterscheidung in ›angenehm/unangenehm‹), basale Emotionen (kurzzeitige Reaktion wie Angst, Ärger, Trauer, Freude), primär kognitive Emotionen (bedingen komplexere Handlungen) und sekundär kognitive Emotionen (werden durch kleinere Theorien und Ist/Soll-Vergleiche ausgelöst) unterschieden werden.[4] Die letzten beiden Kategorien von Emotionen können als sozial und kulturell hochgradig beeinflusste Emotionen gelten, die sich von Kultur zu Kultur, aber auch von Gruppe zu Gruppe unterscheiden und deren Anzahl nicht a priori bestimmbar ist (Kemper 1987).

Verlief in den 1980er Jahren die sozialwissenschaftliche Konfliktlinie noch zwischen Vertretern und Vertreterinnen, die eine starken These der ausschließlich sozialen Konstruktion von Emotionen (z. B. Hochschild 1979, Throits 1989) befürworteten, und denen, die Emotionen als innerliche, biologisch-natürliche und vor-soziale Vorgänge ansahen, so scheint dieser Streit mittlerweile zu Gunsten eines Emotionsverständnisses beigelegt zu sein, das beides zulässt: Neuere Ansätze stellen weder die Körperlichkeit von Emotionen und deren damit verbundene Subjektivität und Unteilbarkeit noch die gleichzeitig verblüffende transkulturelle Übereinstimmung primärer Emotionen in Frage, noch werden soziale Evozierung, (Über-)Formung, Interpretation oder Bewertung von Emotionen in Abrede gestellt (Turner 2009: 341). Damit werden Emotionen zwischen sozialer Strukturiertheit, individuellem Erleben und biologisch-genetischer Prädisposition angesiedelt. Es scheint mittlerweile wenig Dissens darüber zu geben, dass Emotionen trotz ihrer sozialen Bedingtheit immer individuell realisiert werden – eine Soziologie der Emotionen kommt damit nur schwer ohne Akteursbezug aus.

Aktuellere Auseinandersetzungen betreffen hier in erster Linie das Verhältnis zwischen Kognition und Emotionen. Es stellt sich hier die Frage, wie viel Kognition der situativen Umstände Emotionen brauchen, um evoziert zu werden, und in welchem Verhältnis Emotionen und rationales Kalkül zu einander stehen könnten. Bezüglich der individuellen Verschränkung von Emotionen und Kognition lassen sich zwei größere Argumentationslinien identifizieren: Während einige Autoren dafür plädieren, Emotionen als unabhängige Kategorie der Welterfassung von Kognition und Reflexen zu unterscheiden oder gar als ihr Gegenteil ansehen (z. B. Gerhards 1987: 73, De Sousa 1987: 194 ff.), plädieren andere Autoren für eine integrierte Sicht (vgl. z. B. Kemper 1978/1991, Lawler 2001, Damasio 2004: 185). Dabei kann die sinnliche und gedankliche Erfassung der Situation der entsprechenden Emotion vorausgehen, wie Kemper (1991) dies für Macht-Status-Relationen zwischen Akteuren zeigen konnte. Ebenso kann aber auch die Kognition einer Emotion folgen, wobei die Emotion die Perspektive auf die Situation dominiert. Diese Forschungsergebnisse deuten darauf hin, dass das Verhältnis zwischen Kognition und Emotionen je nach situativem Kontext unterschiedlich aus-

---

4   Vgl. Newen/Zinck (2008).

fallen kann und deshalb nicht ohne weiteres als konstituierendes Merkmal von Emotionen angesehen werden sollte.

Auf der strukturellen Ebene der Konstellationen von Akteuren stellt sich die Frage nach der Relation zwischen Kognition und Emotion als Frage nach dem gesellschaftlich-sozialen Verhältnis von Rationalität und Emotionalität. Dieses wiederum verweist auf den Kernbereich soziologischer Modernitätstheorien.

2   Moderne: Rationalisierung, Domestizierung, Differenzierung und Individualisierung

Die soziologische Betrachtung der Moderne als Prozess des Wandels sozialer Ordnung im Sinne eines Strukturphänomens beginnt mit den Klassikern des Faches: Marx, Weber und Durkheim. Zusammen legen sie den Grundstein für die ›große soziologische Erzählung‹ der Moderne als Prozess der zunehmenden Differenzierung, Rationalisierung, Domestizierung und Individualisierung, welche die Soziologie bis heute bestimmt (vgl. z. B. Van der Loo/Van Rijen 1992).[5] Differenzierung meint, allgemein gesprochen, Entstehung von neuen, spezialisierten Positionen, Rollen, Funktionssystemen zur Erfüllung von gesellschaftlichen und sozialen Funktionen wie Erziehung, Landesverteidigung oder Krankenversorgung. In Anlehnung an Durkheim kann Differenzierung als Resultat gestiegenem sozialen Volumens und vergrößerter moralischer Dichte gesehen werden. Andere Erklärungsansätze sehen (funktionale) Differenzierung eher als Resultat sozial-evolutionärer Prozesse durch Variation, Selektion und Retention (zusammenfassend: Schimank/Volkmann 1999: 16). Rationalisierung wiederum betrifft die zunehmende Dominanz von universell gültigen Regeln in immer mehr Lebensbereichen. Diese kann in Form von rationaler Herrschaft und Bürokratisierung, aber auch als Entzauberung der Welt durch die Dominanz rationaler, vernunftbetonter, auf Kausalgesetze abzielender Erklärungen natürlicher und transzendentaler Phänomene auftreten, sowie als zunehmende Akzeptanz von Rationalität als Wert an sich.[6] Individualisierung beschreibt die ›Erfindung‹ des Individuums als eigenständigem Subjekt, welche sich in der Etablierung der Menschenrechte, aber auch in der Freisetzung des Individuums von Gruppenkontexten (Beck 1986) widerspiegelt. Damit verbunden ist die Verlagerung von Deutungs- und Sinngebungsprozessen in das Individuum hinein, welches damit zum Bezugspunkt der Welterfassung wird. Domestizierung wiederum lässt sich in Anlehnung an Elias (1989) als Prozess der Internalisierung von Affekten und der

---

5   Alternative Konzepte der Moderne wie ›Reflexive Moderne‹ (Beck/Giddens/Lash 1996), ›Liquid Modernity‹ (Baumann 2000) oder ›Multiple Modernities‹ (Eisenstadt 2000) werden hier nicht weiter diskutiert, um den Rahmen der Einleitung nicht zu sprengen.
6   Diese Dimensionen finden sich u. a. in Webers Ausführungen zu Macht und Herrschaft und zur Säkularisierung (Weber 1976 [1921] und 2006 [1922]).

Ersetzung von Fremdkontrolle durch Selbstkontrolle in Folge der Verlängerung von Interdependenzketten begreifen, mit dem die Ausdifferenzierung von Gefühlsregeln, aber auch zum Konkurrenzkampf zwischen Statusgruppen einhergeht.

Innerhalb dieses soziologischen Master-Narrativs sind diese, für die Modernisierung westlicher Gesellschaften als typisch angesehenen gesellschaftlichen Entwicklungen mit der Etablierung der kognitiven Differenzierung in die Begriffspaare ›Natur/Kultur‹, ›Emotionalität/Vernunft‹, ›Körper/Geist‹, ›privat/öffentlich‹ und nicht zuletzt ›weiblich/männlich‹ assoziiert. Diese gehe mit einer diskursiven Gleichsetzung von Emotionalität – Natur – Körper – privat – weiblich einher (Williams 1998: 749).

Vor allem die Trennung von Emotionalität und Vernunft, deren Höhepunkt während der Aufklärung anzusiedeln ist, kommt beim Verständnis der Beziehung zwischen Emotionen und Moderne eine besondere Bedeutung zu: Ideengeschichtlich muss insbesondere Descartes' Schriften eine zentrale Rolle bei der konzeptionellen Trennung von Körper und Geist und damit von Emotionen und Vernunft zugewiesen werden: Descartes' Menschenbild, nachdem der Mensch aus zwei Substanzen bestehe, nämlich einem Körper und einem Geist, weist dabei eine bemerkenswerte Beständigkeit auf und lässt sich bis hin zur modernen Hirnforschung verfolgen. Demnach sei das Selbst – der Geist – im Grunde genommen ein Operateur, der die Signale der Sinnesorgane bündele und interpretiere und daraus Handlungsanweisungen ableite und ›in Auftrag gebe‹. Die neuere Hirnforschung (z. B. Roth 2003) wiederum sieht das Ich im Anschluss daran als Epiphänomen, das zwar durch neuronale Prozesse realisiert werde, diese jedoch nicht kausal beeinflussen könne.[7] Diese konzeptionelle Trennung von Körper und Geist hat nicht nur immense Folgen für die Frage, ob es individuelle Entscheidungsfreiheit überhaupt geben kann, sondern eben auch für die Konzeptionalisierung von Emotionen als Störfaktoren rationaler Entscheidungsfindung. Im Rahmen solcher Konzeptionalisierungen werden Vernunft und Rationalität meist gleichgesetzt und Emotionen gelten als Störgrößen, die die Maßstäbe der Logik außer Kraft zu setzen vermögen (Pham 2007: 156, auch Elster 1998). Wird die Moderne als Zeitalter der Rationalität und der Vernunft verstanden, so müssen Emotionen und Emotionalität als negativ interferierende Elemente erscheinen.

3   Moderne und ihre Widersprüche – widersprüchliche Moderne

Williams (2001) weist jedoch zu Recht darauf hin, dass der soziale Wandel hin zur (westlichen) Moderne keine lineare Entwicklung meinen kann, sondern vielmehr als widersprüchlicher Prozess verstanden werden müsse. Beck (1986) und Giddens (1995) wiederum betonen, dass Moderne auch als Zunahme von Friktionen, Diskontinuitäten

---

7   Vgl. zu Rekonstruktion und Kritik dieser Position: Beckermann (2005).

und Veränderung von Risiken verstanden werden müsse.[8] Konsequenterweise müssen im Lichte solcher Widersprüchlichkeit Emotionen ein anderer Platz zugewiesen werden und ihre Interaktion mit rationalen Entscheidungen, aber auch mit sozialen Faktoren wie ›feeling rules‹ (Hochschild (1979: 563) müssen differenzierter betrachtet werden.

Diese Widersprüche speisen sich zum einen daraus, dass Rationalität als zentraler Bestandteil von Moderne, der oft als wichtigstes Antonym zu Emotionen und Emotionalität aufgefasst wird, ein nicht widerspruchsfreies Konzept ist und zum anderen daraus, dass verschiedene Dynamiken der Moderne in vielfältiger und eben nicht widerspruchsfreier Weise ineinander greifen.

Dabei lässt sich Rationalität als Zuschreibung zu individuellen Handlungen und Praxen begreifen, aber auch als Organisationsprinzip sozial geteilter Erwartungen und gesellschaftlichen Wissens. Als Zuschreibung zu individuellen Handlungen und Praxen[9] lässt sich Rationalität auffassen als Vernunft oder Logik, im Sinne subjektiv nutzenmaximaler Entscheidungen und als soziale Rationalität in Interaktionen (Pham 2007). Wird Rationalität im Sinne einer vernünftigen und logischen Begründung von Handlungen aufgefasst, so lässt sich tatsächlich ein Widerspruch zwischen dieser Form der Begründung und einer auf Emotionen und Emotionalität basierenden Handlungsbegründung formulieren: Während erstere auf intersubjektive Nachvollziehbarkeit und formal-logische Gesetzmäßigkeiten rekurriert, fußt letztere auf expliziter Subjektivität und Innerlichkeit. Rationalität im Sinne subjektiver nutzenmaximierender Entscheidungsfindung hingegen basiert auf subjektiver Ziel-Mittel-Kalkulation und zielt darauf ab, Akteure in unübersichtlichen Situationen mit alternativen Handlungsoptionen entscheidungsfähig zu machen. Neuere neurologischer Forschung weist darauf hin, dass solche nutzenmaximal rationale Entscheidungen ohne Emotionen nicht möglich seien. So argumentiert Damasio (2004), dass Erfahrungen, die Menschen während ihres Lebens machen, in einem emotionalen Gedächtnis gespeichert werde. Dieses Gedächtnis sende im Bedarfsfalle über Änderungen der Elektropotentiale Neurotransmitter oder Hormone als Signale aus, die bei der Entscheidungsfindung in unübersichtlichen Situationen helfen. Diese körperlich-emotionale Aufladung von Erfahrungen und Vorstellungsbildern bezeichnet Damasio (2004: 243 ff.) als *somatische Marker,* die die Aufmerksamkeit in komplexen, rationalen Entscheidungssituationen auf die einfachere, aber entscheidende Frage reduzierten, ob die möglichen Ausgänge wohl eher angenehm oder unangenehm ausfallen werden und damit Entscheidungen erst ermöglichten. Rationale Entscheidungsfindung sei somit ohne Emotionen gar nicht möglich. Rationalität im Sinne sozia-

---

8   Auch wenn Ansätze zur »Postmoderne« hier nicht berücksichtigt sind, so teilen auch sie die hier betonte Perspektive einer zunehmenden Diversifizierung von Erkenntnisansprüchen, die das Potential haben, bisherige Hegemonialitäten in Frage stellen (z. B. Butler 1991).

9   Nicht nur in der ökonomischen Literatur werden seit langem verschiedene Begriffe von Handlungs- oder Entscheidungsrationalität diskutiert, die vom Konzept der klassischen, als objektiv messbar erachteten Nutzenmaximierung abweichen. Vgl. beispielsweise Savage (1954), Simon (1955), Sudgen (1991) oder Diekmann/Voss (2004).

ler Rationalität umfasst moralische und normative Standards, die über die unmittelbare individuelle Nutzenmaximierung hinausgehen. Diese werden durch Emotionen unterstützt und teilweise erst ermöglicht. So steigerten Gefühle der Zugehörigkeit die Bereitschaft, sich für andere einzusetzen und Gefühle des Befremdens oder der Bedrohung durch ›die Anderen‹ führen zu Vorurteilen, Chauvinismus und Exklusion (z. B. Quillian 1995, King/Wheelock 2007, Moïsi 2009). Ähnlich argumentiert auch Frank (1988), der darauf verweist, dass in Interaktionen Emotionen als funktionale Äquivalente für fehlende Informationen gelten könnten, die dann ›einspringen‹, wenn wir nicht genau wissen, wie sich unser Gegenüber verhalten werde – wir trauen dieser Person dann oder misstrauen ihr und entscheiden entlang dieses Gefühls über Kooperation. Hier ermöglichen Emotionen rationale Entscheidungen, die auf der Basis der fehlenden Information möglicherweise gar nicht hätten getroffen werden können. Folgt man einem solchermaßen differenzierten Konzept von Rationalität, so stehen Emotionen und Rationalität eher in einem unterstützenden, nicht unbedingt behindernden Verhältnis zu einander.

Als Ordnungsprinzip gesellschaftlichen Wissens bezeichnet Rationalität die Wissensproduktion auf der Basis wissenschaftlicher Kausalgesetze. Dieses moderne Verständnis von Wissenschaft ist an Kriterien wie Logik, Objektivität und Wahrheit gekoppelt, die wiederum historisch nicht ›naturgegeben‹ sind, sondern sich erst durch die Entwicklung neuer Technologien des Messens und Erfassens und eines alternativen Weltverständnisses, das eng mit dem Verlust der Deutungshoheit der Kirchen in Europa verbunden ist, ausformen, etablieren und durchsetzen konnten. Wissenschaftshistorisch lässt sich zeigen, dass moderne Wissenschaftlichkeit in ihrer Historie nicht a-emotional war und zum einen die Wahl der zu erforschenden Objekte von kognitiven Emotionen wie Staunen, Faszination, Bewunderung aber auch Ekel und Befremden angeleitet wurde (Daston 2001), zum anderen, dass die Maßstäbe der wissenschaftlichen Objektivität und Logik sozialen Konventionen entsprechen und damit einem sozialen Wandel unterliegen (z. B. Knorr 1981, Heintz 2000).

Neben den internen Widersprüchlichkeiten des Konzepts der Rationalität sind es die Verschränkungen verschiedener Dynamiken der Moderne, die das Verhältnis von Moderne und Emotionen komplex werden lassen und Raum geben für unterschiedliche Entwicklungen. So lässt sich Moderne einerseits zwar durch eine Zunahme von Rationalität und durch die Internalisierung von Affekten charakterisieren, gleichzeitig aber lässt sich beobachten, dass Emotionen in der modernen (Arbeits-)Welt zunehmend an Prominenz gewinnen und Differenzierung und Individualisierung neue Möglichkeitsräume für den Umgang mit Emotionen eröffnen.

Elias attestierte der Moderne zwar eine Zunahme der Verinnerlichung von Affekten und damit eine zunehmende Kontrolle des Affektausdrucks. Gleichzeitig scheinen zunehmende Differenzierung und Individualisierung jedoch die Möglichkeiten für verschiedene Identitätsprojekte und damit auch für den *display* unterschiedlichster Emotionen zu erweitern (Wouters 1986/1992).[10] Differenzierung, und in ihrem Zuge Globalisierung und die kulturelle Öffnung von Gesellschaften lassen sich hier lesen als die Möglichkeit, in verschiedenen Gruppen, Gruppierungen oder sozialen Kreisen Mitglied zu sein, die möglicherweise über verschiedene emotionale Sprachen verfügen und die damit unterschiedliche Möglichkeiten des eigenen Ausdrucks erlauben. Die *consciousness rising groups* sozialer Bewegungen lassen sich als solch ein Raum beschreiben, in dem alternative Emotionen erlernt und eingeübt werden können (Hercus 1999, Schnabel 2006). Dies ist jedoch nur dadurch ermöglicht, dass das Individuum zum gesellschaftlichen Bezugspunkt der Weltdeutung und des Erlebens gemacht wird: Die Erfindung des Individuums »als strukturell bedingte Notwendigkeit zur Selbstreferenz« (Winkel 2006: 288) hat dabei zwei wesentliche Implikationen: Zum einen werden Identitätsprojekte individualisiert und damit in gewisser Weise variabel (wenn auch nicht völlig beliebig), zum anderen gewinnen Emotionen durch ihre Zuschreibung als innerliche Zustände eine besondere Bedeutung für eben diese Identitätsprojekte. Emotionen sind nicht länger allein gesellschaftliche oder (Status-)Gruppenverpflichtung, sondern sie werden zum Bestandteil der Persönlichkeit; als solche sind sie konstituierender Bestandteil des Selbstverständnisses und der Verortung in der Welt. Dies wiederum reproduziert und stabilisiert das gesellschaftliche Projekt der Individualisierung und erschwert gleichzeitig (wie Winkel (2006) für Trauer zeigen konnte) die Kommunikation über Emotionen und damit das Gefühl der kollektiven Geteiltheit von Emotionen.

Rationalisierung und Kapitalisierung moderner Gesellschaften lassen Emotionen in marktförmig organisierten Gesellschaften zu einem *asset* werden, mit dem sich Produkte, Dienstleistungen, aber auch das eigene Ich vermarkten und verkaufen lassen. Darauf wies bereits Hochschild (2003) in ihrer Studie vom ›Managed Heart‹ hin. Auf der Basis von Interviews mit Stewardessen kritisierte sie die Politik von Dienstleistungsorganisationen, die Gefühle ihrer Mitarbeiter und vor allem Mitarbeiterinnen zu Geschäftszwecken zu nutzen und diese zum ›Lächeln‹ der Organisation zu machen. Strenge organisationsspezifische Gefühlsregime umfassten demnach spezielle *emotion rules,* deren Einhaltung zur Entfremdung der Mitarbeiter und Mitarbeiterinnen von ihren eigenen Gefühlen führen könnten. Diese Kritik versteht Emotionen als innere, individuelle Zustände, die sich in ›authentische‹, quasi-natürliche und ›gemanagte‹, künstlich hervorgebrachte Emotionen unterscheiden lassen, von denen Menschen sich entfremden könnten. Diese Kritik übersieht jedoch dass erfolgreich ›gemanagte‹ Emotionen unter Umständen durchaus zum (beruflichen) Persönlichkeit gehören können wie die vermeintlich ›authentischen‹ Emotionen (Bolton/Boyd 2003).

Daneben lässt sich beobachten, dass Individualisierung und die Verinnerlichung von Emotionen als Bestandteil der Persönlichkeit eine Industrie des erfolgreichen Persönlichkeitsentwicklung durch Gefühlsmanagement befördert, die Menschen dazu befähi-

---

10 In diese Richtung wird beispielsweise im Rahmen feministischer Identitätstheorie argumentiert, vgl. z. B. Young (1994).

gen soll, Emotionen in ihrem eigenen (Vermarktungs-)Interesse zu manipulieren und – ihren Körpern nicht unähnlich – gesellschaftlichen Konventionen anzupassen. Dazu gehört nicht nur die ›Psychologisierung der Gesellschaft‹ (ZEIT 2008) mit einer umfassenden Beschreibung aller Lebensbereiche in Termini der Psychologie und Emotionalität, sondern auch eine Vielzahl von Möglichkeiten für persönliches Emotionstraining und chemischer Veränderung psychischer Zustände (Neckel 2005), bei denen es nicht allein um ein Management von Emotionen geht, sondern um deren aktive Hervorbringung und dauerhafte Veränderung. Diese Vorstellung (und Erwartung) der bewussten Machbarkeit von Emotionen korreliert mit der modernen Vorstellung der Überwindung der Natur durch die Kultur und gerät zunehmend in Widerspruch zu der gleichzeitig vorgestellten und postulierten Innerlichkeit, Subjektivität und Natürlichkeit von Emotionen: Dieser Widerspruch wird zunehmend dem Individuum angelastet und seine individuelle Auflösung scheint zunehmend zum Problem des modernen Menschen zu werden.

4 Herausforderungen für eine Soziologie der Emotionen

In Anlehnung an die eingangs erwähnte Erklärungsheuristik des Coleman'schen Makro-Mikro-Makromodells stellen die vorherigen Ausführungen eine Soziologie der Emotionen generell vor drei größere Herausforderungen, die konsequenzenreich sind für die Analyse des Verhältnisses zwischen Emotionen und Moderne:

(1) Wenn Emotionen tatsächlich als individuell realisiert gelten, so stellt sich die Frage nach ihrer (sozialen) Evozierung. Dies verweist, meta-theoretisch gesprochen, auf die Notwendigkeit, die Logik der Situation näher zu spezifizieren, welche situative – und damit auch potentiell strukturelle – Elemente mit individueller Wahrnehmung verbindet und diese wiederum mit der Hervorbringung von Emotionen.

Dies scheint der klassische Fokus der Emotionssoziologie zu sein; interaktionistische, dramaturgische und stratifikatorische Ansätze konzentrieren sich insbesondere auf die Frage, wie Sozialität Emotionen und ihre Darstellung beeinflusst. Verkürzt gesagt, zielen interaktionistische Ansätze in Anlehnung an George Herbert Mead darauf ab, zu beschreiben und zu erklären wie in interaktiven Situationen Selbstkonzepte und Identitäten symbolisch entwickelt, aufrecht erhalten und verteidigt werden und wie sich Emotionen im Kontext situativer Aushandlungsprozesse als Resultat erlebter Erfolge und Misserfolge entwickeln (z.B. Shott 1979, Burke 1991, Heise 1979). Demgegenüber betonen dramaturgische Ansätze in Anlehnung an Erving Goffman die sozialen Regeln im Umgang mit Emotionen (z.B. Hochschild 1979/2003, Thoits 1989). Die Interaktionsordnung wird dabei als strukturierendes Element verstanden, welches vorgibt, welche Emotionen in welcher Situation angemessen erscheinen. Hierbei wird zwischen erlebten Emotionen und ihrem (abweichenden) Display nach außen (im Sinne einer ›zynischen Darstellung‹) unterschieden. *Feeling rules* betreffen dabei beides: Welches Gefühl ist wann in welcher Stärke und Dauer angebracht und wie darf es mitgeteilt werden? Stratifikatorische Ansätze nehmen darüber hinaus Macht- und Status-Unterschiede zwischen Interaktionspartnern als Bestandteil der Definition der Situation in den Blick. Sie postulieren, dass Emotionen insbesondere Resultat solcher Konstellationen seien: Dabei würde die eigene Position mit der des Interaktionspartners verglichen, Erwartungen und Verhaltensweisen dementsprechend emotional bewertet. So empfänden Menschen, wenn sie Macht erlangten, Befriedigung und Stolz, schämten sich aber, wenn sie die Erwartungen als statushöher eingeschätzter Personen nicht erfüllen könnten (z. B. Kemper 1991). All diesen Ansätzen ist es explizit darum getan, Emotionen in Abhängigkeit des situativen Erlebens zu konzeptionalisieren. Dieses situative Erleben beinhaltet dabei gleichzeitig soziale Interaktionsordnung und interaktive Aushandlung. Emotionen werden dann als Resultat von Prozessen der (kognitiven) Verarbeitung dieser situativen Elemente verstanden.

In Hinblick auf das Verhältnis zwischen Emotionen und Moderne steht dabei noch offen, ob und wie sich strukturelle Änderungen und sozialer Wandel auf die individuelle Definition der Situation und auf die damit verbundene Evozierung von Emotionen auswirken. Dies betrifft sowohl Veränderungen der *feeling rules* als auch das Verständnis und den sozialen Umgang mit Emotionen, aber auch Verschiebungen im gesellschaftlichen Machtgefüge. Wie wirken sich Veränderungen in der Zusammensetzung der Bevölkerung durch Immigration oder generationale Wechsel auf *feeling rules* und Emotionskulturen, aber auch auf das eigene Erleben und die Selbstthematisierung aus? Wie verändert das Aufeinandertreffen verschiedener Emotionskulturen das Erleben und Bewerten von Situationen und damit die Entstehung von Emotionen?

(2) Die Relation zwischen Emotionen und Handlung wird demgegenüber soziologisch seltener in den Blick genommen. Hier sind es insbesondere Theorien der rationalen Handlungswahl, die die Frage danach stellen, ob Emotionen rationale Handlungen behindern oder fördern und inwieweit Emotionen selbst Ergebnis von Wahlhandlungen sein können. Dabei geht das Bemühen insbesondere dahin, Emotionen in die Theorien rationaler Handlungswahl zu integrieren und nicht unbedingt der Dichotomisierung von Rationalität und Emotionalität zu folgen. Während beispielsweise Loewenstein (2000) Emotionen als wesentlichen Bestandteil individueller Entscheidungsfindung thematisiert und dabei herausstellt, dass Emotionen zentral sind für die Bewertung von Handlungsalternativen und damit Wahlhandlungen erst möglich machen, betonen Frank (1988) oder Hirschschleifer (1993) die Wichtigkeit von Emotionen für strategische Entscheidungen in Interaktionen. Auch hier steht die Informationsfunktion von Emotionen im Vordergrund. Elster (1998) und Pham (2007) machen dagegen die Perspektive stark, dass Emotionen die Kapazität haben, rationale Entscheidungsfindung negativ zu beeinflussen, indem sie Gesetze der formalen Logik außer Kraft setzen, den Entscheidungsfokus verengen, Optionen verschleiern und Wahrscheinlichkeiten verzerren.

Emotionen werden hier insbesondere für selbstschädigendes Verhalten verantwortlich gemacht (Elster 1999: 195).

Emotionen als Resultat von (rationalen) Entscheidungen werden eher selten untersucht. Dass sich die Emotionen anderer manipulieren lassen, scheint dabei außer Frage zu stehen – darauf weisen nicht nur die oben bereits erwähnten dramaturgischen Ansätze der Emotionssoziologie hin, im Rahmen derer sich *impression management* leicht als Strategie der Evozierung positiver Emotionen bei anderen lesen lässt. Politische Wahlkampagnen, Werbung und soap operas sind alltagsweltliche Beispiele für die (unterschiedlich) erfolgreiche Manipulation von Emotionen. Ebenfalls scheint die strategische (oder ›zynische‹) Darstellung von nicht vorhandenen Emotionen außer Frage zu stehen. Wie aber ist es mit der willentlichen Hervorbringung von genuin empfundenen Emotionen? Ist dies möglich? Während Elster (1998: 53) dies negiert, lassen sich Beispiele finden, die nahe legen, dass Emotionen durchaus Resultat von Wahlhandlungen sein können. Das *deep acting* von Schauspielern könnte als solches interpretiert werden, ebenso wie die Ausweitung und Verfeinerung von *emotion management*-Strategien in modernen Gesellschaften, die den Akteuren zunehmende *agancy* bezüglich ihrer Emotionen versprechen. In diesem Kontext ist es eine noch offene Frage, ob und wie sozialer Wandel *emotion management* erforderlich macht oder ob er es erst ermöglicht.

Während die für die Moderne als typisch zu erachtende Beschreibung von individuellen Handlungen und Praxen als entweder rational oder emotional bereits weiter oben diskutiert wurde, bleibt die Analyse der veränderten Handlungs- und Entscheidungsoptionen und deren Einfluss auf das Verhältnis zwischen Emotionen, Kognition und Entscheidung weiterhin wichtige Herausforderung für eine Emotionssoziologie der Moderne. Dabei kann es nicht nur darum gehen, dass sich moderne Gesellschaften durch spezifische Möglichkeiten und Begrenzungen individueller Handlungswahlen auszeichnen, sondern eben auch darum, dass mit der Moderne möglicherweise bestimmte Zwänge zum Emotionsmanagement und damit zur rationalen Wahl von Emotionen und zur Individualisierung widersprüchlicher Emotionsarbeit einhergehen.

(3) Während emotionssoziologisch das Verhältnis zwischen Struktur und Situation einerseits und Emotionen andererseits zum klassischen Kanon gehört, sind Emotionen als ›unabhängige Variablen‹ in der Soziologie eher abwesend. Dabei betrifft dies eines der zentralen Themen der Soziologie moderner Gesellschaften, nämlich die Frage nach Integration und Zusammenhalt von Sozialität. Hier wird oft darauf verwiesen, dass Zusammengehörigkeitsgefühle zentral sind für soziale Kohäsion, aber es bleibt meist unterbestimmt, was darunter zu verstehen ist und wie Gefühle als Mechanismen der Integration wirken können.

Zwar finden sich bei Durkheim und Simmel Hinweise darauf, dass Emotionen die Bildung von Sozialität unterstützen. So untersucht Simmel nicht nur form-folgende, sondern auch form-gebende Emotionen (Simmel 1983) und betont, dass sowohl negative als auch positive Gefühle zur stabilen Gruppen- und Gemeinschaftsbildung führen.

Durkheim (2007) wiederum zeigt in seinen Untersuchungen zu Religion und Religiosität, dass Emotionen, wenn sie Rituale eingebettet sind, Menschen dazu veranlassen können, sich über ihre unmittelbaren individuellen Interessen hinaus zu vergemeinschaften.
Doch bleibt auch hier unklar, ob diese Gefühle als kollektive, als gemeinschaftliche, als
geteilte Gefühle aufgefasst werden müssen und wie sich dies zur individuellen Realisierung von Emotionen verhalten kann. Wie genau werden Emotionen eigentlich geteilt?
Wie lässt sich die Aggregation von Gefühlen modellieren und was sind mögliche Resultate? Und ist es darüber hinaus vorstellbar, dass diese Resultate sozialen Wandel beinhalten? Ergebnisse beispielsweise der Forschung zu sozialen Bewegungen legen nahe,
dass die offene Thematisierung von *feeling rules* und deren angestrebte Veränderung
durchaus zur Umbewertung von Handlungen und zur Veränderung von Stereotypisie-
rungen (im positiven und negativen Sinne) beitragen kann (Summers-Effler 2002, Har-
ding/Pribram 2002). In diesem Sinne lohnt ein genaueres Hinsehen auf die intendierten
und nicht-intendierten Folgen aggregierter Emotionalität.

5   Zum vorliegenden Band

Wie antwortet nun der vorliegende Band auf diese Herausforderungen? Der Band glie-
dert sich in vier Themenblöcke, die (1) theoretische Bezüge einer Soziologie der Emotionen aufarbeiten, (2) die Relation von Situation und Emotion näher beleuchten, (3) die
Logik der Selektion von Handlungen und die Rolle die Emotionen darin spielen, analysieren, (4) den Einfluss von Emotionen und Emotionalität auf die Sozialstruktur und (5)
ihren Wandel untersuchen.

   Alle Beiträge entstanden im Rahmen der Tagungsreihe ›Sozialtheorie der Emotionen‹, die am 24.–25. April 2009 und 13.–14. November 2009 an der FernUniversität
in Hagen stattfand, und haben dementsprechend einen expliziten sozialtheoretischen
Fokus. Dabei steht weniger die reine Beschreibung moderner Gesellschaften im Vordergrund als vielmehr deren Bezug zu soziologischer Theorie und den Möglichkeiten,
diese emotionssoziologisch zu nutzen. Dabei entstanden Beiträge, die einzelne Theorie-
Richtungen emotionstheoretisch erweitern und für die Analyse moderner Gesellschaften anders fruchtbar zu machen als dies bisher der Fall war.

Die Beiträge im Einzelnen

Die Beiträge im Themenblock ›Aktuelle Theorieentwicklung‹ loten gleichzeitig aus, wie
sich Emotionen in verschiedenen soziologischen Theorien verorten lassen und damit
zur Theorieentwicklung beitragen können, sowie wie sich die unterschiedlichen Theorien dazu eignen, das Verständnis von Emotionen und Emotionalität zu vertiefen. *Hella
Dietz* spürt der Analyse von Emotionen als selbst-reflexive Handlungen und Erfahrun-

gen in Theorie und Methodologie von Jack Katz nach. Diese zeichnet sich dadurch aus, dass sie eine pragmatistische Perspektive auf Emotionen einnimmt: Dabei wird die Beobachtung dessen, was Menschen tun, ins Zentrum der Analyse gestellt. Dieses Vorgehen unterscheidet sich wesentlich von anderen Ansätzen – beispielsweise der Systemtheorie – die eher darauf fokussieren, was Menschen über Emotionen kommunizieren. Der Beitrag von *Jan Strassheim* verortet Emotionen in anderer Tradition, nämlich der der eher emotionslosen Phänomenologie von Alfred Schütz. Der Beitrag findet verschiedene Anknüpfungspunkte, mit denen sich Schütz' Perspektive auf das Alltagshandeln und die alltäglichen Kosmologien für die Analyse von Emotionen nutzbar machen lassen kann und erweitert damit gleichzeitig die Schütz'sche Perspektive gewinnbringend. Im Gegensatz zu den anderen Beiträgen in diesem Themenblock bezieht sich *Jan Slaby* Beitrag über Matthew Ratcliffe und die *existential feelings* des »in der Welt seins« nicht auf komplexe kognitive Emotionen, sondern auf Pre-Emotionen und emotionale Zustände, die über den konkreten Augenblick hinausgehen und die den Weltzugang von Personen prägen. Er macht diese, in der Soziologie oft vernachlässigten basalen Einstellungen soziologisch nutzbar und weist auf deren zentrale Rolle für die Definition der Situation und das Entstehen von Interaktionen hin. Ähnlich beleuchtet *Michael Urban* in seinem Beitrag aus systemtheoretischer Perspektive Emotionen als erste Form (vor-)sprachlicher Kommunikation und damit als Grundbaustein späterer, sprachbezogener Beobachtung und Zuschreibung. Emotionen lassen sich hier als Ausdifferenzierung psychischer Systeme durch strukturelle Koppelung von Körperprozessen und Interaktionen verstehen. Sie legen damit den Grundstein für gegenseitiges interaktives Verstehen und damit für eine sozial geteilte Sicht auf die Welt. Gleichzeitig findet das Erlernen dieser vorsprachlichen Beobachtung und Zurechnung immer im Rahmen sozialer Systeme, also bereits existierender kommunikativer Strukturen statt und ist damit weder willkürlich noch zufällig.

Die Beiträge im zweiten Themenblock ›Situationen und Emotionen‹ setzten sich mit der Perzeption von Situationen und deren Einfluss auf die Evozierung von Emotionen auseinander. So entstehen Emotionen, wie *Max Dehne* in seinem Beitrag darlegt, durch Ursachenzuschreibung, die Teil der Definition der Situation ist. Daraus, wer oder was für ein bestimmtes Ereignis verantwortlich gemacht wird und ob dieses Ereignis als für den Akteur beeinflussbar erscheint oder nicht, lassen sich bestimmte emotionale Zustände ableiten. Die Vorgänge einer solchen Attribution lassen sich nach verschiedenen Attributionsobjekten unterscheiden. Hierbei bestimmt die Zuschreibung der Verantwortung für einen bestimmten Zustand der Welt, welche Emotion evoziert wird. *Christian von Scheve* argumentiert in seinem Beitrag, dass über die Verursachungsattribution hinaus die subjektive Bewertung und Interpretation von Ereignissen vor dem Hintergrund von subjektiven Zielen, Wünschen, Absichten, von Normen und von Einstellungen und Überzeugungen Emotionen hervorzubringen vermögen. Das Gewicht liegt hier eher auf der Einschätzung der Situation als auf der Attribution von Verursachung und Verantwortung. Ähnlich argumentiert auch *Tobias Schröder* in diesem Band in Anlehnung den Sozialpsychologen Heise, wenn er feststellt, dass Emotionen in Reaktion auf die Wahrnehmung der Situation entstehen, bei der Relationen zwischen Objekten hergestellt und bewertet und mit den individuellen Verhaltenserwartungen abgeglichen werden – beispielsweise, wenn Status- oder Positionsunterschiede zwischen Akteuren in Interaktionen konstatiert und bewertet werden und sich daraus Erwartungen darüber ergeben, was als nächstes geschehen wird. Auch wenn alle drei Beiträge aus einer sozialpsychologischen Perspektive argumentieren, betonen sie, dass die Definition der Situation nicht allein idiosynkratisch entwickelt wird, sondern immer auch eine sozial bestimmte und in Interaktionen ausgehandelte ist.

In den Beiträgen des dritten Themenblocks ›Selektionen und Emotionen‹ steht die Verbindung von Emotionen und Handlung im Vordergrund. Der Beitrag von *Jens Greve* analysiert die Stärken und Schwächen einer der bekanntesten soziologischen Emotionstheorien zur mikro-soziologischen Erklärung von Sozialstrukturen von Randall Collins. Collins nutzt Emotionen als wichtigste motivationale Einheit, mit der sich Handlungen und in deren Folge Sozialstrukturen erklären lassen sollten. Der Beitrag beleuchtet Collins' Argumentation kritisch und zeigt auf, dass auch dieser Ansatz, obwohl mit diesem Anspruch verbunden, noch keine soziologisch zufriedenstellende Emotionstheorie bereitstellt und bisherige Handlungstheorien zwar ergänzen, nicht aber ersetzen kann. *Andreas Pettenkofer* plädiert in seinem Beitrag dafür, den soziologischen Handlungsbegriff zu erweitern und nicht allein kognitive oder rationale Handlungen in den Blick zu nehmen, sondern vielmehr auch Handlungen aufzunehmen, die zwischen habitualisierten und rationalen Handlungen liegen. Die Fokussierung auf Emotionen helfe dabei, eben solche Handlungen zu identifizieren, zu verstehen und zu erklären. Ihre Besonderheit besteht darin, dass sie weder reine körperliche Reflexe sind, noch Reaktionen auf reflexive Planung, sondern vielmehr aus selektiver sinnlicher Verarbeitung bestimmter situativer Elemente erwachsen. Insofern Emotionen die Wahrnehmung von Situationen zu steuern vermöge, kommt ihnen bei der Analyse solcher Handlungen eine besondere Rolle zu. *Rainer Schützeichel* stellt Überlegungen zu einer Integration von soziologischer Emotions- und Handlungstheorie auf der Basis von Belief-Desire-Theorien an. Dabei geht er von der Diagnose aus, dass soziologische Handlungstheorien über einseitige Emotionskonzepte und soziologische Emotionstheorien über problematische Handlungskonzepte verfügen. Im Zentrum seiner Überlegungen steht die Belief-Desire der Emotionen, die die Genese von Emotionen nicht, wie in den meisten soziologischen Theorien, auf die kognitive Bewertung von Zuständen und Ereignissen zurückführt, sondern auf die Differenz von realen und gewünschten Zuständen. Von daher unterbreitet er den konzeptionellen Vorschlag, die Funktion von Emotionen in der Reflexivisierung von intentionalen Handlungsbestimmungen zu sehen. Der Beitrag von *Christoph Henning* erweitet die Perspektive auf das Zusammenspiel von Emotionen und Handlung noch einmal um den Aspekt der Sozialität von Emotionen. Die These ist hier, dass Emotionen weder allein Resultat noch Ursache gesellschaftlicher Strukturen sind, sondern als Ursache und Folge gleichermaßen aufgefasst werden müssen. Damit wird eine Perspektive auf Emotionen stark gemacht, die diese nicht allein als automatische Äußerungen quasi-natürlicher körperlicher Vorgänge sieht, sondern gleichzeitig deren kulturelle und interaktive Überformung in den Blick nimmt. Damit wird eine alternative Perspektive auf Emotionen und Sozialstruktur gewonnen, die betont, dass Emotionen der Sozialstruktur nicht zwangsläufig vorgelagert sind. Der Beitrag leitet damit über zum vierten Themenblock.

Der vierte Themenblock ›Aggregationen und Emotionen‹ verortet Emotionen in Interaktionen und Kollektiven. In den hier zusammengefassten Beiträgen geht es um die Frage, wie Emotionen geteilt werden können und ob und wie kollektive Emotionen möglich sind. Hier steht, wenn man so will, die ›Aggregation‹ von Emotionen im Vordergrund. *Angelika Poferl* setzt sich mit den Möglichkeiten und Voraussetzungen von Mitleid und Mitgefühl als Bedingung für Sozialität auseinander. Sie zeigt, wie zentral einerseits Gefühle des Mitleidens und Mitgefühls für die Integration von Sozialität sind, wie voraussetzungsvoll diese jedoch auch gleichzeitig sind. Die Analyse dieser Gefühle öffnet insbesondere den Blick darauf, dass Gefühle einerseits immer individuell realisiert werden und sich damit der unmittelbaren Kommunikation und Vermittlung entziehen, andererseits aber auch als geteilt erlebt werden. Damit dieses Geteiltsein möglich werden kann, müssen Gesellschaften eine einheitliche Sprache, einen kulturellen Code finden. Diese ist jedoch immer notwendigerweise Folge historischer Bedingungen und muss auch immer historisch relativ bleiben. An diese Überlegungen zu den emotionalen Hintergrundbedingungen von Vergemeinschaftung schließt der Beitrag von *Frauke Rischmüller* an und fragt nach der interaktionsfördernden Funktion von Vertrauen als Gabe. Vertrauen ist hier eine Antwort auf die strukturelle Unsicherheit in Interaktionen: Es ist immer riskant, wie eine andere Person auf Bemühung reagieren mag, eine Interaktion aufzunehmen. Vertrauen fungiert hier als erster erfolgreicher oder auch nicht erfolgreicher Schritt der Interaktion der immer das Risiko der Nicht-Erwiderung in sich trägt. Zur folgenreichen Gabe wird Vertrauen, wenn sie einen Zyklus des Gebens, Nehmens und Erwiderns begründet. Vertrauen verbindet hier Individuum und Struktur mit einander, da es auf der individuellen Eben zwischen ›eigennütziger‹ und ›altruistischer‹ Handlungswahl und auf der strukturellen Ebene zwischen ›obligatorisch/normativer‹ und ›freier/regelungebundener‹ Ausgestaltung oszilliere. Wie wichtig wiederum nicht nur einseitig entgegen gebrachte, sondern vielmehr geteilte Emotionen für soziale Kohäsion ist, zeigt der Beitrag von *Alexander Leistner/Thomas Schmidt-Lux*. Sie sehen Ekstase als ein Schlüsselkonzept für die soziale Kohäsion größerer Gruppen. Ihre soziologische Bedeutung bestehe insbesondere darin, dass sie emotionale Aufladung und Ritualisierung zusammenbringe. Damit folgen *Leistner/Schmidt-Lux* der Durkheim'schen Analyse, gehen jedoch über diese hinaus, indem sie systematisch diejenigen situativen Rahmenbedingungen und Dynamiken untersuchen, die ein rituelles Zusammentreffen vieler zu einem potentiell ekstatischen Event werden lassen. Damit erscheint die Evozierung von Ekstase durchaus voraussetzungsvoll und angesiedelt zwischen Steuerbarkeit und Kontingenz, wobei nicht immer ein solcher Zustand tatsächlich entstehen kann.

Annette Schnabel/Alexander Knoth stellen dieser empirischen Analyse eine theoretische Diskussion der Begriffe von geteilten/kollektiven und gruppenbasierten Emotionen gegenüber und loten aus, wie sich diese ontologisch fassen lassen könnten und wie es sich erklären lässt, dass wir im Alltag oft den Eindruck haben, Emotionen mit anderen zu teilen oder warum wir sie Kollektiven zuschreiben. Insbesondere bei geteilten Emotionen scheint es noch ontologisch ungeklärt, wer wem gegenüber solche Emotionen empfinden kann, da individuelle und kollektive Emotionen auseinanderfallen können. Die Frage ist, wie dies angesichts der individuellen Realisierung von Emotionen möglich ist. Ontologisch besonders plausibel erscheinen hier Positionen, die davon ausgehen, dass kollektive Emotionen allein Zuschreibungen von Emotionen zu Kollektiven sind.

Der fünfte Themenblock ›Emotionen und gesellschaftliche Transformationen‹ befasst sich mit Emotionen innerhalb bestimmter, sich wandelnder Sozialstrukturen. Die hier versammelten Beiträge lokalisieren Emotionen in der Moderne und loten deren Bedeutung für, aber auch ihre Bedingtheit durch die besonderen Bedingungen moderner Gesellschaften aus. *Gernot Wolfram* erweitert in seinem Beitrag zunächst den theoretischen Rahmen einer Sozialtheorie der Emotionen, indem er Wissenschaft und Wissenschaftlichkeit und deren emotionale Durchdringung analysiert. Er nimmt damit ein für die Moderne besonders wichtiges Feld, nämlich das der rational-wissenschaftlichen Wissensproduktion emotionssoziologisch unter die Lupe. Diese meta-wissenschaftliche Perspektive eröffnet einmal mehr den Blick auf die Widersprüche der Moderne und ihrer (rationalen) Wissenschaftlichkeit. Der Beitrag von *Rene John* greift die Problematik der emotionalen Vergemeinschaftung am Beispiel Oder-Flut 1997 auf und zeigt wie sich diese in Folge einer Naturkatastrophe ereignen kann. Der Beitrag zeichnet anhand empirischen Materials nach, wie Inklusion durch Emotionen in modernen Gesellschaften stattfinden kann, wenn diese sich einer existentiellen Krise gegenüber sehen, die bisherige Sozial- und Sinnstrukturen zerstört. Der Beitrag von *Takemtisu Morikawa* zeigt am Beispiel der Liebe, wie die zunächst nur außerhalb der Familie mögliche Liebessemantik historisch Bestandteil der Konzeption moderner japanischer Familien wurde. Damit wird verdeutlicht, wie Emotionen, die in modernen Gesellschaften als Bestandteil der individuellen, vor allem aber der privaten Persönlichkeit gelten, historisch nicht selbstverständlich diesen Platz einnehmen, sondern erst durch bestimmte gesellschaftliche Bedingungen und ihre Veränderungen diese Zuschreibung erhalten. Ähnlich zeichnet auch *Nina Jakoby* in ihrem Beitrag zur Trauer als Gefühl die historisch-gesellschaftliche Entwicklung zu den heute üblichen Umgangsformen mit Trauer nach. Der Beitrag geht der Frage nach den sozialen Kontexten und Determinanten von Trauerprozessen nach und diskutiert die Stärken und Schwächen der einschlägigen sozialpsychologischen und soziologischen Theorien. *Konstanze Senge* untersucht bin ihrem Beitrag zur Bedeutung von Emotionen bei Investmententscheidungen, ob und wie vermeintlich als rational verstandene Entscheidungen im Finanzsektor emotional sein können und deckt dabei verschiedene Modi der Entscheidungsfindung und ihrer Zuschreibung als rational und emotional auf. Dabei kommt sie dem Widerspruch moderner Gesellschaften, in denen sowohl Rationalität als auch Emotionalität Persönlichkeitsmerkmale sind, die in bestimmten Kontexten je unterschiedlich als positiv thematisiert werden können, auf die Spur. Mit dem Beispiel der Emotionsarbeit von Polizistinnen und Polizisten greift von *Peggy Szymenderski* einen der wichtigsten und prominentesten Aspekte der Emotionsforschung, nämlich den der aktiven Arbeit mit und an Emotionen, auf und nutzt diesen zur Analyse eines Berufszweigs, der die Widersprüchlichkeit der Moderne beispielhaft in Form des Paradox der Gewalt widerspiegelt: Polizistinnen und Polizisten sind hier Ausführende von staatlicher Gewalt zur Reduktion von personen-bezogener Gewalt. *Rainer Schützeichel* geht nicht auf gesonderte Emotionsfelder ein, sondern nimmt abschließend nochmals zum Zusammenhang von Emotionen und Sozialstruktur Stellung. Er macht den forschungsprogrammatischen Vorschlag, soziokulturelle Milieus als das in sozialstruktureller Hinsicht zentrale soziale Gebilde für die Genese von gleichförmigen und kollektiven Emotionen anzusehen, da Milieus aufgrund ihrer kommunikativen Verdichtungen zu einer besonderen Abstimmung von konjunktiven Wünschen und konjunktiven Überzeugungen und Bewertungen beitragen.

Literatur

Baumann, Zygmunt (2000): Liquid Modernity. Cambridge: Blackwell.

Beck, Ulrich (1986): Risikogesellschaft. Frankfurt am Main: Suhrkamp.

Beck, Ulrich/Giddens, Anthony/Lash, Scott (1996): Reflexive Moderne. Frankfurt am Main: Suhrkamp.

Beckermann, Ansgar (2005): Biologie und Freiheit. In: Heinrich Schmidinger/Clemens Sedmak (Hg.): Der Mensch – ein freies Wesen? Darmstadt: Wissenschaftliche Buchgesellschaft, S. 111–124.

Bolton, Sharon/Boyd, Carol (2003): Trolley Dolly or Skilled Emotional Manager? Moving from Hochschild's Managed Heart. In: Work, Employment, and Society 17: 289–308

Burke, Peter J. (1991): Identity Processes and Social Stress. In: American Sociological Review 56: 836–849.

Butler, Judith (1991): Der Unbehagen der Geschlechter. Frankfurt am Main: Suhrkamp.

Coleman, James S. (1986): Social Theory, Social Research, and a Theory of Action. In: American Journal of Sociology 91: 1309–1335.

Damasio, Antonio (2004): Descartes' Irrtum. Fühlen, Denken und das menschliche Gehirn. München: List.

Daston, Lorraine (2001): Die kognitiven Leidenschaften: Staunen und Neugier im Europa der frühen Neuzeit. In: dies.: Wunder, Beweise und Tatsachen. Frankfurt am Main: Fischer, S. 77–99.

De Sousa, Ronald (1987): The Rationality of Emotions, Cambridge MA: MIT Press.

Diekmann, Andreas/Voss, Thomas (2004): Die Theorie rationalen Handelns. Stand und Perspektiven. In: dies. (Hg.): Rational-Choice-Theorie in den Sozialwissenschaften. Anwendungen und Probleme. München: Oldenbourg, S. 13–29.

Durkheim, Émile (2007): Die elementaren Formen des religiösen Lebens. Frankfurt am Main: Verlag der Weltreligionen.

Eisenstadt, Shmuel N. (2000): Multiple Modernities. In: Daedalus 129: 1–29.

Elias, Norbert (1989): Über den Prozess der Zivilisation. 2 Bde. Frankfurt am Main: Suhrkamp.

Elster, Jon (1998): Emotions and Economic Theory. In: Journal of Economic Literature 36: 47–74.

Elster, Jon (1999): The Alchemies of the Mind. Cambridge: Cambridge University Press.

Esser, Hartmut (1993): Soziologie. Allgemeine Grundlagen. Frankfurt am Main/New York: Campus.

Frank, Robert (1988): Passion within Reason: The Strategic Role of Emotions. New York: Norton.

Gerhards, Jürgen (1987): Soziologie der Emotionen. Fragestellungen, Systematik und Perspektiven. Weinheim, München: Juventa.

Giddens, Anthony (1995): Konsequenzen der Moderne. Frankfurt am Main: Suhrkamp.

Harding, Jenifer/Pribram, Deidre (2002): The Power of Feeling. Locating Emotions in Culture. In: European Journal of Cultural Studies 5: 407–426.

Heintz, Bettina (2000): Die Innenwelt der Mathematik. New York: Springer.

Heise, David R. (1979): Understanding Events: Affect and the Construction of Social Action. Cambridge: Cambridge University Press.

Hercus, Cheryl (1999): Identity, Emotion, and Feminist Collective Action. In: Gender & Society 13: 34–55.

Hirschleifer, Jack (1993): The Affections and The Passions. In: Rationality and Society 5: 185–202.

Hochschild, Arlie R. (1979): Emotion Work, Feeling Rules, and Social Structure. In: American Journal of Sociology 85: 512–575.

Hochschild, Arlie R. (2003): The Managed Heart. Berkley: University of California Press.

Kemper, Theodore (1987): How Many Emotions are There? American Journal of Sociology 93: 267–289.

Kemper, Theodore D. (1991): Predicting Emotions From Social Relations. In: Social Psychology Quarterly, 54: 330–342.

King, Ryan D./Wheelock, Darren (2007): Group Threat Theory and Social Control: Race, Perceptions of Minorities and the Desire to Punish. In: Social Forces 85: 1255–1280.

Knorr, Karin D. (1981): The Manufacture of Knowledge: An Essay on the Constructivist and Contextual Nature of Science. Oxford: Pergamon.

Lawler, Edward J. (1992): Affected Attachments to Nested Groups: A Choice-Process Theory. In: American Sociological Review 57: 327–339.

Lawler, Edward J. (2001): An Affect Theory of Social Exchange. In: American Journal of Sociology, 107: 321–52.

Moïsi, Dominique (2009): The Geopolitics of Emotions. New York: Doubleday.

Neckel, Sighard (2005): Emotion by Design. In: Berliner Journal für Soziologie 15: 419–430.

Pham, Michel Tuan (2007): Emotion and Rationality: A Critical Review and Interpretation of Empirical Evidence. In: Review of General Psychology 11: 155–178.

Quillian, Lincoln (1995): Prejudice as a Response to Perceived Group Threat: Population Composition and Anti-immigrant and Racial Prejudice in Europe. In: American Sociological Review 60: 586–611.

Roberts, Robert C. (1988): What an Emotion is: A Sketch. In: The Philosophical Review 97: 183–209.

Roth, Gerhard (2003): Fühlen, Denken, Handeln: Wie das Gehirn unser Verhalten steuert. Frankfurt am Main: Suhrkamp.

Savage, Leonard J. (1954): The Foundations of Statistics. New York: Wiley.

Schimank, Uwe/Volkmann, Ute (1999): Gesellschaftliche Differenzierung. Bielefeld: transcript.

Schnabel, Annette (2005): Gefühlvolle Entscheidungen und entscheidende Gefühle. Kölner Zeitschrift für Soziologie und Sozialpsychologie, 57: 278–308.

Schnabel, Annette (2006): What Makes Collective Goods a Shared Concern? Re-constructing the Construction of the Collectiveness of Goods. In: Rationality & Society 18: 5–34.

Schützeichel, Rainer (Hg.) (2006): Emotionen und Sozialtheorie. Frankfurt am Main/New York: Campus.

Shott, Susann (1979): Emotions and social Life: A symbolic Interactionist Analysis. In: American Journal of Sociology 84: 1317–1334.

Simmel, Georg (1983): Soziologie. Untersuchungen über die Formen der Vergesellschaftung. Berlin: Duncker & Humblodt.

Simon, Herbert (1955): A Behavioral Model of Rational Choice. In: Quarterly Journal of Economics 69: 99–118.

Sugden, Robert (1991): Rational Choice: A Survey of Contributions from Economics and Philosophy. In: The Economic Journal 101: 751–785.

Summers-Effler, Erika (2002): The Micro Potential for Social Change: Emotions, Consciousness, and Social Movement Formation. In: Social Theory 20: 41–60.

Thoits, Peggy A. (1989): The Sociology of Emotions. In: Annual Review of Sociology 15: 317–45.

Turner, Jonathan (2009): The Sociology of Emotions: Basic Theoretical Arguments. In: Emotion Review 1: 340–354.

Van der Loo, Hans/van Reijen, Willem (1992): Modernisierung. München: Deutscher Taschenbuch Verlag.

Weber, Max (1976 [1922]): Wirtschaft und Gesellschaft. Grundriß der verstehenden Soziologie. Tübingen: Mohr.

Weber, Max (2006 [1922]): Wissenschaft als Beruf. Stuttgart: Reclam.

Williams, Simon (1998): Modernity and the Emotions: Corporeal Reflections on the (Ir-)Rational. In: Sociology 32: 474–769.

Williams, Simon (2001): Emotion and Social Theory. London: Sage.

Winkel, Heidemarie (2996): Soziale Grenzen und Möglichkeiten der Kommunizierung von Trauer. In: Rainer Schützeichel (Hg.): Emotionen und Sozialtheorie. Frankfurt am Main/New York: Campus, S. 286–304.

Wouters, Cas (1986) Formalization and Informalization: Changing Tension Balances in Civilizing Processes. In: Theory, Culture & Society 3: 1–18.

Wouters, Cas (1992): On Status Competition sand Emotion Management: the Study of Emotions as a New Field. In: Theory, Culture & Society 9: 229–252.

Young, Iris M. (1994): Gender as Seriality: Thinking about Women as a Social Collective. In: Signs 19: 99–124.

ZEIT (2008): Das gecoachte Ich. [http://www.zeit.de/2008/35/DOS-Coaching, 2011-06-16]

Zinck, Andrea/Newen, Albert (2008): Classifying Emotion: A Development Account. In: Synthese 161: 1–15.

I. Aktuelle Theorieentwicklung

Die mikrosoziologischen Studien von Jack Katz als Herausforderung für die Soziologie der Emotionen

Hella Dietz

Der amerikanische Soziologe Jack Katz veröffentlicht 1999 ein viel beachtetes Buch mit dem programmatischen Titel »How Emotions Work«. Er untersucht Alltagssituationen, die wir alle kennen: Wir werden wütend, wenn wir im Straßenverkehr ›geschnitten werden‹, wir ›versinken im Boden‹, wenn wir uns schämen, wir lachen über Zerrbilder in einem Spiegellabyrinth, wir weinen, wenn wir sehr traurig oder sehr glücklich sind. Katz argumentiert, dass uns diese spontanen Äußerungen nicht nur widerfahren, sondern dass wir sie zugleich auf kunstvolle Art und Weise hervorbringen, und sie zudem als Ausdruck unserer Individualität empfinden. Emotionen sind für Katz daher *selbstreflexive Handlungen und Erfahrungen,* die durch drei gleichzeitig ablaufende Prozesse gekennzeichnet sind (vgl. 1999: 5–7): die Transformationen unseres Körpers, der zugleich Mittel und Träger des Ausdrucks von Emotionen ist *(sensual metamorphosis),* die selbstreflexive Interaktion, bei der wir Interpretationen und Erwartungen von anderen berücksichtigen *(interaction)* und das narrative Projekt, situationsspezifische und situationstranszendierende Herausforderungen in eine Erzählung zu integrieren *(narration).*

Im Gegensatz zu den meisten anderen Emotionsstudien konzentriert sich Katz nicht darauf, wie Menschen post facto über ihre Emotionen *sprechen,* sondern analysiert, was sie *tun,* wenn sie emotional sind: wie sich ihr Körper verändert, wie sie interagieren, welche Gesten und Metaphern sie benutzen.[1] Katz zielt auf eine dichte Beschreibung (vgl. 1999: 7) dieser kreativen, kunstvollen Prozesse (vgl. 1999: 1, 3) und sucht in der Tradition der »analytischen Induktion«[2] nach immer neuen Variationen unseres

---

1 Sein Material sind daher weder Interviews noch Experimente, sondern Videoaufnahmen von Alltagssituationen (Lachen, Weinen) und teilnehmende Beobachtung (Wutanfälle im Straßenverkehr, Momente der Scham), die durch literarische und autobiographische Zeugnisse ergänzt werden (Momente der Scham). Zu Katz' Vorgehen und Methode siehe Katz 2002a und 2002b.

2 Analytische Induktion ist eine Forschungsmethode, die darauf beruht, das zu erklärende Phänomen (Explanandum) ebenso wie die relevanten Faktoren (Explanans) in Auseinandersetzung mit dem Material immer wieder neu zu definieren und anzupassen. Die zu Anfang untersuchten Fälle dienen der Identifikation von gemeinsamen Faktoren und vorläufigen Erklärungen. Die folgenden Fälle können auf zweierlei Weise zu Revisionen führen: Entweder wird anders gefasst, was erklärt werden soll, oder die erklärenden Faktoren werden angepasst. Es geht somit gerade nicht darum, Fälle zu finden, welche die Ausgangshypothese bestätigen, sondern darum, nach immer neuen Variationen zu suchen, welche

emotionalen Tuns, um zu einer retrospektiven, kausalen Erklärung der Entstehung der Emotionen zu gelangen (vgl. 2002c: 276). »How Emotions Work« wurde vielfach für seinen Materialreichtum und die innovative Methode gelobt (vgl. Cahill 2000: 258; Flaherty 2001: 45; Scheff et al. 2002: 361; Barbalet 2005: 129) und als spektakuläres, vielleicht bestes Buch der Emotionssoziologie seit Arlie Hochschild gefeiert (vgl. Jasper 2004: 123). Doch trotz der enthusiastischen Rezensionen wurden Katz' Analysen in anderen emotionssoziologischen Studien bislang kaum aufgegriffen[3], in Deutschland sind sie überdies kaum bekannt.[4]

Im Folgenden erörtere ich, inwieweit Katz' Studien ermöglichen, die Prozesshaftigkeit, die Kreativität und die Körperlichkeit des Handelns angemessen(er) zu berücksichtigen und damit eine neue Forschungsperspektive auf Emotionen eröffnen. In Abschnitt 1 stelle ich eine seiner Studien kurz vor, um zu illustrieren, welche Art von Erklärungen Katz' Forschungsperspektive ermöglicht. In Abschnitt 2 diskutiere ich die (meta)theoretischen Grundlagen dieser Forschungsperspektive: Katz spricht sich zwar gegen jede Theorie aus, die bereits vor Beginn der Forschung definiert, welchen Einfluss einzelne Faktoren haben. Er betont aber zugleich, dass auch seine Analysen von einer (Meta-)Theorie angeleitet sind, die Einsichten aus dem symbolischen Interaktionismus, der Phänomenologie und der Psychoanalyse verbinden will (1999: 315). In Abschnitt 3 erörtere ich, ob sich diese Forschungsperspektive und die vorgestellte retrospektive Erklärung der Entstehung von Wut im Straßenverkehr für die Analyse aller Arten von Emotionen fruchtbar machen lässt. Abschließend zeige ich, warum Katz' Forschungsperspektive eine Herausforderung für die Soziologie (der Emotionen) darstellt.

1   Katz' Studie über Wutanfälle beim Autofahren: »Pissed Off in L. A.«

Katz stellt der Studie über Wutanfälle beim Autofahren in Los Angeles ein Rätsel voran, das aufgeklärt werden soll: Warum werden Autofahrer und Autofahrerinnen wütend, wenn ein anderes Auto allzu dicht vor ihnen die Spur wechselt? Warum schimpfen sie oft noch Minuten später, obwohl der andere sie aller Wahrscheinlichkeit nach gar nicht hören kann? Warum investieren sie Zeit und Energie, obwohl sie bei diesem ›Kampf‹ keine sichtbaren Vorteile erwarten können? Und wie ist es möglich, dass diese Praxis, die ihnen selbst im Nachhinein oft absurd scheint, dennoch dazu führt, dass emotionale Spannungen aufgelöst werden (vgl. Katz 1999: 19)?

---

die Erklärung validieren. Die Untersuchung ist abgeschlossen, wenn es keine praktikable Möglichkeit mehr gibt, negative Fälle zu untersuchen (vgl. Katz 2004b: 480–484).

3   Eine Ausnahme stellt die Studie von Jean-Pierre Reed (2004) über die Revolution in Nicaragua dar.

4   Das Verdienst, Katz' Studien erstmals einer deutschen Leserschaft vorgestellt zu haben, kommt Helena Flam zu (2002: 119–127).

Katz' Beispiele deuten an, warum die bekannten Hypothesen nicht zu befriedigenden Erklärungen führen: Es liegt zwar nahe, anzunehmen, dass wir wütend werden, weil wir Angst vor einem Unfall oder gar um unser Leben haben, doch Wut entsteht auch dann, wenn die Ausgangssituation gar nicht gefährlich ist, etwa wenn jemandem der Parkplatz ›weggenommen‹ wird. Nicht selten verhält es sich sogar eher umgekehrt: Die Reaktionen auf den Spurwechsel führen erst zu nachgerade lebensgefährlichen Situationen, etwa wenn dieser zum Anlass genommen wird, eine Verfolgungsjagd zu beginnen. Auch die These, dass die Wut eine Reaktion auf vorangegangene Frustration ist, scheint zunächst plausibel, doch Wut entsteht sowohl nach dem sprichwörtlichen Streit mit der Ehefrau als auch im Anschluss an romantische Treffen ohne vorangegangenen Streit (vgl. Katz 1999: 21 f.).

Katz beginnt seine Suche nach einer angemesseneren Erklärung mit einer detaillierten Beschreibung der Situation *vor* dem Auftreten der Wut. Autofahren kann ähnlich wie das Schreiben nicht adäquat als Aneinanderreihung von bewusst gesteuerten Berührungen des jeweiligen Instruments beschrieben werden. Um schreiben oder Auto fahren zu können, müssen wir vielmehr die (selbst-)bewusste Aufmerksamkeit auf das eigene Tun *verlieren* und in gewisser Weise mit dem Objekt »verschmelzen« (Katz 1999: 41): »the driver, in order to drive, must embody and be embodied by the car.« (Katz 1999: 32) Das ist zugleich der entscheidende Unterschied zu etwaigen Beifahrern, die in diesen Situationen charakteristischerweise nicht wütend werden. Wenn jemand allzu dicht vor ihnen die Spur wechselt, sagen die Autofahrer und Autofahrerinnen, der andere habe sie »geschnitten« (Katz 1999: 32). Diese Metapher zeigt, dass es ihnen nicht nur darum geht, dass sie bremsen mussten oder Zeit verloren haben, sondern dass sie die Handlung des anderen als Verletzung ihrer Integrität empfinden: »While nothing happens to his or her physiological body (...) the driver does not doubt the sensual reality of the fact that he or she, i. e., his or her lived or phenomenological body, has been cut off.« (Katz 1999: 33) Der andere hat sie aus dem Fluss der Bewegungen und der Verschmelzung mit dem Auto-Körper herausgerissen. Dieses Herausreißen manifestiert sich wiederum in körperlichen Veränderungen *(sensual metamorphosis)*: Ihr Rücken spannt sich, ihre Hände greifen das Lenkrad fester, et cetera.

Warum werden die Autofahrer und Autofahrerinnen in dieser Situation wütend (und nicht etwa traurig)? Katz' Argument ist, dass die Entstehung von Wut etwas mit den Spezifika der *Interaktion* beim Autofahren zu tun hat. Diese Interaktionen unterscheiden sich nämlich von anderen sozialen Interaktionen dadurch, dass das Äußere des Autos relativ ausdruckslos ist, Geräusche kaum nach außen dringen und die Autofahrer und Autofahrerinnen kaum Blickkontakt haben. Wenn sie ›geschnitten‹ werden, empfinden sie dies als Indikator dafür, dass der andere ihnen weniger Aufmerksamkeit widmet als sie ihm: »One suspects that one watches others more than those others are oriented to pick up the meager expressions of one's inexpressive vehicle.« (Katz 1999: 78) Katz' These ist, dass genau diese (vermutete) Asymmetrie zur Bedingung für die Entstehung von Wut wird (vgl. Katz 1999: 28 f.).

Diese Beschreibung reicht jedoch nicht aus, um die Intensität vieler Wutanfälle zu erklären, noch macht sie plausibel, warum wir unsere Emotion aus Ausdruck unserer Individualität empfinden; denn das bislang Beschriebene gilt für alle Autofahrer und Autofahrerinnen in gleichem Maße. Intensität und Individualität der Wutanfälle werden erst verständlich, wenn wir die spezifische Bedeutung berücksichtigen, die der Einzelne der Situation zuschreibt. Autofahren soll zunächst schlicht dazu dienen, von hier nach dort zu kommen. Wenn wir ›geschnitten‹ werden, wird dieses räumliche Fortkommen unterbrochen (vgl. Katz 1999: 34). Damit wird aber zugleich ein ganz bestimmtes, für diese Fahrt typisches individuelles Projekt unterbrochen: ein Gedankengang, ein Telefongespräch, eine Folge von besonders eleganten Fahrmanövern. Diese Unterbrechungen erhalten ihre Bedeutung wiederum vor dem Hintergrund des situationstranszendierenden Projekts, dem eigenen Leben Sinn zuzuschreiben – sie können zu einem Symbol dafür werden, dass jemand beruflich nicht genug Anerkennung bekommt oder dass eine soziale Inszenierung scheitert: der situationsspezifische Verlust wird zu einem Symbol für unser situationstranszendierendes ›Fortkommen‹ im Leben (vgl. Katz 1999: 35–39).

Damit ist nun erklärt, warum Autofahrer und Autofahrerinnen wütend werden: Der Auslöser der Emotion ist, dass sie aus der zuvor unproblematischen Verschmelzung von Auto und Körper herausgerissen werden. Die Bedingung für die Emotion Wut ist, dass sie die Interaktion als Indikator für eine asymmetrische Kommunikation empfinden. In dieser Wut entdecken sie zugleich vorher verdeckte, situationstranszendierende Herausforderungen für ihr Selbst. Damit ist jedoch noch nicht erklärt, *wie* Autofahrer/innen wütend werden: warum sie oft laut schimpfen, obwohl der andere sie aller Wahrscheinlichkeit nach nicht hören kann (vgl. Katz 1999: 19); warum sie einem anderen den erhobenen Mittelfinger zeigen; warum sie einem anderen Auto gar hinterherfahren, um dem anderen eine ›Lektion zu erteilen‹. All diese Aspekte verweisen darauf, dass Emotionen uns nicht nur widerfahren, sondern zugleich Praktiken sind, um jenen Herausforderungen an das eigene Selbst zu begegnen, dass wir also nicht nur Objekt unserer Emotionen sind *(being done by anger),* sondern diese zugleich als Subjekte hervorbringen *(doing anger).*

Katz bezeichnet dieses Hervorbringen von Wut als ein (voraussetzungsreiches) Drama, als praktisches Projekt des Geschichtenerzählens (vgl. Katz 1999: 47), das zum Ziel hat, einen Ausweg aus der Wut zu finden. Dieses Drama ist wiederum durch drei Aspekte gekennzeichnet. Die Autofahrer und Autofahrerinnen müssen sich erstens als Opfer definieren: Sie müssen sich persönlich schikaniert fühlen (›ich wurde geschnitten‹), und sie müssen diese Schikane als Ergebnis der Verletzung von geltenden Regeln empfinden (›fehlende Rücksichtnahme‹). Zweitens müssen sie den anderen auf eine Weise charakterisieren, welche die Wut rechtfertigt (vgl. Katz 1999: 50–59): Sie müssen dem anderen eine Identität zuschreiben, die spezifisch ist (›Frau mittleren Alters‹, ›Latino‹, ›BMW-Fahrer‹), und ihn zugleich als Angehörigen einer Gruppe ausweist, der man fehlende moralische Kompetenz zuschreiben kann (›unfähige Frau‹,

›aggressiver Ausländer‹, ›eingebildeter Reicher‹). Indem sich die ›Geschnittenen‹ als Opfer stilisieren, haben sie der Situation moralische Bedeutung zugeschrieben; indem sie diese Bedeutung der Situation generalisiert haben, haben sie eine Bühne bereitet, auf der sie nun drittens ein sozial sichtbares moralisches Drama als »rächende Helden« (Katz 1999: 49) vor ebenjener Gemeinschaft aufführen, die sie durch diese moralische Deutung angerufen haben. Dieses moralische Drama kann in einer Verfolgungsjagd bestehen, durch die sie sich tatsächlich ›rächen‹. Es kann aber auch in vermeintlich einfachen Gesten und Beschimpfungen bestehen: Einige hupen und dringen so in den Erfahrungsraum des anderen ein; sie werfen ihre Arme indigniert in die Höhe, um ihrem Unverständnis über sein Fahrverhalten Ausdruck zu verleihen und dabei durch die vom Lenkrad genommenen Hände zugleich auf die Unterbrechung ihrer vorherigen Verschmelzung mit dem Auto zu verweisen. Selbst ein einzelnes, lautes ›Idiot‹ oder ein erhobener Mittelfinger werden in dieser Perspektive zu einer symbolischen Rachegeschichte, durch die sie die erlittene Verletzung des Auto-Körpers und das Herausreißen aus der zuvor unproblematischen Verschmelzung von Körper und Umwelt umkehren, und ihre moralische Überlegenheit vor der angerufenen Gemeinschaft inszenieren (vgl. Katz 1999: 48 ff.). Gelingt es ihnen, den anderen dazu zu zwingen, sie wahrzunehmen, löst sich die Wut auf; denn sie haben den anderen gezwungen, ihnen jene Beachtung zu schenken, die er ihnen zuvor (vermeintlich) versagt hat: »The angry driver's narrative project is to package his or her anger in a story of moral superiority that, if neatly sent off, demonstrably received, and not rejected and returned by its targeted recipient, will effectively carry his or her anger away.« (Katz 1999: 68) Der hochgereckte Mittelfinger oder das Hupen werden somit ebenso wie eine Schimpftirade zum Versuch, die relative Ausdruckslosigkeit des Autos und die unterstellte Asymmetrie in der Interaktion zu überwinden. Gelingt dies, so treten die situationstranszendierenden Herausforderungen treten wieder in den Hintergrund, und die ›Geschnittenen‹ können zur unproblematischen Verschmelzung von Körper und Auto zurückfinden.

Ein Aspekt des Ausgangsrätsels ist jedoch, dass Autofahrer und Autofahrerinnen auch dann schimpfen, wenn der andere sie aller Wahrscheinlichkeit nach *nicht* sehen und hören kann. Was passiert also, wenn der andere das rächende Drama gar nicht wahrnimmt? Katz' Antwort lautet, dass sie durch die Definition der Situation als einer moralischen eine Möglichkeit schaffen, auch dann aus dieser Wut herauszufinden, wenn der andere sie nicht bemerkt: »Once the situation has been given morally transcendent meaning, it does not matter that no one else is watching, since the relevant audience is universal and could never be physically in attendance anyway.« (Katz 1999: 49) Die moralische Deutung macht die angerufene Gemeinschaft zur Adressatin des moralischen Dramas und die ›Geschnittenen‹ zu Zuschauern ihrer eigenen Inszenierung: »[I]f the angry driver's dramatization of revenge is sufficiently artful, he or she may take the appreciative perspective of a spectator on his or her own performance even without witnessing the transformation of the other's emotions.« (Katz 1999: 69) Allein durch die kunstvolle Aufführung dieses moralischen Dramas kann es ihnen somit gelingen, ihre verletzte Integrität wieder herzustellen.[5]

Zusammengefasst: Mit dieser Analyse hat Katz seine Forschungsperspektive, dass Emotionen selbstreflexive Erfahrungen und Handlungen sind, genutzt, um eine Erklärung für das Auftreten von Wut zu entwickeln. Die Transformation unseres Körpers wird ausgelöst, weil die Autofahrer und Autofahrerinnen aus der Verschmelzung von Körper und Auto herausgerissen werden *(sensual metamorphosis)*. Diese Transformation führt zu Wut, weil sie ein Problem in der Interaktion mit anderen signalisiert: Sie werden wütend, weil sie nicht genügend beachtet und in ihrem Fortkommen behindert werden *(interaction)*. Die individuelle Dimension dieser Wut ergibt sich aus der situationstranszendierenden Bedeutung, die diesem Auslöser zugeschrieben wird – Bedeutungen, die auf situationstranszendierende Herausforderungen an das eigene Selbst wie beispielsweise Behinderungen im privaten oder beruflichen Fortkommen verweisen *(narration)*. Wut ist jedoch nicht nur ein passives Widerfahrnis *(being done by anger)*, sondern auch eine aktive Praxis *(doing anger)*: Durch das moralische Drama *(narration)* schreiben die Fahrer und Fahrerinnen ihrer Wut sozial sichtbar Sinn zu *(interaction)*, stellen ihre verletzte Integrität wieder her und reagieren zugleich auf die zuvor verdeckten, situationstranszendierenden Herausforderungen an ihr Selbst, um schlussendlich wieder zu der vorherigen, unproblematischen Verschmelzung von Auto und Körper zurückzufinden *(sensual metamorphosis)*.

2   Katz' Versuch der Integration dreier Theorietraditionen

Obwohl Katz ethnographisch arbeitet und sich explizit gegen ›stratifizierende Theorien‹ ausspricht, die bereits vorab definieren, welche Faktoren entscheidend sind oder welche Wechselwirkungen es zwischen diesen Faktoren gibt, betont er zugleich, dass er sich seinem Material natürlich nicht ohne jegliche Theorie zuwendet. Er legt seinen Analysen eine ›naturalistische soziale Ontologie‹ zugrunde – eine (Meta-)Theorie, die eine angemessene Beschreibung des Phänomens ermöglichen soll, indem sie alle Dimensionen benennt, die von Bedeutung sein können (vgl. Katz 2002c: 255). Wesentlicher Bestandteil dieser naturalistischen Ontologie ist die Annahme, dass Emotionen durch die erwähnten drei Dimensionen der sinnlichen Metamorphose, der Inter-

---

5   Selbst wenn dieses moralische Drama misslingt oder abgebrochen wird, gibt es weitere Auswege: Durch einen Seufzer löst sich die körperliche Spannung und in dem Maße, in dem wir uns anderen Beschäftigungen widmen, verfliegt auch unsere Wut (vgl. Katz 1999: 75). Es ist jedoch nicht möglich, aus der Wut herauszufinden, indem man sich eine Rachgeschichte lediglich denkt; denn nur sinnliches Handeln erzeugt jene doppelte Resonanz, die neben dem direkten Bezug auf den Interaktionspartner zugleich auch situationstranszendierende Herausforderung thematisiert und bearbeitet: »because a curse, unlike a thought, achieves sensual resonance on which a double meaning may be registered.« (Katz 1999: 49)

aktion und der Narration gekennzeichnet sind. Diese Dimensionen sind – wie schon an der Begrifflichkeit erkennbar – ganz unterschiedlichen Theorietraditionen entnommen, die Katz harmonisch verbinden und in eine umfassende Sozialpsychologie integrieren will (vgl. Katz 1999: 315): der symbolische Interaktionismus von George Herbert Mead, die Phänomenologie von Maurice Merleau-Ponty und die Psychoanalyse von Sigmund Freud. Diese drei Theorietraditionen rücken jedoch nicht nur Unterschiedliches ins Zentrum ihrer Aufmerksamkeit, sondern sind zudem mit gegensätzlichen Forschungsmethoden verbunden. Die (interaktionistische) Soziologie zielt als Erfahrungs- und Wirklichkeitswissenschaft darauf, sichtbares soziales Handeln zu analysieren; die Phänomenologie will durch strenge egologische Reflexion allgemeine Strukturen der ›subjektiven‹ Orientierung der Lebenswelt von Menschen aufdecken; die Psychoanalyse strebt danach, unbewusste Mechanismen aufzudecken, die unser Handeln steuern.[6]

Wie löst Katz diese inhärenten Widersprüche und Spannungen? Katz verweist darauf, dass es ein Leichtes sei, enorme Unterschiede zwischen diesen Traditionen aufzuzeigen (vgl. Katz 1999: 311, Fußnote 4), diskutiert diese Unterschiede jedoch nicht explizit und gibt nur in Bezug auf zwei der drei Theorietraditionen einen expliziten Hinweis, wie er sie verbinden will. Im Folgenden werde ich im Anschluss an die knappen Verweise von Katz eine kohärente Lesart dieses Integrationsversuchs entwickeln, bevor ich dann im nächsten Abschnitt erörtere, mit welchen Schwierigkeiten ein Versuch der Übertragung dieser Herangehensweise auf andere Emotionen konfrontiert ist.

Katz sieht seine Emotionsstudien als Teil der Erforschung eines umfassenderen Rätsels: »What is it that, being itself invisible, produces all that is visible?« (Katz 1999: 309) Katz behauptet, dass alle drei Theorietraditionen, auf die er sich im Folgenden bezieht, (Teil-)Antworten auf dieses Rätsel formulieren. Merleau-Ponty hat die verkörperten Praktiken des Malens beschrieben. Für einen Künstler wie Cézanne sei das Ziel nicht gewesen, eine Landschaft so abzubilden, wie man sie in einer bestimmten Jahreszeit, bei bestimmten Lichtverhältnissen, tatsächlich sehen kann. Stattdessen gehe es darum, eine bestimmte Wahrnehmung dieser Landschaft zu malen: »the challenge is not to reproduce what anyone can see, but to capture the invisible processes that produce what everyone sees.« (Katz 1999: 314) Michael Polanyi hat diese Überlegungen auf die Analyse alltäglichen Handelns übertragen und betont, dass wir unsere Aufmerksamkeit beim Schreiben und Sprechen nicht auf unseren Körper, sondern von unserem Körper weg lenken müssen, um ihn effektiv einsetzen zu können (vgl. Polanyi 1966: 10). Merleau-Ponty und Polanyi ›antworten‹ somit auf Katz' Rätsel, dass die verkörperten Praktiken jenes Unsichtbare seien, das alles Sichtbare produziere (vgl. 1999: 314). Diese Überlegungen ermöglichen eine neue Perspektive auf Emotionen; denn während die Psychologie den Körper gemeinhin als Container für Bedürfnisse und Antriebe sehe,

---

6 Zu den Unterschieden zwischen symbolischem Interaktionismus und Psychoanalyse siehe Jones 1980; zu den Unterschieden zwischen symbolischem Interaktionismus und Phänomenologie siehe Raab et al. 2008; zu den Unterschieden zwischen Psychoanalyse und Phänomenologie siehe Ricœur 1974: 399 ff.

tendiere die Soziologie dazu, den Körper auf eine manipulierbare Oberfläche zu reduzieren oder sich auf die Analyse der Repräsentationen des Körpers im Diskurs zu beschränken (vgl. Katz 1999: 334). Stattdessen gelte es, zu analysieren, *wie* wir Emotionen
körperlich erleben. Dieses Erleben ist nach Katz dreidimensional: Neben Bedürfnissen
und Antrieben auf der einen und unserem Körper als Ausdrucksmittel auf der anderen
Seite gelte es, die ›Bewegung‹ zwischen diesen Ebenen sowie die Verflechtung von Körper und Umwelt zu berücksichtigen; denn gerade diese körperliche Dimension des Erlebens erlaube uns, die Bedingungen für das Auftreten von Wut zu verstehen: dass wir
aus der zuvor unproblematischen Verschmelzung mit dem Auto-Körper gerissen werden, dass wir tatsächlich das Gefühl haben, ›geschnitten‹ worden zu sein und dass unser
narratives Projekt letztlich darauf zielt, in jene unproblematische Verschmelzung zurückzufinden.

Katz verbindet diese phänomenologische Perspektive auf die körperlichen Praktiken
mit dem symbolischen Interaktionismus (treffender: dem Pragmatismus) von George
Herbert Mead. Diese beiden Perspektiven ergänzen sich insofern gut, als der Pragmatismus – in Abgrenzung zu der in der Soziologie dominierenden Handlungstheorie der
rationalen Wahl – kein von der Welt getrenntes abstraktes, bloß rational denkendes
Ich unterstellt, sondern von einem sinnlichen Ich *in* der Welt ausgeht (vgl. Joas/Knöbl
2004: 188): Denken entsteht in irritierenden Interaktionssituationen, Handlungsalternativen werden in einem Quasi-Dialog mit der Situation erst erschlossen (vgl. Joas
1996: 236).[7] Entsprechend geht Katz davon aus, dass Emotionen in irritierenden *Interaktions*situationen entstehen, wenn uns also beispielsweise ein anderer (vermeintlich)
weniger beachtet als wir ihn. Mead ›antwortet‹ somit auf Katz' Rätsel, dass die Interaktion jenes Unsichtbare sei, das alles Sichtbare produziert (vgl. 1999: 313, 316). Mead betont dabei die Bedeutung der (sozialen) Interaktion für die Herausbildung unserer (vermeintlich individuell gegebenen) Identität:[8] Als Neugeborene sind wir noch nicht in der
Lage, zwischen uns und der Objektwelt zu unterscheiden, doch indem das Kind lernt,
dass es selbst Reaktionen von anderen auslöst, begreift es, wie der jeweils andere es sieht,
und lernt so, sich selbst aus der Perspektive von anderen zu sehen – auf einer primitiven
Stufe: die Erwartungen der anderen zu verinnerlichen, später: sich eine Vorstellung von

---

7   Theorien rationaler Wahl unterscheiden sich zwar hinsichtlich des Status' der Theorie wie auch hin-
    sichtlich der Kriterien für Rationalität, gehen aber gemeinhin von einer anderen Beziehung zwischen
    Situation und Akteur aus als der Pragmatismus: Während insbesondere der Pragmatismus John Deweys
    davon ausgeht, dass Ziele und Mittel erst in der Situation selbst erschlossen werden (vgl. 1896: 357 ff.),
    kontrastieren Theorien rationaler Wahl die Abwägung von Handlungsalternativen mit der tatsächli-
    chen Umsetzung der Handlung – diese Abwägung kann zwar wie bei Esser als Abfolge von Feedback-
    schleifen gedacht werden, ist aber stets als ein *Aufeinanderfolgen* von Schritten gedacht und nicht als
    gleichursprüngliche Konstitution von Handlung und Zielen.
8   So schreibt Katz in seiner Kritik an Jon Elsters *Alchemies of the Mind*, dass dessen Ausführungen durch
    eine konsistente Blindheit gegenüber der Möglichkeit beschränkt werden, dass Emotionen ihren Ur-
    sprung in einem existentiellen Problem haben könnten: »Emotions are always efforts – sometimes ra-
    tional, sometimes absurd – to know the self.« (Katz 2000: 261)

dem Bild zu machen, das andere von ihm haben (›me‹). Identität entwickelt sich, wenn es dem Kind gelingt, unterschiedliche ›me's‹ zu einem einheitlichen Selbstbild (›self‹) zu synthetisieren. Zugleich sind wir spontane, kreative, mit Triebimpulsen[9] ausgestattete Wesen, die auf jene, dem ›me‹ zugrunde liegenden gesellschaftlichen Normen reagieren. Es kommt zu einem lebenslangen *Dialog* zwischen Triebimpulsen und gesellschaftlichen Erwartungen: Die Antriebe des spontanen und kreativen ›I‹ können kommunikative Revisionen gesellschaftlicher Normen anstoßen, die Vorstellung von dem Bild, das der andere von uns hat, wird zur (Selbst-)Bewertungsinstanz, durch die wir jene Antriebe (freiwillig) umorientieren (vgl. Mead 1975: 236 ff.; siehe auch Joas 1989: 117). Die Antriebe des ›I‹ sind unserem Bewusstsein jedoch nicht unmittelbar, sondern immer nur im Nachhinein zugänglich (vgl. Mead 1975: 219 ff.) oder in den Worten von Katz: »there is no gap between taking the standpoint of the others and responding.« (Katz 1999: 316) Emotionen sind somit das Ergebnis eines *unsichtbaren* Dialogs zwischen spontanem und kreativem ›I‹ und reflexivem ›me‹ in Interaktionen.

Wie löst Katz nun den Widerspruch zwischen der (interaktionistischen) Soziologie, die als Erfahrungs- und Wirklichkeitswissenschaft darauf zielt, sichtbares soziales Handeln zu analysieren, und der Phänomenologie Merleau-Pontys, die durch egologische Reflexion beziehungsweise genauer: durch einen Akt der Ausschaltung (die *Epoché*) darauf zielt, menschliche Erfahrung zu reflektieren (vgl. Ricœur 1974: 400)? Katz entscheidet sich, die phänomenologische Perspektive explizit interaktionistisch zu wenden: Anstatt durch kontrollierte, egologische Reflexion *in uns selbst* nach dem Unsichtbaren zu suchen, das alles Sichtbare produziert, will sich Katz dem Unsichtbaren durch die Analyse der Interaktion und der sichtbaren Präsentation des Selbst *für andere* nähern (vgl. Katz 1999: 313, 320): »I must look to others to see myself, to know myself, literally to find myself. […]. On this understanding, the ancient call to ›know thyself‹ becomes an invitation to study social interaction.« (Katz 1999: 315) Diese interaktionistische Wende beschränkt die phänomenologische Frage nach körperlichen Erfahrungen auf jene Erfahrungen, die in konkreten Interaktionen sichtbar werden (vgl. Csordas/Katz 2003: 281). Zugleich erweitert Katz die interaktionistische Perspektive in zweierlei Hinsicht durch die Phänomenologie Merleau-Pontys: Er will sich nicht mit der Analyse der interaktiv konstituierten *sprachlichen* Repräsentationen zufrieden geben, sondern auch in Interaktionen sichtbare körperliche Praktiken einbeziehen.[10] Zweitens will er den

---

9 Joas verweist darauf, dass es nur dann als Widerspruch empfunden wird, dass das ›I‹ Kreativität und Triebausstattung zugleich repräsentiert, wenn man Trieb als dumpfen Naturzwang versteht, nicht jedoch wie Gehlen von einem konstitutionellen Antriebsüberschuss ausgeht, was der Konzeption Meads näher kommt (vgl. 1989: 117).

10 Das meint Katz wenn er schreibt »the self-reflection in emotions is corporeal rather than a matter of discursive reasoning.« Diese Formulierung hat Cas Wouters zu folgender Replik veranlasst: »These words clearly indicate a swing of the pendulum from ›discursive reasoning‹ to the opposite side, celebrating the (re)discovery of an animalic, physical level in humans. Their meaning, however, is less than clear. Corporeal self-reflection in emotions? Emotions as corporeal self-reflective actions? These personified, foundational and either/or formulations may open a window on ›body‹ and ›emotions‹, but they

symbolischen Interaktionismus daran ›erinnern‹, dass die zeitlichen und räumlichen Grenzen von Situationen selbst erst durch das Handeln konstituiert werden – eine Erkenntnis, die sich auch bei Mead findet, an die der symbolische Interaktionismus jedoch bislang nicht angeschlossen habe (vgl. Katz 2003: 283).

Um die Frage nach der situationstranszendierenden Bedeutung von emotionalen Äußerungen fassen zu können, will Katz symbolischen Interaktionismus und Phänomenologie mit der Psychoanalyse Freuds verbinden. Freud ›antwortet‹ auf Katz' Rätsel, dass das Unbewusste jenes Unsichtbare sei, das alles Sichtbare produziere (vgl. 1999: 311). Für Freud entsteht Identität zwar ähnlich wie bei Mead in der Kindheit und ebenso wie bei Mead wird sie von sozialen Normierungen beeinflusst. Im Gegensatz zu Mead, der einen grundsätzlich offenen Dialog von ›me‹ und ›I‹ postuliert, in dem sich beide, ›I‹ und ›me‹, ein Leben lang verändern, ist der Prozess der Prägung bei Freud vorrangig auf die Kindheit beschränkt und fortan als dauerhafter Konflikt zwischen einem amoralischen, die Triebe repräsentierenden ›Es‹ und einem auf Vermittlung mit übergreifenden moralischen Werten zielenden ›Ich‹ zu denken. Das ›Ich‹ ist auf die Energie des ›Es‹ angewiesen, die in der Kindheit verfestigte, individuelle Triebstruktur des ›Es‹ kann jedoch nur unterdrückt oder kanalisiert, aber nicht mehr umgeformt werden; die gesellschaftlichen Normen können umgekehrt von dem ›Es‹ übergangen, aber nicht verändert werden (vgl. Jones 1980: 8).

Katz übernimmt von Freud die Sichtweise, dass allem Alltäglichen eine weitere, zunächst verdeckte Bedeutung innewohnt: So wie der manifeste Inhalt unserer Träume immer Produkt von traumübergreifenden Kräften sei, verkörperten und adressierten auch Emotionen versteckte, situationstranszendierende Provokationen für unser Selbst. Katz konkretisiert die Rede von Provokationen für unser Selbst mit dem Begriff des ›Verdecktseins‹ bei Heidegger. ›Verdeckt‹ kann einerseits etwas sein, das nach Ablauf des Handelns aufgedeckt werden kann, wie etwa Kompetenzen, die in einer spezifischen Situation genutzt werden, und andererseits etwas, das allein vom Standpunkt diskursiver Reflexivität aus *nicht* aufgedeckt werden kann: »[T]he appreciation of the transcendent significance of situated conduct is grasped through a kind of sensual self-reflection that, from the standpoint of discursive self-reflection, typically appears disguised in the inspired resonance of anger, laughter, crying, etc.« (Katz 1999: 312)

Wie löst Katz die inhärenten Widersprüche und Spannungen zwischen einer Suche nach ›verdeckten‹ Herausforderungen an unser Selbst und dem skizzierten, durch

---

close the door to comprehension.« (Wouters, in: Scheff u. a. 2002: 370) Die Rekonstruktion von Katz' Forschungsperspektive zeigt zwar, dass Katz keineswegs auf eine Wiederentdeckung des Physischen und Tierischen zielt, sie ist jedoch in gewisser Weise verständlich; während Katz' Analysen davon profitieren, dass er die Metaphern der Interviewten ernst nimmt, bleiben seine Definitionen aufgrund seiner eigenen Metaphern oft schwammig beziehungsweise erschließen sich erst viele Seiten später. Außerdem geht die Stärke von Katz' Buch, dem Material selbst so großen Raum einzuräumen, mit der Schwäche einher, die Implikationen der gewählten theoretischen Begrifflichkeit nicht ausführlich genug (und allzu oft nur in Fußnoten) zu diskutieren.

phänomenologische Überlegungen sensibilierten interaktionistischen Forschungsprogramm? Katz wendet die Suche nach dem ›Unbewussten‹ zunächst explizit phänomenologisch: »I will not try to describe any ›subconscious‹ meanings but I will describe meanings that are sensually and tacitly understood by each participant (meanings that are ›preconscious‹, as Freud sometimes used the term).« (Katz 1999: 5) Emotionen werden also nicht das Ergebnis *un*bewusster Prozesse, sondern als Ergebnis *vor*bewusster Prozesse angesehen. Werden dadurch zugleich psychoanalytische Techniken der Ausschaltung der Bewusstseinskontrolle durch den phänomenologischen Akt der Ausschaltung, die *Epoché,* ersetzt? Katz äußert sich dazu nicht explizit, doch da er die phänomenologische Perspektive zuvor interaktionistisch gewendet hat, liegt es nahe, anzunehmen, dass er sich auch jener dritten Dimension der Bearbeitung ›verdeckter‹ Herausforderungen durch die Beobachtung von Interaktionen nähern will. Diese Vermutung kann sich auf zwei Hinweise stützen: Katz bezeichnet die dritte Dimension als Erzählung *(narration)* und verweist in zwei kurzen Fußnoten darauf, dass er Freud durch die Brille von Ricœur lese (ohne das allerdings zu spezifizieren).[11] Diese Hinweise eröffnen eine neue Perspektive auf die Rede von ›verdeckten‹ Provokationen; denn Ricœur betont, dass das ›Innere‹ des Menschen erst durch die Verbalisierung von Träumen, das Schreiben eines Romans, das Malen eines Bildes oder die Ausführung eines Rituals externalisiert und fixiert wird (vgl. Ulin 2005: 887 f.). Das bedeutet, dass ›Verdecktes‹ nicht aufgedeckt, sondern durch eine Erzählung *(narration)* in gewisser Weise erst produziert wird – es bedarf also keines Akts der Ausschaltung, um etwas zuvor schon Vorhandenes aufzudecken, sondern der Analyse der Produktion dieses ›Verdeckten‹ durch die Erzählung. Mit Erzählung ist hier wiederum nicht nur eine sprachliche Erzählung im engeren Sinne gemeint – auch ein Bild, ein Ritual oder bei Katz: ein moralisches Drama des Schimpfens sind im ricœurschen Sinne narrativ strukturiert (vgl. Ulin 2005: 888). Eine solche Erzählung definiert Ricœur im Anschluss an Aristoteles als *Synthese des Heterogenen,* also das Zusammenführen von Verschiedenartigem und (zuvor) Unzusammenhängendem und Unzugänglichem. In Ricœurs Worten: Durch die Erzählung wird »die irrationale Kontingenz in eine geregelte, bedeutsame, intelligible Kontingenz« (1986: 14) umgewandelt. Entscheidend ist hierbei, dass es immer mehrere Möglichkeiten gibt, um Vorkommnisse in eine kohärente Erzählung zu integrieren – es kann immer auch anders erzählt werden (vgl. Ricœur 1986: 13; 1996: 174 ff.). Indem wir ein moralisches Drama inszenieren, produzieren wir eine von mehreren möglichen Erzählungen über situationstranszendierende Herausforderungen. Durch diese Erzählung fügen wir Gesten, Worte, et cetera zu einem kohärenten Ganzen zusammen. Diese Erzählung ist dem Handelnden zwar nicht diskursiv zugänglich, sie sind jedoch für andere Interaktionsteilnehmer und Beobachter sichtbar. Diese Lesart bestätigt Katz in einem späteren Text: »As opposed to Freudian and other psychological theories which rely on repression at Time One shaping limitations on awareness at Time Two, the dualism of awareness and unconscious

---

11   Vgl. 1999: 346 (Fußnote 7) und 1999: 374 (Fußnoten 4 und 5).

being is being constituted constantly, and through processes which, if they must be outside of the actor's awareness in the moment of action, are not *invisible* to research.« (vgl. Katz 2002c: 267, Hervorheb. H. D.) Katz wandelt die psychoanalytische Perspektive der Tiefenhermeneutik somit in eine pragmatistische »Oberflächenhermeneutik« (Shalin 2007: 203) um.[12] Entsprechend stellt Katz die Analyse von Videoaufnahmen und teilnehmender Beobachtung von Interaktionen ins Zentrum; die Selbstreflexionen der Akteure spielen keine oder nur eine untergeordnete Rolle.

Allerdings gibt es etliche Stellen in »How Emotions Work«, an denen Katz nicht bei der Analyse der sichtbaren Interaktion stehenbleibt, sondern weit über das hinausgeht, was er mit Hilfe seines Materials zu plausibilisieren vermag – so beispielsweise bei den Überlegungen, dass wir zu Zuschauern des moralischen Dramas werden (vgl. Katz 1999: 69) wie auch bei den durchaus interessanten Reflexionen über die Bedeutung eines hochgereckten Mittelfingers (vgl. Katz 1999: 61–66). Wenn Katz in der Tat – wie hier unterstellt – eine konsequent interaktionistische Forschungsperspektive einnehmen will, handelt er an diesen und einigen weiteren, ähnlichen Stellen (siehe Katz 1999: 35–39, 162, 251) gegen seine eigene Maxime, dass sich der Forscher durch das Material disziplinieren lassen müsse (vgl. Katz 2004a: 295).[13] Es ist daher nicht verwunderlich, dass solche Stellen auf Kritik von interaktionistischen Soziologen treffen: »Katz's interpretive flights sometimes exceed at least this reader's credulity.« (Cahill 2000: 258) Doch auch wenn Katz die interaktionistische Perspektive nicht immer konsequent umsetzt, hat er durch seine Analysen gezeigt, dass eine solche Forschungsperspektive zu einer interessanten Erklärung der Entstehung von Wut beim Autofahren führt – die Frage, inwieweit sich diese Forschungsperspektive für die Analyse anderer Emotionen fruchtbar machen lässt, ist Gegenstand des nächsten Abschnitts.

3 Lässt sich Katz' Zugang für die Analyse aller Emotionen fruchtbar machen?

Katz' drei Dimensionen der sinnlichen Metamorphose, der Interaktion und der Narration sind nicht nur Bestandteile einer ›naturalistischen sozialen Ontologie‹, welche seine ethnographischen Studien anleitet, sondern auch wesentliche Bausteine der retrospektiven Erklärung der emotionalen Äußerung: »The result is causal explanation

---

12 Ricœur selbst steht einem solchen Versuch einer interaktionistischen »Oberflächenhermeneutik« allerdings kritisch gegenüber (vgl. 1970: 65, siehe auch Wahl 2008: 401).
13 So ist beispielsweise seine Kritik an Arlie Hochschild bahnbrechender Studie, dass sie zwar belegen kann, dass die Arbeitgeber in der modernen (Dienstleistungs-)Gesellschaft höhere Anforderungen an die Emotionsarbeit von FlugbegleiterInnen stellen, dass sie aber ihre weitergehende These der zunehmenden Entfremdung dieser DienstleisterInnen von ihren Emotionen nicht durch biographische Daten belegt und gar nicht erst versucht, den unterstellten Unterschied zwischen Dienstleistungs- und anderen Tätigkeiten (oder Arbeitslosigkeit) herauszuarbeiten – eine Herangehensweise, die Katz als »theory singing« (2004a: 204) bezeichnet.

without determinism, not prediction but retrodiction, a specification of the processes that will have taken place if a given form of social life is observed.« (Katz 2002c: 276) In der Auseinandersetzung mit dem Material entwickelt Katz somit aus der forschungsleitenden ›naturalistischen Ontologie‹ eine zumindest tentative Theorie[14] – ein Anspruch, den Katz implizit bereits durch den Titel »How *Emotions* Work« erhebt und in der Einführung explizit bekräftigt: »At a middle-range level, one will have leads on what to look for whereever one tries to map out the workings of the four emotions treated in these studies. And if one accepts that emotions are inherently labyrinthine, this volume most generally offers up a series of theoretical threads that should be helpful for exploring any foreign emotional place without ever denying its exotic character.« (1999: 17)

Doch eine solche, tentative Übertragung von Katz' Theorie stößt auf Schwierigkeiten. Zunächst einmal hat Katz keine zufällige Auswahl von verschiedenen Emotionen getroffen – in zwei der vier Studien untersucht er genau genommen gar keine Emotionen; denn Lachen und Weinen gehen zwar mit Emotionen wie Trauer, Glück, etc. einher, werden aber selbst nicht zu den Emotionen gezählt.[15] Alle vier Äußerungen weisen jedoch andere Gemeinsamkeiten auf, sie brechen nämlich allesamt plötzlich ›auf‹ und werden meist nur kurzzeitig aufrechterhalten. Katz kann zeigen, dass auch bei diesen vermeintlich unkontrollierten Äußerungen passive und aktive Aspekte zusammenwirken: Wir werden aus einer zuvor unproblematischen Beziehung zur Welt gerissen, Provokationen an unser Selbst scheinen auf, doch obwohl wir Objekte dieser Wut*anfälle* sind, formen wir sie zugleich aktiv und auf ganz individuelle Weise – wir inszenieren als Subjekte ein moralisches Drama, um einen Ausweg aus dieser Wut zu finden und zugleich jene ›verdeckten‹ Provokationen an unser Selbst zu bearbeiten.

Lässt sich diese Forschungsperspektive auch auf komplexere, langfristig aufrechterhaltene Emotionen wie Liebe, Hass oder Bitterkeit anwenden? Ein Versuch am Beispiel Liebe: Liebe entsteht – im Gegensatz zu Wut im Straßenverkehr, Momenten der Scham, Lachen oder Weinen oder auch Gefühlen der Verliebtheit – nicht plötzlich, sondern ist das Ergebnis eines längeren Prozesses. Vor allem aber kann sie nicht angemessen als *Folge* von Interaktionen mit einem Gegenüber beschrieben werden; denn sie reagiert nicht auf ein bereits gegebenes Gegenüber, sie *schafft* sich dieses Gegenüber selbst. In den Worten von Georg Simmel: »…die Liebe (…) [schafft] ihren Gegenstand als ein völlig genuines Gebilde (…). Mit demselben Recht, mit dem der andre ›meine Vorstellung‹ ist, mit eben dem ist er ›meine Liebe‹; er ist nicht ein invariables Element, das, wie in alle möglichen Konfigurationen, so auch in die des Geliebtwerdens einginge

---

14   An anderer Stelle betont Katz explizit, dass nicht jede Suche nach allgemeinen Theorien problematisch ist: »The quest for timelessly applicable forms of theory, like the quests for love, peace, equality, or god, leads one to do different things, and while arriving at a settled end may be fantasy, the challenges structured and overcome on the way are not necessarily quixotic.« (2004a: 281).

15   Katz gibt als Begründung für seine Auswahl lediglich an, dass er schon deshalb nicht alle Emotionen untersuchen kann, weil er dann hätte definieren müssen, was »alle Emotionen« sind. Stattdessen untersuche er alltägliche Äußerungen, die von den Beteiligten als Emotionen anerkannt werden (1999: 4).

oder dem die Liebe gewissermaßen noch angehängt würde, sondern ein originäres einheitliches Gebilde, das vorher nicht bestand.« (Simmel 1967: 58)[16] Deshalb zählt Simmel Liebe zu den primären Emotionen, die im Gegensatz zu den sekundären nicht Folge, sondern Ursache von Beziehungen sind (vgl. Gerhards 1988, 43–51). Damit kehrt sich jedoch der Zusammenhang zwischen Narration auf der einen Seite, Interaktion und sinnlicher Metamorphose auf der anderen Seite um: Bei Wut im Straßenverkehr werden sinnliche Metamorphosen zur Bedingung und typische Interaktionssituationen zum Auslöser der Wut, die Narration setzt erst bei der aktiven Bearbeitung dieser Wut ein. Bei Liebe werden auch die Beziehung, die damit verbundenen typischen Interaktionssituationen und sinnlichen Metamorphosen durch die Narration produziert: Unser Körper verändert sich auf eine bestimmte Weise, *weil* wir lieben; wir interagieren auf eine bestimmte Weise, *weil* wir lieben. In Katz' naturalistischer Ontologie ist die dritte Dimension der Narration somit zu eng fasst: Wir bearbeiten nicht nur gegenwärtige Provokationen an unser Selbst, wir *entwerfen* durch diese Narration zugleich unser zukünftiges Selbst und im Falle der Liebe jenes »völlig genuine Gebilde« (Simmel 1967: 58) des geliebten Menschen. Diesen Aspekt der Narration betont Ricœur, wenn er schreibt, dass retrospektive Erzählungen über das eigene Leben immer auch Entwürfe und Erwartungen enthalten, durch die sich die Protagonisten auf die Zukunft hin entwerfen (vgl. Ricœur 1996: 200).

Dieser situationstranszendierende, prospektive Aspekt der Narration spielt vermutlich auch bei anderen komplexen, langfristig aufrechterhaltenen Emotionen eine wesentliche Rolle. Am Beispiel Eifersucht: Simmel betont, dass Eifersucht aus einer gewissen »Fiktion des Gefühls« (Simmel 1999: 319) heraus entsteht, dann nämlich, wenn Ego den Dritten als einen Konkurrenten sieht, der ihm etwas weggenommen hat, was eigentlich ihm gehöre. Hier erschafft die Narration zwar kein Gegenüber, vorangegangene Narrationen produzieren jedoch eine ganz bestimmte, nicht aus der aktuellen Interaktion ableitbare Deutung von Ego, Alter und dem Dritten, die zum Auslöser und zur Bedingung der Entstehung von Eifersucht werden.

Vermutlich ließe sich Katz' Forschungsperspektive um diesen Aspekt der prospektiven Narration (und ihrer gesellschaftlichen Prägungen) erweitern. Um die Entstehung primärer und langfristig aufrechterhaltener sekundärer Emotionen retrospektiv erklären zu können, müsste sie eine Vielzahl von Situationen beobachten, um jene prospektiven Narrationen zu identifizieren, durch die spätere Interaktionssituationen (und im Falle der primären Emotion Liebe auch das Gegenüber) erst jene spezifische Bedeutung erhalten, die zur Bedingung für das Auftreten der Emotion wird.

---

16 Das gilt, obwohl wir glauben, eine Person aufgrund von bestimmten Eigenschaften zu lieben. Noch einmal in den Worten von Simmel: »Selbst wenn er um bestimmter Eigenschaften oder Bewirkungen willen geliebt wird, so stehen diese ›Gründe‹ der Liebe doch in einer ganz andren Schicht als die Liebe selbst, und sie werden, zugleich mit dem Ganzen seines Wesens einer ganz neuen Kategorie einempfunden, sobald die Liebe nun wirklich eintritt, gegenüber derjenigen, die sie bei etwaigem Ausbleiben unserer Liebe einnehmen, selbst wenn sie in beiden Fällen gleichmäßig ›geglaubt‹ werden« (1967: 59).

Katz' Forschungsperspektive lässt sich aber auch ohne diese, zugegebenermaßen komplexe, Erweiterung für die Analyse der primären und langfristig aufrechterhaltenen sekundären Emotionen fruchtbar machen; denn Katz' Studien zeigen, dass es in jedem Fall lohnenswert ist, den (sozialen) Hintergrund des Geschehens (zunächst!) außen vor zu lassen, um stattdessen mit einer dichten Beschreibung des tatsächlichen, in der gegebenen Situation *sichtbaren* Geschehens zu beginnen – also zunächst einmal genau zu beschreiben, was Akteure in konkreten Situationen *tun,* wenn sie lieben oder wenn sie eifersüchtig sind. Oder als allgemeine Maxime formuliert: »Because social research almost always starts at the background, it should be a useful complement to reverse the strategy from time to time and start at the foreground.« (Katz in Scheff u. a. 2002: 376)

4 Fazit

Trotz der Kritik an Katz' nicht immer konsequenter Umsetzung eines als interaktionistisch rekonstruierten Forschungsprogramms und der Einschränkung, dass sich primäre und komplexe sekundäre Emotionen nicht auf die gleiche Weise erklären lassen wie relativ einfache, kurzzeitig ausbrechende sekundäre Emotionen, wird »How Emotions Work« dennoch meines Erachtens nach zu Recht als »vielleicht wichtigstes Buch seit Arlie Hochschild« (Jasper 2004: 123) gefeiert; denn es eröffnet eine innovative Forschungsperspektive auf Emotionen: Anstatt Emotionen einseitig auf kognitive Deutungen *(appraisal)* oder auf spontane Ausbrüche *(arousal)* zu reduzieren, sieht Katz Emotionen als selbstreflexive Erfahrungen und Handlungen, die durch die drei Prozesse der Interaktion, der Narration und der sinnlichen Metamorphose gekennzeichnet sind. Anstatt den Körper auf eine manipulierbare Oberfläche oder einen Gegenstand des Diskurses zu reduzieren, fragt Katz wie wir Emotionen (sozial sichtbar) körperlich erleben. Anstatt Emotionen auf strategisches Theaterspielen oder normorientierte Deutungen zu reduzieren, geht Katz von der konstitutiven Kreativität des Handelns aus – wenn wir auf situationsspezifische und situationstranszendierende Herausforderungen an unser Selbst reagieren, tun wir dies auf kreative Art und Weise, selbst wenn wir den anderen ein bestimmtes Bild von uns vermitteln und sozialen Erwartungen genügen wollen. Anstatt Emotionen aus dem sozialen Hintergrund wie etwa dem soziokulturellen Status der beteiligten Interaktionspartner abzuleiten, erarbeitet Katz seine retrospektive kausale Erklärung der Entstehung von Wut durch die Analyse des Vordergrundes der sichtbaren sozialen Interaktionen – wenngleich diese Analyse im zweiten Schritt um eine Analyse des Hintergrundes ergänzt werden kann und sollte, also etwa: Unterscheiden sich die moralischen Dramen von Angehörigen verschiedener sozialer Gruppen?

»How Emotions Work« stellt nicht nur für die Soziologie der Emotionen eine Herausforderung dar – es verweist einmal mehr darauf, dass die Soziologie nach Wegen suchen muss, um die Prozesshaftigkeit, die Kreativität und die Körperlichkeit unseres Handelns angemessen zu berücksichtigen.

Literatur

Allahyari, Rebecca A. (2003): Analyzing Emotions: Prisms, Transferences, Rituals, and Histories. In: Sociological Forum 18(4): 643–652.

Barbalet, Jack (2005): Weeping and Transformations of Self. In: Journal for the Theory of Social Behaviour 35(2): 125–141.

Cahill, Spencer E. (2000): Review: How Emotions Work by Jack Katz. In: The American Journal of Sociology 106(1): 257–259.

Csordas, Thomas J./Katz, Jack (2003): Phenomenological Ethnography in Sociology and Anthropology. In: Ethnography 4(1): 275–288.

Dewey, John (1896): The Reflex Arc Concept in Psychology. In: Psychological Review 4: 357–370.

Ehrlich, Robert (1984): Review: The Managed Heart: Commercialization of Human Feeling by Arlie Hochschild. In: Theory and Society, 13(5): 731–736.

Flaherty, Michael G. (2001): Review: How Emotions Work by Jack Katz. In: Contemporary Sociology 30(1): 44–46.

Flam, Helena (2002): Soziologie der Emotionen. Eine Einführung. Konstanz: UVK.

Gerhards, Jürgen (1988): Soziologie der Emotionen. Fragstellungen, Systematik und Perspektiven, Weinheim/München: Juventa.

Jasper, James M. (2004): Review: How Emotions Work by Jack Katz. In: Qualitative Sociology 27(1): 123–126.

Joas, Hans/Knöbl, Wolfgang (2004): Sechste Vorlesung: Interpretative Ansätze (1): Symbolischer Interaktionismus. In: Dies.: Sozialtheorie. Zwanzig einführende Vorlesungen. Frankfurt am Main: Suhrkamp, S. 183–219.

Joas, Hans (1996): Die Kreativität des Handelns. Frankfurt am Main: Suhrkamp.

Joas, Hans (1989): Praktische Intersubjektivität. Die Entwicklung des Werkes von G. H. Mead. Frankfurt am Main: Suhrkamp.

Jones, Dan R. (1980): George Herbert Mead and Sigmund Freud: A Comparative Study of Psychoanalysis and Social Behaviourism. In: Journal of Communication Inquiry 5: 3–20.

Katz, Jack (2004a): On the Rhetoric and Politics of Ethnographic Methodology. In: Annals of the American Academy of Political and Social Science 595: 280–308.

Katz, Jack (2004b [2001]): Analytic Induction. In: International Encyclopedia of the Social and Behavioral Sciences, hg. von Neil Smelser und Paul Baltes. S. 480–484.

Katz, Jack (2002a): From How to Why. On Luminous Description and Causal Inference in Ethnography (Part 1). In: Ethnography 2(4): 443–473.

Katz, Jack (2002b): From How to Why. On Luminous Description and Causal Inference in Ethnography (Part 2). In: Ethnography 3(1): 63–90.

Katz, Jack (2002c): Start Here: Social Ontology and Research Strategy. In: Theoretical Criminology 6(3), 255–278.

Katz, Jack (2000): Review: Alchemies of the Mind: Rationality and the Emotions by Jon Elster. In: American Journal of Sociology 106(1): 259–262.

Katz, Jack (1999): How Emotions Work. Chicago: University of Chicago Press.

Mead, George Herbert (1975[1934]): Geist, Identität und Gesellschaft aus der Sicht des Sozialbehaviourismus. Frankfurt am Main: Suhrkamp.

Polanyi, Michael (2009 [1966]): The Tacit Dimension. Chicago: University of Chicago Press.

Raab, Jürgen et al. (2008): Phänomenologie und Soziologie. Grenzbestimmungen eines Verhältnisses, in: Dies. (Hg.): Phänomenologie und Soziologie. Theoretische Positionen, aktuelle Problemfelder und empirische Umsetzungen. Wiesbaden: VS, S. 11–29.

Reed, Jean-Pierre (2004): Emotions in Context: Revolutionary Accelerators, Hope, Moral Outrage, and other Emotions in the Making of Nicaragua's Revolution. In: Theory and Society 33: 653–703.

Ricœur, Paul (1996): Das Selbst und die narrative Identität. In Ders.: Das Selbst als ein Anderer. München: Fink, S. 173–206.

Ricœur, Paul (1986): Zufall und Vernunft in der Geschichte. Tübingen: Gehrke.

Ricœur, Paul (1974): Die Interpretation. Ein Versuch über Freud. Frankfurt am Main: Suhrkamp.

Schafer, Roy (1980): Narratives in the Psychoanalytic Dialogue. In: Critical Inquiry 7(1): 29–53.

Scheff, Thomas/Stanko, Elisabeth A./Wouters, Cas/Katz, Jack (2002): Symposium: How Emotions Work. In: Theoretical Criminology 6: 361–380.

Schützeichel, Rainer (Hg.) (2006): Emotionen und Sozialtheorie. Disziplinäre Ansätze. Frankfurt am Main/New York: Campus.

Shalin, Dmitri N. (2007): Signing in the Flesh: Notes on Pragmatist Hermeneutics. In: Sociological Theory 25(3): 193–224.

Simmel, Georg 1999 [1908]: Soziologie. Untersuchungen über die Formen der Vergesellschaftung. Gesamtausgabe Band 11, hg. von Otthein Rammstedt. Frankfurt am Main: Suhrkamp.

Simmel, Georg (1923): Fragmente und Aufsätze aus dem Nachlass und Veröffentlichungen der letzten Jahre, hg. und mit einem Vorwort von Georg Kantorowicz. München: Drei Masken Verlag.

Ulin, Robert C. (2005): Remembering Paul Ricoeur: 1913–2005. In: Anthropological Quarterly 78(4): 885–897.

Wahl, William H. (2008): Pathologies of Desire and Duty: Freud, Ricœur, and Castoriadis on Transforming Religious Culture. In: Journal of Religion and Health 47: 398–414.

Emotionen nach Alfred Schütz

Jan Straßheim

1 Zwei Grundintuitionen und das Problem ihrer theoretischen Vermittlung

Homers *Ilias* handelt bekanntlich vom ›Zorn des Achill‹: von dem politisch folgenschweren und umkämpften Affekt einer einzigartigen Persönlichkeit. In seiner rücksichtslosen Wucht und Dauer kann niemand in Achilles' Umgebung dessen außergewöhnlichen Zorn so recht nachvollziehen. Sogar Achilles selber scheint dem ausgeliefert, was von ihm Besitz ergreift: Er sieht vollkommen ein, was seine im Stich gelassenen Mitstreiter ihm empört ins Gewissen reden, und stimmt ihnen zu – aber sobald er an seine vergangene Demütigung denke, erklärt er, ›schwelle‹ ihm vor Zorn ›das Herz‹.[1] Und doch kommt der fast wahnhafte Affekt am Ende des Epos in einer komplizierten Interaktion unter Kontrolle. Achilles, der seit einiger Zeit mit Hingabe die Leiche des von ihm getöteten trojanischen Prinzen Hektor schändet, erhält von Gott Zeus die Warnung, allmählich sei *er*, Zeus, zornig. Achilles solle endlich gegen Geschenke den Toten freigeben. Hektors Vater Priamos raten die Götter, die Achilles gut kennen, heimlich mit den Geschenken ins feindliche Lager und zu Achilles' Zelt zu gehen, dessen Knie zu umfassen und ihn an seinen eigenen Vater zu erinnern, der ebenso Angst um seinen Sohn leide wie Priamos. Achilles, so hofft man, werde dann Mitleid bekommen. Das gelingt zunächst auch, doch der ungeduldige Priamos wird plötzlich fordernd, und Achilles fühlt seinen Zorn aufsteigen. Aber auch Achilles kennt sich gut. Er wolle die Leiche mittlerweile ohnehin herausgeben, erklärt er Priamos, aber falls sein Zorn komme, könnte es passieren, dass er gegen seinen eigenen Willen und gegen göttliches Gesetz den Alten umbringe. Er bittet ihn daher ihn nicht weiter zu reizen und verlässt selbst eilig das Zelt. Dann befiehlt er seinen Leuten, die Leiche vorzubereiten, aber etwas abseits, damit Priamos seinen toten Sohn nicht sieht und sich vielleicht erneut in seiner Aufregung zu unhöflichen Bemerkungen hinreißen lässt, die wiederum Achilles' fatalen Zorn entfachen würden. Die Rechnung geht auf.[2]

Wir wissen nicht genau, was für Emotionstheorien die Griechen dieser Zeit vertraten, und es ist vielleicht müßig, es aus der künstlerisch durchgeformten Gefühlsdarstellung der Epen herauslesen zu wollen. Aber der Gegensatz zwischen zwei verschiedenen Intuitionen scheint auch aus moderner Sicht plausibel:

---

1   *Ilias* 9, 644–647.
2   *Ilias* 24, insbes. 553–587.

Erste Intuition: Emotionen sind und bleiben an individuelle Perspektiven gebunden
Einerseits erscheinen Emotionen als Phänomene, die sich nicht aus der Perspektive und dem Körper eines Individuums herauslösen lassen. Achilles' Zorn ist eben *sein* Zorn; er entzieht sich sogar seinem eigenen Wollen und Verstehen und erst recht dem anderer Menschen. Seine Gefühle kann nur er haben (oder sie ihn). Das gilt aber nicht erst für außergewöhnliche Gemüter, sondern für beliebige Individuen. Jeder emotionale Vorgang ist in sich mannigfaltig und umfasst feinste Zusammenhänge, Abläufe und Zwischentöne; nach außen ist er eingebunden in eine konkrete Situation und deren Wertung und Wahrnehmung im Rahmen einer Lebensgeschichte und gefärbt durch zahlreiche Bezüge und Deutungsmöglichkeiten. Eine solche komplexe Fülle, die sich über das Ganze der bewussten, unbewussten und leiblich-körperlichen Bereiche einer Person erstreckt, ist einzigartig, privat und nicht übertragbar. Die Gefühlswelt eines anderen kann man niemals so erfahren wie er selbst oder so, wie man seine eigene Gefühlswelt erfährt. Bestenfalls lassen sich kleine Ausschnitte fremden Affekterlebens und Affekthandelns nachvollziehen, und das auch nur über indirekte Anzeichen und ohne Gewissheit. Es wäre anmaßend zu meinen, man könnte ein fremdes Gefühl restlos verstehen oder gar vorausberechnen, und es wird oft auch als Anmaßung zurückgewiesen. Die Unterschiede in der Affektlage zweier Individuen sind nicht einzuebnen.

Zweite Intuition: Emotionen sind Gegenstände einer gemeinsamen sozialen Welt
Andererseits erscheinen Emotionen als Teile einer gemeinsamen sozialen Welt. Wir sind oft, meistens sogar, zufrieden damit, wie wir uns emotional aneinander orientieren. Wir verstehen die Gefühle anderer gut und fühlen uns verstanden, empfinden fremde Emotionen sogar unmittelbar mit oder nach, stellen eigene Emotionalität dar und bringen fremde in Erfahrung. Dabei kommen anerkannte Vokabulare und Körpersprachen zum Einsatz. Man bringt sich in gemeinsame Stimmungen und bestärkt sich darin. Man ahmt Affektleben und Neigungen bewunderter oder beneideter Menschen nach und setzt sich umgekehrt von denen der Verachteten oder Gemiedenen gezielt ab. Individuen vermögen zudem mit einigem Erfolg vorauszusehen, wie sie selbst oder andere unter bestimmten Bedingungen affektiv reagieren werden. Darum können sie gezielt bestimmte Emotionen suchen und andere vermeiden sowie eigene und fremde Emotionen zu Themen, Mitteln und Zielen des Interagierens machen – wie in der *Ilias* geschildert. Wir können einander mit Absicht einschüchtern, ärgern, besänftigen, trösten, amüsieren oder (nicht) beleidigen. Das alles geschieht oft nicht zögerlich und mühsam, sondern geläufig und ohne Nachdenken, und es betrifft nicht bloß ungefähre Stimmungslagen, sondern sehr konkret bezogene und individuell eigentümliche Affekte. Immerhin haben wir keine Garantien und geraten oft in Fettnäpfchen und Missverständnisse. Emotionen sind Gegenstände öffentlichen Interesses, sozialer Formung und kulturellen Lernens.

Diese Grundintuitionen gehören nicht erst zum theoretischen Wissen, sondern bereits zur alltäglichen Praxis – heute oder zu Homers Zeiten. Aber wie stehen sie auf einer theoretischen Ebene zueinander? Zweifellos werden tragfähige Unterscheidungen zwischen den beiden Seiten benötigt. Aber aktuelle Phänomene wie etwa die »Verwischung der Grenzen zwischen Öffentlichkeit und Privatsphäre, Anonymität und Intimität« (Schützeichel 2006: 8) erinnern daran, dass es mindestens so wichtig sein könnte, Verbindungen und Übergänge zwischen ihnen zu verfolgen. Vielleicht hat das in den letzten Jahren stetig wachsende Interesse an Emotionen nicht nur mit der mittlerweile selten noch bestrittenen Bedeutung von Emotionen für soziale Zusammenhänge zu tun, sondern gerade damit, dass sich der Gegensatz zwischen den beiden Grundintuitionen im Emotionalen besonders deutlich ausprägt. Vielleicht ist dieser Gegensatz eher fruchtbar als problematisch.

Zwar könnte man nun in das Problem einsteigen, indem man trennscharf definiert, was eine ›Emotion‹ sei. Doch selbst für ein vielbearbeitetes Forschungsgebiet verblüffend ist die Vielfalt von oft unverträglichen Definitionen und Abgrenzungen zu ›Affekt‹, ›Gefühl‹, ›Stimmung‹, ›emotionaler Disposition‹ usw., von Listen ›primärer‹ oder ›Basis‹-Emotionen – so man welche annimmt – und von verschiedenen Kombinationen in Mehrkomponententheorien. Die schiere Zahl der Bestimmungen »has grown to the point where counting seems quite hopeless.« (Scherer 2005: 696) In einer solchen Lage kann es helfen, wenn man, anstatt sogleich weitere Definitionen hinzuzufügen, zunächst einen Schritt zurücktritt und emotionale Phänomene im allerweitesten Verständnis, immer an Beispiele und Befunde rückgebunden, von einer abstrakteren Ebene aus theoretisiert. Vor allem wäre ein Ansatz willkommen, der die beiden Grundintuitionen zunächst einmal ins Verhältnis setzen, ihre Spannung aushalten und sie zusammendenken könnte, um erst von dort aus genauer zu differenzieren.

Dazu kann Alfred Schütz mit seiner Arbeit an den Grundlagen einer »philosophischen Soziologie« (Schütz 2003b: 329, 342) beitragen. Er treibt beide Grundintuitionen auf die Spitze, ohne jedoch eine auf die andere zu reduzieren oder einer Priorität oder größeres Gewicht einzuräumen. Vielmehr lässt sich mit Schütz zeigen, dass die beiden Seiten gerade in ihrer Konsequenz und in ihrem Eigenrecht aufeinander angewiesen sind. Das erfordert jedoch aus zwei Gründen ein wenig Geduld.

Erstens ist Schütz' Theorie fragmentarisch geblieben, oft zu detailliert, manchmal missverständlich. Das hat zu einflussreichen Fehldeutungen geführt, etwa in der Debatte zwischen Jürgen Habermas und Niklas Luhmann, die Schütz' Ansatz auf jeweils eine der beiden Seiten reduzieren.[3] Schütz, der oft einfach als Phänomenologe gilt, als Subjektivist und »guter Husserlschüler« gar (Habermas 1982: 234), entwickelte seine grundlegende Fragestellung an Max Weber und Henri Bergson, bevor er sich für Edmund Husserl zu interessieren begann und, noch später, dessen transzendentalen Ansatz radikal kritisierte. Berger und Luckmann (1966) hingegen lehnen sich zwar an

---

3   Vgl. Habermas 1982: 234 f., 239 f., Habermas 1997: 195–198, 210 f., 216 und Luhmann 1996: 268–272.

Schütz an, betonen dabei jedoch übermäßig feste Rollen und Institutionen, die strukturiert sind durch ein sozial allzu einheitliches „Wissen" mit kognitiver Schlagseite.
Das haben sie an viele sozialkonstruktivistische Emotionstheorien vererbt (z. B. Averill
1980). Man fragt sich, ob dann nicht alle ›gut‹ sozialisierten Individuen einer Gruppe
weitgehend die gleiche Norm-Emotionalität haben müssten (vgl. Christian von Scheves
Kritik in diesem Band). Und wie und wieso verändern sich dann diese festen, gemeinsamen Strukturen? Beruhen Gefühle so sehr auf ›Interpretationen‹? Ähnlich ist es mit
der Schütz-Lektüre Erving Goffmans (1974): Der Einsatz von ›frames‹ hat mit sozialen
›Regeln‹ zu tun, die auch dort gelten sollen, wo man sie nur vorspielt oder trickreich
umgeht. Ein zweiter Blick auf Schütz' eigene Sozialtheorie lohnt sich, gerade seit ihrer
zunehmenden und umfassenden Neubewertung – vor allem seit Srubar 1988 – und seit
sie Unterstützung von unerwarteter Seite erhält, nämlich durch Befunde im Umfeld der
strikt kognitionswissenschaftlichen Relevanztheorie Sperbers und Wilsons (1986/95; vgl.
dazu Straßheim 2010).

Zweitens finden wir in Schütz' Werk zwar zahlreiche klare Hinweise darauf, dass er
Emotionen als ein wichtiges Anwendungsfeld seiner Theorie ansah, darüber hinaus aber
nur wenige Beispiele oder Argumente aus diesem Feld.[4] Darum ›Emotionen nach Alfred Schütz‹: Ich möchte in sehr selektivem Anschluss an Schütz versuchen zu umrei-
ßen, wie seine Emotionstheorie heute aussähe – wenn er eine geschrieben hätte.

2   Ein Argument nach Schütz in sechs Schritten

Zentral wird Schütz' Sinnbegriff sein. Die Form von Sinn (als ›Spannung‹ zwischen individueller ›Fülle‹ und ›Selektion‹ aus der Fülle) macht individuelle Perspektiven und
gemeinsame soziale Welten miteinander kompatibel. Die konkrete zeitliche Entfaltung
von Sinn (unter dem Titel ›Relevanz‹) bindet beide Seiten in ihrem Entstehen, Bestand
und Wandel dauerhaft aneinander. Diese Pointe scheint mir klarer, wenn man Schütz'
Akzente leicht verschiebt und dazu insbesondere das Frühwerk der 1920er Jahre stärker
einbezieht. Zum einen ist die Form von Sinn konsequent weit zu fassen – entgegen einer
Engführung auf Kognition, wie man sie teilweise auch bei Schütz findet. Sinn kann
rein körperlich sein. Zum anderen muss man bei der zeitlichen Entfaltung die Veränderung von Sinn gleichberechtigt mit seiner Fortführung hervorheben. Schon Schütz
neigt mancherorts dazu, Wandel und Abweichung der Routine funktional nachzuord-
nen, was den Eindruck von Sinn-›Strukturen‹ erzeugen kann, wo man Sinn-Prozesse
vor sich hat.

Ich skizziere in sechs Schritten, wie man – unter diesen Vorzeichen – Emotionen
nach Schütz betrachten kann. Dabei scheint es anfangs um ein isoliertes Individuum zu
gehen, aber dann stellt sich gerade aufgrund dieser Beschreibungsweise und ihrer Apo-

---

4   Programmatisch und zugleich beiläufig z. B. Schütz 2003b: 327, 333 f. Weitere Hinweise folgen unten.

rien heraus, dass von Anfang an von irreduzibel sozialen Phänomenen die Rede war. Die Schritte sind keine Konstruktionsphasen oder Stockwerke, sondern Argumentationsschritte, Schritte der Annäherung an den Gegenstand.

2.1   Der emotionale Fluss: das Individuum in seiner ›Fülle‹

Das Argument beginnt mit einer vorläufigen Beschreibung, die stürmisch unserer ersten Intuition entgegengeht, Emotionen seien gebunden an einzigartige Individuen mit dem privaten und unberechenbaren Reichtum ihrer je eigenen Perspektive. Man stelle sich also emotionale Prozesse in ihrer maximalen Fülle vor, in der ganzen Vielfalt und Verflechtung ihrer Beziehungen und Auswirkungen, in ihren noch so feinen Übergängen, Details und Schattierungen, in noch so entlegenen Möglichkeiten der Deutung und Bedeutung.[5]

Diese Beschreibung muss unterhalb von Differenzen ansetzen, die von vornherein eine Reihe möglicher Zusammenhänge zerschneiden würden, unterhalb von Festlegungen, die zahllose Alternativen ausschließen würden. So liegt die Fülle unterhalb von Trennungen zwischen physiologischen, motorischen, sinnlichen oder bewusst-intentionalen Aspekten. Die Fülle ist ein unteilbares, dichtes Ganzes, und wenn man hier noch von einem ›Ich‹ sprechen möchte, dann von einem Ich, das so etwas wie den materiellen Körper oder den empfundenen Leib gleichberechtigt in seiner Einheit mitumfasst: Ich bin (unter anderem) meine Hand und meine Gefühle, anstatt dass ich sie ›habe‹.[6]

Vor allem sind davon *zeitliche* Aufteilungen betroffen. Wenn man an emotionalen Prozessen stufenlose Übergänge erfassen will und Ereignisse, die sich allmählich und unmerklich anbahnen und unbestimmt nachwirken, dann kann man keine letzten Grundbausteine nach Art von Atomen oder Quanten abgrenzen. Anders als bei einem digitalen Computer gibt es hier keine durchgehenden Taktschritte, bei denen das ganze Individuum von einem Gesamtzustand auf einen Schlag in einen klar davon getrennten anderen Gesamtzustand überginge. Vielmehr muss man ein Kontinuum der dauernden Veränderung annehmen, das Schütz mit dem Fließen eines Flusses vergleicht.[7] Letztlich bildet dann die individuelle Lebensgeschichte eine unteilbare, dichte Ganzheit.

---

5   Vgl. z. B. Schütz 2006: 49 f., 53–59, 116 f. Als Folie dient vor allem Bergsons ›durée‹. Schütz spricht von ›Fülle‹ eher charakterisierend als terminologisch (z. B. ebd.: 118; Schütz 2004: 230).

6   Schütz (2006) nimmt um viele Jahre manche Ideen des frühen Merleau-Ponty (1945) vorweg, den er später persönlich kennen lernt und zustimmend zitiert (z. B. Schütz 1970: 89 f., 172).

7   Der Vergleich ist seit der Antike verbreitet. Für Schütz' Landsmann und Zeitgenossen Musil, dessen Gefühlstheorie auch sonst Parallelen zu der hier rekonstruierten aufweist, sind Gefühle »beständiger Fluß« (Musil 1978: 1172). Unübersehbar ist Schütz' Nähe zum ebenfalls Bergson-inspirierten Simmel (1908: insbes. 21–29), die Schütz trotz Kritik an dessen methodischen Schwächen auch anerkennt (vgl. Schütz 2004: 84 und z. B. Schütz 1962b: 18).

Aus der Beschreibung folgt der Rest der ersten Intuition. Die Turbulenzen und gleitenden Bewegungen im emotionalen Fluss, die sich über die ganze Breite und Tiefe einer Person hin und bis in kleinste Einzelheiten fortsetzen, können bei zwei Menschen niemals exakt gleich ausfallen, selbst wenn sie eineiige Zwillinge sind, die alles gemeinsam unternehmen. Die emotionale Fülle kann bei weitem nicht restlos gezeigt oder mitgeteilt werden, schon wegen der schieren Menge an Einzelheiten und Zusammenhängen, aber auch, weil große Teile etwa der Biographie oder des körperlichen Empfindens anderen einfach nicht zugänglich sind, und wenn, dann nur indirekt. Da sich das Individuum in seiner Fülle permanent wandelt, wird es zudem jeden Augenblick etwas anders wahrnehmen und bewerten als den vorigen, so dass auch die äußere Situation, auf die zwei Menschen jeweils affektiv bezogen sind, für beide nie identisch sein kann. Und da sich das komplexe Gefüge von Moment zu Moment verändert und das Spektrum möglicher Faktoren so groß ist, lässt sich der weitere Verlauf prinzipiell nicht absehen, geschweige denn vorausberechnen. Individuelle Emotionen sind immer reich und einzigartig und daher weder übertragbar oder vollends mitteilbar noch prognostizierbar.

Das kann aber noch nicht die ganze Geschichte sein. Die vorläufige Beschreibung führt nämlich auf den zweiten Blick in Aporien, die unsere Intuition geradezu auf den Kopf stellen und gerade mit Hinsicht auf diese Intuition zwingen, das Individuum anders zu denken.

2.2   Aporien der ›reinen‹ emotionalen Fülle

Bliebe man bei der eben gegebenen Beschreibung stehen, geriete man in ausweglose Probleme.[8] Wenn der emotionale Fluss sich permanent wandelt, kann eine emotionale Lage sich niemals wiederholen, nicht einmal für einen kurzen Moment andauern. Und solange man der komplexen Gesamtveränderung des Flusses keine Gewalt antun möchte, lässt sich auch keine genauer umschriebene Teilveränderung heraustrennen oder ein Vergleich zwischen zwei bestimmten affektiven Ereignissen anstellen. So gesehen wäre ich heute emotional eine komplett und unvergleichlich andere Person als gestern oder morgen. Ich wäre sogar in jeder Sekunde eine ganz andere Person als in der vorigen oder im nächsten Moment. Meine diffuse Veränderung der letzten Sekunde könnte ich nicht als kleiner oder größer empfinden als die der letzten dreißig Jahre, weil das einen Vergleich zwischen scharf umschriebenen Elementen in ganz bestimmten Hinsichten voraussetzen würde. Früher war ich emotional ›irgendwie‹ ganz anders, später werde ich ›irgendwie‹ wieder anders sein, und weder diese Vergangenheit noch diese Zukunft gehören mir als Individuum in einem gehaltvolleren Sinn an als dass sie

---

8   Schütz sucht bisweilen ein fruchtbares „Dilemma" (Schütz 2006: 129) auf, argumentiert sonst aber eher konstitutiv (über Bedingungen der Möglichkeit) als kontrafaktisch (über Aporien wie die folgenden). Der Sache nach läuft es auf das Gleiche hinaus.

wie ein einziger großer Fluss miteinander zusammenhängen. Ich bin mir selbst fremd und ungreifbar. Mit anderen Worten: Mit einer Auffassung des Individuums als schlicht identisch mit seiner ganzen Fülle gewinnt man nicht das Individuum, sondern man verliert es. Wer sich selbst so auffasste, würde sich selbst nicht vertrauter, sondern völlig fremd.

Auch in sozialer Hinsicht sind die Folgen frappant. Jedem würde sein eigenes, vermeintlich ganz privates Gefühlsleben kaum mehr oder weniger fremd und ungreifbar erscheinen als das irgendeines Unbekannten. Natürlich ist die affektive Fülle eines Individuums unvergleichlich verschieden von der eines anderen, aber sie ist eben auch mit jedem neuen Augenblick unvergleichlich verschieden von sich selbst. Wenn man unter zwei Tischnachbarn die beiden emotionalen Flüsse oder beliebige Teile davon durch eine Art Seelen- und Körperwanderung plötzlich miteinander vertauschte, würde keiner von beiden einen Unterschied bemerken. Gerade das drastische Bestehen auf der Einzigartigkeit und Verschiedenheit der Individuen also gleicht die Individuen einander so sehr an, dass sie austauschbar werden.

Aber mehr noch: Ein mit seinem emotionalen Fluss schlicht identisches Individuum wäre für sich selbst und andere affektiv unberechenbar und unkontrollierbar. Vielleicht mag man das so noch hinnehmen. Aber das Individuum könnte keine eigenen Emotionslagen mit Anfang, Dauer und Ende abgrenzen oder plötzliche Gefühlsereignisse, und es könnte sich daher auch nicht daran erinnern. Es könnte dann ebenso wenig die Wiederkehr ›desselben‹ Gefühls feststellen (und mit gewissen Situationen oder Tätigkeiten in Verbindung bringen) wie das Auftreten eines immerhin ähnlichen Gefühls – oder umgekehrt einen emotionalen Umschwung erfahren. Es könnte erst recht keine Erwartungen darüber ausbilden, wie es unter gewissen Umständen affektiv reagieren wird, und vermöchte darum auch nicht aus falschen Erwartungen zu lernen. Das hat Folgen für das gesamte Gebiet der Praxis, soweit Emotionalität Rollen im Handeln und Entscheiden, bei Routinen und Gewohnheiten spielt.[9] Um nur eine augenfällige Rolle zu nennen: Da man im bloßen emotionalen Fluss keine Erfahrungen mit sich machen und keine Prognosen über sich anstellen kann, würde bereits dem *Versuch*, bestimmte Affekte indirekt zu meiden (wie Achilles) und andere zu suchen, jede Grundlage fehlen. Das würde auch für so elementare Affekte wie Lust oder Furcht gelten, die weder für Lernprozesse noch selbst für Neigungen oder Instinkte zur Verfügung stünden.

Alles in allem hätte ein so beschriebenes Individuum keine Emotionalität in einem auch nur entfernt geläufigen Sinn. Man mag auch das in Kauf nehmen mit dem Hinweis, dafür sei die zugrunde liegende Ebene der Fülle aufgedeckt – aber was für eine ›Fülle‹ ist das? Ein einheitliches emotionales Fließen steht an der Stelle gehaltvoll bezogener,

---

9 Für Schütz' im Kern pragmatische Theorie (vgl. bes. Schütz 2003a) ist das besonders erheblich. Auch in wichtigen Entscheidungen lassen wir uns unter anderem von Emotionen leiten – auch weil diese Emotionen selbst im Zusammenhang unserer praktisch interessierten Tätigkeit gebildet wurden (vgl. Schütz 1964a: 78).

voneinander unterschiedener und doch sich auseinander entwickelnder Emotionen, affektiver Charakterzüge und Bestrebungen; es gibt keinen Wechsel von stabilen Stimmungslagen und plötzlichen Gefühlsausbrüchen, keine Erinnerungen, Hoffnungen und Befürchtungen im Gefühlsleben, keine Unterschiede zwischen kognitiven oder körperlichen Aspekten von Emotionen. Selbst ganz vage affektive Färbungen fehlen, denn die müssten für eine wenn auch unscharf abgegrenzte Zeit andauern und dabei durchgehend andere Färbungen verdrängen. Und noch einen ›dionysischen‹ Rausch der Gefühle, in dem alle Grenzen verschwimmen, können wir nicht feststellen: Er würde eben die Alternative klar abgegrenzter Gefühle ausschließen.

Der Einwand, das alles und mehr sei in der Fülle doch enthalten, wäre schwach: Auch ein Marmorblock ›enthält‹ viele Skulpturen,[10] unendlich viele sogar, aber eben nur der Möglichkeit nach. Und in einer Beschreibung der *reinen* Fülle dürfen wir uns ja nicht auf eine bestimmte Möglichkeit festlegen, keiner zum Nachteil der anderen den Vorzug geben. Auf der Ebene individueller *Wirklichkeit* erscheint die emotionale Fülle eigentümlich leer, der emotionale Fluss unbeweglich, das Individuum eigenschaftslos, seine Perspektive blind. Spätestens hier müssen wir heraus aus den Aporien.

2.3 Selektionen aus der Fülle: die sinnhafte Bildung von Emotionen

Was die Aporien indirekt anzeigen ist dies: Auch und gerade im Verständnis unserer ersten Intuition kann ein Individuum mit seiner ganz eigenen emotionalen Perspektive nicht einfach identisch sein mit einer reinen oder rohen emotionalen Fülle. Die individuelle Fülle ist in sich gegliedert – nur dann geht es überhaupt um Emotionen. Die Form, in der das geschieht, lässt sich allgemein als Selektivität bzw. Selektion begreifen.[11] Bestimmte Möglichkeiten der Unterscheidung oder des Bezuges werden zu Lasten alternativer Möglichkeiten aktuell. Ein affektives Ereignis mit einem Anfangs- und Endzeitpunkt fällt aus dem kontinuierlichen Fluss aus und tritt gegenüber der gleichzeitigen Vielfalt anderer Regungen hervor (bzw. sie treten ihm gegenüber zurück). Vielleicht fiel dieses Ereignis durch markante Konturen auf, war überraschend neuartig oder im Gegenteil genau jetzt zu erwarten; vielleicht korrelierte es zeitlich mit gewissen Tätigkeiten oder äußeren Ereignissen; vielleicht entsprach es glatt dem schon vertrauten Muster einer bestimmten Art von Emotion oder ähnelte einem Gefühl, an das man sich erinnert, das man aber noch nicht näher eingrenzen oder benennen kann. In jedem Fall werden sich an dem, was wir erst jetzt als eine bestimmte Emotion oder Stimmung ansprechen können, etwas andere Aspekte, Bezüge und Richtungen abheben.

---

10 Schütz (1970: 5) bezieht sich auf den Marmor-Vergleich u. a. bei Leibniz und William James.
11 Zum Stichwort ›selectivity‹ verweist Schütz (1970: 5) auf Bergson und James (man könnte Helmuth Plessner hinzufügen; vgl. dazu auch Srubar 1988). In deutschen Texten zieht Schütz ›Auswahl‹ oder ›auswählen‹ vor, was etwas irreführende Konnotationen hat.

Das alles geht nur selektiv: durch Rahmungen, die das allermeiste am emotionalen Fluss ausblenden.

Schütz behandelt solche Prozesse unter dem Titel ›Sinn‹. Sinn ist die ›Spannung‹ zwischen individueller Fülle und individueller Selektivität.[12] Eine *Spannung* besteht insofern als jede Selektion große Bereiche der Fülle und den allergrößten Teil der darin ›enthaltenen‹ alternativen Möglichkeiten ausschließt oder zurückstellt. Jedoch können die beiden Pole der Spannung nicht auseinanderfallen: Einerseits artikuliert oder phrasiert[13] die Selektion lediglich die Fülle, ohne die sie selbst nichts wäre; sie ist notwendig Selektion *aus etwas* bzw. *von etwas*. Andererseits führt die Annahme einer reinen Fülle in die soeben angedeuteten Aporien. Angewandt auf Emotionen – nach dem bisher Gesagten notwendig sinnhafte Gebilde[14] – erlaubt diese höchst abstrakte Sinnkonzeption einige nicht ganz triviale Schlüsse.

Zunächst einmal ist Sinn nicht mit einer kognitiven oder sprachlichen Formung des Körpers, mit vernünftiger Reflexion über Gefühle oder dergleichen zu verwechseln. Ein sinnhaftes Herausarbeiten der eigenen Emotionen *kann* durchaus in bewusstem Nachdenken oder Sprechen geschehen, muss es aber schon deswegen nicht, weil Unterscheidungen wie Kognition vs. Körper oder Vernunft vs. Gefühl (in der reinen, einheitlichen Fülle nur zwei Unterscheidungen unter vielen möglichen) ihrerseits bereits sinnhafte Leistungen sind. Ihnen liegt die Struktur von Sinn zugrunde, nicht umgekehrt. Sinn ist vielmehr eine Spannung innerhalb des einheitlichen Individuums, ein selektives Selbstverhältnis, das nicht unbedingt eine höhere oder äußere Selektionsinstanz benötigt. Der Begriff ›Sinn‹ umfasst ein breites Spektrum von Quellen der Differenzierung, das von genetischen Vorgaben, wirksamen Umweltbedingungen, biologischen Rhythmen oder körperlichen Trainingseffekten über zufällige Impulse und Empfindungen, unterschwellige Gewohnheiten, Interessen und Vorlieben bis hin zu strategischer oder ethischer Selbstdisziplinierung reicht (siehe z. B. Schütz 1970: Kap. 7, 167–182). Das erscheint verwirrend, hat aber den Vorteil, dass eine traditionell verwirrende Eigenheit von Emotionen erwartbar wird, nämlich die Tatsache, dass Emotionen meist physiologische, leibliche und kognitive Aspekte übergreifen und verbinden. Als Sinngebilde stellt die Emotion selbst die Einheit dar. Was diese Einheit anstößt und welche Aspekte logisch oder zeitlich zuerst kommen, das sind dann keine theoretischen oder konzeptio-

---

12 Indem er Sinn abstrakt als eine solche innere ›Spannung‹ fasst (z. B. Schütz 2006: 78, 105; Schütz 2004: 173), sucht Schütz den mehrdeutigen Sinnbegriff Webers zu klären (Schütz 2006: 65; Schütz 2004: 87 ff.).

13 Die Artikulation beim Sprechen und die Phrasierung bei der Musik sind laut Schütz (1970: 95 f.) Spezialfälle der allgemeinen Struktur von Sinn.

14 Im ›Lebensformen‹-Manuskript verwendet Schütz gerne emotionale Erlebnisse als Beispiel (Schütz 2006: 50, 59 f., 96–103), die im Vergleich mit ›komplizierten Sinnsystemen‹ wie Sprache, Kunstwerk oder Recht weniger stark aufgestuft und weiter weg von bestimmten Vorurteilen seien (vgl. ebd.: 93 f., 101, 106). Zum (nicht unbedingt *bewusst*) sinnhaften Aufbau des Emotionalen vgl. Schütz 2003a: 134; Schütz 2004: 99 f.; Schütz 1962a: 211.

nellen Prinzipienfragen, sondern offene Forschungsfragen, die in verschiedenen Bereichen oder Fällen verschiedene Antworten erhalten könnten.

Vor allem muss man sich die *Produktivität* von Sinn vor Augen führen. Obwohl Sinn
auf Selektion, auf Ausblendung, beruht, schafft er neue Gebilde. Sinn liefert keine Illus-
trationen oder Nachträge zu den ›eigentlichen‹ Emotionen, sondern stellt Emotionen
der Art, wie wir sie alle kennen, überhaupt erst her. Gerade durch den ausschnitthaften
Zugriff bildet sich ein Individuum mit seiner gehaltvollen, formreichen und wechsel-
haften Gefühlswelt. Wenn man unter ›Abstraktion‹ ein Weglassen oder Abziehen *(ab-
stractio)* versteht, dann entsteht gerade das Konkrete durch Abstraktion (vgl. Schütz
1962b: 3 f.). Mit Sinn ist also nicht bloß eine Bedeutung oder Wertung gemeint, die fertig vorliegenden Gegenständen beigelegt wird, sondern Sinn konstituiert diese Gegenstände erst. Die Redeweise ›etwas hat Sinn‹ ist insofern irreführend, als es schon ein bestimmtes ›etwas‹ nur durch Sinn gibt.[15] Eine Bildhauerin erzeugt eine Statue, die vorher
nicht da war, indem sie einigen Marmor vom Block entfernt. Und wenn es schon bei der
Statue merkwürdig wäre zu behaupten, sie verfälsche oder verdünne den Marmorblock,
aus dem sie gehauen wurde, oder gar: sie bilde ihn nicht richtig ab – bei Sinn könnte
man schon deswegen nicht sagen, er lenke von einer an sich ›sinnlosen‹ individuellen
Realität nur ab, weil die reine Fülle allein gar nicht real vorkommt oder uns jedenfalls in
die bekannten Aporien verstrickt. Ein reales Individuum mit seiner ganz eigenen Emotionalität ist notwendig ein sinnhaftes Individuum. Indessen ist mit alledem noch gar
nichts darüber gesagt, ob und wie Sinn sich *zeitlich* entwickelt, obwohl doch von Erinnerungen, Erwartungen oder Gewohnheiten die Rede war.

2.4   Zwei Grunddynamiken von Sinn

Sinn ist, wie gesagt, eine Spannung zwischen Selektion und Fülle: Bei dem, was wir eine
konkrete Emotion nennen, tritt vieles zurück, was zugleich in der emotionalen Fülle
vor sich geht oder was aus ihr hätte werden können. Die Emotion setzt sich von dem
ab, was vorher und nachher geschieht. Nur bestimmte Bezüge, äußere Zusammenhänge
und angeknüpfte Erwartungen, nur eine bestimmte innere Differenzierung, nur gewisse
Empfindungen gehören dazu. Andere Nuancen werden übergangen, zahllose alternative Zusammensetzungen und Einbettungen nicht verwirklicht. Eine konkrete Selektion
schließt unabsehbar viele andere Selektionen aus, die möglich oder denkbar sind – unendlich viele sogar. Daher kann eine Sinnselektion, was immer ihre Vorgeschichte war,
nie auf einer rationalen Wahl beruhen, wenn man darunter ein Abwägen oder Auspro-

---

15   Vgl. Schütz 2004: 127 f. Schütz überwindet bewusst Bergsons Dualismus: *Alles* ›Erleben‹ (und nicht erst
›Erfahrung‹) ist sinnhaft; die ›reine‹ Fülle (›Dauer‹) als der eine Pol der Sinnspannung ist ebenso eine
bloße Abstraktion wie es eine ›reine‹ Selektion („Lebensform") wäre: Das ›Ich‹ umfasst immer beides
zugleich (vgl. z. B. Schütz 2006: 92 f., 111, 118).

bieren auch nur eines größeren Teils der möglichen Alternativen versteht. Emotionen können im Rahmen einer wohlverstandenen Rationalität zentral sein, aber menschliche Rationalität ist immer sinnhaft und daher allenfalls ›reasonable‹ und nicht annähernd im idealen Verständnis ›rational‹, wie Schütz (1962b: 28–33) differenziert.[16] Eine Selektion blendet notwendig große Teile der Fülle von vornherein aus, sozusagen ins Blaue hinein. Bedenkt man zudem, dass äußere Situationen und Bedingungen schnell wechseln, dass Gelegenheiten oder Gefahren rasch kommen und gehen, während (teilweise damit zusammenhängend) auch die individuelle Fülle, aus der seligiert wird, ständigem Wandel unterliegt, dann besteht kein Zweifel, dass »das *Sinnproblem* ein *Zeitproblem* ist« (Schütz 2004: 93). Die Frage, wie konkrete Selektionen jeweils motiviert sind, wird dann zentral. Unter Zeitdruck und ohne die Möglichkeit einer vollauf rationalen Begründung heißt das vor allem: In welchem Verhältnis stehen spätere Sinnspannungen zu früheren?

2.4.1 Reproduktion

Auf besonders offensichtliche Weise beruhen die bisher beschriebenen Emotionsphänomene darauf, dass spätere Selektionen jenen gleichen, die ihnen unmittelbar oder einige Zeit vorausgingen, dass also gewisse Selektionen beibehalten oder wiederholt werden. Dass z. B. ein Affekt oder eine Stimmungslage eine Weile andauert heißt, dass eine selektive Rahmung für diese Zeit gegen den Wechsel in der emotionalen Fülle festgehalten wird. Dass man ein bestimmtes Gefühl erneut oder immer wieder bekommt, setzt Repliken der älteren Selektionen voraus – oder partielle, annähernde Repliken, wenn man nur etwas Ähnliches oder ›dieselbe Art‹ von Emotion verspürt wie zuvor. Bereits die Erinnerung an eine emotionale Erfahrung schließt ein, dass deren Sinneinheit reproduziert (wenn auch nicht unbedingt erneut empfunden) wird; ebenso beruht die Erwartung einer eigenen emotionalen Reaktion für die Zukunft auf gleich oder modifiziert fortgeschriebenen Selektionen, und das auch dann, wenn die Zukunft anders kommt und man die Abweichung vom Erwarteten bemerkt.

Diese Bedeutung von Dynamiken der Reproduktion ist bei Emotionen nicht grundsätzlich anders als etwa beim Handeln oder bei der sinnlichen Wahrnehmung. Emotionen können sich ganz besonders hartnäckig halten: Wer einen entsprechenden Charakter hat, wird sich unter gewissen Bedingungen zuverlässig fürchten oder freuen, selbst wenn er sich fest vornimmt es nicht zu tun. Und Begeisterung oder Hass etwa können, solange sie andauern, Aufmerksamkeit und Handeln ganz in ihren Bann schlagen und

---

16 Essers (1991) Versuch, Konzepte von Schütz in eine frühe Version seines Modells der ›Frame-Selektion‹ einzubauen, scheiterte: Die Wahl, nicht rational zu entscheiden und statt dessen einer Routine zu folgen, ist höchstens ›reasonable‹ (siehe dazu Srubar 1992). Und wo gar keine solche Wahl fällt, was bei Routinen wohl meistens der Fall ist, nennt Schütz (1962b: 27) das ›sensible‹ und führt als Beispiel eine »strong emotional reaction against an offender« an.

gegen äußere und innere Ablenkungen und Hindernisse auf einem bestimmten Kurs halten. Für beide Arten emotionaler Hartnäckigkeit ist Achilles' Zorn ein dramatisches Beispiel.

Als Quellen der Gleichförmigkeit emotionsbildenden Sinnes wirken zum Teil genetische und andere biologische Vorgaben, soweit nicht z. B. durch kulturelle Faktoren oder individuelle Bewältigungsstrategien außer Kraft gesetzt. Aber auch dort, wo das Gefühlsleben weit plastischer ist und es wegen der Vielfalt möglicher Lebenslagen auch sein muss, sind Erwerb und Behalt hoher Gleichförmigkeit wichtig. Sie hat angesichts der Unmöglichkeit, Sinnbestimmungen auch nur entfernt erschöpfend zu begründen, unter anderem den praktischen Vorzug, dass man an Zusammenhängen zwischen Situationen und Emotionen, die sich früher bewährt haben, festhalten kann, ohne das Rad immer neu erfinden zu müssen: Was einmal Spaß oder Angst gemacht hat zieht zum einen beim nächsten Mal höhere Aufmerksamkeit auf sich; zum anderen liegt es dann nahe zu erwarten (zu hoffen, zu fürchten), dass es jetzt wieder Spaß oder Angst machen wird. Und in dem Maß, wie sich die Erwartung bestätigt, schleift sich eine Form der Selektion zur Routine ein, die eine bestimmte Art von Situation mit einer bestimmten Art von Emotion und mit bestimmten (bislang bewährten) Erwartungen und Anschlusshandlungen zusammenschließt. Situationsdefinitionen und Emotionsdefinitionen werden dabei denkbar eng geführt. Die sinnhafte Bildung von »typical emotions« (Schütz 1970: 55), also das Entstehen von ›Typisierungen‹ innerhalb des emotionalen Flusses, die dadurch erst umschriebene Emotionen ›typisch für mich‹ machen, kann als selbstverstärkender Prozess verstanden werden. So wird es einem Individuum zunehmend möglich, über bloße »Habitualitäten und Automatismen« (Schütz 2003a: 135), über selbstverständliche Muster »seine Situation denkend, handelnd, emotional zu definieren, sich in ihr zu orientieren und mit ihr fertig zu werden« (Schütz 2003b: 333), wenn es vor einem »theoretischen, praktischen oder emotionalen« Problem (ebd.: 327) steht, das seinerseits unter dem Einfluss von Typisierungen erkannt und bestimmt wurde. Der ganze Prozess kann teilweise bewusst oder völlig unbewusst ablaufen, durch selbständiges Lernen oder durch Konditionierung von außen (wie bemerkt ist Sinn eine Voraussetzung für Bewusstsein oder Strategie und nicht umgekehrt).

Gleichförmig typisierte Emotionen spielen für alltägliches Denken und Handeln mehrere miteinander verbundene Rollen. Sie halten bislang bewährte Zusammenhänge aufrecht, indem sie die Aufmerksamkeit auf ganz bestimmte Probleme und in einem Zug damit auf bestimmte Lösungsmöglichkeiten lenken. Dabei beschleunigen und verengen sie die bewährten Selektionen und ermöglichen es so, bekannte Gefahren oder Gelegenheiten schnell zu erkennen und schnell in erprobter Weise zu reagieren – bei der stark eingeschränkten Rationalität von Sinn und unter Zeitdruck ein großer Vorteil. Ein beharrlicher Affekt hält die bewährten Zusammenhänge auch innerhalb einer Situation oder Handlungssequenz gegen eventuelle Widerstände im Fokus. Auf der anderen Seite derselben Medaille kann man angenehme oder nützliche Emotionen bewusst oder routinemäßig aufsuchen und andere meiden. Über typisierte Zusammenhänge von Emotion und Situation können Emotionen sowohl steuern als auch gesteuert werden.

Solche Gleichförmigkeit muss man allerdings als *Dynamik* der Reproduktion von Sinn begreifen, nicht als zeitlose Identität von Sinn-Strukturen – schon darum, weil allenfalls spätere und frühere *Selektionen* einander gleichen, während die Fülle, ohne die es ja keine Selektion gäbe, sich permanent verändert. Sinn als Spannung zwischen Selektion und Fülle kann niemals zu zwei Zeitpunkten *derselbe* Sinn sein. Eine *identische* Fortdauer oder Wiederholung von Sinn ist ausgeschlossen (vgl. z. B. Schütz 2006: 58 f. oder Schütz 1964b: 114 f.), und daher ist auch ›dasselbe‹ Gefühl streng genommen immer nur: ›das gleiche‹ Gefühl.

2.4.2 Wandel

Doch auch Veränderungen der Selektionen selbst, und zwar teilweise recht einschneidende Wandlungen, sind unumgänglich und verbreitet. Sie stellen die zweite Grunddynamik von Sinn dar, die zur ›Typisierung‹ der Gefühle nicht weniger dazugehört als das Gleichbleiben von Selektionen.

Das betrifft zunächst einmal Rhythmus und Verlauf typisierter Emotionen. Sogar ein Achilles zürnt nicht permanent. Bei einem zornigen Charakter formt sich die emotionale Fülle nur zu bestimmten Zeiten derart, dass man sagen würde, er sei *jetzt* zornig. Immerhin sind die entsprechend typisierten Selektionen auch in der Zwischenzeit potentiell oder neutral vorhanden, als ›habitual possession‹, die zur ›attitude‹ dieser Person gehört,[17] selbst dann, wenn der Zornige momentan ganz entspannt ist. Die systematische Doppelbedeutung von Ausdrücken wie ›zornig‹ oder ›fröhlich‹ ist insofern nicht unberechtigt. Ferner: Wenn eine typisierte Emotion aktuell einsetzt, dann oft sehr abrupt. Der eben noch so entspannte ›Zornige‹ wechselt plötzlich und radikal Gefühlslage und Gesichtsfarbe. Der Affekt trägt ihn keineswegs in dem weiter, was er soeben fühlte, tat oder dachte, sondern reißt ihn oft völlig heraus. In seinem weiteren Verlauf ändert selbst ein kurzer Zornesausbruch meistens Intensität und Richtung. Und irgendwann endet der Affekt in der Regel auch wieder, manchmal, indem er mit einem Mal verraucht, manchmal, indem er allmählich nachlässt oder abstumpft, gar ins Gegenteil übergeht: Was zunächst Spaß macht, wird mit der Zeit oft langweilig und sogar widerwärtig; dauernde Panik kippt in Gleichgültigkeit um (man denke an Frontsoldaten).

Das alles sind Kleinformen von Dynamiken des Wandels, die gleichfalls im Zuge der Typisierung stattfinden, aber breiter und tiefer greifen. Wohl die meisten Emotionstypen sind in ihren oft sehr detaillierten Akzenten und Bezügen einem Individuum nicht fertig verfügbar, sondern müssen erst gebildet werden. Diese Bildung lässt sich nicht einfach komplett in eine evolutionäre Vergangenheit verlegen. Soweit Furcht eine ›angebo-

---

17   Vgl. Schütz 1970: 53–55 (sein Beispiel ist jemandes Furcht vor Schlangen).

ren‹ vortypisierte Reaktion auf bestimmte Bedingungen ist, gewinnt sie dennoch erst im Lauf der Ontogenese klarere Gestalt. Eine ›kindliche‹ Furcht vor Dunkelheit, bärtigen Männern oder schnellen Autos wird je nach Ort und Zeit überwunden bzw. unterdrückt oder auch nicht; dafür wird Furcht vor Demütigungen, der Polizei oder der Inflation erst erworben (oder eben nicht); in individuell und/oder kulturell wichtigen Bereichen differenzieren sich Furcht und furchtsame Erwartungen oder Reaktionen sehr genau aus. Und in allen diesen Fällen ist ›die Furcht‹ dann jeweils etwas durchaus anderes. Die entsprechenden Prozesse der Typisierung schleichen sich manchmal unmerklich ein und folgen manchmal einschneidenden Erlebnissen; in jedem Fall beginnen sie mit Veränderungen. Und wenngleich viele der Anfänge in Kindheit oder Pubertät liegen mögen – auch im Rentenalter bekommt man es mit verwirrenden, gemischten oder neuartigen Gefühlen und mit vagen Stimmungen zu tun, die man erst allmählich versteht und einordnet.

Doch Typisierung beginnt nicht nur mit Veränderungen, sondern sie ist ein Prozess, in dem bestimmte Selektionen bestätigt werden, sich nach und nach verstärken und bis zur Routine einschleifen, vielleicht auch der laufenden Auffrischung bedürfen. Das heißt nichts anderes als dass gerade im Rahmen von Typisierung mittel- und langfristige Veränderungen vor sich gehen. Schon der Begriff der Bestätigung schließt Wandel ein, denn Bestätigung ist nicht einfach Wiederholung, sondern Wiederholung unter veränderten Umständen. Wandel beschränkt sich indessen nicht auf eine Initialphase, sondern liegt auch dem ganz unauffälligen, routinierten Wirken der Typen zugrunde. Dafür sorgt schon das Problem, dass starre Schablonen oder Regeln ihre konkrete Anwendung im Einzelfall nicht autonom vorgeben können.[18] Ein vermeintlich starrer emotionaler Typus wird situationsgerecht ergänzt, erweitert und verkürzt, mit anderen Typen gemischt, variiert, korrigiert oder zeitweilig ausgesetzt, wenn er denn tatsächlich individuelle Emotionen mitbedingt.

Schließlich lassen sich Emotionstypen auch dauerhaft ersetzen oder aufgeben. Denn Routinen und Typen bieten keinerlei Garantien, dass das, was sich bisher ›bewährte‹, was also bislang, soweit man sehen konnte, nicht zu Schwierigkeiten führte und keine wichtigen Chancen und Risiken ausblendete, das auch weiterhin tun wird. Solche Garantien gäbe es selbst dann nicht, wenn das Individuum (Selbstbild, soziale Aufgaben oder Körperverfassung etwa) und seine Situation sich nicht stetig veränderten, denn ohne eine (unmögliche) Prüfung aller denkbaren Aspekte, Bezüge und Implikationen lässt sich nie ganz ausschließen, dass eine sinnhafte Rahmung *von Anfang an* ungeeignet war. Sobald eine Routine oder ein Typus sich als korrekturbedürftig oder ganz un-

---

18 Das Argument findet man z. B. bei Kant oder bei Wittgenstein (der ein besonderes Interesse an Emotionen hat und sie in einer Weise begreift, die manche Züge mit den Theorien seiner Landsleute und Zeitgenossen Schütz und Musil teilt: siehe Gebauer 2009: Kap. 7). Die Forderung, etwa von Habermas (1988: 401, 440 ff.), bewusst idealisierend feste Regeln anzunehmen, um Koordination formal zu erklären, ist dann etwas verwirrend, weil feste Regeln Koordination eben *nicht* erklären können – und das schon aus formalen Gründen.

brauchbar erweist, ist es natürlich nicht mehr von Vorteil, stur daran festzuhalten. Häufig gelingt es in diesem Fall, die eingelebte Emotionalität wenigstens nach und nach zu modifizieren. Häufig gelingt es auch nicht: Achilles' Zorn hat, wie er selber weiß, sowohl in seiner leichten Erregbarkeit als auch in seiner Dauer katastrophale Folgen für ihn und seine Freunde, und heute würde man ihm zweifellos eine Verhaltenstherapie empfehlen. In jedem Fall geraten emotionale Typen und Routinen nie derart zur ›zweiten Natur‹, dass sie wie Naturgesetze herrschten: Wie alles ›Selbstverständliche‹, das noch so tief und hintergründig mitläuft, gelten auch sie »nur bis auf Widerruf«.[19]

Mit Blick auf die Chancen dieses ›Widerrufs‹ muss man bedenken, dass Typisierungen die Aufmerksamkeit und Wahrnehmung anleiten und so mitbedingen, was überhaupt an Selektionen in Frage kommt. Da Selektionen all das, was nicht in ihre Rahmen fällt, von vornherein ausblenden und vieles davon vielleicht niemals zuvor Eingang fand, muss die Dynamik von Sinn Veränderungen nicht nur zulassen, sondern eine aktive Bereitschaft dazu haben, eine Sensibilität oder Offenheit für Neues. Andernfalls würden bislang unbekannte Chancen und Risiken stets unbemerkt vorbeiziehen. Es würde ein emotionaler Tunnelblick, eine Betriebsblindheit affektiver Routinen herrschen, die sich selektiv selbst erfüllen würden und alles noch so Unpassende und Unerwartete abseits liegen ließen. Solche Phänomene kommen sicher vor (als blinde Liebe, dauernde Gereiztheit oder ›rosa Brille‹ etwa), aber dass es nicht *immer* so ist, setzt voraus, dass auch die Abweichung vom Bisherigen eine eigene Quelle der Motivation von Selektionen ist. Anhalte dafür finden wir in Phänomenen wie Neugier, Langeweile, Abstumpfung oder Überdruss, unbestimmter Angst und Unsicherheit, Unruhe, Spontaneität oder Tatendrang. Sie hängen mit Emotionen eng zusammen und sind doch selbst nicht eigentlich Emotionen – unter anderem weil sie auf die zweite Grunddynamik von Sinn hindeuten, die (neben der ersten Dynamik) konkrete Emotionalität erst bildet und umbildet.[20]

Alle Formen des Wandels sind grundsätzlich antizipierbar: Man weiß aus Erfahrung, dass der eigene Zorn unter gewissen Umständen ausbrechen und dann alles an sich reißen, nach einer Weile aber wieder vergehen wird; man kennt den Punkt, ab dem die Trauer nachlässt, derselbe Witz nicht mehr lustig ist, eine lebhaft gefühlsbetonte Erinnerung abkühlt. Man ahnt, dass die Auswanderung in ein anderes Land, der Einstieg ins Familienleben oder der Abstieg in die Kriminalität neuartige emotionale Herausforderungen bereithält, mit denen man auf die eine oder andere Weise wird fertig werden müssen. Man beobachtet an anderen, wie man selbst sich in dreißig Jahren vielleicht

---

19 Schütz 2003b: 327; vgl. Schütz 1970: 61 f. Manche Kritiker sehen in der Löschung dieser Pointe zugunsten ›unhintergehbarer‹ Strukturen einen Fortschritt (z. B. Habermas 1997: 198 f.).

20 So könnte man die bei Schütz etwas verstreuten Hinweise auf die ›Fundamentalangst‹ im Sinn Kierkegaards oder Heideggers (Schütz 2003a: 126 f., 130; Schütz 1962a: 228), auf ›Spontaneität‹ im Sinn Leibniz' (Schütz 2003a: 59;: Schütz 1962a: 213) und das ›Unheimliche‹ Freuds (Schütz 1970: 56) auffassen. Es geht um eine grundlegend motivierende »experience of transcendency which is immanent to our lives« (Schütz 1970: 149; vgl. Schütz 1962c: 293 f.): Man ahnt, wie viel man im Moment noch nicht einmal ahnt, und das treibt an.

affektiv verhalten wird. Und wenn man so antizipiert, wird gerade ein lange anhalten-des Gefühl oder ein unveränderter emotionaler Charakter zu einem erstaunlichen, ab-weichlerischen Ereignis.

Vor allem geschieht der Wandel sinnhafter Selektionen auch *rückwirkend*. Ein ver-gangener Lebensabschnitt oder ein Ereignis wird in der Rückschau emotional anders besetzt. Man stellt fest: Das eben noch Gruselige hat im Grunde Spaß gemacht oder umgekehrt. Ein quälendes Erlebnis der Schulzeit hat man heute in freundlicher Er-innerung.[21] Die eigene Hilfsbereitschaft einer Person gegenüber, die einem bisher nicht einmal auffiel, erkennt man viel später als Verliebtheit – oder man macht sich um-gekehrt im Nachhinein klar, dass eine vermeintliche Verliebtheit von Anfang an nur einem Pflichtbewusstsein entsprang. Dabei kann sich das Gedächtnis unmerklich um-gestalten, so dass man beschwören würde, auch schon damals so gefühlt zu haben. Oder man wendet sich dem Wandel bewusst zu. Zwar spricht man in diesem Fall meist davon, sich vorher getäuscht zu haben und nun zu wissen, was in Wahrheit vor sich ging: Man habe sich eine Emotion nur eingebildet, die eigentlich nicht da war, oder man habe um-gekehrt endlich ein Gefühl bemerkt, das man bisher überging oder unterdrückte. Das stimmt auch insofern als die neueren Sinngebilde durch einen neueren Stand der Er-fahrung motiviert sind. Nur müssen wir hinzufügen: Die neu erlangte Gewissheit trägt ihrerseits ›nur bis auf Widerruf‹. Möglicherweise wird sie später durch eine dritte Sinn-bestimmung ersetzt, vielleicht sogar durch die erste, von der man dann etwa sagt, man habe das anfangs so klare Gefühl zeitweise verdrängt oder vergessen, es nun aber wie-der gefunden.[22]

2.5 Sinn als formale Brücke zwischen eigenen und fremden Emotionen

Damit haben wir die erste Intuition von der Bindung des Emotionalen an Individuen ausgiebig genug entwickelt, um zu fragen: War bisher von einem künstlich isolierten Individuum die Rede? Was ist mit der zweiten Intuition, mit der Sozialität der Emotio-nen? Zunächst einmal lässt sich jetzt der Befund differenzieren, Individuen seien einan-der in ihrem Gefühlsleben nur bruchstückhaft, indirekt und ohne jede Gewissheit zu-gänglich.

Zwar hat sich bestätigt, dass zwei Menschen nie exakt das gleiche Gefühl haben kön-nen. Zwei Individuen sind in ihrer weitläufigen und letztlich die ganze Biographie über-greifenden emotionalen Fülle nie identisch, und Sinn, durch den es Gefühle erst gibt,

---

21 Das Beispiel ist von Schütz (2006: 59), der hinzufügt, dass »die Diskrepanz der Erinnerungen gerade bei affektuellen Erlebnissen besonders deutlich wird.« (ebd.: 60)

22 Die Dynamik des Wandels ist als Begriff zwar kontradiktorisch von der Dynamik der Reproduktion unterschieden, aber die beiden setzen einander ersichtlich vielfach voraus und können schon aus logischen Gründen nicht rein vorkommen. Man kann sie in einem zweiseitigen Begriff der ›Relevanz‹ verbinden (siehe dazu Straßheim 2010).

besteht in einer Spannung zwischen dieser Fülle und Selektionen aus ihr. Von einer fremden emotionalen Fülle kann man bestenfalls winzige Ausschnitte aufgreifen. Ich greife Teile meiner Erfahrung mit einem anderen heraus, etwa dessen Gesichtsausdruck oder Annahmen über seinen Charakter und seine persönliche Lage, und setze diese Teile zur Situation und vielleicht zu bestimmten eigenen Erfahrungen in Bezug. Fremde Emotionen erfasse ich nur höchst selektiv. Aber formal entspricht das ja der Art, wie Individuen ihre *eigenen* Emotionen empfinden und der Art, wie individuelle Emotionen sich überhaupt erst konstituieren. Wir beide, ich und der andere, haben unser jeweiliges individuelles Gefühlsleben durch Hervorhebung kleiner ›Bruchstücke‹ aus dem Fluss, die sich höchst selektiv auf die bisherige Erfahrung und die Situation beziehen. Eine totale Einsfühlung *mit sich selbst* in seiner ganzen Fülle wäre einem Individuum ebenso wenig möglich wie die Einsfühlung mit jemandem anders, einfach weil der Verzicht auf Selektion auch das Individuum selbst aufheben würde. Gerade in seiner Selektivität wird mein Zugang zu einem anderen Menschen dessen Emotionen daher durchaus gerecht, ebenso wie er meinen eigenen Emotionen gerecht wird. Der Fragmentcharakter verbindet Menschen eher als dass er sie trennte.

Man wird einwenden, dass die emotionale Fülle eines Individuums für den Blick von außen nicht nur zu groß oder zu chaotisch ist, sondern ihm in ganzen Bereichen *prinzipiell* entzogen bleibt. Wie sich einer fühlt und was er dabei denkt, das kann ein anderer nicht unmittelbar mitdenken und mitfühlen, sondern nur indirekt, indem er ihn sieht oder hört. Doch sogar hier gibt es formale Parallelen: Auch dem sinnhaften Gefühlsleben des Beobachteten steht nicht die ganze eigene Fülle zur freien Verfügung, sondern die Selektionen verlaufen vielfach in routinierten Bahnen, die große Bereiche der Fülle von vornherein und vielleicht für immer ausblenden. Bereits die Unterteilung in ›Bereiche‹ ist ein Produkt von Sinn, der aus der undifferenzierten Ganzheit der ›reinen‹ Fülle Körper, Bewusstsein oder Erinnerung ausfallen lässt, ihre Trennung aufrecht erhält und sie zugleich vielfältig verbindet. Vom Beobachter wiederum lässt sich nicht sagen, er ›erschließe‹ die fremde Emotion nur indirekt und mühsam, während der Beobachtete sie einfach ›habe‹. Vielmehr folgt die Wahrnehmung eines anderen sinnhaften Routinen der Auffassung, die eng mit den eigenen emotionalen Routinen zusammenhängen und die insbesondere keiner Überlegung bedürfen. So wie man nicht grüne Farbflecken sieht und aus ihnen auf einen Polizisten ›schließt‹, der einen Strafzettel schreibt, so sieht man auch nicht rötliche Töne oder ein gerötetes Gesicht und erschließt daraus Scham. Man sieht einfach einen, der sich schämt. Das ist der Form nach nicht so verschieden von der Art, in der das Gegenüber seine Emotionen ›hat‹.[23]

---

23 Schütz verbindet zwei scheinbar gegensätzliche Ideen: (a) die »Fundierung des Fremdverstehens durch Akte der Selbstauslegung« (Schütz 2004: 232; „Selbstauslegung" steht für Sinnbildung: vgl. ebd.: 191 f.), die eine identische Erfassung fremden Sinnes oder die »Annahme einer totalen Einfühlung« ausschließt (102, 221 f.) – und (b) die »Wahrnehmung« fremden Erlebens »im bloßen Hinsehen«, bei der es sich »keineswegs um ein wie immer geartetes Schließen oder Urteilen handelt« (223–226). Ein Beispiel ist die Beobachtung eines fremden »Zornesausbruches« (108 f., 246; das Beispiel ist von Weber).

Aber besteht hier nicht der Unterschied, dass eine noch so sichere und ›unmittelbare‹ Wahrnehmung fremder Emotionen sich immer als grundfalsch erweisen kann, während die eigenen Gefühle über Zweifel erhaben sind? – Nein, denn hier wie dort sind die Sinngebilde gewiss ja ›nur bis auf Widerruf‹. Auch Gewissheiten über die eigenen Gefühle werden bisweilen einschneidend revidiert, und das oft rückwirkend wie im Fall der als ›eingebildet‹, ›unecht‹ oder ›unterdrückt‹ erkannten Emotionen. Nichtsdestoweniger stellt der jeweils aktuelle Sinn die Emotionen ganz real her. So gesehen sollte man auch dem sinnhaften Zugang zu fremdem Gefühlsleben seine unmittelbare Selbstverständlichkeit nicht absprechen: Grundsätzlich ist der Zugang zum *eigenen* Gefühlsleben nicht weniger angreifbar, aber auch nicht weniger gewiss.

Zusammengefasst ist mithin der Zugang, den Individuen zu den Emotionen anderer haben, in der Tat selektiv, mittelbar und ohne letzte Gewissheit – und genau deswegen kann er den fremden Emotionen angemessen sein. Mit Blick auf die zweite Intuition über Gefühle könnte diese Brücke optimistisch stimmen, wenn es nicht eine lediglich formale Brücke wäre. Bisher hat sich nur gezeigt, dass zwischen den beiden Intuitionen kein Widerspruch besteht und dass so etwas wie emotionale Koordination zwischen Menschen nicht unmöglich ist. Ob emotionale Koordination hingegen *tatsächlich* stattfindet, ob und wie konkrete Selektionen aus der emotionalen Fülle verschiedener Individuen empirisch in einer gemeinsamen sozialen Welt verortet werden können, das ist eine andere Frage. Rein formal ist vollkommenes wechselseitiges Unverständnis ebenso möglich wie eine präzise Eintracht der Gefühle (das allerdings mit gutem Grund, denn beides gibt es in der Realität). Wie kommt es zu Koordination?

In dieser Frage scheint die Analyse bislang wenig Anlass zum Optimismus zu geben. Als Sinngebilde sind Emotionen äußerst voraussetzungsreich und komplex. In ihrer konkreten Gestalt hängen sie von Selektionen ab, die noch unterhalb basaler Trennungen wie Körper vs. Geist ansetzen und sich bis hin zu ihrer detaillierten Einbindung in ganz bestimmte Situationen des Handelns, Wahrnehmens oder Nachdenkens aufstufen und fein verästeln. Für die Selektionen gibt es keinen festen Anhalt in einer alle Alternativen abwägenden Rationalität und keine durchgängigen Vorgaben. Mehr noch, die Selektionen verändern sich ständig und das teilweise radikal und rückwirkend. Das ist besonders prekär, weil die formale Brücke nicht nur auf einer Vergleichbarkeit der zu einem bestimmten Zeitpunkt aktuellen Selektionen aufbaut, sondern auf parallelen *Routinen* der Selektion. Es ist demnach astronomisch unwahrscheinlich, dass ein emotionaler Autodidakt, von dem scheinbar die Rede war, bei einem Treffen mit einem anderen Individuum auch nur annähernd ähnliche Gefühle haben oder die Gefühle des anderen erfassen sollte. Überdies käme unter der Voraussetzung eines gebürtigen Robinson die ganze Analyse zu Fall, etwa mit der Annahme, man halte an emotionalen Typen fest, die sich praktisch bewährt hätten, um nicht jedes Mal das Rad neu erfinden

---

›Farbflecken-Theorien‹ der Wahrnehmung weist Schütz unter anderem mit Verweis auf Husserls Konzeption der vorprädikativen Erfahrung zurück (z. B. Schütz 2003b: 335).

zu müssen. Angesichts der Komplexität der Aufgabe ist kaum plausibel, dass man das Rad überhaupt allein zu erfinden vermöchte, dass man also jemals von sich aus einigermaßen ausgefeilte emotionale Typen bilden könnte, die sich irgendwie bewähren und bedeutende Chancen und Risiken ausloten würden. Alles deutet darauf hin, dass ein emotionales Individuum sich nur in der sozialen Auseinandersetzung mit anderen bilden kann – zumal eines, das sich emotional mit anderen zu koordinieren in der Lage ist wie wir es täglich tun. Aber drehen wir uns dann nicht im Kreis?

2.6   Das Wechselspiel emotionaler Selbst- und Fremdtypisierung im Interagieren

Dass sich individuelle Emotionalität erst im sozialen Interagieren bilden muss, erst recht, wenn Koordination möglich sein soll, während umgekehrt Interaktion schon koordinierte Emotionalität einschließt, das scheint zirkulär. Wenn man sich jedoch erinnert, dass der Sinnbegriff wesentlich prozessual gedacht ist und Interaktion ein Prozess, lässt sich der Zirkel in der Zeit entfalten und zu einer Spirale ausziehen.

Wieder sehen wir die erste Grunddynamik von Sinn am Werk: Selektionen werden reproduziert. Man hat an jemandem unter ähnlichen Bedingungen oder gerade eben eine bestimmte Emotion beobachtet und erwartet auch für die neue, aber vergleichbare Lage eine Wiederholung oder ein Andauern der Emotion. Was man beim anderen wahrnimmt und erwartet ist teilweise einfach eine Verlängerung dessen, was man im sozialen Umgang und nicht zuletzt im eigenen Gefühlsleben bisher erfahren hat. Nicht weniger bedeutend ist der Wandel von Selektionen, die zweite Grunddynamik. Schon die erste Beobachtung eines fremden Gefühls kommt oft überraschend, der fremde Affekt weicht von dem ab, was man selbst empfinden würde, anfängliche Erwartungen werden korrigiert oder aufgegeben. Menschenkenntnis muss man erst erwerben, Individuen kennen lernen. Selbst wiederholte Erfahrungen und bestätigte Erwartungen beruhen auf der situationsgerechten Anpassung flexibler Emotionstypen. Und auch plötzliche Umschwünge bei anderen kann man antizipieren. Vieles davon zeigt sich etwa an der kleinen Achilles-Priamos-Szene.

Mit den zwei Grunddynamiken kann man sich Zuschreibungen und Erwartungen bestimmter Emotionen im Prinzip auch bei Leuten leisten, die man noch gar nicht kennt. Denn selbst wenn man zu Anfang von einer schnellen und lässigen Einschätzung, einem Klischee oder einfach von sich selbst ausgeht, lässt sich das Bild vom anderen im weiteren Verlauf verändern und dann auch rückwirkend. Und auch unvorhergesehene affektive Veränderungen beim anderen kann man nachträglich durch Veränderungen der eigenen Einschätzung wettmachen. Im Grenzfall nimmt die Spirale ihren Anfang einfach in einem bloßen Zufall, auf den rückwirkend eine bestimmte Sinnselektion aufsetzt.[24] Aber beantwortet das schon die Frage nach der Bildung der *eigenen* Emotionalität?

Zunächst: Die Wahrnehmung fremder Emotionen, das Empfinden eigener Emotionen sowie die Art, wie der Beobachtete seine eigenen Emotionen empfindet, sind – wie gesagt – formal vergleichbar. Darin liegen weitere Möglichkeiten: (a) dass umgekehrt der andere meine Gefühle zu erfassen sucht, (b) dass ich die Selektionen, mit denen er das mutmaßlich tut, in Bezug zu meinem eigenen Empfinden setze und (c) dass der andere ebenso meine Sicht auf ihn berücksichtigt. Mit anderen Worten ist ein Spiel der Perspektivenübernahme möglich, in dem Interaktanten sich selbst mit den Augen der anderen betrachten und das auch voneinander wissen und erwarten können.[25] Soweit alle Parteien an emotionaler Koordination interessiert sind, wird jeder die fremden Perspektiven auf sich in Anschlag bringen, aber auch noch bei ganz und gar asymmetrischen Versuchen der Beeinflussung muss man sich im eigenen Interesse auf den Blick desjenigen einstellen, den man zu etwas bringen möchte, und darauf, das jener auf ähnlich komplexe Weise zurückblickt.[26]

Nun beobachtet man nicht nur, man interagiert und sucht sich praktisch zu koordinieren. Wenn ich merke, dass und wie der Andere meine Emotionen wahrnimmt, kann ich nötigenfalls versuchen, sein Bild zu korrigieren, indem ich betont seinen Erwartungen zuwiderhandle. Oder ich verhalte mich gerade den Erwartungen entsprechend. Zudem gehe ich davon aus, dass der andere es mit meinen Erwartungen an seine Emotionen ebenso halten wird. Und falls ich ihm, erkennbar durch mein Handeln, Erwartungen an mich unterstellte, die er gar nicht hatte, mag er auch darin entweder mich korrigieren oder die unterstellten Erwartungen nun in der Tat aufgreifen, an denen sich mein Verhalten ja bereits orientiert (meine Erwartung wird dann zur selbsterfüllenden Prophezeiung). Dabei können auch rückwirkende Revisionen angezeigt werden. In solchen Prozessen können sich bei den Beteiligten eine Typisierung der jeweils anderen sowie eine darauf bezogene »Selbsttypisierung« (Schütz 2003a: 50) aufeinander einspielen und miteinander verschränken.

Sicher wird affektive Koordination in bisweilen hohem Maß *ad hoc* ausgehandelt. Doch vielleicht die meisten sozialen Begegnungen laufen von Anfang an recht routiniert und sicher ab. Oft ist man sogleich und ohne nachzudenken aufeinander eingestellt und bleibt es über lange Strecken. Wie kann das sein? In dem eben umschriebenen, eher strategischen Szenario erscheinen die Chancen auf Koordination um so größer, je stärker man auf Sinnselektionen zurückgreifen kann, die sich, insbesondere im Inter-

---

24 Zu neueren Theorien und Beispielen für die hier nur angedeuteten Dynamiken siehe – auch mit Schütz-Bezug – Ortmann 2003.

25 Vgl. der ›Spiegel‹ bei Schütz 2004: 322. Später verweist Schütz des öfteren auf die Spiegelmetapher bei Cooley und Mead.

26 Dazu und zum Folgenden etwas ausführlicher Straßheim 2010. Der für Schütz' Zeichen- und Kommunikationsmodell zentrale Begriff der ›cogitations‹ schließt ausdrücklich ›emotions‹ ein (Schütz 1962c: 319).

agieren, bereits bewährt haben. Diesen praktischen Nutzen der Reproduktion habe ich schon erwähnt. Interaktanten können das auch voneinander wissen und daher Typisierungen bevorzugen, von denen sie hoffen, dass auch die anderen sie schon eingesetzt und hilfreich gefunden haben. Man wird demnach tendenziell Erwartungen hegen und einander unterstellen, die als möglichst allgemein verbreitet und bewährt gelten, wenigstens für – an ihrem ›typischen‹ Verhalten und Äußeren erkennbare – Vertreter einer Gruppe oder Rolle oder in einer ebenfalls möglichst gebräuchlich typisierten Situation oder Problemstellung.[27]

Soweit in der Folge bestimmte Typisierungen aufeinander bezogener Affekte, Situationen und Personen als Ergebnisse oder Ausgangspunkte des Interagierens wiederholt Verwendung finden, liegt allein darin schon eine Bestätigung, die sich nach und nach selbst verstärkt. Und Sinnselektionen, die sich wiederholt bestätigen, schleifen sich bei den Beteiligten zu Routinen ein, die automatisch ablaufen. Dann trägt aber die ›Selbsttypisierung‹ sehr handfest zur sinnhaften Konstitution individueller Emotionen bei. Die vermeintliche bloße ›Rolle‹ wird zu einem Teil der ›Person‹. Im Interagieren werden nicht nur fremde Emotionen wahrgenommen und beeinflusst, sondern auch eigene Emotionen gebildet. Es entsteht eine Art affektives Standardrepertoire oder Vokabular, das von vornherein in interaktive Prozesse eingebunden ist und sich auch dann, wenn man einander zum ersten Mal trifft, zur Koordination anbietet. Oft funktioniert der Einstieg dann sofort, nicht erst nach reiflicher Überlegung und gegenseitiger Beobachtung, sondern einfach indem sich jeder ›natürlich‹ oder ›normal‹ verhält und fühlt und davon ausgeht, dass das auch für die anderen gilt.[28]

Die Prozesse, die dahin führen, muss nicht jeder in gleicher Weise und gleichem Ausmaß durchlaufen. Wir werden in eine schon bestehende gemeinsame Welt mit einer langen Vorgeschichte geboren und im Interagieren mit Erfahreneren oder Mächtigeren in diese Welt eingearbeitet, was oft keinerlei bewusstes Zutun verlangt. Eine interaktiv erzielte und selbst eine tief einverleibte Affektkoordination bedeutet nicht unbedingt Harmonie, Einverständnis oder Kooperation. Das von einer kleineren Gruppe oder von jedermann erwartete Gefühlsleben ist vielmals Instrument und Produkt von sozialem Zwang, Manipulation und Herrschaft. Achilles' abnormer Zorn etwa wird durch Zeus' drohendes Machtwort und das göttliche Manöver eingedämmt. Und selbst das ›normale‹ affektive Verhalten, das zu einem Stück Persönlichkeit geworden ist, kann einem selbst zuwider sein. Darin liegen erhebliche Konfliktpotentiale.

Erstaunlich wäre das nur dann, wenn man sozial gestützte Typisierungen verwechselte mit unumgänglich und überall gleich bleibenden oder von sich aus normativ bindenden Regeln. Typen und Routinen schließen ja immer Dynamiken der Veränderung mit ein, sie werden situationsgerecht abgewandelt und ergänzt, geraten einander even-

---

27 Vgl. z. B. Schütz 2004: 368 f.; Schütz 1962b: 18 f., 25 f.; Schütz 1962c: 350 f.
28 Die »general thesis of reciprocal perspectives« (vgl. Schütz 1962b: 12) führt dann zu brauchbaren Ergebnissen. Zum Verhältnis von ›Rolle‹ und ›Person‹ siehe Schütz 2003a.

tuell in die Quere und kommen überhaupt nur ›bis auf Widerruf‹ zum Einsatz. Und
selbst dort, wo individuelle Sinnselektionen übereinstimmen, beruhen die Sinngebilde
auf einer Spannung zwischen diesen Selektionen und der jeweiligen emotionalen Fülle,
deren Großteil sie nur entlang ähnlicher Linien abblenden, nicht ausräumen. Was ›ein
alter Vater‹ empfindet, der schutzlos um seinen stärksten Sohn bangt, das kann Achilles (ein junger und alles andere als schutzloser Vater) sich sofort vorstellen, auf seinen
eigenen Vater anwenden und mit Priamos' Lage gleichsetzen, mit der ungeheuerlichen
Modifikation, dass Priamos bittend die Hände küsst, die seinen Sohn getötet haben. Das
einträchtige Weinen der beiden wird jedoch jäh von neuem Zorn unterbrochen.

Gemeinsame Welten bleiben also stets in Bewegung. Emotionale Koordination wird
im konkreten Interagieren immer wieder geprüft, neu hergestellt und verändert. Wer
sich über längere Zeit in der Ferne aufhält, findet sich daher nach der Rückkehr schwer
zurecht (vgl. Schütz 1964b). Nie kann es zu einem ein- für allemal abschließenden Konsens oder Dissens der Gefühle kommen – und das ist kein Hindernis für affektbezoge-
nes Interagieren, sondern ein Motor, der es ständig am Laufen hält.

3   Schluss

Was ist damit erreicht? Die radikal gedachte Annahme einer reinen emotionalen ›Fülle‹
führte in Aporien, die zeigten: Individuelle Emotionen – seien sie noch so einfach, basal
oder idiosynkratisch – gibt es nur durch *Sinn,* also durch Spannungen zwischen der
Fülle und Selektionen aus ihr. Erst das konstituiert konkrete, vielfältige, mit einem leib-
haftigen Individuum und seiner Situation verwobene Emotionen. Sinn überformt nicht
etwas ›Eigentliches‹, sondern er bildet Emotionen erst, die völlig passiv erlittenen wie
die rationalisierten und gesteuerten, die vagen und verworrenen wie die kognitiv und
sprachlich klar erfassten. Die Selektionen schließen zeitlich in zwei miteinander verbundenen Grunddynamiken aneinander an: Reproduktion und Wandel. Das Verhältnis zu den jeweils eigenen Emotionen ist höchst selektiv, mittelbar und nur bis auf weiteres gewiss, und darin liegt eine zunächst rein formale Brücke zwischen eigenen und
fremden Emotionen. Aus der Komplexität und Dynamik emotionaler Phänomene als
Sinngebilde folgt: Zu konkreter affektiver Koordination im sozialen Raum kann es nur
durch Interaktionsprozesse kommen, in denen sich zugleich individuelle Emotionalität mit ihren je eigenen Perspektiven erst ausbildet und laufend umbildet. Eine gemeinsame Gefühlswelt – einer Zweierbeziehung oder einer ganzen Kultur – beruht weder auf
sozialen Strukturen oder Regeln, die immer und überall gleich fest stünden, noch auf
Prozessen, die sich von den individuellen Perspektiven ablösen ließen. Vielmehr wird
sie im Interagieren fortlaufend neu hergestellt und abgewandelt, in Dynamiken sowohl
des routinierten Festhaltens an Sinn als auch seiner flexiblen Anpassung und Variation.
Eine gemeinsame (und das heißt nicht immer: harmonische) Welt ist in ihrem Bestand

und ihrer Geschichte somit auf verschiedene, einzigartige Individuen angewiesen, die miteinander und gegeneinander interagieren; ihre soziale Wirklichkeit hat sie als wandelbarer Fluchtpunkt individueller Orientierungen. Andererseits wird sie nicht von den Individuen erzeugt und schon gar nicht von einem allein. Sie bildet sich laufend in der *Interaktion zwischen* Individuen – und in der Interaktion bilden sich auch diese Individuen selbst. Auf einem spiralförmigen Wechselspiel dieser Art beruhen die so ganz anderen Emotionen der Welt und Menschen Homers ebenso wie unsere hier und heute.

Die beiden Intuitionen – die Bindung von Gefühlen an Individuen sowie ihre Verortung in einer gemeinsamen sozialen Welt – stehen nicht im Widerspruch zueinander, sondern in einer fruchtbaren Spannung, in der beide Seiten dauerhaft voneinander abhängig bleiben. Auch andere Gegensatzpaare, die man locker mit den beiden Seiten assoziiert, lassen sich dann zugleich verbinden und als Unterscheidungen rechtfertigen. Interaktion im face-to-face-Bereich ruft durch wechselseitige körperliche Wahrnehmung weit größere Chancen und Bedürfnisse der laufenden Konkretisierung und Korrektur von Selektionen hervor als medial vermittelte Interaktion. Nur bleibt in beiden Bereichen der Zugang zu fremden Emotionen grundsätzlich selektiv, mittelbar und ohne letzte Gewissheit, unabhängig auch davon, wie intim oder anonym der Rahmen ist, in dem man interagiert. Die sinnhafte Spannung zwischen Fülle und Selektivität ist intimeren und anonymeren Bereichen gemeinsam; der (graduelle) Unterschied liegt vor allem darin, dass intimere Interaktionen Dynamiken des Wandels und damit auch dem Eintritt neuer Aspekte individueller Fülle breiter offen stehen, während sich bei anonymerem Interagieren Dynamiken der Reproduktion von Sinn stärker ausprägen. *Pure* Reproduktion oder *reiner* Wandel sind jedoch (logisch) unmöglich. Zudem können durch Interaktion intimere Verhältnisse allmählich in anonymere übergehen und umgekehrt. Hochselektive Ausformungen emotionaler Fülle liegen auch bewussten Inszenierungen zugrunde, aber insofern sie individuelles Gefühlsleben erst herstellen, sind sie zugleich eine Voraussetzung für jeden Begriff emotionaler Authentizität. Und auch hier schafft Interaktion fließende Übergänge in beiden Richtungen zwischen Rolle und Person. Soziale Vorgänge sind auf psychische oder leiblich-körperliche nicht nur angewiesen, sondern im konkreten Interagieren ständig darauf bezogen. Umgekehrt orientiert sich das ganz individuelle Gefühlsleben immer wieder neu an laufenden Interaktionen, einschließlich medial vermittelten und anonymen, und behält mindestens insofern immer seinen Bezug auf Sozialität und soziale Funktionalität.

Die fruchtbare Spannung zwischen individuellen Perspektiven und gemeinsamer Welt, die zugleich Produkt und Motor von Interaktion ist, zeigt sich an Emotionen besonders deutlich. Wenn man ihr von hier aus nachgeht, könnte man feststellen, dass sie auch für scheinbar unverdächtige Bereiche des Sozialen grundlegend ist. Wenn z. B. ›Kodes‹ zeitlich feste und überindividuell einheitliche Regeln wie beim Schachspiel sein sollen, dann kann man die Formung und Mitteilung von Emotionen nicht über Kodes bestimmen – aber, aus analogen Gründen wie den hier genannten, auch die ganz gewöhnliche sprachliche Kommunikation nicht. In beiden Gebieten sollte man von starren Semantiken umstellen auf eine dynamische Pragmatik, und dabei kann eine Betrachtung von Emotionen nach Alfred Schütz helfen.[29]

Literatur

Averill, James R. (1980): A Constructivist View of Emotion. In: Robert Plutchik/Henry Kellerman (Hg.): Emotion: Theory, Research, and Experience. Bd. 1: Theories of Emotion. New York: Academic Press, S. 305–339.

Berger, Peter L./Luckmann, Thomas (1966): The Social Construction of Reality. A Treatise in the Sociology of Knowledge. Garden City, NY: Anchor Books.

Esser, Hartmut (1991): Alltagshandeln und Verstehen. Zum Verhältnis von erklärender und verstehender Soziologie am Beispiel von Alfred Schütz und ›Rational Choice‹. Tübingen: Mohr.

Gebauer, Gunter (2009): Wittgensteins anthropologisches Denken. München: Beck.

Goffman, Erving (1974): Frame Analysis: An Essay on the Organization of Experience. Cambridge MA: Harvard University Press.

Habermas, Jürgen (1982) [1970]: Zur Logik der Sozialwissenschaften. Frankfurt am Main: Suhrkamp.

Habermas, Jürgen (1988) [1981]: Theorie des kommunikativen Handelns. Bd. 1: Handlungsrationalität und gesellschaftliche Rationalisierung. Frankfurt am Main: Suhrkamp.

Habermas, Jürgen (1997) [1981]: Theorie des kommunikativen Handelns. Bd. 2: Zur Kritik der funktionalistischen Vernunft. Frankfurt am Main: Suhrkamp.

Luhmann, Niklas (1996) [1986]: Die Lebenswelt – nach Rücksprache mit Phänomenologen. In: Gerhard Preyer/Georg Peter/Alexander Ulfig (Hg.) (1996): Protosoziologie im Kontext. ›Lebenswelt‹ und ›System‹ in Philosophie und Soziologie. Würzburg: Königshausen & Neumann, S. 268–289.

Merleau-Ponty, Maurice (1945): Phénoménologie de la perception. Paris: Gallimard.

Musil, Robert (1978): Der Mann ohne Eigenschaften. Aus dem Nachlaß. Gesammelte Werke Bd. 4. Reinbek bei Hamburg: Rowohlt.

Ortmann, Günther (2003): Regel und Ausnahme. Paradoxien sozialer Ordnung. Frankfurt am Main: Suhrkamp.

Plutchik, Robert/Kellerman, Henry (Hg.) (1980): Emotion: Theory, Research, and Experience. Bd. 1: Theories of Emotion. New York: Academic Press.

Preyer, Gerhard/Peter, Georg/Ulfig, Alexander (Hg.) (1996): Protosoziologie im Kontext. ›Lebenswelt‹ und ›System‹ in Philosophie und Soziologie. Würzburg: Königshausen & Neumann.

Scherer, Klaus R. (2005): What are emotions? And how can they be measured? In: Social Science Information 44(4): 695–729.

Schütz, Alfred (1962a) [1945]: On Multiple Realities. In: In: Schütz (1962d): 207–259.

---

29 Siehe Straßheim 2010 für den Versuch einer relevanztheoretischen Fassung sozialer Interaktion. Der Begriff der Relevanz (der die beiden Grunddynamiken von Sinn verbinden soll) steht im Zentrum von Schütz' Sozialtheorie und stellt eine Brücke zu neueren Ansätzen etwa aus der Kognitionswissenschaft oder der analytischen Philosophie dar.

Schütz, Alfred (1962b) [1953]: Common-Sense and Scientific Interpretation of Human Action. In: Ders.: Collected Papers I: The Problem of Social Reality. Den Haag: Martinus Nijhoff, S. 3–47.

Schütz, Alfred (1962c) [1954]: Symbol, Reality, and Society. In: Ders.: Collected Papers I: The Problem of Social Reality. Den Haag: Martinus Nijhoff, S. 287–356.

Schütz, Alfred (1962d): Collected Papers I: The Problem of Social Reality. Den Haag: Martinus Nijhoff.

Schütz, Alfred (1964a) [1943]: The Problem of Rationality in the Social World. In: Ders.: Collected Papeers II: Studies in Social Theory. Den Haag: Martinus Nijhoff, S. 64–88.

Schütz, Alfred (1964b) [1945]: The Homecomer. In: Ders.: Collected Papeers II: Studies in Social Theory. Den Haag: Martinus Nijhoff, S. 106–119.

Schütz, Alfred (1964c): Collected Papers II: Studies in Social Theory. Den Haag: Martinus Nijhoff.

Schütz, Alfred (1970) [1951]: Reflections on the Problem of Relevance. New Haven; London: Yale UP.

Schütz, Alfred (2003a) [1936/1937]: Das Problem der Personalität in der Sozialwelt. In: Ders.: Theorie der Lebenswelt I. Die pragmatische Schichtung der Lebenswelt. Alfred Schütz Werkausgabe Bd. V.1. Konstanz: UVK, S. 33–176.

Schütz, Alfred (2003b) [1957]: Strukturen der Lebenswelt. In: Theorie der Lebenswelt I. Die pragmatische Schichtung der Lebenswelt. Alfred Schütz Werkausgabe Bd. V.1. Konstanz: UVK, S. 325–348.

Schütz, Alfred (2003c): Theorie der Lebenswelt I. Die pragmatische Schichtung der Lebenswelt. Alfred Schütz Werkausgabe Bd. V.1. Konstanz: UVK.

Schütz, Alfred (2004) [1932]: Der sinnhafte Aufbau der sozialen Welt. Eine Einleitung in die verstehende Soziologie. Alfred Schütz Werkausgabe Bd. II. Konstanz: UVK.

Schütz, Alfred (2006) [ca. 1925]: Lebensformen und Sinnstruktur. In: Ders.: Sinn und Zeit. Frühe Wiener Studien. Alfred Schütz Werkausgabe Bd. I. Konstanz: UVK, S. 45–173.

Schützeichel, Rainer (2006): Emotionen und Sozialtheorie – eine Einleitung. In: Ders. (Hg.): Emotionen und Sozialtheorie. Disziplinäre Ansätze. Frankfurt am Main: Campus, S. 7–26.

Simmel, Georg (1908): Soziologie. Untersuchungen über die Formen der Vergesellschaftung. Berlin: Duncker & Humblot.

Sperber, Dan/Wilson, Deirdre (1986/95): Relevance. Communication and Cognition. 2. Aufl. Oxford: Blackwell.

Srubar, Ilja (1988): Kosmion. Die Genese der pragmatischen Lebenswelttheorie von Alfred Schütz und ihr anthropologischer Hintergrund. Frankfurt am Main: Suhrkamp.

Srubar, Ilja (1992): Grenzen des ›Rational Choice‹-Ansatzes. In: Zeitschrift für Soziologie 21(3): 157–165.

Straßheim, Jan (2010): Relevance Theories of Communication: Alfred Schutz in Dialogue with Sperber and Wilson. In: Journal of Pragmatics 42(5): 1412–1441.

Matthew Ratcliffes phänomenologische Theorie existenzieller Gefühle

Jan Slaby

Der britische Philosoph Matthew Ratcliffe skizziert in seinem Buch *Feelings of Being* (Ratcliffe 2008) eine phänomenologische Theorie einer bisher wenig beachteten Kategorie von Gefühlen, den sogenannten existenziellen Gefühlen oder *feelings of being*. Dabei handelt es sich um umfassende Hintergrundgefühle, die so grundlegend für den menschlichen Welt- und Selbstbezug sind, dass sie meist unbemerkt bleiben und oft erst im Falle pathologischer oder drogen-induzierter Veränderungen auffallen. *Existential feelings* lassen sich als *existenzielle Orientierungen* beschreiben, da sie die bewussten (bzw. bewusstseinsfähigen) Lebensvollzüge einer Person in ihrer Gesamtheit unterschwellig ausrichten und vorstrukturieren. Diese Gefühle prägen bereits vor gerichteten Bezugnahmen auf bestimmte Begebenheiten das menschliche Welt- und Selbstverhältnis. In materialreichen Beschreibungen führt Ratcliffe seinen Lesern vor Augen, dass diese leiblich-prozesshaften Gefühle sowohl im Leben von gesunden Personen als auch insbesondere der pathologisch veränderten Erfahrung psychisch Kranker eine zentrale Rolle spielen. Theoretisch verortet sich Ratcliffe zwischen der existenzphilosophisch orientierten Phänomenologie, wobei insbesondere Heidegger und Merleau-Ponty entscheidende Impulse liefern, dem Pragmatismus und proto-phänomenologischen Psychologieverständnis von William James' sowie der neueren Philosophie der Psychiatrie, die vor allem im englischen Sprachraum zu einem produktiven Feld für grundlegende ebenso wie anwendungsorientierte philosophische Überlegungen avanciert ist.

Für die Soziologie sind existenzielle Gefühle aus mehreren Gründen interessant. Zunächst sind sie, wenn Ratcliffe mit seiner Einschätzung richtig liegt, der allgemeine affektiv-motivationale Rahmen der menschlichen Erfahrung – eine oft übersehene Hintergrundstruktur des bewussten Erlebens, die, wenn ein nachhaltiges Verfehlen grundlegender personaler Merkmale vermieden werden soll, Eingang in wissenschaftliche Behandlungen der menschlichen Wirklichkeit finden sollte. Diese die personale Existenz strukturierende und ausrichtende Gefühlsschicht wird unweigerlich zu einem Resonanzboden von Prägungen und Einflüssen, ja geradezu zu einem automatischen Register der sozialen Erfahrung. Von soziologischen Interesse dürfte zudem die Annahme sein, dass unser Sinn dafür, dass unser Gegenüber tatsächlich eine Person ist (und nicht bloß ein unbelebter Gegenstand), eine Angelegenheit existenzieller Gefühle sein könnte. Interpersonale Bezugnahmen wären dann von Grund auf *anders* affektiv vorgeprägt, als es Bezugnahmen auf unbelebte Gegenstände sind. Ebenfalls von soziologischem Interesse dürfte die Modellierung existenzieller Gefühle durch gestaltete Räume und Umgebungen, durch spezifische Medien und Interaktionsformen sein sowie besondere Formen der interpersonalen affektiven Resonanz in gelingenden Interaktionen und besonders in größeren Gruppen, sofern sich in diesen ein hinreichendes Maß an für die Teilnehmer erleb- bzw. gleichsam ›fühlbarer‹ Kohäsion ergeben hat. Ein Phänomen wie Durkheims kollektive Efferveszenz könnte auf existenzielle Gefühle zurückführbar sein; Anschlüsse an jüngere Untersuchungen zu kollektiver Intentionalität und geteilten mentalen Zuständen scheinen möglich und sinnvoll. Systematische Ausarbeitungen der philosophischen Konzeption der existenziellen Gefühle, die konkrete Erträge für die Soziologie der Emotionen versprechen, stehen jedoch noch aus.

1   Existenzielle Gefühle – allgemeine Charakterisierung

Ratcliffe charakterisiert existenzielle Gefühle als die verschiedenen Arten und Weisen, wie sich eine Person jeweils in der Welt verortet oder vorfindet: »ways of finding oneself in the world« (Ratcliffe 2005: 45); bzw. als einen »background sense of belonging to the world.« (Ratcliffe 2008: 39) Gefühle dieser Art betreffen die Beziehung einer Person zur Welt insgesamt und sind damit den spezifischen Bezugnahmen auf innerweltliche Gegenstände oder Begebenheiten vorgeordnet. Existenzielle Gefühle konstituieren einen Wirklichkeits- und Möglichkeitssinn – sie sind das, was einer Person ihren erfahrungsmäßigen Zugang zur (und aktiven Zugriff auf) Welt eröffnet, der umfassende Hintergrund der personalen Weltorientierung. Einerseits handelt es sich um eine ständig präsente Hintergrundstruktur der Erfahrung – grundlegende Lebens- oder Vitalitätsgefühle, die einen basalen Wirklichkeitssinn konstituieren. Es sind Gefühle, die auf verschiedene Weise die eigenen Fähigkeiten und Kapazitäten, aber auch Anfälligkeiten und Gefährdungspotentiale reflektieren. Andererseits zählen auch ganz spezifische Extrem- und Ausweitungsformen emotionaler Zustände dazu: eine Trauer, die so tief wird, dass der gesamte Weltzugang der fühlenden Person das Gepräge eines unwiederbringlichen Verlustes erhält; eine Freude, die sich zu einem entgrenzten, nicht länger auf einen bestimmten Anlass bezogenen Gefühl des Getragen- oder Befördertseins von der Umgebung steigert oder eine Enttäuschung, die in eine derart schrankenlose Hoffnungslosigkeit mündet, dass alltägliche, auf konkrete Ereignisse bezogene Hoffnungen oder Erwartungen nicht mehr ausgeprägt werden, weil dem Hoffen die existenzielle Grundlage – der unreflektierte Hintergrund aus Zuversicht oder ›Urvertrauen‹ – entzogen ist. Ein weiterer Klassiker unter den existenziellen Gefühlen dürfte die Ausweitungsform der Furcht sein, die in einem tief greifenden Gefühl eigener Verletzlichkeit besteht, so dass einem die Welt bloß noch als eine vieldimensionale Gefahrenquelle erscheint. Dies sind also allesamt Beispiele für existenzielle Gefühle: Das umfassende Gefühl, gefährdet zu sein; das umfassende Gefühl, unwillkommen zu sein; das umfassende Gefühl, stark und widerstandsfähig zu sein; das Gefühl, Teil eines größeren Ganzen zu sein; das Gefühl, geschätzt oder geliebt zu werden; zudem Gefühle der Hoffnungs- oder Sinnlosigkeit sowie nicht zuletzt Gefühle der Unwirklichkeit, des von der Welt und den anderen Abgeschnittenseins oder das Gefühl, körperlos, tot, oder sogar ›nicht-existent‹ zu sein.[1]

Ratcliffe entwickelt seinen Ansatz unter Rekurs auf Heideggers Thematisierung der Stimmungen in *Sein und Zeit* (Heidegger 1927, §29–30). Für Heidegger konstituieren die unter dem Titel »Befindlichkeit« behandelten Stimmungen die »Weltoffenheit des Daseins« – die Art und Weise, in der eine Person von den Dingen und Begebenheiten ihrer Umwelt jeweils affektiv ›angegangen‹ wird. Eine solche affektive Dimension prägt dieser Ansicht zufolge sämtliche Weltbezüge einer Person, so dass sich konkret gerichtete, episodische Emotionen erst auf der Basis dieser Hintergrundgefühle als deren situative Ausgestaltungen entwickeln.[2] Aber nicht nur Emotionen gedeihen auf dem Nährboden solcher Befindlichkeiten – auch andere intentionale Zustände, Haltungen, Motivationen und Handlungsbereitschaften entwachsen einem affektiven Hintergrund und werden von diesem geprägt und gelenkt. Wir erkennen in Ratcliffes Beschreibungen die für den frühen Heidegger charakteristische Doppelstruktur einer existenzialen Ebene – der Grundstruktur des *In-der-Welt-Seins* des Daseins als fundamentalem Bezugsrahmen jeglichen Nachdenkens über den Menschen – und der darauf aufbauenden Ebene innerweltlicher Vollzüge und Verhaltungen: Gewöhnliche Handlungen, Wahrnehmungen, Einstellungen und Gefühle. Zudem erscheint in Ratcliffes Ansatz ein noch zentralerer Gedanke aus Heideggers *Sein und Zeit* in modifizierter Form: Das *Ontologisch-Sein* der menschlichen Existenz – die Annahme, dass die Seinsart des Menschen geradezu dadurch ausgezeichnet ist, dass in ihr ein Wirklichkeitssinn liegt, der zugleich ein Möglichkeitssinn ist.[3] Das von Heidegger unter dem Titel »Seinsverständnis« abge-

---

1 Letztere sind natürlich eindeutig dem pathologischen Spektrum zuzuordnen – dazu in Kürze mehr. Ratcliffe selbst führt die folgende Liste von Beispielgefühlen an, wobei er auf die Bezeichnung »feelings of being …« zurückgreift, die er dann verschiedentlich inhaltlich ergänzt: »The feeling of being: ›complete‹, ›flawed and diminished‹, ›unworthy‹, ›humble‹, ›separate and in limitation‹, ›at home‹, ›a fraud‹, ›slightly lost‹, ›overwhelmed‹, ›abandoned‹, ›stared at‹, ›torn‹, ›disconnected from the world‹, ›invulnerable‹, ›unloved‹, ›watched‹, ›empty‹, ›in control‹, ›powerful‹, ›completely helpless‹, ›part of the real world again‹, ›trapped and weighed down‹, ›part of a larger machine‹, ›at one with life‹, ›at one with nature‹, ›there‹, ›familiar‹, ›real‹.« (Ratcliffe 2005: 45; vgl. auch 2008: 37)

2 Sind existenzielle Gefühle demnach nichts anderes als das, was wir landläufig als ›Stimmungen‹ bezeichnen? Nein. Die eben angeführten Beispiele für existenzielle Gefühle sollten diesen Eindruck bereits zerstreut haben. Zwar mag manches, was wir als eine Stimmung bezeichnen, ein existenzielles Gefühl sein, doch insgesamt handelt es sich bei existenziellen Gefühlen um eine umfassendere Kategorie, unter die auch Zustände fallen, die wir nicht als Stimmung bezeichnen würden. Zudem ist die alltagssprachliche Kategorie der ›Stimmung‹ sehr unscharf, so dass stattdessen ein Ausdruck, der streng terminologisch verwendet wird, angebracht ist: Heideggers Befindlichkeit als die Dimension der »Weltoffenheit des Daseins« oder eben existenzielle Gefühle als einen »background sense of belonging to the world« (Ratcliffe 2008: 39). Ratcliffe thematisiert den Unterschied zwischen existenziellen Gefühlen und Stimmungen ausführlich in (2008: 55 f.).

3 »Das Dasein ist ein Seiendes, das nicht nur unter anderem Seienden vorkommt. Es ist vielmehr dadurch ontisch ausgezeichnet, daß es diesem Seienden in seinem Sein *um* dieses Sein selbst geht. […] Diesem Seienden eignet, daß mit und durch sein Sein dieses ihm selbst erschlossen ist. *Seinsverständnis*

handelte Phänomen, das die Grunddimensionen *Befindlichkeit, Verstehen* und *Rede* in gleichursprünglicher Verklammerung umfasst, taucht auch bei Ratcliffe auf, allerdings konzentriert sich Ratcliffe fast ausschließlich auf die Rolle der Gefühle – der (tendenziell) passiven Seite der personalen Existenz –, während er zum aktiven Verstehen und zur (sprachlichen oder symbolischen) Artikulation des in Befindlichkeit und Verstehen Erschlossenen nicht viel sagt.[4]

Ratcliffe charakterisiert die existenziellen Gefühle in einer denkwürdigen Passage folgendermaßen:

> The world as a whole can sometimes appear unfamiliar, unreal, distant or close. It can be something that one feels apart from or at one with. One can feel in control of one's overall situation or overwhelmed by it. One can feel like a participant in the world or like a detached, estranged observer, staring at objects that do not feel quite ›there‹. Such relationships structure all experiences. Whenever one has a specifically focused experience of oneself, another person or an inanimate object being a certain way, the experience has, as a background, a more general sense of one's relationship with the world. This relationship does not simply consist in an experience of being an entity that occupies a spatial and temporal location, alongside a host of other entities. Ways of finding oneself in a world are spaces of possibility, which determine the various ways in which things can be experienced. For example, if one's sense of the world is tainted by a ›feeling of unreality‹, this will affect how all objects of perception appear; they are distant, removed, not quite ›there‹. (Ratcliffe 2008: 37 f.)

Existenzielle Gefühle als ›vorausgesetzte Räume von Erfahrungsmöglichkeiten‹: Damit ist die grundlegende Rolle dieser Gefühlsart prägnant bestimmt. Ratcliffe identifiziert zwei Hauptmerkmale, durch welche sich existenzielle Gefühle von anderen affektiven Phänomenen unterscheiden lassen:

> Feelings belong to this category in virtue of two shared characteristics. First of all, they are not directed at specific objects or situations but are background orientations through which experience as a whole is structured. Second, they are bodily feelings. As these feelings constitute the basic structure of ›being there‹, a ›hold on things‹ that functions as a presupposed context for all intellectual and practical activity, I refer to them as ›existential feelings‹. (Ratcliffe 2008: 38)[5]

Was es genau bedeutet, dass diese Hintergrundgefühle die »basic structure of ›being there‹« konstituieren sollen, kann dadurch präziser erläutert werden, dass man die exis-

---

ist selbst eine Seinsbestimmtheit des Daseins. Die ontische Auszeichnung des Daseins liegt darin, daß es ontologisch *ist.*« (Heidegger 1927: 12 – Kursivierung im Orig.)

4　Auf diese potentielle Schwachstelle von Ratcliffes Ansatz wird unten noch ein wenig näher eingegangen.

5　Vgl. auch Ratcliffe 2008: 2 f. sowie Ratcliffe 2005: 45 f.

tenziellen Gefühle als einen fundamentalen Wirklichkeitssinn versteht. Um überhaupt etwas als ›real‹, als ›wirklich da‹ erfahren zu können, scheint eine affektive Grundstruktur nötig zu sein, kraft derer ein Bezug zur Welt erst ermöglicht wird (vgl. Ratcliffe 2008: Kap. 2; Ratcliffe 2009). Zugleich hängt damit zusammen, dass die fühlende Person auch ein implizites Verständnis von *Möglichkeiten* besitzt: Sowohl die Möglichkeiten, welche Dinge und Personen in der Welt dem Fühlenden bieten, als auch – eng damit verschränkt – die eigenen Handlungsmöglichkeiten werden vorreflexiv erfahrungsmäßig erschlossen, so dass sie gleichsam zu Bestandteilen des Wirklichkeitssinns werden. Die erlebte Wirklichkeit erscheint insofern immer als ein spezifischer Möglichkeitsraum (vgl. Ratcliffe 2008, Kap. 2 und 4; vgl. Slaby 2011). Gerade dadurch, dass ich unmittelbar erfasse, was mit einem Gegenstand geschehen und was ich mit ihm anstellen kann, erhält der Gegenstand in meiner Erfahrung den Charakter des Wirklichen, des Realen als des durch mich Greif- bzw. sonst wie Manipulierbaren. Diese Verschränkung von Wirklichkeits- und Möglichkeitssinn wird, so Ratcliffe, insbesondere bei psychischen Erkrankungen deutlich, die zu den Affektstörungen zählen: Verändert sich der ansonsten unauffällige affektive Hintergrund ins Pathologische, kann die Welt leicht den Charakter der Irrealität, der Fremdheit oder der Unerreichbarkeit annehmen, während sich zugleich der eigene aktive Weltzugriff verändert oder sogar gänzlich abhanden kommt. Dies sei etwa in der Depression, bei Schizophrenie, bei der Depersonalisierungsstörung, aber auch im Bereich monothematischer Wahnvorstellungen (Capgras- oder Cotard-Delusion, Verfolgungswahn etc.) der Fall. In der Erfahrung der Depression kann die Welt als bar jeglichen Sinnes und somit als gleichsam Möglichkeits-frei erfahren werden – sämtliche Aktivität oder Initiative erlahmt oder ist dem Depressiven geradezu unvorstellbar; es resultiert ein unheimliches und hoffnungsloses »Empfinden von Unwirklichkeit«, das den Weltbezug der depressiven Person insgesamt charakterisiert und zu einer verheerenden Isolation und Initiativlosigkeit führen kann (vgl. Ratcliffe 2009).

Ratcliffe betont verschiedentlich die Handlungsnähe der existenziellen Gefühle – insbesondere dort, wo er sie als einem *sense of possibilities* bezeichnet (Ratcliffe 2008: 121 ff.). In der alltäglichen Lebenserfahrung erscheint uns die Welt als ein Raum von Möglichkeiten, als eine Arena möglicher Aktivitäten und relevanter Geschehnisse – und nicht als eine Ansammlung bloßer Gegenstände. Genauer müsste man sagen, dass uns die Welt nicht irgendwie ›im Bewusstsein‹ erscheint, sondern dass *wir uns in der Welt bewegen* in der Art des Habens und Nicht-Habens von Möglichkeiten, entweder im Modus verschiedener aktiver Direktzugriffe auf Aspekte der Welt (Handeln, Verhalten), oder in der Art eines Erwartens, Bewältigens oder Nicht-Bewältigens von bestimmten Geschehnissen und Verrichtens von Tätigkeiten in und mit (Teilen) der Welt. Der Weltbezug erfolgt in der Dimension des Bewegtseins-von-etwas und Etwas-in-Bewegung-Setzens – also im Rahmen der Aktivität und im Disponiertsein zu Aktivitäten,

und nicht in Form eines passiven ›Vorstellens‹ oder ›Repräsentierens‹ von Dingen in
der Welt (vgl. Ratcliffe 2008: Kap. 2).[6]

Existenzielle Gefühle sind weder bloße subjektive Befindlichkeiten – bloße ›Selbst-
gefühle‹ –, noch primär auf Begebenheiten in der Welt bezogene, intentionale Gefühle
(wie die gewöhnlichen Emotionen), noch überhaupt nur eine Ebene bloßer Erfahrung
im Unterschied vom Handlungsvermögen, sondern eine diesen verschiedenen Bezüg-
lichkeiten nochmals vorgeordnete Ebene, in welcher Erfahrung und Verhalten sowie
Erfahrungen von Selbst und Welt noch ungeschieden sind. Wohl aus diesem Grund
sind die Veränderungen des Erlebens und Existierens in Affektstörungen wie Schizophrenie und Depression so radikal und so ›tief‹ und zugleich von Außenstehenden so
schwer nachzuempfinden. Der psychisch Kranke hat im Vergleich zum Gesunden nicht
lediglich irgendwelche ›veränderten Gefühlszustände‹, sondern er findet sich unweigerlich in einer *anderen Wirklichkeit* (vgl. Ratcliffe 2008, Kap. 7; Ratcliffe 2009). Diese ist
zwar gefühlsmäßig erschlossen, doch dieser Umstand ist dem Betroffenen natürlich verborgen: Es ist die Welt, die verändert erscheint, nicht das eigene Fühlen. Die Gesamtheit
der Weltbezüge und Weltzugriffe des Kranken sind von Grund auf verändert – das *Sein*
selbst, die *Existenz* als Person ist modifiziert.

Philosophisch geht Ratcliffes Ansatz damit ins Grundsätzliche. Das Nachdenken
über existenzielle Gefühle hat metaphysische Implikationen. Ihr Begriff steht quer zur
geistesgeschichtlich tief verwurzelten Subjekt/Objekt-Trennung: Man kann existentielle
Gefühle weder zur Gänze der Person zurechnen, noch einzig der mit ihrer Hilfe erfahrenen ›objektiven‹ Welt. Subjekt und Objekt, Person und Welt sind weitaus inniger
verklammert als in vielen philosophischen Konzeptionen angenommen. Im Lichte der
existenziellen Gefühle erweist sich die Welt als immer schon affektiv erschlossen und
gleichsam gefühlsmäßig-atmosphärisch eingefärbt, während andererseits von einem
Subjekt oder ›Selbst‹ unabhängig von den affektiven Weltbezügen nicht sinnvoll geredet
werden kann.[7] Subjektivität im Vollsinne des Wortes ist für Ratcliffe notwendig an die
Bedingung eines von existenziellen Gefühlen eröffneten affektiv-evaluativen Weltbezugs
gebunden. Wenn Ratcliffe, der auch hier einen zentralen Gedanken aus Heideggers *Sein
und Zeit* aufnimmt, damit Recht hat, dann liegen existenzielle Gefühle der begrifflichen,
auf Reflexion beruhenden Trennung von Selbst und Welt ontologisch voraus. Aus diesem Grund lassen sich diese Gefühle auch nicht angemessen in einem Begriffsrahmen

---

6   Offenkundig wird hier die Nähe Ratcliffes sowohl zum amerikanischen Pragmatismus (William Ja-
     mes wird ausführlich behandelt, vgl. Ratcliffe 2008, Kap. 8 u. 9) als auch zur neueren Handlungs- und
     Verkörperungs- orientierten *enaktivistischen* Kognitionswissenschaft (vgl. z. B. Thompson 2007; Noë
     2009).

7   Sehr deutlich kommen diese Überlegungen nochmals im Zuge von Ratcliffes Diskussion der gefühls-
     theoretischen Position von William James zum Ausdruck, vgl. vor allem Ratcliffe 2008: 234–239.

abhandeln, der diese philosophischen Unterscheidungen unkritisch voraussetzt.[8] Es zeigt sich, dass Ratcliffe nicht lediglich eine oberflächliche phänomenologische Ergänzung gewöhnlicher Beschreibungen des personalen Weltbezugs liefert, sondern dass er den Anspruch erhebt, eine Erfahrungsdimension zu beschreiben, aus der die evaluative Perspektive einer Person auf die Welt überhaupt erst hervorgeht. Damit trägt sein Ansatz transzendentalphilosophische Züge. Es geht um Überlegungen, die auf eine *ermöglichende Grundschicht* des menschlichen Weltbezugs abzielen. Damit wird einmal mehr deutlich, dass Ratcliffe sich explizit der phänomenologischen Tradition zurechnet: denn auch Husserl, Heidegger, Sartre, Merleau-Ponty und auch Hermann Schmitz haben jeweils einen umfassenden, die Humanwissenschaften insgesamt übersteigenden, sie fundierenden Anspruch erhoben. Die Phänomenologie ist insofern nicht als bloßes Hilfsmittel der empirischen Forschung zu verstehen, sondern eine eigenständige Unternehmung mit universaler Reichweite.[9]

2   *Feelings of Being* – vertiefende Überlegungen

Nach dieser allgemeinen Beschreibung und philosophischen Verortung von Ratcliffes Konzeption werde ich nun schlaglichtartig einige Aspekte beleuchten, durch welche die Grundidee der existentiellen Hintergrundaffektivität weiter konkretisiert wird. Eine wichtige Rolle spielen dabei die im zweiten Teil von *Feelings of Being* unter dem Titel *Existential Feeling in Psychiatric Illness* beleuchteten psychiatrischen Krankheitsbilder. Bei nicht wenigen psychischen Störungen muss mit einer pathologisch veränderten Hintergrundaffektivität gerechnet werden, was zum Teil verheerende Folgen nach sich zieht.

Als alternativen Einstieg in die Thematik verwendet Ratlciffe bisweilen die These, dass unsere auf die Welt bezogene Erfahrung viel inniger mit der Erfahrung des eigenen Körpers verschränkt sei als gemeinhin angenommen: »world experience is not distinct from how ones body feels« (Ratcliffe 2008: 1). Insbesondere existenzielle Gefühle seien zugleich und unseparierbar ›feelings of the body‹ und ›ways of finding oneself in a world‹ (ebd.: 2). Damit ist ein Aspekt angesprochen, den Ratcliffe als Folie für einen umfassenden Revisionsvorschlag in der Philosophie der Emotionen verwendet: Die häufig vorgenommene Trennung zwischen der Intentionalität (Weltbezug) und dem Empfindungsaspekt (›wie es sich anfühlt…‹) von Gefühlen sei nicht zu halten. Damit wird ein Kontrast hinfällig, der sowohl die philosophische als auch die psychologische

---

8   Ich bin den hier genannten Zusammenhängen zwischen existenziellen Gefühlen und einem angemessenen Verständnis von Subjektivität und Selbstbewusstsein an anderer Stelle, in einem gemeinsam mit Achim Stephan verfassten Aufsatz nachgegangen, siehe Slaby/Stephan (2008).

9   Freilich kann ein phänomenologisches Vorgehen gelegentlich innerwissenschaftlich in pragmatischem Sinne als Hilfsmittel eingesetzt werden. Ratcliffe stellt dazu hilfreiche Überlegungen an, auf die hier jedoch nicht weiter eingegangen werden kann (vgl. Ratcliffe 2009).

Emotionsforschung lange Zeit – und weitgehend noch bis heute – strukturiert (hat): der zwischen kognitivistisch orientierten Ansätzen und den sogenannten Empfindungstheorien, welche die gefühlte Bewusstseinsqualität, die als vom kognitiven Gehalt unterschieden und loslösbar verstanden wird, zur Essenz des Emotionalen erklären.

Noch bevor er zu dieser Generalkritik an gegenwärtigen Emotionstheorien ausholt, gewährt Ratcliffe Einblick in sein Philosophieverständnis und sein methodisches Vorgehen. Es handelt sich um ein heterodoxes phänomenologisches Verfahren, mit dem er den Versuch unternimmt, die ›natürliche Einstellung‹ des vortheoretischen Lebens zum Thema der Untersuchung zu machen. Während jedoch die frühe Phänomenologie, und insbesondere deren Hauptvertreter Husserl, davon ausging, dass sich mittels einer *epoché* genannten radikalen methodologischen Einstellung die *Gesamtheit* aller Seinssetzungen der natürlichen Erfahrung suspendieren und in Gänze zum Gegenstand der phänomenologischen Betrachtung machen lasse, gibt Ratcliffe diesen phänomenologischen Totalisierungstraum auf: »We can withdraw from aspects of experience and reflect upon them but we cannot bracket the entirety of experience in one go.« (Ratcliffe 2008: 9) Statt dessen sei das Augenmerk auf einzelne auffällige oder ungewöhnliche Erfahrungen zu richten, etwa auf abrupte Veränderungen des Hintergrundempfindens, wie sie im Umkreis psychischer Erkrankungen oder unter bestimmten außergewöhnlichen Umständen (Jetlag, Übermüdung, Alkohol- oder Drogenrausch etc.) auftreten können. Ebenso sei phänomenologische Forschung keine introspektive Nabelschau, die von einem einzelnen extravaganten Forscher im Alleingang betrieben werden könne, sondern eine Art Mannschaftssport: Nur im Austausch mit anderen und in Anbindung an etablierte Beschreibungen sei ein methodisch fundiertes, systematisch anschlussfähiges Erfassen von subjektiven Erfahrungszuständen sinnvoll möglich.

Diese eher basalen emotionsphilosophischen und methodologischen Überlegungen vollziehen konsequent einen Brückenschlag zwischen kognitivistischen und empfindungstheoretischen Ansätzen. Es sei falsch, dass Emotionen *entweder* welterschließende quasi-kognitive Zustände *oder* qualitativ gespürte, körperliche Empfindungen seien.[10] Für Ratcliffe sind Emotionen schlicht beides: »[the] feeling dimension of emotion is bound up with the world-directed aspect of emotion.« (Ratcliffe 2008: 1) Das gilt auch – und insbesondere – für existentielle Gefühle, welche eine eigenständige gefühlstheoretische Kategorie bilden und sich von den kurzfristig erlebten, episodischen und auf begrenzte Weltausschnitte bezogenen Emotionen aufgrund ihres umfassenden, länger andauernden und Erfahrung insgesamt prägendenden Charakters unterscheiden. Ratcliffe markiert mit dieser Sichtweise eine Art Endpunkt der jüngeren emotionsphilosophischen Entwicklung, denn zuletzt sind bereits verstärkt Positionen vertreten worden,

---

10 Als typische Gegner in dieser Debatte stehen sich Robert C. Solomon (1976; 1988) und Martha C. Nussbaum (2001) als Vertreter der Kognitivisten und William James (1884) als Repräsentant des non-kognitivistischen Lagers gegenüber. Ratcliffe bestreitet diese empfindungstheoretische Interpretation der Position William James' jedoch vehement (vgl. Ratcliffe 2008: Kap. 8).

welche die Verschränkung von Weltbezug und empfundener Qualität betonen (Goldie 2000; Helm 2001; Roberts 2003; Döring 2007; Slaby 2008). Keiner dieser Autoren verfährt jedoch so konsequent wie Ratcliffe bezüglich der These, dass es just die zuvor so oft vernachlässigten körperlichen Empfindungen sind, die als zentrales Vehikel des affektiven Weltbezugs fungieren.

Diese Thematik – die Verschränkung von körperlichem Empfinden und weltbezogener affektiver Erfahrung – ist das zentrale Thema im 3. Kapitel von *Feelings of Being*. Zuvor legt Ratcliffe die Karten hinsichtlich seiner zentralen philosophiehistorischen Inspiration auf den Tisch: Heideggers Überlegungen zur ›Befindlichkeit‹ in *Sein und Zeit*. Das schlicht mit *Existential Feelings* überschriebene zweite Kapitel beginnt mit einer knappen Rekapitulation von Heideggers Kritik an der überlieferten Subjekt/Objekt-Unterscheidung und seines am Begriff der ›Sorge‹ und des praktischen Weltumgangs orientierten Verständnisses des In-der-Welt-Seins. Die Rekonstruktion dessen, was Heidegger unter ›Stimmungen‹ und ›Befindlichkeit‹ versteht, mündet für Ratcliffe unmittelbar in eine Charakterisierung von existenziellen Gefühlen:

> »By ›attunement‹, Heidegger seeks to convey the way in which moods constitute a sense of belonging to the world. They do so by revealing the world as a realm of practical purposes, values and goals. The world that we take for granted in our activities is a background of significance, a space of potential purposive activities that frames all our experiences. So a mood does not ›colour‹ some already experienced world. It is what opens up a world in the first place; it is through moods that we find ourselves in a world.« (Ratcliffe 2008: 47 f.)

Diese Passage verdeutlicht, in welchem Maße Ratcliffe seinen Ansatz als eine Ausarbeitung von Heideggers Gefühlsverständnis begreift – wobei aus dem, was bei Heidegger unter der Bezeichnung ›Stimmungen‹ firmiert, bei Ratcliffe die existenziellen Gefühlen werden.[11] Allerdings wendet sich Ratcliffe in einigen Punkten deutlich gegen Heidegger: Zum einen versäume es letzterer, ausreichend trennscharf zwischen verschiedenen Arten von welterschließenden Befindlichkeiten zu unterscheiden. Weder finde sich eine klare Abgrenzung zwischen Stimmungen und Emotionen, noch werde systematisch genug zwischen grundlegenden affektiven Hintergrundstrukturen und weniger basalen ›Vordergrund‹-Gefühlen unterschieden. Die zentrale Differenz zwischen Ratcliffe und Heidegger betrifft jedoch die Körperlichkeit der Gefühle: Während Heidegger so gut wie gar nicht auf das Thema Leiblichkeit eingeht und diese für ihn somit keine relevante Rolle zu spielen scheint, wird Ratcliffe nicht müde, genau diese Dimension ins Zentrum seines Ansatzes zu rücken (hier weitgehend an Merleau-Ponty orientiert). Das

---

11 Es ist somit alles andere als ein Zufall, dass Ratcliffe an selber Stelle emphatisch Heideggers Schlüsselsatz aus dem Befindlichkeitskapitel von *Sein und Zeit* zitiert: »*Die Stimmung hat je schon das In-der-Welt-sein als Ganzes erschlossen und macht ein Sichrichten auf ... allererst möglich.*« (Heidegger 1927: 137 – Kursiv im Orig.).

zweite Kapitel schließt mit Streifzügen durch autobiographische Schilderungen psychiatrischer Erkrankungen sowie durch literarische Erfahrungsbeschreibungen – jeweils mit dem Ziel zu verdeutlichen, dass existenzielle Gefühle der Sache nach bereits vielfach und verschiedentlich in der Literatur beschrieben worden sind. Insbesondere das Genre der *memoirs of madness* erweist sich als reiche Inspirationsquelle: In Schilderungen depressiver oder schizophrener Patienten finden sich regelmäßig Hinweise auf ein von Grund auf verändertes affektives Erleben und einen radikal verfremdetes Gefühl für die Wirklichkeit sowohl der Welt als auch des eigenen Körpers (vgl. Ratcliffe 2008: 61–69).

Zur Konkretisierung seiner Phänomenologie welterschließender körperlicher Empfindungen diskutiert Ratcliffe den in der Forschung selten explizit behandelten Tastsinn. Dieser fungiert als Modell für die Art und Weise, wie bestimmte Gefühle zugleich körperlich gespürt und ein Spüren von Dingen und Begebenheiten außerhalb des Körpers sein können. Der gespürte Körper – den man in diesem Kontext besser nach phänomenologischem Usus als ›Leib‹ bezeichnen sollte – fungiert dann als Medium des affektiven Weltbezugs. Philosophisch ist damit eine Abkehr von der traditionellen erkenntnistheoretischen Orientierung am Gesichtssinn und der darin impliziten Annahme einer klaren Trennung zwischen Erkenntnissubjekt und erkanntem Objekt markiert. Beim Tastsinn verläuft die ›Grenze‹ zwischen Erkennendem und Erkanntem nicht scharf, sondern bleibt diffus und veränderlich. Als ein ›Nahsinn‹ im Gegensatz zum Fernsinn des Sehens führt der Tastsinn vor Augen, wie eng wir mit unserer Umgebung verschränkt, wie sehr uns die bedeutsamen Dinge in der Umgebung gewöhnlich ›auf den Leib‹ rücken. Existenzielle Gefühle sind in dieser leiblich-taktilen Dimension zu verorten: sie sind ein die Erfahrung strukturierendes Medium, ein leibliches Gewahren dessen, wie wir in unserer jeweiligen Umgebung situiert sind.

Nach diesen historischen und emotionstheoretischen Verortungen und phänomenologischen Beschreibungen existenzieller Gefühle wendet sich Ratcliffe psychiatrischen Erkrankungen zu. Die Annahme lautet dabei jeweils, dass eine tiefgreifend und nachhaltig veränderte Hintergrundaffektivität im Zentrum der pathologischen Erfahrungen steht. Als zentral erweist sich hierfür immer wieder die bereits oben besprochene Annahme, dass es sich bei existenziellen Gefühlen immer auch um ein Erfassen von *Möglichkeiten* handelt. Wir erfassen Situationen nicht als neutrale Konstellationen von Gegenständen, sondern als strukturierte Möglichkeitsräume (vgl. auch Slaby 2011). Das Erschließen von Möglichkeiten erfolgt dabei meist im Rahmen gelingender Handlungen und Aktivitäten, selten bewusst registriert im Hintergrund der Aufmerksamkeit. Gelegentlich treten jedoch Veränderungen in diesem stets vorausgesetzten ›Möglichkeitssinn‹ auf – und das kann tief greifende Konsequenzen haben: »[C]ertain possibilities or kinds of possibility can be absent from experience, with the result that the world no longer solicits activities in the way that it previously did. In other cases, the possibilities might still be there but be changeable and disorganized, resulting in a fragmented existential orientation.« (Ratcliffe 2008: 121) In diesen Fällen, bei denen sich irgendetwas im Möglichkeitsgefüge der erlebten Wirklichkeit verändert, haben wir es mit gewandelten – und dadurch meist besonders auffälligen – existenziellen Gefühlen zu tun.

In besonders deutlicher Form ist dies oftmals in der Erfahrung psychisch Kranker der Fall. Ratcliffe diskutiert Literatur zu einer Reihe psychiatrischer Krankheitsbilder: Depression, Schizophrenie, Ichstörungen bzw. monothematische Wahnvorstellungen (Capgras und Cotard delusions). Insbesondere letztere fungieren als wichtigstes Anwendungsfeld von Ratcliffes Theorie. Exemplarisch sei kurz die Capgras-Täuschung beschrieben. Diese ungewöhnliche Störung besteht in der unerschütterlichen Überzeugung des Patienten, dass eine oder mehrere ihm nahe stehende Personen durch Außerirdische oder Roboter ersetzt worden seien. Monothematisch ist die Störung, weil es so scheint, als seien sämtliche sonstige Überzeugungen, Einstellungen und rationale Fähigkeiten der erkrankten Person ganz oder weitgehend intakt. Patienten gestehen oft bereitwillig ein, dass ihre pathologische Überzeugung absurd und unplausibel sei, halten jedoch gegen sämtliche Belege und rationale Erwägungen daran fest. Wie nicht anders zu erwarten führt Ratcliffe die Capgras-Täuschung auf veränderte existenzielle Gefühle zurück.[12] Damit wendet er sich gegen die verbreiteten Zwei-Faktor-Erklärungen, welche neben einer veränderten affektiven Wahrnehmung auch pathologisch veränderte Kognitionen, Überzeugungen oder Denkprozesse annehmen, und die Capgras-Täuschung als Resultat des Zusammenwirkens dieser zwei pathologischen Prozesse betrachten. Für Ratcliffe ist das verbreitete psychologische Verständnis von Erfahrung und Kognition, das solchen Erklärungen zu Grunde liegt, insgesamt verfehlt: »Experience is constructed as an input system that gives us perceptual contents, and belief is constructed as something that is separate from experience. What such conceptions fail to appreciate is that all beliefs presuppose an existential background, which is part of experience. I will suggest that the Capgras delusion arises due to a change in this background, a change in existential feeling.« (Ratcliffe 2008: 147) Gestört sei ein basaler affektiver Sinn für die Realität anderer Personen *als Personen,* und insbesondere das Gefühl des Vertrautseins mit dem oder den anderen. Die Erfahrung anderer Personen basiere auf einem Sinn für die Möglichkeiten des Zusammenseins, des Interagierens, und wenn dieser Möglichkeitsbezug gestört sei oder ganz ausfalle, nehmen die anderen unweigerlich den Charakter des Irrealen, Fremden an: »I suggest that, in the Capgras delusion, certain kinds of *interpersonal* possibility are absent and that this not only results in everything looking somehow different but also in an experience of particular people as ›impostors‹.« (Ratcliffe 2008: 153).

Diese spezifisch interpersonale Art von existenziellen Gefühlen ist für die Soziologie aus nahe liegenden Gründen besonders interessant. Haben wir es hier mit einer affektiven Grundlage des Sozialen zu tun – mit einem spezifisch interpersonalen affektiven Erleben, das Voraussetzung dafür ist, dass wir andere überhaupt als Personen auffas-

---

12 In der Fachliteratur zur *Capgras* und *Cotard delusion* sind Ratcliffes Überlegungen sogleich produktiv aufgenommen worden (vgl. z. B. McLaughlin 2011).

sen? Wiederum verweist Ratcliffe insbesondere auf das Erfassen von Möglichkeiten als entscheidenden Aspekt dieser Erfahrung: »Experience of people as *people,* rather than as things to be manipulated, involves a distinctive space of *relational* possibilities, some of which can be actualized through interaction to reveal further possibilities.« (Ratcliffe 2008: 156). Die alltägliche Erfahrung ist eingebettet in einen Horizont aus miterfassten Möglichkeiten – hier insbesondere Möglichkeiten des Umgangs und Interagierens mit anderen –, und wenn dieser Möglichkeitssinn gestört ist, resultiert ein Gefühl der Fremdheit, der Unbezüglichkeit und Getrenntheit von anderen Personen, die dann leicht als Eindringlinge oder ›Aliens‹ erscheinen können. Diese Gefühle sind deshalb so schwer auf Distanz zu bringen und zu regulieren, weil sie den unverzichtbaren Rahmen der Erfahrung bilden – eine Struktur, die immer schon vorausgesetzt ist wenn wir uns erkennend oder handelnd auf die Welt beziehen. Vollends erhellt spätestens hier, wieso Ratcliffe diese Gefühlsart als ›existenziell‹ bezeichnet: Es geht um nicht weniger als die Grundstruktur des personalen und interpersonalen Seins – und damit um den Grundmodus des menschlichen Lebens selbst. Kaum etwas könnte daher verfehlter sein als die Annahme, dass die beschriebenen Wahnvorstellungen lediglich eine Sache falscher Überzeugungen seien, die aufgrund eines kognitiven Defizits durch fehlgeleitete Schlussfolgerungen auf der Basis isolierter ungewöhnlicher Erfahrungen generiert worden sind.

Von hier ist der Weg nicht mehr weit zu denjenigen von Ratcliffes Überlegungen, die mit Fug und Recht als soziologisch anschlussfähig betrachtet werden können. Zum Beispiel ist hier die Annahme zu nennen, dass existenzielle Gefühle Teil einer welt-konstituierenden *praktischen* Orientierung sind und damit ein entscheidender Faktor in Prozessen der individuellen und sozialen Wirklichkeitskonstruktion. Es ist kein Zufall, dass Ratcliffe zur Rekonstruktion dieser Gedanken auf William James zurück geht, der seinerseits zu einer zentralen Inspirationsquelle für Alfred Schütz und die phänomenologische Lebensweltanalyse sowie für den daran anschließenden sozialen Konstruktivismus von Berger und Luckmann wurde.

3   Kritische Einschätzung und soziologische Anschlüsse

Es lässt sich diskutieren, ob Ratcliffe mit seiner Betonung der affektiven Befindlichkeit auf Kosten der anderen zentralen Existenziale Heideggers – Verstehen und Rede – tatsächlich richtig liegt. So sehr es sich aus methodischen Gründen anbietet, einzelne Erfahrungskomponenten aus der Gesamtheit der menschlichen Weltorientierung herauszulösen und separat zu analysieren, muss gleichzeitig berücksichtigt bleiben, wie eng affektive, kognitive und motivational-aktivische Elemente letztlich verwoben sind. Es scheint angebracht, die Theorie der existenziellen Gefühle durch entsprechende Ausarbeitungen dessen zu ergänzen, was Heidegger ›Verstehen‹ und ›Rede‹ nennt. In diesem Zusammenhang wäre dann aber ganz im Sinne Ratcliffes Intuitionen zu zeigen, dass Elemente des Verstehens und der Rede bereits in der menschlichen Affektivität selbst impliziert und mit dieser innig verklammert sind (vgl. Slaby 2008a, insb. Kap. 3). Insgesamt sagt Ratcliffe zu wenig zu diesen Zusammenhängen, so dass die affektive Hintergrundstruktur in seinem Ansatz eine Art phänomenalen Bezirk eigener Art zu bilden scheint. Wie sind höherstufige kognitiv-begriffliche Gehalte in die Hintergrundaffektivität eingewoben? Wie kann der Fühlende auf diese Gefühlsschicht deskriptiv zugreifen? Lassen sich existenzielle Gefühle ohne weiteres versprachlichen, oder in Form modulierender Expression oder Verhaltensweisen gezielt verändern? Wie verhalten sich diese Elemente zueinander? Das weitgehende Ausklammern dieser Fragen kann entgegen den Absichten des Autors zur Verstärkung eines die Elemente isolierenden Zugriffs führen. Noch einmal anders gewendet: Ratcliffes Studie hat insgesamt zu deutlich den Charakter einer umfassenden phänomenologischen Zeigegeste. Es scheint sich oft um nicht viel mehr als um den immer wieder aufs neue vorgenommenen (und verschiedentlich deskriptiv angereicherten) energischen *Verweis* auf eine bislang vernachlässigte Ebene der Erfahrung zu handeln. Ein systematische Anspruch, eine tatsächliche *Theorie* welterschließender Hintergrundgefühle vorzulegen, wird zwar gelegentlich erhoben, aber noch nicht eingelöst.

Zu bemängeln ist außerdem das Fehlen einer ausgearbeiteten Systematik unterschiedlicher Typen von *existential feelings*. Zwar bringt Ratcliffe grobe Unterscheidungen wie Selbst-, Fremd-, Welt- und im engeren Sinne Körper-bezogene existenzielle Gefühle ins Spiel; dazu ist aber auch die Rede von absolut gesetzten Emotionstypen wie Angst oder Trauer sowie von spezifisch situativ gerahmten Grundgefühlen (»feeling of being stared at«; »feeling unwelcome« etc.). Somit ist eine die Phantasie anregende Vielfalt gegeben, doch bezüglich einer belastbaren Systematisierung stehen Ratcliffes Leser weitgehend alleine da.[13] Geschickt ist dieses Vorgehensweise durchaus, denn hier lauert ein systematisches Problem: Da es sich eben um Hintergrundgefühle handelt, die zwar grundlegend aber eben auch oft ganz oder nahezu unbemerkt ›am Rande‹ der Welt- und Selbsterfahrung auftreten, stehen Versuche zielsicherer, intersubjektiv nachvollziehbarer deskriptiver Zugriffe vor besonderen Schwierigkeiten. Vermutlich war die hilflose Metapher vom Pudding, den es an die Wand zu nageln gelte, selten passender. Gefragt sind detaillierte narrative Explikationen, die ein Nachvollziehen und Verstehen selbst subtil veränderter Erfahrungsformen ermöglichen. Dafür fehlt im Tagesgeschäft insbesondere der empirisch-experimentellen oder quantitativen Forschung sowohl die Zeit als auch das nötige Instrumentarium. Ratcliffes Arbeiten sind ein wichtiger Schritt auf dem Weg, hier zumindest ein Relevanz- und Problembewusstsein zu schaffen.

Die genannten Mängel sollen den Wert von *Feelings of Being* nicht schmälern. Gerade offen angelegte, deskriptiv reichhaltige und erfahrungsgesättigte Studien können eine stimulierende Wirkung auf andere Wissenschaftler entfalten. Der interessierte

---

13 Erste Versuche, diesem Zustand abzuhelfen können bestenfalls als provisorisch gelten (vgl. Slaby/Stephan 2008; Stephan/Slaby 2011).

Leser wird zur selbständigen Weiterentwicklung des dargebotenen Materials angespornt. Eine solche empfiehlt sich gleich in mehreren Gebieten, die von Interesse für die Soziologie allgemein und für ein Verständnis der Rolle von Emotionen bei der Ausbildung sozialer Strukturen im Besonderen sein könnten. Ich möchte abschließend nur zwei dieser potenziellen Anknüpfungen kurz streifen. Beide betreffen in gewissem Sinne die Grundlagen von Sozialität überhaupt.

Zum einen erinnert Ratcliffe emphatisch an die Möglichkeit, dass bereits die bloße Begegnung mit einem anderen Menschen als solchem, also das bloße Erfassen einer anderen Person *als einer Person,* eine Sache grundlegender Hintergrundgefühle zu sein scheint: »It is also important to emphasize that the everyday world is a world of other people, infused throughout with a sense of the personal. Others are not simply add-ons to an already established reality.« (Ratcliffe 2008: 8) Damit greift er eine Debatte auf, die er bereits in der Arbeitsphase vor *Feelings of Being* intensiv geführt hatte: Eine Fundamentalkritik der verbreiteten Konzeption interpersonalen Verstehens im Rahmen der sogenannten Alltagspsychologie und insbesondere solcher Ansätze, welche das Verstehen anderer Personen als eine weitgehend theoretisch-kognitive Angelegenheit fassen (vgl. Ratcliffe 2007). Das interpersonale Verstehen war zwar in der phänomenologischen Tradition bereits intensiv thematisiert worden, zwischenzeitlich hatte es der humanwissenschaftliche *mainstream* aber aus dem Blick verloren. Ratcliffe knüpft ziemlich direkt an Husserl, aber auch an Sartre und Schütz an, die allesamt ein affektives Verbundensein, ein unbegriffliches gefühlsbasiertes Gewahren des Anderen als unhintergehbare Grundlage der Fremdverstehens ansehen. Im heutigen Kontext sind sowohl die theoretischen Arbeiten Shaun Gallaghers, dem es insbesondere um die primär wahrnehmungsbezogene und verkörperte Interpersonalität geht (Gallagher 2005), sowie die Befunde des Entwicklungspsychologen Peter Hobson einschlägig (Hobson 2002). Ratcliffe deutet beide (und einige andere aktuelle Autoren) jeweils so, dass eine komplexe Schicht unwillkürlicher, leiblich und prämotorischer Gefühle die primäre Vermittlungsleistung in interpersonalen Interaktionen vollbringt – an erster Stelle steht dabei ein Gefühl des intuitiven Vertrautseins mit dem Gegenüber, welches sich in der leiblichen Synchronisation motorischer Abläufe und im unwillkürlichen Spiegeln und Imitationsverhalten herausbildet; just dieses Gefühl wiederum sei in der Capgras-Wahnvorstellung gestört (2008: Kap. 5). Soziologisch betritt man mit einer solchen Sichtweise kein absolutes Neuland; gleichwohl verdienen diese phänomenologischen Überlegungen angesichts des immer noch weit verbreiteten Kognitivismus erneute Beachtung.

Direkt daran anschließen lassen sich Überlegungen zu kollektiven Gefühlen und zum affektiv-basierten Zusammenhalt von Gruppen. An dieser Stelle kann natürlich nur ein winziges Schlaglicht auf die inzwischen sehr verzweigte Debatte geworfen werden.[14] Andrés Sánchez Guerrero (2011) knüpft direkt an Ratcliffe an, wenn er das ge-

---

14 Die folgenden Überlegungen passen sowohl in den Kontext der soziologischen und sozialpsychologischen Diskussion von gruppenbasierten Emotionen (vgl. Parkinson/Fisher/Manstead 2005; Iyer/Leach

meinsame Fühlen als in *feelings of being-together* fundiert betrachtet. Der Kontext ist in diesem Fall die (primär philosophische) Debatte um kollektive affektive Intentionalität (vgl. z. B. Schmid 2009), in welcher es zuletzt verstärkt um die Frage geht, ob auch Gefühls*empfindungen* (und nicht bloß die ›kognitiven Komponenten‹ von Gefühlen wie bei Gilbert 2002) in einem starken Sinne interpersonal *geteilt* werden können. Sánchez Guerrero hält dies jedoch für die falsche Frage. Es gehe nicht um das Teilen bestimmter Empfindungen, sondern um gefühlten Zusammenhalt – um ein gefühltes Sein *in und als Gruppe*. Dies wiederum sei unter anderem eine Sache bestimmter existenzieller Gefühle; und sobald diese Gefühle im Rahmen gruppenbasierter Interaktion oder gemeinsamen Handelns verspürt würden, werde dadurch eine affektive Bezugnahme auf etwas *kraft Zugehörigkeit* zur Gruppe ermöglicht (wobei gemeinsame Anliegen der Gruppenmitglieder eine konstitutive Rolle für die Zusammengehörigkeitsgefühle spielen). Der Vorzug dieses auf den ersten Blick komplizierten Ansatzes ist, dass einerseits unseren starken phänomenologischen Intuitionen Rechnung getragen wird – es *gibt* echte Zusammenhaltsgefühle; Gefühle die uns affektiv an die Gruppe binden und uns ›für‹ die Gruppe fühlen und handeln lassen – andererseits wird vermieden, dass im wörtlichen Sinne vom Teilen *ein und derselben* Gefühlempfindung (also von einem interpersonell geteilten phänomenalen Erleben im starken Sinne einer numerischen Identität des Gefühlszustands) gesprochen werden muss. Die Frage ist dann allerdings, wie die *feelings of being-together* ihrerseits verstanden werden, und auch hier bietet Sánchez Guerrero eine bedenkenswerte Explikation, in der er auf das interpersonale Teilen dessen abhebt, was Heidegger ›Sorge‹ nennt. Die Sorgestruktur selbst sei eine fundamental geteilte bzw. prinzipiell teilbare Weltorientierung – so wie eine Person jederzeit zahlreiche individuelle Anliegen (Belange, Ziele, Bedürfnisse etc.) hat, habe man auch kraft Zugehörigkeit zu Gruppen oder Kollektiven Anliegen (mit dem Team die Meisterschaft gewinnen etc.). Formen eines solchen Mit-Sorgens sind jedoch einerseits allgegenwärtig in der Menschenwelt, da wir ständig bestimmte, oftmals ganz triviale Belange mit anderen teilen. Etwas muss also hinzukommen, wenn eine emphatische, affektiv basierte Gruppenzugehörigkeit gelingt. Und dies, so Sánchez Guerrero, seien existenzielle Hintergrundgefühle einer besonderen Art – Gemeinschaftsgefühle, welche das Geteiltsein von Anliegen selbst fühlbar machen und uns so affektiv an die anderen binden, ohne dass wir deshalb schon im strengen Sinne *dasselbe* fühlen müssten: »Jene in Hinsicht auf ihre phänomenale Qualität womöglich auch sehr unterschiedliche Hintergrundorientierungen, die es uns *individuell* ermöglichen, bestimmte Angelegenheiten als Situationen zu erleben, die in der einen oder anderen Weise mit etwas verbunden sind, worauf

---

2008), als auch in den Kontext der Frage nach geteilten Gefühlen in direkter Interaktion zwischen zwei oder mehr Personen (Durkheim 1912; Collins 2004). Eine wichtige Frage betrifft z. B. das Verhältnis von kognitiven und genuin affektiven Faktoren in der Ermöglichung von Identifikation mit einer Gruppe, auf deren Basis sich dann spezifisch gruppenbasierte Gefühle ausprägen können. Damit zusammen hängt möglicherweise eine Ebene des Fühlens, die in *face-to-face*-Interaktionen einen unmittelbar erlebten, affektiven Zusammenhalt stiftet.

wir *zusammen* Wert legen, und uns somit dazu motivieren, ein *gemeinsames* Ziel zu verfolgen, konstituieren die Subklasse der existenziellen Gefühle, die ich Gemeinsamkeitsgefühle nenne.« (Sánchez Guerrero 2011, i. E.)

Dies ist freilich immer noch keine detaillierte phänomenologische Charakterisierung dieser besonderen, sozialen Art von existenziellen Gefühlen; jedoch deutet sich die potenzielle Fruchtbarkeit des Begriffs in der vertrackten Debatte über geteilten affektiven Weltbezug zumindest an. Existenzielle Gefühle als grundlegende Rahmung der Erfahrung und ermöglichende Vorstruktur des Handelns könnten eine Art Kitt des Sozialen sein, ohne deshalb ihren Charakter als individuelle Gefühle zu verlieren. Eine sich hieran anschließende Frage wäre die nach genuin kollektiven existenziellen Gefühle, etwa im Sinne kollektiver emotionaler Orientierungen (Bar-Tal/Halperin, i. E.) oder kollektiven emotionalen Atmosphären bzw. einem in einer Gemeinschaft herrschenden affektiven »Klima« (de Rivera 1992). Ratcliffes Konzeption ist bisher nicht in diese Richtung ausgearbeitet worden. Hier eröffnet sich ein spannendes Arbeitsfeld für die interdisziplinäre Gefühlsforschung.

Literatur

Bar-Tal, Daniel/Halperin, Eran (i. E.): Collective Emotional Orientation. In: Daniel J. Christie (Hg.): Encyclopedia of Peace Psychology. Oxford: Wiley-Blackwell.

Collins, Randall (2004). Interaction ritual chains. Princeton: Princeton University Press.

De Rivera, Joseph (1992): Emotional Climate: Social Structure and Emotional Dynamics. In K. T. Strongman (Hg.): International Review of Studies on Emotion, Vol. 2. Chichester: Wiley, S. 197–218.

Döring, Sabine (2007): Seeing What to Do: Affective Perception and Rational Motivation. Dialectica 61(3): 364–394.

Durkheim, Emile (1912/1994): Die elementaren Formen des religiösen Lebens. Frankfurt/M.: Suhrkamp.

Gallagher, Shaun (2005): How the Body Shapes the Mind. Oxford: Oxford University Press.

Gilbert, Margret (2002). Collective guilt and collective guilt feelings. In: Journal of Ethics 6: 115–143.

Goldie, Peter (2000): The Emotions. A Philosophical Exploration. Oxford: Clarendon Press.

Heidegger, Martin (1927): Sein und Zeit. Tübingen: Niemeyer.

Helm, Bennett (2001): Emotional reason. Deliberation, motivation, and the nature of value, Cambridge: Cambridge University Press.

Hobson, Peter (2002): The Cradle of Thought. London: Macmillan.

Iyer, Aarti/Leach, Colin Wayne (2008): Emotion in inter-group relations. In: European Review of Social Psychology 19(1): 86–125.

McLaughlin, Brian (2011): Monothematische Wahnstörung und existenzielle Gefühle. In: Jan Slaby/Achim Stephan/Sven Walter/Henrik Walter (Hg.): Affektive Intentionalität. Beiträge zur welterschließenden Funktion der Gefühle. Paderborn: Mentis (i. E.)

Noë, Alva (2009). Out of our heads: Why you are not your brain and other lessons from the biology of consciousness. New York: Hill and Wang.

Parkinson, Brian/Fischer, Agneta H./Manstead, Anthony S. R. (2005): Emotion in social relations: cultural, group, and interpersonal processes. New York: Psychology Press.

Ratcliffe, Matthew (2002): Heidegger's Attunement and the Neuropsychology of Emotion. In: Phenomenology and the Cognitive Sciences 1, 287–312.

Ratcliffe, Matthew (2005): The Feeling of Being. In: Journal of Consciousness Studies 12(8-10): 43–60.

Ratcliffe, Matthew (2007): Rethinking Commonsense Psychology: A Critique of Folk Psychology, Theory of Mind and Simulation, Basingstoke: Palgrave Macmillan.

Ratcliffe, Matthew (2008): Feelings of Being. Phenomenology, Psychiatry, and the Sense of Reality, Oxford: Oxford University Press.

Ratcliffe, Matthew (2009): Understanding Existential Changes in Psychiatric Illness. The Indispensability of Phenomenology. In: Matthew Broome/Lisa Bortolotti (Hg.): Psychiatry as Cognitive Neuroscience. Philosophical Perspectives. Oxford: Oxford University Press, S. 223–244.

Roberts, Robert C. (2003): Emotions. An Essay in Aid of Moral Psychology. Cambridge: Cambridge University Press.

Sánchez Guerrero, Andres (2011). Gemeinsamkeitsgefühle und Mitsorge: Anregungen zu einer alternativen Auffassung kollektiver affektiver Intentionalität. In: Jan Slaby/Achim Stephan/Sven Walter/Henrik Walter (Hg.): Affektive Intentionalität. Beiträge zur welterschließenden Funktion der Gefühle. Paderborn: Mentis (i. E.).

Schmid, Hans Bernhard (2009): Plural action: Essays in philosophy and social science. Dordrecht: Springer.

Slaby, Jan/Stephan, Achim/Walter Sven/Walter, Henrik (i. V. 2011): Affektive Intentionalität. Beiträge zur welterschließenden Funktion der Gefühle. Paderborn: Mentis.

Slaby, Jan/Stephan, Achim (2008): Affective Intentionality and Self-Consciousness. In. Consciousness and Cognition 17: 506–513.

Slaby, Jan (2011). Möglichkeitsraum und Möglichkeitssinn. In: Kerstin Andermann/Undine Eberlein (Hg.): Gefühle als Atmosphären. Neue Phänomenologie und philosophische Emotionstheorie. Berlin: Akademie, S. 125–138.

Slaby, Jan (2008): Gefühl und Weltbezug. Die menschliche Affektivität im Kontext einer neo-existentialistischen Konzeption von Personalität. Paderborn: Mentis.

Stephan, Achim/Slaby, Jan (2011): Affektive Intentionalität, existenzielle Gefühle und Selbstbewusstsein. In: Jan Slaby/Achim Stephan/Sven Walter/Henrik Walter (Hg.): Affektive Intentionalität. Beiträge zur welterschließenden Funktion der Gefühle. Paderborn: Mentis (i. E.)

Thompson, Evan (2007): Mind in life: Biology, phenomenology, and the sciences of the mind. Cambridge MA: Harvard University Press.

Systemtheoretische Annäherungen an das Konzept der Emotionen

Michael Urban

In diesem Aufsatz soll eine auf der soziologischen Systemtheorie basierende Konzeption psychischer Systeme vorgestellt werden, die es ermöglicht, Emotionen doppelperspektivisch sowohl als soziale als auch als psychische Phänomene zu beschreiben. Die systemtheoretische Unterscheidung zwischen den Operationsweisen sozialer und psychischer Systeme wird zunächst zum Ausgangspunkt für eine Beschreibung psychischer Systeme genommen, die nichtsprachliche psychische Prozesse integriert und die fundamentalen, das System konstituierenden Operationen des psychischen Systems als Erfahrung und mit dem begrifflichen Instrumentarium der Form (Spencer Brown 1997) als formbasierte psychische Symbolisierung bestimmt. Eine solche Konzeption des psychischen Systems umfasst emotionale und kognitive Prozesse und erlaubt die theoretische Integration von Emotionskonzepten.

Ein doppelperspektivischer, psychische und soziale Systemreferenzen kombinierender Zugriff auf das Phänomen der Emotionen kann auf einer solchen theoretischen Grundlage dann einerseits die sozialen Konstitutionsbedingungen der Psychogenese emotionaler Erfahrungen beschreiben und der Frage nachgehen, wie emotionale psychische Erfahrung durch die Historizität von kommunikativen und diskursiven Konstruktionen – etwa einer *Sprache der Liebe* (Barthes 1984), der Emotionen allgemein – präfiguriert wird. Andererseits eröffnet sich der Blick auf indirekt Effekte psychischer Prozesse, die sich in der Beobachtung des Psychischen in den kommunikativen Prozessen der sozialen Systeme selbst zeigen. Gibt es soziale Systeme, in denen Emotionen nicht nur in Form kommunikativer Thematisierung relevant werden, sondern in denen sich spezifische Prozesse einer systeminternen Beobachtung des Verhältnisses von sozialen und psychischen Systemen ausdifferenzieren und über die dann psychische Emotionalität potenziell Effekte in den kommunikativen Operationen des sozialen Systems induzieren kann? Diese Fragestellung zielt langfristig sowohl auf eine systemtheoretische Bestimmung sozialer Bedingungen des ästhetischen Ausdrucks und der Anerkennung psychischer Erfahrung in kommunikativen Prozessen als auch auf eine Rekonstruktion sozialpsychologisch beschriebener transindividueller emotionaler Phänomene. Hier geht es im Folgenden zunächst nur um eine theoriearchitektonische Eröffnung solcher Möglichkeiten im Paradigma der soziologischen Systemtheorie.

1   Systemtheoretische Emotionen – zum Stand
der Theoriebildung in einem ungeliebten Feld

Will man sich aus einer systemtheoretischen Perspektive soziologisch mit dem Phäno-men der Emotionen beschäftigen, d. h. mit der Frage nach einer sozialen Dimension der Emotionen und ihrer sozialtheoretischen Relevanz, so stößt man sehr schnell auf ein grundlegendes theoretisches Problem. Die Annahme einer sozialen Bedeutsamkeit des Phänomenbereichs der Gefühle und Affekte[1] liegt im Kontext einer an Luhmann (1987, 1997a) anschließenden Systemtheorie quer zu der dort axiomatischen Bedeutung der Differenzierung zwischen sozialen und psychischen Systemen. Diese Unterscheidung zwischen dem Sozialen und dem Psychischen muss als die konstitutive, theoriegenerie-rende Unterscheidungsfigur der Luhmann'schen Systemtheorie betrachtet werden. Zu-nächst entwickelt über eine spezifische Lesart des Theorems der doppelten Kontingenz (Luhmann 1986, Schützeichel 2003) zielt sie darauf, eine Sphäre des Sozialen als eines eigenen operativ gegenüber anderem abgeschlossenen Konnexes zu eröffnen. In der Be-gegnung zweier sich wechselseitig intransparenter Individuen entsteht etwas Anders-artiges, das die Intentionen dieser Individuen hinter sich lässt und einer eigenen Dyna-mik folgt – einer Dynamik, in der weder die rationalen Absichten noch die Emotionen der Individuen als Konstituenzien wirken. Um diese Figur der wechselseitigen Intrans-parenz als die Urszene eines neuartigen Paradigmas der soziologischen Systemtheorie nutzen zu können, integrierte Luhmann (1987) das Theorem der doppelten Kontingenz mit dem – einer spezifischen Rezeption der theoretischen Biologie (Maturana 1985, Ma-turana/Varela 1987) entnommenen – Begriff der Autopoiesis.

Dieser Begriff wurde von Maturana und Varela zur biologischen Konzeptionalisie-rung eines abstrakten Verständnisses von Leben entwickelt. Er beschreibt, dass sich ein lebendes System durch seine eigenen Systemoperationen selbst erzeugt und in diesem operativen Prozess zugleich seine Relation zur Systemumwelt ausdifferenziert. Die theo-retische Figur der Autopoiesis ist unmittelbar mit dem Konzept der strukturellen Kopp-lung verbunden, welches zum Ausdruck bringt, dass eine solche operative Selbstproduk-tion des Systems und seine evolutionäre Ausdifferenzierung nur gelingen kann, wenn die Systemoperationen mit den Umweltkonditionen des Systems kompatibel sind. In der Rezeption und Reinterpretation dieser Theoriefigur bei Luhmann wird das Konzept von seinen auf eine Erklärung des ›Lebens‹ zielenden Konnotationen gelöst und nur noch im Sinne seiner Funktion einer Beschreibung der operativen Selbstkonstitution

---

[1]   Vor dem Hintergrund einer bislang fehlenden allgemein akzeptierten Definition der Begriffe Gefühl, Emotion und Affekt und ihrer je nach theoretischem und/oder disziplinärem Zugang sehr unterschied-lichen Konzeptionalisierung, wird im Folgenden nicht klar zwischen diesen Begriffen unterschieden. Für die vorliegende Zielsetzung, innerhalb des systemtheoretischen Paradigmas zunächst nur Anknüp-fungspunkte für Emotionstheorien zu markieren, mag das akzeptabel sein. Als Überblicke zur Begriffs-und Theorienvielfalt in diesem Bereich vgl. die aus sozialtheoretischer Intentionen geführten Sichtun-gen des interdisziplinären Forschungsstandes bei Schützeichel (2006a) und Scheve (2009).

von Systemen verwendet. Es wird insbesondere auch dazu genutzt, eine Autopoiesis sozialer Systeme von der Autopoiesis psychischer Systeme unterscheiden zu können. Dies zielt darauf, eine Möglichkeit der theoretischen Beschreibung sozialer Systeme zu eröffnen, die ohne unmittelbare Referenz auf das Psychische auskommt und die sich damit zugleich von klassisch soziologischen Konzeptionen eines handelnden Subjektes verabschiedet. Die soziologische Systemtheorie kann sich auf einer solchen Grundlage dann auf die in ihrer Autopoiesis theoretisch isolierten kommunikativen Prozesse konzentrieren, in denen sich die sozialen Systeme operativ herstellen. Die Lösung von Theoriefiguren des Subjektiven, des Psychischen oder des Bewusstseins hat aus systemtheoretischer Perspektive den enormen Vorteil, die spezifische Macht und die Eigendynamiken des Sozialen ins Zentrum des soziologischen Blicks auf gesellschaftliche Prozesse zu rücken. Eine solche Form der theoretischen Konstruktion hat allerdings ein Janusgesicht. In Einem eröffnet sie spezifische Möglichkeiten der theoretischen Beobachtung der Welt und schließt andere. Man kann sich darüber streiten, ob diese Form der Theoriekonstruktion im Hinblick auf das Psychische auf einen Ausschluss aus der Theorie hinausläuft oder eher auf eine Marginalisierung dieser Theoriefiguren. So ist nicht nicht von psychischen Systemen oder von Bewusstseinssystemen in der Luhmann'schen Systemtheorie die Rede. Doch zielt die Form der Thematisierung psychischer Systeme in erster Linie darauf, das Tor zu markieren, durch das das Psychische aus der Soziologie verwiesen werden soll (vgl. dazu Urban 2009: 78 ff.).

Und es ist genau diese basale Konstruktionsfigur der Differenzierung von psychischen und sozialen Systemen, die es problematisch macht, das Thema einer sozialen Dimension des Emotionalen mit den Mitteln dieser Theorieform zu fokussieren. Interessiert man sich für die bisherigen systemtheoretischen Zugriffe auf das Emotionale, so kann es hilfreich sein, zunächst der Frage nachzugehen, auf welcher Seite der Unterscheidung psychischer und sozialer Systeme die Emotionen theoretisch lokalisiert werden und ob eine solche Verortung durchgehalten wird.

In der theoretischen Fassung bei Luhmann ist diese Frage auf den ersten Blick noch recht unkompliziert zu beantworten. Emotionen sind als Bewusstseinsphänomene dem Bereich der psychischen Systeme zugeordnet. »In jedem Falle sind Gefühle keine umweltbezogenen Repräsentationen, sondern *interne* Anpassungen an *interne* Problemlagen psychischer Systeme, und genauer: an interne Problemlagen, die es mit der laufenden Produktion der Elemente des Systems durch die Elemente des Systems zu tun haben.« (Luhmann 1987: 371, Hervh. i. O.). Im Rahmen der psychischen Prozesse ist den Gefühlen eine spezifische Funktion zugewiesen, die mit der Metapher eines psychischen Immunsystems beschrieben und in den Systemoperationen dann relevant wird, wenn die Autopoiesis des Bewusstseins gefährdet ist (Luhmann 1987: 370 f.). Baecker (2004: 10) verweist in diesem Zusammenhang entsprechend auf eine Luhmann'sche Positionierung, nach der nicht die Gefühle selbst, sondern nur die Kommunikation von Gefühlen zum soziologischen Thema werden könne. Doch auch schon in der kurzen Textpassage, auf die hier referiert wird, deuten sich Inkonsistenzen an: »In der Tat entzieht sich der Tatbestand direkter soziologischer Behandlung. Die Soziologie könnte sich allenfalls mit der Kommunikation von Gefühlen, mit ihrem Stimulieren, Beobachten, Prozessieren, Abkühlen usw. in sozialen Systemen befassen, aber nicht mit den Gefühlen selbst.« (Luhmann 1987: 370, Fn. 39). Die Unterscheidung zwischen Gefühlen in ihrer Funktion in der Autopoiesis psychischer Systeme und Gefühlen, über die in der Kommunikation gesprochen wird, schließt es nicht aus, dass in dieser Kommunikation über Gefühle Gefühle nicht nur stimuliert, sondern auch prozessiert werden. Wenn hier die Kommunikation doch Gefühle prozessiert, so scheint darin eine theoretische Problematik auf, die man eventuell mit dem späten Luhmann (1997a: 45) als ein Re-Entry des Psychischen im Sozialen beschreiben kann, also als einen Wiedereintritt dessen, was als das Psychische zunächst aus dem Bereich des Sozialen ausgeschlossen worden war. Die theoretische Konstruktion erweist sich hier als labil – oder vorsichtiger formuliert: hier deuten sich Anschlussmöglichkeiten an für weiterführende, vielleicht auch für dekonstruierende Formen der Arbeit mit dieser Theorie.

Wie ist dieser Zusammenhang nun bei Fuchs konzipiert, dessen Werk kann als der systemtheoretische Textkorpus betrachtet werden, der die größte Affinität zur Sphäre des Psychischen aufweist? Auch bei Fuchs markieren die Emotionen weder den Ausgangspunkt der theoretischen Konstruktion, noch dieser Konstruktion essentielle begriffliche oder konzeptuelle Verdichtungen. Das Thema der Emotionen ist vielmehr einzulesen in eine bereits stark ausdifferenzierte Theoriestruktur, die – abgesehen von einer spezifischen Implementierung von Konzepten über basale Empfindungen in archaischen psychischen Prozessen (Fuchs 1998, 2005), auf die noch zurückzukommen sein wird – ohne Gefühl und Affekt auskommt. Fuchs (2004a) folgt dabei im Kern der Luhmann'schen Idee, das Wirken der Gefühle als eine Immunreaktion des Bewusstseins zu begreifen und den Gefühlen damit eine sekundäre, an das Auftreten von Krisen gebundene Relevanz zuzusprechen. Dies bedeutet jedoch nicht, dass die Sphäre der Gefühle in den psychischen Systemen verortet und damit eindeutig einer der beiden Seiten der Unterscheidung von psychischen und sozialen Systemen zugeordnet werden würde. Lassen sich schon bei Luhmann Schwierigkeiten erkennen, im Blick auf die Gefühle die Differenzierung von Psychischem und Sozialem strikt durchzuhalten, so wird sie bei Fuchs (2004a) durch den Rückgriff auf eine der Differenzierung psychischer und sozialer Autopoiesis theoretisch vorgelagerte Konzeptionierung des Sinnbegriffs unterlaufen. Dabei wird Sinn als ein Medium aufgefasst, in das sich mit jedem Zeichengebrauch oder Bezeichnen, mit jeder Unterscheidung Formen einzeichnen. Und nur über diesen Prozess des Einzeichnens von Formen in diesem Medium Sinn lassen sich Gefühle überhaupt differenzieren. »Sinn markiert für diese Systeme einen medialen Unüberschreitbarkeitsbereich, weswegen sie auch als *Sinn*systeme bezeichnet werden. Sie hängen, wenn man so will, in diesem Medium fest. Die Konsequenz ist, daß Gefühle für Sinnsysteme nur die Form von Sinn annehmen können, nur in dieser Form bearbeitbar und beobachtbar werden. Niemand könnte Gefühle fühlen, etwas über Gefühle wissen, kein Gespräch könnte über Gefühle laufen – ohne diese Form.« (Fuchs 2004a: 94,

Hervh. i. O.). Eine Grenze wird hier nicht zwischen einer sozialen und einer psychischen Referenz von Gefühlen gesetzt, sondern zwischen einer sinnförmigen Wahrnehmung von Gefühlen und einer als solcher nicht-beobachtbaren Dimension körperlicher Unmittelbarkeit. Fuchs betont, dass das Gefühl erst durch den Prozess des Gebrauchs sinnbasierter Unterscheidungen konstituiert wird. Das Gefühl existiert nicht unabhängig oder jenseits dieses operativen Prozesses als etwas körperlich unmittelbar Gegebenes im Sinne einer elementaren Entität. Es entsteht vielmehr erst durch diesen Prozess einer im Medium Sinn vollzogenen Bezeichnung, die das bezeichnete Gefühl von anderem unterscheidet (Fuchs 2004a: 95).

Diese theoretische Konfiguration verdankt sich der Ausarbeitung eines sehr spezifischen Verständnisses der Relation von psychischen Systemen, Bewusstsein und sozialen Systemen, die sich am prägnantesten in *Die Psyche* (Fuchs 2005) dargelegt findet. Die theoretische Innovation der von Fuchs besonders deutlich herausgearbeiteten Konzeption besteht in der Unterscheidung von psychischem System und Bewusstsein. Das psychische System erzeugt sich in diesem Modell in einer autopoietischen Verkettung – einer Konkatenation[2] – von Wahrnehmungen. Diese der Verkettung in der Autopoiesis des psychischen Systems zugrundeliegenden Wahrnehmungen wiederum können als ein Emergenzphänomen neurophysiologischer Prozesse verstanden werden. Fuchs spricht auch von Wahrnehmungen als »Resultate(n) der Externalisierungsleistungen des neuronalen Systems.« (Fuchs 2005: 106) Er gestaltet sein Modell nun so, dass die Wahrnehmungen als die basalen Operationen des psychischen Systems mit dem Bewusstsein zunächst nichts zu tun haben. Das Bewusstsein differenziert sich vielmehr im psychischen System als ein zweites, anderes System aus – als ein »System-im-System« (Fuchs 2005: 125). Die Autopoiesis dieses zweiten Systems, des Bewusstseins, wird von Fuchs daran gebunden, dass es die Wahrnehmungen bezeichnet und dadurch in Beobachtungen transformiert. Erst als solche werden sie dem Bewusstsein zugänglich. Die Wahrnehmungen fungieren nun als ein Medium, in das das Bewusstsein spezifische Formen einzeichnet (vgl. Fuchs 2003: 53 f.). Es handelt sich auch hierbei um Form-Operationen, die sich über den Zusammenhang von Bezeichnung und Unterscheidung konstituieren – und damit um den Begriff der Form, der aus der Spencer-Brown-Rezeption Luhmanns stammt[3]. Um im Medium der Wahrnehmungen Bezeichnungen operativ realisieren zu können, benötigen sie nach Fuchs jedoch ein zweites Medium, das erst die Bezeichnung ermöglicht: Sprache.

Die Sprache jedoch ist sozial konstituiert. Dies bedeutet, dass mit dieser theoretischen Figur die Möglichkeit, Wahrnehmungen in Beobachtungen zu transformieren

---

2 Zur Einführung dieses Begriffs in die Systemtheorie vgl. Fuchs (2004b: 49 f. und 2005: 64).

3 Der Spencer Brown'sche Formbegriff ist in diesem Kontext mit dem Begriffspaar Medium/Form von Heider (1926) integriert. Vgl. dazu auch Luhmann (1997b: 165–171), der das seiner Heider-Rezeption entstammende Form-Konzept als Konkretisierung bzw. Spezialfall der allgemeinen Spencer Brown'schen Form betrachtet (ebd.: 169).

und damit ins Bewusstsein zu bringen, an das Wirken des Sozialen im psychischen System gebunden wird. Fuchs arbeitet selbst sehr deutlich die paradoxe Struktur dieser theoretischen Konstruktion heraus und beschreibt sie mit dem Lacan'schen Begriff der Extimität: »Diese eigentümliche Paradoxie kann man mit dem Ausdruck Extimität belegen. Er bezeichnet ein Innerstes, das identisch ist mit einem Äußersten. Dabei wird angenommen, daß das System, das extim ist, keine Möglichkeit hat, das Außen in sich selbst anders als innen zu erfahren. Jedes Zeichen, das es einsetzt, stammt nicht von ihm und wird sozial angeliefert. […] Es ist sozial formatiert, obgleich es an keiner Stelle sozial ist.« (Fuchs 2005: 132 f., Hervh. i. O.)

Was bedeutet eine solche Konzeption nun für das theoretische Verständnis von Emotionen? Fuchs benennt zwei Aspekte. Der erste besteht darin, dass auch für das psychische Erleben von Emotionen das Verdikt der Extimität gilt. Emotionen können nur vermittels einer aus dem Sozialen vorgegebenen sprachlichen Formatierung in das Bewusstsein treten, oder präziser formuliert, die Gefühle konstituieren sich erst über den sinn- und sprachbasierten Prozess der operativen Konkatenation in der Autopoiesis des Bewusstseinssystems. Ohne den operativen Gebrauch von Formen ließen sich Gefühle nicht fühlen und auch die Illusion der Unmittelbarkeit einer emotionalen Empfindung verdeckt nur deren soziale Präformation. Eine vermeintliche Unmittelbarkeit des Gefühls verweist auf den zweiten Aspekt, der sich in der Beschreibung einer spezifischen Funktionalität findet, die Emotionen in Bewusstseinsprozessen zukommen sollen. Nach Fuchs kommt es dann zu emotionalen Operationen im psychischen System, wenn es nicht gelingt, Wahrnehmungen in eindeutige und klare, sprachlich verfasste Kognitionen zu transformieren. Ihre Funktion läge damit im Bereich einer Unsicherheitsabsorption und dies ist als Reinterpretation der Figur der psychischen Immunreaktion zu verstehen.

Diese Form der theoretischen Konstruktion zielt nicht zuletzt darauf, mit Konzeptionen einer unmittelbaren Gegebenheit emotionalen und allgemein psychischen Erlebens zu brechen, das in einem präreflexiven Prozess im phänomenalen Bewusstsein erscheint (vgl. z. B. Kircher/David 2003b). Fuchs entfernt damit allerdings fundamentale psychische Prozesse jenseits eines zeichenbasierten Bewusstseins nicht vollkommen aus seiner theoretischen Konstruktion. Zumindest im Hinblick auf die vom ihm so bezeichneten Systeme des Anfangs spricht Fuchs (1998: 139 ff.) von Prozessen einer noch sinnfreien Strukturierung von Wahrnehmungen bei Säuglingen. Er weist solchen archaischen Wahrnehmungen die Qualität von Empfindungen im Sinne von raw feels zu (Fuchs 1998: 166) und sieht, ähnlich wie dies auch im Kontext der Forschung zu Bewusstseinsprozessen bei Säugetieren diskutiert wird (vgl. Panksepp 2005), Parallelen zwischen Wahrnehmungen von Tieren und Wahrnehmungen in der vorsprachlichen Phase der Entwicklung beim Menschen (Fuchs 2005: 125). Allerdings, und dies relativiert sofort deren theoretische Relevanz, sind solche Formen der Wahrnehmung, nachdem sich im psychischen System ein Bewusstsein ausdifferenziert hat, für Fuchs genauso wenig intelligibel wie sich Nagel (1974) vorstellen kann, was es bedeutet, eine Fledermaus zu sein.

Insgesamt folgen diese theoretischen Entwürfe dem Projekt einer »Umschrift« (Fuchs 1995); um einen Titel aufzugreifen, der die hier grundlegenden Intentionen sehr gut zum Ausdruck bringt. Es geht um eine möglichst weitgehende Rekonstruktion traditionell dem Psychischen zugerechneter Phänomene – und dazu zählen die Emotionen – als sozialer Prozesse bzw. als durch soziale Prozesse konstituiert und konfiguriert. Dies führt in der Tendenz zu einer stärkeren Gewichtung von kognitiven gegenüber emotionalen oder auch von sprachlichen Bewusstseinsprozessen gegenüber unbewussten oder vorsprachlichen psychischen Prozessen.

An dieser Stelle ist zu fragen, ob nicht andere fundamentale Entscheidungen in der Konstruktion der Theorie zu einem ganz anderen Blick auf psychische Prozesse führen können. Anzusetzen wäre hier insbesondere bei einer klaren Differenzierung zwischen der Autopoiesis psychischer und der Autopoiesis sozialer Systeme. Wenn psychische Systeme in ihren Systemoperationen auf Sprache rekurrieren, so ist das, was sie mit Sprache vollziehen, nicht mit der Trias Information – Mitteilung – Verstehen, also mit dem Konzept der Kommunikation zu begreifen. Stattdessen besteht das Erfordernis der Beschreibung eines eigenen basalen Modus der systemischen Autopoiesis des Psychischen. Eine entsprechende theoretische Lösung sollte allerdings in der Lage sein, den Operationsmodus psychischer Autopoiesis so zu konzeptionalisieren, dass damit nicht nur sprachlich verfasste, sondern auch nicht-sprachliche Formen psychischen Erlebens umfasst werden. Gerade auch für eine theoretische Integration emotionaler Prozesse und für die Eröffnung interdisziplinärer Anschlüsse an Emotionstheorien wäre eine solche Form der Beschreibung psychischer Systeme hilfreich. Damit würden sich zugleich auch die theoretischen Bedingungen der Beschreibung der Relation psychischer und sozialer Prozesse entscheidend transformieren. Auch dies ist von prioritärer Bedeutung für die Eröffnung systemtheoretischer Anschüsse an Emotionstheorien, gerade im Hinblick auf eine Beobachtung emotionaler Prozesse in sozialen Systemen. Das besondere Potenzial der Integration einer solchen Form der Beschreibung psychischer Systeme in eine an Luhmann anschließende Systemtheorie beschränkt sich jedoch nicht nur auf den Bereich der Emotionen, sondern ist von grundlegender Bedeutung für die Eröffnung der Möglichkeit zur Bearbeitung der eingangs genannten Theoriefelder der Sozialpsychologie, der Kunst und der sozialen Anerkennung psychischer Erfahrung.

2 Die Autopoiesis des psychischen Systems als operative Konkatenation von Erfahrung

Ein Vorschlag zur Konzeption psychischer Systeme innerhalb des Paradigmas der soziologischen Systemtheorie, der sich von den bisher vorliegenden Entwürfen durch die

Bestimmung einer einzigen basalen, sprachliche und nichtsprachliche Prozesse gleichermaßen umfassenden Operationsweise unterscheidet, liegt seit kurzem vor (Urban 2009, insbed. 185 ff.). Er folgt den neueren formtheoretischen Konzeptionen des Systembegriffs, die die zentrale Theoriefigur der Autopoiesis des Systems auf das Modell einer operativen Konkatenation von Formen umstellen (vgl. Luhmann 1997, Fuchs 2001, 2004b, Baecker 2005). Das System kontinuiert sich nach diesem Modell in einem fortlaufenden Prozess der Verkettung von Beobachtungsoperationen, der sich als Verknüpfung von Formen verstehen lässt. In diesen Formoperationen, die immer als Zusammenhang von Bezeichnung und Unterscheidung zu betrachten sind, erzeugt das System sich selbst in einem mit der Differenzierung zu seiner Umwelt. Ein solcher basaler Operationsmodus, der im Hinblick auf soziale Systeme als Kommunikation spezifiziert ist, kann für die operative Konkatenation von Formen in psychischen Systemen als *Erfahrung* gefasst werden.

Die Konstitution des psychischen Systems über den Gebrauch solcher psychischen Formen folgt der Spencer Brown'schen Aufforderung, eine Unterscheidung zu treffen (Spencer Brown 1997: 3). In eine unbeobachtete Welt und in den Prozess des Lebens wird eine Differenz gesetzt. Die psychische Form bezeichnet das Erleben einer Situation oder eines Momentes. Sie unterscheidet ein solches psychisches ›dies‹ von anderem und fragmentiert dadurch einen *unmarked state,* den man auch als das In-sich-Ruhen einer unbeobachteten Welt umschreiben könnte.

Diese theoretische Konzeption enthält zwei Implikationen. In der Form erzeugt sich erstens mit der Bezeichnung die Differenz zum *unmarked state*. Die Verwobenheit des Lebens in einem unterscheidungsfreien bedeutungslosen Zusammenhang einer unbeobachteten Welt wird ersetzt durch die Notwendigkeiten differenzbasierter Beobachtungen. Zweitens grenzt sich in der Form-Operation das jeweils unterschiedene psychische Erlebensfragment in einem einzigen Akt der Unterscheidung nicht nur von einem unmarked state, sondern zugleich auch von anderem Erleben ab. Im Unterschied zur Konzeptionalisierung der Funktion des Bewusstseins im psychischen System bei Fuchs, wird in dieser Operation nicht ein einem allgemeinen Zeichensystem zugehöriger heterogener Signifikant prozessiert, der es ermöglicht, eine Wahrnehmung über die Bezeichnung in eine Form zu verwandeln und damit dem Bewusstsein zugänglich zu machen, sondern die Erlebensfragmente bezeichnen sich selbst. In der Formbildung erzeugt die psychische Operation zugleich die Einheit dieses Erlebens und die Abgrenzung von anderem Erleben – die psychische Form ist das konkrete, aktuelle, situative Erleben, das sich in der Form selbst in Differenz zum anderen bezeichnet. Und sie ist wie eine Inversion oder negative Einprägung zugleich doch auch mehr, da sie in ihrer Bezeichnungsoperation immer auch die über die Differenzierung vermittelte Relation zu anderen potenziell bezeichenbaren Fragmenten des Erlebens mit evoziert.

Die in die Formoperationen eingelassene Relationierung der aktuellen Bezeichnung zu anderen Erlebensfragmenten als gleich- oder andersartig ermöglicht über die Konkatenation der Form-Operationen in der Autopoiesis des psychischen Systems den Aufbau einer Vernetzung der einzelnen Erlebensfragmente, die wiederum zurückwirkt auf die Möglichkeiten der psychischen Formoperationen. Die einzelne psychische Formoperation vollzieht sich immer vor dem Hintergrund dieses Archivs sedimentierten Erlebens, das als ein psychisch-individueller systematischer Zusammenhang aufgefasst werden kann, dem eine den von Saussure (1967) beschriebenen linguistischen Zeichensystemen analoge Funktion zukommt. Für die psychischen Systeme bedeutet dies, dass die Formoperationen, in denen sich das Erleben bezeichnet, immer über den Gesamtzusammenhang der individuellen psychischen Formen vermittelt sind.

Diese theoretische Auffassung impliziert, dass eine solche Relationalität in der Bezeichnung immer schon gegeben ist. Bereits die erste Bezeichnung kann in der Autopoiesis des psychischen Systems nicht als eine isolierte betrachtet werden, sie ist immer schon in Ähnlichkeits- und Differenzrelationen mit dem vernetzt, von dem sie sich unterscheidet. Dieser Zusammenhang erlaubt es, diese Formoperationen als psychische Symbolisierung und den Operationsmodus des psychischen Systems als *Erfahrung* zu bestimmen.

Der Begriff des Symbols ist hier nicht gegenständlich im Sinn eines kommunikativ materialisierten ›Zeichens‹, sondern in einer fundamentaleren Art konzipiert. Er beschreibt den Zusammenhang, der zwischen zwei Fragmenten des Erlebens erzeugt wird, indem sie in den psychischen Operationen als gleichartige Formen erfahren werden. Das bedeutet, das psychische Symbol ist das Bezeichnungsmoment der Formoperation, in der sich das Fragment des Erlebens deshalb durch sich selbst bezeichnen kann, weil es in diesem Sich-selbst-Bezeichnen bereits eine Ähnlichkeit mit gleichartigen vergangenen Formoperationen aktualisiert. Das Erlebensfragment bezeichnet sich in der psychischen Symbolisierung über eine Option, die in der theoretischen Konstruktion der Form ganz allgemein angelegt ist. Wenn die Bezeichnung als die markierte Seite einer nur einseitig nutzbaren Zwei-Seiten-Form, einen als gleich- oder andersartig bestimmbaren Bezug auf Formen, die zu anderen Zeitpunkten operativ realisiert werden, immer mit sich führt, dann nutzt die psychische Symbolisierung eine solche in die Form eingelassene Gleichartigkeitsbeziehung zu solchen nur zeitlich differenten Formoperationen und verdichtet diese gleichartigen, wiederholt operierten Formen in der Bezeichnung zum psychischen Symbol[4].

Genau dieser Zusammenhang lässt bei der Wahl eines übergreifenden Begriffs für den Operationsmodus psychischer Systeme für den Begriff der *Erfahrung* statt dem des *Erlebens* votieren. Erfahrung kann genau dieses Moment des Zusammenhangs der Erlebensfragmente transportieren. Das psychische Erleben kann nie singulär sein, sondern ist immer schon in einen systemeigenen Verweisungszusammenhang eingebunden.

---

4   Ein solcher Symbolbegriff knüpft nicht unmittelbar an die tradierte Begriffsgeschichte an. Vgl. zu dieser als grundlegende Werke Cassirer (2001, 2002) und Langer (1965), zu systemtheoretischen Anschlüssen Willke (2005).

Erst nachdem die operative Funktionsweise von psychischen Systemen in einer solchen vorgelagerten abstrakten Form als Erfahrung beschrieben worden ist, wird es sinnvoll, sich mit Fragen danach zu beschäftigen, wie im psychischen System Emotionen operativ relevant werden oder wie das psychische System in seinen Operationen Sprache nutzt. Dabei ist zu betonen, dass natürlich sowohl Emotionen als auch Sprache ganz zentrale Funktionen im Prozess der psychischen Erfahrung haben. In Relationierung zu dem oben präsentierten Modell von Fuchs lässt sich schon vorweg festhalten, dass auch die hier vorgenommene abstrakte Bestimmung der Autopoiesis psychischer Systeme als Konkatenation psychischer Formoperationen einen operativen Gebrauch von Sprache im psychischen System umfasst. Die operative Konstitution einer Form kann ein sprachliches Zeichen als Bezeichnungsmoment aktualisieren. Mit dieser Bezeichnung wird dann in der Zwei-Seiten-Form ein doppelter Verweisungszusammenhang aktiviert, der sowohl die nicht auf psychische Systeme beschränkten Modi der sprachlichen Bedeutungskonstitution (in der Vermittlung der Bedeutung des einzelnen Sprachzeichens über seine Relation der Differenz zum Gesamtsystem der sprachlichen Zeichen) umfasst als auch die idiosynkratischen Dimensionen der nicht-sprachlichen Symbolzusammenhänge dieses psychischen Systems, die u. a. von essentieller Relevanz für das Wirken emotionaler Prozesse in der Psyche sind. Erst im Anschluss an solche Überlegungen wird man zu befriedigenden Antworten zur Frage nach der Funktion von Emotionen für soziale Systeme kommen.

3   Psychogenetische Perspektiven auf die Relation von Emotionen und Sprache in den Operationen des psychischen Systems

Um die Bedeutung von Emotionen zunächst in der Autopoiesis psychischer Systeme näher bestimmen zu können, empfiehlt sich eine psychogenetische Perspektive. Die Psychogenese kann als der Prozess betrachtet werden, über den sich in den autopoietischen Operationen des psychischen Systems Strukturen ausdifferenzieren, die auch zu einer wachsenden systeminternen Komplexität führen. Für den operativen Prozess der Konkatenation psychischer Erfahrung bedeutet dies insbesondere, dass sich eine Binnenstrukturierung des Zusammenhangs psychischer Formen herausbilden kann, der die in den Formoperationen aktualisierten Verweisungszusammenhänge in differenten Archiven und Registern der Erfahrung clustert.

Die Ausdifferenzierung des psychischen Systems in der Psychogenese vollzieht sich unter spezifischen Umweltbedingungen, die in den operativen Prozessen der psychischen Autopoiesis mitbeobachtet werden und die die konkreten Strukturbildungen in der Ausdifferenzierung des psychischen Systems an die Erfordernisse einer strukturellen Kopplung mit den relevanten Systemen in der Umwelt des psychischen Systems bindet. So lassen sich für die Psychogenese des psychischen Systems vier Dimensionen unterscheiden, in denen die Ausdifferenzierung psychischer Strukturen zumindest teilweise auch auf die strukturelle Kopplung mit Umweltsystemen reagiert. Diese Dimensionen resultieren erstens aus der Bezogenheit psychischer Erfahrung auf die Beobachtung des Körpersystems, zweitens aus der Bezogenheit auf die Beobachtung der Prozesse in der noch vorsprachlichen frühen Interaktion und drittens aus der Bezogenheit auf die Beobachtung der Prozesse in den Kommunikationssystemen, die mit dem Spracherwerb psychisch realisierbar wird. Eine vierte Dimension der Ausdifferenzierung psychischer Strukturen entsteht aus einer reflexiven Beobachtung des psychischen Systems selbst.

Diese Perspektive führt zu der Annahme, dass die Ausdifferenzierung des psychischen Systems schon relativ weit fortgeschritten ist, bevor der Spracherwerb und damit die strukturelle Kopplung mit Kommunikationssystemen für die weitere psychische Entwicklung dominant werden. Nicht zuletzt aus diesem Zusammenhang leitet sich die theoretische Annahme ab, dass diese vorsprachlichen Dimensionen des Psychischen auch für ein mit Sprache operierendes psychisches System eine sehr große Relevanz behalten. Betrachtet man nun die vorsprachliche Phase der Ausdifferenzierung des psychischen Systems, so lässt sich möglicherweise postulieren, dass die Gesamtheit dieser frühen psychischen Operationen als emotionale Prozesse betrachtet werden kann. Wie ist eine solche Aussage zu verstehen? Die autopoietische Konkatenation psychischer Formoperationen ist anfänglich fast ausschließlich auf die Beobachtung der Umweltsysteme des Körpers und der frühen Interaktion sowie der durch sie evozierten Resonanzen im psychischen System konzentriert. Beobachtet werden körperliche Bedarfe, die in den Beobachtungsprozessen des psychischen Systems in psychische Bedürfnisse umschlagen, und die sich an solche Bedarfe anschließenden Operationen, die sich zumeist in Form von Prozessabläufen in der frühen Interaktion vollziehen und die als solche ebenfalls im psychischen System beobachtet werden.

Für die psychische Beobachtung der aus dem Körperlichen stammenden Bedürfnisse ist nach wie vor die Freud'sche Konzeption des Triebes als eines Grenzbegriffes zwischen Psyche und Körper wegweisend[5]. Hier sind natürlich zwischenzeitlich in psychoanalytischen und außerpsychoanalytischen Kontexten eine Vielzahl von anderen theoretischen Figurationen zur Beschreibung des Umschlagens körperlicher in psychische Prozesse vorgelegt worden. Besonders interessant ist in diesem Zusammenhang die Theorie der motivationalen Systeme von Lichtenberg, Lachmann und Fosshage (2000). Aber auch das Konzept der Affektlogiken von Ciompi (1998, 1999), sofern man dieses auf den Bereich der Relation von Körper und Psyche beschränkt, oder auch die von Ogden (1986) vorgenommene Integration der Beschreibung differenter mentaler

---

5   »Wenden wir uns nun von der biologischen Seite her der Betrachtung des Seelenlebens zu, so erscheint
    uns der ›Trieb‹ als ein Grenzbegriff zwischen Seelischem und Somatischem, als psychischer Reprä-
    sentant der aus dem Körperinnern stammenden, in die Seele gelangenden Reize, als ein Maß der Ar-
    beitsanforderung, die dem Seelischen infolge seines Zusammenhangs mit dem Körperlichen auferlegt
    ist.« (Freud 1989: 85)

Modi bei Charles Sanders Peirce mit den von Melanie Klein unterschiedenen, verschiedenen psychogenetischen Entwicklungsstufen korrespondierenden, basalen Formen der psychischen Erfahrung sind Beispiele für die Möglichkeit, eine Binnenclusterung in der Ausdifferenzierung psychischer Systeme zu beschreiben. All diesen verschiedenen Beschreibungen psychischer Erfahrungsmodi, die sich ohne größere Probleme in das abstrakte formtheoretische Raster der Beschreibung der Autopoiesis psychischer Systeme einlesen lassen, ist eigen, dass sie die zentralen psychischen Prozesse und die Ausdifferenzierung der psychischen Strukturen an eine affektive, emotionale Dimension binden, die unmittelbar aus der Bezogenheit der Psyche auf ihre somatische Umwelt resultiert.

Eine weitere, für die psychische Autopoiesis unmittelbar relevante Dimension, die auch in den Konzepten der zuletzt genannten Autoren impliziert ist, ist die Dimension der frühen Interaktionen. Ihre Bedeutung für die psychische Entwicklung wurde insbesondere durch die Säuglings- und Kleinkindforschung beschrieben (vgl. hierzu als Überblicke Dornes 1993, 2006 und Trevarthen/Aitken 2001). In einem systemtheoretischen Kontext ist hier zunächst wichtig klarzustellen, dass es sich bei solchen Prozessen der frühen Interaktionen nicht um Kommunikationsprozesse in einem Interaktionssystem im Sinne der soziologischen Systemtheorie (vgl. Kieserling 1999) handelt. Die Interaktion mit dem Säugling konstituiert sich nicht über im engen Sinne sprachliche Operationen, sondern als körperbezogenes Handeln, das auch mimische, gestische und stimmliche Abstimmungsprozesse umfasst. Man kann hier allenfalls im Sinne des von Bateson (1971) geprägten Begriffs von »Proto-Konversation« sprechen und damit auf die Bedeutung der mit Sprache vermittelten quasi-linguistischen Prozesse in der frühen Interaktion verweisen. Es gibt hier mittlerweilen einen breiten Forschungsstand zu den Synchronisierungsprozessen zwischen Säugling und Betreuungsperson im Bereich der prosodischen und musikalischen Expression (Trevarthen/Aitken 2001). Insbesondere für die *infant directed speech* oder *motherese* und die korrespondierenden Vokalisierungen der Säuglinge sowie für frühe Formen der musikalischen Interaktion sind solche auf Rhythmik, Melodie, Klangfarbe etc. basierenden Synchronisierungen empirisch belegt. Funktion dieser Proto-Kommunikationen ist es insbesondere, emotionale Prozesse im psychischen Erleben des Säuglings zu modulieren und eine Bezogenheit zwischen Kind und primärer Betreuungsperson zu stabilisieren. In diesem Kontext wurde auch beschrieben, dass eine solche Dimension der Proto-Konversation emotionale ›Narrationen‹ zu kommunizieren vermag. Hierunter wird verstanden, dass sich affektive Stimmungen in der Relation von Betreuungsperson und Säugling dynamisch beeinflussen und dadurch eine Transformation von Gefühlen bewirken (vgl. Trevarthen/Aitken: 8). Eine Reihe von Autoren im Feld der Säuglingsforschung geht hier soweit, eine wechselseitige Bezogenheit von Säugling und Betreuungsperson als ein der Genese von Subjektivität vorgelagertes System der Intersubjektivität zu beschreiben. Die Beschreibung von solchen »infant-caretaker-systems« (Sander 1977) oder von »diadically expanded states of consciousness« (Tronick et al. 1998) kann zumindest in der Hinsicht eine gewisse Plausibilität beanspruchen, dass in diesen sehr frühen Entwicklungsphasen die Regulierung körperlicher und psychischer Bedürfnisse essentiell auf interaktionale Prozesse angewiesen bleibt, die dann besonders gut gewährleistet sind, wenn sich hier eine dafür erforderliche Sensibilität in Form einer (quasi-)systemischen wechselseitige Bezogenheit etabliert. Stern (2005) betont, dass die Fähigkeit, sich psychisch solchen transpsychischen Phänomenen zu öffnen, dauerhaft erhalten bleibt. Er betrachtet Gegenwartsmomente, sehr kurze episodische Einheiten von wenigen Sekunden, als die basalen Prozesselemente des Psychischen (Stern 2005: 58). In ihrer operativen Konstitution ist immer die Bezogenheit und Öffnung des psychischen Prozesses gegenüber solchen transpsychischen Synchronisationen als Potenzial enthalten.

Aus der hier vorgestellten Perspektive der Beschreibung autopoietischer psychischer Systeme sind diese Forschungsstände zu reinterpretieren. Die Ausdifferenzierung des psychischen Systems vollzieht sich nicht nur unter den Bedingungen der Beobachtung einer strukturellen Kopplung mit Körperprozessen, sondern auch in der Beobachtung einer strukturellen Kopplung mit den hier beschriebenen Formen der frühen Interaktion. Die Beobachtung dieser Prozesse der frühen Interaktion wird zu einer der Kerndimensionen der psychischen Erfahrung. In der Konkatenation psychischer Formoperationen konstituiert sich über die Bezeichnung solcher interaktionaler Prozesse in der psychischen Symbolisierung eine Integration entsprechender Cluster des Erlebens in die in den Formoperationen aktualisierten Verweisungszusammenhänge der Erfahrung.

Die Autopoiesis des psychischen Systems ist in dieser frühen vorsprachlichen Phase essentiell bestimmt durch die Erfahrung einer psychischen Bearbeitung von aus dem Körperlichen stammenden und ganz überwiegend auf die betreuenden Personen bzw. die Prozesse der frühen Interaktion gerichteten Bedürfnissen. Damit aber ist psychische Erfahrung in seinen zentralen Dimensionen als emotional beschrieben, als ein Prozessieren von körperlich generierten und objektbezogenen Gefühlen. Und über diesen emotional geprägten Prozess differenzieren sich die primären Strukturbildungen im psychischen System aus.

Will man die andauernde Relevanz dieser primären psychischen Erfahrung betonen, so kann man die Entwicklung einer zunächst vorsprachlichen, psychischen Struktur mit Lorenzer (1972, 1976) als den Aufbau eines Gefüges bestimmter Interaktionsformen beschreiben. Dabei ist allerdings eine eher statische Theorieanlage bei Lorenzer zu dynamisieren. Ein solches Gefüge bestimmter Interaktionsformen kann im vorliegenden systemtheoretischen Kontext kaum als ein starres, gegenständliches Gebilde aufgefasst werden, sondern wäre als eine Strukturierung der in den Formoperationen der psychischen Erfahrung je aktualisierten Verweisungszusammenhänge zu konzipieren. Unter einer solchen Voraussetzung kann dann aber die Lorenzer'sche Theorievorlage verdeutlichen, dass diese primäre Dimension der psychischen Erfahrung auch nach der Revolutionierung psychischen Erlebens durch den Spracherwerb in den operativen Prozessen des psychischen Systems erhalten bleibt.

Der für die hier vorliegende Argumentation besonders wichtige Aspekt der Interaktionsformentheorie Lorenzers findet sich in diesem Hinweis darauf, dass der mit dem

Spracherwerb ermöglichte psychische Gebrauch von sprachlichen Zeichen auf eine bereits bestehende psychische Struktur trifft und sich mit dieser vermitteln muss. Die vorsprachliche Dimension der Psyche verschwindet nicht, sondern die neuen sprachlichen Möglichkeiten der Psyche müssen sich in ein Verhältnis zu ihr setzen. Prinzipiell bleibt diese vorsprachliche Dimension Teil der psychischen Erfahrung. Bezogen auf ein systemtheoretisches Verständnis der psychischen Erfahrung lässt sich dies reinterpretieren. Sobald das psychische System sprachliche Zeichen in seine Formoperationen integriert, setzt ein Prozess ein, der die psychische Erfahrung erweitert. Die Beobachtung der Kommunikation in sozialen Systemen wird zur dominanten Dimension der psychischen Entwicklung und über die Integration der Sprachzeichen in die operativen Prozesse der psychischen Erfahrungen wird die sprachliche Form der über den Gesamtzusammenhang der sprachlichen Zeichen vermittelten Bedeutungskonstitution Teil der operativen Prozesse des psychischen Systems. Damit erschließt sich der psychischen Beobachtung die diskursive Weite einer kommunikativ konstituierten sozialen Umwelt und damit werden auch die Archive und Register der psychischen Erfahrung zumindest potenziell extrem erweitert. Und dennoch verschwinden dadurch nicht die primären, noch vorsprachlich konstituierten Dimensionen der Erfahrung, vielmehr wird diese Dimension auch in der Aktualisierung von sprachlichen Zeichen in der psychischen Formoperation immer auch als relationierendes Element in den Verweisungszusammenhängen der Bedeutungskonstitution mitgeführt. Darüber hinaus ist davon auszugehen, dass die Grobstrukturen der Binnenclusterung psychischer Erfahrung, wie sie etwa über die oben angesprochenen motivationalen Systeme (Lichtenberg/Lachmann/Fosshage 2000) oder ähnliche Annahmen über die Bindung psychischer Erfahrungselemente durch affektlogische Clusterungen in Anlehnung an Ciompi (1998, 1999) beschreibbar sind, nicht in den Hintergrund gedrängt werden – sie behalten vielmehr auch für das operative Prozessieren sprachbasierter psychischer Symbolisierungen eine potenziell dominante Steuerungsfunktion.

Bezogen auf die Bedeutung von Emotionen in einem dann auch sprachlich operierenden psychischen System ergeben sich weniger eine Relativierung als neue Möglichkeiten der Ausdifferenzierung der operativen Aktualisierung emotionaler Erfahrung. Sobald sich die Autopoiesis des psychischen Systems primär auf sprachliche Formen stützt, eignet sich das psychische System kommunikativ konstruierte Muster der Emotionalität an. Das ist eine ähnliche Situation, wie sie etwa auch für milieurelationale Habitualisierungen oder für Genderidentitäten beschrieben werden kann. Man kann das am Beispiel der Liebe darlegen: Eingangs waren Roland Barthes *Fragmente einer Sprache der Liebe* (1984) zitiert worden. Über die Zusammenstellung einer Art Wörterbuch einer Sprache der Liebe wird dem Leser vor Augen geführt, dass die unterschiedlichsten emotionalen Zustände, vom Warten auf die Geliebte, vom Ersehnen, über die Eifersucht bis hin zum Schmerz im Erleben des Rückzuges des Anderen, in der psychischen Erfahrung zwar situativ als extreme individuelle Erfahrung erscheinen können, dass sie aber dennoch sozial, kommunikativ präfiguriert sind[6]. Die in unterschiedlichen sozialen Systemen wie der Kunst oder der Wissenschaft, in Familien oder in therapeutischen Kontexten ausdifferenzierten und historisch sehr variablen Diskurse über den Bereich der Emotionen stellen der Beobachtung der psychischen Systeme Möglichkeiten der Verfeinerung ihrer Beobachtung der eigenen Emotionalität bereit (vgl. Fuchs 2004a: 106). Aber auch in dieser Hinsicht gilt generell, dass die psychische Beobachtung solcher diskursiver Pattern diese in ihrer Autopoiesis systemintern aneignen und damit in einen Zusammenhang mit der eigenen Systemgeschichte und den vorsprachlichen Dimensionen der psychischen Erfahrung bringen muss. Dies bedeutet zugleich auch, dass die vorsprachlichen Qualitäten des Erlebens von Emotionalität und Körpererfahrung nicht durch Sprache ersetzt werden. Stattdessen entstehen komplexere Formen psychischer Erfahrung, die diese vorsprachliche Qualität integrieren.

4   Die Emotionalität des Sozialen

Die bisherigen Überlegungen haben die Systemreferenz des Psychischen in den Mittelpunkt gestellt – das ist in der theoretischen Beobachtung des Phänomens der Emotionen mehr als gerechtfertigt. Und doch ließ sich eine solche Argumentation nicht entfalten, ohne darauf zu verweisen, dass sich in der Umwelt der psychischen Systeme soziale Systeme befinden, die über ihren kommunikativen Prozess Formen der Beobachtung emotionaler Phänomene bereitstellen, die dann auch im operativen Prozess der Selbstbeschreibung der psychischen Systeme genutzt werden. Dies bedeutet zugleich, dass soziale Systeme in solchen Emotionen thematisierenden Diskursen ihre kommunikativ operierende Autopoiesis nutzen, um psychische Phänomene in ihrer Systemumwelt zu beobachten.

Spätestens dieser Umstand legt es nahe, nun die Systemreferenz zu wechseln und nach der sozialen Dimension emotionaler Phänomene zu fragen bzw. nach der Funktion, die Emotionen im autopoietischen Prozess der Kommunikation der sozialen Systeme zukommt. Eine solche Frage kann nur dann sinnvoll gestellt werden, wenn bestimmt wird, welche Art von sozialem System in welcher Form Bezug auf Emotionen nimmt. Dabei ist nicht nur die Differenzierung zwischen den grundlegenden Systemtypen der Interaktions-, der Organisations- und der Funktionssysteme wichtig, sondern auch innerhalb der jeweiligen Typen von Systemen lassen sich sehr unterschiedliche Formen der Bezugnahme auf emotionale Phänomene bestimmen. So besitzt die Rekurrenz einer Referenz auf emotionale Phänomene für die Funktionssysteme der Kunst und der Religion ganz andere Relevanzen als für das Funktionssystem des Rechts. Auch im Hinblick auf Interaktions- und auf Organisationssysteme lassen sich im Einzelfall

---

6   Vgl. dazu auch Luhmann (1994) und Kristeva (1989).

sehr spezifische Formen beschreiben, in denen emotionale Prozesse, sei es als diskur-
sives Thema in den kommunikativen Prozessen des Systems oder aber als Effekt der
Kopplung mit psychischen Systemen in der Umwelt dieser sozialen Systeme relevant
werden.

Gerade diese Form der Fragestellung, die nach der Relevanz von Emotionen für soziale Systeme und nach der Relation von psychischen und sozialen Systemen im Hinblick auf emotionale Phänomene fragt, ist aber die, die sich bislang im Kontext des systemtheoretischen Paradigmas noch am schwierigsten stellen lässt. Sie verweist auf ein
ganzes Forschungsprogramm, in dem sie zu entfalten wäre. Die hier bislang vorgelegten
Überlegungen begreifen sich als einen vorbereitenden Schritt in diese Richtung.

Mit dem Fokus auf soziale Systeme stellt sich beispielsweise die Frage, ob soziale
Systeme Kopplungsangebote für psychische Systeme bereitstellen, die auf jene Schicht
der Emotionalität zielt, die sich in ihrer Genese Prozessen einer intersubjektiven Regulierung verdankt. Dies kann sich etwa auf die Möglichkeiten beziehen, in politischen
Kampagnen Emotionalität zu aktivieren. Dabei wäre auch im Detail zu klären, welche
Arten von sozialen Systemen in solchen Prozessen jeweils wie involviert sind. Die Frage
der Kopplung mit den emotionalen Clustern der Erfahrung psychischer Systeme ist
darüber hinaus in einer Vielzahl sozialer Systeme wichtig: das reicht von Organisations-
systemen, die primär am Funktionssystem der Wirtschaft orientiert operieren und über
die Aktivierung psychischer Bedürfnislagen Produkte verkaufen wollen, über die Frage,
wie in solchen und anderen Organisationen mit Effekten von Prozessen der Affektanste-
ckung umgegangen wird, bis hin zu Erklärungsmöglichkeiten für systemübergreifende
und sich längerfristig stabilisierende Phänomene wie beispielsweise den Antisemitis-
mus. Weitere wichtige Fragestellungen liegen darin, wie soziale Systeme so konstruiert
werden können, dass sie die Möglichkeit des ästhetischen Ausdrucks und der Anerkennung psychischer Erfahrung ermöglichen, und unter welchen Bedingungen sie dies intern als systemeigene Zielsetzung bestimmen.

Mit dem Fokus auf psychische Systeme lässt sich dann fragen, wie die psychische Aneignung der kommunikativ konstruierten Muster der Emotionalität funktioniert und
welche Freiheiten der psychischen Konstruktion einer eigenen (nicht-identischen) Emotionalität bleiben? Auch eröffnet sich die Frage, welche Relevanz der jeweilige spezifische historische und soziale Kontext – also die personale Verortung in der Sozialstruktur, in spezifischen Milieus oder im Bezug auf das Potenzial zur Partizipation an den
Prozessen von Organisations- und Funktionssystemen – für die Aneignung solcher sozialer Muster der Emotionalität hat.

Zusammenfassend lässt sich festhalten, dass das aus den hier vorgelegten Perspektiven resultierende Forschungsprogramm sich nicht nur auf eine empirisch prozessierende Analyse der Relevanz emotionaler Phänomene in den je differenten Systempro-
zessen des Psychischen und des Sozialen begrenzen würde. Der hier vorgetragenen
Entwurf einer klaren Differenzierung zwischen den autopoietischen Operationsweisen
psychischer und sozialer Systeme erleichtert es, eine Beobachtungsperspektive einzu-

nehmen, die die Relationierung von psychischen und sozialen Prozessen in die Beobachtung einbezieht. Gerade die Prozesse, in denen sich diese Systeme wechselseitig beobachten und in denen sich Kopplungen zwischen den Systemen realisieren, sind für das Verständnis emotionaler Phänomene von großer Bedeutung. Eine darauf fußende Analyse könnte zugleich wichtige Beiträge zu einem tiefergehenden Verständnis des theoretischen Konzeptes der strukturellen Kopplung und seiner Funktion im systemtheoretischen Theorieaufbau leisten.

Literatur

Baecker, Dirk (2004): Einleitung: Wozu Gefühle? In: Soziale Systeme 10: 5–20.

Baecker, Dirk (2005): Form und Formen der Kommunikation. Frankfurt am Main: Suhrkamp.

Barthes, Roland (1984): Fragmente einer Sprache der Liebe. Frankfurt am Main: Suhrkamp.

Bateson, Mary C. (1971): The interpersonal context of infant vocalization. In: Quarterly Progress Report of the Research Laboratory of Electronics 100: 170–176.

Cassirer, Ernst (2001): Philosophie der symbolischen Formen: Erster Teil: Die Sprache. Gesammelte Werke. Hamburger Ausgabe, Bd. 11. Hamburg: Meiner.

Cassirer, Ernst (2002): Philosophie der symbolischen Formen: Zweiter Teil: Das mythische Denken. Gesammelte Werke. Hamburger Ausgabe, Bd. 12. Hamburg: Meiner.

Ciompi, Luc (1998): Affektlogik. Über die Struktur der Psyche und ihre Entwicklung. Stuttgart: Klett-Cotta.

Ciompi, Luc (1999): Die emotionalen Grundlagen des Denkens. Entwurf einer fraktalen Affektlogik. Göttingen: Vandenhoeck & Ruprecht.

Dornes, Martin (1993): Der kompetente Säugling. Die präverbale Entwicklung des Menschen. Frankfurt am Main: Fischer.

Dornes, Martin (2006): Die Seele des Kindes. Entstehung und Entwicklung. Frankfurt a. M.: Fischer.

Freud, Sigmund (1989): Triebe und Triebschicksale (1915). In: Ders.: Studienausgabe. Band III. Frankfurt am Main: Fischer, S.: 75–102.

Fuchs, Peter (1995). Die Umschrift. Zwei kommunikationstheoretische Studien: ›japanische Kommunikation‹ und ›Autismus‹. Frankfurt am Main: Suhrkamp.

Fuchs, Peter (1998). Das Unbewußte in Psychoanalyse und Systemtheorie. Die Herrschaft der Verlautbarung und die Erreichbarkeit des Bewußtseins. Frankfurt am Main: Suhrkamp.

Fuchs, Peter (2001): Die Metapher des Systems. Studien zur allgemein leitenden Frage, wie sich der Tänzer vom Tanz unterscheiden lasse. Weilerswist: Velbrück.

Fuchs, Peter (2003): Der Eigen-Sinn des Bewußtseins. Die Person, die Psyche, die Signatur. Bielefeld: Transcript.

Fuchs, Peter (2004a): Wer hat wozu und wieso überhaupt Gefühle? In: Soziale Systeme 10: 89–110.

Fuchs, Peter (2004b): Der Sinn der Beobachtung. Begriffliche Untersuchungen. Weilerswist: Velbrück.

Fuchs, Peter (2005): Die Psyche. Studien zur Innenwelt der Außenwelt der Innenwelt. Weilerswist: Velbrück.

Heider, Fritz (1996): Ding und Medium. In: Symposion. Philosophische Zeitschrift für Forschung und Aussprache 1: 109–157.

Kieserling, André (1999): Kommunikation unter Anwesenden. Studien über Interaktionssysteme. Frankfurt am Main: Suhrkamp.

Kircher, Tilo/David, Anthony S. (2003a): The self in neuroscience and psychiatry. Cambridge: Cambrige University Press.

Kircher, Tilo/David, Anthony S. (2003b): Self-consciousness: an integrative approach from philosophy, psychopathology and the neurosciences. In: Tilo Kircher/Anthony David (Hg.): The self in neuroscience and psychiatry. Cambridge: Cambridge University Press, S. 445–473.

Kristeva, Julia (1989): Geschichten von der Liebe. Frankfurt am Main: Suhrkamp.

Langer, Susanne K. (1965): Philosophie auf neuem Wege. Das Symbol im Denken, im Ritus und in der Kunst. Frankfurt am Main: Fischer.

Lewis, Michael/Rosenblum, Leonard A. (1977): Interaction, conversation, and the development of language. New York: Wiley.

Lichtenberg, Joseph D./Lachmann, Frank M./Fosshage, James L. (2000): Das Selbst und die motivationalen Systeme. Zu einer Theorie psychoanalytischer Technik. Frankfurt am Main: Brandes & Apsel.

Lorenzer, Alfred (1972): Zur Begründung einer materialistischen Sozialisationstheorie. Frankfurt am Main: Suhrkamp

Lorenzer, Alfred (1976): Die Wahrheit der psychoanalytischen Erkenntnis. Ein historisch-materialistischer Entwurf. Frankfurt am Main: Suhrkamp.

Luhmann, Niklas (1986): Systeme verstehen Systeme. In: Niklas Luhmann/Karl-Eberhard Schorr (Hg.): Zwischen Intransparenz und Verstehen. Fragen an die Pädagogik. Frankfurt am Main: Suhrkamp, S. 72–117.

Luhmann, Niklas (1987): Soziale Systeme. Frankfurt am Main: Suhrkamp.

Luhmann, Niklas (1994): Liebe als Passion. Zur Codierung von Intimität. Frankfurt am Main: Suhrkamp.

Luhmann, Niklas (1997a): Die Gesellschaft der Gesellschaft. Frankfurt am Main: Suhrkamp.

Luhmann, Niklas (1997b): Die Kunst der Gesellschaft. Frankfurt am Main: Suhrkamp.

Luhmann, Niklas/Schorr, Karl-Eberhard (1986): Zwischen Intransparenz und Verstehen. Fragen an die Pädagogik. Frankfurt am Main: Suhrkamp.

Maturana, Humberto R. (1985): Erkennen: Die Organisation und Verkörperung von Wirklichkeit. Ausgewählte Arbeiten zur biologischen Epistemologie. Braunschweig: Vieweg.

Maturana, Humberto R./Varela, Francisco J. (1987): Der Baum der Erkenntnis. Die biologischen Wurzeln des menschlichen Erkennens. Bern: Scherz.

Nagel, Thomas (1974): What is it like to be a bat? In: The Philosophical Review 83: 435–450.

Ogden, Thomas H. (1986): The matrix of the mind. Object relations and the psychoanalytic dialogue. Northvale, NJ: Jason Aronson.

Panksepp, Jaak (2005): Affective consciousness. Core emotional feelings in animals and humans. In: Consciousness and Cognition 14: 30–80.

Sander, Louis (1977): The regulation of exchange in the infant-caretaker system and some aspects of the context-content relationship. In: Michael Lewis/Leonard A. Rosenblum (Hg.): Interaction, conversation, and the development of language. New York: Wiley, S. 133–156.

Saussure, Ferdinand de (1967): Grundfragen der allgemeinen Sprachwissenschaft. Berlin: de Gruyter.

Scheve, Christian v. (2009): Emotionen und soziale Strukturen. Die affektiven Grundlagen sozialer Ordnung. Frankfurt am Main: Campus.

Schützeichel, Rainer (2003): Sinn als Grundbegriff bei Niklas Luhmann. Frankfurt am Main/New York: Campus.

Schützeichel, Rainer (2006a): Emotionen und Sozialtheorie – eine Einleitung. In: Ders. (Hg.): Emotionen und Sozialtheorie. Frankfurt am Main/New York: Campus, S. 7–26.

Schützeichel, Rainer (2006b): Emotionen und Sozialtheorie. Frankfurt am Main/New York: Campus.

Spencer Brown, George (1997): Laws of Form. Gesetze der Form. Lübeck: Bohmeier.

Stern, Daniel N. (2005): Der Gegenwartsmoment. Veränderungsprozesse in Psychoanalyse, Psychotherapie und Alltag. Frankfurt am Main: Brandes & Apsel.

Trevarthen, Colwyn/Aitken, Kenneth J. (2001): Infant intersubjectivity. Research, theory, and clinical applications. In: Journal of Child Psychology and Psychiatry 42: 3–48.

Tronick, Edward Z./Bruschweiler-Stern, Nadia/Harrison, Alexandra M./Lyons-Ruth, Karlen/Morgan, Alexander C./Nahum, Jeremy P./Sander, Louis/Stern, Daniel N. (1998): Dyadically expanded states of consciousness and the process of therapeutic change. In: Infant Mental Health Journal 19: 290–299.

Urban, Michael (2009): Form, System und Psyche. Zur Funktion von psychischem System und struktureller Kopplung in der Systemtheorie. Wiesbaden: VS.

Willke, Helmut (2005): Symbolische Systeme. Grundriss einer soziologischen Theorie. Weilerswist: Velbrück.

II. Situationen und Emotionen

Die sozialen Grundlagen der Emotionsentstehung: Kognitive Strukturen und Prozesse

Christian von Scheve

1   Emotionsentstehung aus soziologischer Perspektive

Theodore D. Kemper stellt bereits 1978 die Herausforderungen und Potenziale einer Soziologie der Emotionen dar. Dabei verdeutlicht er, in welcher Hinsicht sie anschlussfähig an die zu der Zeit vorherrschende psychologische Emotionsforschung sein kann und zudem durch die originär soziologische Perspektive das Verständnis von Emotionen deutlich erweitern kann. Eines seiner zentralen Anliegen ist die Entwicklung soziologischer Modelle der Entstehung von Emotionen, deren Nutzen er wie folgt beschreibt: »They can provide a conceptual model of the social settings that cue the specific appraisals and comparisons which, according to cognitive theorists, precede emotions.« (Kemper 1978a: 31) Wenige Jahre später greift er diesen Gedanken erneut auf, jedoch unter dem Eindruck einer Debatte zwischen sogenannten ›positivistischen‹ und ›sozialkonstruktivistischen‹ Ansätzen der Emotionssoziologie. Als Vertreter des positivistischen Lagers wirft er den Konstruktivisten vor, sie verfügten über kein einheitliches Modell, mit dem sich die Entstehung von Emotionen in Abhängigkeit von konkreten Situationen prognostizieren ließe:

> »If emotions depend on the interpretation of the situation, it seems that all who define the situation similarly ought to experience the same emotion. The problem, in part, comes down to whether or not it is possible to have a standard set of categories for defining situations which will link them logically and empirically with emotions. […] The social constructionists provide no overarching framework of situations to which one may refer for the prediction of emotions.« (Kemper 1981: 352 f.)

Die Intention dieses Beitrags ist, dieses Problem vor dem Hintergrund ausgewählter psychologischer Theorien der Emotionsentstehung zu entschärfen. Die Kernthese lautet, dass vor allem *Einschätzungstheorien* der Emotionsentstehung (so genannte appraisal theories) dazu beitragen können, indem sie die von der Emotionssoziologie vielfach postulierte soziale Konstruktion von Emotionen auf eine robuste konzeptuelle und empirisch abgesicherte Basis zu heben vermögen. Einschätzungstheorien stellen Modellannahmen zur Erklärung der Entstehung von Emotionen zur Verfügung, die sich zwar stark am individuellen Akteur orientieren, prinzipiell aber auch in der Lage sind, die sozialen Einflüsse auf die Emotionsentstehung abzubilden. Einschätzungstheorien gehen – nicht anders als viele soziologische Emotionstheorien – grundsätzlich davon aus, dass Emotionen durch die bewusste oder unbewusste subjektive Bewertung bzw. Interpretation eines Ereignisses vor dem Hintergrund von Zielen, Wünschen und Überzeugungen entstehen.

Konzeptualisiert die psychologische Emotionstheorie diese Ziele, Wünsche und Überzeugungen zumeist als individuell und statisch, kann eine soziologische Perspektive dazu beitragen, die sozialen Ursprünge und die ontogenetische Dynamik dieser kognitiven Komponenten der Emotionsentstehung hervorzuheben. In Anlehnung an Ansätze der kognitiven Soziologie und der Wissenssoziologie soll gezeigt werden, dass die soziale Strukturierung der kognitiven Grundlagen von Emotionen einer der maßgeblichen Pfade der sozialen Prägung von Emotionen ist. Dabei liegt die besondere Bedeutung der Einschätzungstheorien in der Möglichkeit, Struktur- und Prozessannahmen der Emotionsgenese separat zu betrachten und auf ihre möglichen Beiträge zu einer sozialen Prägung hin zu untersuchen.

Der Beitrag leistet dies, indem er soziologische Erkenntnisse zur Dynamik und Strukturierung von Kognitionen in Kombination mit Einschätzungstheorien auf die Emotionsgenese überträgt. In einem ersten Schritt werden grundlegende Zusammenhänge zwischen Emotion und Kognition diskutiert und die Bedeutung von Kognitionen für die Emotionsentstehung skizziert. Anschließend wird gezeigt, welche Rolle kognitive Strukturen im Prozess der Emotionsentstehung spielen und dass die kognitiven Komponenten von Einschätzungen in doppelter Hinsicht soziologisch aufschlussreich sein können: Zum einen mit Blick auf die einzuschätzenden Ereignisse, die häufig soziale Tatsachen mit entsprechender Ontologie sind, etwa Normen oder Institutionen, zum anderen hinsichtlich der kognitiven und motivationalen Strukturen, auf deren Grundlage Einschätzungen stattfinden. Schließlich wird die Verarbeitung von Einschätzungen genauer untersucht und der Frage nachgegangen, inwieweit die Einbettung der Akteure in stabile soziale Zusammenhänge zur Schematisierung und Automatisierung vormals komplexer sozialer Informationsverarbeitungsprozesse beiträgt, die sich maßgeblich auf die Verarbeitung von Einschätzungen und somit die Entstehung von Emotionen auswirken.

Somit trägt der Beitrag insgesamt dazu bei, den Einfluss des Sozialen auf die Entstehung von Emotionen besser nachvollziehen zu können, so dass auch das Verständnis der sozialen bzw. gesellschaftlichen Funktionalität und der handlungsleitenden Wirkung von Emotionen neue Impulse gewinnt. Darüber hinaus stellt eine emotionssoziologische Ergänzung von Einschätzungstheorien auch weitere interdisziplinäre Anknüpfungspunkte in Aussicht, da Einschätzungstheorien vergleichsweise gut etwa an neuro- und kognitionswissenschaftliche Emotionstheorien angebunden sind.

2   Kognition und Emotionsentstehung

William James' Antwort auf seine Frage »What is an Emotion?« lautet, dass die subjektive Wahrnehmung einer physiologischen Reaktion die eigentliche Emotion darstellt und die Wahrnehmung, physiologische Reaktion und Emotion eng aneinander gekoppelt sind (James 1884). Aus dieser frühen psychologischen Sicht auf Emotionen ist ein Großteil moderner – vor allem physiologischer und neurowissenschaftlicher – Emotionstheorien (sog. Neo-James'sche Theorien) hervorgegangen, obgleich die Kritik an diesem Modell sowohl die Zusammenhänge von Physiologie und Emotion als auch seine grundsätzliche Emotionsdefinition betrifft. Stanley Schachter und Jerome Singer (1962) haben in ihrem klassischen Experiment darauf hingewiesen, dass physiologische Reaktionen allein offenbar zu diffus sind, um das subjektive Erleben einer spezifischen Emotion repräsentieren zu können. Sie argumentieren daher, dass *Kognitionen* notwendig sind, um die Brücke zwischen physiologischer Erregung und einer differenziert wahrgenommenen Emotion zu schlagen. Ihre Theorie gilt als Wegbereiter nicht nur vieler moderner kognitiver Theorien der Emotionsentstehung – vor allem der Einschätzungstheorien (Reisenzein 1983) –, sondern auch einiger soziologischer Emotionsmodelle, zum Beispiel Kempers sozial interaktionaler Theorie (Kemper 1978b/ 1981: 315 ff.; Thoits 1989: 320).

Theorien der Emotionsentstehung, die im weitesten Sinne als ›kognitiv‹ bezeichnet werden, tragen vor allem der Tatsache Rechnung, dass der überwiegende Teil der Emotionen, die Menschen erleben, nicht in körperlichen Notsituationen oder als Folge der akuten, unmittelbaren Wahrnehmung bestimmter Reize entstehen. Vielmehr gehen sie im Alltag zumeist aus komplexen Kognitionen wie zum Beispiel Vorstellungen, Bewertungen, Erwartungen, Interpretationen oder Planungen hervor. Auch befinden sich Akteure, bevor eine Emotion entsteht, nicht in einem ›emotionsleeren‹ Raum: allein die Erwartung, eine geliebte Person bei einem ersten Rendezvous zu treffen, löst freudige Erwartungen aus, ebenso wie die Erinnerung an einen lange zurückliegenden Unfall Unwohlsein einflößt oder das bevorstehende Gespräch mit einem Vorgesetzten Panik auslösen kann.

> »[E]motions result from meanings, and meanings, to a large extent, from inferred consequences or causes (…) A majority of emotional stimuli derive their emotional impact along these lines: those of generalization or, rather, abstract thought, of application of rules and general knowledge schemata, of generalized and normative expectations. That impact (…) has little to do with having experienced aversive or pleasurable consequences accompanying a particular kind of stimulus.« (Frijda 1986: 310)

So entstehen beispielsweise Wut und Verärgerung in den meisten Fällen dadurch, dass soziale Normen und Konventionen verletzt werden (Averill 1982; Wallbott/Scherer 1986). Aus diesen Gründen beinhaltet die Mehrzahl der Definitionsversuche von Emotionen auch Kategorien, die sich unmittelbar auf diese komplexen kognitiven Eigenschaften beziehen. Dazu zählt etwa die intentionale Gerichtetheit auf ein Objekt (man ist verärgert *über* ein Ereignis) (Goldie 2000: 16 f.); die motivationalen Aspekte der mit einer Emotion einhergehenden Handlungstendenz (man versucht, die Gründe für ein Ärgernis zu beseitigen) (Frijda 2004; Oatley 1992: 24) oder die Bewertung von Ressourcen, um mit einer emotionsauslösenden Situation und der Emotion selbst umgehen zu können *(coping)* (Scherer 1984/1999). Zudem ist die Wahrnehmung eines Reizes allein oft nicht ausreichend, um eine bestimmte diskrete Emotion hervorzurufen. Basale affektive Reaktionen, wie zum Beispiel eine Schreckreaktion, können im Vergleich dazu durch einen spezifischen Reiz allein – etwa ein lautes unerwartetes Geräusch – zuverlässig in nahezu jedem Menschen ausgelöst werden (Oatley 1992: 19 ff.). Daraus lässt sich folgern, dass Emotionen auf der Bewertung bzw. Einschätzung eines Eindrucks vor dem Hintergrund kognitiver Objekte und Strukturen, insbesondere Zielen, Überzeugungen und Erfahrungen, basieren:

> »For instance, I may suddenly feel frightened if the vehicle in which I am travelling seems to be heading for an accident. I evaluate a perception in relation to my concerns for safety, though not necessarily consciously. This may be the common experience in such situations. But a person confident that an accident would not occur, perhaps the one who is driving, or the one who is unconcerned about personal safety at that moment, may not feel fear.« (ebd.)

Die Bedeutung von Ansichten, Überzeugungen und Zielen wird von den meisten kognitiven Emotionstheorien hervorgehoben und in der Regel um weitere mentale Zustände wie Absichten, Wünsche, Normen und Einstellungen ergänzt, die wiederum auf sozialen Repräsentationen und Wissensstrukturen basieren (vgl. Frijda u. a. 2000; Ortony u. a. 1988). Die Herausforderung, aus einer solchen, vergleichsweise komplexen kognitiven Perspektive auch die automatische und unwillkürliche Entstehung von diskreten Emotionen zu erklären – die ähnlich der Entstehung von basalen Affekten empfunden werden kann und uns zweifellos auch aus dem alltäglichen Leben bekannt ist –, hat die Entwicklung integrativer Ansätze befördert, die sowohl der Rolle automatischer physiologischer Reaktionen als auch der Bedeutung höherer Kognitionen Rechnung tragen. Diese Ansätze stellen zumeist unterschiedliche Ebenen der Informationsverarbeitung in den Mittelpunkt ihrer Modelle und zeichnen sich etwa durch die Unterscheidung *kontrollierter* und *automatischer* Prozesse der Emotionsentstehung sowie durch eine vergleichsweise umfassende Definition von Kognition aus, die nicht nur höhere Formen wie Denken, Planen oder Schlussfolgern beinhaltet, sondern auch Prozesse wie die sensorische Wahrnehmung oder die Speicherung und den Abruf von Informationen (Frijda 1994; Leventhal/Scherer 1987; Barnard/Teasdale 1991; Clore/Ortony 2000; Robinson 1998; Smith/Kirby 2000).

Für die soziologische Analyse der kognitiven Entstehungsgrundlagen von Emotionen ist entscheidend, dass schon mit Karl Mannheims wegweisenden wissenssoziologischen Untersuchungen deutlich wurde, dass Wissen und Kognitionen stets in sozialen Zusammenhängen entstehen und strukturiert werden. Die kognitiven Grundlagen von Emotionen, die ›mentalen Strukturen‹ des Selbst, sind also immer in die soziale Umwelt eingebettet und durch diese entsprechend geprägt (Mannheim 1929/1980; Berger/Luckmann 1969). Mehr noch: Wir können mit neueren Ansätzen der kognitiven Soziologie davon ausgehen, dass diese Prägung von Wissen und Kognition nicht arbiträr verläuft, sondern systematisch an die Strukturen der sozialen Umwelt gekoppelt ist (DiMaggio 2002; Zerubavel 1997; Callero 1991; Cerulo 2002). So soll im Folgenden die Annahme vertreten und mit dem Verweis auf entsprechende Emotionstheorien unterfüttert werden, dass durch die soziale Einbettung von Akteuren nicht nur bestimmte ›Strukturen des Denkens‹ (d. h. kognitive Strukturen), sondern eben auch bestimmte, den Strukturen des Denkens möglicherweise sogar zu Grunde liegende ›Strukturen des Empfindens‹ entstehen.

3   Kognitive Strukturen in der Entstehung von Emotionen

»Ob ein Ereignis bei einer Person eine Emotion hervorruft, und wenn ja, welche Emotion (Freude, Trauer, Angst usw.) und mit welcher Intensität, hängt davon ab, wie die Person das Ereignis interpretiert – insbesondere, wie sie es relativ zu ihren Zielen und Wünschen bewertet.« (Reisenzein 2000: 117) Auf den ersten Blick könnte diese Beschreibung der Emotionsentstehung aus der Soziologie der Emotionen stammen, die überwiegend davon ausgeht, dass Emotionen soziale und kulturelle Konstrukte sind und durch Deutungs- und Interpretationsleistungen entstehen. Sie spiegelt jedoch eine Grundannahme der psychologischen Einschätzungstheorien wider. Obgleich die Ähnlichkeit mit soziologischen Emotionstheorien durch die beiderseitige Fokussierung auf die *Interpretation von Relevanz* deutlich zu Tage tritt, existieren bislang kaum emotionssoziologische Arbeiten, die die vielfältigen Konzepte, Modelle und empirischen Arbeiten der Einschätzungstheorien systematisch zur Kenntnis nehmen. Stattdessen vollziehen einige neuere soziologische Emotionstheorien die weitreichende Abkehr vom interpretativen Paradigma und verlassen sich überwiegend auf Ergebnisse der evolutionspsychologischen oder neurowissenschaftlichen Emotionsforschung (Franks 2010; Turner 2007).

Die Annahme der *Einschätzung* als primärem Emotionsauslöser, die auf Magda Arnold (1960) und Richard Lazarus (1968) zurückgeht, bezeichnet die Evaluation bzw. Bewertung eines Ereignisses unter Berücksichtigung eigener Ziele, Wünsche und Überzeugungen. Ereignisse, die in den Aufmerksamkeits- und Relevanzbereich eines Akteurs gelangen, werden in Relation zu vorhandenen kognitiven Strukturen und Motiven evaluiert. Unter Ereignissen sind sowohl ›interne‹ Abläufe wie Erinnerungen oder Vorstellungen zu verstehen als auch ›externe‹ Gegebenheiten wie Gegenstände, Personen, Ereignisse oder Handlungen. Einschätzungen stellen demnach Relationen zwischen internen, kognitiven Bewertungsgrundlagen einerseits und den Eigenschaften eines Ereignisses andererseits her (Smith/Kirby 2001).

Eine weitere Annahme der Einschätzungstheorien ist, dass unterschiedliche Emotionen mit unterschiedlichen Einschätzungs*mustern* einhergehen, das heißt jede diskrete Emotion wird von einem entsprechenden diskreten Einschätzungsmuster ausgelöst. Daraus lassen sich zwei weitere wichtige Annahmen ableiten: Erstens gehen Einschätzungen einer Emotion zeitlich voraus und *lösen Emotionen aus* – sie sind nicht etwa der eigentlichen Emotion nachgelagerte Begleiterscheinungen oder Folge physiologischer Reaktionen. Zweitens müssen Einschätzungstheorien bestimmte (Typen von) Emotionen postulieren, die als Ergebnis einer Einschätzung bzw. eines Einschätzungsmusters auftreten. Zudem müssen sie Relationen spezifizieren, die angeben, welche Einschätzungsmuster, das heißt welche Kombinationen verschiedener Einschätzungsdimensionen welche diskreten Emotionen hervorrufen (Reisenzein 2001; Moors 2010).

Die Literaturlage erlaubt dabei die Unterscheidung von zwei prinzipiellen Vorgehensweisen (Roseman/Smith 2001: 13 f.): Von einigen Autoren werden *diskrete* kategorische Einschätzungsgrundlagen angenommen, das heißt Ereignisse werden in Relation zu den konstitutiven Elementen der kognitiven Strukturen oder Motivkonstellationen eingeschätzt, also auf der Grundlage von Wünschen, Plänen, Überzeugungen, Absichten oder Normen. Obgleich diese Kognitionen selbst mehr oder weniger dynamisch sind, führen darauf basierende Einschätzungen – so die Annahme – zu *kategorischen* Ergebnissen, das heißt ein Ziel wird erreicht oder nicht, ein Ereignis entspricht den Erwartungen oder nicht, oder eine Handlung ist normkonform oder nicht. Die Ergebnisse einer Einschätzung sind demnach ebenso wie die resultierenden Emotionen eindeutig differenzierbar (Kemper 1978b; Oatley 1992; Oatley/Johnson-Laird 1987; Ortony u. a. 1988; Roseman 1991/2001; Smith/Lazarus 1993).

Eine zweite Möglichkeit ist die Konzeptualisierung von Einschätzungen anhand unterschiedlicher *Einschätzungsdimensionen,* auf denen die Einschätzungsergebnisse verortet werden können. Solche Dimensionen können zum Beispiel phänomenales Empfinden, Aufmerksamkeit, Unsicherheit, Verantwortlichkeit, Kontrolle oder Legitimität sein (Smith/Ellsworth 1985). Ein bekanntes dimensionales Einschätzungsmodell findet sich bei Klaus Scherer, der nicht nur Einschätzungen selbst als Dimensionen beschreibt (Neuheit, subjektive Empfindung, Zielkompatibilität, Bewältigungspotenzial, Normkompatibilität), sondern auch den resultierenden Emotionen dimensionalen Charakter zuweist (Scherer 1984, 1993, 1999).

Im Folgenden sollen zwei klassische Einschätzungstheorien skizziert werden, die auf kategorischen sowie dimensionalen Annahmen basieren und einen fundierten Einblick in die kognitiv-strukturellen Grundlagen von Einschätzungen ermöglichen. Dazu gehört zum einen die bekannte Arbeit von Andrew Ortony, Gerald Clore und Allan Collins (1988), die in der Literatur als Repräsentantin kategorischer Einschätzungstheorien gilt. Zum anderen wird Klaus Scherers Komponenten-Prozess-Modell der Emotionen (KPM) (Scherer 1984, 1993, 1999) näher untersucht, das stellvertretend für dimensionale Ansätze angesehen werden kann. Diese Theorien wurden aus zwei Gründen ausgewählt: Zum einen eignet sich der kategorische Ansatz von Ortony und Kollegen (1988) aufgrund seiner expliziten Bezugnahme auf kognitive Strukturen besonders, um aufzuzeigen, inwieweit sich Einschätzungen auf soziale Tatbestände beziehen und einer tief greifenden sozialen Strukturierung unterliegen (Manstead/Fischer 2001). Hinzu kommt, dass Weiterentwicklungen der Theorie, insbesondere durch Clore und Ortony (2000), die vorwiegend strukturelle Ausgestaltung des ursprünglichen Modells um detaillierte Annahmen über Einschätzungsprozesse ergänzen. Zum anderen wird Scherers dimensionales Strukturmodell der Einschätzung weithin als ausgereift und empirisch gut gestützt betrachtet. Es hat in den vergangenen Jahren eine Reihe von Erweiterungen und Spezifizierungen erfahren und ist ebenfalls in einem Prozessmodell der Einschätzung verankert (Leventhal/Scherer 1987; Scherer 1984; Grandjean/Scherer 2008; Sander u. a. 2005; Grandjean u. a. 2008).

4 Die kognitive Struktur der Emotionen

Ortony, Clore und Collins (1988) definieren in ihrer klassischen Arbeit Emotionen als »valenced reactions to events, agents, or objects, with their particular nature being determined by the way in which the eliciting situation is construed.« (Ortony u. a. 1988: 13) Die genannten Ereignisse sind im Hinblick auf ihre Konsequenzen und deren *Erwünschtheit*, Akteure hinsichtlich der *Lobwürdigkeit* ihrer Handlungen und Objekte hinsichtlich der *Attraktivität* ihrer sensorisch-phänomenalen Wahrnehmung, von Interesse. Wie eine bestimmte Situation eingeschätzt wird, hängt von den aktuellen Zielen, Standards und Normen sowie den Einstellungen des Akteurs ab. Die Erwünschtheit eines Ereignisses ergibt sich aus der Hierarchie der Ziele, die Lobwürdigkeit einer Handlung aus geltenden Standards und Normen und die Attraktivität eines Objekts aus den Einstellungen (Ortony u. a. 1988: 58).

Unter Zielen verstehen Ortony und Kollegen insbesondere kurz- und mittelfristige Ziele, die weiter ausdifferenziert werden in aktiv verfolgte Ziele, Interessenziele und regelmäßig wiederkehrende Ziele. Mit Standards werden soziale Normen bezeichnet, also gesellschaftlich festgelegte Prinzipien und Richtlinien, die Anhalts- und Orientierungspunkte für das Handeln sind. Normen reflektieren im Einschätzungsprozess die Anforderungen und Verhaltenserwartungen der sozialen Umwelt und sind besonders bei der Entstehung komplexer Emotionen wie Scham oder Stolz, die sich auf ein soziales Selbstbild beziehen, relevant. Unter Einstellungen verstehen Ortony und Kollegen flexible Vorlieben oder Abneigungen gegenüber physischen Objekten und deren Eigenschaften.

Ziele, Standards und Einstellungen bilden somit eine kognitive Struktur, vor deren Hintergrund Objekte, Ereignisse und Handlungen eingeschätzt werden und entsprechende Emotionen entstehen. Emotionen basieren in diesem Modell auf drei grund-

legenden Arten der Bewertung von Konsequenzen von Ereignissen (zufrieden/unzu-
frieden), Handlungen von Akteuren (befürworten/ablehnen) und Eigenschaften von
Objekten (mögen/nicht mögen) (vgl. Ortony u. a. 1988: 33). Aus diesen grundlegenden,
auf unterschiedliche intentionale Objekte bezogenen Bewertungen resultieren somit
drei Kategorien von Emotionen: ereignisbezogene, akteursbezogene und objektbezogene Emotionen. Ereignisbezogene Emotionen werden anhand des Ereignisfokus (wer
ist betroffen), der subjektiven Eintrittswahrscheinlichkeit und der Erwartungskonformi-
tät differenziert. Akteurbasierte Emotionen beziehen sich auf den Grad der Zustimmung
zu einer Handlung, für die sich ein Akteur entweder selbst verantwortlich zeigt oder
aber die Verantwortlichkeit einer anderen Person zuschreibt. Objektbezogene Emotionen beziehen sich auf Objekte, die als attraktiv oder unattraktiv eingeschätzt wurden.

5   Einschätzungsdimensionen

Anders als Ortony und Kollegen (1988) konzentriert sich Scherer auf eine spezifische
Anzahl von Einschätzungsdimensionen. In seinem Modell werden Emotionen durch
eine Sequenz aufeinander folgender Einschätzungen (*stimulus evaluation checks,* SEC)
ausgelöst (Scherer 1984, 1988, 1993). An erster Stelle dieser Sequenz steht die Einschätzung der Neuigkeit beziehungsweise der Erwartung eines Stimulus. Diese einfache ru-
dimentäre Einschätzung liegt zum Beispiel instinkthaften Reaktionen wie dem Orien-
tierungs- und dem Schreckreflex, etwa bei einem lauten und unerwarteten Geräusch,
zu Grunde. Sie kann sich aber ebenso auf weniger plötzliche Eindrücke beziehen und
beispielsweise auch den Abgleich eines Eindrucks mit konzeptuellen Repräsentationen
umfassen.

Die zweite Einschätzung bezieht sich auf die intrinsische affektive Valenz eines Stimulus, die zur phänomenologischen Empfindung des Wohl- oder Unwohlseins beiträgt.
Diese Einschätzung fokussiert die einem Eindruck *inhärenten* Eigenschaften im Gegensatz zu motivationalen, für die Zielerreichung relevanten Aspekte. Trotz der hervor-
gehobenen Bedeutung inhärenter Faktoren kann diese Einschätzung auf angeborenen
ebenso wie auf erlernten Repräsentationen basieren (Leventhal/Scherer 1987: 15).

Das dritte Element der Sequenz überprüft die Bedeutung eines Eindrucks hinsichtlich der Ziele, Wünsche und Bedürfnisse des Akteurs. Scherer unterscheidet zwischen
dieser Zielkompatibilität und der intrinsischen Valenz, da auch intrinsisch zunächst angenehme Ereignisse die Erreichung eines Ziels unter Umständen negativ beeinflussen
können. Andererseits impliziert der Zahnarztbesuch zum Beispiel intrinsisch unange-
nehme affektive Reaktionen, ist jedoch dem Ziel der Gesundheiterhaltung in der Regel
dienlich. Die Zielkompatibilität besteht aus vier untergeordneten Einschätzungsdimensionen: der Relevanz, also der Frage, ob ein Ereignis überhaupt in Bezug auf die eigenen
Ziele und Wünsche relevant ist; der Erwartungskonsistenz, das heißt der Frage, ob ein
Ereignis den Erwartungen entspricht oder nicht; der Förderlichkeit, also der Prüfung,

ob ein Stimulus den aktuellen Zielen förderlich oder hinderlich ist sowie der Dringlichkeit, das heißt der Einschätzung, ob eine sofortige Reaktion notwendig ist (vgl. Leventhal/Scherer 1987: 15).

Der vierte SEC spiegelt das Bewältigungspotenzial für ein Ereignis wider und beinhaltet wiederum vier untergeordnete Einschätzungen: die Kausalitätsprüfung der Verantwortlichkeit; die Kontrollierbarkeit der Konsequenzen; die Einschätzung der eigenen Ressourcen im Hinblick auf mögliche Hindernisse und Widrigkeiten sowie die Anpassungsfähigkeit an nicht kontrollierbare Konsequenzen.

Die fünfte Einschätzung stellt die Norm- und Selbstbildkompatibilität eines Ereignisses fest und kann in zwei Unterkategorien differenziert werden: Sie überprüft zum einen, ob eine eigene Handlung oder die Handlungen Anderer den Normen, kulturellen Konventionen und sozialen Erwartungen entsprechen. Zum anderen wird eingeschätzt, inwieweit eine Handlung mit individuellen Standards und Erwartungen als Teil des Selbstkonzepts übereinstimmt.

Das diskrete Modell von Ortony und Kollegen (1988) und Scherers (1984) Komponenten-Prozess-Modell verdeutlichen, dass eine Differenzierung dimensionaler und diskreter Einschätzungstheorien im besten Fall analytischer Natur ist. Einschätzungen stellen in allen Modellen eine Relation zwischen einem Ereignis und den subjektbezogenen Wissensvorräten, Erwartungen, Zielen, Überzeugungen, Standards und Erfahrungen – also dem, was einen Akteur konstituiert, seiner Historizität, Sozialität, Interaktivität und Prospektivität – her (vgl. Smith/Kirby 2001: 124 f.). Einschätzungstheorien, die in der Literatur als dimensionale Theorien bezeichnet werden, fokussieren in erster Linie diese *Relation* zwischen Eingeschätztem und Einschätzendem, die dabei als Dimension aufgefasst wird. Diskrete Modelle hingegen betrachten vornehmlich die subjektbezogene Seite der Einschätzung, also die *internen kognitiven* Aspekte, die das Ergebnis einer Einschätzung bestimmen.

Von dieser Warte aus lassen sich auch Einschätzungsdimensionen subjektzentriert und im Hinblick auf die zu Grunde liegenden kognitiven Strukturen betrachten: die Neuigkeit eines Stimulus kann sich zum Beispiel aus einem Abgleich mit gespeicherten Situationsmodellen ergeben. Problematischer ist diese Parallele zur phänomenalen Empfindung zu ziehen, jedoch erscheint die Behauptung nicht unplausibel, dass die phänomenal-affektive Valenz in der Regel auch als Funktion vorangegangener Erfahrungen dargestellt werden kann. Inwieweit sich die Zielkompatibilität in Bezug auf kognitive Strukturen darstellen lässt, dokumentieren Ortony und Kollegen (1988) ausführlich. Die Überprüfung des Kontrollpotenzials bezieht sich auf unterschiedliche Ressourcen (materielle, kulturelle, soziale, physische, psychische), die zur Bewältigung zur Verfügung stehen und sind damit im Grunde diskrete Bestandteile. Dass Normen ebenfalls aus der diskreten Akteurperspektive betrachtet werden können, wird auch bei Scherer (1984) deutlich. Auf vergleichbare Weise lassen sich auch weitere Emotionstheorien an mentale Objekte und kognitive Strukturen koppeln (z. B. Frijda 1986; Roseman 1991, 2001; Smith/Ellsworth 1985; vgl. v. Scheve 2009).

Werden Einschätzungen nicht notwendigerweise dimensional konzeptualisiert, sondern in Bezug auf die kognitiven Strukturen des Akteurs, dann eröffnet sich die Möglichkeit, durch die weitergehende Analyse dieser Kognitionen (also der Wissensvorräte, Erfahrungen, Überzeugungen und Wünsche) neue Aussagen über die Ergebnisse der unterschiedlichen Einschätzungen zu treffen und sie besser prognostizieren zu können. Eine Re-Konzeptualisierung des eigentlichen, von den meisten Theorien einheitlich postulierten Einschätzungsprozesses ist dabei nicht notwendig, lediglich eine Öffnung der in den meisten Appraisal-Modellen als *unabhängig* und *rigide* angenommenen Variable – den Kognitionen.

Zwar ist es angesichts der kurzen Dauer des Einschätzungsprozesses nicht nur sinnvoll, sondern für die Analyse der Prozesse auch notwendig, kognitive Strukturen als unabhängige Variable anzunehmen. Jedoch weisen nicht nur Ortony und Kollegen (1988) nachdrücklich darauf hin, dass die kognitive Struktur der Emotionen nicht notwendigerweise statisch ist, sondern im interindividuellen Vergleich und im zeitlichen Verlauf in hohem Maße dynamisch sein kann (Lazarus/Smith 1988).

Wie genau die Dynamik dieser Eigenschaften beschrieben werden kann, zeigt wiederum die soziologische (und zum Teil auch die sozialpsychologische) Forschung, etwa in der Tradition der kognitiven Soziologie (DiMaggio 2002; Zerubavel 1997; Callero 1991; Cerulo 2002) bzw. der Wissenssoziologie (Berger/Luckmann 1969; Mannheim 1929; Schützeichel 2007). Geht man zunächst davon aus, dass sich diese Kognitionen stets in gesellschaftlichen Zusammenhängen ergeben und zumeist auch auf den sozialen Kontext beziehen, und nimmt man weiter an, dass distinkte und durch bestimmte Indikatoren differenzierbare soziale Einheiten existieren, die bis zu einem gewissen Grad vergleichbare kognitive Strukturen hervorbringen, dann lässt sich plausibel die These vertreten, dass Akteure, die einer bestimmten sozialen Einheit zuzuordnen sind, nicht nur über teilweise vergleichbare kognitive Strukturen verfügen, sondern bestimmte Ereignisse auch vergleichbar einschätzen und auf ähnliche Weise affektiv beziehungsweise emotional reagieren.

Die vergleichsweise hohe Komplexität und Differenziertheit von Einschätzungen kann den Eindruck erwecken, Einschätzungen bedürften der gerichteten Aufmerksamkeit des Akteurs und werden stets bewusst und reflexiv – ähnlich dem bewussten Denken – verarbeitet. Die Mehrzahl der einschlägigen Theorien geht jedoch davon aus, dass Einschätzungen auch unbewusst und automatisch verarbeitet werden und so auch als Erklärung zur spontanen und unwillkürlichen Entstehung komplexer Emotionen herangezogen werden können. Daher befasst sich der folgende Abschnitt mit der Frage, wie auch soziale Kognitionen und Wissensstrukturen unbewusst und automatisch im Prozess der Emotionsentstehung verarbeitet werden können, ohne dabei an Komplexität zu verlieren.

6   Kognitive Prozesse in der Entstehung von Emotionen

Die dargestellten strukturellen Komponenten von Einschätzungen treffen zunächst keine Aussagen über die zu Grunde liegenden Prozesse der Informationsverarbeitung. Sie lassen in Fällen einfacher und basaler Einschätzungen die unbewusste und automatische Einschätzung (zum Beispiel im Hinblick auf die Neuigkeit oder die aktiv verfolgten Ziele) ebenso zu wie in komplexen Situationen die bewusste und kontrollierte Verarbeitung (zum Beispiel bei der Überprüfung der Normkompatibilität). Wie aber lässt sich beispielsweise erklären, dass die Vorstellung eines Westeuropäers, Maden zu verspeisen, ein ähnlich unmittelbares Ekelempfinden auslöst, wie der Geruch verfaulter Eier? Wie kann die Weigerung, bei gutem Service ein Trinkgeld zu geben, ebenso unmittelbar Wut auslösen wie eine physische Verletzung? Oder wie ist es zu erklären, dass der Verlust des Arbeitsplatzes genauso unwillkürlich und unmittelbar zu Angst führt, wie der Anblick eines wilden Bären?

Mit der Berücksichtigung solcher automatischen Verarbeitungen von Einschätzungen versuchen neuere *Prozesstheorien* vor allem dem Phänomen der unwillkürlichen und automatischen Entstehung von Affekten und Emotionen gerecht zu werden und sehen diese nicht notwendigerweise in Opposition zu kognitiven Einschätzungstheorien, sondern lassen sich in ein Rahmenwerk der prozessorientierten Einschätzung integrieren (Bargh/Ferguson 2000; Berridge/Winkielman 2003; Barrett u. a. 2007; Öhman u. a. 2000; Robinson 1998). Die Mehrzahl der Einschätzungstheorien trifft zwar dezidierte Aussagen über Einschätzungsdimensionen und kognitive Strukturen, weniger jedoch über die Verarbeitung dieser Bestandteile der Emotionsentstehung (Smith/Kirby 2001: 128; Teasdale 1999). Theorien, die sich stattdessen auf die Prozesseigenschaften von Einschätzungen konzentrieren, versuchen einerseits, belastbare Aussagen über die vielfach diskutierten Zusammenhänge von physiologischer Reaktion, Affekt und Kognition zu formulieren und andererseits die Kombination einer schnellen und unbewussten Verarbeitung von Emotionen und der reflexiv-bewussten, semantisch repräsentierten Interpretationen zu ergründen.

Nahezu alle Prozessmodelle gehen davon aus, dass es sich bei Einschätzungen um kognitive, das heißt informationsverarbeitende Berechnungsprozesse im weitesten Sinn handelt. Dazu gehören grundlegende Abläufe der sensorischen Informationsverarbeitung ebenso wie Symbol verarbeitende, höhere kognitive Prozesse, die Repräsentationen von Objekten, Ereignissen, Akteuren oder Sachverhalten anhand von Erfahrungen oder neu erworbenen Informationen manipulieren können (Reisenzein 2000). Reisenzein (2001: 190 f.) vertritt die Auffassung, dass prozessorientierte Einschätzungstheorien drei Teilaufgaben bewältigen müssen: Erstens müssen sie ein oder mehrere Repräsentationsmedien bzw. -formate angeben, in denen einzuschätzende Ereignisse und die Einschätzungen selbst repräsentiert sind (z. B. bildlich, propositional, motorisch). Darüber hinaus sollten angesichts der Annahme symbolverarbeitender Prozesse auch Aussagen hinsichtlich der Informationsverarbeitungs*architektur* getroffen werden, auf denen diese Prozesse ablaufen. Dies bezieht sich zum Beispiel auf die Aufnahme, Speicherung und Organisation sowie den Abruf und die Transformation von Informationen.

Zweitens sollten die Symbolverarbeitungsprozesse (Routinen, Algorithmen, Prozeduren) spezifiziert werden, die die Eindrücke beziehungsweise deren Repräsentation in Output-Repräsentationen umwandeln. Eine solche Spezifizierung müsste unter anderem auch folgende Fragen beantworten: Sind die Operationen, die aus dem Repräsentations-Input den Einschätzungs-Output berechnen, angeboren oder erlernt oder sind beide Arten der Verarbeitung involviert? Welche zusätzlichen Informationen in Ergänzung zur Repräsentation eines Stimulus benötigen diese Prozesse, um eine Einschätzung zu berechnen, und wie sind diese zusätzlichen Informationen repräsentiert? Unter welchen Bedingungen werden diese Prozesse initiiert, wann wird ein Einschätzungs-Output berechnet, und sind dabei unterschiedliche Modi der Verarbeitung beteiligt (Reisenzein 2001: 191)?

Drittens sollten Relationen *zwischen* den verschiedenen Einschätzungsprozessen näher spezifiziert werden und Klarheit darüber herrschen, ob stets sämtliche unterschiedliche Einschätzungsprozesse ablaufen und ob sie sequentiell oder parallel arbeiten (vgl. Reisenzein 2001: 191).

7   Sensorisch-motorische, schematische und konzeptuelle Einschätzungen

Eine der ersten Einschätzungstheorien, die ausführliche Aussagen über die Prozesscharakteristika der Einschätzungen formuliert und sich mit den genannten Teilaufgaben befasst, ist das Komponenten-Prozess-Modell (Leventhal/Scherer 1987). Leventhal und Scherer nehmen darin ein hierarchisches System der Informationsverarbeitung mit jeweils unterschiedlichen Komplexitätsniveaus für die *stimulus evaluation checks* an und unterscheiden prinzipiell drei Ebenen der Informationsverarbeitung: sensorisch-motorisch, schematisch und konzeptuell. Unterschiedliche Einschätzungsdimensionen können dem KPM zufolge auf jeder der postulierten Ebenen und in entsprechenden Repräsentationsmedien verarbeitet werden (Leventhal/Scherer 1987: 17).

Die sensorisch-motorische Einschätzung stellt die grundlegendste Ebene der Einschätzung dar. »The sensory motor level of processing consists of multiple components, including a set of innate expressive-motor programmes and cerebral activating systems which are stimulated automatically, i. e. without volitional effort, by a variety of external stimuli and by internal changes of state.« (Leventhal/Scherer 1987: 8) Die nächst höhere Ebene findet sich in der schematischen Informationsverarbeitung, bei der erlernte und im Laufe der Sozialisation erworbene Einschätzungen abgerufen und aktiviert werden. Die schematische Ebene integriert »sensory-motor processes with image-like prototypes of emotional situations. Schemata are created in emotional encounters with the environment and are conceptualised as memories of emotional experience: They are concrete representations in memory of specific perceptual, motor [...], and subjective feelings each of which were components of the reaction during specific emotional episodes.« (Leventhal/Scherer 1987: 10) Die konzeptuelle Ebene umfasst die reflexive, abstrakte, und deliberative Informationsverarbeitung auf Basis semantischen, deklarativen Wissens, »[it] activates propositionally organised memory structures which have been formed by comparisons over two or more emotional episodes. Conceptual processing is also volitional and can evoke emotions by accessing schemata.« (Leventhal/Scherer 1987: 11)

Das KPM enthält zwei wesentliche Merkmale, die von neueren Arbeiten aufgenommen wurden: Zum einen die Annahme unterschiedlicher Geschwindigkeiten der Informationsverarbeitung (und damit der Emotionsentstehung) und zum anderen die Annahme der Lernfähigkeit des Emotionssystems. Das KPM geht von einer *Schematisierung von Informationen und Wissen* und damit verbunden einer *Automatisierung* von Einschätzungen aus, die entsprechend schneller ablaufen als reflexive und ›aktiv berechnete‹ Einschätzungen. Obgleich sich die auf diesem Modell aufbauenden Theorien in Detailfragen unterscheiden, nehmen auch andere Modelle zwei grundsätzlich unterschiedliche Modi der Informationsverarbeitung an: die assoziativ-schematische und unbewusste Verarbeitung von Information auf der einen und die reflexiv-deliberative Verarbeitung auf der anderen Seite (Clore/Ortony 2000; Reisenzein 2001; Smith/Kirby 2000, 2001).

8 Assoziative und deliberative Einschätzungen

Craig Smith und Leslie Kirby (2000) unterscheiden die *assoziative* von der *deliberativen* Verarbeitung, die sie analog zu Leventhal und Scherers schematischer und konzeptueller Ebene sehen (Smith/Kirby 2000: 91). Für die Einschätzung eines Ereignisses und die Emotionsentstehung sind in ihrem Modell Einschätzungs-Detektoren *(appraisal detectors)* zuständig, die Informationen aus drei verschiedenen Quellen verarbeiten: direkte perzeptuelle Informationen, assoziativ aktivierte beziehungsweise abgerufene Repräsentationen, und den Inhalt des Bewusstseins, beziehungsweise des Arbeitsgedächtnisses.

Die assoziative Verarbeitung wird als schneller, automatischer und erinnerungsbasierter Modus angenommen und basiert auf dem Modell nicht-hierarchischer, assoziativer Gedächtnisnetzwerke (vgl. Bower 1981). Wahrgenommene Stimuli aktivieren aufgrund ihrer sensorischen Eigenschaften oder ihrer konzeptuellen Verwandtschaft mit vorhandenen Repräsentationen unter minimaler Nutzung von Aufmerksamkeitsressourcen bestimmte Erinnerungen vorangegangener Ereignisse. Die Aktivierung dieser Gedächtnisinhalte bedingt wiederum die Aktivierung von korrespondierenden, ebenfalls gespeicherten Einschätzungsergebnissen, die dann in der aktuellen Situation von den Einschätzungs-Detektoren erkannt werden und zur Entstehung einer Emotion führen (Smith/Kirby 2000: 93).

Die assoziative Verarbeitung kann auf nahezu jede Art von Repräsentation im Gedächtnis zurückgreifen, etwa Repräsentationen physischer Empfindungen, Geräusche, Geschmäcker, Gerüche, Bilder oder Repräsentationen abstrakter Konzepte und sozialer Tatbestände. Durch ›Priming‹-Prozesse und die rasche Aktivierung von Verknüpfungen im assoziativen Netzwerk *(spreading activation)* können Einschätzungen, die vergangenen Erfahrungen zugeordnet werden beziehungsweise Teil dieser Erfahrungen sind, automatisch abgerufen werden, sofern Aspekte der aktuellen Situation mit den gespeicherten Repräsentationen übereinstimmen. Auf diese Weise können nicht nur affektive Reaktionen, sondern auch distinkte Emotionen unmittelbar und zügig ausgelöst werden (Smith/Kirby 2000: 94 f.).

Im Gegensatz zur assoziativen Verarbeitung verläuft die kontrollierte, deliberative Einschätzung deutlich langsamer und ressourcenintensiver und bedarf der bewussten Aufmerksamkeit. Sie wird deshalb als semantisch beziehungsweise verbal vermittelt angesehen (Smith/Kirby 2000: 95). Vergleicht man die deliberative mit der assoziativen Informationsverarbeitung, stellt sich der deliberative Modus als deutlich konstruktiverer Prozess dar. Dabei werden nicht nur Gedächtnisinhalte abgerufen, sondern der Inhalt des Arbeitsgedächtnisses wird aktiv genutzt und manipuliert, um Einschätzungen zu berechnen.

Smith und Kirby gehen weiterhin davon aus, dass der deliberativen Einschätzung im Gegensatz zur assoziativen nur eine begrenzte Anzahl an Informationen beziehungsweise Repräsentationsmedien zur Verfügung steht, nämlich ausschließlich solche, die zuvor semantisch, das heißt propositional enkodiert wurden. Empfindungen, Bilder, Geräusche oder andere sensorische Informationen finden daher nur dann Eingang in diese Prozesse, wenn sie an semantische *Bedeutungen* gekoppelt sind. Die assoziative Verarbeitung hat also grundsätzlich Zugriff auf solche Informationen, auf die auch die deliberative Verarbeitung zugreift – umgekehrt gilt dies jedoch nicht.

9   Wiederherstellung von Einschätzungen

Ein analoges Prozessmodell der Einschätzung entwickeln Gerald Clore und Andrew Ortony (Clore/Ortony 2000). Ihr Modell basiert auf der Theorie von Ortony, Clore und Collins (1988) und ergänzt sie um eine automatische Verarbeitungsebene, die der Kritik an der ursprünglichen Theorie und an anderen ›kognitivistischen‹ Ansätzen gerecht zu werden versucht. Die Herausforderung, die Evidenzen und theoretische Modelle aus dem Bereich der unbewussten Affekte und automatischen emotionalen Reaktionen darstellen, erkennen Clore und Ortony ausdrücklich an:

> »They seem so different from cases in which an emotional value is computed on-line, cases that yield easily to a cognitive account. And indeed, they are different. In fact, they suggest a second source of emotional value, namely, reinstatements of prior appraisals from earlier sit-

uations, rather than the on-line appraisals of new situations in terms of current goals, standards, and attitudes.« (Clore/Ortony 2000: 33).

Dieser Herausforderung begegnen sie mit ihrem Konzept des ›appraisal reinstatement‹, das heißt dem Abruf und der Wiederherstellung von bereits erfolgten und gespeicherten Einschätzungen im Gegensatz zu deren aktiver Berechnung. Im Zusammenhang mit dieser Unterscheidung von Abruf und aktiver Berechnung nehmen Clore und Ortony entsprechende Informationsverarbeitungsprozesse an, die bei der aktiven Berechnung als *bottom-up* und im Fall des Abrufs von gespeicherten Einschätzungen als *top-down* Prozesse bezeichnet werden. Bei der Wiederherstellung von Einschätzungen werden die Eigenschaften vergangener Situationen, aus denen bestimmte Emotionen hervorgingen, mit der aktuellen Situationswahrnehmung abgeglichen. Weist dieser Abgleich eine hinreichend große Übereinstimmung auf, ist die Wahrscheinlichkeit groß, dass auch in der aktuellen Situation ähnliche Emotionen entstehen. Für Clore und Ortony stellt diese Art der automatischen Einschätzung keinen Widerspruch zum kognitiven Paradigma dar und sie untermauern die Idee des Abrufs gespeicherter Einschätzungen mit Forschungsergebnissen zur Automatizität und sozialen Kognition (Barrett u. a. 2007; Bargh 1997; Bargh/Chartrand 1999; Clore/Ortony 2000: 35).

Diese beiden grundlegenden Arten von Einschätzungs-Prozessen sind folglich *Spezialfälle kognitiver Prozesse* und als solche keinesfalls auf die Entstehung von Emotionen beschränkt. Die Informationsverarbeitungsprozesse werden dann zu Einschätzungsprozessen im Sinne der Emotionsentstehung, sofern sie sich auf Informationen und mentale Zustände beziehen, die für die Einschätzung der *subjektiven Bedeutung* eines Ereignisses relevant sind (Clore/Ortony 2000: 36). Clore und Ortony beziehen sich in ihrer Konzeptualisierung der Wiederherstellung und der Berechnung von Einschätzungen wie auch Smith und Kirby (2000) auf sog. ›dual process‹-Theorien der Informationsverarbeitung, die fallbasierte, assoziative Verarbeitungsprozesse von deliberativen, regelbasierten Prozessen unterscheiden (Evans 2008; Sloman 1996). Sie weisen außerdem darauf hin, dass diese Modi der Informationsverarbeitung mit zwei möglichen Mechanismen der *Kategorisierung* von Emotionen und Informationen korrespondieren: einerseits mit der prototypischen Kategorisierung, die mit assoziativen Prozessen vergleichbar ist und andererseits mit der theoriebasierten Kategorisierung, die im Gegensatz zu deutlich wahrnehmbaren und offensichtlichen Eigenschaften die tiefer liegenden, konzeptuellen Aspekte eines Eindrucks fokussiert (vgl. Fehr/Russell 1984; Russel 1991). Prototypische Kategorisierungen sind schnell und fehleranfällig, theoriebasierte hingegen präziser aber vergleichsweise langsam und ressourcenintensiv (Clore/Ortony 2000: 37 f.).

Mit den beiden unterschiedlichen Modi der Informationsverarbeitung verbinden Clore und Ortony auch zwei zentrale Funktionen von Emotionen: zum einen die Vorbereitung rascher Verhaltensantworten und Handlungen, zum anderen die Entkopplung von Stimulus und Reaktion und die Gewähr von Flexibilität und Adaptivität

(Scherer 1994). Diese auf den ersten Blick widersprüchlichen Funktionen lassen sich zumindest konzeptuell mit dem von Clore und Ortony entwickelten Modell entschärfen. Die fallbasierte, assoziative Einschätzung entspricht weitgehend der Beobachtung, dass affektive Reaktionen ohne die bewusste Wahrnehmung eines Stimulus als Komponente einer Emotion entstehen können (vgl. Öhman u. a. 2000). Affektive Reaktionen lösen jedoch keine rigiden und unmittelbaren Verhaltensantworten aus, sondern lediglich einen Handlungs*impuls,* die ›action readiness‹ (Frijda 2004). Auf diese Weise werden bei Lern- und Konditionierungsvorgängen nicht bestimmte Eindrücke mit einem spezifischen Verhalten assoziiert, sondern mit einer affektiven Verhaltens*tendenz.* »Such protocognitive processes allowed behavior to be contingent on a stimulus, but not dictated by it.« (Clore/Ortony 2000: 41)

10   Zentrale, periphere und schematische Einschätzungen

Auch Rainer Reisenzein (2001) widmet sich in seiner schemabasierten Einschätzungstheorie diesen Fragen. Grundstein seines Modells ist die Annahme einer allgemeinen propositionalen und schemabasierten Informationsverarbeitungsarchitektur, in der Einschätzungen verankert sind und Einschätzungsprozesse ablaufen. Reisenzein unterscheidet zwischen *zentralen* und *peripheren* Einschätzungen, wobei periphere Einschätzungen wiederum in schematische und nicht-schematische Prozesse unterteilt werden. Als wesentliches Unterscheidungskriterium zu anderen kognitiven Prozessen, die auf dieser Architektur operieren, identifiziert Reisenzein, dass die beiden zentralen Einschätzungsprozesse, die auf Überzeugungen und Wünschen als konzeptuellen, propositionalen Inputs basieren, einen *nicht-konzeptuellen, nicht-propositionalen* Output erzeugen – Affekte und Emotionen (Reisenzein 2001: 192 f.).

Die beiden *zentralen* Einschätzungsprozesse berechnen zum einen die Übereinstimmung eines Ereignisses mit Überzeugungen sowie dessen Erwartetheit, zum anderen die Übereinstimmung mit eigenen Wünschen und Absichten. Zentrale Einschätzungsprozesse erzeugen im Gegensatz zu ihrem Input einen *nicht*-propositionalen, *nicht*-konzeptuellen (analogen) Output und sind zumindest ihrer Funktion nach biologisch bedingt und invariabel (Reisenzein 2009). Die zentralen Einschätzungen operieren unentwegt, unbewusst, parallel und überprüfen in einem ständigen Fluss die Übereinstimmung von neu erworbenen Überzeugungen einerseits und bereits vorhandenen Überzeugungen oder Wünschen beziehungsweise Absichten andererseits. Die Ergebnisse dieser Einschätzungsprozesse informieren den Akteur über den Grad der Erwartetheit und der Erwünschtheit eines Ereignisses. Ihre Funktion besteht darin, die Aufmerksamkeit auf kritische und bedeutsame Input-Propositionen zu richten und zur Vorbereitung adäquater adaptiver Verhaltensantworten charakteristische affektive Reaktionen und Emotionen auszulösen.

Periphere Einschätzungsprozesse produzieren hingegen reine, nicht-emotionale Einschätzungs*überzeugungen,* die mit propositionalen Schlussfolgerungen im herkömmlich kognitiven Sinn vergleichbar sind. Periphere Prozesse bestimmen die Rigidität und Stärke einer Überzeugung hinsichtlich des einzuschätzenden Ereignisses sowie dessen Valenz und Erwünschtheit. Darüber hinaus generieren sie Wissen über die Ursächlichkeit, mögliche Konsequenzen und die Normkonformität eines Ereignisses (Reisenzein 2001: 194). Damit stellen die peripheren Einschätzungen zum großen Teil den unmittelbaren Input der zentralen Einschätzungsprozesse dar.

Die peripheren Einschätzungsprozesse lassen sich weiter unterteilen in *schematische* und *nicht-schematische* Prozesse. Diese Unterteilung wird von Reisenzein nahezu analog zu den Differenzierungen von assoziativer und deliberativer Verarbeitung bei Smith und Kirby (2001) beziehungsweise der fallbasierten und regelbasierten Verarbeitung bei Clore und Ortony (2000) gewählt. Dementsprechend werden nicht-schematische Einschätzungen aktiv berechnet, schematische Einschätzungen hingegen passiv aus dem Gedächtnis abgerufen. Nicht-schematische Einschätzungen sind quasi epistemische und zielgerichtete interne Handlungen, die darauf abzielen, Wissen über die einzuschätzenden Eigenschaften eines Stimulus zu generieren. Diese nicht-schematischen Einschätzungen werden als sequenziell, bewusst und ressourcenintensiv konzeptualisiert.

Für die schematische Verarbeitung bedeutet die Annahme eines propositionalen Repräsentationsmediums zunächst, dass Schemas strukturierte Repräsentationen sind, die sich wiederum aus den elementaren Symbolen des Repräsentationsmediums zusammensetzen und eine semantische Struktur aufweisen (Reisenzein 2001: 193). Schemas sind aus drei Gründen für die Einschätzung von Bedeutung: Erstens spiegeln sie die Wissensbasis bzw. die kognitive Struktur eines Akteurs wider, die der initialen Konzeptualisierung eines Ereignisses zu Grunde liegen und als Input eines Einschätzungsprozesses dienen. Zweitens ermöglichen sie die Ableitung allgemein gültiger Aussagen und erlauben im Zusammenhang mit zusätzlichen Informationen, Prämissen aufzustellen, aus denen sich letztendlich Einschätzungen von Ereignissen ableiten lassen. Der dritte, und für den soziologischen Kontext bedeutendste Grund ist, dass die Ergebnisse peripherer Einschätzungsprozesse in (bereits vorhandenen) Schemas gespeichert und daraus abgerufen werden können. Einschätzungen können somit zu Bestandteilen von Schemas werden.

Für die hier verfolgte Argumentation ist von Bedeutung, dass Reisenzein ausdrücklich davon ausgeht, dass auch nicht-schematische Einschätzungen in besonderer Form auf der Interaktion mit der sozialen Umwelt beruhen. Zwar beginnen und enden periphere Einschätzungsprozesse als mentale Zustände eines Akteurs, sie können jedoch im Gegensatz zu den zentralen Prozessen nicht als gänzlich akteurintern angesehen werden. Als Beispiel lässt sich eine deduktive Schlussfolgerung nennen, die als Prämisse eine Input-Repräsentation, weitere nebenläufige Informationen sowie gespeicherte Informationen aus allgemeinen Schemas verwendet, und den propositionalen Gehalt einer Einschätzung als Ergebnis generiert.

Reisenzein hebt diesen sozialen und interaktiven Aspekt auch der nicht-schematischen Einschätzung deutlich hervor, da die meisten Einschätzungstheorien dazu neigten, Akteure als »isolated and nonsocial information processor, whose contact with the environment is restricted to the initial pickup of information about an initiating event on the input side, and the resulting emotional reaction on the output side« zu betrachten (Reisenzein 2001: 196). Der über diese Einschätzungen hergestellte Bezug zur sozialen Umwelt ist eine wichtige Komponente, in dem sich Bezüge zur sozialen Umwelt nicht nur in generellen Wissensschemas zeigen, sondern auch *während* des eigentlichen Einschätzungsprozesses von Bedeutung sind, sei es zum Gewinn zusätzlicher Informationen oder um die Unterstützung anderer Akteure bei der Einschätzung anzufordern. Damit schafft Reisenzein auch die innovative theoretische Voraussetzung dafür, dass Einschätzungen in der Interaktion und Kommunikation transportiert werden, etwa in massenmedialen Zusammenhängen (vgl. Döveling/v. Scheve/Konijn 2010), beziehungsweise sich in der sozialen Interaktion konstituieren (Reisenzein 2001: 196 f.).

Zusammenfassend lässt sich festhalten, dass Einschätzungstheorien ein weit entwickeltes Rahmenwerk zur Erklärung der Entstehung von Emotionen bereitstellen, das zwar stark am Individuum ansetzt, aber grundsätzlich auch in der Lage ist, die sozialen Einflüsse auf die Emotionsentstehung abzubilden. Auch wenn die Möglichkeiten der expliziten Abbildung *sozialer* Faktoren im Einschätzungsprozess Gegenstand des folgenden Abschnitts sind, trägt die Darstellung einschätzungstheoretischer Kernarbeiten zum besseren Verständnis der Emotionsentstehung bei, die in jedem Fall als wichtige Voraussetzung zur Entwicklung soziologisch fundierter Modelle angesehen werden kann.

11   Die sozialen Grundlagen von Einschätzungen

Wie die Darstellung der strukturellen Grundlagen der Einschätzung gezeigt hat, besteht in der Literatur weitgehend Einigkeit darüber, dass Einschätzungen eine Relation zwischen Ereignissen, die in den Aufmerksamkeits- oder Relevanzbereich eines Akteurs rücken und dessen kognitiven Strukturen herstellen. Einschätzungen spiegeln damit die subjektive Bedeutung des Eingeschätzten wider und lösen entsprechende Affekte und Emotionen aus. In der Literatur wird dabei die Frage der gegenseitigen *Abhängigkeiten* innerhalb dieser Relation verhältnismäßig eindeutig beantwortet (Frijda/Zeelenberg 2001): Einschätzungstheorien gehen zumeist davon aus, dass die einzuschätzenden *Ereignisse* dynamischer Natur sind, das heißt sie treten in den Relevanzbereich eines Akteurs und verlassen diesen zu gegebener Zeit auch wieder. Die kognitiven Strukturen werden jedoch zumeist als statisch und konstant angenommen.

Die soziologische Forschung – insbesondere die Wissenssoziologie und die kognitive Soziologie – zeigt jedoch seit langem, dass kognitive Strukturen aus ontogenetischer beziehungsweise sozialisationstheoretischer Sicht keinesfalls als statisch zu konzeptualisieren sind. Dieser Einsicht verschließen sich auch einige Einschätzungstheorien nicht und weisen auf die prinzipielle und mittel- bis langfristige Veränderbarkeit kognitiver Strukturen hin (Lazarus/Smith 1988; Ortony u. a. 1988; Reisenzein 2001).

Lazarus und Smith (1988) illustrieren diese Zusammenhänge auf soziologisch relevante Weise nicht zuletzt dadurch, dass sie den *Wissensbegriff* explizit in die Darstellung der Verarbeitung von Einschätzungen einbeziehen und auf die Unterscheidung zwischen allgemeinen Wissensstrukturen und kontextuellem Wissen hinweisen. Als allgemeine Wissensstrukturen lassen sich die genannten kognitiven Strukturen bezeichnen, die sich aus vergleichsweise stabilen und längerfristig gültigen Überzeugungen, Einstellungen und Alltagstheorien zusammensetzen, die zu großen Teilen das Produkt der sozialen Umwelt eines Akteurs sind. Andererseits spielt auch das Kontextwissen eine wichtige Rolle, das relativ schnell und kurzfristig aus den perzeptuellen Informationen generiert wird, die eine aktuelle Situation bereitstellt. Kontextwissen ist deshalb eine Wissensform, die aus der Definition der Situation resultiert (Lazarus/Smith 1988: 283 f.).

Die psychologische Forschung zeigt aus verständlichen Gründen zwar lediglich ein begrenztes Interesse an der langfristigen und gesellschaftlichen Variabilität kognitiver Strukturen, hat aber unter den Schlagwörtern ›soziale Kognition‹ und ›soziale Repräsentation‹ eine Reihe bedeutender Arbeiten zur Genese und Veränderbarkeit mentaler Zustände im Individuum erarbeitet, die nicht zuletzt auf klassischen soziologischen Arbeiten, etwa von Durkheim (1912), Mead (1968) oder Weber (1922), aufbauen (vgl. Howard 1995: 91).

Soziale Kognition bezieht sich nicht nur auf die Wahrnehmung und Verarbeitung explizit sozialer Sinneseindrücke, sondern auch auf die Theorien, Abbilder und Repräsentationen, die Akteure von anderen Akteuren, sozialen Beziehungen und der sozialen Umwelt ausprägen. Kognition wird demnach immer dann als ›sozial‹ bezeichnet, wenn die Objekte der Kognition sozialer Natur sind (beispielsweise andere Akteure oder eine soziale Beziehung), wenn sie sozialen Ursprungs ist (etwa das Denken in sozialen Hierarchien) oder sozial geteilt und verteilt ist, das heißt von verschiedenen Mitgliedern einer sozialen Einheit in ähnlicher Weise verwendet wird (Leyens/Dardenne 1996). Sie bewegt sich damit in einem definitorischen Spannungsfeld zwischen der »construction of social reality« (Bless u. a. 2004; Searle 1995) und der ›social construction of reality‹ (Berger/Luckmann 1969; Moscovici 1961).

Prozessmodelle der Einschätzung zeigen zudem, dass komplexe kognitive Strukturen und explizite Wissensbestände nicht nur in Form von deliberativen und reflexiven Einschätzungsprozessen Eingang in die Emotionsentstehung finden, sondern durch Prozesse der Schematisierung auch zur automatischen und unwillkürlichen Entstehung von Emotionen beitragen können. Auf diese Weise entstehen ›schematische‹ bzw. ›habitualisierte‹ Emotionen, die durch die Abhängigkeit kognitiver Strukturen von sozialen Strukturen eine hohe soziale Differenzierung aufweisen und auch komplexe, symbolische Dimensionen des Sozialen unmittelbar mit einer affektiven Bedeutung aufladen können, die nicht zuletzt auch das Handeln der Akteure maßgeblich bestimmt.

Insgesamt kann die Soziologie mit Hilfe ihrer Kernkompetenzen vor allem Aussagen über die Dynamiken und gesellschaftlichen Muster kognitiver Strukturen und dementsprechend auch der daraus resultierenden Emotionen beisteuern. Insofern sind kognitive Strukturen und Prozesse als Komponenten von Emotionen aus soziologischer Sicht vor allem deshalb von Bedeutung, weil sie in hohem Maße die soziale Situiertheit eines Akteurs widerspiegeln. In ihnen finden sich sowohl die autobiografisch erfahrenen Eigenschaften der sozialen Umwelt als auch das semantisch vermittelte Wissen weiterer individueller und kollektiver Akteure, beispielsweise in Form kultureller Institutionen, Kommunikations- und Massenmedien, Bildungsinstitutionen oder Traditionen. Insofern hat dieser Beitrag verdeutlicht, dass sich die sozialen Grundlagen der Emotionsentstehung in nicht unerheblichem Maße in der sozialen Prägung kognitiver Strukturen und Prozesse finden.

Literatur

Arnold, Magda B. (1960): Emotion and personality. 2 Bde. New York: Columbia University Press.

Averill, James R. (1982): Anger and aggression. New York: Springer.

Bargh, John A. (1997): The automaticity of everyday life. In: Robert S. Wyer (Hg.): The Automaticity of Everyday Life. Mahwah, NJ: Erlbaum, S. 1–61.

Bargh, John A./Chartrand, Tanya L. (1999): The unbearable automaticity of being. In: American Psychologist 54(7): 462–479.

Bargh, John A./Ferguson, Melissa L. (2000): Beyond behaviorism: On the automaticity of higher mental processes. In: Psychological Bulletin 126(6): 925–945.

Barnard, Phil J./Teasdale, John D. (1991). Interacting cognitive subsystems: A systemic approach to cognitive-affective interaction and change. In: Cognition and Emotion 5(1): 1–39.

Barrett, Lisa F./Ochsner, Kevin N./Gross, James J. (2007): On the automaticity of emotion. In: John Bargh (Hg.): Social psychology and the unconscious. New York: Psychology Press, S. 173–217.

Berger, Peter L./Luckmann, Thomas (1969): Die gesellschaftliche Konstruktion der Wirklichkeit. 5. Aufl. Frankfurt am Main: Fischer 1977.

Berridge, Kent C./Winkielman, Piotr (2003): What is an unconscious emotion? In: Cognition and Emotion 17(2): 181–211.

Bless, Herbert/Fiedler, Klaus/Strack, Fritz (2004): Social cognition. How individuals construct social reality. Hove: Psychology Press.

Bower, Gordon H. (1981): Mood and memory. In: American Psychologist 36(2): 129–148.

Callero, Peter L. (1991): Toward a sociology of cognition. In: Howard, Judith A./Callero, Peter L. (Hg.): The self-society dynamic. New York: Cambridge University Press, S. 43–54.

Cerulo, Karen A. (2002): Establishing a sociology of culture and cognition. In: Dies. (Hg.): Culture in mind. New York: Routledge, S. 1–14.

Clore, Gerald L./Ortony, Andrew (2000): Cognition in Emotion: Always, Sometimes, or Never? In: Richard D. Lane/Lynn Nadel (Hg.): Cognitive Neuroscience of Emotion. New York: Oxford University Press, S. 24–61.

DiMaggio, Paul (2002): Why Cognitive (and Cultural) Sociology Needs Cognitive Psychology. In: Karen A. Cerulo (Hg.): Culture in Mind. New York: Routledge, S. 274–282.

Döveling, Karin/von Scheve, Christian/Konijn, Elly A. (2010) (Hg.): Handbook of Emotions and Mass Media. New York: Routledge.

Durkheim, Émile (1912/1994): Die elementaren Formen des religiösen Lebens. Frankfurt am Main: Suhrkamp.

Evans, Jonathan (2008): Dual-processing accounts of reasoning, judgement and social cognition. In: Annual Review of Psychology 59: 255–278.

Fehr, Beverly/Russell, James A. (1984): Concept of emotion viewed from a prototype perspective. Journal of Experimental Psychology: General, 113: 464–486.

Franks, David D. (2010): Neurosociology: The nexus between neuroscience and social psychology. New York: Springer.

Frijda, Nico H. (1986): The emotions. Cambridge: Cambridge University Press.

Frijda, Nico H. (1994): Emotions Require Cognitions, Even If Simple Ones. In: Paul Ekman/Richard J. Davidson (Hg.): The Nature of Emotion. New York: Oxford University Press, S. 197–202.

Frijda, Nico H. (2004): Emotions and action. In: Antony S. Manstead/Nico H. Frijda/Agnetta Fischer (Hg.): Feelings and Emotions. New York: Oxford University Press, S. 158–173.

Frijda, Nico H./Manstead, Antony S./Bem, Sascha (2000). The influence of emotions on beliefs. In: Dies. (Hg.): Emotions and Beliefs. How Feelings Influence Thoughts. Cambridge: Cambridge University Press, S. 1–9.

Frijda, Nico H./Zeelenberg, Marcel (2001): Appraisal. What Is the Dependent? In: Klaus R. Scherer u. a. (Hg.): Appraisal Processes in Emotion. New York: Oxford University Press, S. 141–155.

Goldie, Peter (2000): The Emotions. New York: Oxford University Press.

Grandjean, Didier/Sander, David/Scherer, Klaus R. (2008): Conscious emotional experience emerges as a function of multilevel, appraisal-driven response synchronization. In: Consciousness and Cognition 17: 484–495.

Grandjean, Didier/Scherer, Klaus R. (2008): Unpacking the Cognitive Architecture of Emotion Processes. In: Emotion 8(3): 341–351

Howard, Judith A. (1995): Social Cognition. In: Karen S. Cook u. a. (Hg.): Sociological Perspectives on Social Psychology. Boston, MA: Allyn & Bacon, S. 90–117.

James, William (1884). What is an Emotion? In: Mind 9(34): 188–205.

Kemper, Theodore D. (1978a): Toward a Sociology of Emotions: Some Problems and Some Solutions. In: The American Sociologist 13(1): 30–41.

Kemper, Theodore D. (1978b): A Social Interactional Theory of Emotions. New York: Wiley.

Kemper, Theodore D. (1981): Social constructionist and positivist approaches to the sociology of emotions. In: American Journal of Sociology 87(2): 336–362.

Lazarus, Richard S. (1968): Emotion and Adaptation: Conceptual and Empirical Relations. In: William J. Arnold (Hg.): Nebraska Symposium on Motivation. Lincoln, NE: University of Nebraska Press, S. 175–266.

Lazarus, Richard S./Smith, Craig A. (1988): Knowledge and Appraisal in the Cognition-Emotion Relationship. In: Cognition and Emotion 2(4): 281–300.

Leventhal, Howard/Scherer, Klaus R. (1987): The Relationship of Emotion to Cognition. A Functional Approach to a Semantic Controversy. In: Cognition and Emotion 1(1): 3–28.

Leyens, Jacques-Philippe/Dardenne, Benoit (1996): Soziale Kognition. Ansätze und Grundbegriffe. In: Wolfgang Stroebe u. a. (Hg.): Sozialpsychologie. Eine Einführung. 3. Aufl. Berlin: Springer, S. 116–141.

Mannheim, Karl (1929/1985): Ideologie und Utopie. Frankfurt am Main: Klostermann.

Mannheim, Karl (1980): Über die Eigenart kultursoziologischer Erkenntnis. In: David Kettler/ Volker Meja/Nico Stehr (Hg.): Karl Mannheim. Strukturen des Denkens. Frankfurt am Main: Suhrkamp, S. 33–154.

Manstead, Antony S./Fischer, Agneta H. (2001): Social Appraisal: The Social World as Object of and Influence on Appraisal Processes. In: Klaus R. Scherer u. a. (Hg.): Appraisal Processes in Emotion. New York: Oxford University Press, S. 221–232.

Mead, George Herbert (1968): Geist, Identität und Gesellschaft. Frankfurt am Main: Suhrkamp.

Moors, Agnes (2010). Automatic constructive appraisal as a candidate cause of emotion. In: Emotion Review 2(2): 139–156.

Moscovici, Serge (1961): La Psychoanalyse, son Image et son Public. Paris: Presses Universitaires de France.

Oatley, Keith (1992): Best Laid Schemes. New York: Cambridge University Press.

Oatley, Keith/Johnson-Laird, P. N. (1987), Toward a Cognitive Theory of Emotion. Cognition and Emotion, 1(1), 29–50.

Öhman, Arne/Flykt, Anders/Lundqvist, Daniel (2000): Unconscious emotion: Evolutionary perspectives, psychophysiological data and neuropsychological mechanisms. In: Richard D. Lane/Lynn Nadel (Hg.): Cognitive Neuroscience of Emotion. New York: Oxford University Press, S. 296–327.

Ortony, Andrew/Clore, Gerald L./Collins, Allan (1988): The Cognitive Structure of Emotions. New York: Cambridge University Press.

Reisenzein, Rainer (1983): The Schachter Theory of Emotion: Two Decades Later. In: Psychological Bulletin, 94(2): 239–264.

Reisenzein, Rainer (2000): Einschätzungstheoretische Ansätze in der Emotionspsychologie. In: Jürgen H. Otto/Euler, Harald A./Mandl, Heinz (Hg.): Handbuch der Emotionspsychologie. Weinheim: Psychologie Verlags Union, S. 117–138.

Reisenzein, Rainer (2001): Appraisal processes conceptualized from a schema theoretic perspective: Contributions to a process analysis of emotions. In: Klaus R. Scherer u. a. (Hg.): Appraisal Processes in Emotion. New York: Oxford University Press, S. 187–204.

Reisenzein, Rainer (2009). Emotions as metarepresentational states of mind: Naturalizing the belief-desire theory of emotion. In: Cognitive Systems Research 10(1): 6–20.

Robinson, Michael D. (1998): Running from William James' Bear: A Review of Preattentive Mechanisms and their Contributions to Emotional Experience. In: Cognition and Emotion 12(5): 667–696.

Roseman, Ira J. (1991): Appraisal Determinants of Discrete Emotions. In: Cognition and Emotion 5(3): 161–200.

Roseman, Ira J. (2001): A model of appraisal in the emotion system. Integrating theory, research, and applications. In: Klaus R. Scherer u. a. (Hg.): Appraisal Processes in Emotion. New York: Oxford University Press, S. 68–91.

Roseman, Ira J./Smith, Craig A. (2001): Appraisal theory: Overview, assumptions, varieties, controversies. In: Klaus R. Scherer u. a. (Hg.): Appraisal Processes in Emotion. New York: Oxford University Press, S. 3–19.

Russell, James A. (1991): In Defense of a Prototype Approach to Emotion Concepts. In: Journal of Personality and Social Psychology 60(1): 37–47.

Sander, David/Grandjean, Didier/Scherer, Klaus R. (2005): A systems approach to appraisal mechanisms in emotion. In: Neural Networks 18: 317–352.

Schachter, Stanley/Singer, Jerome E. (1962): Cognitive, Social, and Physiological Determinants of Emotional State. In: Psychological Review 69(5): 379–399.

Scherer, Klaus R. (1984): On the Nature and Function of Emotion: A Component Process Approach. In: Klaus R. Scherer u. a. (Hg.): Approaches to Emotion. Hillsdale, NJ: Lawrence Erlbaum, S. 293–318.

Scherer, Klaus R. (1988): Criteria for emotion-antecedent appraisal: A review. In: Vernon Hamilton u. a. (Hg.): Cognitive Perspectives on Emotion and Motivation. Dordrecht: Kluwer, S. 89–126.

Scherer, Klaus R. (1993): Studying the Emotion-Antecedent Appraisal Process: An Expert System Approach. In: Cognition and Emotion 7(3/4): 325–355.

Scherer, Klaus R. (1994): Emotion Serves to Decouple Stimulus and Response. In: Paul Ekman/ Richard J. Davidson (Hg.): The Nature of Emotion. New York: Oxford University Press, S. 127–130.

Scherer, Klaus R. (1999): On the Sequential Nature of Appraisal Processes: Indirect Evidence from a Recognition Task. In: Cognition and Emotion 13(6): 763–793.

von Scheve, Christian (2009): Emotionen und soziale Strukturen. Die affektiven Grundlagen sozialer Ordnung. Frankfurt am Main/New York: Campus.

Schützeichel, Rainer (Hg.) (2007): Handbuch Wissenssoziologie und Wissensforschung. Konstanz: UVK.

Searle, John R. (1995): The Construction of Social Reality. New York: Free Press.

Sloman, Steven A. (1996): The empirical case for two systems of reasoning. In: Psychological Bulletin 119(1): 3–22.

Smith, Craig A./Ellsworth, Phoebe C. (1985): Patterns of cognitive appraisal in emotion. In: Journal of Personality and Social Psychology 48(4): 813–838.

Smith, Craig A./Kirby, Leslie D. (2000): Consequences require antecedents: Toward a process model of emotion elicitation. In: John P. Forgas (Hg.): Feeling and Thinking. The Role of Affect in Social Cognition. New York: Cambridge University Press, S. 83–106.

Smith, Craig A./Kirby, Leslie D. (2001): Toward Delivering on the Promise of Appraisal Theory. In: Klaus R. Scherer u. a. (Hg.): Appraisal Processes in Emotion. New York: Oxford University Press, S. 121–138.

Smith, Craig A./Lazarus, Richard S. (1993): Appraisal Components, Core Relational Schemes, and the Emotions. In: Cognition and Emotion 7(3/4): 233–269.

Teasdale, John D. (1999): Multi-level theories of cognition-emotion relations. In: Tim Dalgleish/ Mick J. Power (Hg.): Handbook of Cognition and Emotion. Chichester: Wiley, S. 665–682.

Thoits, Peggy A. (1989): The Sociology of Emotions. In: Annual Review of Sociology 15: 317–342.

Turner, Jonathan H. (2007): Human emotions. A sociological theory. London: Routledge.

Wallbott, Harald G./Scherer, Klaus R. (1986). The antecedents of emotional experiences. In: Klaus R. Scherer u. a. (Hg.): Experiencing emotion: A cross-cultural study. Cambridge: Cambridge University Press, S. 69–83.

Weber, Max (1922): Wirtschaft und Gesellschaft. Grundriß der verstehenden Soziologie. Fünfte, revidierte Auflage. Tübingen: Mohr 1976.

Zerubavel, Eviatar (1997): Social Mindscapes. Cambridge MA: Harvard University Press.

Wieso, weshalb, warum?

Attribution und die Entstehung (negativer) Emotionen

Max Dehne

Ein Großteil der soziologischen Theorien der Emotionsentstehung geht davon aus, dass Emotionen in Prozessen der Definition von Situationen entstehen. Man nimmt also an, dass Individuen eine Situation kognitiv verarbeiten und eine spezifische Kombination von Einschätzungen zu bestimmten Emotionen führt. In einigen dieser Theorien wird Attribution als eine wesentliche Einschätzungsdimension aufgefasst, die die Emotionsentstehung entscheidend beeinflusst. Ich möchte im Folgenden zunächst einen kurzen Überblick über die dort unterstellten Mechanismen geben und so eine Grundlage für weitere systematische Untersuchungen schaffen. Durch eine Analyse des bisher in diesen Theorien diffusen Attributionsbegriffs können dann in einem zweiten Schritt jeweils zugrundeliegende – oft implizite – Annahmen weiter präzisiert und so zum einen systematische Vergleiche zwischen den Theorien vorgenommen und zum anderen die emotionalen Folgen von Attributionsprozessen tiefenschärfer erklärt werden. Schließlich werden die sozialen und kulturellen Randbedingungen von Attributionen thematisiert und die weitgehend mikrosoziologisch angelegten Theorien so in einen soziokulturellen Kontext eingebettet. Dabei konzentriere ich mich auf die Bedeutung von Attributionen für die Entstehung von Emotionen bei negativen Ereignissen oder Zuständen.

1   Attribution als Erklärungskomponente in emotionssoziologischen Theorien

Zu den bekanntesten emotionssoziologischen Theorien gehört die Power-und-Status-Theorie der Emotionen von Kemper (1978, 1991, 2004). Emotionen entstehen hier als Reaktion auf bestehende, erwartete oder sich verändernde Macht- und Statuspositionen von Individuen. Die spezifische resultierende Emotion in Interaktionszusammenhängen hängt von der jeweiligen Attribution für die bestehende oder antizipierte Position ab: Empfindet Ego seinen Status als zu gering und macht dafür sich selbst verantwortlich, so führt dies zu Scham, attribuiert er dagegen die Verantwortung auf sein Gegenüber, dann entsteht Wut.[1] Barbalet (2001) bezieht Attributionsprozesse demgegenüber

---

1   Während Kemper der Attribution von Verantwortung in seinen Ausführungen zunächst eine entscheidende Rolle für die emotionalen Effekte von Ausprägungskonstellationen sowohl in der Status- als auch

auf Machtkonstellationen. Die gesellschaftliche Ungleichverteilung von Machtressourcen führt zunächst zu Angst, erhält jedoch durch Attributionsprozesse eine spezifische
Tönung: Wenn Individuen ihren Mangel an Macht auf sich selbst attribuieren, so führt
dies zu Rückzugstendenzen (Flight-Response), wird er jedoch external attribuiert, dann
resultieren aggressive Verhaltenstendenzen (Fight-Response).[2] In diesen beiden Ansätzen stellen Macht- und Statusrelationen den Anlass bzw. Bezugspunkt für die Emotionsentstehung dar. Attributionen für die jeweilige Position entscheiden dann über die
konkrete emotionale Ausformung.

Dies gilt auch für Lovaglias und Housers Variante von Expectation-States-Theorien.
In diesen Theorien repräsentieren Statuspositionen spezifische Kompetenz- und Performanzerwartungen: Ein hoher Status ist demnach mit hohen Erwartungen verbunden,
während von Inhabern niedriger Statuspositionen weniger Kompetenz und Performanz
erwartet wird. Eine konkret empfundene Emotion ist nun nach Lovaglia/ Houser (1996,
2002) abhängig davon, ob der eigene Status auf sich selbst oder externe Gegebenheiten
zurückgeführt wird: Wird ein hoher Status auf die eigenen Leistungen bzw. Fähigkeiten
attribuiert, so entsteht beispielsweise Stolz, erst bei einer externalen Zuschreibung wird
der eigene Status zum Problem und führt zu Angst. Attribuieren statusniedrige Personen ihre Lage auf sich selbst, so können sie Zufriedenheit mit ihrem Rang empfinden oder aber Emotionen wie Scham über die eigenen geringen Fähigkeiten. Schreiben
sie ihren Status schließlich äußeren Umständen wie etwa Pech zu, so resultiert hieraus
Wut gegenüber Statushöheren und der sozialen Struktur. In einer anderen Spielart von
Expectation-States-Ansätzen spielen Statusverhältnisse ebenfalls eine Rolle, sie stellen
hier allerdings nicht das Bezugsproblem der Emotionsauslösung, sondern die Attributionsweise beeinflussende Randbedingungen dar: Ridgeway (Ridgeway/Johnson 1990,
Ridgeway 2007) konzentriert ihre Analysen vorrangig auf Meinungsverschiedenheiten
zwischen Individuen unterschiedlichen Status in Gruppen, die gemeinsame Aufgaben
zu erfüllen haben. Dabei nimmt sie an, dass die an Statuspositionen gekoppelten Erwartungen von den Mitgliedern der Gruppe geteilt werden und die jeweilige Attribution
bestimmen: Statushohe Mitglieder gelten als kompetenter, was bei Meinungsverschiedenheiten dazu führt, dass erstens sie selbst auf den statusniedrigen und daher als weniger kompetent geltenden Interaktionspartner attribuieren und so Wut entsteht – während zweitens auch die statusniedrigere Person die Meinungsverschiedenheit auf ihre

---

in der Machtdimension beimaß, sind Attributionsprozesse in seinen jüngeren Arbeiten lediglich an den
Effekten von Statusrelationen beteiligt. Kemper begründet dies mit der Annahme, dass Scham und Wut
zwar oft mit Machtverlusten einhergehen, jedoch eher auf den häufig verbundenen gleichzeitigen Statusverlust zurückgeführt werden müssten (Kemper 2007: 98 f.).

2   Barbalet spricht hier nicht davon, dass im zweiten Fall Angst zu Wut wird oder durch sie ergänzt wird,
möglicherweise weil er zu zeigen bestrebt ist, dass Angst nicht nur verhaltenshemmende Wirkungen
entfalten kann. Da Aggression jedoch im Allgemeinen als mit Wutemotionen verbunden gilt, kann hier
davon ausgegangen werden, dass diese bei externaler Attribution in den aktuellen Emotionshaushalt
einfließen.

eigene Inkompetenz zurückführt und auf Grund dieser internalen Attribution Traurigkeit bzw. Resignation empfindet. Dieser Ansatz ist damit einer der wenigen, die Angaben zu den Rahmenbedingungen – hier die sozialstrukturelle Position – von Attributionen machen.

Lawler (1999, 2001) setzt als Vertreter austauschtheoretischer Ansätze bei der Frage an, welche emotionalen Folgen in Interaktionen auftretende Verluste bzw. fehlende Gewinne haben. Auch er beschreibt eine Attributionsdynamik: Er nimmt an, dass Individuen tendenziell selbstwertdienlich attribuieren, indem sie externale Faktoren für negative Ereignisse benennen, während sie Erfolge sich selbst zuschreiben. Dementsprechend sieht sein Ansatz internale Attributionen für Verluste bzw. fehlende Gewinne nicht vor, er geht vielmehr davon aus, dass in solchen Situationen tendenziell external attribuiert wird, was zum einen bedeuten kann, dass Interaktionspartner verantwortlich gemacht werden und ihnen gegenüber Wut entsteht. Zum anderen nimmt Lawler an, dass bei der Wahrnehmung geteilter Verantwortung für das negative Austauschergebnis die Bedeutung sozialer Beziehungen, Netzwerke und Gruppen als »soziale Einheiten« salient und zur Erklärungsgrundlage für das Ergebnis werden können, so dass teilweise situational attribuiert wird – je nach Aussicht auf Besserung wendet sich der Attribuierende der sozialen Einheit affektiv entweder zu oder von ihr ab.

Weitere Ansätze, die Attributionen als wichtige Determinanten der Emotionsentstehung betrachten, stellen symbolisch-interaktionistisch inspirierte Ansätze wie die psychoanalytisch orientierten Theorien von Scheff (1988, 1994) und Turner (2002, 2007, 2009) dar. Das emotionsauslösende Bezugsproblem stellt bei Scheff und Turner die Anerkennung von Anderen dar: Positive Bewertungen führen zur positiven Beurteilung des Selbst und zur Empfindung von Stolz, negative Bewertungen dagegen zu Scham. Auch Scheff und Turner nehmen zunächst, wie die meisten der hier besprochenen Ansätze, an, dass internale Attributionen zu Scham, externale Attributionen zu Wut führen. Da Scham eine schmerzvolle Erfahrung für das Individuum dartstellt, gehen Scheff und Turner – ähnlich wie Lawler – davon aus, dass häufig selbstwertdienliche Attributionsformen auftreten, indem Scham – über unbewusste Verteidigungsmechanismen – unterdrückt wird und zu Wut »transmutiert«, d.h. auf externe Akteure oder die Struktur der sozialen Einheit übertragen wird, so dass Wut (personale Attribution) oder – bei Turner (2009) – Entfremdung (Situationsattribution) entstehen.[3]

---

[3] Auch die Identity Control Theory von Burke (1991, 2005) berücksichtigt die Rolle von Attributionen. Seiner Theorie liegt die Vorstellung von Identität als einem kontinuierlich arbeitenden Kontrollsystem zugrunde, das ständig die Bedeutungen, die in einer Situation wahrgenommen werden mit einem verinnerlichten Standard bzw. Sollzustand vergleicht. Bei einer Diskrepanz zwischen diesen Bedeutungen entsteht zunächst Angst bzw. Distress. Die weitere Emotionsentstehung beruht dann auf Interaktionen zwischen vorgenommenen Attributionen und den Macht- und Statusrelationen zwischen den Akteuren. Da Burke jedoch keine weiterführenden Erklärungen zu diesen Interaktionseffekten anbietet und hierdurch immerhin zwölf Emotionen vorhergesagt werden, ist eine detaillierte Analyse hier jedoch nicht möglich.

2   Re-Analyse emotionssoziologischer Konzepte
im Kontext der Attributionsforschung

Den skizzierten Ansätzen ist gemeinsam, dass sie die Entstehung von (negativen) Emotionen auf eine Diskrepanz zwischen vorliegenden Erwartungen oder Ansprüchen und in einer erlebten Situation gegebenen Zuständen sowie die für diese Diskrepanz vorgenommenen Attributionen auf sich, andere oder situationale Faktoren zurückführen. Ein Großteil dieser Theorien verknüpft die Entstehung von Wut und Scham mit den gleichen Attributionsobjekten, z. T. werden jedoch auch unterschiedliche Emotionen vorhergesagt, wobei sich erschwerend auswirkt, dass die Autoren kaum konkrete Begründungen für die Entstehung der jeweiligen Emotionen anbieten. Dass sich die Theorien hinsichtlich des Inhalts von Erwartungen – der sich je nach Ansatz auf die Schwerpunkte Macht- und Statusverhältnisse, identitätsrelevante Bedeutungen, Interaktionsgewinne oder die Bestätigung von Meinungen beziehen kann – sowie ihrer theoretischen Traditionen stark unterscheiden, wird hier als weniger ursächlich für diese Differenzen angesehen. Vielmehr wird angenommen, dass diese Theorien prinzipiell miteinander vereinbar sind und divergierende Vorhersagen tendenziell eher auf einer unzureichenden Beschäftigung mit dem Attributionskonzept selbst beruhen. Ziel des folgenden Abschnitts ist es daher, eine klarere Konturierung des Attributionsbegriffs zu schaffen, die helfen kann, erklärende Dimensionen aufzudecken und so zum einen präzisere Begründungen für spezifische Emotionen zu liefern und zum anderen divergierende Vorhersagen zu erklären. Im zweiten Abschnitt werden Situationsattributionen und ihre emotionalen Konsequenzen behandelt. Hier fällt auf, dass nur wenige Theorien dieses Attributionsobjekt als eigenständig behandeln und Annahmen zu den emotionalen Folgen einer solchen Zuschreibung treffen. Die erklärenden Mechanismen scheinen dabei, wie zu zeigen sein wird, auf besondere Einschätzungsprozesse zu rekurrieren, die ebenfalls zur Strukturierung emotionsauslösender Bedingungen und zur Aufklärung divergierender Emotionsvorhersagen genutzt werden können. Abschließend sollen Attributionen als abhängige Variable betrachtet und unter Hinzuziehung psychologischer und soziologischer Ergebnisse der Attributionsforschung deutlich gemacht werden, wie sie in soziokulturelle Kontexte eingebettet sind. Die Berücksichtigung soziokultureller Randbedingungen von Attributionen kann dazu beitragen, die zumeist mikrosoziologisch orientierten Theorien mit makrosozialen Zusammenhängen zu verknüpfen.

2.1   Personattributionen

Obwohl die behandelten Theorien Attributionsprozessen eine entscheidende Bedeutung für die Emotionsentstehung beimessen, wird dem Konzept der Attribution selbst, wie erwähnt, wenig Aufmerksamkeit zuteil. In der Psychologie, die über eine lange Tradition in der Erforschung von Attributionsprozessen verfügt, bildet die Metapher des

Menschen als naivem Wissenschaftler (z. B. Heider 1958) den Ausgangspunkt. Personen versuchen demnach, ihnen widerfahrende Ereignisse zu begreifen und auf Basis der gefundenen Ursachen zukünftige Ereignisse abzuschätzen – diese Merkmale können als die Kernelemente von Attributionen angesehen werden. Zur Unterscheidung möglicher Ursachen verwendet die psychologische Attributionsforschung vorrangig zwei Dimensionen: ›intern/extern‹ (d. h. innerhalb bzw. außerhalb des Attribuierenden liegende Ursachen) sowie ›personal/situational‹ (d. h. innerhalb von Personen bzw. in der Situation liegende Ursachen). Personattributionen nehmen, entsprechend ihrer vornehmlich interaktionalen Ausrichtung, in den dargestellten Ansätzen eine prominente Stellung ein und werden hier zunächst behandelt. In diesem Fall bedeutet ›internal‹ eine Zuschreibung auf sich selbst, mit ›external‹ sind der Interaktionspartner bzw. andere Akteure gemeint.

Zunächst fällt auf, dass die meisten beschriebenen Ansätze, wenn sie sich auf Personattributionen beziehen, nicht auf reine Kausalerklärungen, sondern auf eine spezifische Form von Attribution, nämlich die Zuschreibung von Verantwortung, zu rekurrieren scheinen. Kemper etwa spricht explizit von »responsibility« (vgl. Kemper 1978, 1991, 2004) und auch in den übrigen Ansätzen finden sich die auf Zuschreibungen von Verantwortung hinweisenden Formulierungen »responsible« oder »blame« häufig. Was aber sind die spezifischen Merkmale einer Verantwortungsattribution, gehen die genannten Ansätze auf sie ein und welche emotionalen Konsequenzen sind mit ihnen verbunden? Um sich der Antwort auf diese Fragen zu nähern, bietet sich zunächst ein Blick auf die Attributionstheorie des Sozialpsychologen Weiner an, der sich explizit sowohl mit den Bedingungen von Verantwortungszuschreibungen als auch mit der Bedeutung von Attributionsprozessen für die Emotionsentstehung befasst hat. Nach Weiner (1995, 2000) lassen sich drei Kausaldimensionen feststellen, in denen Individuen Kausalzuschreibungen vornehmen und deren Ausprägungskombinationen sowohl die Emotionsentstehung als auch die Verhaltenskonsequenzen von Ereignissen mitbestimmen. Die Lokationsdimension bewegt sich zwischen den genannten Polen ›intern‹ und ›extern‹ und bezieht sich auf die Frage, ob die Ursache für ein Ereignis auf das Individuum selbst oder auf andere Akteure (bzw. äußere Umstände bei nicht-personalen Attributionen) zurückzuführen ist. Eine zweite Dimension wird als Kontrollierbarkeit bezeichnet und betrifft die Möglichkeit der willentlichen Veränderbarkeit des Ereignisses im Gegensatz zu ihrer Unkontrollierbarkeit durch die Beteiligten. Die Stabilitätsdimension schließlich ist durch die Beantwortung der Frage gekennzeichnet, ob die Ursache des Ereignisses stabil (z. B. Disposition) oder variabel (z. B. Zufall) ist. Insbesondere der Kontrollierbarkeitsdimension kommt im Zusammenspiel mit der Lokationsdimension bei Weiner eine entscheidende Bedeutung für die Emotionsentstehung zu, da die Kombination dieser Dimensionen eine Zuschreibung von Verantwortung ermöglicht. Erst eine Konstellation, in der ein Ereignis erstens als durch den Interaktionspartner verursacht wahrgenommen und in dem ihm zweitens unterstellt wird, er hätte die Kontrolle über dieses Ereignis gehabt, ermöglicht die Zuschreibung von Verantwortung auf ihn – umgekehrt gilt Ego als verantwortlich, wenn er Ursache für das Ereignis war und sein Eintreten willentlich kontrollieren konnte.[4] Damit lässt sich zunächst festhalten, dass Verantwortungsattributionen neben reinen Ursachenzuschreibungen zusätzlich eine weitere Eigenschaft des Ereignisses, die Kontrollierbarkeit durch beteiligte Akteure, beinhalten.

Die Berücksichtigung der Kontrollierbarkeitsdimension ist ein wichtiger Schritt zur Präzisierung der Randbedingungen der verantwortungsattributiv geleiteten Emotionsentstehung, allerdings fehlt noch eine weitere wichtige Eigenschaft, die gerade für eine soziologische Analyse der Emotionsentstehung bedeutsam ist: Es ist nicht nur wichtig, ob ein Akteur Kontrolle ausgeübt hat, sondern auch, wie das Ereignis normativ bewertet wird. In einigen mit der Wesensbestimmung von Verantwortung befassten Disziplinen, wie etwa der Moralphilosophie, finden sich explizite Verweise auf diesen sozialen Charakter, indem ihre Relation zu normativen Standards betont wird. »*Jemand* (Subjekt) ist *für* etwas (Gegenstand) *vor* oder *gegenüber* jemandem (Instanz) *aufgrund bestimmter normativer Standards* (Normhintergrund) [...] verantwortlich.« (Werner 2002, S. 523 – Hervorh. im Orig. M. D.) Diese normative Komponente liefert einen Referenzpunkt: Attribuierbarkeit von Verantwortung wird gemessen an einem normativen Standard, der in der entsprechenden Situation als gültig erachtet wird (vgl. auch Wallace 1994). Insofern unterscheiden sich verantwortungsattributive Ansätze von kausalattributiven dadurch, dass sie auf weiteren Zusatzannahmen, der personalen Kontrollierbarkeit und der normativen Bedeutung des negativen Ereignisses, basieren.[5]

Nun lässt sich prüfen, inwiefern beide Komponenten in den beschriebenen Ansätzen einbezogen werden. Dabei fällt zunächst auf, dass in keiner der hier untersuchten Theorien explizit auf die Kontrollierbarkeitsdimension eingegangen wird: Dass auf Akteure attribuiert wird, ist zwar evident, ob dabei eine willentliche oder zumindest bewusste Beeinflussung des Resultats als Voraussetzung für Kontrollierbarkeitsunterstellungen unterstellt wird, bleibt jedoch unklar. Wenn man allerdings annimmt, dass diese Theorien das weitgehend geteilte Ziel soziologischer Forschung, die Erklärung gerade sinnhaften Handelns, verfolgen und feststellt, dass hierzu keine einschränkenden Bemerkungen – wie etwa Annahmen über bestimmte Handlungszwänge – gemacht werden, dann lässt sich daraus schließen, dass andere Akteure als sinnhaft Handelnde konzipiert sind und insofern eine willentliche Kontrollierbarkeit der Ereignisse unterstellt wird.[6] Für die Berücksichtigung des zweiten Merkmals von Verantwortungsattributio-

---

4   Hier bevorzugt Weiner zur Abgrenzung den Begriff der Beurteilung (Judgment), um den Terminus Attribution für die Zuschreibung von Kausalität zu reservieren (Weiner 1995) und bestätigt damit die Notwendigkeit einer Unterscheidung zwischen Kausal- und Verantwortungsattributionen.

5   Dass Verantwortungsattributionen eng mit normativen Maßstäben verbunden sind, wurde in der psychologischen Attributionsforschung lange nicht prominent behandelt. Auch Weiner hat ihre Bedeutung nach eigener Aussage unterschätzt und weist inzwischen verstärkt auf ihre Bedeutsamkeit für Attributionen hin (vgl. Weiner 2000).

6   Dass Personattributionen auf einer unterstellten Sinnhaftigkeit des Verhaltens der Attributionsobjekte beruhen, bestätigen auch Malle et al. (2007) in einer Metaanalyse von empirischen Befunden der Attributionsforschung, in der er feststellt, dass Individuen handlungsbezogene Ereignisse und Zustände

nen lassen sich in einigen Theorien klare Hinweise finden. Kemper etwa berücksichtigt den normativen Bezugsrahmen als Voraussetzung von Verantwortungszuschreibungen: Akteure beurteilen ihm zufolge die Adäquatheit von Macht- und Statuspositionen, indem sie bestimmen, ob die jeweilige Position verdientermaßen besetzt ist. An welchen Normen sich die Akteure dabei orientieren, lässt Kemper offen. Für Scheff und Turner gilt ebenfalls, dass die Zuschreibung von Verantwortung generell an der Konformität mit sozialen Normen gemessen wird, auch sie nehmen allerdings keine analytische Beschränkung auf spezifische Normbereiche vor. Ein solcher konkreter Maßstab findet sich dagegen bei Lovaglia und Houser, denn hier hängt die vorgenommene Attribution davon ab, ob ein Akteur seine Statusposition auf die eigene Leistung bzw. Fähigkeit zurückführt.[7] Damit liefert die Bewertung von Leistungen den Maßstab für die Legitimität von Status, so dass normative Vorstellungen von Leistungsgerechtigkeit ein leitendes Kriterium der Verantwortungsattribution darstellen. Auch Ridgeway nimmt an, dass sich die Verantwortungsattribution für Meinungsverschiedenheiten aus der Beurteilung der Kompetenz der Akteure ergibt, die sie jeweils aus ihrer sozialstrukturellen Position ableiten. Lawler berücksichtigt Gerechtigkeitsnormen und Attributionen als emotionsauslösende Randbedingungen, behandelt beide jedoch als voneinander unabhängig. Die bisherigen Ausführungen legen hier nahe, dass gerade die Verknüpfung dieser beiden Parameter fruchtbar wäre: Die Beurteilung der normativen Adäquatheit von Gewinn und Verlust wäre dann ein entscheidendes Kriterium für die Zuschreibung des Austauschergebnisses auf sich oder andere. Barbalet schließlich benennt ebenfalls kaum eindeutige Attributionsbedingungen, auch er geht jedoch davon aus, dass Individuen ihre Ressourcen mit denen anderer vergleichen und anhand sozialer Normen und kultureller Vorstellungen bestimmen, ob bestehende Diskrepanzen legitim sind. Ist dies nicht der Fall, so entstehen Ressentiments bzw. Wut gegenüber ressourcenstärkeren Akteuren bzw. gesellschaftlichen Gruppen. Bis hierhin lässt sich festhalten, dass sich in den besprochenen Ansätzen keine expliziten Verweise auf die für Verantwortungsattributionen notwendige Einschätzung von willentlicher Kontrollierbarkeit finden lassen; über das Vorliegen einer solchen Annahme kann nur spekuliert werden. Auf die Bedeutung normativer Grundlagen wird dagegen hingewiesen, wenngleich nur z. T. konkrete Maßstäbe benannt werden.[8]

---

vorrangig auf die mentalen Zustände von Akteuren (etwa im Gegensatz zur Zuschreibung auf Persönlichkeitseigenschaften) zurückführen.

7   Lovaglia und Houser differenzieren nicht zwischen der Fähigkeit eines Akteurs und seiner konkreten Leistung. Gerade die Kontrollierbarkeit kann aber Leistung und Fähigkeiten voneinander trennen und unterschiedliche Zuschreibungen hervorrufen. So zeigen Studien, dass erbrachte Leistungen relativ zum Leistungspotenzial eines Akteurs beurteilt werden: Vergleichsweise geringe Leistungen aufgrund geringer körperlicher oder geistiger Fähigkeiten etwa führen nicht notwendigerweise zu einer Person- bzw. Verantwortungsattribution auf die Akteure (vgl. Weiner 2000).

8   Die Spezifizierung dieser Grundlagen lässt auch offenkundig werden, dass vor allem der spezifische Typus der ethisch-moralischen Normen, d. h. Erwartungen im Hinblick auf Gerechtigkeit, im Vordergrund stehen, während weitere Typen wie die Verantwortungszuschreibung auf Basis von Zuständig-

Die Explikation der Verantwortungszuschreibungen unterliegenden Annahmen gewährleistet jedoch nicht nur eine systematische Vergleichbarkeit zwischen den beschriebenen Ansätzen, sie ermöglicht vor allem auch eine robustere Erklärung für sowie eine Prüfung der Plausibilität der unterstellten emotionalen Folgen von Attributionen. Vor allem für die Emotionen Scham und Wut kann der Erklärungszusammenhang hier verdichtet werden. Zur Scham etwa bemerkt Sighard Neckel: »Scham ist […] von dem Empfinden, gegen eine Norm verstoßen zu haben, nicht zu trennen. Darin ist Scham eine moralische Emotion: der persönliche Wertverlust, den man im Schämen spürt, ist immer auch von dem Gefühl begleitet, dass man sich etwas zu Schulden kommen ließ, für seinen selbst empfundenen Mangel auch selbst verantwortlich ist.« (Neckel 2006: 2)[9] In der Psychologie besteht ebenfalls weitgehender Konsens darüber, dass Scham auf einer Zuschreibung von Verantwortung beruht und auch Weiner sieht sie als Ergebnis einer Einschätzung der Kontrollierbarkeit eines Ereignisses.[10] Für Wut lässt sich ähnlich argumentieren: Als wesentliche Determinanten gelten in der psychologischen Emotionsforschung die situativen Merkmale, dass ein Ereignis auf externale, frei agierende Akteure zugeschrieben werden kann und dass dieses Ereignis als illegitim bzw. unfair eingestuft wird (vgl. Berkowitz/Harmon-Jones 2004). Die explizite Einbeziehung der Bedingungen von Verantwortungsattributionen, d. h. personaler Kontrollierbarkeit und Normativität, liefert damit eine Begründung für die jeweils durch solche Attributionen konkret entstehenden Emotionen: Scham entsteht nun, weil Ego auch anders hätte handeln können und sein Verhalten als unangemessen eingeschätzt wird, so dass er verantwortlich gemacht werden kann. Auch Wut resultiert, wenn externe Akteure gegenüber normativen Maßstäben falsch gehandelt haben und ihnen dies als frei handelnden Akteuren angelastet werden kann. Wenn umgekehrt kein Normverstoß vorliegt oder – wenn z. B. entlastende äußere Faktoren (Handlungszwänge, Fähigkeiten oder an-

---

keitsnormen bisher nicht untersucht wurden. Für bestimmte organisations- und politiksoziologische Fragestellungen könnte insbesondere dieser Typus bedeutsam sein und seine Berücksichtigung helfen, emotionssoziologische Theorien auch in diesen Bereichen fruchtbar zu machen.

9   An anderer Stelle beschreibt er die historische Variabilität von Kontrollierbarkeit als notwendiger Bedingung für Scham: »Erst in der modernen Welt schieben sich als legitimierbare Beschämungsgründe Vorfälle in den Vordergrund, denen individuelle Verantwortlichkeit aufgrund selbst initiierter Handlungen zugerechnet werden kann.« (Neckel 2000: 104 – Hervorheb. im Orig.)

10   Hier trifft Weiner (2000) eine Feindifferenzierung zwischen Scham und Schuld, wobei nur letztere aus der Einschätzung willentlicher Kontrollierbarkeit hervorgeht, während Scham seiner Ansicht nach gerade durch das Fehlen von Kontrolle gekennzeichnet ist. In der Psychologie findet sich häufig eine ähnliche Unterscheidung zwischen Schuld als Folge der negativen Bewertung von Handlungen und Scham als Ergebnis einer Globalbewertung des Selbst. Neckel (2006) unterscheidet dagegen nicht zwischen Schuld und Scham, sondern differenziert mit vergleichbaren Argumenten zwischen sozialer und moralischer, d. h. handlungsbedingter Scham als zwei distinkten Formen. In emotionssoziologischen Theorien werden hier keine begrifflichen Differenzierungen getroffen und Scham – entsprechend ihrer interaktionalen Anlage – auch und vor allem auf handlungsbezogene Bewertungen bezogen. Insofern bleiben Verantwortungsattributionen und die in ihnen unterstellte Kontrollierbarkeit der Erklärung moralischer bzw. handlungsbedingter Scham vorbehalten.

dere situative Rahmenbedingungen) geltend gemacht werden können – keine willentliche Kontrollierbarkeit vorgelegen hat, so wird keine Verantwortung zugeschrieben und es besteht – zumindest in den bisherigen theoretischen Formulierungen der Emotionssoziologie – kein Anlass zu Wut oder Scham. Andere vereinzelt als Konsequenz von Attributionen auf sich oder andere Akteure angenommene Emotionen lassen sich dagegen nicht in dieser Weise als Folge von Verantwortungsattributionen plausibilisieren. Bei Lovaglia und Houser etwa führt eine externale Attribution von Statushöheren für die eigene Position neben Schuld/Scham u. a. zu Angst[11] und Ridgeway nimmt an, dass sich aus der stets internen Attribution statusniedriger Personen Traurigkeit bzw. Resignation ergibt. Diese Emotionen können, anders als Wut und Scham, nicht als direkte Folge von Verantwortungsattributionen erklärt werden. Ihre Genese beruht möglicherweise auf zusätzlichen Einschätzungsprozessen, die im nächsten Abschnitt diskutiert werden.

In den vorangegangenen Ausführungen wurde der zumeist vage verwendete Attributionsbegriff erläutert und Verantwortungsattributionen, die in den beschriebenen Ansätzen als emotionsauslösende Bedingung gelten, von reinen Kausalzuschreibungen abgegrenzt, indem die Voraussetzungen von Verantwortungszuschreibungen präzisiert wurden. Hierdurch konnten systematische Vergleiche zwischen den ansonsten stark heterogenen Ansätzen vorgenommen und so gemeinsame Annahmen verdeutlicht werden. Die Herausarbeitung der für Verantwortungsattributionen wichtigen Einschätzungsprozesse konnte zugleich helfen, die Begründungstiefe und Plausibilität einiger spezifischer Emotionen – Scham und Wut – zu erhöhen. Insoweit ist es zur Steigerung der Plausibilität und analytischen Schärfe ertragreich sowie im Sinne einer allgemeinen soziologischen Theorie der Emotionsentstehung, wenn die emotionssoziologische Theoriebildung im Rahmen von Personattributionen ausdrücklich auf die Zuschreibung von Verantwortung rekurriert und ihre spezifischen Bedingungen systematisch berücksichtigt.

2.2   Situationsattributionen

Im letzten Abschnitt wurde argumentiert, dass die Zuschreibung von Verantwortung – ermöglicht über die Unterstellung sinnhaften Handelns und eines Normverstoßes – zu Wut bzw. Scham führt. Nun bleibt zu klären, wie die Entstehung der übrigen Folgeemotionen von Personattributionen sowie die emotionalen Konsequenzen von Situationsattributionen begründet werden können. Zuvor jedoch muss an dieser Stelle zum

---

11   Wie oben dargelegt, nehmen Lovaglia und Houser zudem an, dass Situationszuschreibungen (Pech) statusniedriger Personen zu Wut gegenüber Statushöheren bzw. der sozialen Struktur führen. Im Sinne der bisherigen Ausführungen erscheint es jedoch plausibel, dass diese Wut eher durch eine Verantwortungsattribution auf die Statushöheren und weniger durch eine Zuschreibung auf unglückliche Umstände bedingt ist. Dementsprechend ist auch fraglich, ob eine alleinige Attribution auf die soziale Struktur, die gerade nicht zu einer Verantwortungszuschreibung führen kann, Wut hervorruft.

begrifflichen Verständnis noch einmal auf die Unterscheidung zwischen »intern« und »extern« bzw. zwischen Person- und Situationsattribution Bezug genommen werden. Während eine Unterscheidung zwischen internen und externen Ursachen ausreicht, solange damit Personen bezeichnet werden, verlieren diese Kategorien an analytischem Wert, wenn auch nicht-personale Ursachen berücksichtigt werden sollen. Typischerweise werden solche Situationsattributionen in den beschriebenen Theorien, sofern sie Erwähnung finden, jedoch mit externalen Personattributionen gemeinsam als externale Attribution zusammengefasst. Das Problem dieser Subsummierung wird schon allein daran sichtbar, dass es einen emotionalen Unterschied machen kann, ob man ein Ereignis oder Zustand (z. B. einen Autounfall) auf externe Akteure (z. B. das Fehlverhalten des anderen Fahrers) oder situative Bedingungen (z. B. eine defekte Ampel) zurückführt. Malle (2008) greift daher nicht auf die Unterscheidung zwischen intern und extern zurück, sondern knüpft an Heiders ursprüngliche Differenzierung zwischen personalen und impersonalen Attributionen an, wobei erstere nur dann gegeben ist, wenn die Ursache eines Ereignisses in Intentionen bzw. mentalen Zuständen von Akteuren gesehen wird.[12] Ein solches Konzept ist konsistent mit den bisherigen Ausführungen zu den Bedingungen von Verantwortungsattributionen und erlaubt nun weiterhin, all jene Faktoren, die das Eintreten eines Ereignisses oder Zustandes ebenfalls beeinflusst haben können – etwa nicht auf Akteure zurückführbare situative Konstellationen, aber auch als extern interpretierbare Handlungsursachen wie Handlungszwänge oder Sozialisationsbedingungen, u. U. sogar individuelle Fähigkeiten und Persönlichkeitseigenschaften – als impersonale, situative Gegebenheiten zusammenzufassen.

Die Frage, welche emotionalen Konsequenzen mit Situationsattributionen verbunden sind, ist bislang nur schwer zu beantworten, was neben der (in der Emotionssoziologie) generell eher unbedarften Verwendung des Attributionsbegriffs, teilweise – und sofern sie als eigenes Attributionsobjekt berücksichtigt werden – auch auf die Behandlung von Situationsattributionen als einer Restkategorie für nicht-personale Ursachen zurückzuführen ist. Die fehlenden Versuche, hier Binnendifferenzierungen vorzunehmen, haben dazu geführt, dass das Spektrum möglicher Ursachen sehr heterogen ist und u. a. gruppendynamische Prozesse, die Schwierigkeit einer Aufgabe, externe Handlungszwänge, die Sozialstruktur, komplexe und unübersichtliche Verflechtungszusammenhänge, Glück/Pech, Naturgesetze oder das Schicksal umgreift (vgl. auch Lawler 2001). Bisher ist daher wenig über die emotionalen Folgen von Situationsattributionen bekannt. Möglicherweise sind sie im Hinblick auf die Erklärung von Ereignissen sogar kaum mit spezifischen Emotionen verbunden. Zumindest zeigten sich empirisch bisher keine systematischen Zusammenhänge zwischen Situationsattributionen

12 Malle (2008) zeigt in einer Analyse der wissenschaftshistorischen Genese der Unterscheidungen ›intern/extern‹ bzw. ›personal/situational‹, dass diese eher auf Missverständnissen in der Rezeption der Arbeiten Heiders, der als Vater der psychologischen Attributionsforschung gilt, beruhen und weist ebenfalls auf die Grenzen ihres analytischen Wertes hin.

als Ereigniserklärungen und Emotionen: Die Einschätzung beispielsweise, die Ereignisse des 11. September 2001 seien auf die Lebensumstände in den Herkunftsländern der Angreifer zurückzuführen, hatte keine Bedeutung für die Vorhersage der Emotionen Wut, Angst oder Traurigkeit (Sadler 2005). Oft ist mit situationsattributiven Ereigniserklärungen geradezu das Gegenteil, d. h. eine emotionsmindernde Wirkung verbunden – und eben diese Eigenschaft wird häufig gezielt zur emotionalen Entlastung verwendet: So verweisen Arbeitgeber auf internationalen Konkurrenzdruck als Ursache für Entlassungen, nationale Politiker weisen auf die EU als Beschlussinstanz unliebsamer Maßnahmen hin oder Austauschpartner sehen die Ursache für negative Ergebnisse in schlechter Zusammenarbeit als solcher, so dass Verantwortungszuschreibungen gemindert werden (vgl. Lawler 2001).

Eine Möglichkeit, sich den emotionalen Folgen von Situationsattributionen zu nähern und zugleich die bisher unerklärten personattributiv bedingten Emotionen zu plausibilisieren, besteht darin, den Blick auf die zweite in der Attributionsforschung betonte Funktion von Attributionen zu lenken: Wie eingangs erwähnt, dienen Attributionen nicht nur der Erklärung eingetretener Ereignisse oder bestehender Zustände, sondern auch der Prognose zukünftiger Ereignisse bzw. Zustände. Aus dieser Perspektive stellen Scham und Wut Emotionen dar, die sich als Konsequenz der Erklärung von handlungsbedingten Ereignissen oder Zuständen ergeben (›consequent emotions‹ – vgl. Kemper 1978). Die in der Literatur genannten emotionalen Folgen von Situationsattributionen scheinen dagegen eher auf der Prognose zukünftiger Entwicklungen zu beruhen und stellen damit antizipatorische Emotionen dar (Ebd.). Ähnliches könnte für die noch zu erklärenden Emotionen Angst und Resignation gelten: Im Vordergrund steht hier jeweils die Frage, ob ein negativer Zustand verändert bzw. negative Ereignisse verhindert werden können. Um diese prognostische Funktion von Attributionen und ihre emotionalen Konsequenzen zu ergründen, bietet sich ein erneuter Rückgriff auf Weiners Attributionstheorie an: Hier gilt die Kombination aus der Einschätzung der Stabilität sowie der Beeinflussbarkeit der Ursache als emotionsauslösende Bedingung (Weiner 1995, 2000). Lawler (2001), der die Bedeutung von Situationsattributionen betont, macht die Auswirkungen einer Situationsattribution in Anlehnung an Weiner in dieser Richtung davon abhängig, ob die situativen Ursachen zum einen als beeinflussbar[13], zum anderen als stabil angesehen werden und unterscheidet zwei Kombinationen dieser beiden Parameter: Wenn Ego die Situation als stabil und unveränderlich ansieht, so wird er sich Lawler zufolge von der sozialen Einheit affektiv abwenden – die entsprechende Emotion umschreibt Weiner (2000) als Hoffnungslosigkeit.[14] Auf diese Kombination schei-

---

13 Hier ist zu beachten, dass sowohl bei Weiner als auch bei Lawler in diesem Zusammenhang weiterhin allgemein von Kontrollierbarkeit gesprochen wird, wobei allerdings nun vorrangig die Beeinflussbarkeit durch Ego gemeint ist – insofern könnte hier auch von einem Copingpotential gesprochen werden.

14 Die emotionale Konsequenz von situationalen Attributionen auf eine Aufgabe dagegen beschreibt Lawler (2001) als »Unpleasantness« und bestimmt damit lediglich eine affektive Valenz.

nen auch andere Ansätze vorrangig abzuzielen: Kemper sieht die emotionale Wirkung
von Situationsattributionen in der Entstehung von Depression/Traurigkeit, da »the situation is deemed irremediable« (Kemper 2004, S. 47) und verweist damit ebenfalls auf
die Konstellation, dass a) Ego sich nicht in der Lage sieht, zukünftige Zustände zu beeinflussen und dass b) Ego davon ausgeht, dass die situativen Entstehungsbedingungen
stabil bleiben. Auch die Entfremdung, die Turner als Folge von Attributionen auf die soziale Struktur annimmt, scheint auf einer solchen Beurteilung zu beruhen. Diese Kombination mag nun auch erklären, weshalb Ridgeway zufolge eine interne Attribution für
Meinungsverschiedenheiten zu Traurigkeit bzw. Resignation führt: Sie ist aus der hier
eingenommenen Perspektive nicht direkte Konsequenz der Attribution selbst, sondern
die emotionale Reaktion auf die wahrgenommene Unveränderbarkeit des eigenen Status bzw. der eigenen Inkompetenz.[15] Neben dieser Kombination kann Ego nach Lawler
und Weiner die Situation jedoch auch als beeinflussbar und instabil interpretieren (so
dass, in Lawlers Anwendung, eine affektive Bindung an die soziale Einheit wahrscheinlich wird) – als Emotionsbeschreibung bietet Weiner hier Hoffnung an. Diese Möglichkeit wird in anderen bisherigen Formulierungen emotionssoziologischer Ansätze bisher
kaum berücksichtigt. Wie Lawler und Weiner zeigen, sind eine solche Kombination und
die entsprechenden emotionalen Konsequenzen jedoch durchaus denkbar. Die Situation kann drittens auch als instabil und gleichzeitig möglicherweise unkontrollierbar erlebt werden, so dass etwa Zuschreibungen auf Glück/Pech oder auch das Schicksal keine
Prognose der Zukunft erlauben.[16] Hier besteht insofern ein Höchstmaß an Ungewissheit
über die zukünftige Entwicklung. Diese Kombination der beiden Dimensionen ist charakteristisch für einen Spezialfall von Situationsattributionen: Mitunter mag es möglich
sein, konkrete situative Ursachen für negative Ereignisse zu bestimmen, oft aber spiegeln Situationsattributionen auch gerade die Unfähigkeit hierzu wider. In diesen Fällen
stellen Situationsattributionen lediglich Platzhalter für unbekannte oder komplexe Ur-
sachenzusammenhänge dar. Eine solche diffuse Ursachenzuschreibung erschwert häufig die Prognose und Beurteilung der Beeinflussbarkeit zukünftiger Ereignisse und stellt
insofern einen Prototyp für unkontrollierbare und instabile Situationsattributionen dar.
Diese Konstellation grenzt den Möglichkeitsraum spezifischer Emotionen ein, stellt jedoch keine klare Rahmenbedingung dar: Man kann darauf hoffen und zuversichtlich
sein, dass sich die Lage ändert bzw. weitere negative Ereignisse ausbleiben oder befürchten, dass sich die Lage nicht ändert bzw. weitere gleichartige Ereignisse stattfinden. Die
Angst bei Lovaglia und Houser kann als Resultat einer Einschätzung im letztgenannten
Sinne begriffen werden: Angst basiert hier auf der Einschätzung, dass die zukünftige

---

15 Auch einschätzungstheoretische psychologische Ansätze der Emotionsentstehung bestätigen, dass
    Traurigkeit bzw. Resignation vor allem auf der Wahrnehmung fehlender Kontrollmöglichkeiten beru-
    hen (vgl. Smith/Ellsworth 1985, Scherer 1999, Roseman 1996).
16 Zwei weitere Kombination scheinen einander logisch auszuschließen: Die Einschätzung situativer Pa-
    rameter als stabil impliziert, dass Ego keinen Einfluss auf sie besitzt, während die Wahrnehmung von
    Beeinflussbarkeit bedeutet, dass die Situation instabil ist.

Statusentwicklung nun, da Glück oder externe Kräfte als Ursache für den eigenen Status angesehen werden, ungewiss und womöglich nicht von Ego beeinflussbar ist.[17] Schließlich kann auch Barbalets Angst als Folge von (gegebenem oder antizipiertem) Machtverlust und den hierdurch bedingten zukunftsgerichteten Einschätzungen angesehen werden.

Diese Überlegungen legen nahe, dass die emotionale Bedeutung von Situationsattributionen, deren intensive Untersuchung noch aussteht, in den erörterten Theorien bisher primär aus der prognostischen Funktion von Attributionen abgeleitet wird und dass auch Angst und Resignation, die als Folge von Personattributionen konzipiert werden, aus der Einschätzung der Zukunft resultieren. Die Analyse ergab weiterhin, dass die dabei in der Literatur als Attributionsfolge genannten Emotionen weitgehend als Ergebnis der Interaktion zwischen den beiden Einschätzungsdimensionen ›Beeinflussbarkeit‹ und ›Stabilität‹ rekonstruiert werden können. Durch die Berücksichtigung der beiden Funktionen von Attributionen können einige Divergenzen in den Emotionsvorhersagen der beschriebenen Ansätze erklärt und miteinander vereint werden: Man kann eine andere Person beispielsweise für ein negatives Ereignis oder einen Zustand verantwortlich machen und gegenüber diesem Akteur Wut empfinden – und gleichzeitig aufgrund einer aus dieser Attribution möglicherweise ableitbaren Prognose resigniert oder ängstlich in die Zukunft blicken.[18]

3   Soziokulturelle Randbedingungen und Dynamiken von Attributionen

Bisher stand die Frage im Vordergrund, auf Basis welcher Einschätzungsdimensionen Attributionen zu bestimmten emotionalen Konsequenzen führen. Eine weitere, insbesondere für die soziologische Theoriebildung wichtige Frage betrifft die Umstände, unter denen Individuen auf spezifische Objekte attribuieren. Einige Autoren nehmen universelle psychische Mechanismen an, indem sie den häufig replizierten Befund psychologischer Attributionsforschung in ihre Theorien integrieren, dass Individuen dazu neigen, positive Ereignisse (z. B. Erfolge) stets auf sich selbst, negative (z. B. Misserfolge) dagegen auf externe Faktoren zu attribuieren (Miller/Ross 1975). Diese selbstwertdienlichen Attributionen führen dann zu den entsprechenden, in den Ansätzen formulierten, konkreten Emotionen. In diesem Sinne nimmt Lawler an, dass Individuen negative Austauschergebnisse anderen, positive dagegen sich selbst zuschreiben. Ebenso gehen Scheff und Turner in ihren Theorien davon aus, dass eine zunächst vorgenom-

---

17 Diese Begründung von Angst als Ergebnis der Einschätzung geringer Kontrolle und der Ungewissheit in Bezug auf zukünftige Entwicklungen ist ebenfalls in der Emotionspsychologie verbreitet (vgl. Smith/Ellsworth 1985, Scherer 1999).

18 Die Tatsache, dass Angst bei Barbalet sowohl bei internalen als auch bei externen Zuschreibungen entsteht, weist allerdings auch darauf hin, dass Ursachenzuschreibungen möglicherweise, jedoch nicht zwingend zu spezifischen Prognosen und den entsprechenden Emotionen führen.

mene interne Attribution Scham hervorruft, die aufgrund ihrer belastenden Wirkung auf die eigene Identität in Wut transmutiert wird. Damit bewegen sich Lawler, Scheff und Turner primär im Rahmen einer motivationspsychologischen Erklärung von attributionalen Randbedingungen.

Die soziokulturellen Rahmenbedingungen von Attributionen sind dagegen bisher kaum beachtet worden. Die Untersuchung der Voraussetzungen von Verantwortungsattributionen hat zwar gezeigt, dass hierzu auf normative Maßstäbe rekurriert wird, allerdings geben die bisherigen Formulierungen der soziologischen Emotionstheorien wenig Auskunft über die sozialstrukturelle oder kulturelle Verteilung dieser Maßstäbe und ihrer Anwendung. Lediglich Ridgeway trifft Annahmen über Zusammenhänge zwischen Sozialstruktur und Attributionsverhalten: Inhaber eines hohen Status attribuieren Meinungsdiskrepanzen demnach stets auf statusniedrigere Personen, diese selbst dagegen intern. Sie führt dies auf eine von allen Mitgliedern einer Gruppe geteilte Auffassung zurück, dass Status und Kompetenz einander bedingen, so dass die Verantwortung für Meinungsverschiedenheiten den weniger kompetenten Mitgliedern zufällt. Hier bedingen also gemeinsam geteilte Erwartungen zur sozialstrukturellen Verteilung von Kompetenzen die Zuschreibung von Verantwortung.[19] Weitere Anhaltspunkte für die Bedeutung der Sozialstruktur für das Attributionsverhalten liefern die Arbeiten von Crittenden (1983, 1989, 1994), die den Versuch unternommen hat, die Attributionsforschung auch für die Soziologie fruchtbar zu machen. Sie zeigt ebenfalls, dass Attributionen eng mit an sozialstrukturelle Positionen gebundende Erwartungen verknüpft sind, fokussiert allerdings nicht auf Statushierarchien, sondern differenziert vorrangig im Hinblick auf soziale Rollen. Den vorgefundenen Befund, dass sich Lehrer die Verantwortung für Misserfolge ihrer Schüler tendenziell selbst zuschreiben, erklärt sie beispielsweise damit, dass deren berufliche Rolle mit normativen Erwartungen verknüpft ist, auf Basis derer sie für schlechte Arbeitsergebnisse von Schülern zuständig erklärt werden können (Crittenden 1989). In anderen Studien finden sich auch für weitere berufliche Rollen typische Attributionen sowie Geschlechtsunterschiede im Attributionsverhalten, die für eine soziale Normierung von Attributionen sprechen (Wiley/Crittenden 1992). Crittenden (1989, 1994) integriert diese Befunde in eine Theorie des strategischen Eindrucksmanagements, nach der Individuen stets bestrebt sind, eine positive soziale Rückmeldung zu erhalten bzw. negative zu vermeiden und daher normkonform attribuieren. Allerdings kann in Anlehnung an Hochschilds (1983) Konzept der Emotionsregeln auch für Attributionsregeln angenommen werden, dass diese zum einen das Attributionsverhalten restringieren, zum anderen im Zuge von Sozialisations-

---

19   So können bestimmte soziale Merkmale über Kompetenzerwartungen entscheiden und damit Verantwortungszuschreibungen festlegen: »Expectation-states theory argues that, when members are heterogeneous in diffuse or specific status characteristics, as in mixed-sex or multiracial groups, they use these differences to form performance expectations for one another even before they begin to interact.« (Ridgeway/Johnson 1990: 1201)

prozessen jedoch auch internalisiert werden und so eine orientierungsstiftende Funktion bei der Definition von Situationen besitzen, die emotionsinduzierend wirkt.[20] Die Erkenntnis, dass soziale Positionen und Rollen mit spezifischen Attributionsmustern verbunden sind, kann so für die emotionssoziologische Forschung fruchtbar gemacht werden, indem sich hieraus – insofern Attributionsnormen internalisierte Einschätzungstendenzen darstellen – Erkenntnisse über die sozialstrukturellen Bedingungen der Emotionsentstehung gewinnen lassen.

Neben sozialstrukturell bedingten Attributionsnormen können auch kulturelle Merkmale die Art der Zuschreibung für Ereignisse oder Zustände beeinflussen. Hierbei stehen weniger rollen- und situationsspezifische Erwartungen im Vordergrund, sondern transsituative Attributionstendenzen, die auf z. T. grundlegenden Orientierungsmustern beruhen. So weisen kulturelle Vergleiche darauf hin, dass selbstwertdienliche Attributionen, anders als von Lawler, Scheff und Turner vornehmlich konzipiert, offenbar keine anthropologische Konstante darstellen, so dass Individuen in westlichen Gesellschaften weit eher derartige Tendenzen aufweisen als Mitglieder anderer Kulturen (Heine/Hamamura 2007). Auch der mit selbstwertdienlichen Attributionstendenzen eng verbundene fundamentale Attributionsfehler, d. h. die Neigung, Handlungen auf personale Faktoren im Gegensatz zu situationalen Faktoren zurückzuführen, galt lange Zeit als universelle menschliche Tendenz. Inzwischen ist auch hier allerdings deutlich geworden, dass dieser Effekt vor allem in westlichen Gesellschaften auftritt, während Personen in anderen Kulturen die situationalen Randbedingungen von Handlungen weitaus eher berücksichtigen (vgl. Choi/Nisbett/Norenzayan 1999). Diese Befunde deuten hin, dass die Tendenz zu externalen Attributionen – d. h. sowohl zur Zuschreibung auf andere Akteure als auch zu Situationsattributionen – und damit auch das Ausmaß von Verantwortungszuschreibungen in Abhängigkeit von transsituativen, kulturell bedingten Einschätzungstendenzen variieren kann.[21] Ein weiteres Beispiel für die Bedeutung soziokultureller Einflüsse – und gleichzeitig ein Beleg für eine orientierungs-

---

20 Zur Beschreibung der Bewältigung von Diskrepanzen zwischen subjektiven Einschätzungen und sozial erwarteten Attributionen und ihren emotionalen Folgen bietet sich ebenfalls ein Rückgriff auf die Kategorien Hochschilds an: Zum einen können Individuen solche Diskrepanzen bewältigen, indem sie ihr Ausdrucksverhalten durch attributives »Surface Acting« regulieren. Zum anderen können Diskrepanzen auch im Sinne eines »Deep Acting« in eine tatsächliche Übernahme der Attributionsvorgabe münden, wobei erst in diesem zweiten, nicht rein dramaturgisch bedingten Fall wahrscheinlich wäre, dass als Resultat dieses Internalisierungsprozesses attributionsabhängige Emotionen entstehen.

21 Beide Befunde werden in der Psychologie mit kulturell unterschiedlichen Konzepten des »Selbst« erklärt: Da westliche Gesellschaften dieses als unabhängig konzipieren, würde auch Akteuren ein höheres Maß an persönlichen Motivationen sowie Eigenkontrolle in ihren Handlungen unterstellt, so dass handlungsbezogene Ereignisse zum einen in enger Beziehungen zum individuellen Selbstwertgefühl stehen und zum anderen Ereignisse insgesamt tendenziell auf personale Kontrolle zurückgeführt werden (vgl. Triandis 1995, Choi/Nisbett/Norenzayan 1999, Shepperd/Malone/Sweeny 2008). Eine soziologische Perspektive würde hier ergänzen, dass in individualisierten Gesellschaften eine gesellschaftliche Erwartung zu selbstverantwortlichem Handeln besteht, die die Sozialisation und Anwendung dieser spezifischen Attributionstendenzen mitbedingt.

leitende Wirkung von Sozialisationsprozessen – liefert der Befund, dass spezifisches Bildungswissen zu bestimmten Attributionsmustern führen kann. So stellen Guimond, Begin und Palmer (1989) in ihrer Studie fest, dass Attributionen stark von Bildungsprozessen abhängen: Studenten der Sozialwissenschaften entwickeln im Verlauf ihres Studiums Deutungsmuster, die beispielsweise die soziale Lage von Individuen eher auf situative, d.h. soziale Einflüsse, als auf persönliche Faktoren zurückführen, während niedriger bzw. im Rahmen anderer Studiengänge gebildete Individuen verstärkt zu Attributionen auf die jeweils Betroffenen tendieren.

Insgesamt lässt sich an dieser Stelle zusammenfassen, dass der soziokulturelle Kontext einen erheblichen Einfluss auf Zuschreibungsmuster ausübt und so die Emotionsentstehung mit erklärt. Es existieren gesellschaftliche Erwartungen, die regulieren, wer unter welchen Umständen wofür verantwortlich gemacht werden kann und darf. Die Zuschreibungsfähigkeit von Akteuren ist somit in einem bestimmten Maße sozial und kulturell strukturiert und wird von Akteuren als Teil des gesellschaftlichen Erwartungshorizontes berücksichtigt – entweder als internalisierte Orientierungsgrundlage oder strategisch, um etwa negative Emotionen bei anderen zu vermeiden, die bei Verstößen gegen diese Erwartungen dann sanktionierende Handlungen initiieren und legitimieren können. Zudem können kultur- und sozialisationsspezifische Orientierungen die grundlegenden Tendenzen zu spezifischen Attributionen und so die Emotionsentstehung (und so möglicherweise auch emotionale Klimata – vgl. De Rivera 1992) beeinflussen. Eine systematische Klärung der sozialen und kulturellen Rahmenbedingungen von Attributionen kann insofern dazu beitragen, genauere, d.h. kultur- bzw. sozialstrukturspezifische Vorhersagen für die Emotionsentstehung und -verteilung zu treffen.

Die Feststellung, dass Attributionstendenzen eine gewisse sozialstrukturelle und kulturelle Verteilung aufweisen, bedeutet jedoch weder, dass diese Figurationen geronnener Sinnzusammenhänge zeitlich invariabel wären, noch, dass sie Konfliktfreiheit gewährleisten würden. Die Annahmen und Befunde Crittendens und Ridgeways legen zwar den Schluss nahe, dass soziale Ordnung in einem gewissen Maße auf der Reproduktion von Zuschreibungsregeln beruht: Statusniedrige Personen attribuieren ihre Position auf sich selbst und bestätigen damit Statusunterschiede, Lehrer schreiben die Verantwortung für Fehlleistungen ihrer Schüler in Konformität mit gesellschaftlichen Erwartungen sich selbst zu. Jedoch können sich zum einen transsituative Zuschreibungstendenzen sowie situations- und themenspezifische Zuständig- und Verantwortlichkeiten ändern. So lassen sich beispielsweise die oben beschriebenen generellen Attributionstendenzen in westlichen Ländern als Ergebnis bzw. Bestandteil von langfristigen Säkularisierungs- und Individualisierungsprozessen verstehen (vgl. Neckel 1992). Auch rapide und umfassende soziale Wandlungsprozesse können die Auftrittswahrscheinlichkeit von Attributionsformen beeinflussen. Ein solches Argument bringen beispielsweise einige modernisierungstheoretische, identitätstheoretische und kultursoziologische Zeitdiagnosen vor, wenn sie, wie etwa Beck (1986) und Furedi (1997), den Menschen unter modernen Lebensbedingungen mit krisensemantischem Unterton in einer »Kausalitätskrise« bzw. unfähig zu klaren Attributionen sehen. Die Zunahme an gesellschaftlicher Komplexität bedingt demnach einen Orientierungsverlust und eine zunehmende Verwendung diffuser Situationsattributionen als Platzhalter für eine unüberschaubare Vielfalt von verursachenden Faktoren. Auch auf der Ebene themen- bzw. situationsspezifischer Attributionsmuster können Veränderungen auftreten. Wenn sich, etwa im Rahmen veränderter Vorstellungen von Geschlechterrollen oder Erkenntnissen über die Ursachen des Klimawandels, spezifische Erwartungs- oder Wissensstrukturen verändern, dann wandeln sich hierdurch auch situationsspezifische Zuständig- bzw. Verantwortlichkeitsvorstellungen und dementsprechend die Bedingungen der Emotionsentstehung.

Zum anderen ist auch eine zu einem bestimmten Zeitpunkt gegebene Verteilung von Attributionsmustern nicht konfliktfrei. Schon der Befund professionsspezifischer Attributionen für die soziale Lage von Individuen zeigt, dass Zuschreibungsmuster oft nicht homogen oder kompatibel sind. Ursachen- und Verantwortungszuschreibungen sind vielmehr häufig ein zentraler Gegenstand von Auseinandersetzungen um Situationsdeutungen, wie nahezu jeder politische Diskurs, etwa das Ringen um das angemessene Fördern und/oder Fordern von Arbeitslosen oder die Debatten um die Integration von Migranten, immer wieder deutlich macht. In solchen Deutungsauseinandersetzungen werden Attributionsmuster in Frage gestellt, angenommen und zurückgewiesen, sie liefern – ob als überzeugte Orientierung oder strategische Ressource – gleichermaßen Begründungen für Forderungen wie für deren Ablehnung.

Attributionsmuster sind insofern sowohl Ergebnis soziokultureller Bedingungen als auch Gegenstand von Wandlungs- und Aushandlungsprozessen und können schließlich selbst sozialen und kulturellen Wandel in Gang bringen bzw. beeinflussen – nicht zuletzt, indem sie die Art und Gerichtetheit von Emotionen sowie das darauf basierende Handeln mitbestimmen. Damit stellen Attributionen eine erklärende Kategorie sowohl sozialer Ordnung als auch sozialen Wandels dar – und diese Eigenschaft macht die Analyse der Struktur und Dynamik von Attributionsmustern und -prozessen zu einem soziologisch relevanten Unterfangen.

4   Zusammenfassung

Die vorangegangen Ausführungen verfolgten zwei hauptsächliche Zielrichtungen. Erstens sollte der in der Emotionssoziologie bisher recht grob verwendete Begriff der Attribution geschärft werden, um damit sowohl ein präziseres als auch sensibel differenzierendes Verständnis der Entstehungsprozesse spezifischer Emotionen zu entwickeln. Dabei zeigte sich, dass bestimmte Emotionen vor allem als Konsequenz von Verantwortungsattributionen betrachtet werden können. Dieser Attributionsform liegen spezifische Voraussetzungen zugrunde, die in der weiteren theoretischen Auseinandersetzung expliziter als bisher berücksichtigt werden sollten, um die Entstehung von Emotionen zu plausibilisieren und damit auch die Chancen für eine allgemeine soziologische Theorie der Emotionen zu verbessern.

Darüber hinaus konnte gezeigt werden, dass andere Emotionen anscheinend primär durch die prognostischen Implikationen von Attributionen hervorgerufen werden. Dabei wurden bestimmte Dimensionen erkannt, die die Auslösebedingungen konkreter Emotionen wirksam strukturieren. Vor allem Situationsattributionen sind in den beschriebenen Ansätzen offenbar tendenziell mit antizipatorischen Emotionen verbunden – gerade hinsichtlich der Bedeutung dieses bisher weitgehend randständig behandelten Attributionsobjekts besteht allerdings weiterer Forschungsbedarf.

Zweitens wurde mit dem dargestellten Diskurs die Absicht verfolgt, das Potenzial aufzuzeigen, von dem die Emotionssoziologie profitieren kann, wenn sie die soziokulturellen Randbedingungen und Dynamiken von Attributionsprozessen in ihre Analysen künftig stärker als bisher einbezieht. Eine dergestalt neu strukturierte Optik würde fundiertere kontextsensitive Hypothesen ermöglichen und damit auch einen Beitrag dazu leisten, die vielbeklagte Lücke zwischen Mikro- und Makroebene der soziologischen Emotionsforschung um ein weiteres Stück zu schließen.

Literatur

Barbalet, Jack M. (2001): Emotion, Social Theory And Social Structure. A Macrosociological Approach. Cambridge: University Press.

Beck, Ulrich (1986): Risikogesellschaft: Auf dem Weg in eine andere Moderne. Frankfurt am Main: Suhrkamp.

Berkowitz, Leonard/Harmon-Jones, Eddie (2004): Toward an Understanding of the Determinants of Anger. In: Emotion 4: 107–130.

Burke, Peter J. (1991): Identity Processes and Social Stress. In: American Sociologial Review 56: 836–849.

Burke, Peter J./Stets, Jan E. (2005): New Directions in Identity Control Theory. In: Advances in Group Processes 22: 43–64.

Choi, Incheol/Nisbett, Richard/Norenzayan, Ara., (1999): Causal Attribution Across Cultures: Variation and Universality. In: Psychological Bulletin 125: 43–67.

Crittenden, Kathleen (1983): Sociological Aspects of Attribution. In: Annual Review of Sociology 9: 425–446.

Crittenden, Kathleen (1989): Presidential Address on Causal Attribution in Sociocultural Context: Toward a Self-Presentational Theory of Attribution Processes. In: The Sociological Quarterly 30: 1–14.

Crittenden, Kathleen S./Bea, Hyunjong (1994): Self-Effacement and Social Responsibility: Attribution as Impression Management in Asian Cultures. In: American Behavioral Scientist 37: 653–671.

Ellsworth, Phoebe C./Smith, Craig A. (1985): Patterns of Cognitive Appraisal in Emotion. In: Journal of Personality and Social Psychology 48: 813–838.

Furedi, Frank (1997): Culture of Fear. Risk-Taking and the Morality of Low Expectation. London: Cassell.

Guimond, Serge/Begin, Guy/Palmer, Douglas L. (1989): Education and Causal Attributions: The Development Of ›Person-Blame‹ And ›System-Blame‹ Ideology. In: Social Psychology Quarterly 52: 126–140.

Heine, Steven J./Hamamura, Takashi (2007): In Search of East Asian Self-enhancement. In: Personality and Social Psychology Review 11: 1–24.

Heider, Fritz (1958): The Psychology of Interpersonal Relations. New York: Wiley.

Hochschild, Arlie R. (1983): The Managed Heart. Commercialization of Human Feeling, Berkeley, CA: University of California Press.

Houser, Jeffrey A./Lovaglia, Micheal (2002): Status, Emotion and the Development of Solidarity in Stratified Task Groups. In: Shane R. Thye/Edward J. Lawler (Hg.): Advances in Group Processes 19: 109–137.

Lawler, Edward J. (2001): An Affect Theory of Social Exchange. In: American Journal of Sociology 107: 321–52.

Lawler, Edward J./Thye, Shane R. (1999): Bringing Emotions into Social Exchange Theory. In: Annual Review of Sociology 25: 217–217.

Lovaglia, Michael J./Houser, Jeffrey A. (1996): Emotional Reactions and Status in Groups. In: American Sociological Review 61: 867–883.

Kemper, Theodore D. (1978): A Social Interaction Theory of Emotions. New York: John Wiley.

Kemper, Theodore D. (1991): Predicting Emotions from Social Relations. In: Social Psychology Quarterly 54: 330–342.

Kemper, Theodore D. (2004): Social Models in the Explanation of Emotions. In: Michael Lewis/Jeannette Haviland-Jones (Hg.): Handbook of Emotions, New York: Guilford Press, S. 45–58.

Kemper, Theodore D. (2007): Power And Status and the Power-Status-Theory of Emotions. In: Jan Stets/Jonathan H. Turner (Hg.): Handbook of the Sociology of Emotions. New York: Springer, S. 87–113.

Malle, Bertram F./Knobe, Joshua M./Nelson, Sarah E. (2007): Actor-observer Asymmetries in Explanations of Behavior. New Answers to an Old Question. In: Journal of Personality and Social Psychology 93: 491–514.

Malle, Bertram F. (2008): Fritz Heider's Legacy. In: Social Psychology 39: 163–173.

Miller, Dale T./Ross, Michael (1975): Self-serving Biases in the Attribution of Causality. Fact or fiction? In: Psychological Bulletin 82: 213–225.

Neckel, Sighard (2000): Die Macht der Unterscheidung. Essays zur Kultursoziologie der modernen Gesellschaft, Frankfurt am Main/New York: Campus.

Neckel, Sighard (2006): Scham und Schamsituationen aus soziologischer Sicht, Vortrag am 4.2.2006 auf der Tagung: ›Scham und Schamsituationen in Supervision und Beratung‹ in Bielefeld, [http://www.dgsv.de/pdf/Vortrag_Neckel.pdf]

Roseman, Ira J. (1996): Appraisal Determinants of Emotions. Constructing a More Accurate and Comprehensive Theory. In: Cognition and Emotion 10: 241–241.

Ridgeway, Cecilia/Johnson, Cathryn (1990): What Is the Relationship Between Socioemotional Behavior and Status in Task Groups? In: The American Journal of Sociology 95: 1189–1212.

Ridgeway, Cecilia (2007): Expectation States Theory and Emotion. In: Jan Stets/Jonathan Turner (Hg.): Handbook of the Sociology of Emotions. New York: Springer, S. 347–365.

Rivera, Joseph de (1992): Emotional Climate. Social Structure and Emotional Dynamics. In: Kenneth Strongman (Hg.): International Review of Studies on Emotion, Bd. 2, Chichester: Wiley, S. 197–218

Sadler, Melodie S./Lineberger, Megan/Correll, Joshua/Park, Bernadette (2005): Emotions, Attributions, and Policy Endorsement in Response to the September 11th Terrorist Attacks. In: Basic and Applied Social Psychology 27: 249–258.

Scheff, Thomas J. (1988): Shame and Conformity. The Deference-emotion System. In: American Sociological Review 53: 395–406.

Scheff, Thomas J. (1994): Bloody revenge. Emotions, Nationalism, and War. Boulder: Westview.

Scherer, Klaus R. (1999): On the Sequential Nature of Appraisal Processes. Indirect Evidence from a Recognition Task. In: Cognition and Emotion 13: 763–793.

Shepperd, James/Malone, Wendy/Sweeny, Kate (2008): Exploring Causes of the Self-Serving Bias. In: Social and Personality Psychology Compass 2: 895–908

Stein, Nancy L./Levine, Linda J. (1989): The Causal Organization of Emotional Knowledge. A Developmental Study. In: Cognition and Emotion 3: 343–378

Triandis, Harry C. (1995): Individualism and Collectivism, Boulder: Westview Press.

Turner Jonathan H. (2002): Face-to-Face. Toward a Sociological Theory of Interpersonal Behavior. Stanford: Stanford University Press.

Turner, Jonathan H. (2007): Human Emotions. A sociological theory. London: Routledge

Turner, Jonathan H. (2009): The Sociology of Emotions: Basic Theoretical Arguments. In: Emotion Review 1: 340–354.

Wallace, Richard J. (1994): Responsibility and the Moral Sentiments: Cambridge: Harvard University Press.

Weiner, Bernhard (1995): Judgments of Responsibility: A Foundation for a Theory of Social Conduct. New York: Guilford Press.

Weiner, Bernhard (2000): Intrapersonal and Interpersonal Theories of Motivation from an Attributional Perspective. In: Educational Psychology Review 12: 1–14.

Werner, M. H., 2002: Verantwortung. In: Marcus Düwell/Christoph Hübenthal/Micha Werner (Hg.): Handbuch Ethik. Stuttgart/Weimar: Metzler, S. 521–527.

Wiley, Mary G./Crittenden, Kathleen S. (1992): By Your Attributions You Shall be Known. Consequences of Attributional Accounts for Professional and Gender Identities. In: Sex Roles 27: 259–276.

Soziale Interaktion als Verifikation kulturell geteilter Gefühle[1]

Tobias Schröder

1 Einleitung

Erklärungen sozialer Interaktion sind voll von Dichotomien. Wir handeln als Individuen, und zugleich folgen unsere Handlungen den Logiken sozialer Strukturen. Wir sind rational kalkulierende Wesen und hören doch auf unsere Gefühle. Wir gehorchen wie andere Tiere den Gesetzen der Biologie, und doch wird unser soziales Leben bestimmt durch den Umgang mit komplexen, kulturell konstruierten Symbolen.

Die wissenschaftliche Untersuchung sozialer Interaktion spiegelt solche Dichotomien wieder, was nicht nur an der jeweiligen disziplinären Verortung sichtbar wird (soziologisch vs. psychologisch, neuerdings auch vermehrt neurowissenschaftlich), sondern auch an gegensätzlichen methodologischen (qualitativ vs. quantitativ) oder epistemologischen (nomologisch vs. hermeneutisch) Positionen. Doch ob es nun darum geht, die Gesetzmäßigkeiten menschlichen Handelns zu erklären und quantifizieren, oder vielmehr darum, seinen Sinn »deutend zu verstehen« (Weber 1922/1990), der untersuchte Gegenstand bleibt der gleiche.

Kann es *eine* Theorie geben, die der Einheit des Gegenstandes gerecht wird und doch die verschiedenen, oft gegensätzlichen Perspektiven auf das Soziale ermöglicht? Im vorliegenden Kapitel soll mit Blick auf diese ambitionierte Frage die Affektsteuerungstheorie[2] von David Heise besprochen werden (Heise 1977, 1979, 2007; MacKinnon 1994; Smith-Lovin/Heise 1988). Dabei handelt es sich um eine umfassende Theorie der sozialen Eindrucksbildung, Handlung und Emotion. Formalisiert durch kultur- bzw. sprachspezifische mathematische Modelle der Aufrechterhaltung sprachlicher Bedeutung, ist sie in der Präzision ihrer konkreten Verhaltens- und Emotionsvorhersagen in der So-

---

1 Dieser Aufsatz baut auf einer anderenorts veröffentlichten kürzeren Rezension von David Heises (2007) Hauptwerk *Expressive Order* auf, so dass einzelne Absätze identisch im Wortlaut sind (siehe Schröder im Druck).

2 Die englische Bezeichnung der Theorie lautet ›Affect Control Theory‹, was bisweilen ins Deutsche auch mit ›Affekt-Kontroll-Theorie‹ übersetzt wird. Dies ist nicht ganz zutreffend, weil das englische Verb ›to control‹ eher die Bedeutung der deutschen Wörter ›steuern‹ oder ›regulieren‹ hat. Da David Heise die Rolle von Affekten bei der Steuerung sozialen Verhaltens im Sinn hat und nicht etwa die Frage, unter welchen Bedingungen Menschen Kontrolle über ihre Affekte haben, wird hier die Bezeichnung Affekt-*steuerungs*theorie gewählt.

ziologie und Sozialpsychologie wohl unerreicht. Ihre Kernannahme, das Affektsteue-
rungsprinzip, besteht in der Hypothese, dass Menschen in sozialen Situationen ihr Verhalten so ausrichten, dass sie als Folge emotionale Zustände erleben, die semantisch mit
der sprachlichen Interpretation der Situation korrespondieren. Dabei stimmen Angehörige einer Kultur (bzw. Sprachgemeinschaft) Heise zufolge ganz implizit in hohem
Maße darüber überein, welche Gefühle welchen sozialen Situationen und Verhaltensweisen entsprechen. Kulturell geteilte Affekte wirken als kybernetische Steuerungsgröße
bei der wechselseitigen Koordinierung sozialer Interaktion. Wer seinen affektiven Impulsen folgt, handelt dadurch automatisch in der Mehrzahl der Situationen kulturell angemessen und für seine Interaktionspartner vorherseh- und berechenbar. Die sozial geteilte Struktur der Emotionen stellt somit innerhalb einer Kultur die gemeinsame Basis
für die reibungslosen Interaktionen des Alltags dar.

In Abschnitt 2 wird zunächst ein Überblick zu zentralen Konzepten, Annahmen und
empirischen Befunden aus dem Umfeld von Heises Theorie gegeben. Dabei wird unter
der Annahme, dass eine sprachliche Darstellung für die meisten Leserinnen und Leser
ansprechender ist, auf die Erörterung des mathematischen Modells verzichtet, mit dem
die Theorie formalisiert ist.[3] Abschnitt 3 widmet sich neueren Entwicklungen im Forschungsprogramm zur Affektsteuerungstheorie sowie offenen Fragen und Grenzen der
Theorie, bevor dann in Abschnitt 4 mit Blick auf die eingangs formulierte Frage nach
einer vereinheitlichten Theorie der sozialen Interaktion relevante Bezüge zu zentralen
Theorien und Ansätzen quer durch verschiedene Disziplinen aufgezeigt und diskutiert
werden. So ausgerüstet, wird im Abschnitt 5 eine Würdigung vorgenommen.

2   Darlegung der Affektsteuerungstheorie

Die Grundannahme der Affektsteuerungstheorie besteht darin, dass über die affektiven
Konnotationen der Sprache kulturell geteiltes Wissen transportiert wird, auf das wir in
sozialen Situationen implizit zurückgreifen, um darauf unsere Interpretationen der Situation zu stützen und geeignete Handlungen auszuwählen. In jeder Situation nehmen
die Beteiligten zunächst automatisch eine Definition der sozialen Position der Interaktionspartner vor, sich selbst eingeschlossen. In der Regel ergibt sich diese Definition
aus dem Setting, so wird man beispielsweise die Person, die in einem Restaurant an den
eigenen Tisch tritt und eine Schürze trägt, als ›Kellner‹ interpretieren und sich selbst
als ›Gast‹. Solche mit sprachlichen Symbolen benennbare Situationsdefinitionen rufen
bestimmte, charakteristische Gefühle hervor. Die an der sozialen Interaktion Beteiligten sind nun bemüht, so das zentrale Postulat der Affektsteuerungstheorie, diese situationsspezifischen Grundgefühle im Kommunikationsprozess aufrechtzuerhalten (Heise

---

3   In dieser Hinsicht Interessierte kommen mit dem zweiten Teil von Heises Buch Expressive Order auf
     ihre Kosten (Heise 2007).

2007: 3). Dies geschieht bevorzugt, indem solche Handlungen ausgewählt werden, die eine affektive Passung zu den handelnden Personen (bzw. deren sozialer Position oder Rolle) aufweisen. Ein Großteil der empirischen Arbeiten im Kontext der Affektsteuerungstheorie befasst sich mit der Messung und formalen Modellierung solcher affektiven Passung, wobei die Modelle einem sprachlichen Grundschema (man könnte sagen, einer Minimalgrammatik) in der Form Akteur – Handlung – Objekt – Setting folgt, in dem genannten Beispiel also etwa so: ›Kellner – begrüßt – Gast – in Restaurant‹. In den Interaktionen des Alltags machen wir natürlich immer wieder auch die Erfahrung, dass implizite affektive Erwartungen verletzt werden, dass wir also Handlungen wahrnehmen, die uns nicht gestatten, situationsbezogene Grundgefühle aufrechtzuerhalten. Solche Erfahrungen durchbrechen den Handlungsfluss, erregen Aufmerksamkeit und regen zu einer Modifikation der Situationsinterpretation an, wobei dieser Prozess emotional erfahren wird. Was würden wir zum Beispiel von einem Kellner halten, der uns als Gast zunächst beschimpft, bevor er die Bestellung aufnimmt? Dies würde uns vielleicht ›wütend‹ machen, uns also eine diskrete Emotion erleben lassen, und zum Nachdenken über die Situation anhalten. Vielleicht würden wir denken, dass der Kellner ›unverschämt‹ ist, also eine Persönlichkeitsattribution vornehmen. Vielleicht würden wir uns auch erinnern, dass wir uns in Berlin befinden, wo solches Verhalten in der Gastronomie nicht unüblich ist, was eine Situations-Attribution wäre. Denkbar ist auch, dass der Kellner selber seine eigene Handlung als unangemessen empfindet und sich entschuldigt, womit er durch seine Handlung die ursprüngliche Bedeutung der Situation wieder hergestellt hätte, was uns ermöglichte, nun etwa die situativ angemessene Emotion ›Zufriedenheit‹ zu empfinden.

Die interessante Entdeckung David Heises besteht nun darin, dass die beispielhaft dargestellte komplexe Dynamik von sozial angemessenen und unangemessenen Handlungen, jeweils korrespondierenden Emotionen, persönlichen und situativen Attributionen sowie korrigierenden Folgehandlungen sich in der affektiven Struktur der Sprache wiederfindet. Kollektive Interaktionserfahrungen sind in den affektiven Konnotationen von Wörtern gleichsam geronnen. Indem wir im Sozialisationsprozess eine Sprache erlernen, lernen wir grundlegende Normen der sozialen Interaktion, die in unserer Kultur gültig sind, gewissermaßen automatisch mit, so dass wir auch in bisher uns völlig unbekannten Situationen (wenigstens grob) wissen, welches Verhalten angemessen ist und welches nicht.

2.1 Grundgefühle: drei Dimensionen affektiver Bedeutung

Zur Bestimmung der Gefühle, die aus der sprachlichen Interpretation einer sozialen Situation resultieren, greifen Heise und seine Schüler auf die Arbeiten des Psychologen Charles Egerton Osgood und seiner Kollegen (Osgood/Suci/Tannenbaum 1957) zurück, die gezeigt haben, dass sich die affektive Komponente der Wortbedeutung ökonomisch und erschöpfend in einem dreidimensionalen ›affektiven Raum‹ beschreiben lässt, dessen Basisvektoren durch Gegensatzpaare von Adjektiven festgelegt werden (sog. *semantisches Differenzial*). Die erste Dimension, Evaluation (E), wird durch den Kontrast *gut, angenehm* vs. *schlecht, unangenehm* bestimmt und kann auf das psychologische Grundkonstrukt von Annähern vs. Vermeiden bezogen werden. Die zweite Dimension, Potenz (P, *stark, kraftvoll* vs. *schwach, zart*), spiegelt die Grunderfahrung von Macht- und Hierarchieunterschieden sowie Kontrollerleben wider, während die dritte, Aktivierung (A, *erregt, lebhaft* vs. *still, ruhig*), die Reaktionsbereitschaft des Organismus repräsentiert. In einem umfangreichen interkulturellen Forschungsprogramm haben Osgood, May und Miron (1975) empirische Belege für die Annahme vorgelegt, dass diese drei Dimensionen über alle Sprachen und Kulturen hinweg universal gültig sind. Bis heute spielen diese Dimensionen über die Wortbedeutung hinaus für eine große Zahl sozialpsychologischer Phänomene wie Gruppendynamik, Emotionen, dimensionale Persönlichkeitsmodelle und sogar nonverbale Kommunikation eine Rolle, so dass von einer anthropologischen Grundausstattung ausgegangen werden kann (vgl. Scholl 2009). Es mag in der Psychologie wie in der Soziologie die eine oder andere Debatte um die ›richtige‹ Auswahl oder Benennung der Basisvektoren des sozio-emotionalen Raumes geben, die grundsätzliche Bedeutung dieser Osgoodschen Dimensionen für die soziale Wahrnehmung dürfte aber niemand ernsthaft bestreiten.

Semantische Differenziale werden im Forschungsprogramm zur Affektsteuerungstheorie dazu benutzt, sprach- und kulturspezifische *affektive Lexika* zu erstellen. Dabei handelt es sich um Datenbanken, die zumeist zwischen 500 und 2000 für Beschreibungen sozialer Interaktion relevante Worte enthalten (Soziale Rollen, Handlungen, Emotionen, Persönlichkeitseigenschaften sowie Settings), denen ein sog. *EPA-Profil* zugewiesen wurde. Ein EPA-Profil ist ein Vektor, der sich aus empirisch ermittelten durchschnittlichen Bewertungen der Worte auf den Dimensionen des semantischen Differenzials durch in der Regel jeweils 25–30 männliche und weibliche Muttersprachler ergibt (Heise 2001, 2010). Dabei werden üblicherweise neunstufige bipolare Skalen benutzt, die von −4,3 (für ›extrem‹ unangenehm [E], schwach [P] oder still [A]) über 0 (für ›neutral‹) bis +4,3 (für ›extrem‹ angenehm [E], stark [P] oder lebhaft [A]) reichen. Im Deutschen wird beispielsweise eine ›Mutter‹ als sehr angenehm, eher stark und weder still noch lebhaft empfunden, woraus sich ein EPA-Profil von [2,8/1,4/0,4] ergibt (Schröder 2011). US-Amerikaner nehmen Mütter als etwas mächtiger und lebhafter wahr: Das EPA-Profil für ›mother‹ ist [2,5/2,0/1,2] (Francis/Heise 2006). Empirisch lässt sich zeigen, dass Angehörige einer Kultur in hohem Maße über die mit dem semantischen Differenzial gemessenen affektiven Assoziationen von Worten übereinstimmen (Heise 2010): Die Bewertungen zufällig gezogener Substichproben sind stets sehr hoch korreliert, und EPA-Profile sind auch über sehr lange Zeiträume von 20 Jahren und mehr höchst stabil, was insbesondere angesichts der üblicherweise kleinen Stichproben von je 25–30 männlichen und weiblichen Versuchspersonen bemerkenswert ist. Im Licht solcher Befunde und im Rückgriff auf Romney, Weller und Batchelders (1986) Theorie der ›Kultur als Übereinstimmung‹ geht David Heise davon aus, dass die affektiven Konnotationen von Worten zuvorderst Eigenschaften der Kultur darstellen und dass demgegenüber die individuelle Variation eine sehr stark untergeordnete Rolle spielt (Heise 2010). Somit wird die Annahme plausibel, dass über die sprachliche Sozialisation grundlegendes Kulturwissen gelernt werden kann, und dass die Individuen mit ihrem internalisierten affektiven Lexikon stets über einen kulturell geteilten impliziten Bewertungsmaßstab für soziale Situationen verfügen. Zwei Angehörige derselben Kultur, die eine Situation in gleicher Weise sprachlich deuten, verfügen auch über ein gemeinsames affektives Erleben dieser Situation. Dieses Erleben bezeichnet David Heise als Grundgefühl *(fundamental sentiment)* und geht davon aus, dass es eine Art Zielgröße bei der Interpretation und Steuerung sozialen Handelns darstellt. Eine Person, die sich in einer Situation als ›Mutter‹ begreift, ist bemüht, solche Ereignisse zu erleben, die affektiv kongruent zu dem kulturell geteilten Grundgefühl zu einer Mutter sind.

2.2 Affektverschmelzung und vorübergehende Eindrücke

Selbstverständlich lehrt die soziale Erfahrung, dass nicht alle Mütter, Kellner oder Gäste gleich sind, sondern dass es verschiedene Exemplare dieser Kategorien gibt. Die Sprache trägt diesem Umstand Rechnung, indem sie Adjektive zur Modifizierung sozialer Rollen bereit hält. Von einer ›geduldigen Mutter‹ erwarten wir andere Handlungen als von einer ›jähzornigen‹. Werden solche Wortkombinationen benutzt, um an einer sozialen Interaktion Beteiligte zu beschreiben, so verschmelzen die affektiven Konnotationen der verwendeten Wörter zu einem ganzheitlichen Eindruck *(amalgamated impression)*, auf den Menschen dann wiederum ihre Wahrnehmungen und Handlungen stützen. Auch durch Beschreibungen oder Beobachtungen bestimmter Handlungen kann sich das Grundgefühl, welches man zu einer Person hat, vorübergehend mehr oder minder stark ändern. Sieht man, wie eine Mutter ein Kind schlägt, hat das resultierende Gefühl zu dieser Mutter in dieser Situation nur noch wenig mit dem kulturell geteilten Grundgefühl einer prototypischen Mutter gegenüber zu tun. In der Terminologie der Affektsteuerungstheorie ergibt sich durch dieses Ereignis eine starke Abweichung *(deflection)* des vorübergehenden Eindrucks *(transient impression)* von dem situationsangemessenen Grundgefühl *(fundamental sentiment)*. Soziale Wahrnehmungen und Schlussfolgerungen basieren der Affektsteuerungstheorie zufolge auf der affektiven Ähnlichkeit solcher dynamischer, situationsabhängiger Veränderungen von Eindrücken. Das Gefühl zu einer ›jähzornigen Mutter‹ ist relativ ähnlich dem Gefühl, welches ausgelöst wird durch eine ›Mutter, die ihr Kind schlägt‹. Die Schlussfolgerung von einer Handlung auf eine Eigenschaft (hier: schlagen → jähzornig), die eigentlich semantischer Natur ist, folgt einem rein affektiven Mechanismus. Dies funktioniert natürlich auch umgekehrt: Es ist wahrscheinlicher, weil affektiv kohärenter, dass eine jähzornige Mutter ein Kind schlägt, als dass es eine geduldige Mutter tut.

Die hier aufgeführten Beispiele sind womöglich nicht besonders eindrücklich, weil sie eben unser aller über die Sprache vermittelten Erwartung entsprechen. Das Herausragende am Werk von David Heise besteht auch nicht so sehr in den überraschenden und neuartigen Vorhersagen seiner Theorie, sondern vielmehr darin, dass er zeigt, welch einfaches und sparsames Prinzip – die Maximierung affektiver Kohärenz sprachlicher Repräsentationen – im Grunde den ganzen Variantenreichtum unseres sozialen Erlebens erklärbar macht. Deutlich wird das vollständig erst dann, wenn man sich mit dem formalen Modell beschäftigt, welches der Affektsteuerungstheorie zu Grunde liegt. Es erlaubt Vorhersagen über eine Vielzahl sozialer Phänomene, die in ihrem Grad an methodologischer Stringenz und Präzision in den Sozialwissenschaften ihres gleichen suchen.[4]

Ein großer Teil der empirischen Forschung im Rahmen der Affektsteuerungstheorie befasst sich nämlich mit der mathematischen Modellierung solcher Verschmelzungs- und Eindrucksbildungsprozesse. Dabei haben zahlreiche Studien in mehreren Sprachen gezeigt, dass vorübergehende Eindrücke sehr präzise mit einem System von nicht linearen Regressionsgleichungen vorhergesagt werden können, deren Koeffizienten empirisch geschätzt werden (z. B. Schröder 2011 [Deutsch]; Smith/Matsuno/Umino 1994 [Japanisch]; Smith-Lovin/Heise 1988 [US-amerikanisches Englisch]). Das übliche Vorgehen bei solchen Studien besteht darin, dass Worte aus den bestehenden affektiven Lexika benutzt werden, um beispielhafte Beschreibungen von Handlungen zu konstruieren, die man dann wiederum Versuchspersonen zur Einschätzung mit dem semantischen Differenzial vorlegt. Die durchschnittlichen Bewertungen dieser Beispielhandlungen benutzt man bei der statistischen Schätzung der Regressionsgleichungen als Optimierungskriterien, die EPA-Profile der verwendeten Worte als Prädiktorwerte. Üblicherweise wird so eine sehr hohe Vorhersagegüte erreicht. Die affektive Reaktion von Personen auf eine ›Mutter, die ein Kind schlägt‹ lässt sich also fast vollständig aus den EPA-Profilen der Worte ›Mutter‹, ›schlagen‹ und ›Kind‹ errechnen. Ist ein Gleichungssystem einmal anhand von Beispielsätzen geschätzt, kann es benutzt werden, um affektive Reaktionen auf beliebige Sätze zu berechnen, die durch Kombination der im affektiven Lexikon enthaltenen Worte gebildet werden können. Die Modelle der Affektsteuerungstheorie haben also mit affektivem Lexikon und Gleichungssystem zwei Komponenten. Dem liegt die Annahme zu Grunde, dass die Affektverarbeitung an sich ein mathematisch konstanter psychologischer Prozess ist, ganz gleich, welches der spezifische Affektinhalt ist, der sich aus dem Variantenreichtum möglicher sprachlicher Situationsdeutungen ergeben mag.

---

4   David Heise hat mit INTERACT eine Simulationssoftware entwickelt, mit der auf Basis des formalen mathematischen Modells der Affektsteuerungstheorie soziales Handeln und emotionales Erleben in gegebenen Situationen präzise vorhergesagt werden können (Heise 1997; Schneider/Heise 1995). INTERACT ist frei im Internet verfügbar: http://www.indiana.edu/~socpsy/ACT/interact/JavaInteract.html. Eine deutschsprachige Version kann vom Autor dieses Kapitels bezogen werden: http://www.tschroeder.eu.

Obgleich das Vorgehen bei der Ermittlung von Eindrucksbildungsgleichungen zunächst einmal rein empirisch ist, lassen sich viele der so ermittelten Koeffizienten des Gleichungssystems der Affektsteuerungstheorie theoretisch höchst sinnvoll interpretieren. In der Literatur werden vor allem Stabilitäts-, Verhaltens-, Konsistenz- und Kongruenzeffekte genannt (vgl. Heise 2007: 37 ff.). *Stabilität* bezieht sich auf die konservativen Tendenzen des Geistes: bestehende Grundgefühle wirken auch bei affektiv widersprechenden Handlungen fort. Eine Mutter wird immer noch vergleichsweise positiv empfunden, selbst wenn sie in einer spezifischen Situation ein Kind schlägt. Gleichzeitig bewirkt aber der *Verhaltenseffekt,* dass Akteure und Objekte stark im Lichte der gezeigten Handlungen wahrgenommen werden. Die meisten Menschen dürften nicht nur die schlagende Mutter, sondern auch das geschlagene Kind als eher negativ und unangenehm empfinden. Die leidvolle Erfahrung vieler Gewaltopfer, zusätzlich zu ihrem Missgeschick noch soziale Ablehnung und Stigmatisierung zu erfahren, wird somit von der Affektsteuerungstheorie vorhergesagt. Zusätzlich zu den genannten Haupteffekten enthalten die Eindrucksbildungsgleichungen auch komplexere Interaktionsterme. *Konsistenzeffekte* treten innerhalb einer affektiven Dimension auf. So werden Akteure, die positive Objekte positiv und negative Objekte negativ behandeln, als angenehmer wahrgenommen. Einen ›Verbrecher‹ zu schlagen (negative Handlung einem negativen Objekt gegenüber) wird deutlich positiver bewertet als ein ›Kind‹ zu schlagen (negative Handlung einem positiven Objekt gegenüber). *Kongruenzeffekte* schließlich sind Interaktionen über die affektiven Dimensionen hinweg. So wird ein Akteur, der ein positives Objekt machtvoll behandelt, in der Regel als besonders negativ wahrgenommen. Hier wirkt sich also die Potenz- auf die Evaluations-Dimension aus.

2.3   Interpretation und Steuerung sozialer Handlungen

Jede sprachliche Situationsinterpretation hat eine emotionale Folge, die sich aus der kulturell geteilten affektiven Bedeutung der verwendeten Begriffe ergibt. Hier greift nun das Motivationsprinzip der Affektsteuerungstheorie, demzufolge Menschen bemüht sind, ihr bestehendes soziales Wissen in konkreten Situationen bestätigt zu sehen. Die Gefühle, welche die Beteiligten durch das Geschehen zueinander entwickeln, sollen sich möglichst wenig von den kulturell geteilten Grundgefühlen unterscheiden, die mit ihren Identitäten einhergehen. Es kommt also darauf an, dass alle an einer Interaktion Beteiligten eine gemeinsame Situationsdeutung entwickeln, die emotional kohärent ist.

Die zentrale Kenngröße bei der mathematischen Formalisierung dieses Kohärenzprinzips ist die affektive Abweichung *(deflection).*[5] Man kann sie sich innerhalb des dreidimensionalen emotionalen Raumes als Distanz zwischen dem Grundgefühl denken,

---

5   Bei der Computersimulation von Verhalten mit INTERACT dient die affektive Abweichung als rechnerisches Minimierungskriterium.

das mit einer Identität verbunden ist, und dem affektiven Eindruck, der vorübergehend durch ein soziales Ereignis entstanden ist. Psychologisch ist sie als Maß für die Verletzung sozialer Erwartungen als Folge von Ereignissen interpretierbar. Wir neigen dazu, soziale Ereignisse so zu interpretieren, dass die aus der Interpretation folgende affektive Abweichung minimal wird. Empirisch konnten Heise und MacKinnon (1987) zeigen, dass Handlungen, mit denen eine geringere affektive Abweichung verbunden wird, allgemein als wahrscheinlicher eingeschätzt werden.

Mehr noch als die Interpretation von Ereignissen können eigene Handlungen dazu dienen, soziales Wissen und Gefühle im sozialen Erleben bestätigt zu sehen, denn die handelnde Person hat Kontrolle über den Verlauf der Interaktion. Es kommt darauf an, aus dem Repertoire möglicher Handlungsweisen ein geeignetes und sozialen Normen entsprechendes Verhalten auszuwählen. Durch den institutionellen Rahmen und physische Rahmenbedingungen sind die Wahlmöglichkeiten deutlich eingeschränkt, immer noch stehen aber zahlreiche mögliche Handlungen zur Verfügung. Nun ist wiederum die affektive Kohärenz zur Situationsdefinition entscheidend: Wir wählen solche Handlungen, die am ehesten zu einer Bestätigung unserer kulturell geteilten Grundgefühle führen (Heise 2007: 43 ff.). Dass ein Vater seinen Sohn missbraucht oder foltert, würde zu einer extrem großen affektiven Abweichung führen und ist daher im Allgemeinen äußerst unwahrscheinlich. Indem er ihn aber unterstützt oder beschützt, konstruiert der Vater situative Eindrücke, die zu der affektiven Bedeutung der Situationsdefinition passen. Im dynamischen Verlauf von Interaktionen kommt es auf die wechselseitige Koordination von Handlungen in einer Weise an, die beiden Beteiligten erlaubt, affektive Bestätigungen ihrer sozialen Wahrnehmung zu erhalten.

Schröder und Scholl (2009) konnten den von Heise postulierten Zusammenhang zwischen affektiver Konsistenz und der Auftretenshäufigkeit spezifischer Handlungen experimentell bestätigen. 60 Versuchspersonen leiteten ein im Führungskräftetraining häufig eingesetztes computersimuliertes Unternehmen, indem sie mit virtuellen Mitarbeitern kommunizierten. Die verschiedenen Handlungsmöglichkeiten waren in der Software sprachlich benannt, so dass diese Kategorienbezeichnungen zur Berechnung individueller *deflection*-Werte für alle zur Auswahl stehenden Handlungen entsprechend dem deutschsprachigen mathematischen Modell der Affektsteuerungstheorie (Schröder 2011) herangezogen werden konnten. Es zeigte sich nun, dass die Versuchspersonen überzufällig häufig jene Handlungen bevorzugten, die im Sinne der Affektsteuerungstheorie affektiv konsistenter waren. Offenbar lässt sich also tatsächlich individuelles Handeln in konkreten Situationen durch mathematische Modelle der Verifikation affektiver Bedeutung vorhersagen.

2.4   Attributionen als Modifikation von Situationsinterpretationen

Situationsdeutungen können im Verlauf von Interaktionen angepasst und wechselseitig ausgehandelt werden. Wenn die Handlungen und Emotionen anderer die eigenen Erwartungen verletzen, so ist das ein Hinweis darauf, dass sie unsere eigene Definition der Situation nicht teilen. Eine vernünftige Reaktion darauf besteht in einer Neuinterpretation, die dadurch zustande kommen kann, dass wir den Interaktionspartnern entweder gänzlich andere Identitäten zuerkennen, oder aber die bislang angenommene Identität durch Attribution von Eigenschaften modifizieren. Eine solche Neudefinition erfordert eine Antwort auf die Frage: Wer würde so handeln? Angenommen, ein Arzt beleidigte einen Patienten. Der resultierende affektive Eindruck von diesem Arzt wäre eher negativ, leicht mächtig und leicht lebhaft, was etwa dem EPA-Profil eines ›Quacksalbers‹ entspricht. Eine plausible und wiederum affektiv kohärente Umdeutung der Situation erfolgt also durch die Zuweisung einer anderen sozialen Identität aus dem Wortschatz. Eine mildere Form der Neuinterpretation, bei welcher der handelnden Person ihre ursprüngliche Identität weiterhin zugestanden wird, besteht in der Ergänzung eines Adjektivs. So ist der verschmolzene Eindruck *(amalgamation),* der aus der Kombination der Arzt-Identität etwa mit dem Adjektiv ›arrogant‹ resultiert, ebenfalls eher negativ, leicht mächtig und leicht lebhaft, so dass der Satz ›Ein arroganter Arzt beleidigt einen Patienten‹ wiederum eine hohe affektive Kohärenz aufweist (Heise 2007: 65 ff.).

2.5   Emotionen

Heise (2007: 57 ff.) betont die wichtige Funktion von Emotionen für die soziale Organisation: Sie erlauben dem Individuum, Struktur und Wandel in sozialen Beziehungen zu empfinden. Eine Emotion verwandelt den Eindruck, den wir von uns selbst als Folge eines sozialen Ereignisses gewonnen haben, in eine körperliche Reaktion. Indem unsere Mimik und Gestik die emotionale Reaktion widerspiegeln, kommunizieren wir zugleich unsere implizite Bewertung einer Situation an die anderen Beteiligten. Emotionen kommt somit eine wichtige Steuerungsfunktion beim wechselseitigen Koordinieren und ›Aushandeln‹ von Situationsdefinitionen zu, die für alle Interaktionspartner gleichermaßen affektiv kohärent sind.

Emotionen lassen sich wie Identitäten im dreidimensionalen Osgoodschen Affektraum verorten. Heise geht entsprechend von Gefühlszuständen aus, die für spezifische Identitäten charakteristisch sind, die also immer dann empfunden werden, wenn das Individuum in einer Situation eine Bestätigung seiner Identität erfährt. Der konkrete Gefühlsinhalt wird aber auch durch das Ausmaß der affektiven Abweichung bestimmt. So kann etwa eine an sich positive Handlung ein negatives Gefühl auslösen, wenn sie gemessen am Standard, der durch die Identität vorgegeben worden ist, zu wenig positiv ist. Heise führt das Beispiel einer standardisierten Geburtstagskarte an, die, wenn sie von einem entfernten Bekannten kommt, Freude auslöst, wenn sie aber das einzige Geschenk des Ehepartners ist, zu Enttäuschung und Wut führt. Heises Emotionstheorie ist insofern hoch interaktiv: Es kommt immer auf die komplementären Identitäten und wechselseitigen dynamischen Eindrucksbildungsprozesse an. In Anlehnung an Kemper (1978) bezeichnet er als strukturelle Emotionen diejenigen Gefühlszustände, die aus der perfekten wechselseitigen Bestätigung von Identitäten in der dyadischen Interaktion resultieren.

Auch die Emotionstheorie von Heise hat sich empirisch bewährt (z. B. Heise/Weir; Schröder/Scholl 2009). Von enormer praktischer Relevanz ist sie im Strafrecht, wie Smith-Lovin und Tsoudis in einer Serie von Experimenten zeigen konnten (z. B. Tsoudis/Smith-Lovin 1998). Warum erhält ein Angeklagter, der Reue zeigt, oft ein milderes Urteil? Nach der Affektsteuerungstheorie offenbart ein reuevoller Straftäter seinen Richtern und Schöffen eine positivere, ihnen vielleicht ähnlichere Identität, was sie wiederum zu einer positiveren Handlung ihm gegenüber bewegt – also einem milderen Urteil. Emotionen zeigen also Identität an und kommunizieren damit, welches Verhalten künftig zu erwarten ist.

2.6 Interaktionsdynamik

Soziale Interaktion ist stets dynamisch. Handlungen sind nicht nur von spezifischen Situationsdefinitionen zu einem Zeitpunkt abhängig, sondern auch im hohen Maße aufeinander bezogen. Eine Mutter etwa, die sich mit ihrem Kind streitet, erlebt eine relativ hohe affektive Abweichung, die sie in der Folge geneigt sein wird durch ein *besonders* angenehmes, starkes und ruhiges Verhalten auszugleichen. Dass auch solche dynamischen Aspekte sozialer Interaktion von der Theorie valide beschrieben werden, verdeutlichen zwei jüngere Studien, durch die auch gleich das weite Spektrum an sozialen Phänomenen abgesteckt wird, zu deren Erklärung Heises Ansatz herangezogen worden ist: Schröder, Netzel, Schermuly und Scholl (im Druck) konnten zeigen, dass sich während eines Assessment Centers beobachtete Sequenzen affektiven interpersonalen Ausdrucks innerhalb von Dyaden mit dem mathematischen Modell der Affektsteuerungstheorie vorhersagen lassen. Dies dürfte die ›mikroskopischste‹ aller bisherigen Anwendungen der Theorie sein. Heise und Lerner (2006) hingegen analysierten diplomatische Handlungen zwischen Staaten und demonstrierten, dass die Interaktionen zwischen Israel und seinen arabischen Nachbarn in den Siebziger Jahren des zwanzigsten Jahrhunderts der gleichen affektiven Dynamik folgten wie unmittelbare soziale Interaktionen zwischen Individuen.

3   Neuere Entwicklungen, offene Fragen und Grenzen

MacKinnon und Heise (2010) haben jüngst eine Theorie des Selbst, der Identitäten und der sozialen Institutionen vorgelegt, die sie zwar als eigenständige Theorie beschreiben, die aber zahlreiche Bezüge zur Affektsteuerungstheorie aufweist und in gewisser Hinsicht als deren Erweiterung verstanden werden kann. Die Grundidee ist, dass die Strukturiertheit sozialen Handelns innerhalb von Institutionen ihre semantische Entsprechung in der logischen Struktur des Lexikons hat, welches eine Sprachgemeinschaft ihren Angehörigen zur symbolischen Deutung ihrer Umwelt bereitstellt (Heise/ MacKinnon 2010: 6 ff.). Über eine Analyse der semantischen Hierarchien von Identitätsbegriffen lassen sich damit die wesentlichen sozialen Institutionen rekonstruieren.

Die englische Sprache kennt etwa 10 000 Begriffe, die geeignet sind, Identitäten in Alltagssituationen zu beschreiben. Die wichtigsten Institutionen des Alltags, denen sich die meisten Identitäten zuordnen lassen, sind die folgenden: Familie, Sexualität, Wirtschaft, Religion, Bildung, Medizin, Recht, Politik und Unterhaltung (Heise 2007: 27 ff.). Nicht jedes Individuum kann aber spontan jede dieser Identitäten annehmen. Zum einen gibt es praktische und institutionelle Einschränkungen (es erfordert eine lange Ausbildung, ›Neurochirurg‹ zu sein). Zum anderen spielt das Selbst eine Rolle, welches Mac Kinnon und Heise (2010: 4 f.) im Unterschied zu situational fluktuierenden Identitäten als kohärent und zeitlich überdauernd auffassen. Dem Selbst entspricht nach ihrer Auffassung ein charakteristischer Affekt *(self sentiment),* welcher wiederum im dreidimensionalen emotionalen Raum lokalisierbar ist. Bei der Frage, welchen Institutionen sich ein Individuum bevorzugt zuwendet und welche Identitäten es innerhalb dieser Institutionen anstrebt, spielt nun wieder das Grundmotiv der Maximierung affektiver Konsistenz eine Rolle, welches in der Affektsteuerungstheorie als Mechanismus der Handlungssteuerung angesehen wird. So wie wir in konkreten Situationen unsere jeweilige Identität durch affektiv passende soziale Handlungen bestätigen, so nehmen wir spezifische Identitäten an, um uns der affektiven Bedeutung unseres Selbst zu versichern. Wer sich als sehr angenehm, mächtig und lebhaft empfindet, wie viele junge Frauen aus der US-amerikanischen Mittelschicht, wird dazu neigen, viele Situationen vor allem im Sinne von Identitäten zu definieren, die mit Familie, Romantik und Freundschaft verbunden sind. Junge Männer empfinden sich als etwas weniger positiv, so dass neben Familien-Identitäten auch berufliche Rollen ihrem Selbst optimale Ausdrucksmöglichkeiten bieten. Nicht immer entsprechen Situationsdefinitionen aber persönlichen Präferenzen, da sie Einschränkungen durch physikalische oder organisationale Rahmenbedingungen unterliegen (z. B. Naturkatastrophen bzw. Hierarchien). Dadurch können Diskrepanzen zwischen Selbstgefühl und situativ ausgelebten Identitäten entstehen, die in Gefühlen mangelnder Authentizität resultieren und das Individuum veranlassen, in anderen Situationen kompensierende Identitäten einzunehmen (Heise 2007: 73 ff.).

Ein weiteres Thema, dem zurzeit im Umfeld der Affektsteuerungstheorie große Aufmerksamkeit gilt, ist die Frage der intra- und interkulturellen Generalisierbarkeit von psychologischen Prozessen der Eindrucksbildung. Wie in Abschnitt 2.2 beschrieben, wird mit der bisherigen Form der mathematischen Modellierung, die auf kultureller Übereinstimmung beruht, unterstellt, dass die Eindrucksbildung uniformen Gesetzmäßigkeiten folgt. Neuere Befunde zu systematischen kulturellen Besonderheiten deuten aber darauf hin, dass Eindrucksbildung zumindest zum Teil gelernt und damit potenziell auch zwischen Individuen variabel ist. So fallen im Deutschen die in anderen Sprachen bisher üblicherweise aufgefundenen Konsistenzeffekte (es ist gut, ein gutes Objekt gut und ein schlechtes Objekt schlecht zu behandeln) vergleichsweise klein aus (Schröder 2011). Damit lassen sich etwa die stark differierenden Einstellungen zur Todesstrafe in Deutschland bzw. den USA erklären. Auch deutet das deutsche Modell auf eine höhere Sensibilität gegenüber Machtphänomenen in der sozialen Interaktion hin (Schröder 2011). Angesichts großer methodischer Herausforderungen beim interkulturellen Vergleich von Parameterschätzungen müssen diese Ergebnisse vorsichtig betrachtet werden und bedürfen weiterer Untersuchungen. Die Übertragung der Affektsteuerungstheorie in andere Sprachen ist empirisch sehr aufwändig und schreitet nur langsam voran.[6] Hier ist aber großes Potenzial für das Verständnis und die präzise Analyse interkultureller Kommunikationsprozesse zu sehen.

Eine kritische Frage gilt der Gleichsetzung nationaler Kulturen mit der Lebenswelt weißer Mittelschicht-Akademiker, wie sie durch die empirische Modellbildung im Rahmen der Affektsteuerungstheorie im Grunde impliziert wird. Zwar ist die Reliabilität und extrem langfristige intrakulturelle Stabilität gemessener affektiver Wortbedeutungen ebenso beeindruckend (vgl. Heise 2010) wie deren höchst sinnvoll interpretierbaren interkulturellen Variationen (vgl. z. B. Smith/Matsuno/Umino 1994; Schneider 2004; Schröder 2011). Gleichwohl bedarf die Frage dringend der empirischen Klärung, ob es nicht bezüglich der affektiven Regulation sozialer Interaktion innerhalb nationaler Gesellschaften eine vergleichbar bedeutende kulturelle Variabilität zwischen verschiedenen Milieus gibt wie sie innerhalb des akademischen Milieus zwischen nationalen Gesellschaften festgestellt wurde. Eine jüngere Arbeit von Sewell und Heise (2009) deutet jedenfalls darauf hin: Aufgrund der Re-Analyse eines affektiven Lexikons aus den 70er Jahren kommen die Autoren zu dem Schluss, dass die kulturellen Unterschiede zwischen Schwarzen und Weißen innerhalb der USA in der gleichen Größenordnung lagen wie jene zwischen verschiedenen Nationen.

Verschiedene Studien legen nahe, dass die auf der Affektsteuerungstheorie basierenden Modelle etwa ein Fünftel bis ein Drittel der Varianz tatsächlich beobachteten sozialen Verhaltens aufklären (Heise/Lerner 2006; Schröder/Netzel/Schermuly/Scholl im

---

6   Aktuell, d. h. zum Erscheinen dieses Kapitels, wird an der US-amerikanischen Duke University unter der Leitung von Lynn Smith-Lovin an einem Modell in arabischer Sprache gearbeitet (persönliche Kommunikation mit Smith-Lovin).

Druck; Schröder/Scholl 2009; Wiggins/Heise 1987).[7] Das ist für eine sozialwissenschaftliche Theorie zweifelsohne bemerkenswert. Gleichwohl bedeutet es auch, dass sie weit entfernt von einer vollständigen Erklärung sozialer Interaktion ist, selbst wenn man übliche methodische Fehlerquellen wie unreliable Messungen und Bobachtungen oder statistische Artefakte bei der Modellparameterschätzung großzügig berücksichtigt. Ein wichtiges Element der Handlungssteuerung, das die Affektsteuerungstheorie ignoriert, welches aber von empirischer Relevanz ist, stellt kognitive Kontrolle und das planvolle instrumentelle Verfolgen von Zielen dar. Im weiter oben beschriebenen Experiment von Schröder und Scholl (2009), bei dem Versuchspersonen in der Rolle einer Führungskraft mit virtuellen Mitarbeitern eines computersimulierten Unternehmens kommunizierten, war zum Beispiel zu beobachten, dass erfolgreiche Probanden systematisch bestimmten affektiven Handlungsimpulsen widerstanden, die das experimentelle Setting eigentlich nahe legte (z. B. einen besonders aggressiv auftretenden virtuellen Mitarbeiter zurechtzuweisen oder zu sanktionieren), deren Realisierung aber negative Auswirkungen auf den Erfolg bei der Leitung des Unternehmens gehabt hätte. Eine solche kognitiv gesteuerte Emotionsregulation ist ein wichtiger Aspekt sozialer Interaktion, über den die Affektsteuerungstheorie keine Vorhersage macht. Interpersonale Motive spielen zwar eine große, aber nicht die einzige Rolle bei der Steuerung sozialen Handelns, sondern sie können bisweilen im Widerspruch zu anderen, nicht oder nicht primär sozialen Zielen stehen.

Auch im Bereich emotionaler Phänomene im engeren Sinne stößt Heises Theorie an ihre Grenzen. Emotionen können auch nicht-soziale Ursachen haben, man denke z. B. an Angst vor Spinnen, durch neurochemische Defekte verursachte Depressionen oder die spontane Wut, die jemanden überkommt, der sich gerade empfindlich den Kopf gestoßen hat. Obwohl solche Affekte rein biologische Ursachen haben, können sie soziale Wahrnehmungen und Verhaltensweisen empfindlich beeinflussen. Dies geht jedoch über den Erklärungsbereich der Affektsteuerungstheorie hinaus. Ebenso verhält es sich mit bestimmten zeitlichen Dynamiken emotionalen Erlebens. Zwar sagt die Theorie wohl korrekt vorher, dass ein Kleinkind nach einem Wutanfall seinen Eltern gegenüber das Bedürfnis nach einer zärtlichen Umarmung entwickeln wird, sie gibt aber keine Antwort auf die Frage, wie lange und warum man auf diesen – in der Regel dann sehr abrupten – Wechsel emotionaler Zustände warten muss.

4   Theoretische Verknüpfungen

Die Affektsteuerungstheorie weist viele Bezüge zu zentralen theoretischen Konzeptionen inner- und außerhalb der Soziologie auf, von denen einige hier kurz skizziert

---

7   Diese Feststellung sowie die folgenden Ausführungen in diesem Absatz basieren auf einem Gedankenaustausch des Autors mit David Heise im Februar 2011.

werden sollen. Naturgemäß handelt es sich mehr um eine subjektive Auswahl von Beispielen als um eine vollständige Aufzählung. Deutlich werden soll das beträchtliche integrative Potenzial, welches die Theorie nach Auffassung des Autors aufweist. Nicht nur können so fruchtbare Bereiche für künftige Forschungsarbeiten vor allem interdisziplinärer Natur aufgezeigt werden, sondern eine weit gehende nomologische Konsistenz mit anderen Theorien mag auch – zusammen mit der empirischen Bewährung ihrer Vorhersagen – als Hinweis auf die Gültigkeit von Heises Theorie dienen.

4.1   Soziologie

Mit dem Titel seines jüngsten Überblickswerks *Expressive Order* (Heise 2007) weist Heise selbst auf den Zusammenhang zum Werk von Erving Goffman (1967) hin, der die aktive Steuerung von sozialen Eindrücken *(impression management)* als Motor der sozialen Interaktion auffasst. Von Neil MacKinnon (1994) stammt die umfassende Einordnung der Affektsteuerungstheorie in die gedankliche Tradition des *Symbolischen Interaktionismus,* der durch Heises Werk zwei wesentliche Ergänzungen erfährt. Dies betrifft zum einen die Rolle von Affekten und die wechselseitige Bedingtheit von Emotionen und der Struktur signifikanter Symbole, die von Mead (1934) im Wesentlichen ignoriert wurde. Zum anderen stellt die Affektsteuerungstheorie den Versuch einer quantifizierten und mathematisch formalisierten Reformulierung des Symbolischen Interaktionismus dar. Wie weiter unten erörtert wird (s. Abschnitt 5), ist damit der Versuch verbunden, eine der wesentlichen Dichotomien (qualitativ-hermeneutisch vs. quantitativ-nomologisch) beim Verständnis sozialer Interaktion aufzulösen.

4.2   Kybernetik

Wie in ihrem Namen zum Ausdruck kommt, liegt der Affektsteuerungstheorie ein *kybernetisches Regelkreismodell* sozialer Interaktion zugrunde. Das aus einer sprachlichen Situationsdeutung hervorgehende Grundgefühl dient als soziale Steuerungsgröße. Ergibt sich durch einen bestimmten Handlungsverlauf eine zu große Abweichung vom Zielwert, so muss durch affektiv kohärente Handlungen bzw. Uminterpretationen der Situation nachgesteuert werden, um die entstandene Diskrepanz zu reduzieren. Das Individuum wird als zielorientiertes Wesen verstanden, welches aktiv handelt, um gewünschte affektive Zustände zu erreichen. Die oben kurz skizzierte Theorie des Selbst (MacKinnon/Heise 2010) fügt einen weiteren Regelkreis auf höherer Ebene hinzu. So wie Handlungen ausgewählt werden, um eine aktivierte Identität zu bestätigen, werden Identitäten ausgewählt, um ein Selbstgefühl zu bestätigen.

   Damit ist die Affektsteuerungstheorie gut anschlussfähig an zahlreiche kybernetische Theorien in den Sozial- und Kognitionswissenschaften (vgl. Carver/Scheier 1998;

McClelland/Fararo 2006). Von besonderer Bedeutung ist ihr Verhältnis zur Identitätstheorie von Peter Burke (Burke/Stets 2009), zu der sie eine Reihe von Ähnlichkeiten aufweist, aber auch interessante Unterschiede. Gemein haben beide Theorien die Annahme, dass das Streben nach Verifikation von Identitäten das zentrale Motivationsprinzip bei der Handlungssteuerung ist. Während Heise aber davon ausgeht, dass Individuen simultan die affektive Bedeutung aller Situationsaspekte berücksichtigen (Akteur, Objekt, Handlung, Setting), beschränkt Burke den Fokus auf die persönliche Identität der handelnden Person. Damit einhergehend betont Heise eher die soziale Strukturiertheit des Handelns und die kulturelle Eingebundenheit des Selbst, während Burke sich stärker für die persönliche, idiosynkratisch konstituierte Identität interessiert. Ein weiterer Unterschied besteht in der Funktion von Emotionen, wie sie in beiden Theorien gesehen wird. Nach Burkes Konzeption führt eine Bestätigung der eigenen Identität in der Interaktion zu positiven Emotionen, während eine Abweichung zu negativen führt. Heise hingegen trennt zwischen der Valenz von Emotionen und dem Konzept der Abweichung: Auch ›zu angenehme‹ Emotionen können affektiv inkonsistent sein und dazu führen, dass die korrespondierenden Interaktionssituationen gemieden werden, wie etwa Robinson und Smith-Lovin (1992) in einem viel zitierten Experiment zeigten. Viele Befunde aus dem verwandten experimentellen Paradigma der psychologischen Selbstverifikationstheorie (Swann/Read 1981; Swann/Rentfrow/Guinn 2003) können in ähnlicher Weise als empirische Bestätigung für die Annahmen der Affektsteuerungstheorie heran gezogen werden.

Nicht zuletzt ist die kybernetische Auffassung von sozialer Interaktion, wie sie Heise vertritt, von hoher Bedeutung für die biologische Implementierung des Sozialen in Gehirnen (vgl. auch Abschnitt 4.5 unten). Viele neuronale Prozesse können als Hierarchien von Regelkreisen verstanden werden (vgl. Eliasmith/Anderson 2003). Dies ist relativ offenkundig und gut untersucht für die Interaktion von Sinneswahrnehmung und motorischer Steuerung (z. B. Nenadic/Anderson/Gosh 2002). Dass sich emotionale Prozesse und soziales Verhalten in ähnlicher Weise beschreiben lassen, ist eine theoretisch sparsame und aus biologischer Perspektive höchst plausible Annahme.

4.3 Psychologie

Neben der Nähe zu verschiedenen Selbstregulationstheorien (vgl. der vorige Abschnitt) ist zunächst an den Rückgriff auf den Osgoodschen Affektraum zu denken, der in der Psychologie mittlerweile als etabliertes Ordnungsschema für sozio-emotionale Phänomene gelten kann. Auch zu den Appraisal-Theorien, welche die Korrespondenz kognitiver Situationsbewertungen mit spezifischen Gefühlsqualitäten zum Thema haben, bestehen deutliche Parallelen. So können Evaluation, Potenz und Aktivierung als grundlegende Dimensionen zur Bewertung von für den Organismus relevanten Ereignissen aufgefasst werden (vgl. Scherer/Dan/Flykt 2006): Ist ein Ereignis förderlich oder hinderlich für die Ziele der handelnden Person (= Evaluation)? Hat die Person Kontrolle über das Geschehen (= Potenz)? Schließlich: Wie dringend muss auf das Geschehen reagiert werden (= Aktivierung)?

Heise selber bezieht sich in seinen Schriften immer wieder auf die klassischen Einstellungs-Konsistenz-Theorien, allen voran die Balancetheorie von Heider (1946) und ihr Leitmotiv vom Streben des Geistes nach einer bedeutungsvollen Gestalt. Details mögen strittig sein, aber dass ein Konsistenzmotiv eine der grundlegenden Eigenschaften des menschlichen kognitiv-affektiven Apparats darstellt, dürfte in der Psychologie zu den ›stilisierten Fakten‹ gehören. Indem Heise das Konsistenzbedürfnis in den Osgoodschen Affektraum verlegt und mathematisch formalisiert, legt er die wohl am besten ausgearbeitete und umfassendste Konsistenztheorie vor. Ironisch ist nur, dass aufgrund der weitgehend fehlenden wechselseitigen Kenntnisnahme der soziologischen und psychologischen Literatur zur sozialen Interaktion seine Theorie in der Psychologie fast vollständig unbekannt ist (vgl. Scholl 2007).

4.4   Linguistik

Interessante theoretische Parallelen zur Affektsteuerungstheorie sind auch in den Grenzbereichen von Psychologie und Linguistik zu finden. Hier ist etwa an die einflussreiche kognitive Metapherntheorie von Lakoff und Johnson (2003) zu denken, der zufolge die handlungsleitende Wahrnehmung durch metaphorische begriffliche Kategorien strukturiert wird, welche hierarchisch aufeinander aufbauen. Letztlich, so Lakoff und Johnson, lässt sich die Logik sprachlichen Denkens auf so genannte Primärmetaphern zurückführen, die der unmittelbaren körperlichen und sinnlichen Erfahrung entstammen (z. B. ist ›Wärme‹ kulturübergreifend eine Metapher für Zuneigung, weil Kinder die Körperwärme der ihnen Zuneigung entgegenbringenden Mutter spüren; Lakoff/Johnson 2003). Die Zuordnung von EPA-Profilen zu mehr oder minder komplexen sprachlichen Symbolen, wie sie ein Kern der methodologischen Herangehensweise von Heise ist, bedeutet im Grunde nichts anderes, als Deutungen sozialer Situationen auf eine allgemein vergleichbare primäre Metaphorik zurückzuführen.[8]

4.5   Neurowissenschaften

Die Affektsteuerungstheorie ist wie vielleicht keine andere sozialwissenschaftliche Theorie an die Neurowissenschaften anschlussfähig. Dies gilt sowohl in theoretischer als

---

8   Osgoods Arbeiten zum semantischen Differenzial begannen ganz im Sinne dieser Argumentation übrigens genau mit der kulturvergleichenden Untersuchung von Metaphern (Osgood/Suci/Tannenbaum 1957).

auch in methodologischer Hinsicht. Letzteres ist unmittelbar einleuchtend, schließlich sprechen Heise und seine Schüler mit der präzisen Quantifizierung, mathematischen Modellierung und Computersimulation sozioemotionaler Phänomene eine ›empirische Sprache‹, die in den Neurowissenschaften verstanden wird. Bezüglich der theoretischen Kompatibilität muss wohl etwas weiter ausgeholt werden, aber Ideen aus der Affektsteuerungstheorie könnten möglicherweise einen Beitrag zur Lösung eines wichtigen Problems in den kognitiven Neurowissenschaften leisten. Denn bisher ist die Frage nicht überzeugend beantwortet, wie es möglich ist, dass ein biologisch realistisches neuronales Netzwerk symbolische Strukturen repräsentiert. Die Debatte dazu kann hier nicht ausführlich wiedergegeben werden (siehe z. B. Fodor 1997; Smolensky 1990), aber ein Lösungsvorschlag besteht in so genannten vektor-symbolischen Architekturen (einen Überblick geben Stewart/Eliasmith im Druck). Dabei werden symbolische Begriffe als hochdimensionale Vektoren repräsentiert, die wiederum mathematisch in neuronale Aktivationsmuster (Spikes) überführt werden können (Eliasmith/Anderson 2003). Begriffskombinationen und komplexere grammatische Repräsentationen entsprechen dann der neuronalen Bindung verschiedener charakteristischer Aktivierungsmuster (Stewart/Eliasmith im Druck). Die Parallele zur Affektsteuerungstheorie besteht darin, dass auch hier Vektoren (nämlich EPA-Profile) benutzt werden, um sprachliche Symbole zu repräsentieren, und mathematische Kombinationen von Vektoren (beschrieben durch die Eindrucksbildungsgleichungen) als komplexere Beschreibungen sozialer Interaktion. Eine Kombination dieser Ideen könnte sich als höchst fruchtbar erweisen: zum einen, um den relativ abstrakten und hypothetischen vektor-symbolischen Architekturen mehr psychologische Plausibilität zu verleihen; zum anderen, um die Implementierung der Steuerung sozialer Interaktion in Gehirnen besser zu verstehen.

4.6   Ökonomie

Zum Abschluss darf ein wenig spekuliert werden, denn die Vermutung des Autors, dass die Affektsteuerungstheorie auch mit ökonomischen Austauschtheorien in Einklang gebracht werden könnte, ist noch nicht sehr ausgearbeitet. Auf den ersten Blick ist der Ansatz ein ganz anderer, denn soziale Interaktion als Mittel zum Austausch von Ressourcen zu verstehen, hat wenig mit dem symbolisch-interaktionistischen Paradigma gemein, auf dem Heise aufbaut (vgl. MacKinnon 1994). Die weiter oben aufgeführte Anwendung der Affektsteuerungstheorie auf Führungsverhalten in Organisationen (Schröder/Scholl 2009) legt jedoch nahe, dass zumindest prinzipiell auch eine Anwendung des affektiven Konsistenzprinzips auf die Analyse ökonomischer Prozesse denkbar ist. Eine höchst interessante Frage könnte darin bestehen, inwieweit die Logik des Ressourcentauschs in die affektive Struktur der Sprache ›eingebaut‹ ist, so dass zumindest im Regelfall eine funktionale und nach gesellschaftlichen Normen gerechte Allokation erfolgt, wenn alle Interagierenden im Sinne der Affektsteuerungstheorie so handeln, dass damit kulturell geteilte semantische Strukturen verifiziert werden können.

5 Würdigung

David Heise bietet nichts weniger an als eine allgemeine Theorie der sozialen Inter-aktion, welche die vielfältigen Bezüge zwischen kulturellen Deutungsmustern, sozialer Wahrnehmung, Emotionen und Handlungssteuerung in ein sparsames formales Modell integriert. Präzise und empirisch bewährte Vorhersagen über soziale Interaktionen in den verschiedensten gesellschaftlichen Zusammenhängen werden möglich. Das inte-grative Potenzial der Affektsteuerungstheorie wird neben den vielfältigen in Abschnitt 4 skizzierten theoretischen Bezügen daran erkennbar, dass sie zahlreichen Dichotomien gerecht wird, die am Anfang dieses Kapitels als charakteristisch für die wissenschaftli-che Auseinandersetzung mit Phänomenen der sozialen Interaktion bezeichnet wurden. Heises Position ist hermeneutisch, weil die Analyse nicht ohne eine adäquate sprachli-che Deutung der Situation beginnen kann, welche der Wahrnehmung der Beteiligten entspricht. Zugleich ist der Ansatz nomologisch, weil gesetzmäßige, quantifizierte und empirisch testbare Vorhersagen über die emotionalen und handlungsbezogenen Kon-sequenzen einer spezifischen Situationsdeutung abgeleitet werden. Handeln wird als Folge individueller Eindrucksbildungsprozesse verstanden, aber auch als Ausdruck so-zial geteilter Sinnstrukturen. Es wird angenommen, dass wir im Handeln primär unse-ren Gefühlen folgen, und doch führt dies zu einer Reproduktion rationaler und logisch zusammenhängender sozialer Institutionen. Schließlich: Der Mensch ist Kulturwesen, denn er orientiert sich an sozial konstruierten Symbolen. Zugleich ist er ein biologi-sches Wesen, denn sein Gehirn übersetzt Symbole in affektive Dynamiken, die am Ende womöglich der tierischen Verhaltenssteuerung überraschend ähnlich sind.

Literatur

Burke, Peter J./Stets, Jan E. (2009): Identity Theory. New York: Oxford University Press.

Carver, Charles S./Scheier, Michael F. (1998): On the Self-Regulation of Behavior. New York: Cambridge University Press.

Eliasmith, Chris/Anderson, Charles H. (2003): Neural Engineering. Computation, Representa-tion, and Dynamics in Neurobiological Systems. Cambridge: MIT Press.

Fodor, Jerry A. (1997): Connectionism and the Problem of Systematicity (Continued): why Smolensky's Solution Still Doesn't Work. In: Cognition 62: 109–119.

Francis, Clare/Heise, David R. (2006): Mean Affective Ratings of 1,500 Concepts by Indiana Uni-versity Undergraduates in 2002–3 [Datensatz]. In: Affect Control Theory Website, Pro-gram Interact. Bloomington: Indiana University. http://www.indiana.edu/~socpsy/ACT/interact/JavaInteract. html.

Goffman, Erving (1967): Interaction Rituals: Essays on Face-to-Face Behavior. New York: Doubleday.

Heider, Fritz (1946): Attitudes and Cognitive Organization. In: Journal of Psychology 21: 117–121.

Heise, David R. (1977): Social Action as the Control of Affect. In: Behavioral Science 22: 163–177.

Heise, David R. (1979): Understanding Events. Affect and the Construction of Social Action. New York: Cambridge University Press.

Heise, David R. (1997): INTERACT. Introduction and Software. Bloomington: Indiana University.

Heise, David R. (2001): Project Magellan. Collecting Cross-cultural Affective Meanings via the Internet. In: Electronic Journal of Sociology 5. http://www.sociology.org.

Heise, David R. (2007): Expressive Order. Confirming Sentiments in Social Action. New York: Springer.

Heise, David R. (2010): Surveying Cultures. Discovering Shared Conceptions and Sentiments. Hoboken: Wiley.

Heise, David R./Lerner, Steven J. (2006): Affect Control in International Relations. In: Social Forces 85: 993–1010.

Heise, David R./MacKinnon, Neil J. (1987): Affective Bases of Likelihood Judgments. In: Journal of Mathematical Sociology 13: 133–151.

Heise, David R./Weir, Brian (1999): A Test of Symbolic Interactionist Predictions About Emotions in Imagined Situations. In: Symbolic Interaction 22: 139–161.

Kemper, Theodore D. (1978): A Social Interactional Theory of Emotions. New York: Wiley.

Lakoff, George/Johnson, Mark (2003): Metaphors we live by (2nd ed.). Chicago: University of Chicago Press.

Mead, George H. (1934): Mind, Self, and Society from the Standpoint of a Social Behaviorist. Chicago: University of Chicago Press.

MacKinnon, Neil J. (1994): Symbolic Interactionism as Affect Control. Albany: State University of New York Press.

MacKinnon, Neil J./Heise, David R. (2010): Self, Identity, and Social Institutions. New York: Palgrave Macmillan.

McClelland, Kent A/Fararo, Thomas J. (Hg.) (2006): Purpose, Meaning, and Action: Control Systems Theories in Sociology. New York: Palgrave Macmillan.

Nenadic, Zoran/Anderson, Charles H./Gosh, Bijoy K. (2002): Control of Arm Movement Using Population of Neurons. In: Mathematical and Computer Modelling 35: 1261–1269.

Osgood, Charles E./May, William H./Miron, Murray S. (1975): Cross-cultural Universals of Affective Meaning. Urbana: University of Illinois Press.

Osgood, Charles E./Suci, George J./Tannenbaum, Percy H. (1957): The Measurement of Meaning. Chicago: University of Illinois Press.

Romney, A. Kimball/Weller, Susan C./Batchelder, William H. (1986): Culture as Consensus: A Theory of Culture and Informant Accuracy. In: American Anthropologist 88: 313–338.

Scherer, Klaus R./Dan, Elise S./Flykt, Anders (2006): What Determines a Feeling's Position in Affective Space? A Case for Appraisal. In: Cognition & Emotion 20: 92–113.

Schneider, Andreas (2004): The Ideal Type of Authority in the United States and Germany. In: Sociological Perspectives 47. 313–327

Schneider, Andreas/Heise, David R. (1995): Simulating Symbolic Interaction. In: Journal of Mathematical Sociology 20: 271–287.

Scholl, Wolfgang (2007): Plädoyer für eine sozialere, interdisziplinärere und anwendbarere Sozialpsychologie. In: Zeitschrift für Sozialpsychologie 38: 273–284.

Scholl, Wolfgang (2009): The Socio-Emotional Basis of Human Cognition, Communication, and Interaction. In: Wolfgang Scholl (Hg.): Interact Communicate – An Interdisciplinary Wiki on Social Interaction and Communication. Online unter http://www.socialinteraction-research. com

Schröder, Tobias (im Druck): David Heise (2007): Expressive Order: Confirming Sentiments in Social Action. Erscheint in: Konstanze Senge/Rainer Schützeichel (Hg.): Hauptwerke der Emotionssoziologie. Wiesbaden: VS.

Schröder, Tobias (2011): A Model of Language-based Impression Formation and Attribution Among Germans. In: Journal of Language and Social Psychology 30: 82–102.

Schröder, Tobias/Netzel, Janine/Schermuly, Carsten C./Scholl, Wolfgang (im Druck): Culture-Constrained Affective Consistency of Interpersonal Behavior. A Test of Affect Control Theory with Nonverbal Expressions. Erscheint in: Social Psychology.

Schröder, Tobias/Scholl, Wolfgang (2009): Affective Dynamics of Leadership: An Experimental Test of Affect Control Theory. In: Social Psychology Quarterly 72: 180–197.

Smith, Herman W./Matsuno, Takanori/Umino, Michio (1994): How Similar Are Impression-Formation Processes Among Japanese and Americans? In: Social Psychology Quarterly 57: 124–139.

Smith-Lovin, Lynn/Heise, David R. (1988): Analyzing Social Interaction: Advances in Affect Control Theory. New York: Gordon and Breach Science Publ.

Smolensky, Paul (1990): Tensor Product Variable Binding and the Representation of Symbolic Structures in Connectionist Systems. In: Artificial Intelligence 46: 159–217.

Stewart, Terrence B./Eliasmith, Chris (im Druck): Compositionality and Biologically Plausible Models. Erscheint in: Werning, Markus/Hinzen, Wolfram/Machery, Edouard (Hg.): The Oxford Handbook of Compositionality. Oxford: Oxford University Press.

Swann, William B./Read, Stephen J. (1981): Self-Verification Processes: How We Sustain Our Self-Conceptions. In: Journal of Experimental Social Psychology 17: 351–372.

Swann, William B./Rentfrow, Peter J./Guinn, Jennifer S. (2003): Self-Verification: The Search for Coherence. In: Mark R. Leary/June P. Tangney (Hg.): Handbook of Self and Identity. New York: Guilford, S. 367–383.

Tsoudis, Olga/Smith-Lovin, Lynn (1998): How Bad Was It? The Effects of Victim and Perpetrator Emotion on Responses to Criminal Court Vignettes. In: Social Forces 77: 695–722.

Weber, Max (1922/1990): Wirtschaft und Gesellschaft (5., rev. Aufl., hg. von Johannes Winckelmann). Tübingen: Mohr.

Wiggins, Beverly/Heise, David R. (1987). Expectations, Intentions, and Behavior: Some Tests of Affect Control Theory. In: Journal of Mathematical Sociology 13: 153–169.

III. Selektionen und Emotionen

Emotionen, Handlungen und Ordnungen: Überlegungen zu Randall Collins

Jens Greve

Einleitung

Randall Collins verknüpft in seiner Soziologie erstens eine Konflikttheorie sozialer Prozesse, mit der er an Max Weber anknüpft, zweitens eine Ritualtheorie, die aus zwei Quellen stammt, von Emile Durkheim und von Erving Goffman, und schließlich drittens eine Mikroorientierung, die neben Goffman auf die weitere Tradition des symbolischen Interaktionismus zurückgeht. Aus Webers Soziologie entnimmt Collins die Annahme, dass der Kern der Sozialstruktur aus einer Schichtung entlang von Herrschaftsstrukturen besteht (Collins 1975: 45), von Durkheim die Annahme, dass die gesellschaftliche Solidarität aus einer Situation kollektiver Erregung emergiert, die durch einen gemeinsamen Rhythmus gekennzeichnet ist.[1] Collins verknüpft dies mit der Interaktionssoziologie Goffmans. Dadurch erweitert Collins erstens die Reichweite des Durkheimschen Gedankens: Rituale sind in den alltäglichen face-to-face-Interaktionen stets präsent, sie bilden daher keine besondere Phase gesellschaftlichen Handelns wie bei Durkheim. Zweitens übernimmt er von Goffman die Idee einer situationalen Stratifikation: Interaktionen besitzen einen Aufmerksamkeitsfokus, der das Zentrum der Konversation bildet. In einem Anschluss an Aspekte der interpretativen Soziologie im Ganzen geht Collins darüber hinaus davon aus, dass die Situation relevanter ist als das Handeln der Einzelnen und entsprechend zeigt sich Collins psychologischen Erklärungen gegenüber reserviert. Schließlich geht mit dem Anschluss an Strömungen der interpretativen Soziologie die Idee einer Mikrofundierung von Makrokonzepten einher. Sozialstruktur ist daher für Collins nichts anderes als die Struktur alltäglicher Interaktionen.[2] Was nicht hei-

---

1 »Man kann sich leicht vorstellen, daß sich der Mensch bei dieser Erregung nicht mehr kennt. Er fühlt sich beherrscht und hingerissen von einer Art äußeren Macht, die ihn zwingt, anders als gewöhnlich zu denken und zu handeln. Ganz natürlich hat er das Gefühl, nicht mehr er selbst zu sein. Er glaubt sogar, ein neues Wesen geworden zu sein. Die Verkleidungen, die Masken, mit denen er sein Gesicht verdeckt, drücken wirklich diese innere Verwandlung aus, mehr noch: sie tragen dazu bei, sie hervorzurufen. Da sich aber zur gleichen Zeit auch seine Genossen auf die gleiche Weise verwandelt fühlen und ihr Gefühl durch ihre Schreie, ihre Gesten und ihre Haltung ausdrücken, so geschieht es, daß er sich wirklich in eine fremde, völlig andere Welt versetzt glaubt, als die Welt, in der er gewöhnlich lebt, in eine Umwelt voller intensiver Kräfte, die ihn überfluten und verwandeln.« (Durkheim 2005: 300)

2 Vgl. bereits die entsprechenden Formulierungen in Collins (1975): »I believe that everything we have hitherto referred to as ›structure‹, insofar as it really occurs and is not just one of those myths people

ßen soll, dass die Soziologie auf generalisierende Beschreibungen verzichten soll, diese müssten aber auf dem Wege einer Mikroübersetzung gewonnen werden (Collins 1981). Dieses Mikromodell entwickelt Collins unter Betonung des emotionalen Aspekts der Sozialität. Dieser sei gerade auch in der Ethnomethodologie hinter einer eher kognitivistischen Fassung des Interaktionsgeschehens zurückgetreten (Collins 1990b: 29).

Collins verortet Emotionen in einem allgemeinen Modell, das – wie skizziert – verschiedene Elemente miteinander zu einer originellen Sozialtheorie verknüpft. Im Folgenden stelle ich dieses Modell zunächst ausführlicher dar (1.). Ich werde dann die These vertreten, dass Collins zwar wichtige Elemente betont, dass er dabei aber einzelne Aspekte übergeneralisiert und dass diese Übergeneralisierung auch zur Folge hat, dass der Zusammenhang zentraler Bausteine seines Ansatzes ungeklärt bleibt (2.).

1   Das Modell

Im Zentrum der Theorie steht das Modell der Interaktionsrituale. Diese beschreibt Collins entlang der Durkheimschen Ritualkonzeption. Interaktionsrituale kommen nach Collins unter vier Bedingungen zustande:

1. einer Kopräsenz von Personen
2. einer Grenzziehung, durch die festlegt wird, wer zur Gruppe gehört und wer nicht
3. einem gemeinsamen Aufmerksamkeitsfokus
4. einer geteilten Stimmung oder emotionalen Erfahrung (Collins 2004: 48)

Das dritte und vierte Element verstärken sich durch eine rhythmische Mitgerissenheit (»entrainment«), so dass es im Sinne Durkheims zu einer kollektiven Efferveszenz kommt, aus der dann

1. eine Erfahrung von Gruppensolidarität resultiert
2. eine erhöhte emotionale Energie der beteiligten Individuen folgt
3. Symbole entstehen, welche die Gruppe verkörpern, als heilige Objekte erfahren werden
4. moralische Gefühle und moralische Standards hervorgerufen und erfahren werden, welche sich auf die Zugehörigkeit und Verteidigung der Gruppe richten (Collins 2004: 49)

---

fabricate, can be found in the real behavior of everyday life, primarily in repetetive encounters.« (Collins 1975: 53) – »›Society‹ is just an abstract way of talking about people encountering each other.« (Collins 1975: 54) – »Structure is recurring sorts of encounters.« (Collins 1975: 56)

Rituale können dabei natürlich, d. h. ungeplant, ungesteuert und nicht durch standardisierte Formen bestimmt sein, aber auch im Gegenteil als formalisierte auftreten (Collins 2004: 49 f.). Auch können Rituale in unterschiedlichem Maße gelingen oder gar scheitern (Collins 2004: 51).

Collins folgt Durkheims Modell, verknüpft es aber mit Goffmans Konzept der Interaktionsrituale. Damit einhergehend ändert sich die Reichweite des Konzepts erheblich. Hatte Durkheim auf besondere soziale Situationen des ›Außeralltäglichen‹ fokussiert, so lassen sich nach Goffman alltägliche Interaktionen als Rituale verstehen: »Interaction rituals take place in ordinary conversation.« (Collins 1982: 53)[3]

Den Schlüssel zur Dynamik der Beschreibung sozialer Prozesse sieht Collins in der emotionalen Energie (EE). Wie Collins mehrfach betont, ist EE ein allgemeines Konzept, das einer näheren Unterteilung bedürfte (z. B. Collins 1990b: 39). Im Ganzen lasse sich EE als »a feeling of confidence, elation, strength, enthusiasm, and initiative in taking action« (Collins 2004: 49) verstehen und ähnele am ehesten dem, was in der Psychologie als »drive« bezeichnet werde, auch wenn es – anders als in der psychologischen Verwendung – mit einer sozialen Orientierung verbunden sei (Collins 2004: 108). EE bewegt sich dabei zwischen zwei Polen: einer hohen EE, die sich in Selbstvertrauen und einem starken Handlungsantrieb äußert, und einer geringen EE, die sich in Rückzug und Depression niederschlägt (Collins 2004: 119).

Dass sich die EE der Individuen unterscheiden, führt auf das Thema der Stratifikation. Nach Collins besteht die soziale Struktur aufgrund von Differenzen der EE von Personen. »We may visualize the stratification of society, not as a matter of who owns what material resources, or occupies what abstract position in a social structure, but as an unequal distribution of emotional energy.« (Collins 2004: 131) Was nicht heißt, dass die aktuellen Verteilungen von Ressourcen diesem Muster genau entsprechen.[4]

Wie aber kommt es zu dieser Stratifikation von EE? Nach Collins beruht diese auf einer Austauschdynamik von EE in sozialen Situationen. Ersichtlich fügt Collins hier dem Durkheimschen Modell eine Schichtungsdimension hinzu, die bei diesem nicht vorkommt. Formal lassen sich drei Elemente finden, welche die Schichtungsdimension erklären. Die erste Erklärung für Schichtung besteht darin, dass Personen in unterschiedlichem Maße an erfolgreichen Interaktionsritualen teilhaben (Collins 2004: 116). Dies führt zu unterschiedlichen Graden an akkumulierter EE. Zweitens weisen Interak-

---

3   Collins folgt dabei Durkheim in der Annahme, dass sich im Zuge der gesellschaftlichen Entwicklung das individuelle Selbst als heiliges Objekt herausbildet. Mit Durkheim geht Collins demnach davon aus, dass das entsprechende Selbst Folge eines sozialen Prozesses ist: »people are now conceived of as having subjective selves, capable of thinking and deciding – a conception that most earlier societies lacked – and furthermore, that people are required to act according to such an individually responsible self.« (Collins 1982: 55)

4   »A portion (perhaps a large portion) of what we conventionally call the ›upper class‹ may consist of persons who have inherited their wealth, rest on their laurels from an earlier period of action, or otherwise not show very much EE.« (Collins 2004: 133)

tionsrituale eine interne Differenzierung nach Zentralität innerhalb der Interaktions-situation auf.[5] Beides führt Collins auch unter dem Begriff des Status-Rituals (Collins 2004: 115 ff., 347), wobei er unter Status ganz allgemein die Zugehörigkeit oder Nichtzu-gehörigkeit verstanden wissen will (Collins 2004: 115). Eine dritte Ungleichheitsproduk-tion entspringt den Macht-Ritualen (»Power-Rituals«). In ihnen geht es um den Gegen-satz von Befehlenden und Gehorchenden (Collins 1990b: 35; Collins 2004: 122 ff.).

Von den Status-Ritualen und den Macht-Ritualen lässt sich noch das Solidaritäts-ritual unterscheiden (Collins 2008: 135). Auch wenn Collins in der Abgrenzung ins-besondere hinsichtlich des Status-Rituals nicht immer eindeutig ist, so ergibt sich die Differenz doch daraus, dass alle drei Typen hinsichtlich des Austauschs von EE unter-schiedlich ausfallen. Während es sich bei den Macht-Ritualen um Nullsummenspiele handelt, in denen der Gewinn an emotionaler Energie auf der einen Seite mit einem Verlust von EE auf der anderen Seite einhergeht (Collins 2004: 121), handelt es sich bei Status- und Solidaritätsritualen um Nicht-Nullsummenspiele. Im Falle der Status-Rituale gewinnen die zentralen Personen mehr als die weniger zentralen Personen und im Falle des Solidaritätsrituals können wir von einem gleichen Gewinn auf beiden Sei-ten ausgehen. Spieltheoretisch lassen sich die out-comes gelungener Rituale je nach Typ als unterschiedlich beschreiben: im Falle von Solidaritätsritualen als 1,1; im Falle von Status-Ritualen als 2,1 (höherer Gewinn für die statushöhere Person) und bei Macht-Ri-tualen als −1,1 (Verlust für den Untergebenen/Schwächeren, Gewinn für die machtaus-übende oder befehlende Person).[6] Collins will die Unterscheidung zwischen den Ri-tualformen als analytische verstanden wissen. Konkrete Rituale können also Aspekte der drei Rituale enthalten. Denkbar sind aber auch Fälle, in denen das Ritual Aspekte der Machtbeziehung nicht enthält.

1.1   Interaktionen als Märkte

Die Annahme, dass Interaktionen mit dem Austausch von EE einhergehen, liegt dem Mikromodell der Dynamik von Interaktionsketten zugrunde. Interaktionen lassen sich entsprechend nach einem Marktmodell des Austauschs von EE verstehen. Die Dyna-mik ist dabei verankert in einem Maximierungsprinzip, demzufolge Akteure bestrebt sind, solche Interaktionen zu suchen, in denen sie ihre EE maximieren können: »Indi-viduals feel their way toward those situations in which, through the local combination of ingredients for making an IR happen, the EE payoff is highest.« (Collins 2004: 157, vgl. auch 149) Märkte sind darüber hinaus durch Sättigungseffekte gekennzeichnet, wo-

---

5   Auch in gewaltsamen Gruppen gilt: »The lion's share of emotional energy goes to those at the forefront of the attack.« (Collins 2008: 421)

6   Dies gilt auch für Wettkampfsituationen: »the player or team who gains EE wins at the point where the opponent loses EE.« (Collins 2008: 285)

durch sich ein Ende der Rituale erklären lässt (Collins 2004: 149) und durch eine Status-konkurrenz and der Spitze der EE, wodurch sich die Pluralität unterschiedlicher Anbie-ter emotionaler Energien ergibt (Collins 2004: 155).

Collins sieht durchaus, dass es andere Ressourcen gibt, welche in Austauschbezie-hungen eine Rolle spielen: materielle Güter und symbolische, oder, wie er auch sagt, kulturelle Güter. Sie bleiben aber für Collins der EE nachgeordnet, weil sich EE als der gemeinsame Nenner aller Güterarten darstellen lässt (Collins 1993a; Collins 1993b; Col-lins 2004: 159) (vgl. auch den folgenden Abschnitt).

1.2 Kritik der Theorien rationaler Wahl

Collins verknüpft sein Austauschmodell mit einer Kritik der Modelle rationaler Wahl und nimmt dabei Standardeinwände auf, welche gegen diese Modelle auch andernorts geäußert wurden, auch wenn er grundsätzlich begrüßt, dass RC die Akteursperspektive einnimmt und die Reifikation von Makroeinheiten vermeide (Collins 1993a: 203) (vgl. das Mikro-Makro-Modell).

In *Sociological Insight* greift Collins auf die von Durkheim und Talcott Parsons ent-wickelte These zurück, dass sich soziale Ordnung nicht erklären lässt, wenn man von rationalen Egoisten ausgeht (Collins 1982: 9 ff.). Daneben betont Collins die internen Schwächen der RC-Modelle, die sich innerhalb der dort geführten Diskussionen erge-ben haben. Erstens entgingen den Modellen rationaler Wahl Güter, die sich nicht in eine Kosten/Nutzen-Form bringen ließen, hierher gehörten neben den Emotionen auch altruistisch/moralische Verhaltensweisen (Collins 2004: 143). Zweitens lassen sich die verschiedenen Güter, um welche es in Handlungsentscheidungen gehe, nicht auf einen gemeinsamen Nenner bringen: Wie können Geld, Gesundheit, Ehre etc. miteinander verrechnet werden? (Collins 2000: 108; Collins 2004: 144) Drittens werde in der Reali-tät wenig kalkuliert (Collins 2004: 144). Viertens zeigten die Modelle begrenzter Ratio-nalität, dass Akteure in ihren Wahlentscheidungen hinter dem Ideal einer vollständigen Rationalität zurückbleiben (Collins 1993a: 205). »The strategy of satisficing and trouble-shooting is the most rational way of dealing with a situation of complexity and uncer-tainty. To strive for a purely fictional level of absolute efficiency, under these circum-stances, would not be more rational, but less.« (Collins 1982: 79)

Collins verknüpft diese Kritik mit der These, dass das Modell der Interaktionsrituale in der Lage sei, diese Schwächen der Modelle rationaler Wahl zu beheben. Im Kern be-steht diese Korrektur in zwei Annahmen: erstens durch die eben schon genannte An-nahme, dass EE den gemeinsamen Nenner aller denkbaren Güterarten darstelle und zweitens durch die These, dass Handeln nicht eine bewusste Wahl zugrunde liege[7], son-

---

7   »EE has some cognitive component; it is an expectation of being able to dominate particular kinds of situations, or to enact membership in particular groups. [...] But this is not a process of conscious cal-

dern eine »micro-situational cognition, such that individual thinking is determined by the emotional energy and the cognitive symbols generated by interaction rituals. This is congruent with micro-situational evidence of non-calculating behavior; while the aggregation of micro-situations (interaction ritual chains) is subject to interactional markets that bring about rational tendencies in the medium-drift of behavior.« (Collins 2004: 145)

In welchem Sinne kann EE als gemeinsamer Nenner aller optimierten Güter gelten? Collins geht davon aus, dass es das wichtigste Gut ist, dem alle anderen Güteroptimierungen nachgeordnet seien (Collins 1993a: 205). So vertritt er die These, dass auch die materielle Nutzenoptimierung immer im Hinblick auf die Steigerung der EE zu verstehen ist. Materielle Güter könnten so als Bedingungen der Produktion von Ritualen verstanden werden (z. B. Güter für eine Party) oder als Nebenfolge von Interaktionsritualen (sofern diese im Bereich der Arbeit stattfinden).[8] Letzteres erkläre dann den Fall der ›workaholics‹, denen es um die emotionale Energie gehe, nicht um den materiellen Gewinn aus ihrer Arbeit (Collins 1993a: 219).

Collins verknüpft mit seiner Kritik an den Theorien der rationalen Wahl eine Kritik an einer kognitivistischen Auffassung von Handlung. Er geht soweit, die These zu vertreten, dass »Sozialverhalten letztlich nicht von Kognitionen geleitet wird. Vielmehr wird Ereignissen eine kognitive Bedeutung erst retrospektiv zugeschrieben, und zwar dann, wenn Schwierigkeiten aufgetaucht sind, denen man durch eine Erklärung begegnen möchte.« (Collins 2000: 106) Die bewusste Wahl gilt ebenfalls als nachrangig und im Effekt irrelevant: »Natürlich können Individuen manchmal auch über ihre sozialen Wahlentscheidungen reflektieren und sich vielleicht sogar der Differenz zwischen ihren kulturellen und emotionalen Ressourcen und jenen der Mitglieder bewußt werden. Aber meiner Ansicht nach würden die bewußten Entscheidungen genau gleich ausfallen wie die unbewußten.« (Collins 2000: 123 f.)[9]

1.3   Der Mikro-Makro-link

Nach Collins liegt sein eigener Beitrag zur Konfliktsoziologie darin, dieser eine Mikrofundierung hinzugefügt zu haben (Collins 1990a: 72). Diese These geht einher mit der

---

culation, of the actor thinking: ›I will get a good feeling of power or status if I interact with so-and-so‹.« (Collins 1990b: 40)

8   Geht man davon aus, so lassen sich Hypothesen über die Produktion materieller Güter ableiten. Beispielsweise ließe sich die geringere Arbeitsmotivation der Jugendlichen in den 1960er darauf zurückführen, dass der nötige Aufwand, Güter zu produzieren, die zur EE-Produktion erforderlich sind, gegenüber den 1950ern gesunken sei (Collins 1993a: 226).

9   Mit anderer Pointe, aber ebenfalls mit Fokus auf der Irrelevanz der bewussten Abwägung, vgl. auch Collins (Collins 2004: 97): »We operate through an emotional magnetism toward and repulsion from particular thoughts and situations in the flow of everyday life; we are seldom reflective about this, and are often grossly inaccurate in our assessments when we are reflective.«

Annahme, dass der soziale Prozess wesentlich auf der Mikroebene angesiedelt ist. So formuliert er ganz im Sinne der Weberschen Kritik an Kollektivbegriffen: »So zeigt sich zunächst in erkenntnistheoretischer Perspektive, daß strenggenommen so etwas wie ›Staat‹, ›Wirtschaft‹, ›Kultur‹ oder ›soziale Schicht‹ in der Wirklichkeit überhaupt nicht existiert. Dies sind bloße Ansammlungen von Individuen, die in bestimmten Mikrosituationen handeln – Ansammlungen, die kurzerhand auf einen Begriff gebracht werden.« (Collins 2000: 103)

Worin besteht diese Mikroübersetzung von Makrophänomenen in Mikrophänomene? Collins zufolge bestehen Makrophänomene aus drei Variablen: Raum, Zeit und Personenanzahl (Collins 2000: 105). Hinzu kommt, dass »Individuen in Mikrosituationen […] selbst Makrobezüge zu anderen Situationen« herstellten, »ebenso wie sie sich auf abstrakte oder verdinglichte soziale Gebilde beziehen.« (Collins 2000: 104) An zwei Stellen unterscheidet sich Collins' Auffassung aber von einer Weberianischen Auffassung, erstens dadurch, dass er nicht die individuelle Sinndimension oder -selektion in den Mittelpunkt stellt, sondern die Situation. Man kann daher Collins' Sozialtheorie auch als »methodologischen Situationalismus« bezeichnen (Knorr-Cetina 1988). Dies trifft sich auch mit seinem wiederholt geäußerten Antipsychologismus und der Betonung der Situation als formativem Element der Emotionen und der Emotionsäußerung.[10] Zweitens liegt das Fundament – wie bereits gesagt – für Collins in einer emotionsbasierten Konzeption des Handelns, welche den Mechanismus bezeichnen soll, über den Situationen Handelnde motivieren (Collins 2000: 105) und der dazu führt, dass sich die Wiederholungen in Mikrosituationen ergeben, welche Makrophänomene ausmachen (Collins 2000: 111).

Obwohl Collins den sozialtheoretischen Fokus auf die Mikroebene legt, hat er sich in seiner Forschung auch mit Makro-Phänomenen auseinandergesetzt. Dazu gehören die Entwicklung philosophischer Schulen (Collins 1998), aber auch langfristige historische Prozesse (Collins 1999). Interessanterweise verfolgt er im Hinblick auf letztere ein theoretisches Modell, in denen Emotionen eine nachgelagerte Rolle spielen. Vielmehr geht er davon aus, dass das treibende Element der Makrogeschichte in geopolitischen Gegebenheiten liegt. Er schließt hier an Arbeiten der Historischen Soziologie insbesondere von Theda Skocpol und Jack Goldstone an. Makrogeschichte wird durch geopolitische Veränderungen vorangetrieben – soziale Bewegungen im Inneren von Ländern hängen hiervon ab und auch Ideologien treten in den Hintergrund, in dem Sinne, dass sie von der zentralen geopolitischen Dimension abhängen. Den Schlüssel der Verbindung von geopolitischer Macht und Emotionen sieht Collins in der Dimension der Le-

---

10 Collins sieht zwar eine physiologische Basis der Emotionen, diese liegt aber weniger in bestimmten, schon biologisch vorgegebenen Emotionen, sondern in einer Offenheit für emotionale Signale: »humans have evolved to have particular high sensitivities to the micro-interactional signs given off by other humans. Humans are hard-wired to get caught in a mutual focus of intersubjective attention, and to resonate emotions from one body to another in common rhythms.« (Collins 2008: 26; vgl. auch Collins 2004: 54, 228)

gitimität, die aus der emotionalen Aufladung des Krieges und Kriegserfolges resultiert.[11] Zwar lässt das geopolitische Argument sich auch in der umgekehrten Richtung lesen, nämlich im Sinne der These, dass der geopolitische Erfolg (zumindest: auch) davon abhängt, in welchem Maße Legitimität und gelungene Solidarität mögliche geopolitische Erfolge mit sich bringen können. Collins sieht diesen Faktor zwar, entscheidet sich aber klar für eine Kausalrichtung, in der materiellen Ursachen der kausale Primat zukommt: »There are of course other domestic sources of legitimacy, but in the dynamics of longterm change the most important factor affecting legitimacy is external power prestige.« (Collins 1999: 81; vgl. auch Collins 1990a: 78)

2   Anfragen an Collins

2.1   *Dimensionen von Emotionen*

Collins selbst verweist auf die interne Undifferenziertheit seines Emotionenkonzeptes (Collins 1990b: 39). Im Vergleich zu anderen Ansätzen (vgl. etwa den Überblick in Turner/Stets 2005) fällt auf, dass Collins allein von einem Kontinuum zwischen hoher emotionaler Energie (Selbstbewusstsein) und niedriger emotionaler Energie (Depression) ausgeht. Auf Fragen der Ordnung der Emotionen (primär, sekundär, tertiär) geht Collins systematisch nicht ein. Die interne Undifferenziertheit des Modells ist nicht unproblematisch. Dabei geht es nicht so sehr um eine Differenzierung von verschiedenen Emotionen als eher darum, dass Aspekte von Emotionen nicht hinreichend unterschieden werden. Vier solcher Aspekte müssten differenziert werden: 1) Emotionen als Handlungsantrieb; 2) Emotionen als Ressourcen, also als beeinflussbare, gegebenenfalls sogar tauschbare Güter (vgl. z. B. Collins 2004: 150); 3) Emotionen als unmittelbare und nicht allein situativ geprägte personale, körperliche Erfahrungen; 4) Emotionen als Deutungsrahmen, die mit bestimmten Gütern, insbesondere aber Symbolen verbunden sind (vgl. z. B. Collins 2004: 195, 219). Im Folgenden will ich kurz verdeutlichen, warum diese Aspekte zu unterscheiden sind.

---

11   »I my argument, the theoretical circle is closed by taking up the Weberian point that the power prestige of the state – the prestige deriving from its power – in the external arena, above all the experience of mobilization for war, is the most overwhelming of all social experiences.« (Collins 1999: 8) In diesem Sinne argumentiert Collins auch in *Weberian Sociology*. Die Beschränkung auf die aus Kriegssituationen gewonnene Legitimität, die aus der Gefahr der Bedrohung resultiert, steht, wie Collins dort vermerkt, auf den ersten Blick im Kontrast zu Webers Herrschaftstypologie (Collins 1986: 158). Collins löst diesen Widerspruch durch die These auf, dass die Typologie bestimme, wie Herrschaft organisiert werde: »Thus charismatic leaders become the personal focus of authority, whereas traditional leaders inherit their offices through kinship or religious practices, and rational-leaders are chosen and base their orders on enacted constitutions or laws.« (Collins 1986: 158) Die Basis der Legitimität und ihre Stärke aber entsprängen dem Umgang mit der Bedrohungssituation. »The violence model explains where the most important emotional ingredient of legitimacy rituals comes from.« (Collins 1986: 159)

Einerseits wird EE als Ressource verstanden, andererseits als Handlungsantrieb. Nun gehört es zu den wichtigen Einsichten von Collins (und Theodore D. Kemper) (Kemper 1990a; Kemper/Collins 1990), dass es einen Zusammenhang zwischen emotionalem Antrieb oder auch Befinden und der Ausstattung mit Ressourcen gibt, der gerade am unteren Ende der Sozialstruktur zu Depression (Rosenquist u. a. 2010; Stansfeld u. a. 1998; Turner u. a. 1999) und Apathie (also auch dem Verlust von Handlungsfähigkeit) führt (vgl. in diesem Sinne auch bereits Mertons Typus des Rückzugs, Merton 1995), aber gleichwohl müssen beide Aspekte, Emotion als Ressource und Emotion als Handlungsantrieb, unterschieden werden um dann zu untersuchen, wie sie zusammenhängen. Dass sie unterschieden werden müssen, zeigen Fälle, in denen die Vorenthaltung einer Ressource zu einer Steigerung des Handlungsantriebs führt und zwar z. B. in den Fällen, in denen es zu einer wütenden Reaktion auf eine Herrschaftssituation kommt. Für Collins ist das nur denkbar, wenn die dadurch entzogene Ressource durch andere ersetzt wird: »It is only when there are enough social bases of support to generate EE that one can react to a frustration (in this case, being dominated) by mobilizing anger.« (Collins 1990b: 43) Nimmt man dies ernst, so würde folgen, dass es zu einer Mobilisierung von Handlungsantrieben erst kommen kann, wenn die EE, die gerade entzogen wird, durch EE aus anderen Quellen ersetzt wird. Warum sollte dann aber die Frustration als solche zu einem Handlungsantrieb werden, denn offensichtlich findet in der Bilanz kein Verlust an EE mehr statt. Offensichtlich liegen demnach im Falle von Frustrationen nicht einfach Entzüge von EE vor. Viel plausibler ist die Annahme, dass es sich um Fälle moralischer Empörung handelt, welche diese Emotionen hervorbringt. Um den Zusammenhang zwischen Frustration und Emotion in diesen Fällen zu verstehen, reicht also eine einfache Beschreibung zwischen vorausgehender EE und folgender EE nicht aus. Der Mechanismus erfordert vielmehr eine Berücksichtigung normativer Erwartungen, deren Verletzung dann den Handlungsantrieb erhöht: »anger energizes« (Kemper/Collins 1990:57).[12]

Zweitens wird erst mit einer Fassung von Emotionen als Ressource auch die Manipulierbarkeit von Emotionen und Situationen beschreibbar (Kemper 1990b: 16 ff.), wie sie auch unter dem Begriff der ›Emotionsarbeit‹ erforscht wird (klassisch Hochschild 1979). Auch dieses Thema bleibt bei Collins unausgeführt – nicht zuletzt als Folge seiner Annahme, dass die emotionalen Reaktionen zwar maximierend, nicht aber bewusst sind. Goffmans Einsicht, dass Interaktionsrituale immer auch mit ›Techniken der

---

12 Dies wird dort deutlich, wo Collins Kempers Analyse folgt (Collins 1990b: 41). Für diesen folgen die vier Basisemotionen aus Macht- und Statusrelationen: »The social structural assumption is that emotions result from outcomes of power and status relations, *naturally*. At least this is assumed to be true fort he four primary emotions: fear, anger, depression, and happiness. This means that if [...] one believes that the other has more power, one feels fear; if the other has unjustly or arbitrarily deprived one of status, one feels anger; if the other has deprived one of status in an irremediable way, or one has effectively caused the loss of one's status, one feels shame and/or depression; and if the other has accorded status, one feels happiness.« (Kemper 1990a: 227)

Imagepflege‹ (Goffman 1986) verbunden sind, kommt entsprechend bei Collins nicht zum Tragen. Es ist aber nicht zu bezweifeln, dass Emotionen bewusst sein können und ebenfalls können sie darüber hinaus auch bewusst ausgelebt werden (Weber 1980: 12).

Ein dritter Aspekt von Emotionen, der in der Emotionsforschung beschrieben wird, liegt in Emotionen als unmittelbar gegebener, personaler, körperliche Erfahrungen. Zwar bezweifelt Collins gerade nicht, dass sich Emotionen als körperliche Erfahrungen manifestieren, sie sind aber situativ erzeugt und gehen in diesem Sinne der Situation nicht voraus (Collins 2008: 1).[13] Es ist kaum strittig, dass die Situationselemente und damit auch die sozialen Situationsbestandteile eine Wirkung auf Emotionsproduktion und -ausdruck besitzen. Gleichwohl ist damit nicht gesagt, dass Emotionalität daneben nicht eine physiologische Basis besitzt, welche auf diese Formungen nicht zurückgeführt werden kann (Parsons u. a. 1951: 9). Insbesondere für den Handlungsantrieb könnte diese Basis von entscheidender Bedeutung sein.

Ein vierter Aspekt liegt in der emotionalen Aufladung von Symbolen. Hierbei handelt es sich um ein Kennzeichen nicht der körperlichen Erfahrung, sondern einer situativen Repräsentation. Wie vollzieht sich diese Aufladung? Wirkt sie als unmittelbare Attraktion oder vollzieht sie sich über die Nutzenproduktion, die mittels der Symbole erreicht werden kann? Soziale Normen können so als unmittelbar verpflichtend wahrgenommen werden oder als instrumentell, ihre emotionale Signifikanz erreichen sie so über die möglichen emotionalen Folgen ihrer Einhaltung oder Verletzung. Emotionale Reaktionen auf Normverstöße (Empörung, Scham) etc. folgen also nicht (allein) aus der emotionalen Aufladung der entsprechenden Symbole, sondern aus der Verletzung von Handlungserwartungen, die in diesen Normen zum Ausdruck kommen. Hier berühren wir wiederum den Übergang zum Kognitiven, denn offensichtlich erfordert die Wahrnehmung der Erwartungsenttäuschung eine Deutung der Situation, die nicht unmittelbar emotional sein kann. Dass der Zusammenhang zwischen Ressourcenausstattung und -entzug, Gefühlen und Handlungen (Protest, Rückzug) komplex ist, sieht man beispielsweise auch an der Forschung zu sozialen Protestbewegungen, in denen relative Deprivationen, entsprechende Anspruchsniveaus und ihre moralisch/kulturelle Prägung sowie materielle und politische Opportunitäten eine Rolle spielen (Opp 2009).

2.2   *Rational Choice und die Alternative bei Collins*

Collins' Kritik der Modelle rationaler Wahl überrascht angesichts seiner Übernahme von Teilen des formalen Modells und der Annahme einer allgemeingültigen Maximierungsregel. Besonders irritierend ist der Ausgangspunkt bei der Kritik, dass diese Modelle alle Güter unter eine Kategorie fassten (nämlich als Kosten/Nutzen) – bei gleich-

---

13   Ganz kann sich Collins entsprechenden Überlegungen aber auch nicht entziehen. So hält er solidarische Impulse für primär, egoistische hingegen für sekundär (Collins 2008: 27).

zeitiger Behauptung, dass dieses Problem durch EE gelöst werden könne. Zweierlei scheint hier problematisch: erstens die Unterwerfung durch eine Kosten-/Nutzen-Analyse, welche die Akteure hinsichtlich der EE ja ebenfalls durchführen müssen, wenn sie EE maximieren wollen.[14] Zweitens stellt sich die Frage ob aus der Kritik an einem generalisierten Nutzenkonzept in Modellen rationaler Wahl nicht eher die andere Konsequenz gezogen werden sollte (und ja auch gezogen wird), dass der Nutzenbegriff ohne weitere Spezifikation leer ist und das heißt, erst mit inhaltlich bestimmten Gütern gefüllt werden muss, damit das Modell Erklärungen (und Prognosen) liefern kann. Collins' Analyse lässt sich zwar auch so formulieren, dass durch EE ›Oberziele‹ des Handelns formuliert werden, aber auch dann stellt sich die Frage, wie sich die Oberziele bestimmen lassen (Kelle/Lüdemann 1996; Lindenberg 1996; Schwinn 2006) und zweitens ergibt sich das Problem, dass die spezifischeren Güterarten zur Erreichung der Oberziele ebenfalls wieder auf diese hin verrechenbar sein müssen. Wenn Collins z. B. überlegt, warum es im Sinne der emotionalen Nutzenproduktion sinnvoll sein kann, bestimmte materielle Güter zu erwerben (Collins 1993a: 216 ff.; Collins 2004: 161, 173), dann muss die Nutzenproduktion durch die materiellen Güter auf den erwarteten emotionalen Nutzen hin verrechenbar sein. Das Problem eines gemeinsamen Maßstabes stellt sich wieder von neuem. Deswegen hilft es auch nicht, davon auszugehen, dass die begriffliche Ersetzung des Nutzenbegriffs dessen Abstraktion aufhebt.[15]

2.2.1 Kognitive Elemente

Wie wir gesehen haben, will Collins das Kognitive aus seinen Erwägungen nicht ausschließen, dennoch spielt es eine untergeordnete Rolle. Das Verhältnis zwischen Emotionen und Kognitionen bleibt dabei wenig ausgeführt. Hier gilt zwar, dass es keinen Konsens darüber gibt, ob Emotionen handlungsfundierend, komplementär oder potentiell konflikthaft auf die kognitiven Elemente des Handelns bezogen sind, gleichwohl dürfte unbestreitbar sein, dass Handlungen immer *auch* auf kognitiven Elementen beruhen, da die Handlungssituation in einer bestimmten Weise gedeutet werden muss.[16] Selbst im Falle eines unbewussten und/oder routinisierten Handelns kann der

---

14 »Individuals move toward those interactions that can become the highest-intensity IRs; that is to say, they move toward the highest EE payoffs they can get, relative to their current resources.« (Collins 1993a: 213)

15 »It […] becomes unnecessary to postulate abstract utility conceptions. Emotional energy is an empirically based concept, and it is also possible to measure it directly« (Collins 2004: 182). Messbar sei dies über Selbstdarstellungen, körperliche Ausdrucksformen von Selbstbewusstsein und Dominanz, aber auch über hormonelle Differenzen (Collins 1993a: 211; Collins 2004: 133 ff.; vgl. dazu auch Kemper 1991; Kemper/Collins 1990).

16 Die Betonung kognitiver Elemente der Emotionen findet sich in vielen Arbeiten zu Emotionen (vgl. beispielsweise Döring 2006; Frijda 1986; Greco/Stenner 2008; Mees 2006). Innerhalb der Rational-Choice-Theorie ist nicht geklärt, in welchem Maße Emotionen in das Modell integriert werden kön-

Handlungsablauf nur verstanden werden, wenn davon ausgegangen wird, dass die Handelnden die Situation in einer bestimmten Weise intern repräsentieren. Jeder Abgleich eines frames mit einer Beschaffenheit der Situation verweist so auf mentale Modelle und letztlich muss auch Collins dies anerkennen, wenn er darauf hinweist, dass soziale Situationen – auch solche, die routinisiert sind – im Hinblick auf ihre Verfasstheit hin von Handelnden gedeutet werden müssen: »die tatsächlichen Strukturen der sozialen Welt […] haben zur Folge, daß sich die Individuen hinsichtlich ihrer Gruppenloyalität beständig wechselseitig überwachen.« (Collins 2000: 110)

2.2.2 Handlungserklärungen

Ein erheblicher Vorzug der Modelle rationaler Wahl besteht darin, dass sie zumindest dem Anspruch nach erklärende Modelle für Handlungsentscheidungen darstellen. Nun ist bei Collins häufiger die These zu finden, dass das Modell der Interaktions-Rituale bessere Modelle der Handlungserklärung liefert. Dort, wo es sich aber als ein Modell explizieren lässt, ähnelt es formal Modellen der instrumentellen Handlungserklärungen, nämlich entlang der Idee einer Optimierung einer EE-Bilanz des eigenen Handelns. Damit daraus eine alternative Handlungserklärung gewonnen werden kann, müsste Collins deutlicher auch etwas über das Entscheidungskalkül sagen: Welche Maximierungsregeln verwenden die Handelnden? Wie stellen sich Entscheidungssituationen strategischer Interdependenz dar? Welche Rolle spielen framing-Effekte? Sicherlich würde auch Collins bei der Explikation der entsprechenden Modelle auf Fragen stoßen, die sich der RC-Theorie ebenfalls stellen. Die dort notorisch anfallenden Anomalien rühren ja weitgehend von den Entscheidungskalkülen her (also beispielsweise der SEU-Theorie), nicht daher, für welche Güterarten kalkuliert wird. Überschätzungen und Unterschätzungen von Wahrscheinlichkeiten, sunk-cost-Effekte, Verletzungen des Unabhängigkeitskriteriums, Risikoaversion, die Verwendung von Heuristiken usw. (Elster 2007: 220 ff.; Green/Shapiro 1999; Haug 1998) stellen sich aufgrund der Annahmen des Entscheidungskalküls ein, nicht aufgrund von Güterarten. Daneben ist offen, ob sich

---

nen. Relativ geringe Schwierigkeiten bereitet die Integration dann, wenn Emotionen als Grundlage für Präferenzbildung verstanden werden können (Bolle 2006: 53) – ein Gedanke, der bereits auf Hume zurückführt: »His [Humes] model allows that once a preference is sub-rationally determined, reason could point the way to satisfy it.« (Soule 2000: 151) Ebenfalls unproblematisch ist eine Integration, wenn – was freilich umstritten ist – Emotionen als kalkulierbare Ressourcen verstanden werden können – mit dann entsprechend kalkulierbarem emotionalen Nutzen (Schnabel 2006: 180). Andererseits erscheinen Emotionen als Begrenzungen der Modelle rationaler Wahl, sobald sich für das faktische Entscheidungsverhalten Emotionen als Inhibitoren oder als verzerrende Elemente im Kalkulationsprozess bemerkbar machen, wie im Falle von Willensschwäche oder als Begrenzung hinreichender Kalkulation und Informationssuche (Elster 2007: 157 ff., 228; Schnabel 2006: 184). Unter Bedingungen begrenzter Rationalität kann sich diese »Verzerrung« allerdings auch als Vorteil, nämlich als Selektionshilfe, erweisen (Bolle 2006: 59; Schnabel 2006: 188).

nicht auch für Collins die Probleme des normativen und des altruistischen Handelns stellen, denn auch in seinem Modell sind die Akteure grundsätzlich Egoisten, da sie auf die Optimierung ihrer eigenen EE-Bilanz hin agieren.[17]

2.2.3 Kalkulation und Bewusstheit

Es gehört zu den Grundeinsichten aller zeitgenössischen Ansätze der Theorien rationaler Wahl, dass sie dem Umstand gerecht werden müssen, dass in weiten Teilen des Handelns keine bewusste Abwägung von Handlungsalternativen vorliegt. Es gibt zwei Wege, dies in die Theorien rationalen Handelns zu integrieren. Der erste Weg besteht darin, die Theorie als Regionaltheorie zu verstehen, d. h. Geltung nur für den Bereich zu beanspruchen, in dem mutmaßlich effektiv kalkuliert wird. Die zweite Lösung besteht darin, die Modellannahmen als as-if-Annahmen zu verstehen. Diese as-if-Strategie steht bekanntlich ihrerseits vor Problemen: sie muss begreiflich machen, welche Mechanismen dafür verantwortlich sind, dass ein auf die as-if-Annahmen abgestimmtes Verhalten überhaupt auftritt. Hinzu kommt, dass die Rationalannahmen offensichtlich auch dann noch angepasst werden müssen. Auch unter as-if-Bedingungen handeln Menschen im Resultat nicht so, wie es das neo-klassische Modell rationaler Wahl beschreibt. Hierher gehört insbesondere die erforderliche Aufgabe der Annahme vollständiger Information, mit der bekannten Folge, dass die Frage der Maximierung als Frage der Optimierung reformuliert werden muss. Hinzu kommen die Probleme der Verletzung weiterer Annahmen wie der Transitivität und der Unabhängigkeitsannahme, sowie die mit letzterem verwandten Schwierigkeiten der frame-Abhängigkeit, auf die klassisch Daniel Kahneman und Amos Tversky hingewiesen haben (Stocké 2002; Tversky/Kahnemann 1991). Zweierlei folgt aus diesen Beobachtungen: erstens – wie bereits gesagt – wird auch ein emotionsbasiertes Entscheidungsmodell auf solche Anomalien stoßen. Zweitens löst sich dieses Problem nicht einfach dadurch, dass den Akteuren eine unbewusste Rationalität zugeschrieben wird. Geht man von einer umfassenden Handlungstheorie aus, so wird man schließlich fordern müssen, dass diese erstens die Annahme enthält, dass es sowohl bewusstes und unbewusstes Handeln gibt, sie muss zweitens etwas über die Differenzen (oder die Irrelevanz) dieser beiden Formen sagen und sie muss drittens etwas über die Bedingungen sagen, unter denen die eine oder die andere Form auftritt. Hierfür liegen mittlerweile Vorschläge vor, in einer elaborierten Form z. B. in Hartmut Essers Konzept einer erklärenden Soziologie (Esser 2010).

---

17 Dieser Verdacht wird durch die Analyse des Altruismus bestätigt, welche Collins vornimmt (Collins 1993a: 221 ff.; Collins 2004: 168 ff.). Neben den uneigentlichen Altruisten, die andere Güter geben, um ihre eigene EE-Bilanz zu verbessern, beruht der Altruismus nach Collins auch auf ritueller Intensität, welche die Opferbereitschaft der Gruppenmitglieder erhöht (Collins 1993a: 221; Collins 2004: 169). Collins umgeht dabei allerdings die Frage, ob es einen altruistischen Verzicht auf EE letztlich überhaupt gibt oder geben kann.

2.2.4 Ungeklärtes Verhältnis von Solidarität und Konflikt

Wie sich gezeigt hat, zielt Collins darauf ab, Durkheims Überlegungen zu gesellschaftlicher Solidarität mit einem Konfliktmodell zu verbinden. EE ist daher nicht nur der
Schlüssel zur gesellschaftlichen Solidarität, sondern darüber hinaus auch die Ressource,
die Konflikte hervorbringt. So hält er fest, dass die Konflikttheorie als »general approach to the entire field of sociology« zu verstehen sei (Collins 1990a: 70). Daher stellt
das Macht-Ritual die »asymmetrical variant on Durkheimian interaction rituals« (Collins 2004: 113) dar. Offen bleibt, wie sich die Formen von Kooperation und Konflikt
jeweils ergeben. Collins gelingt eine allgemeine Taxonomie von Ritualformen – wann
aber wird welches Ritual aktiviert?

Schwierigkeiten bereitet hier insbesondere der Fall des Macht-Rituals. Aus der Ma-
ximierungslogik des EE-Handlungsmodells lässt sich nämlich nicht erklären, warum
Unterlegene sich auf einen Austausch im Sinne eines Macht-Rituals überhaupt sollten
einlassen wollen, wenn es sich dabei um ein Null-Summenspiel handelt, das für sie mit
einem Verlust einhergeht. Dieses Problem lässt sich auch noch einmal anders wenden:
Wenn Macht-Rituale aus dem grundlegenden Maximierungsprinzip nicht abzuleiten
sind, dann müssen sie ihren Ursprung in einer andersartigen Ressourcenstruktur haben,
die aber von Collins nicht hinreichend entwickelt wird.

Das wird auch klar, wenn man bedenkt, dass die Fähigkeiten, um derentwillen Personen in zentrale Positionen einrücken können, ihre Basis nicht allein in ihren schon
angesammelten EE haben können, sondern auch in ihren besonderen kognitiven und
materiellen Ausstattungen. Natürlich kann man mit Collins darüber übereinstimmen,
dass Phänomene wie Eigentum und Herrschaft immer auch auf Anerkennung angewiesen sind, aber sie müssen ein fundamentum in re besitzen, das sich in dieser Anerkennung allein nicht erschöpfen kann. So weist Collins beispielsweise auf die Fähigkeit von
Personen hin, Handlungsunsicherheit zu minimieren.[18] Dies ist aber nicht allein eine
Fähigkeit des Umgangs mit den eigenen Emotionen, sondern basiert auch auf kognitiven Elementen oder der Aktivierung materieller Güter zu eigenen Zwecken.

Schluss

Aus der Sicht einer allgemeinen Handlungstheorie nimmt Collins in seinem Modell
vier Verallgemeinerungen von Fällen vor, die sich besser als Sonderfälle verstehen lassen: erstens generalisiert er von besonderen ritualisierten sozialen Situationen zu alltäglichen Interaktionen, zweitens von einem Modell der Produktion von Solidarität zu

---

18 »We have seen that power resides to a large degree with those persons who are closest to the areas of
    uncertainty in the social world. Their power comes from being able to interpret these unknown contin-
    gencies to other people who merely follow social routines.« (Collins 1982: 157)

einem Modell des generellen Austauschs, drittens geht er von einer Zentralität emotionaler Energie gegenüber anderen Ressourcen aus und schließlich von der Zentralität emotionaler Prozesse gegenüber kognitiven Prozessen.

Die Ritualtheorie generalisiert zunächst den Fall besonderer ritueller Situationen (Durkheims Solidaritätsritual) hin zu der These, dass Interaktionen immer als Rituale zu verstehen sind. Diese Verallgemeinerung gelingt nur um den Preis einer Reformulierung des Ritualbegriffs. Rituale müssen nicht notwendig Solidarität produzieren und sie können auch durch antagonistische Elemente bestimmt sein. Es hat sich gezeigt, dass die Erweiterung um die Dimension der Macht und der kulturellen Güter zu einem allgemeinen Austauschmodell für soziale Beziehungen führt. Diese zusätzlichen Güter machen zum Teil die stratifizierenden und antagonistischen Charakter von sozialen Beziehungen verständlich, werden aber von Collins der EE nachgeordnet. Daraus ergeben sich eine Reihe von problematischen Unklarheiten und Verkürzungen. In Collins' Modell bleibt letztlich unklar, wie sich die verschiedenen Ressourcen (Emotionen, materielle und kulturelle Ressourcen) zueinander verhalten (Rössel 1999: 40). Im Kern finden sich bei Collins zwei Annahmen, die aber nicht wirklich integriert werden: erstens, dass es mehrere Ressourcen gibt, zweitens, dass alle aber den Emotionen nachgeordnet bleiben. Wie wir gesehen haben, bleibt nicht nur unklar, ob es Collins gelingt, einen gemeinsamen Maßstab zu finden. Darüber hinaus ist die Unabhängigkeit der Dimensionen offensichtlich dafür entscheidend, dass der Konflikt (als eine Null-Summen-Situation) überhaupt auftreten kann. Systematisch führt dies zu der Schwierigkeit, dass der Ursprung von Machtritualen von Collins nicht entwickelt werden kann. An die Stelle einer Unterordnung von Macht müsste daher die These einer zumindest doppelseitigen Konstitution sozialer Beziehungen – durch Macht und Solidarität – treten (wie sie beispielsweise bei Kemper zu finden ist Kemper 1978; Kemper 1990a).

Es hat sich weiterhin gezeigt, dass Collins zu vielen Aspekten der Differenzierung von Emotionen und Gefühlen wenig sagt oder unentschieden bleibt – z. B. hinsichtlich der Frage nach der biologischen Fundierung von Emotionen.[19] Im Rahmen der allgemeinen Handlungstheorie fiel insbesondere die mangelnde Differenzierung zwischen vier Dimensionen auf: erstens der Dimension des Handlungsantriebs (drive), die sich mit Parsons auch als ›effort‹ beschreiben lässt (Parsons 1949: 719) oder mit Elster als ›action tendency‹ (Elster 2007: 152) und zweitens der Emotionen als Ressourcen. Die Unterscheidung zwischen diesen Elementen ist von zentraler Bedeutung, weil

---

19   Dass die Annahme eines Primats der sozialen Situation vor individuellen emotionalen Antrieben zu weit geht, meint Rössel (Rössel 2006: 234). Auch ist Collins hier nicht immer ganz konsequent. Die fundierende Rolle von Sexualität beispielsweise lässt sich schlecht mit einer durchgängigen Prägungsthese in Einklang bringen (Rössel 2006: 234). Im Ganzen geht es nicht nur um Betonungsfragen (organisch-hereditär vs. sozial), sondern auch wenn man anerkennt, dass »die Kopplung der Komponenten einer Emotionsepisode nicht biologisch determiniert ist« (von Scheve 2010: 349), bleiben immer noch Prozesse innerindividueller Lern- und Verarbeitungsgeschichten zu bedenken, welche zwischen die Situation und die Emotion oder Emotionsexpression treten.

der Handlungsantrieb nicht einfachhin mit Ressourcen zusammenfallen kann, denn erst der Handlungsantrieb ermöglicht das Streben nach einer möglichen Steigerung von Ressourcen. Hinzu kommt, dass zwischen einer unmittelbaren Gegebenheit von Emotionen und ihrem Ressourcencharakter zu unterscheiden ist. Als Güter auf Märkten müssen Emotionen als Ressourcen verstanden werden, das erfordert aber, dass sie formbar und speicherbar sein müssen. Einerseits wird dies im Modell unterstellt, andererseits wehrt sich Collins vehement gegen die These, dass die mikrosituationalen Abläufe bewusst sind und einen kalkulierenden Charakter besitzen. Wie sich dieses Modell und die faktischen Prozesse zur Deckung bringen lassen, bleibt entsprechend unklar. Ein allgemeines Modell des Handelns wird aber berücksichtigen müssen, dass es auch Fälle bewusster Handlungswahlen gibt.

Ebenfalls als einseitig erweist sich so die Kritik an kognitivistischen Handlungstheorien. Zu Recht mahnt Collins zwar deren Schwächen an, die Behauptung der Nachrangigkeit von Bewusstheit und Kognitionen geht aber mit erheblichen Schwächen einher. Nicht nur erwies sich die entsprechende Kritik an Theorien der rationalen Wahl als unterkomplex, sie hat darüber hinaus zur Folge, dass der Beitrag von Kognitionen im Aufbau komplexer sozialer Beziehungen übersehen wird – mit, wie ich hier anmerken möchte, nicht unerheblichen Folgen für die Bestimmung des Mikro-Makro-Verhältnisses, denn erst die Generalisierungsleistung, welche mit Kognitionen verbunden ist, macht es verständlich, in welcher Weise Makro-Bezüge in das Handeln eingelassen sind.[20] So lässt sich mit Weber, Schütz und dem symbolischen Interaktionismus ebenfalls die Reifikation sozialer Gebilde vermeiden, indem diese Ansätze aber davon ausgehen, dass Generalisierungsleistungen schon in den Orientierungen von Handelnden auftreten, lässt sich verständlich machen, wie die Handlungstypisierung situationsübergreifende Handlungstypen generieren kann (Weber 1980: 16). Eine bloße Repetition von Interaktionsereignissen, in denen Handelnde jeweils aufgrund von emotionalen Impulsen gesteuert werden, lässt eine solche Generalisierungsleistung auf der Seite der Handelnden nicht zu. Hierin liegt ja auch die Grenze von ›Ansteckungsauffassungen‹, welche im Moment mit der Wiederentdeckung Tardes wieder mehr Aufmerksamkeit erfahren (Tarde 2009). Auch hier gilt, dass solche Prozesse vorkommen mögen, sie erschöpfen aber keineswegs den Prozess der Handlungsverknüpfungen (Weber 1980: 11). Hinzu kommt schließlich, dass der Eigensinn normativer Ansprüche nicht ausreichend Berücksichtigung findet. Im Gegensatz zur berechtigten Beobachtung, dass die Verletzung normativer Ansprüche mit emotionalen Reaktionen verbunden ist (Ärger, Scham), wird der normative Anspruch verkürzt, wenn er selbst die Folge allein von emotionalen Prozessen darstellen soll.

---

20 Erst die kulturelle, symbolische Dimension macht verständlich, wie es zu einer übersituativen Generalisierung von Orientierungen kommen kann. Vgl. die Einschätzung von Gesprächsthemen durch Collins: »sie beziehen sich auf Ereignisse und Einheiten, die von der unmittelbaren Situation abstrahieren.« (Collins 2000: 117, vgl. auch 121 f.) Vgl. die ähnliche Kritik von Balog (2001: 134 f.).

Literatur

Balog, Andreas (2001): Neue Entwicklungen in der soziologischen Theorie. Stuttgart: Enke.

Bolle, Friedrich (2006): Gefühle in der ökonomischen Theorie. In: Rainer Schützeichel (Hg.): Emotionen und Sozialtheorie. Disziplinäre Ansätze. Frankfurt am Main/New York: Campus, S. 48–65.

Collins, Randall (1975): Conflict Sociology. Toward an Explanatory Science, New York: Academic Press.

Collins, Randall (1981): Micro-translation as a theory-building strategy. In: Karin Knorr-Cetina/Aaron V. Cicourel (Hg.): Advances in social theory and methodology. Toward an integration of micro- and macro-sociologies. London: Routledge and Kegan Paul, S. 81–108.

Collins, Randall (1982): Sociological insight. An introduction to nonobvious sociology. New York: Oxford University Press.

Collins, Randall (1986): Weberian Sociological Theory, Cambridge: Cambridge University Press.

Collins, Randall (1990a): Conflict Theory and the Advance of Macro-Historical Sociology. In: George Ritzer (Hg.): Frontiers of Social Theory. The New Synthesis. New York: Columbia University Press, S. 68–87.

Collins, Randall (1990b): Stratification, Emotional Energy and the Transient Emotions. In: Theodore D. Kemper (Hg.): Research Agendas in the Sociology of Emotions. Albany: State University of New York Press, S. 27–57.

Collins, Randall (1993a): Emotional Energy as the Common Denominator of Rational Action. In: Rationality and Society 5: 203–230.

Collins, Randall (1993b): The Rationality of Avoiding Choice. In: Rationality and Society 5: 58–57.

Collins, Randall (1998): The Sociology of Philosophies. A Global Theory of Intellectual Change. Cambridge: Harvard University Press.

Collins, Randall (1999): Macro History. Essays in the Sociology of the Long Run. Stanford: Stanford University Press.

Collins, Randall (2000): Über die mikrosozialen Grundlagen der Makrosoziologie. In. Hans-Peter Müller/Steffen Sigmund (Hg.): Moderne amerikanische Soziologie. Opladen: Westdeutscher Verlag, S. 99–134.

Collins, Randall (2004): Interaction Ritual Chains. Princeton: Princeton University Press.

Collins, Randall (2008): Violence. A Micro-sociological Theory, Princeton: Princeton University Press.

Döring, Sabine A. (2006): Warum brauchen wir eine Philosophie der Gefühle? In: Rainer Schützeichel (Hg.): Emotionen und Sozialtheorie. Disziplinäre Ansätze. Frankfurt am Main/New York: Campus, S. 66–83.

Durkheim, Émile (2005): Die elementaren Formen des religiösen Lebens. Frankfurt am Main: Suhrkamp.

Elster, Jon (2007): Explaining Social Behavior. More Nuts and Bolts for the Social Sciences. Cambridge: Cambridge University Press.

Esser, Hartmut (2010): Das Modell der Frame-Selektion. Eine allgemeine Handlungstheorie für die Sozialwissenschaften? In: Gert Albert/Steffen Sigmund (Hg.): Soziologische Theorie kontrovers (Sonderheft 50/2010 der Kölner Zeitschrift für Soziologie und Sozialpsychologie). Wiesbaden: VS, S. 45–62.

Frijda, Nico H. (1986): The Emotions. Cambridge. Cambridge University Press.

Goffman, Erving (1986): Interaktionsrituale. Über Verhalten in direkter Kommunikation. Frankfurt am Main: Suhrkamp.

Greco, Monica/Stenner, Paul (2008): Introduction: Emotion and Social Science. In: Dies.: Emotions. A Social Science Reader. London/New York. Routledge, S. 1–23.

Green, Donald P./Shapiro, Ian (1999): Rational choice. Eine Kritik am Beispiel von Anwendungen in der politischen Wissenschaft. München: Oldenburg.

Haug, Sonja (1998): Anomalien in der Entscheidungstheorie. Empirische Evidenz und Konsequenzen, in: Ulrich Druwe/Volker Kunz (Hg.): Anomalien in der Handlungs- und Entscheidungstheorie. Opladen: Westdeutscher Verlag, S. 126–160.

Hochschild, Arlie R. (1979): Emotion Work, Feeling Rules and Social Structure. In: American Journal of Sociology 85: 551–575.

Kelle, Udo/Lüdemann, Christian (1996): Theoriereiche Brückenannahmen? Eine Erwiderung auf Siegwart Lindenberg. In: Kölner Zeitschrift für Soziologie und Sozialpsychologie 48: 542–545.

Kemper, Theodore D. (1978): A Social Interactional Theory of Emotions. New York. Wiley.

Kemper, Theodore D. (1990a): Social Relations and Emotions: A Structural Approach. In: Ders. (Hg.): Research Agenda in the Sociology of Emotions. Albany: State University of New York Press, S. 207–237.

Kemper, Theodore D. (1990b): Themes and Variations in the Sociology of Emotions. In: Ders. (Hg.): Research Agenda in the Sociology of Emotions. Albany: State University of New York Press, S. 3–23.

Kemper, Theodore D. (1991): Social Structure and Testosterone. Explorations of the Socio-Bio-Social Chain. New Brunswick/London: Rutgers University Press.

Kemper, Theodore D./Collins, Randall (1990): Dimensions of Microinteraction. In: American Journal of Sociology 96: 32–68.

Knorr-Cetina, Karin (1988): The micro-social order. Towards a reconception. In: Nigel G. Fielding (Hg.): Actions and Structure: Research Methods and Social Theory. London: Sage, S. 21–53.

Lindenberg, Siegwart (1996): Die Relevanz theoriereicher Brückenannahmen. In: Kölner Zeitschrift für Soziologie und Sozialpsychologie 48: 126–140.

Mees, Ulrich (2006): Zum Forschungsstand der Emotionspsychologie – eine Skizze. In: Rainer Schützeichel (Hg.): Emotionen und Sozialtheorie. Disziplinäre Ansätze. Frankfurt am Main/New York: Campus, S. 104–123.

Merton, Robert K. (1995): Sozialstruktur und Anomie. In: Ders.: Soziologische Theorie und soziale Struktur, Berlin/New York: Gruyter, S. 127–154.

Opp, Karl-Dieter (2009): Theories of Political Protest and Social Movements. London: Routledge.

Parsons, Talcott (1949): The Structure of Social Action. A Study in Social Theory with Special Reference to a Group of Recent European Writers. Volume II: Weber. New York: Free Press.

Parsons, Talcott u. a. (1951): Some Fundamental Categories of the Theory of Action: A General Statement. In: Talcott Parsons/Edward A. Shils: Toward a General Theory of Action. New York: Free Press, S. 3–27.

Rosenquist, J. Niels/Fowler, James H./Christakis, Nicholas A. (2010): Social network determinants of depression, In: Molecular Psychiatry 16: 273–281.

Rössel, Jörg (1999): Konflikttheorie und Interaktionsrituale: Randall Collins' Mikrofundierung der Konflikttheorie, In: Zeitschrift für Soziologie 28: 23–43.

Rössel, Jörg (2006): Konflikttheorie und Emotionen. In: Rainer Schützeichel (Hg.): Emotionen und Sozialtheorie. Disziplinäre Ansätze. Frankfurt am Main/New York: Campus, S. 223–239.

Schnabel, Annette (2006): Sind Emotionen rational? In: Rainer Schützeichel (Hg.): Emotionen und Sozialtheorie. Disziplinäre Ansätze. Frankfurt am Main/New York: Campus, S. 175–194.

Schwinn, Thomas (2006): Der Nutzen der Akteure und der Wert der Systeme. In: Rainer Greshoff/ Uwe Schimank (Hg.): Integrative Sozialtheorie? Esser – Luhmann – Weber. Wiesbaden: VS, S. 39–62.

Soule, Edward (2000): Hume on Economic Policy and Human Nature. In: Hume Studies 26: 143–158.

Stansfeld, Stephen A./Marmot, Michael (1998): Explaining social class differences in depression and well-being. In: Social Psychiatry and Psychiatric Epidemology 33: 1–9.

Stocké, Volker (2002): Framing und Rationalität. Die Bedeutung der Informationsdarstellung für das Entscheidungsverhalten., München: Oldenbourg.

Tarde, Gabriel (2009): Die Gesetze der Nachahmung, Frankfurt am Main: Suhrkamp.

Turner, Johnathan H./Stets, Jan E. (2005): The Sociology of Emotions. Cambridge: Cambridge University Press.

Turner, R. Jay/Lloyd, Donald A./Roszell, Patricia (1999): Personal Resources and the Social Distribution of Depression. In: American Journal of Community Psychology 27: 643–672.

Tversky, Amos/Kahnemann, Daniel (1991): Rational Choice and the Framing of Decisions. In: Karen S. Cook/Margret Levi (Hg.): The Limits of Rational Choice. Chicago: University of Chicago Press, S. 60–89.

von Scheve, Christian (2010): Die emotionale Struktur sozialer Interaktion: Emotionsexpression und soziale Ordnungsbildung. In: Zeitschrift für Soziologie 39: 346–362.

Weber, Max (1980): Wirtschaft und Gesellschaft. Grundriß der verstehenden Soziologie, 5. Auflage Tübingen: Mohr.

Von der Situation ergriffen

Emotionen in der pragmatistischen Tradition[1]

Andreas Pettenkofer

Das theoretische Ziel einer Soziologie der Emotionen liegt meist darin, an einem schwierigen Objekt die Reichweite herkömmlicher Erklärungsstrategien zu demonstrieren. So will die Forschung zu ›Emotionsarbeit‹ zeigen, wie auch Emotionsphänomene mit etablierten Konzepten strategischen und/oder normbefolgenden Handelns zu erfassen sind. Noch zu wenig wird das Interesse für Emotionen genutzt, um ein *anderes* Verständnis von Handeln auszuarbeiten, und damit auch Alternativen zu diesen Erklärungsstrategien; zudem laufen die einschlägigen Versuche oft einen biologistischen Reduktionismus hinaus. Hier finden sich in der pragmatistischen Tradition wichtige, noch unausgeschöpfte Beiträge. (Eine erneute Betrachtung jener klassischen Positionen, die vor der Wendung zum heute dominierenden Rationalismus entstanden sind, wäre hier überhaupt ertragreich.) Die pragmatistischen Emotionskonzepte weisen auf die Bedeutung von Handlungsformen hin, die sich weder als im konventionellen Sinne rationales Handeln – sei es strategischer oder normbefolgender Art – noch als Routinehandeln begreifen lassen. Sie ähneln aber auch nicht Webers Konzept ›affektuellen‹ Handelns, das emotionsgeleitetes Handeln als kaum noch sinnhaft zu verstehen einstuft.[2] Die Beschäftigung mit Emotionen dient hier vielmehr dazu, Handlungsweisen genauer zu beschreiben, die *zwischen* Routinehandeln und stark reflektiertem Handeln liegen. Dadurch bietet die pragmatistische Tradition eine wichtige Alternative zu anderen rationalismuskritischen Ansätzen: Auch wegen ihres Interesses für Emotionen muss sie sich nicht auf eine Aufwertung des *habitualisierten* Handelns beschränken, sondern kann auch einen anderen Blick auf Reflexionsphänomene werfen. Damit hilft sie bei der Lösung eines gängigen soziologischen Problems: Wie kann man in Erklärungen die Rolle handlungsleitender Vorverständnisse berücksichtigen, ohne von vornherein zur Idee einer permanenten Selbststabilisierung sozialer Ordnungen zu gelangen? Zugleich helfen diese Emotionskonzepte, solche Prozesse der Selbststabilisierung zu erklären, ohne eine Form von Sozialintegration vorauszusetzen, die prästabilierte Harmonie garantiert.

---

1   Für hilfreiche Anmerkungen danke ich Dorit Birkenfeld, Hella Dietz, Martin Fuchs und Frithjof Nungesser.
2   Zu den Folgen von Webers Konzept für die soziologische Debatte über Emotionen vgl. Schützeichel (2008).

Um sich diese Emotionskonzepte soziologisch anzueignen, kann man allerdings nicht gleich auf Meads sozialtheoretische Fortschreibung der pragmatistischen Tradition zurückgreifen; bei Mead geht das sozialtheoretische Interesse ja gerade mit einer Abwertung der Emotionen einher. Zunächst liegen die Anknüpfungspunkte bei Deweys Konzept einer über Emotionen vermittelten Reflexivität, sowie – entgegen der gängigen Kritik – bei William James. Erst danach lässt sich auch Meads Erklärungsansatz so rekonstruieren, dass er die Rolle der Emotionen besser berücksichtigen kann.[3] Das soll im Folgenden knapp gezeigt werden. Vorab diskutiere ich eine zentrale pragmatistische Denkfigur, die auch für den emotionstheoretischen Beitrag dieser Tradition wesentlich ist.

1   Die Kritik am ›psychologischen Fehlschluss‹ als Ausgangspunkt der pragmatistischen Emotionstheorien

Das Interesse für Emotionen ergibt sich bei James und Dewey aus einer Kritik an einer Perspektive, die alles Handeln als Ergebnis reflektierter Planungen erscheinen lässt. Solche Deutungen – so die methodologische Seite dieser Kritik – können daraus resultieren, dass ein Beobachtungsproblem übersehen wurde, das James als *psychologist's fallacy* bezeichnet (und Dewey als *psychological fallacy*):[4] »The great snare of the psychologist is the confusion of his own standpoint with that of the mental fact about which he is making his report.« (James 1890/1950 I: 196) Eine Variante, die für die Fragen dieses Texts besonders wichtig ist, besteht in der »assumption that the mental state studied must be conscious of itself as the psychologist is conscious of it.« (ebd.: 197)

Nun hat Bourdieu (1994) einen ähnlichen Einwand schon in die soziologische Diskussion eingeführt: Unter dem Stichwort ›scholastischer Fehlschluss‹ vertritt er ebenfalls die These, dass rationalistische Ansätze nur deshalb permanente Reflexivität unterstellen, weil sie die Perspektive der Handelnden und die der wissenschaftlichen Beobachter nicht klar unterscheiden und darum eine reflexive Einstellung auf Handlungsabläufe projizieren, die im Wesentlichen ohne Reflexion stattfinden. Bourdieu zieht aus dieser Kritik aber – trotz wichtiger Einzelanalysen – problematische Konsequenzen; bekanntlich ersetzt er die unplausible Unterstellung permanenter Reflexivität schlicht durch die kaum weniger unplausible Unterstellung eines permanenten *Fehlens* von Reflexivität. Das führt in Erklärungsschwierigkeiten; recht offensichtlich ist das dort, wo es um sozialen Wandel geht. Zwar fallen die Stabilität individueller Handlungsorientierungen und die der jeweiligen Ordnungsform nicht einfach zusammen: Wie Bourdieu (1987: 116 f.) betont, kann gerade ein stabiler Habitus bewirken, dass die

---

3   Aus Platzgründen verzichte ich hier darauf, auch die emotionstheoretischen Beiträge von Peirce zu diskutieren; vgl. dazu Hookway (2002a; 2002b).

4   Für eine knappe Darstellung vgl. Tiles (1988: 19 ff.).

Beteiligten nicht ›der Strömung folgen‹. Auf diesem Wege kann auch eine habitusförmige Stabilität von Handlungsorientierungen zu Veränderungen beitragen. Das bedeutet aber erstens nicht, dass sich sozialer Wandel immer (oder meistens) so erklären lässt. Zweitens zeigt es, dass sich selbst soziale *Stabilität* mit einem Habitusmodell nur unvollständig erklären lässt. Hier bleibt die pragmatistische Tradition interessant: Sie zieht aus der Kritik an diesem Fehlschluss *andere* Konsequenzen. Zwar geht sie ebenfalls davon aus, dass Handeln im Regelfall auf *habits* basiert (vgl. Dewey 1922/1988: Kap. 1). Insbesondere Dewey legt sich damit aber nicht darauf fest, das Auftreten von Reflexivität zu bestreiten; stattdessen zeigt er, dass diese Kritik auch für die Analyse derjenigen Handlungsformen wesentlich ist, die tatsächlich von Reflexion begleitet sind. Es wäre – so Dewey – voreilig zu unterstellen, dass ein Handlungsablauf, der mit einem Reflexionsprozess verbunden ist, schlicht durch eine immer schon gegebene Reflexivität oder jedenfalls durch einen vorgängigen Reflexionsprozess verursacht wurde (wie es die rationalistische Perspektive voraussetzt). Vor allem *nachträgliche* Beobachtungen können dazu verleiten, etwas als Voraussetzung des Prozesses zu deuten, das tatsächlich erst als Produkt dieses Prozesses entsteht; dadurch können sie dazu verleiten, den Beteiligten z. B. eine stabile, womöglich anthropologisch konstante Disposition zum rationalen Handeln zuzurechnen. Deshalb bezeichnet Dewey (1896/1972: 105) das Grundmuster solcher rationalisierenden Deutungen auch als *historical fallacy:* »A set of considerations which hold good only because of a completed process is read into the content of the process which conditions this completed result. A state of things characterizing an outcome is regarded as a true description of the event which led up to this outcome.« Dagegen fragt Dewey, in welchen Kontexten Reflexivität eigentlich auftritt; er schlägt vor, Reflexivität als Produkt *irritierender Situationen* zu begreifen, die das habitualisierte Alltagshandeln unterbrechen.[5]

In die soziologische Diskussion eingeführt wurde diese Konzeption v. a. von Joas (1992) und – explizit als Alternative zu Bourdieus Verständnis präreflexiven Handelns – von Thévenot (2006). Sie erlaubt es, Beschreibungen reflektierter und routineförmiger Handlungsformen innerhalb eines einzigen Erklärungsansatzes zu verbinden.[6] Das Ergebnis ist nicht einfach eine alternative Erklärung dafür, wie ein konventionell verstandenes ›rationales‹ Handeln in Gang kommt. Die Aufwertung der Situation verändert das Verständnis reflektierten Handelns: Noch im Reflektieren erweisen sich die Beteiligten nun als von der Situation ergriffen (statt der Situation, in der sie handeln, mit souveräner Distanz gegenüber zu stehen); so dass bereits der Begriff ›Handlung‹ aus dieser Perspektive als problematisch erscheint – schließlich »löst schon allein der Begriff der

---

5   Zentral ist hier Deweys Aufsatz *The Reflex Arc Concept in Psychology* (1896/1972); für eine knappe Darstellung seiner Argumentation vgl. Joas (1989: 69 f.). Ansonsten Dewey (1922/1988: 127 ff.).

6   Dabei vermeidet sie den infiniten Regress, in den die – von gemäßigten Rationalisten manchmal implizit vertretene – These führt, Reflexion werde ausgelöst durch den Gedanken, man sollte nun anfangen nachzudenken.

Handlung die Einzelhandlung in einer durchaus nicht selbstverständlichen Weise aus ihrem Kontext heraus.« (Joas 1992: 214)

Das Zwei-Stufen-Modell, das sich aus diesen Überlegungen zunächst ergibt, bietet allerdings noch Raum für Differenzierungen. Zunächst scheint es nahe zu legen, dass ein Handeln, das die eingefahrenen Routinen verlässt, doch insoweit den Charakter eines konventionell verstandenen ›rationalen‹ Handelns haben muss, als es immer mit einem bewussten Abwägen von Handlungsmöglichkeiten einhergeht. Joas (1997) ergänzt dieses Zwei-Stufen-Modell – anknüpfend an James' Analyse religiöser Konversionen (James 1902/1982) – durch ein Konzept von Wandlungsprozessen, die *tiefer* ansetzen, nämlich auf der Ebene fundamentaler Kriterien zur Bewertung des je eigenen Handelns, und die nicht im gleichen Sinne von einem reflektierenden Abwägen begleitet sind (d. h. die so zu deuten wiederum ein *psychological fallacy* wäre).[7] James betont wiederholt die Bedeutung, die einschneidenden *emotionalen* Erfahrungen in solchen Konversionsprozessen zukommt. Diesem pragmatistischen Interesse für die Affekte soll der vorliegende Text weiter nachgehen: Betrachtet man die pragmatistische Reflexion über die Funktion von Emotionen in Handlungsabläufen, dann stößt man auf Konzepte, mit denen sich diese Alternative zu einem rationalistischen Handlungsmodell weiter ausarbeiten lässt. Diese Konzepte können helfen, Selbststabilisierung und Wandel sozialer Ordnungsformen besser zu erklären.[8]

2   James: Handeln ohne zu denken

James gilt oft als exemplarischer Vertreter eines Biologismus, der den Sinngehalt von Emotionen ausblendet und sich für den sozialtheoretischen Gebrauch besonders wenig eignet.[9] Anlass dieser Einschätzung ist das Kapitel über Emotionen in James' *Principles of Psychology* (1890/1950) – das seinen Artikel *What Is an Emotion?* (1884) leicht überarbeitet wieder aufnimmt – und hier vor allem folgender Absatz:

> My theory [...] is that the bodily changes follow directly the perception of the exciting fact, and that our feeling of the same changes as they occur is the emotion. Common-sense says, we lose our fortune, are sorry, and weep; we meet a bear, are frightened, and run; we are insulted by a rival, are angry, and strike. The hypothesis here to be defended says that this order of sequence is incorrect, that the one mental state is not immediately induced by the other,

---

7   Zur Konversion als einem *allgemeinen* Modus der Reorientierung von Handeln, der sich mit dem Rationalmodell nicht gut erfassen lässt, vgl. auch – aus der Perspektive einer selbstkritischen RC-Theorie – Ullmann-Margalit (2006: 161 ff.).

8   Für einen Ansatz, der die Ergebnisse der neueren Debatte über Emotionen vor allem nutzt, um die Stabilität gegebener sozialer Strukturen zu erklären, vgl. Scheve (2009); vgl. dazu auch meine Rezension (Pettenkofer 2009).

9   Eine Darstellung solcher Einwände gibt Solomon (2001).

that the bodily manifestations must first be interposed between, and that the more rational statement is that we feel sorry because we cry, angry because we strike, afraid because we tremble, and not that we cry, strike, or tremble, because we are sorry, angry, or fearful, as the case may be. Without the bodily states following on the perception, the latter would be purely cognitive in form, pale, colorless, destitute of emotional warmth. We might then see the bear, and judge it best to run, receive the insult and deem it right to strike, but we should not actually feel afraid or angry. (James 1890/1950 II: 449 f.)

Wer fachlich mit Webers Konzept affektuellen Handelns sozialisiert wurde, kann hier ein ähnliches Konzept vermuten. Diese Lesart lautet: Für James hätten Emotionen »wenig mit Geist und Seele zu tun, sondern vornehmlich mit dem Körper«, und seien überhaupt »nicht-kognitive Phänomene« (Frevert 2009: 187 f.). Das verfehlt aber die Pointe des Konzepts. James begreift die Wirkung von Emotionen auf Handeln nicht als *mechanische* Beeinflussung. Er diskutiert die Emotionen im Zusammenhang mit einer spezifischen Weise des handlungsleitenden *Wahrnehmens;*[10] den »vital point of my whole theory« sieht er in folgender Aussage: »If we fancy some strong emotion, and then try to abstract from our consciousness of it all the feelings of its bodily symptoms, we find that we have nothing left behind […], and that a cold and neutral state of intellectual perception is all that remains.« (James 1890/1950 II: 451)[11] Damit schlägt er ein Konzept vor, das Emotionen als Grundlagen eines *leiblichen* Wahrnehmens begreift: einer Wahrnehmungsform, die mit dem Erleben einer physischen Reaktion verbunden und über dieses Erleben vermittelt ist. In diesem Sinne schreibt James (ebd. II: 450): »the entire organism may be called a sounding-board« (vgl. auch ebd. II: 471). Das physische Erleben – so James – macht hier den spezifischen Unterschied zu *anderen* Weisen des handlungsleitenden Wahrnehmens aus. Mit dieser These verfolgt er aber kein reduktionistisches Projekt, das etwa auf den Nachweis zielte, dass das entsprechende Handeln nicht über kognitive Abläufe vermittelt ist. Die Rede von *Wahrnehmung* verweist von vornherein auf Kognitives; das sieht man, wenn man das Emotionskapitel im Kontext des restlichen Buchs liest – im Kapitel über Aufmerksamkeit schreibt James (ebd. I: 444): »[T]he only things which we commonly see are those which we preperceive, and the only things which we preperceive are those which have been labelled for us, and the labels stamped into our mind. If we lost our stock of labels we should be intellectually lost in the midst

---

10   Vgl. dazu die Rekonstruktionen von Ratcliffe (2008) und Slaby (2008). Auch Barbalet (1999) zeigt bereits, dass James nicht in diesem Sinne reduktionistisch argumentiert.

11   James (1894/1983) unterstreicht das nochmals und spricht, was das Emotionskapitel angeht, selbstkritisch über die »slapdash brevity of the language used.« (ebd.: 302) Auch die Aussage »our feeling of the same changes as they occur *is* the emotion«, die mit James' Selbstkommentierung zunächst unvereinbar scheint, kann in die Irre führen. Gegen naheliegende Missverständnisse weist schon Dewey (1894–95/1967: 171) auf die Eigentümlichkeit von James' Begriffsgebrauch an dieser Stelle hin: »[H]e is not dealing with emotion as a concrete whole of experience, but with an abstraction from the actual emotion of that element which gives it its differentia – its feeling *quale*, its ›feel‹.«

of the world.« Entsprechend verteidigt er auch keinen ›behavioristischen‹ Situationsdeterminismus. Ein zentrales Motiv der *Principles,* wie dann der pragmatistischen Tradition überhaupt, ist die Bedeutung einer *selektiven Aufmerksamkeit* – »the perpetual presence of selective attention« (ebd. I: 402). Mit dieser Aufwertung interner Selektionsprozesse geht James auf Distanz zur empiristischen Tradition und zu *deren* Begriff von ›Erfahrung‹: »[O]ne sees how false a notion of experience that is which would make it tantamount to the mere presence to the senses of an outward order. […] [W]ithout selective interest, experience is an utter chaos. Interest alone gives accent and emphasis, light and shade, background and foreground – intelligible perspective, in a word.« (ebd. I: 402f.) Noch das *Selbst* betrachtet James (wie später Mead) als Produkt einer selektiven Aufmerksamkeit – »the turnings of our attention form the nucleus of our inner self.« (ebd. I: 447)[12] Dass James kein reduktionistisches Projekt verfolgt, zeigt sich im Übrigen bereits, wenn er schreibt: Den besten Zugang zu Emotionsphänomenen bieten nicht Laborexperimente, sondern literarische Darstellungen, die über emotionale Erfahrungen berichten (ebd. II: 448).[13] Insofern lässt sich James' Argumentation mit einer einfachen Entgegensetzung von ›Geistigem‹ und ›Körperlichem‹ nicht gut nachvollziehen; seine Beschreibung eines leibvermittelten Wahrnehmens relativiert ja gerade die Plausibilität dieser begrifflichen Vorunterscheidung. Vielmehr geht es ihm um eine Beschreibung von Handeln, die jene Kritik am *psychological fallacy* ernst nimmt: Es kommt ihm darauf an, dass die entsprechenden Wahrnehmungen nicht erst vermittelt über einen bewussten Reflexionsprozess handlungsleitend wirken können. Berücksichtigt man die Rolle der Emotionen im handlungsleitenden Wahrnehmen, dann – so James – versteht man besser, *warum* dem Handeln kein Reflexionsprozess vorausgehen muss: Emotionen sind nicht bloße Begleiter einer Handlungsorientierung, die sich ohnehin bereits aus einem Reflexionsprozess ergibt. Das leibliche Erleben verleiht der Wahrnehmung und der entsprechenden Handlungsorientierung eine eigene Evidenz und Dringlichkeit (›Ich denke das nicht nur, ich *spüre* es‹), die die Evidenz des Reflexionsergebnisses ersetzt, auch was ihre motivierende Kraft betrifft.

In den *Principles of Psychology* könnte man den Eindruck gewinnen, das sei bloß eine These über situative Spontanreaktionen. James versucht in *The Varieties of Religious Experience* (1902/1982) jedoch zu zeigen, dass solche Formen affektiven Wahrneh-

---

12 Hier führt er die Unterscheidung zwischen ›I‹ und ›me‹ ein, die später durch Mead in der Soziologie prominent wird: Das Selbst, an dem sich das Handeln orientiert, ist für das jeweilige Individuum ein ›*empirisches* Selbst‹ (James 1890/1950 I: 291) – ein ›me‹ –, das intern durch eine wertende selektive Aufmerksamkeit hergestellt wird – durch »acts of attending, assenting, negating« (ebd.: 300) – und sich in dem Maße wandelt, wie sich diese Aufmerksamkeit verschiebt.

13 Dass James dies ernst meint, zeigt sein Religionsbuch (James 1902/1982), das – vermittelt über *The Polish Peasant* (Thomas/Znaniecki 1927) – zum Ausgangspunkt einer zunächst als Biographieforschung verfahrenden hermeneutischen Soziologie geworden ist. (Zum Beginn dieser Rezeptionslinie vgl. die Bemerkungen bei Park 1931: 22f., 35.)

mens für die menschliche Handlungsfähigkeit *immer* entscheidend sind.[14] Ausgangspunkt ist die fundamentale Ungewissheit, mit der alles Handeln konfrontiert ist – »how can things so insecure as the successful experiences of this world afford a stable anchorage?« (ebd.: 136) Die Frage lautet für ihn darum, wie sich Handlungsfähigkeit überhaupt erhalten kann. James diskutiert das zuerst an Fällen *offensichtlicher* Ungewissheit, unter anderem: am Problem prekärer Kooperation (James 1897/1956: 24 f., dazu auch Barbalet 2008: 802 f.). Letztlich geht es ihm aber um die Folgen einer fundamentaleren Unterbestimmtheit. Die Wahrnehmung jeder Situation – so James – wird angeleitet von impliziten Annahmen über die gegebenen Möglichkeiten, vor allem: über Handlungsmöglichkeiten:

> In the practical life of the individual, [...] his whole gloom or glee about any present fact depends on the remoter schemes and hopes with which it stands related. Its significance and framing give it the chief part of its value. Let it be known to lead nowhere, and however agreeable it may be in its immediacy, its glow and gilding vanish. [...] The lustre of the present hour is always borrowed from the background of possibilities it goes with. (James 1902/1982: 141)

Die Endlichkeit des eigenen Lebens und der sie vor Augen führende Alternsprozess können es nahelegen, *jede* Situation unter der Perspektive eines *Fehlens* von Handlungsmöglichkeiten zu betrachten (ebd.: 139). Daher rührt eine anthropologisch basale Ungewissheit darüber, ob Individuen das, was ihnen wertvoll ist, je verwirklichen können; und darum die ständige Möglichkeit eines Zweifels, ob solche Wert-Überzeugungen nicht überhaupt sinnlos sind. Seine These über die Rolle eines affektiven Wahrnehmens entwickelt James anhand dieser Radikalform von Ungewissheit. Handlungsfähigkeit – so James – wird nicht durch rationale Reflexion erhalten, sondern durch je spezifische Weisen affektiven Wahrnehmens. Auch zweckgerichtetes ›rationales‹ Handeln gründet auf solchen affektiven Zuständen, die allerdings im Normalfall unthematisch bleiben; ihre Bedeutung fällt erst auf, wenn keine solchen Emotionen mehr empfunden werden können. James diskutiert das am Fall der klinischen Depression (ebd.: 145 ff.);[15] dabei

---

14 Vgl. auch die Vorarbeiten *The Sentiment of Rationality* (1897a/1956) und *The Will to Believe* (1897b/1956). Das ist keine späte, gegenüber dem Emotionskonzept nachträgliche Theorieentwicklung. Die Thesen über affektiv grundierte religiöse Überzeugungen, die sich im zweiten Teil von *The Sentiment of Rationality* finden, formuliert James schon in einem 1882 veröffentlichten, schwer zugänglichen Text namens *Rationality, Activity, and Faith* (vgl. Richardson 2007: 201 ff., 552). Es ist auch vor diesem Hintergrund zu verstehen, wenn James (1890/1950 II: 453) zu seiner Emotionstheorie schreibt: »Let not this view be called materialistic. [...] [I]t is just as logical to use the present theory of the emotions for proving that sensational processes need not be vile and material.« (Zur Frage der emotionstheoretischen Kontinuität bei James vgl. die unterschiedlichen Einschätzungen von Myers 1985 und Carrette 2005.)

15 Zur Rolle der eigenen Depressionserfahrung für James' Werk vgl. Menand (2002).

nimmt er das Gedankenexperiment auf, mit dem er in den *Principles* zeigt, dass Emotionen Elemente einer eigenständigen Form des Wahrnehmens sind:[16]

> Conceive yourself […] suddenly stripped of all the emotion with which your world now inspires you, and try to imagine it as it exists, purely by itself […]. It will be almost impossible for you to realize such a condition of negativity and deadness. No one portion of the universe would then have importance beyond another; and the whole collection of its things and series of its events would be without significance, character, expression, or perspective. (ebd.: 150, vgl. zu dieser Stelle Joas 1997: 82)

Hier verknüpft James die Thesen zur emotionalen Wahrnehmung enger mit seinen Überlegungen zur selektiven Aufmerksamkeit. Sein erstes Beispiel ist die Wahrnehmungsweise, die durch das Gefühl der Liebe entsteht: »The passion of love […] transforms the value of the creature loved as utterly as the sunrise transforms Mont Blanc from a corpse-like gray to a rosy enchantment; and it sets the whole world to a new tune for the lover and gives a new issue to his life.« (James 1902/1982: 150, ähnlich ebd.: 474) Das erzeugt eine andere implizite Wahrnehmung dessen, was möglich ist – einen neuen *background of possibilities,* vor dem der jeweilige Gegenstand gesehen wird.[17] Das gleiche gilt für andere Emotionen: »So with fear, with indignation, jealousy, ambition, worship.« (ebd.: 150) Aus jeder dieser affektiven Wahrnehmungsweisen ergibt sich ein bestimmter Umgang mit Ungewissheit.

Trotzdem bleibt die Perspektive, die James hier eröffnet, begrenzt. Sein Konzept scheint nur eingeschränkt für die Analyse reflektierten Handelns verwendbar: James spricht fast ausschließlich über situative Emotionen, die – seiner Beschreibung zufolge – nicht mit Reflexion verbunden sind, sowie über affektive Haltungen, die alles reflektierte Handeln vorstrukturieren. Damit setzt er nicht einfach reflektiertes und durch Affekte beeinflusstes Handeln einander entgegen; aber er diskutiert am reflektierten Handeln vor allem, was darin unreflektiert bleibt. – Sein Konzept scheint auch nur begrenzt mit einer sozialtheoretischen Argumentation vereinbar (selbst wenn für eine solche Verknüpfung oft schon James' Beobachtung ausreicht, dass im Normalfall alles Wahrnehmen durch sozial bereitgestellte *labels* vermittelt ist). In den *Principles* geht James zwar davon aus, dass bestimmte Sinngehalte des individuellen Selbstbezugs sozial erzeugt

---

16 Auf diese Kontinuität weist Slaby (2008: 561) hin.

17 James' Beschreibung der Weise, in der dieses Gefühl die Wahrnehmung verändert, ist nicht ganz eindeutig: »[T]he practically real world for each one of us, the effective world of the individual, is the compound world, the physical facts and emotional values in indistinguishable combination.« (James 1902/1982: 151) Das könnte auch besagen, dass Emotionen einer ›sachlich‹ unveränderten Sicht der Dinge nur neue Bewertungen hinzufügen. Das widerspräche aber James' sonstiger Argumentation: Entstehen neue implizite Annahmen über das, was möglich ist, dann stellen sich auch die ›Fakten‹ anders dar als zuvor. Auch James' eigenes Bild macht dies deutlich: Die aufgehende Sonne färbt den Berg, auf den sie scheint, ja nicht nur anders ein; sie zeigt Aspekte des Bergs, die vorher nicht zu sehen waren.

sind – durch die Anerkennung anderer –, und dass es in diesem Sinne ein ›soziales Selbst‹ gibt (James 1890/1950 I: 293). Er sieht das aber nur als *einen* (problematischen) unter mehreren Aspekten des Selbst. In seiner Diskussion religiöser Emotionen wertet James diese sozial erzeugte Dimension des Selbstverhältnisses ab, wie auch die soziale Dimension religiöser Praktiken (James 1902/1982: 6, 31). Die Emotionen, die er im Religionsbuch beschreibt, sieht er als mögliche Lösungen sozialer Kooperationsdilemmata (ebd.: 357 ff.), nicht jedoch als Produkte sozialer Prozesse.

In beiden Hinsichten entwickelt Dewey dieses Konzept weiter. In seinem frühen Aufsatz *The Theory of Emotion* (1894–95/1967) setzt er bei diesem Problem der Reflexivität an. Damit bereitet er auch eine Argumentation vor, die das Problem der Sozialität angeht.[18] Dewey hat diese Thesen in seinem berühmten Aufsatz *The Reflex Arc Model in Psychology* (1896/1972) weiter ausgearbeitet; die frühe Version bleibt aber, weil sie sich explizit mit der Rolle von Emotionen beschäftigt, eigenständig interessant.

3   Dewey: Affektive Reflexivität

Gegen James' Emotionskonzept wendet Dewey ein, dass es Emotionen noch zu sehr als Produkte einer gegebenen Innerlichkeit betrachtet.[19] Auch wenn James Emotionen als wesentlich für das handlungsleitende Wahrnehmen begreift, geht er doch – so Dewey – nicht der Frage nach, wie Emotionen aus Handlungsabläufen heraus entstehen; darum kann er die Funktionen, die sie in diesen Handlungsabläufen erfüllen, nur unvollständig erfassen. Im Folgenden stelle ich als erstes Deweys Prozessmodell der Entstehung von Emotionen vor. Danach diskutiere ich seine Anwendung in Honneths Rekonstruktion des Konfliktmodells ›Kampf um Anerkennung‹ (1992), die bereits den sozialtheoretischen Nutzen von Deweys Konzept zeigt.

Ausgangspunkt seiner Thesen zur Funktion von Emotionen ist die Annahme, dass Handeln im Normalfall auf *habits* basiert; dass also die handlungsleitenden Bestrebungen – die in jeder Situation bestimmte Elemente als relevant erscheinen lassen und so handlungsleitende Objekte konstituieren – nie vollständig thematisch sind.[20] Die Aufmerksamkeit für Emotionen soll es erlauben, mit dieser Handlungstheorie situative Reorientierungen zu beschreiben, ohne den *psychological fallacy* zu wiederholen. Emotionen – so Dewey – entstehen, wenn ein von *habits* geleiteter Handlungsfluss unterbrochen wird, weil die Handlungsorientierung *(attitude)* auf eine Situation trifft, die

---

18 Für eine ausführliche Darstellung und Kontextualisierung von Deweys Argumentation vgl. Garrison (2003).

19 Diese Kritik an James' Abgrenzung eines psychischen Inneren bleibt für ihn ein wichtiges Motiv (vgl. Dewey 1940).

20 Das gilt nach Dewey noch für philosophische Reflexion: »Every case of thinking is what it is because of some attitude […]. This attitude is no immediate part of what is consciously reflected upon, but it determines the selection of this rather than that subject matter.« (Dewey 1931/1985: 14)

nicht den mit ihr verbundenen stillschweigenden Erwartungen entspricht; wenn also das, was in der Situation als relevant wahrgenommen wird, nicht sofort eine bestimmte Anschlusshandlung aufdrängt, sondern alternative Handlungsmöglichkeiten auseinandertreten lässt. Dann tritt die präreflexive Bestrebung in Gestalt einer Emotion ins Bewusstsein – »all emotions […] are constituted by the reflexion of the teleological attitude […] into consciousness, […] the emotional ›feel‹ is always due to the return wave of this attitude.« (Dewey 1894–95/1967: 170 f.) Emotionen entstehen demnach also nicht schon, weil ein Gegenstand auf eine bestimmte Weise bewertet wird; sondern infolge einer *Diskrepanz*erfahrung, die im Übrigen nicht den Charakter eines rein intellektuellen Überraschtseins hat, sondern den eines wenigstens augenblickshaften Nicht-mehr-Weiterwissens (selbst wenn diese Ungewissheit nicht unbedingt als solche erinnert wird).[21] Die Funktion der jeweiligen Emotion für das Handeln sieht Dewey nun darin, dass sie einen situativen Deutungsprozess anleitet, durch den das irritierende Objekt erst eine *bestimmte* Bedeutung erhält und in diesem Sinne, wie Dewey schreibt, zu einem *anderen* Objekt wird. Er illustriert das an James' Beispiel der Begegnung mit dem Bären:

> The idea or object which precedes and stimulates the bodily discharge is in no sense the idea or object (the intellectual content, the ›at‹ or ›on account of‹) of the emotion itself. […] If the fright comes, then the bear is not the bear of that particular experience, is not the object to which the feeling attaches, except as the fright comes. Any other supposition is to confuse the abstract bear of science with the concrete (just this) bear of experience. (ebd.: 176)

Dewey begreift Emotionen damit als Elemente eines ›behavioral hermeneutic circle‹ (Garrison 2003: 426), in dem ein Vorverständnis, das eine Situation deutet und in ihr bestimmte handlungsleitende Objekte sehen lässt, seinerseits – vermittelt über die Emotionen, die aus Irritationen entstehen, die diese Objekte auslösen – verändert wird. So ermöglichen Emotionen auch jenen von James beschriebenen Handlungsablauf, in dem zwischen die Wahrnehmung des Objekts und das anschließende Handeln kein bewusstes Abwägen tritt.

Das Verhältnis von Emotionen und Reflexion erweist sich in Deweys Beschreibung allerdings als komplexer. Dewey schreibt: »I should apply to the difference between relatively indifferent and emotionally excited consciousness precisely what James says of the difference between habitual and reasoned thinking.« (ebd.: 183, Anm. 26) Tatsächlich hat das emotionsgeleitete Handeln nach dieser Beschreibung bereits Merkmale eines *reflektierten* Handelns: Es geht auf Abstand zu stillschweigend hingenommenen Üblichkeiten und ist auch mit einer (für das Handeln funktionalen) Umdeutung von Situationselementen verbunden. Die Aufmerksamkeit für die Rolle der Emotionen lässt also erkennen, warum ein solches Handeln nicht von Prozessen bewussten Abwägens

---

21   Dieses Moment der Ungewissheit hebt Dewey später noch deutlicher hervor (vgl. Dewey 1896/1972: 106, dazu Garrison 2003: 419 f.).

begleitet sein muss. Zugleich legt Deweys Beschreibung nahe, dass solche affektiven Umdeutungen auch am Beginn bewusster Reflexion stehen können; dass handlungsleitende Vorverständnisse auch vermittelt über die emotionalen Reaktionen, die sie auslösen, Reflexionsprozesse in Gang setzen können (dazu gleich mehr).[22] – Deweys Analyse der Entstehung von Emotionen hat aber noch eine weitere Implikation: Was er hier – und in *The Reflex Arc Concept in Psychology* – entwickelt, ist ein *allgemeines* Argument über das In-Gang-Kommen von Reflexivität. Wenn, wie Dewey argumentiert, Reflexivität *immer* durch Unterbrechungen des Handlungsflusses ausgelöst wird, dann müsste *jeder* Reflexionsprozess ein affektives Element enthalten; emotionale Irritationen wären dann zunächst keine Störungen von Reflexionsprozessen, sondern deren notwendige Elemente. Auch später vertritt Dewey die Auffassung, dass noch ein reflektiertes Handeln, das auf den ersten Blick rein aktiven Charakter zu haben scheint, essentiell mit einem Moment der Passivität verbunden ist. In einer späten Beschreibung der Ereignisse, die Reflexion in Gang setzen, heißt es:

> There is [...] an element of undergoing, of suffering in its large sense, in every experience. Otherwise there would be no taking in of what preceded. For ›taking in‹ in any vital experience is something more than placing something at the top of consciousness over what was previously known. It involves reconstruction which may be painful. Whether the necessary undergoing phase is by itself pleasurable or painful is a matter of particular conditions. (Dewey 1934/1987: 47 f.)

Reflexivität wird demnach gerade ausgelöst durch ein Ergriffenwerden von der Situation (dieses Moment der Passivität wird – anders als in rationalistischen Konzepten – nicht mehr nur als ein mögliches äußerliches Hemmnis begriffen). Darum stehen die Beteiligten weiterhin, trotz dieser Reflexivität, ihren Situationen nicht einfach mit rationaler Distanz gegenüber.[23]

Von *sozialen* Situationen ist in *The Theory of Emotion* noch nicht die Rede.[24] Später plädiert Dewey zwar deutlich dafür, die Situation sozialer Kooperation als Modell-

---

22 Eine verwandte Argumentation findet sich bei Livet (2002: Kap. 2), ohne direkten Bezug auf Dewey, aber im Kontext der pragmatistisch inspirierten französischen Theoriedebatte seit den 1990ern: Emotionen können dazu beitragen, dass handlungsleitende Überzeugungen revidiert werden, die zunächst nur präreflexiv wirksam waren.

23 Auch später betont Dewey, dass er ›Emotionen‹ und ›Kognitionen‹ nicht als voneinander getrennte Prozesse begreifen will (vgl. Dewey 1934a/1986: 52).

24 Dewey konzentriert sich auf den Versuch zu zeigen, dass James' Beispielfall – die durch eine Furchtreaktion ausgelöste Flucht vor dem Bären – sich so rekonstruieren lässt. Das ist eher unglücklich: Diese Situation ist gerade kein guter Beleg für die These, dass Emotionen immer erst vermittelt über eine vorgängige Handlungsorientierung zustande kommen; sie steht eher für den Grenzfall einer Situation, in der die Tendenz zur Selbsterhaltung fast immer die gleiche Furchtreaktion produzieren wird. Auch Deweys eigene Beispiele besagen nur, dass der Bär *in anderen* Situationen – z. B. im Zoo – andere Emotionen auslöst (Dewey 1894–95/1967: 180). Insofern kann das Beispiel das Missverständnis nahe-

fall für Handlungssituationen zu begreifen (vgl. Dewey 1928/1984); das bleibt allerdings eher programmatisch. Der sozialtheoretische Wert des Konzepts lässt sich aber in Honneths Aktualisierung des Konfliktmodells ›Kampf um Anerkennung‹ erkennen (Honneth 1992, v. a. 219 ff.). Honneth will zeigen, inwiefern Konflikte, die nicht von ›rationalen Diskursen‹ begleitet werden, dennoch von Gerechtigkeitsvorstellungen angeleitet sein können.[25] (Das ist auch für Erklärungszwecke interessant – es kann helfen zu verstehen, warum anders gehandelt wird, als es etwa ein Modell der rationalen Verfolgung wirtschaftlicher Interessen erwarten ließe.) Deweys Emotionskonzept nutzt Honneth, um zu erklären, *auf welchem Wege* solche unthematischen Gerechtigkeitskriterien wirksam werden. Er setzt bei Situationen an, in denen implizite normative Erwartungen *verletzt* werden (also: bei Unterbrechungen des Handlungsflusses, die *essentiell* sozialen Charakter haben). Die Nichterfüllung dieser Erwartungen »reißt [...] gleichsam eine psychische Lücke auf, in die negative Gefühlsreaktionen wie Scham oder Wut treten.« (ebd.: 220) Was zuvor – so muss die These ausgehend von Deweys Emotionskonzept lauten – als kohärente Handlungsorientierung erlebt wurde, erweist sich plötzlich als instabiler Kompromiss zwischen unvereinbaren Bestrebungen (etwa: die eigene Position innerhalb eines Kooperationszusammenhangs wahren, oder aber so handeln, dass man ›noch in den Spiegel sehen kann‹). Dadurch entsteht eine affektive Wahrnehmung, in deren Folge die in der Situation relevanten Objekte sich anders darstellen als zuvor; diese Emotionen können »dem Einzelnen prinzipiell offenbaren [...], dass ihm bestimmte Formen der Anerkennung sozial vorenthalten werden.« (ebd.: 220) So kann auch ein Reflexionsprozess beginnen, der bei den irritierenden Elementen der Situation ansetzt, aber nicht notwendig auf sie begrenzt bleibt, sondern – von ihnen aus verallgemeinernd – die jeweilige Gesellschaftsordnung insgesamt als problematisch erscheinen lassen kann.

In seiner Dewey-Rekonstruktion hebt Honneth die Möglichkeit hervor, dass solche Affekte auch in dem Sinne Reflexivität erzeugen, dass sie den Handelnden die eigenen Vorverständnisse (derentwegen diese Emotionen entstehen) *zugänglich* machen: Es komme zu einer »Aufmerksamkeitsverlagerung auf die eigenen Erwartungshaltungen«, wodurch »zugleich deren kognitive Elemente, hier also das moralische Wissen, zu Bewusstsein gelangen.« (ebd.: 222) Dewey selbst liefert keine Argumente dafür, dass das der Normalfall sein könnte. Wo Honneth sein Konfliktmodell ausarbeitet, betont er

---

legen, Dewey argumentiere für einen Reduktionismus, der Emotionen deterministisch aus den äußeren Merkmalen der jeweiligen Situation erklären will (und dann wohl den Charakter eines biologischen Reduktionismus haben müsste). Deweys Argumentation geht aber eindeutig in eine andere Richtung; wobei er später noch deutlicher auf die Rolle von *valuations* hinweist, um dem Unterbestimmtheitsproblem zu entgehen, in das der Versuch einer funktionalen Erklärung sonst führen würde (dazu Jung 2009: 148 f., 160 ff.). Dass Dewey gerade keinen biologischen Reduktionismus vertritt, zeigt auch Zask (2003).

25 Zu Honneths Distanzierung von einer Theorie rationaler Debatten – und zur methodologischen Bedeutung, die der Aufmerksamkeit für Emotionen dabei zukommt – vgl. Iser (2008: 163 f., 263 f.).

ebenfalls, dass solche handlungsleitenden Gerechtigkeitsmotive – obwohl sie sich in diesen Emotionsausdrücken hermeneutisch identifizieren lassen – für die Beteiligten unthematisch bleiben können (ebd.: 261). Eben darin dürfte ein zentraler Beitrag dieses Konzepts zur Analyse von Konflikten liegen: Es lenkt die Aufmerksamkeit auf Fälle, in denen eine situativ aufbrechende Spannung zwischen einem Gerechtigkeitswunsch und anderen praktischen Orientierungen sich *unmittelbar* in einem *Gefühl* ausdrückt, das dann eine spezifische selektive Aufmerksamkeit erzeugt; so dass die latente Gerechtigkeitsorientierung soziale Folgen nicht durch eine Reflexion erlangt, in der sie selbst zum Thema wird, sondern allein durch den Reflexionsprozess, den sie *auslöst* und anleitet.

Um die bisherigen Ergebnisse zusammenzufassen: Die pragmatistischen Emotionskonzepte identifizieren zwei Zwischenstufen zwischen einem reinen Routinehandeln und einem stark reflektierten Handeln. Erstens ein kaum reflektiertes Verlassen der Routine, das über ein emotionales Wahrnehmen vermittelt ist. Dieses Konzept hilft – insoweit: wie Bourdieus Habituskonzept – zu erklären, warum Handelnde manchmal höchst *rasch* auf Situationen reagieren; zugleich kann es besser als dieses Habitus-Konzept erklären, wie eine rasche Orientierung an *wechselnden* Situationen stattfinden kann, ohne dass starke Reflexionsprozesse in Gang kommen. – Zweitens ein Handeln, das mit einer eingehenderen Reflexion verknüpft ist, die aber weiter durch Emotionen fokussiert bleibt (hier macht die Aufmerksamkeit für die Rolle von Emotionen ein Ineinander ›aktiver‹ und ›passiver‹ Momente innerhalb von Reflexionsprozessen erkennbar): Der Affekt, der Reflexivität auslöst – d. h. auch: einen starken Impuls erzeugt, sich überhaupt der Mühe des Nachdenkens zu unterziehen –, trägt zugleich dazu bei, dass diese Reflexivität begrenzt bleibt. Er lässt bestimmte Elemente der Situation in den Vordergrund und andere in den Hintergrund treten, so dass sich die Reflexion jeweils auf *bestimmte* Objekte unter *bestimmten* Aspekten richtet, und vorerst gerade nicht auf die *eigenen* Antriebe. Diese emotional fundierte selektive Aufmerksamkeit sorgt dafür, dass Hinterfragungen beschränkt bleiben, auch wenn die Beteiligten ihre alltäglichen Routinen unterbrechen und einen intensiven Reflexionsprozess unternehmen. – Die Frage ist nun, wie sich diese Überlegungen systematisch an eine Sozialtheorie anbinden lassen; auch, um die Emotionen, von denen James und Dewey sprechen, wenigstens in Teilen soziologisch erklären zu können. Dazu diskutiere ich im nächsten Abschnitt Meads Konzept der Sozialität des Selbst.[26]

---

26 Hier kann man auch vorschlagen, an Cooley anzuknüpfen (so Wiley 2011; allgemein zu Cooley: Schubert 1995). Tatsächlich thematisiert sein Konzept des *looking-glass self* in gewissem Sinne bereits die Sozialität des Selbst und betont dabei die Rolle der Gefühle von Scham und Stolz. Allerdings begreift Cooley – insoweit: ähnlich wie der frühe Schütz – soziale Ordnung als Produkt je individueller Imaginationsleistungen; auch die Entstehung von Emotionen will er durch solche internen Imaginationen erklären (vgl. Cooley 1902/1964: Kap. 4–5). Das unterscheidet sich deutlich von einem Erklärungsansatz, der funktionierende Sozialität auf Kommunikationsprozesse zurückführt, die bereits die Selbstverhältnisse der Beteiligten anleiten. (Wiley 2011 scheint mir die Bedeutung dieses Unterschieds zu gering zu veranschlagen.) Das bekannte Folgeproblem lautet: Wie funktioniert dann Koordination, und warum funktioniert sie so oft? (Vgl. immer noch Mead 1930.) Als Lösung für dieses Problem dient Cooley der

4   Mead: Emotionen als Elemente eines sozial vermittelten Selbstbezugs

Mead nutzt Deweys Überlegungen zur Entstehung von Reflexivität, um ein Konzept der Sozialität des Selbst zu entwickeln.[27] Damit zeigt er, wie sich Deweys Emotionskonzept sozialtheoretisch verwenden ließe. Zwar wertet Mead selbst die Affekte in seinem Erklärungsvorschlag ab;[28] das ergibt sich aber durchaus nicht zwingend aus seiner Argumentation – tatsächlich lassen sich soziale Mechanismen, die für Meads Erklärungsansatz zentral sind, plausibler rekonstruieren, wenn man die Rolle der Affekte ernst nimmt; Ansätze in diese Richtung finden sich bei Goffman. Das soll im Folgenden gezeigt werden. Zuerst erinnere ich kurz an Meads Konzept der Sozialität des Selbst.[29]

Aus dem Gedanken, dass Reflexivität immer als Produkt bestimmter Handlungssituationen entsteht, entwickelt Mead ein Argument dafür, dass jenes Selbst, um das es James geht, *insgesamt* ein ›soziales Selbst‹ ist. Das durch eine selektive Aufmerksamkeit des Individuums erzeugte Selbst lässt sich – so Mead – nicht als Produkt einer rein intern erbrachten Konstruktionsleistung begreifen. Es entsteht jeweils als eine spezifische Form von Reflexivität, die an Situationen sozialer Kooperation gebunden ist: Diese geben den *Anlass* dafür, dass ein individueller Selbstbezug überhaupt in Gang kommt (Mead 1925/1964c: 267 ff.); sie schaffen aber auch erst die *Möglichkeit* zur Entwicklung eines solchen Selbstbezugs. Hier nimmt Mead die Unterscheidung zwischen ›I‹ und ›me‹ auf, wobei er sie stärker als James auf *Handlungs*prozesse bezieht: ›I‹ steht nicht mehr für »the judging Thought« (James 1890/1950 I: 371), sondern für eine unmittelbar handlungssteuernde Instanz (Mead 1913/1964b: 145); ›me‹ steht nun für jene – die reflexive Kontrolle des Handelns leitende – Weise, in der diese handelnde Instanz dem handelnden Individuum zugänglich wird. Entsprechend betont Mead die *Unzugänglichkeit* des ›I‹: Das eigene Handeln – also auch: das, wovon dieses Handeln angeleitet wird – ist für die handelnde Person nie direkt beobachtbar, es liegt für sie jedesmal schon in der Vergangenheit – das ›I‹ erscheint ihr immer nur als *historische* Gestalt (Mead 1934: 174). Nur vermittelt über die Reaktionen Anderer kann das Individuum sich selbst beobachten (Mead 1913/1964b: 146). Das kognitive Material, das den handlungsleitenden Selbst-

---

Verweis auf ein anthropologisch konstantes Vermögen zur *sympathy*. Damit nimmt er zwar einen auf Emotionen basierenden Mechanismus der Vergesellschaftung an, entwickelt aber keine sozialtheoretische Sicht auf diese Emotionen, sondern begreift sie letztlich als präsozial. Insofern dürfte Cooleys Ansatz nur eingeschränkt dabei helfen, diese Diskussion über Emotionen an eine sozialtheoretische Diskussion anzubinden. – Vgl. aber Nungesser (2012) für eine andere Einschätzung des Nutzens von Cooleys Emotionskonzept.

27   Joas (1989: 71 ff.) zeigt, wie schon Meads früher Schlüsseltext *The Definition of the Psychical* (1903) an Deweys Text zum *reflex arc concept* anknüpft.

28   Das kritisieren schon Gerth und Mills (1953: xvii).

29   Die beiden folgenden Absätze übernehme ich leicht gekürzt aus Pettenkofer (2010: 150 f.). Zu der Serie von Aufsätzen, in denen Mead seine Argumente über die Sozialität des individuellen Selbstverhältnisses entwickelt, vgl. Joas (1989: 91 ff.) und Cook (1993: 49 ff.).

bezug ermöglicht, kann darum nur sozial generiert werden: »[T]he ›me‹ of introspection is the same ›me‹ that is the object of the social conduct of others.« (ebd.: 144)

Darum prägen soziale Situationen das individuelle Selbstverhältnis *intern*: Indem Individuen lernen, sich auf sich selbst zu beziehen, erwerben sie zugleich soziale Bewertungskriterien, die diesen Selbstbezug anleiten. Dabei haben diese Kriterien zum Teil nur insofern sozialen Charakter, als sie die Perspektiven bestimmter (jeweils in einen bestimmten gesellschaftlichen Kontext eingebundener) Personen repräsentieren, die für das betroffene Individuum damit die Position eines ›signifikanten Anderen‹ besetzen. Zum Teil – so Mead – ist der Sinngehalt dieses Selbstbezugs aber noch in einem stärkeren Sinn sozial vermittelt, da das betroffene Individuum sich aus der Perspektive eines ›*generalisierten* Anderen‹ betrachtet, d. h. im Lichte von Absichten und Regeln, die nur aus Kooperationszusammenhängen entstehen können, also *essentiell* sozialen Charakter haben. Als Modell dient die Kooperation im Mannschaftssport:

> [I]n a game there is a regulated procedure and rules. The child must […] assume the various roles of all the participants in the game, and govern his action accordingly. […] Their organized reactions to him he has imbedded in his own playing of the different positions, and this organized reaction becomes what I have called the ›generalized other‹ that accompanies and controls his conduct. And it is this generalized other in his experience which provides him with a self. (Mead 1925/1964c: 285)

In dieser über das Selbst vermittelnden ›sozialen Kontrolle‹ sieht Mead eine wesentliche Bedingung des Funktionierens von Kooperation. – Mit Deweys Argumenten zur Entstehung von Reflexivität erklärt Mead auch, warum das so entstandene Selbst *wandelbar* bleibt.[30] Dabei fasst er die Handlungsorientierungen, durch deren Auseinandertreten der entsprechende Reflexionsprozess anfängt, nun als Ergebnisse verinnerlichter Kommunikationsprozesse, d. h. als innere *Stimmen*:

> As a mere organization of habit the self is not self-conscious. […] When, however, an essential problem appears, there is some disintegration in this organization, and different tendencies appear in reflective thought as different voices in conflict with each other. In a sense the old self has disintegrated, and out of the moral process a new self arises. (Mead 1913/1964b: 147)

Hier wird schon deutlich, dass Mead nicht bloß eine These über Primärsozialisation formuliert. Die Selbstbeobachtung folgt weiterhin sozial geltenden Kriterien. Auch die *Ergebnisse* der Selbstbeobachtung bedürfen, da die Handelnden sich selbst nie unmittelbar zugänglich sind, immer wieder von Neuem der sozialen Stützung. – Es handelt

---

30 Diese Abkehr von der Idee stabiler Akteursdispositionen ist zentral für die pragmatistische Tradition (dazu Whitford 2002: 337 ff.). Das gilt für diese Argumentation Meads wie für James' Analyse von Konversionsprozessen.

sich auch nicht um ein ausschließlich ›mikrosoziologisches‹ Argument, das sich allein auf ›Gruppen‹ in informellen Kontexten bezieht (dazu auch Fine 1991). Schon Meads Sport-Beispiel illustriert ja nicht die Neuentstehung von Regeln in Interaktionssituationen, sondern das Übernehmen bereits institutionalisierter Regeln. Entsprechend soll die Theorie der über das Selbst vermittelten sozialen Kontrolle auch Wirkungen sozialer Meso- und Makrostrukturen erfassen, einschließlich deren Selbststabilisierung und Selbstveränderung. Mead selbst bleibt hier bei programmatischen Andeutungen; ein Beispiel für eine solche Erklärung bietet aber Goffmans Vorschlag, Meads Verständnis von Identitätsbildung auch organisationssoziologisch auszuarbeiten:[31]

> [T]he self arises not merely out of its possessor's interactions with significant others, but also out of the arrangements that are evolved in an organization for its members. […] The self in this sense is not a property of the person to whom it is attributed, but dwells rather in the pattern of social control that is exerted in connection with the person by himself and those around him. This special kind of institutional arrangement does not so much support the self as constitute it. (Goffman 1961: 148, 168)

Da Meads Konzept des sozialen Selbst wesentlich auf Deweys Modell der Entstehung von Reflexivität aufbaut, läge es nahe, Entstehung und Wandel solcher Selbstverhältnisse als essentiell emotionale Geschehnisse zu begreifen. Mead verbindet seine Beschreibung der Sozialität des Selbst allerdings mit einer *Abwertung* des Affektiven; dabei stützt er sich auf zwei unterschiedliche Argumentationen, die ich im Folgenden der Reihe nach diskutiere. Dort, wo Mead sich systematisch mit den Affekten befasst, ordnet er sie nicht dem sozial vermittelten Selbstbezug zu. Die Emotionen, die in seinen Erklärungen eine Rolle spielen, werden kaum *sozial*theoretisch erklärt – Mead begreift sie zunächst als Instinktphänomene (vgl. Mead 1918: 577 ff.). Am weitesten ausgearbeitet ist diese Position in *National-Mindedness and International-Mindedness* (Mead 1929/1964d):

> A self is a composite or interaction of these two parts of our natures – the fundamental impulses which make us co-operating neighbors and friends, lovers and parents and children, and rivals, competitors, and enemies; on the other side the evocation of this self which we achieve when we address ourselves in the language which is the common speech of those about us. […] These two parts are the matter and the form of the self […]. In the sophisticated field of self-consciousness we control our conduct. […] In the field of the stuff – the matter – of personality we have no such power. We are born with our fundamental impulses. We

---

31 Ein wichtiger Zwischenschritt war Everett Hughes' Beobachtung, dass unter modernen Bedingungen ein Großteil der Kommunikationskontexte, die Selbstverhältnisse verändern, innerhalb formaler Organisationen auftritt (Hughes 1937). Zu Goffmans eigener Sicht auf seine Anknüpfungen an Hughes sowie an Mead und Dewey vgl. das 1980 geführte Interview mit Verhoeven (1993, v. a. 318 f., 336 f.). Zu seiner Anknüpfung an Mead vgl. auch Willems (1997: 154 f.).

choose our business associates and the members of our clubs and the guests at our dinner parties, but we fall in love, and whatever action we take upon this primal premiss, it is not a matter of our own choice. (ebd.: 358)

Letztlich kehrt Mead hier zu dem Dualismus von Emotionalität und Rationalität zurück, den Dewey in Frage gestellt hatte. Die Unterscheidung zwischen ›I‹ und ›me‹ wird nun gemäß diesem Dualismus verstanden. Das ›me‹ hat demnach keine emotionale Dimension; der sozial vermittelte Selbstbezug erscheint nun ausschließlich als eine Instanz, der die reflexive Kontrolle problematischer affektiver Impulse zufällt, die ihrerseits präsozialen Charakter haben.[32]

Die Gründe für diese Konstruktion dürften aber weithin außerhalb der Sache liegen. Zum einen scheint es sich um eine Folge einer disziplinpolitischen Strategie zu handeln: Mead entwickelt sein Konzept in Abgrenzung zu Ansätzen, die Emotionen eine zentrale Rolle zuschreiben und dabei – wie Mead zeigt – erstens das Moment der Reflexivität nicht ernst genug nehmen, zweitens soziale Koordination aus präsozialen Dispositionen herzuleiten versuchen.[33] Im Zuge dieser Absetzbewegung kritisiert Mead aber nun weniger diese Deutung von Emotionsphänomenen selbst (als Produkte präsozialer Dispositionen, die sich mit einem Instinktkonzept gut erfassen lassen), sondern eher die Entscheidung, den so verstandenen Emotionen ein größeres Gewicht in Erklärungen sozialer Abläufe zuzuweisen; auf diesem Weg übernimmt er einiges von den Positionen, die er kritisiert. Zum anderen ist Meads Einschätzung von einer spezifischen politischen Problemstellung geprägt, der er vor dem Hintergrund einer spezifischen historischen Erfahrung nachgeht: In den späten Aufsätzen, in denen Mead sich systematisch mit den Emotionen befasst, sucht er nach einer Grundlage *national-staatlicher* Integration (und zwar nach einer, die nicht über lokale Integration vermittelt ist). Mead nimmt an, dass auf *dieser* Ebene eine über Emotionen vermittelte Integration *nur* auf feindseligen Gefühlen basieren kann (Mead 1929/1964d: 361 f.). Darum rückt die Integration durch den Feind ins Zentrum seiner Diskussion der Emotionen. Dass Mead diese Integration durch den Feind hervorhebt und gerade *so* deutet, ergibt sich auch aus der Erfahrung des Ersten Weltkriegs, die er hier immer wieder heranzieht (Mead 1918: 588, 590 ff.; 1929/1964d: 392 f., 356 f.): Das Ergebnis der damaligen ›patriotischen‹ Mobilisierungen beschreibt Mead als eine emotionale Überwältigung, die eine Reduktion auf einen *tierähnlichen* Zustand bedeutet: »we are relatively helpless when

---

32 Insofern knüpft Hochschilds auf planvolle ›Emotionsarbeit‹ fokussierte Emotionssoziologie (2003) durchaus an Mead an: Sie arbeitet mit der gleichen Basisunterscheidung zwischen präsozialen affektiven Impulsen und deren sozialer Kontrolle; nur macht sie daraus, mit einer zeittypischen Umwertung, eine entfremdungstheoretische These über die gesellschaftliche Unterdrückung authentischer Gefühle. Auch die an den ›massenpsychologischen‹ Diskurs erinnernden Motive Meads finden sich z.T. im Symbolischen Interaktionismus wieder (dazu McPhail 1988).

33 Vgl. die Auseinandersetzungen mit Wundt (Mead 1909/1964a: 101 f.), McDougall (Mead 1908) und Cooley (Mead 1930).

a common enemy fuses us all into a common patriotic pack.« (Mead 1929/1964d: 358)
Die für Meads dualistische Konstruktion wesentliche Auffassung, Emotionen hätten
mit einem reflektierten Selbstverhältnis nichts zu tun und seien einem Bereich des reinen Instinkthandelns zuzuordnen, gewinnt wohl auch dadurch ihre Plausibilität.[34] Für
Meads Erklärungszwecke ist diese Begriffskonstruktion allerdings unglücklich. Mit ihr
wird das ›I‹ zu einem präsozialen Bedürfniskern substantialisiert, auf den alle beobachtbaren Affekte zurückgeführt werden können; damit wird der Erklärungsbedarf regelmäßig unterschätzt.[35] Zugleich werden die Möglichkeiten für solche Erklärungen weiter
eingeschränkt, wenn die emotionale Dimension des ›Me‹ ausgeblendet wird.

In seinen Beschreibungen hält Mead das ohnehin nicht durch. Wo er sein Konzept des sozial vermittelten Selbstbezugs erläutert, wählt er Beispiele, die diese emotionale Dimension hervorheben, insbesondere: die Bedeutung von Emotionen der Anerkennung und des Anerkennungsentzugs:[36] »We are in possession of selves just insofar
as we can and do take the attitudes of others toward ourselves and respond to those
attitudes. We approve of ourselves and condemn ourselves. We pat ourselves on the
back and in blind fury attack ourselves.« (Mead 1925/1964c: 288) Schon das erste Beispiel in *The Social Self* verweist auf Scham und affirmierte Selbstachtung: »[O]ne re-
members asking himself how he could undertake to do this, that, or the other, chiding
himself for his shortcomings or pluming himself upon his achievements.« (Mead 1913/
1964b: 142) Mead – das ist die zweite hier zu diskutierende Argumentationslinie – wehrt
sich aber weiterhin dagegen, dieser emotionalen Dimension eine besondere Bedeutung
zuzumessen:

Self-consciousness, rather than affective experience with its motor accompaniments, provi-
des the core and primary structure of the self, which is thus essentially a cognitive rather than
an emotional phenomenon. […] Cooley and James […] endeavor to find the basis of the self
in reflexive affective experiences, i. e., experiences involving ›self-feeling‹; but the theory that
the nature of the self is to be found in such experiences does not account for the origin of the
self, or of the self-feeling which is supposed to characterize such experiences. The individual
need not take the attitudes of others toward himself in these experiences, since these experi-

---

34 In *The Psychology of Punitive Justice* (1918) vertritt Mead noch eine differenziertere, allerdings theore-
    tisch prekäre Position: Die emotionale Integration durch den Feind sieht er hier nicht als Auflösung des
    Selbst, sondern als Grundlage eines *anderen* Typs von Selbst (ebd.: 598); seine Beschreibung des ent-
    sprechenden Verhältnisses von Selbst und Emotionen lautet jedoch: »The instinct of hostility […] pro-
    vides the structure for this self.« (ebd.: 599) Die Aussage, ein Instinkt erzeuge die *Struktur* des Selbst, ist
    mit Meads Konzept eines durch soziale Vermittlungen entstehenden Selbst kaum vereinbar. Auch das
    sich hier zeigende Fehlen eines geeigneten begrifflichen Instrumentariums dürfte dazu beigetragen ha-
    ben, dass Mead sich auf diese einfache dualistische Konstruktion zurückgezogen hat.
35 Diese Deutung des ›I‹ führt auch zu Erklärungsproblemen in Honneths Diskussion des ›Kampfs um
    Anerkennung‹ (dazu Markell 2007, v. a. 121 ff.; Pettenkofer 2010: 175 ff.).
36 Zur Rolle der Anerkennungsthematik in Meads Konzept des sozial vermittelten Selbst vgl. Honneth
    (1992: 122 f.).

ences merely in themselves do not necessitate his doing so […]; and he will not do so in these experiences unless his self has already originated otherwise, namely, in the way we have been describing. The essence of the self, as we have said, is cognitive […]. (Mead 1934: 173)

Meads Einwand gegen die Aufwertung der Emotionen konzentriert sich also auf die Frage, ob Emotionen für die *Entstehung* des sozial vermittelten Selbstbezugs entscheidend sind. Sein zentrales Argument lautet: Es müsse zuerst ein Selbstbezug vorliegen, ehe das Selbst Gegenstand von Emotionen *(self-feelings)* werden könne; darum spielten Emotionen hier jedenfalls keine konstitutive Rolle. Das ist die Art von Auffassung, gegen die Dewey in seiner Emotionstheorie argumentiert. Aus Deweys Beobachtung, dass mit der Entstehung einer bestimmten Emotion auch ein neues handlungsleitendes Objekt entsteht, ergäbe sich hier: Eine habituelle Verhaltensorientierung kann, wenn sie irritiert wird, *zugleich* Anlass zur Entstehung eines Selbst und zu einem *self-feeling* geben. So ließe sich auch Meads Beispiel der Situation rekonstruieren, in der ein Kind lernt, die Regeln eines Sports zu befolgen. Schon die Alltagsanschauung zeigt: Dabei kommt es regelmäßig zu höchst emotionalen Auseinandersetzungen darüber, welche Regeln gelten und was als Verletzung dieser Regeln gilt. Deweys Argument liefert Gründe für die Annahme, dass diese Emotionen dem Prozess nicht äußerlich sind. Aus seiner Sicht wäre hier mit folgendem typischen Verlauf zu rechnen: Zum Gegenstand wird das eigene Selbst dem spielenden Kind zuerst nach einer Unterbrechung des Handlungsflusses, die durch einen Streit über die Regeln eintritt. Der Kommunikationskontext legt es dem Kind nahe, sein Handeln nun im Lichte dieser Regeln zu betrachten, also auch: in einer neuen Weise die Aufmerksamkeit auf sich selbst zu richten, zunächst: sich selbst als Verletzer dieser Regeln zu sehen. Damit konkretisiert sich das Gefühl der Irritation, das durch die Unterbrechung des Handlungsflusses ausgelöst wurde, zu einem Gefühl der Scham. Dieses Gefühl leitet die selektive Aufmerksamkeit an, durch die hier ein Selbst entsteht oder sich verändert. Es steuert die Ausrichtung des nun einsetzenden Reflexionsprozesses (den Versuch, die Regeln tatsächlich zu verstehen; den Fokus auf *eigene Fehler*) wie auch die Intensität des nun wirksamen Handlungsimpulses (den Wunsch, die Regeln zu befolgen; den Impuls, sich die geltenden Kriterien der Selbstbeobachtung zueigen zu machen).

Wo es um den *Wandel* bestehender Selbstverhältnisse geht, trifft Meads Einwand ohnehin nicht. Bei der Untersuchung solcher Prozesse wäre es in jedem Fall nützlich, auf die Rolle von Emotionen zu achten; u. a. könnte die Aufmerksamkeit für den fokussierenden Effekt solcher Emotionen helfen, auch die *Grenzen* der bei der Entstehung von Selbsten in Gang kommenden Reflexivität besser zu erklären.

Im Übrigen wäre angesichts von Meads Problemstellung die Frage, ob Emotionen für die *Entstehung* von Selbsten wesentlich sind, gar nicht entscheidend. Die Analyse des Selbst soll ja helfen zu erklären, wie eine – Kooperation ermöglichende – ›soziale Kontrolle‹ funktioniert. Meads eigene Beschreibungen legen nahe, dass die emotionale Aufladung des einmal laufenden Selbstbezugs jedenfalls *dafür* Folgen hat. Ein einfaches

Beispiel wäre wiederum die ›soziale Kontrolle‹ durch eine Scham, die auftritt, wenn Handlungsimpulse, die den geltenden Regeln zuwiderlaufen, auf eine Situation stoßen, die den regelverletzenden Charakter der eigenen Handlungsorientierung – und damit: das eigene Selbst – zum Thema werden lässt.[37] (Insofern trägt die Aufmerksamkeit für Emotionen auch zu einer Erklärung sozialer Selbststabilisierung bei, die zwar die Bedeutung präreflexiver Handlungsorientierungen ernst nimmt, aber nicht voraussetzt, dass die Beteiligten in einer Weise sozialisiert sind, die eine prästabilierte Harmonie garantiert.)

Ansätze in diese Richtung finden sich beim frühen Goffman; seine Erklärungen lassen sich als Beispiele für *eine* Weise lesen, die pragmatistische Sicht auf Emotionen soziologisch zu nutzen. Wie gesehen, will Goffman – anknüpfend an Mead – die Selbststabilisierung von Kooperationsordnungen durch eine soziale Kontrolle erklären, die vermittelt ist über das Selbst. Größere Aufmerksamkeit widmet er dabei der emotionalen Dimension dieser Selbstverhältnisse, vor allem der Rolle von Scham.[38] Die spezifische Art, auf die das geschieht, ergibt sich aus seinem Interesse für die Rolle hierarchischer Ordnungen (und der Organisationen, die solche Ordnungen stützen). Goffman konzentriert sich auf die Effekte *aufgenötigter* Perspektivübernahmen, die *asymmetrisch* bleiben. Solche Perspektivübernahmen erhöhen die Wahrscheinlichkeit von Diskrepanzerfahrungen, in denen eine bislang unhinterfragte Weise, sich zu verstehen und sich anderen zu verstehen zu geben, auf eine Situation trifft, in der sie nicht glaubhaft aufrechterhalten werden kann; wenn etwa eine Machthierarchie die Niedrigpositionierten nötigt, sich zu Kooperationszwecken in die Perspektiven der Höherpositionierten hineinzudenken, und damit: sich im Lichte der Statusordnung zu betrachten, die das Selbstverständnis dieser Inhaber von Machtpositionen anleitet. Die Ordnungseffekte der so entstehenden Scham diskutiert Goffman (1956) zunächst an bloß situativen Gefühlen des Peinlichberührtseins, die – so seine These – letzten Endes den reibungslosen Ablauf von Interaktionen garantieren; dabei betont er die Intensität auch dieser Emotionen: »[I]t is possible for all of us to become fleetingly for ourselves the worst person we can imagine that others might imagine us to be.« (Goffman 1959: 236, dazu Scheff 2005: 154) Ausführlicher behandelt Goffman diejenigen Ordnungseffekte, die durch tiefer ansetzende, über die Situation hinaus wirksame Irritationen von Selbstverhältnissen entstehen. Er erläutert das am Fall von Individuen, die in statusniedrige soziale Kategorien eingeordnet werden: »The stigmatized individual is […] asked to see himself from the point of view of […] the normals and the wider society that they constitute.« (1963: 114 f.) Das nötigt die Adressaten, sich Kriterien zueigen zu machen, denen sie

---

37 Darum sind diese Emotionen Elemente des sozial vermittelten Selbstbezugs, der präreflexive Impulse nachträglich kontrolliert, und nicht nur Teile eines ›Materials‹, aus dem durch solche Bezugnahmen ein Selbst geformt wird.

38 Darauf hat Scheff (2005) hingewiesen, v. a. anhand von The Presentation of Self in Everyday Life (Goffman 1959); er sieht hier eine große Nähe zu Cooley.

kaum genügen können: »Given that the stigmatized individual in our society acquires identity standards which he applies to himself in spite of failing to conform to them, it is inevitable that he will feel some ambivalence about his own self.« (ebd.: 106) Gerade die permanente Ambivalenz trägt zur Stabilität dieser Ordnungen bei. Das stigmatisierte Individuum verspürt regelmäßig Scham: »[H]e supports the norms of the wider society, but his social and psychological identification with these offenders« – den Stigma-Trägern, die letzlich immer als Normverletzer gelten – »holds him to what repels him, transforming repulsion into shame, and then transforming ashamedness into something of which he is ashamed.« (ebd.: 108 f.) Das fördert ein permanentes Arbeiten an der Selbstdarstellung als Normbefolger: »If the person can keep the contradiction a secret, he may succeed in keeping everyone but himself from treating him as a failure.« (Goffman 1952: 462) Die Verbreitetheit und Wirkungsmächtigkeit dieses Mechanismus begründet Goffman (1963: 128) auch mit der These: Es wird *nie* viele Individuen geben, die sich nach den jeweils geltenden Kriterien für nichts zu schämen haben. Damit kann er den Bestand normativer Ordnungen durch einen (über Emotionen vermittelten) Mechanismus rekursiver Stabilisierung erklären: Nur wegen dieser massenhaft durchgeführten Darstellungsarbeit erhält sich der Eindruck, die jeweilige Norm sei allgemein geteilt, und dadurch: die soziale Evidenz der Norm (ebd.: 129); so erhalten sich die Voraussetzungen derjenigen – aus der Nichterfüllung der Norm entstehenden – Scham, durch die sich diese Darstellungsarbeit motiviert.

Reflexivität und (über eine leibliche Wahrnehmung vermittelte) Reflexionsgrenzen greifen hier auf komplexere Weise ineinander, als sich das etwa mit Bourdieus Konzepten erkennen ließe; so dass sich hier der Beitrag zeigt, den die pragmatistische Perspektive auf Emotionen auch zur Erklärung der Selbststabilisierung sozialer Ordnungsformen leistet: Die Beteiligten sind hochreflektiert (Goffman liest ihre Selbstzeugnisse als Expertenberichte). Aber die Reflexivität, die ihre Selbstdarstellungen anleitet, ist nicht mit jener Distanz verbunden, die die einschlägigen Theorien dem ›rationalen Akteur‹ zuschreiben. Sie ist ein Produkt der Scham und der Angst vor Beschämung. Deshalb ist sie zugleich intensiv und begrenzt. Durch diese Gefühle bleiben die Beteiligten innerlich an den Rahmen gebunden, innerhalb dessen sie strategisch operieren: Meist richtet sich ihre Reflexion vor allem auf das eigene Selbst und dessen Defizite, sowie auf die Bedingungen des Normal-Scheinens. Darum arbeiten sie mit hohem Engagement an der Stabilisierung von Normen, an deren Bestand sie keinerlei Interesse haben.[39]

Hier zeigt sich – gegenüber James und Dewey – eine sozialtheoretische Neuausrichtung der funktionalen Analyse von Emotionen. Goffman zieht die Konsequenz aus

---

39 Man könnte einwenden: Das ließe sich (ganz ohne Verweis auf Emotionen) als simples Kooperationsdilemma erklären – niemand will die Kosten des ersten Schritts tragen, hier: sich als Nichterfüller der Norm zu erkennen zu geben, solange die Norm noch allgemein akzeptiert scheint. Aber auch wer Scham mit einem Modell von Kosten/Nutzen-Kalkülen erfassen will (kritisch dazu Elster 1999: 155 f., 301 ff.), sollte fragen, ob diese Kosten den Beteiligten nicht nur deshalb so hoch erscheinen, weil sie sich bis zu einem gewissen Grad an diese Norm *gebunden* fühlen.

Meads Einsicht, dass das jeweilige Selbst ein Produkt eines Kooperationszusammen-hangs ist und – als Instanz sozialer Kontrolle – zuerst *dessen* Anforderungen dient: Auch die entsprechenden Emotionen (die James und Dewey immer schon als funktio-nal für das jeweilige Individuum begreifen) dürften zunächst funktional für diesen Ko-operationszusammenhang sein.

5   Offene Fragen

Goffmans Arbeiten zeigen, dass die emotionstheoretische Reformulierung von Meads Konzept einen erheblichen soziologischen Nutzen haben kann. Zugleich bleibt ihre Aufmerksamkeit dafür, wie Affekte situative Reflexionsleistungen fokussieren können, ihrerseits selektiv: Sie konzentrieren sich auf die Emotion der *Scham* und dementspre-chend auf die *Stabilisierung*seffekte, die durch sozial erzeugte Emotionen eintreten; sie erwähnen kaum die anderen Emotionen, die in den untersuchten Irritationssituationen entstehen können. Insofern lässt Goffman gerade beiseite, was Honneth ins Zentrum rückt. Zuerst wäre also zu klären, wie die verschiedenen Argumente über Emotionen, die sich aus der pragmatistischen Perspektive entwickeln lassen, miteinander zu ver-knüpfen sind. Das betrifft das Verhältnis der von Goffman und Honneth beschriebe-nen Prozesse zueinander; aber auch das Verhältnis zwischen denjenigen Veränderungen des Selbstverhältnisses, die sich an den Normen eines ›generalisierten Anderen‹ aus-richten, und den durch euphorische Erlebnisse angestoßenen Veränderungen, auf die sich James in seiner Analyse religiöser Konversionen konzentriert. Ansonsten wäre zu klären, wie sich diese pragmatistischen Konzepte mit Konzepten verbinden lassen, die *andere* ›soziale‹ Emotionen beschreiben. Besonders nahe liegen hier die Konzepte, die Durkheim vor allem in seiner Religionssoziologie entwickelt: Er beschreibt hier soziale Emotionen, die mit Erfahrungen der Bestätigung oder des Bestätigungsentzugs verbun-den sind, die nicht unmittelbar das eigene Selbst betreffen, sondern das basale norma-tive Weltverhältnis (vgl. Durkheim 1912/1981, dazu Pettenkofer 2012).[40] Gerade wenn sich solche Verknüpfungen ausarbeiten lassen, könnten die alten pragmatistischen Kon-zepte erheblich zur neuen emotionssoziologischen Debatte beitragen.

---

40 Tatsächlich ist Durkheims Religionssoziologie auch von einer Auseinandersetzung mit James' Reli-gionsbuch geprägt (dazu Joas 1997: 97 ff.; Karsenti 2004); insofern könnte sie helfen, James' Analyse re-ligiöser Emotionen soziologisch zu übersetzen, d. h. herauszuarbeiten, inwiefern diese Vertrauen erhal-tenden Affekte, aber auch die euphorischen Konversionserfahrungen jeweils durch spezifische soziale Prozesse befördert werden.

Literatur

Barbalet, Jack (1999): William James' Theory of Emotions: Filling in the Picture. In: Journal for the Theory of Social Behaviour 29(3): 251–266.

Barbalet, Jack (2008): Pragmatism and Economics: William James' Contribution. In: Cambridge Journal of Economics 32(5): 797–810.

Bourdieu, Pierre (1987): Sozialer Sinn. Frankfurt am Main: Suhrkamp.

Bourdieu, Pierre (1994): Über die scholastische Ansicht. In: Gunter Gebauer/Christoph Wulf (Hg.): Praxis und Ästhetik. Frankfurt am Main: Suhrkamp, S. 341–356.

Carrette, Jeremy (2005): Passionate Belief: William James, Emotion, and Religious Experience. In: Ders. (Hg.): William James and the Varieties of Religious Experience. London: Routledge, S. 79–96

Cook, Gary A. (1993): George Herbert Mead: The Making of a Social Pragmatist. Urbana: University of Illinois Press.

Cooley, Charles Horton (1902/1964): Human Nature and the Social Order. New York: Schocken.

Dewey, John (1894–95/1967): The Theory of Emotion. In: Ders.: The Early Works 4. Carbondale: Southern Illinois University Press, S. 152–188.

Dewey, John (1896/1972): The Reflex Arc Concept in Psychology. In: ders., The Early Works 5. Carbondale: Southern Illinois University Press, S. 96–110.

Dewey, John (1922/1988): Human Nature and Conduct. In: Ders.: The Middle Works 14. Carbondale: Southern Illinois University Press.

Dewey, John (1928/1984): The Inclusive Philosophic Idea. In: Ders.: The Later Works 3. Carbondale: Southern Illinois University Press, S. 41–54.

Dewey, John (1931/1985): Context and Thought. In: Ders.: The Later Works 6. Carbondale: Southern Illinois University Press, S. 3–21.

Dewey, John (1934a/1986): A Common Faith. In: Ders.: The Later Works 9. Carbondale: Southern Illinois University Press, S. 1–58.

Dewey, John (1934b/1987): Art as Experience. In: Ders.: The Later Works 10. Carbondale: Southern Illinois University Press.

Dewey, John (1940): The Vanishing Subject in the Psychology of James. In: Journal of Philosophy 37: 589–599.

Durkheim, Emile (1912/1981): Die elementaren Formen des religiösen Lebens. Frankfurt am Main: Suhrkamp.

Elster, Jon (1999): Alchemies of the Mind: Rationality and the Emotions. Cambridge: Cambridge University Press.

Fine, Gary Alan (1991): On the Macrofoundations of Microsociology. In: Sociological Quarterly 32(2): 161–177.

Frevert, Ute (2009): Was haben Gefühle in der Geschichte zu suchen? In: Geschichte und Gesellschaft 35(2): 183–208.

Garrison, Jim (2003): Dewey's Theory of Emotions: The Unity of Thought and Emotion in Naturalistic Functional ›Co-Ordination‹ of Behavior. In: Transactions of the Charles S. Peirce Society 39(3): 405–443.

Gerth, Hans/Mills, C. Wright (1953): Character and Social Structure: The Psychology of Social Institutions. New York: Harcourt.

Goffman, Erving (1952): On Cooling the Mark Out: Some Aspects of Adaptation to Failure. In: Psychiatry 15(4): 213–231.

Goffman, Erving (1956): Embarrassment and Social Organization. In: American Journal of Sociology 62 (3): 264–271.

Goffman, Erving (1959): The Presentation of Self in Everyday Life. New York: Anchor

Goffman, Erving (1961): The Moral Career of the Mental Patient. In: Ders.: Asylums. New York: Anchor, S. 125–169.

Goffman, Erving (1963): Stigma: Notes on the Management of Spoiled Identity. Englewood Cliffs: Prentice-Hall.

Hochschild, Arlie R. (2003): The Managed Heart. 2. erw. Aufl. Berkeley: University of California Press.

Hookway, Christopher (2002): Truth, Rationality, and Pragmatism: Themes from Peirce. Oxford: Clarendon.

Hookway, Christopher (2002a): Sentiment and Self-Control. In: Ders.: Truth, Rationality, and Pragmatism: Themes from Peirce. Oxford: Clarendon, S. 223–245

Hookway, Christopher (2002b): Doubt: Affective States and the Regulation of Inquiry. In: Ders.: Truth, Rationality, and Pragmatism: Themes from Peirce. Oxford: Clarendon, S. 246–264.

Hughes, Everett C. (1937): Institutional Office and the Person. In: American Journal of Sociology 43(3): S. 404–413.

Iser, Mattias (2008): Empörung und Fortschritt. Frankfurt am Main/New York: Campus.

James, William, 1884: What Is an Emotion? In: Mind 9(2): 188–205

James, William (1890/1950): The Principles of Psychology (2 Bde.). New York: Dover.

James, William (1894/1983): The Physical Basis of Emotion. In: Ders: Essays in Psychology. Cambridge MA: Harvard University Press, S. 299–315.

James, William (1897/1956): The Will to Believe and Other Essays in Popular Philosophy. New York: Dover

James, William (1897a/1956): The Sentiment of Rationality. In: Ders. The Will to Believe and Other Essays in Popular Philosophy. New York: Dover, S. 63–110

James, William (1897b/1956): The Will to Believe. In: Ders.: The Will to Believe and Other Essays in Popular Philosophy. New York: Dover, S. 1–31.

James, William (1902/1982): The Varieties of Religious Experience: A Study in Human Nature. Harmondsworth: Penguin.

Joas, Hans (1989): Praktische Intersubjektivität. Die Entwicklung des Werkes von G. H. Mead. 2. erw. Aufl. Frankfurt am Main: Suhrkamp.

Joas, Hans (1992): Die Kreativität des Handelns. Frankfurt am Main: Suhrkamp.

Joas, Hans (1997) Die Entstehung der Werte. Frankfurt am Main: Suhrkamp.

Jung, Matthias (2009): John Dewey and Action. In: Molly Cochran (Hg.): The Cambridge Companion to Dewey. Cambridge: Cambridge University Press, S. 145–165.

Karsenti, Bruno (2004): La sociologie à l'épreuve du pragmatisme. In: Ders./Louis Quéré, (Hg.): La croyance et l'enquête. Aux sources du pragmatisme. Paris: Ed. de l'EHESS, S. 317–349.

Livet, Pierre (2002): Emotions et rationalité morale. Paris: PUF.

Markell, Patchen (2007): The Potential and the Actual: Mead, Honneth, and the ›I‹. In: Bert van den Brink/David Owen (Hg.): Recognition and Power. Cambridge: Cambridge University Press, S. 100–132.

McPhail, Clark (1989): Blumer's Theory of Collective Behavior: The Development of a Non-Symbolic Interaction Explanation. In: Sociological Quarterly 30(3): 401–423.

Mead, George Herbert (1903): The Definition of the Psychical. In: Decennial Publications of the University of Chicago, First Series, Vol. III, S. 77–112. [http://www.brocku.ca/Mead Project/Mead/pubs/Mead_1903.html]

Mead, George Herbert (1908): McDougall's Social Psychology. In: Psychological Bulletin 5: 385–391 [http://www.brocku.ca/MeadProject/Mead/pubs/Mead_1908f.html]

Mead, George Herbert (1909/1964a): Social Psychology as a Counterpart to Physiological Psychology. In: ders (1964): 94–104

Mead, George Herbert (1913/1964b): The Social Self. In: Ders.: Selected Writings. Chicago: University of Chicago Press 1964, S. 142–149

Mead, George Herbert (1918): The Psychology of Punitive Justice. In: American Journal of Sociology 23 (5): 577–602

Mead, George Herbert (1925/1964c): The Genesis of the Self and Social Control. In: Ders. Selected Writings. Chicago: University of Chicago Press 1964, S. 267–293.

Mead, George Herbert (1929/1964d): National-Mindedness and International-Mindedness. In: Ders.: Selected Writings. Chicago: University of Chicago Press, S. 355–370.

Mead, George Herbert (1930): Cooley's Contribution to American Social Thought. In: American Journal of Sociology 35(5): 693–706.

Mead, George Herbert (1934): Mind, Self, and Society. Chicago: University of Chicago Press.

Mead, George Herbert (1964): Selected Writings. Chicago: University of Chicago Press.

Menand, Louis (2002): Willam James and the Case of the Epileptic Patient. In: Ders.: American Studies. New York: Farrar, Straus and Giroux, S. 3–30.

Myers, Gerald E. (1985): William James on Emotion and Religion. In: Transactions of the Charles S. Peirce Society 21(4): 463–484.

Nungesser, Frithjof (2012): Charles Horton Cooley: Human Nature and the Social Order. In: Rainer Schützeichel/Konstanze Senge (Hg.): Hauptwerke der Emotionssoziologie. Wiesbaden: VS (i. E.).

Park, Robert E. (1931): Human Nature, Attitudes, and the Mores. In: Kimball Young (Hg.): Social Attitudes (FS William I. Thomas). New York: Holt, S. 17–45 [http://www.brocku.ca/Mead-Project/Young/1931/03_Park.html].

Pettenkofer, Andreas (2009): Rezension: Christian von Scheve, Emotionen und soziale Strukturen. In: Archives européennes de sociologie 50 (3): 467–472.

Pettenkofer, Andreas (2010): Radikaler Protest. Zur soziologischen Theorie politischer Bewegungen. Frankfurt am Main/New York: Campus.

Pettenkofer, Andreas (2012): Emile Durkheim: Die elementaren Formen des religiösen Lebens. In: Rainer Schützeichel/Konstanze Senge (Hg.): Hauptwerke der Emotionssoziologie. Wiesbaden: VS (i. E.).

Ratcliffe, Matthew (2008): Feelings of Being. Phenomenology, Psychiatry, and the Sense of Reality. Oxford: Oxford University Press.

Richardson, Robert D. (2007): William James: In the Maelstrom of American Modernism. Boston: Houghton Mifflin.

Scheff, Thomas J. (2003): Looking-Glass Self: Goffman as Symbolic Interactionist. In: Symbolic Interaction 28(2): 147–166.

von Scheve, Christian (2009): Emotionen und soziale Strukturen. Die affektiven Grundlagen sozialer Ordnung. Frankfurt am Main/New York: Campus

Schubert, Hans-Joachim (1995): Demokratische Identität. Der soziologische Pragmatismus von Charles Horton Cooley. Frankfurt am Main: Suhrkamp.

Schützeichel, Rainer (2008): Soziologische Emotionskonzepte und ihre Probleme. In: Österreichische Zeitschrift für Soziologie 33(2): 82–96.

Slaby, Jan (2008): James: Von der Physiologie zur Phänomenologie. In: Hilfe Landweer/Ursula Renz (Hg.): Klassische Emotionstheorien. Berlin: de Gruyter, S. 547–568.

Solomon, Robert C. (2001): Getting Angry: The Jamesian Theory of Emotion in Anthropology. In: Ders.: Not Passion's Slave: Emotions and Choice. Oxford: Oxford University Press, S. 76–91.

Thévenot, Laurent (2006): L'action au pluriel. Sociologie des régimes d'engagement. Paris: La découverte.

Thomas, William I./Znaniecki, Florian (1927): The Polish Peasant in Europa and America, 2 Bde. (2. Aufl.) New York: Knopf.

Tiles, John E. (1988): Dewey. London: Routledge.

Ullmann-Margalit, Edna (2006): Big Decisions: Opting, Converting, Drifting. In: Anthony O'Hear (Hg.): Political Philosophy. Cambridge: Cambridge University Press, S. 157–172.

Verhoeven, Jef C. (1993): An Interview with Erving Goffman, 1980. In: Research on Language and Social Interaction 26(3): 317–348.

Whitford, Josh (2002): Pragmatism and the Untenable Dualism of Means and Ends. In: Theory and Society 31(3): 325–363.

Wiley, Norbert (2011): A Mead-Cooley Merger. In: American Sociologist 42(2-3): 168–186.

Willems, Herbert (1997): Rahmen und Habitus. Frankfurt am Main: Suhrkamp.

Zask, Joëlle (2003): Nature, donc culture. Remarques sur les liens de parenté entre l'anthropologie culturelle et la philosophie pragmatiste de John Dewey. In: Genèses 50: 111–125.

Emotionen in Handlungen
Skizzen zu einer soziologischen Integration von Emotions- und Handlungstheorie

Rainer Schützeichel

In den folgenden Ausführungen befassen wir uns mit dem Verhältnis von Fühlen und Handeln, von Emotionen und Handlungen. Wir beziehen also zwei Theoriekomplexe aufeinander, Emotionstheorien und Handlungstheorien, und stellen damit Verbindungen zwischen zwei Bereichen her, die nur wenig in Kontakt zueinander treten. Emotionstheorien befassen sich nur am Rande mit Handlungen. Die Frage, welche Konsequenzen und Implikationen ein bestimmtes Fühlen für ein Handeln haben, wird nur selten gestellt. Dabei dürfte die Vermutung eine gewisse Anfangsplausibilität für sich beanspruchen, dass es ein Fühlen gerade deshalb gibt, weil es zu einem Handeln, vielleicht sogar zu einem veränderten Handeln führt, ja mehr noch, dass ein Fühlen sich nur in einem bestimmten Handeln zeigt und deshalb zwischen beiden nur in einer analytischen Weise zu trennen ist. Auch Fühlen ist ein ›Doing‹. Und umgekehrt gilt auch, dass Handlungstheorien, gerade auch soziologische Handlungstheorien, sich nur selten in einer elaborierten und theoretisch begründeten Weise auf Emotionen beziehen. Sicherlich, in den Zeiten des ›emotional turn‹ der letzten Jahrzehnte hat sich deren Zahl beträchtlich erhöht. Kaum ein soziologisches Forschungsprogramm, welches nicht eine emotionstheoretische Fraktion unterhält. Aber der für die Soziologie zentrale Zusammenhang von Emotionen und Handlungen wird kaum befriedigend analysiert. Entweder befassen sich die soziologischen Ansätze mit Emotionen und ihrer sozialen Genese und lassen die handlungstheoretische Seite außen vor, oder sie verfügen eben über elaborierte Handlungs-, aber nur über rudimentär entwickelte Emotionstheorien.

Weshalb ist es aber wichtig, Emotions- und Handlungstheorien zu integrieren? In einem noch zu präzisierenden Sinn lässt sich sagen, dass Emotionen eine unhintergehbare Voraussetzung der Konstitutionen von Handlungen und Handlungen eine unhintergehbare Prämisse der Existenz von Emotionen darstellen. Alle Handlungssituationen werden nicht nur kognitiv definiert, sondern auch affektiv bewertet. Emotionen haben insbesondere für diejenigen Eigenschaften von Handlungen eine konstitutive Rolle, die im Mittelpunkt soziologischer Analyse stehen: Rationalität wie Reflexivität von Handlungen. In soziologischer Sicht ist aber noch bedeutsamer, dass sich soziale Handlungen in sozialen Ordnungen realisieren, die eine unaufhebbare emotionale Dimension aufweisen. Die soziale Konstitution von Handlungen vollzieht sich über die affektive Dimension. Die Integration von Emotions- und Handlungstheorien dient also der allgemeinen Integration der Soziologie und der Analyse sozialer Konstellationen und Konfigurationen. Damit ist nun das Ziel der folgenden Ausführungen beschrieben: Es wird versucht, Grundzüge einer integralen Emotions- und Handlungstheorie zu entwickeln. Grundlage dieses Integrationsversuchs bilden Belief-Desire-Theorien, sowohl solche zu Handlungen wie solche zu Emotionen.

Belief-Desire-Theorien der Handlungen stellen einen wichtigen Block in der Phalanx gegenwärtiger Ansätze dar. Sie sind Handlungserklärungen, die Handlungen durch den Wunsch eines Akteurs erklären, bestimmte Zustände realisieren zu wollen, in Kombination mit der Überzeugung, dass die von ihm gewählte Handlung ein geeignetes Mittel für die Realisierung dieses Zustandes ist. Belief-Desire-Theorien können also als so genannte intentionalistische oder ›reason-giving explanations‹ verstanden werden, die sich an den Gründen orientieren, die Handelnde für ihr Tun haben, sie stellen aber auch in verschiedenen Ausarbeitungen (vgl. klassisch Davidson 1980) einen Typus kausaler Erklärungstheorien dar, insbesondere dann, wenn diese Gründe als Ursachen des Handelns aufgefasst werden. Bestimmte Kombinationen von ›beliefs‹ und ›desires‹ gelten dann als Ursachen spezifischer Handlungen. Wenn wir eine emotionsfundierte Belief-Desire-Theorie der Handlungen begründen wollen, dann übernehmen wir eine erhebliche Hypothek, denn gemeinhin werden Belief-Desire-Theorien als ein inadäquates Handlungsmodell bezeichnet für solche Handlungen, die Pareto als nichtlogische bezeichnet hat und die damit in besonderer Weise Gegenstand der Soziologie sind, also solche, die vom rein instrumentell-rationalen Weg abweichen und sich auf Normen, Geschmack oder eben Emotionen gründen und ›hot actions‹ darstellen. Der Zuständigkeitsbereich von Belief-Desire-Theorien wird auf ›kalte Handlungen‹ festgelegt, auf Rationalität und nicht auf Emotionalität. Aber es ist gerade dieser als evident unterstellte, aber nichtsdestotrotz fragwürdige Gegensatz von Rationalität und Emotionalität oder von ›kalten‹ und ›heißen‹ Handlungen, der die folgenden Überlegungen bezüglich einer integrierten Belief-Desire-Theorie motiviert und der dementsprechend auch zu einer emotionstheoretischen Fundierung von Belief-Desire-Theorien herausfordert.

Wir rekurrieren aber auch auf der emotionstheoretischen Seite auf eine Belief-Desire-Theorie (vgl. Reisenzein 2007, 2010). Dass Emotionen für soziologische Handlungstheorien eine solch große Herausforderung darstellen und gerade im Rahmen von Belief-Desire-Theorien als nicht ›bearbeitbar‹ betrachtet werden, liegt meist an dem Emotionskonzept, welches man in Gebrauch hat. Nun liegt aber in Gestalt der Belief-Desire-Theorie der Emotionen ein überzeugendes Konzept mit erheblichen handlungstheoretischen Implikationen vor. Dieses führt die Genese und die Funktion von Emotionen auf die selben ›Faktoren‹ wie Handlungen zurück, nämlich auf Konstellationsbündel von ›desires‹ und ›beliefs‹. Diese Analogie legt natürlich den Gedanken nahe, ob sich nicht ein integrativer emotions- und handlungstheoretischer Ansatz entwickeln lässt.

Weshalb wird hier eigentlich von einem ›Fühlen und Handeln‹ gesprochen? Damit nehmen wir einerseits auf die schon von Schütz (1932) beschriebene Differenz von ›Handeln‹ und ›Handlung‹ Bezug, der zufolge es sich empfiehlt, zwischen dem Akt und dem zu realisierenden ›Produkt‹ zu differenzieren. Und weshalb sprechen wir von ›Fühlen‹? Dieser unübliche und möglicherweise auch missverständliche Ausdruck wird aus zwei Gründen bemüht. Zum einen soll damit auf die Prozessualität des Geschehens hingewiesen werden. Ängstigt man sich vor einer Prüfung, dann handelt es sich um ein vieldimensionales, fluides, sich in seinen Ausprägungen oftmals modifizierendes und selbsttransformierendes, mitunter dynamisches Geschehen. Es handelt sich um einen Prozess, nicht um einen dauerhaften Zustand. Es macht einen Unterschied, ob man fühlt oder ob man sich selbst oder anderen ein Gefühl, also einen gewissen Zustand reflexiv zuschreibt. Die Zuschreibung von Gefühlen ist etwas anderes als ein Fühlen, welches nachträglich als ein Gefühl beschrieben wird. Die Zuschreibung von Gefühlen ist ein notwendiger Akt der Reflexivität, mit der ein fühlendes Individuum sich selbst beschreibt.[1] Die Selbstzuschreibung von Gefühlen ist ein notwendiger Akt prozessualer Selbstreferenz. Man sollte aber nicht die Zuschreibung mit dem realen Fühlen verwechseln. Gefühlszuschreibungen sind kognitive Prozesse, keine affektiven, obwohl kaum ein kognitiver Prozess und erst recht nicht ein solcher der Gefühlszuschreibung von einem Fühlen, also einer affektiven Tönung und Färbung verschont bleibt, der dann im weiteren Fortgang vielleicht wiederum neue Zuschreibungen erforderlich macht, vielleicht gerade solche von Gefühlen über Gefühlen, vielleicht der Ärger darüber, dass man schon wieder Angst vor der Prüfung hat.

Damit soll aber zum anderen auch in emotionstheoretischer Hinsicht in aller Kürze folgende Position markiert werden. Gefühle und Emotionen teilen sich uns in einem intentionalen Fühlen mit, sie bilden sich im Medium des intentionalen Fühlens. Damit grenzen wir uns gegen zwei andere Paradigmen ab. Gegenüber solchen kognitivistischen Theorien, die die Tendenz aufweisen, Emotionen als Kognitionen bzw. als evaluative Kognitionen zu bestimmen, beharren wir auf der Affektivität der Emotionen. Würde man die Affektivität der Emotionen, das phänomenale Erleben von Emotionen, als eine notwendige Eigenschaft dieser Prozesse in Abrede stellen, so würden wir das Fühlen in ein Kognifizieren auflösen. Emotionen bilden sich anlässlich von Kognitionen in Bezug auf ›desires‹, aber sie gehen nicht in Kognitionen auf. Die Kausalität und die Phänomenalität von Emotionen müssen unterschieden werden. Gegenüber so genannten Gefühlstheorien aber beharren wir auf der Intentionalität von Gefühlen. Klassische Gefühlstheorien grenzen Gefühle gerade gegenüber Intentionen wie Kognitionen und Wünschen in der Weise ab, dass sie diese als nicht-intentionale, reine Empfindungsphänomene betrachten. Gegenüber diesen beharren wir auf der Intentionalität des Fühlens, allerdings einer Intentionalität besonderer Art, einer affektiven Intentionalität (vgl. die Beiträge in Slaby/Stephan/Walter 2011), in welcher fühlende, intentionale Akte ihre Objekte in besondere affektive Objekte überführen.

---

1   Im Kontext der vorliegenden Ausführungen werden die Ausdrücke ›Emotion‹, ›Gefühl‹ und ›Affekt‹ synonym behandelt.

Wir stellen in den folgenden Kapiteln Argumente für eine Integration von Handlungs- und Emotionstheorien vor. Dabei wird insbesondere die These vertreten, dass Emotionen in allen Handlungen eine konstitutive Rolle spielen und nicht nur in so genannten ›affektiven Handlungen‹. Die Dichotomisierung in emotionale und nicht-emotionale, die in der Regel mit einer Einteilung in irrationale und rationale Handlungen einhergeht, muss überwunden werden. Die zweite These besteht darin, dass eine solche Integration auf der Grundlage einer (emotionstheoretisch revidierten) Belief-Desire-Theorie vorgenommen werden kann. Die Argumentation wird in folgenden Schritten vorgenommen: Wir gehen zunächst auf signifikante soziologische Emotions- oder Handlungstheorien ein und werden dort die oben ausgesprochene Diagnose einer entweder handlungs- oder einer emotionstheoretischen Lücke erläutern (Kap. 1). In einem zweiten Schritt stellen wir Grundzüge der Belief-Desire-Theorie der Emotionen vor (Kap. 2) und überführen diese in einem dritten Schritt in eine integrierte Handlungs- und Emotionstheorie (Kap. 3). Anschließend werden Überlegungen hinsichtlich einer soziologischen Theorie der Rechtfertigung von Handlungen vorgestellt (Kap. 4).

1   Soziologische Handlungs- und Emotionstheorien – eine Diagnose

Die soziologische Handlungstheorie bewegt sich in einem alltagssoziologischen Rahmen und benutzt ein alltagssoziologisches Vokabular. Sie erklärt Handlungen mit Motiven und Interessen, Absichten und Zielen, Gründen und Werten, Emotionen und Situationsbeschreibungen. Sie erklärt Handlungen durch den Rekurs auf Zustände, die ein Akteur auf der Basis seiner Situationsdefinitionen mit Hilfe seines Handelns zu realisieren trachtet. Sie benutzt also in der Regel teleologische Erklärungsmuster und setzt nicht auf naturalistische Erklärungsmuster, die unter Berufung auf biochemische, physiologische oder neurologische Vorgänge strikt kausalistische Mechanismen als alleinige explanative Ressource akzeptieren würden.

Zwei Punkte veranlassen zu dieser Vorbemerkung. Zum einen werden wir uns im Folgenden auf eine Theorie berufen, die eine Vermittlung zwischen teleologischen und kausalistischen Ansätzen zu erbringen sucht, nämlich auf die Belief-Desire-Theorie in der von Davidson (1980) begründeten Version. Diese eröffnet die Möglichkeit der moderaten Naturalisierung teleologischer Kategorien. Zum anderen gibt sie Aufschluss über den ›Subtext‹ der soziologischen Argumentation. Handlungstheorien sind auf ›Gründe‹ fokussiert. Sie stellen auf solche Phänomene oder Entitäten ab, die die immanente Teleologie des Handelns nicht gefährden, die also der Kontrolle des Handelnden unterliegen. Emotionen aber, so die vorherrschende Meinung, sind wie physiologische oder neurologische Prozesse unwillkürliche Aspekte des Handelns, die diese immanente Teleologie bedrohen. Von daher wird mit einem affektiven oder emotionalen Handeln ein solches Handeln bezeichnet, welches die Teleologie und damit die Rationalität in Frage stellt. Rationalität und Emotionalität stehen dieser Auffassung nach in einem Nullsummenspiel zueinander – wo sich das eine ausbreiten soll, ist kein Platz für das andere. Um diesen Punkt an dieser Stelle schon aufzunehmen: Selbstverständlich muss man davon ausgehen, dass dort, wo bestimmte Emotionen Platz greifen, gewisse Rationalprinzipien verletzt werden. Jemand, der jemanden anderen beneidet, ist nicht daran interessiert, dass er selbst besser gestellt wird, sondern daran, dass die beneidete Person schlechter gestellt wird. Neid geht also häufig mit Selbstschädigungen einher. Aber aus dieser kontrarationalen Implikation von bestimmten Emotionen den Umkehrschluss zu ziehen, dass rationale Entscheidungen und Handlungen emotionslos sind, halten wir für falsch. Es gibt in unseren Augen keine ›emotionslosen‹ Handlungen und Entscheidungen, zumindest keine menschlichen, weil das Fühlen Teil eines jedes Handelns und Entscheidens ist. Diese Feststellung bezieht sich auf die Erklärung von Handlungen. Soziologische Theorien schwanken aber oft, ob sie sich auf eine Erklärung oder auf eine Rechtfertigung bzw. auf eine Rationalisierung von Handlungen beziehen. Diese gehorchen einer anderen Logik. In den folgenden Ausführungen befassen wir uns mit der explanativen Dimension und gehen erst in Kap. 4 auf die Problematik der Rechtfertigung ein.

Für die Soziologie der Emotionen ist weiterhin noch folgender Punkt von Bedeutung: Es werden ganz unterschiedliche Konzepte von ›Emotionen‹ verwendet. Manche, insbesondere die kommunikationstheoretisch orientieren Ansätze, betrachten Emotionen vorwiegend als ein Ausdrucksphänomen, und andere, insbesondere solche, die sich mit dem funktionalen Beitrag von Emotionen für die soziale Integration und Desintegration befassen, orientieren sich eher an den mit Emotionen einher gehenden negativen oder positiven phänomenalen Gefühlserlebnissen. Dritte, insbesondere solche, die Emotionen als eine kulturell imprägnierte Form der Weltorientierung verstehen, betrachten Emotionen als eine phänomenal getönte Kognition. Vierte, die eher auf eine physiologische Beschreibung von Emotionen rekurrieren, stellen die Erregungsqualitäten von Emotionen heraus. Aus dem Gesamtsyndrom ›Fühlen‹, welches aus einer Einheit von körperlichen Potentialen, leiblichen Empfindungen, mentalen Intentionen und reflexiven, mitunter sozialen Zuschreibungen besteht, werden damit jeweils einzelne Aspekte und Komponenten herausgefiltert. Die Einheit des Fühlens, die Einheit eines emotionalen Erlebens, wird in eine Pluralität von Komponenten zergliedert, eine Pluralität, die es erst in und durch eine nachträgliche, analytische Beobachtung geben kann. Was für denjenigen, der sich im Prozess einer emotionalen Erfahrung befindet, eine Einheit darstellt, wird in der Beobachtung und Kommunikation zergliedert und als Ausdrucks-, als Gefühls- oder als kognitive Komponente, als motivationaler Zustand oder als Handlungsmodus aufgefasst.

Affektuelles Handeln, so Weber (1922/1980: 12), ist »insbesondere emotional: durch aktuelle Affekte und Gefühlslagen« geprägt. Und er führt weiter aus: »Das streng affektuelle Sichverhalten steht ebenso an der Grenze und oft jenseits dessen, was bewußt ›sinnhaft‹ orientiert ist; es kann hemmungsloses Reagieren auf einen außeralltäglichen Reiz sein. Eine Sublimierung ist es, wenn das affektuell bedingte Handeln als bewußte

Entladung der Gefühlslage auftritt: es befindet sich dann meist (nicht immer) schon auf dem Wege zur ›Wertrationalisierung‹ oder zum Zweckhandeln oder zu beiden.« (ebd.) Hier wird die Positionierung des affektuelles Handelns in der Taxonomie der Idealtypen des Handelns besonders deutlich. Auf der einen Seite grenzt Weber das affektuelle Handeln gegen das traditionale Handeln ab, insofern es eine Reaktion auf einen außeralltäglichen Reiz ist und sich nicht, wie das traditionale Handeln, im Reich des Alltäglichen und Gewohnheitsmäßigen abspielt. Auf der anderen Seite grenzt Weber das traditionale und das affektuelle Handeln gemeinsam gegen die beiden Formen des wert- und zweckrationalen Handelns ab. Weber selbst begründet diese Abgrenzung mit der sich an der Grenze zum ›Reaktiven‹ befindlichen und damit nur ansatzweise sinnhaft und reflexiv zu kontrollierenden Gestalt des traditionalen und affektuellen Handelns und, damit einhergehend, mit den nur geringen Potentialen dieses Handlungstypen, Ziele und vor allem die Folgen des Tuns zu reflektieren. Diese Abgrenzung steht in der Tradition der frühneuzeitlichen Affektenlehre (vgl. Schützeichel 2010a). Webers Differenzierungen führen aber insgesamt zu der Frage, ob Emotionen angemessen repräsentiert sind. Wird ihre Funktion im sinnhaften Aufbau von Handlungen hinreichend berücksichtigt? Spielen Emotionen nicht auch gerade für die Genese rationalen und reflexiven Handelns eine gewichtige Rolle? Vor ein ähnliches Problem stellen uns die Akteurmodelle (Flam 1990a u. 1990b; Schimank 2010) oder die Framing-Theorie von Esser (2006). Sie alle reduzieren die Bedeutung von Emotionen und Gefühlen auf einen Handlungstypus und beachten nicht die funktionale Relevanz, die Emotionen und Gefühle für das Handeln insgesamt haben. Der Begriff der Handlung – und soziologischen Handlungstheorien steht meist nur dieser zur Verfügung – ist zu grob, um die affektive Intentionalität der Emotionen integrieren zu können.

Jon Elster betrachtet Emotionen als physiologisch-mentale Mechanismen und untersucht den Einfluss, den diese auf rationale Wahlakte haben können. In besonderer Weise ist er aber daran interessiert, welche Wirkung Emotionen als ›innere‹ Mechanismen auf ›soziale Mechanismen‹ in dem Sinne haben, dass sie bestimmte Formen sozialen Handelns und sozialer Beziehungen ermöglichen (vgl. Schnabel 2012). Elster, dessen emotionstheoretische Ausführungen auch für die neuere ›analytische Soziologie‹ (Hedström 2005, Hedström/Bearman 2010) maßgeblich sind, siedelt seine Emotionstheorie im Kontext der Rational Choice Theorie an. In den traditionellen Belief-Desire-Konfigurationen der Theorien rationaler Wahl werden Emotionen nicht berücksichtigt. Sie werden als Größen behandelt, die nicht Objekt von Wahlakten sind, sondern die die Wahlakte insgesamt nur negativ beeinträchtigen können. Elster relativiert diese Position, indem er zwischen der Wirkung von Emotionen auf Präferenzen (›desires‹) einerseits und der Wirkung auf ›beliefs‹ andererseits unterscheidet. Emotionalität und Rationalität stehen nur in einem teilweisen Widerspruch. Auf die Überzeugungssysteme wie auch die Informationssuche und die Informationsverarbeitung können Emotionen Elster zufolge nur einen ›irrationalen‹ Einfluss haben. Es sei kein Mechanismus bekannt, durch welchen Emotionen die Rationalität von Überzeugungen steigern könnten (vgl. Elster 2010a: 53). Im Gegenteil, Emotionen führen zu ›biased beliefs‹ und ›low-quality beliefs‹ (vgl. Elster 2010a: 67), welche sich in einem ›wishful thinking‹ oder auch zu einem ›counterwishful thinking‹ verdichten können, zu einer Analyse der Handlungssituation in der Perspektive dessen, was gewünscht, oder in der Perspektive dessen, was gefürchtet und abgelehnt wird. Sie können zudem zu einem ›short-termism‹ in dem Sinne führen, dass Emotionen ihren Akteuren ob ihres Automatismus, ihrer Valenz und ihrer Dringlichkeit die nötige Zeit zu einer optimalen und angemessenen Informationsverarbeitung und zu einer reliablen Bewertung der Handlungsalternativen nehmen. Während Emotionen die Seite der ›beliefs‹ also nur in einer negativen Weise beeinflussen können, können sie die Rationalität der Präferenzbildungen steigern. Emotionen sind Handlungstendenzen (vgl. Arnold 1969, Frijda 2004) inhärent. Sie sind mit bestimmten ›action tendencies‹ ausgestattet, die gleichsam die Präferenzbildung für die Akteure schon übernehmen und diese schnell und situationsangemessen reagieren lassen. Elsters Analysen tragen weit, aber sie sind in verschiedenen Punkten zu korrigieren, nämlich in Bezug auf die rein kognitivistisch-evaluative Emotionstheorie wie in Bezug auf die handlungstheoretischen Implikationen. Elsters Analysen arbeiten auf der Grundlage der Dichotomie von rationalen kognitiven Prozessen und Entscheidungsalgorithmen einerseits und ihren affektiv verursachten Eintrübungen andererseits. Auch hier liegt das Bild vor, dass Emotionen eine Verengung, eine ›Biasierung‹ von rationalen Prozeduren darstellen. Diese Annahme der Verengung findet sich auch in der Auffassung über die ›action tendencies‹. Wählt man aber eine andere Kontrastklasse, dann lassen sich die mit manchen Emotionen einhergehenden ›Handlungstendenzen‹ nicht als eine automatisch sich vollziehende Verengung, sondern als eine Abweichung von etablierten Handlungspfaden verstehen. Emotionen sorgen also für eine Erweiterung des Handlungsspielraums. Und dies gilt auch für ihren vermeintlichen ›Einfluss‹ auf die rein kognitiven Prozesse. Auch hier kann ihre Funktion eher eine Form der Reflexivisierung und als eine Steigerung des Potentials zur Anpassung an Situationen wie zur Distanzierung von Situationen betrachtet werden.

Kommen wir nun auf signifikante soziologische Emotionstheorien zu sprechen. Die besonders mit den Arbeiten von David Heise (1977, 1979, 2007, 2010 u. MacKinnon/Heise 2010) verbundene Affekt-Kontroll-Theorie, die man mit Schröder (2012) wohl treffender als Affektsteuerungstheorie bezeichnet, geht grundsätzlich davon aus, dass Individuen solche Handlungen wählen, die es ihnen ermöglichen, eine Kohärenz zwischen den ›sentiments‹ in Bezug auf die Objekte in einer Situation und der realen Präsentation und Performanz dieser Objekte herzustellen. Können diese bestätigt werden, so besteht kein Bedarf an einer Modifikation von Identitätsentwürfen und Situationsdefinitionen, werden sie nicht bestätigt, so kann es zu Veränderungen von Identitätsentwürfen und Situationsdefinitionen kommen. Sentiments, so könnte man den zentralen Grundzug dieser Theorie festhalten, dienen als kybernetische Kontrollgrößen, die mit den realen Ereignissen in eine Kongruenz gebracht werden müssen und auf diesem Wege zu bestimmten Handlungen veranlassen, die entweder zu einer Verifikation oder zu einer

Modifikationen von Situationen und Situationsdefinitionen führen. Von einem analogen kybernetischen Kontrollprinzip geht die auch in emotionstheoretischer Hinsicht bedeutsame Identitäts-Kontrolltheorie aus (Burke 1991, Stets/Burke 2003 und als Überblick Stets 2006), jedoch mit dem Unterschied, dass hier Identitätserwartungen die Soll-Größe darstellen, um die sich das kybernetische Gleichgewichtsspiel ordnet. Abweichungen von Identitäts-Erwartungen gehen in sozialen Interaktionen mit Emotionen einher bzw. Emotionen indizieren solche Diskrepanzen, die sich je nach Konstellation mit positiven oder negativen Emotionen äußern und zu entsprechenden Handlungen führen können. In beiden kybernetischen Kontrolltheorien bleibt jedoch der Zusammenhang von emotionalem Erleben und Handlungen unterbelichtet. So, wie man dem Modell des Homo Sociologicus als dem paradigmatischen Ansatz im Rahmen normativer Handlungstheorien den Vorwurf einer generellen Überdeterminierung des Handelns durch Normen machen konnte, so muss man die Frage stellen, ob hier nicht ein ebenso einseitiger ›emotional man‹, ein affektiver Handlungsdeterminismus vorliegt, der die Funktion von Emotionen in einer automatischen Realisierung von Handlungen und nicht in einer Reflexivisierung von Handlungsbedingungen sieht. Auch für Kempers sozialstrukturelle Theorie der Emotionen (vgl. Kemper 1978, 2006) wie für die ›affect theory of social exchange‹ (vgl. Lawler 2001; Lawler/Thye 1999; Lawler/Thye/Yoon 2009), gilt, dass sie ihre Überlegungen hinsichtlich der sozialen Genese von Emotionen nicht handlungstheoretisch begründen. In handlungstheoretischer Hinsicht sind also Modifikationen und Erweiterungen an diesen Ansätzen angebracht. In emotionstheoretischer Hinsicht ist jedoch eine in allen Ansätzen eher implizit vorliegende und von daher eine entsprechend zu generalisierende Einsicht zu notieren: Für die soziale Genese sind Differenzen zwischen gesollten und gewünschten Zuständen einerseits und realisierten Zuständen andererseits maßgeblich, seien dies Differenzen zwischen ›Sentiments‹ und realer Situation in der Affektkontrolltheorie, zwischen angemessenen und realisierten Macht- und Statusverhältnissen in der sozialstrukturellen Theorie oder zwischen Gratifikationserwartungen und Gratifikationsrealisierungen in der Affekttheorie des sozialen Austauschs. Dies steht in Einklang mit der Belief-Desire-Theorie.

2   Belief-Desire-Theorie der Emotionen

Die ›Belief-Desire-Theory of Emotion‹ kann sich auf eine lange Theoriegeschichte berufen, auch wenn sie in der Phalanx der Emotionstheorien stets eine Minderheitenposition bekleidete. Wichtige Vertreter sind Meinong (1906), Green (1992) und heute insbesondere Reisenzein (insbes. 2009 u. 2010). Diese Theorie ordnet sich dem kognitivistischen Flügel der Emotionsforschung zu. Emotionen beruhen auf Kognitionen. Sie werden durch Kognitionen ausgelöst und beruhen auf informationalen Zuständen. Sie stellt aber eine kognitiv-motivationale Theorie dar und wendet sich gegen die in diesem Spektrum vorherrschenden kognitiv-evaluativen Theorien. Kognitiv-evaluative

Theorien oder Appraisal-Theorien der Emotionsentstehung – und diese werden unter den kognitivistischen Theorien überwiegend vertreten – gehen davon aus, dass Emotionen aus wertenden, evaluativen Kognitionen entstehen. Eine Situation oder ein Ereignis werden als unangenehm oder angenehm, als gefährlich oder frustierend bewertet, und mit dieser Kognition gehen die spezifischen Emotionen einher bzw. auf diese Kognitionen folgen die spezifischen Emotionen. Kognitiv-evaluativen Theorien zufolge resultieren Emotionen also aus zwei Komponenten, einer kognitiven Bezugnahme auf einen Gegenstand und einer weiteren Kognition, nämlich der Bewertung dieses Gegenstandes. Kognitiv-motivationale Theorien hingegen führen die Entstehung von Emotionen auf Vergleichsprozesse zwischen Kognitionen und Wünschen zurück. Machen wir uns den Unterschied an einem Beispiel deutlich: Sabine freut sich darüber, dass ihre Tochter eine gute Klausur geschrieben hat. Der kognitiv-evaluativen Theoriengruppe zufolge kann man die Freude so begründen:

KE-Freude: Sabine hat die Information (Sachverhaltsüberzeugung), dass ihre Tochter eine gute Klausur geschrieben hat, und diesen Sachverhalt bewertet sie als positiv (Wertüberzeugung). Deshalb freut sie sich.

Der Belief-Desire-Theorie begründet die Freude von Sabine in der folgenden Weise:

BD-Freude: Sabine hat die Information (›Belief‹), dass ihre Tochter eine gute Klausur geschrieben hat, und sie freut sich darüber, weil sie sich dieses Ergebnis wünscht (›Desire‹).

Auf diesem Wege lassen sich auch komplexere Emotionen formal erfassen, beispielsweise das Mitleid (vgl. Reisenzein 2010):
A hat Mitleid mit B, wenn:

1. A glaubt, dass P der Fall ist (ein Zustand, der B betrifft)
2. A wünscht, dass $\neg$ P
3. A wünscht $\neg$ P, weil er der Meinung ist, dass P für B nicht gut ist
4. A wünscht $\neg$ P nicht aus egoistischen, sondern aus altruistischen Motiven.

Die Belief-Desire-Theorien versuchen auf diesem Wege einem oftmals erhobenen Einwand gegen kognitivistische Theorien evaluativer Provenienz zu entgehen: Die Evaluation von etwas als gut oder böse, angenehm oder schädlich ist nicht immer mit Emotionen verbunden. Sabine kann das Abschneiden ihrer Tochter als gut bewerten, aber dieser Umstand alleine dürfte nicht hinreichend sein für das Erleben von Freude, sondern sie dürfte sich erst darüber freuen, wenn es ihr Wunsch für ihre Tochter oder auch für sich selbst gewesen ist, dass ihre Tochter eine gute Klausur schreibt. Die Freude resultiert nicht aus der Bewertung eines Zustandes P, sondern aus dem Wunsch nach P.

Der kognitiv-evaluativen Theorie zufolge resultieren Emotionen erst mittelbar aus Wünschen, vermittelt über Wertüberzeugungen. Die Belief-Desire-Theorie sieht hier einen unmittelbaren Zusammenhang. Emotionen sind intrinsisch mit Wünschen verbunden. Emotionen entstehen aus der Information (Kognition) darüber, ob und wie bestimmte gewünschte Zustände realisiert sind oder nicht. Reisenzein geht von einem angeborenen Komparationsmechanismus aus, der permanent gegebene und gewünschte Situationen miteinander vergleicht und von daher mit einer gewissen Kontinuität und in einer gewissen Kontiguität Emotionen generiert. Dieser Komparationsmechanismus vergleicht Situationsdefinitionen mit Erwartungen (belief-belief), um neue Situationen im Hinblick auf ihre Gewünschtheit zu bewerten (belief-desire). In diesen permanenten Vergleichsoperationen werden Emotionen als nichtpropositionale Signale erzeugt, die ab einer gewissen Schwelle als Gefühle erfahrbar werden können.

3   Belief-Desire Theorie der Emotionen und Handlungen

3.1   Prior Intentions und Intentions-in-action

Emotionen resultieren aus der Kombination von ›beliefs‹ und ›desires‹. Dies gilt auch für Handlungen. Auch Handlungen können als Effekte von bestimmten Belief-Desire-Kombinationen betrachtet werden. Dies ist der Ausgangspunkt der entsprechenden Belief-Desire-Handlungstheorie. Sie geht in ihrer klassischen Grundlegung von Davidson (1980) davon aus, dass Handlungen Teil einer kausalen Sequenz von Ereignissen sind, welche durch bestimmte intentionale Ereignisse in der Form von Überzeugungen und Wünschen oder Zielvorstellungen (pro-attitudes) verursacht werden. Handlungen sind also Ereignisse, die auf distinkten mentalen Ereignissen als kausalen Antezedentien beruhen. Bei den mentalen Zuständen oder intentionalen Ereignissen handelt es sich um Kombinationen von ›pro-attitudes‹ gegenüber gewünschten Zuständen und der Überzeugung, dass solche Zustände durch gewisse Handlungen realisiert werden können.

Die Belief-Desire-Handlungstheorie versteht sich also als eine kausale Handlungstheorie, die die handlungsinitiierenden Intentionen, die Gründe einer Handlung, als Teil einer kausalen Sequenz von Ursache und Wirkung betrachtet. Sie steht damit in einer gewissen Opposition zu teleologischen Handlungstheorien, welche eben die Kausalität dieser Sequenzen verneinen. Teleologische Handlungstheorien beharren auf ›alltagstheoretischen‹ Erklärungskonzepten und betrachten Handlungserklärungen in erster Linie als eine Rationalisierung oder Rechtfertigung von Handlungen. Dabei machen auch teleologische Handlungstheorien in erster Linie Gebrauch von zwei intentionalen Klassen, nämlich ›beliefs‹ und ›desires‹. Kausale Handlungstheorien beharren auf einem umfassenderen und ›tieferen‹ Erklärungsanspruch und betrachten die Faktoren, durch die Handlungen rationalisiert und gerechtfertigt werden, nämlich ›beliefs‹ und ›desires‹, als kausale Faktoren, durch die Handlungen auch kausal erklärt und nicht nur gerechtfertigt werden können. Sie versuchen zwei Problemstellungen miteinander zu verbinden, nämlich das Problem der Erklärung von Handlungen mit dem Problem, wodurch sich Handlungen von anderen Ereignissen unterscheiden. Sie unterscheiden sich von anderen Ereignissen dadurch, dass sie durch Handlungsgründe verursacht werden, aber Handlungsgründe, welche eine Rationalisierung und Rechtfertigung von Handlungen leisten, können auch als Handlungsursachen begriffen und in den Kontext einer ambitionierteren Erklärungsstrategie eingefügt werden. Belief-Desire-Ansätze verfolgen zudem das Ziel der ontologischen Sparsamkeit. Das heißt, sie versuchen mit möglichst wenig ontologischen Kategorien auszukommen und verzichten deshalb auf solche Entitäten wie einen ›Willen‹, der in anderen Ansätzen bemüht werden muss, um eine Kausalität zwischen Intentionen und Handlungen herleiten zu können. Gerade dann, wenn Handlungs- und Emotionstheorie integriert werden sollen, empfiehlt es sich, das sowohl explanativ und wie auch ontologisch ambitioniertere Paradigma zum Ausgangspunkt zu nehmen.

Sozialwissenschaftliche Handlungstheorien befassen sich selten mit der Frage, was Handlungen von anderen Ereignissen in der Welt unterscheidet und wie und ob Handlungen erklärt werden können. Sie befassen sich mit internen Fragen, nämlich den Problemen der Rationalität und Reflexivität von Handlungen und dem Problem, wie die Klasse der Handlungen intern differenziert und geordnet werden kann. Ansonsten setzen sie voraus, dass Handlungen durch die Angabe von Motiven, Gründen oder einen ›subjektiven Sinn‹ als eine eigene Ereignisklasse individuiert werden können, setzen dabei aber implizit meist Kausalität voraus.

Aber – in der Tat – gerade die Annahme der Kausalität in der Sequenz von mentalen Zuständen und Handlungen sieht sich gewissen Problemen ausgesetzt; zu nennen sind insbesondere das Problem der kausalen Devianz, das Problem der fehlgeschlagenen Handlungen und das Problem der kausalen Trägheit (vgl. hierzu Pacherie 2002 u. die Beiträge in Horn/Löhrer 2010)[2] –, die zu einer Revision und Erweiterung bestimmter Grundannahmen nötigen. In emotionstheoretischer Hinsicht ist gerade eine Erweiterung notwendig, um bestimmte ›emotionale Handlungsformen‹ integrieren zu können. Denn in der klassischen Form der Belief-Desire-Theorien berücksichtigt man nur so genannte ›prior intentions‹, die die Handlung als ein späteres Ereignis folgen lassen. Nun gibt es aber auch die Klasse von ›intentions-in-action‹ (Searle 1983) oder ›executive representations‹ (Bach 1978), die in sich vollziehende Handlungen integriert sind und diesen nicht nur einfach als Ursache vorausgehen. Belief-Desire-Theorien müssen

---

2   Wie Pacherie (2002), so hält auch Sabine Döring (2002, 2003, 2007, 2010a, 2010b) die Belief-Desire-Theorie für nicht geeignet, um das emotionale Handeln modellieren zu können. Sie führt dies darauf zurück, dass Emotionen (als Formen affektiver Intentionalität) in diesem Modell keine Rolle spielen. Demgegenüber scheint es mir sinnvoller zu sein, die, wie unten ausgeführt, Kategorien der ›beliefs‹ und ›desires‹ so zu modifizieren, dass breitere Formen von Intentionalität integriert werden können. Zudem scheint die Reduktion auf eingeschränkte, nämlich automatische, spontane Formen des emotionalen Handelns nicht angemessen zu sein.

beide Modi berücksichtigen können, die prospektiven, auf zukünftig zu realisierende Zustände gerichteten wie die sich gegenwärtig orientierenden und vollziehenden Intentionen. Solche ›intentions-in-action‹ unterscheiden sich von den prospektiven Intentionen nicht nur in ihrer temporalen Orientierung, sondern auch in ihren Eigenschaften. Sie sind bewusst, aber nicht reflexiv und nicht von propositionaler Natur. Sie ereignen sich im sich vollziehenden Handlungsprozess. Diese Erweiterung ist aus soziologischer Sicht notwendig, um gerade solche ›Praktiken‹ und ›Routinen‹ in den Blick zu bekommen, die gerade in jüngerer Zeit gegen die auf ›prior intentions‹ setzenden Theorien rationaler Wahl ins Feld geführt wurden. Aber ›intentions-in-action‹ fordern andererseits nicht dazu auf, die klassische Belief-Desire-Theorie zu verwerfen, sondern zu erweitern. Auch ›intentions-in-action‹ bestehen aus ›beliefs‹ und ›desires‹, aber eben nicht in propositionaler Form, sondern im gerichteten, sich auf das gegenwärtig Geschehende konzentrierenden Vollzug.

3.2   Emotionen und Handlungen

Wenn nun Handlungen zielgerichtet sind, wenn sie das Telos haben, bestimmte Zustände zu realisieren und andere zu vermeiden, wenn Handlungen auf ›desires‹ beruhen, die bestimmte Zielzustände indizieren, und wenn Emotionen darauf beruhen, ob bestimmte Zustände, Ereignisse und Ziele realisiert sind oder nicht, so liegt der enge Zusammenhang von Handlungen und Emotionen auf der Hand. Vor dem Hintergrund und auf der Basis von Wahrnehmungen, Einschätzungen und Meinungen artikulieren Emotionen in ihrer Sprache, dem Fühlen, ob reale oder imaginierte Zustände oder Ereignisse den ›desires‹, Präferenzen oder Prioritäten eines erlebenden und handelnden Akteurs entsprechen und ob die mögliche Diskrepanz zwischen ›desires‹ und Zuständen oder Ereignissen durch handelnde Interventionen verändert werden muss. Emotionen legen nicht unmittelbar bestimmte Handlungsselektionen nahe, sie haben gegenüber Handlungen keine Selektionsfunktionen, sondern sie bestimmen die Situation affektiv, in welcher gehandelt wird und markieren bestimmte Relevanz- oder Kontrastklassen in Bezug auf das, was gewünscht oder vermieden werden soll. Emotionen binden uns positiv oder negativ an Situationen.

Emotionen haben eine funktionale Rolle in unserem intentionalen Gleichgewichtssystem. Diese funktionale Rolle besteht darin, unsere Überzeugungen darüber, welche inneren oder äußeren Zustände vorliegen, oder unsere Wünsche oder Präferenzen darüber, welche inneren oder äußeren Zustände wir erstreben, zu modifizieren oder beizubehalten. Diese funktionale Rolle ist eine zweifache. Sie bezieht sich um einen um die Abstimmung zwischen konativen und konstativen Emotionen, sie bezieht sich aber auch auf die Abstimmung zwischen diesen einerseits und ihrer Umwelt andererseits. Emotionen spielen eine wichtige Rolle im Austarieren solcher Belief-Desire-Komplexe und darin, ob wir diese ändern sollen oder nicht. Ärger, Wut oder Ekel veranlassen uns, unsere intentionalen Zustände beizubehalten und die Situation zu ändern, Trauer, Furcht oder Verzweiflung eher, unsere Überzeugungen oder Wünsche zu ändern. Dass Emotionen eine wichtige Funktion in der Revision oder Beibehaltung von intentionalen Gleichgewichtssystemen innehaben, wird in den traditionellen Belief-Desire-Handlungstheorien wie derjenigen von Davidson nicht richtig eingeschätzt. Hier nehmen Emotionen eher eine ›irritierende‹ Funktion ein (vgl. Livet 2002), die potentiell die Rationalität unserer Handlungen bedrohen.

Emotionen beeinflussen Handlungen, indem sie Einfluss auf die ›beliefs‹ und ›desires‹ nehmen. Mit Elster (2010a: 57 f., siehe auch Elster 1999a, 1999b, 2010b) wird hier die Position vertreten, dass es keinen unmittelbaren, nicht durch Wünsche und Erfahrungen oder Überzeugungen vermittelten Einfluss auf Handlungen und die vorreflexive Selektion oder reflexive Wahl von Handlungen gibt. Die entscheidenden ›Schaltstellen‹ für die Bestimmung von Handlungen sind ›desires‹ und ›beliefs‹. Diese treten aber niemals ›affektiv neutral‹ oder ›emotionslos‹ auf. Emotionen nehmen immer nur vermittelt Einfluss auf Handlungen, indem sie unsere Wünsche beeinflussen, unsere Wünsche evaluieren, auf Ambiguitäten und Ambivalenzen zwischen Wünschen hinweisen, ja selbst als Gegenstand von Wünschen auftreten. Diese Auffassung führt zu einer gewissen Neuinterpretation eines in der Emotionsforschung häufig gebrauchten Ausdrucks. Dort ist häufig die Rede von ›Verhaltenstendenzen‹ oder ›Handlungstendenzen‹ (action tendencies), die mit Emotionen verbunden sind. In wirtschaftswissenschaftlichen Zusammenhängen hat sich in diesem Zusammenhang der Terminus ›action bias‹ eingebürgert (vgl. Bar-Eli u. a. 2007, Patt/Zeckhauser 2000, Sunstein/Zeckhauser 2008). Solche ›action tendencies‹ werden in manchen Theorien (insbes. Frijda 1986, 1987, 2004) als das Substrat, die zentrale Eigenschaften oder gar als wesentlicher Individuierungsfaktor von Emotionen bestimmt. ›Scham‹ sei damit verbunden, sich ›unsichtbar‹ zu machen, ›im Boden zu versinken‹, der Situation entfliehen zu wollen, ›Ärger‹ mit der Tendenz verbunden, dem verantwortlichen Subjekt Schaden zufügen zu wollen, ›Dankbarkeit‹ mit der Tendenz, dem Anderen zukünftig helfen zu wollen. Wir können diese Handlungstendenzen anders interpretieren, nämlich als Revisionen geltender Intentionen und damit als Modifikationen von Situationsdefinitionen und Wünschen.

Um diese Implikationen aber hinreichend plausibilisieren zu können, müssen zunächst die beiden Kategorien der ›desires‹ und ›beliefs‹ präzisiert werden. Belief-Desire-Theorien müssen nicht notwendigerweise, aber werden in der Regel als eine Variante von kausalen Handlungstheorien verstanden. Als kausale Handlungstheorie deshalb, weil mentalen Zuständen eine kausale Rolle im Handlungsprozess zugesprochen wird. Handlungen unterscheiden sich von anderen Ereignissen in der Welt, so die Annahme, dass mentale Zustände kausale Antezedentien von physischen Wirkungen sind. Bei diesen mentalen Zuständen handelt es um Kombinationen von ›beliefs‹ und ›desires‹, Wünschen, durch eine Handlung P bestimmte Zustände Z herbei führen zu wollen, und Überzeugungen, dass die Handlung P geeignet ist, solche Zustände Z zu bewirken. Um ›desires‹ von ›beliefs‹ abzugrenzen, wird häufig (vgl. insbes. Anscombe

1957, Searle 1997) das Kriterium der ›direction of fitness‹ zu Rate gezogen: ›Desires‹ sind dann solche intentionalen Akte, die eine ›world-to-mind direction of fitness‹ aufweisen in dem Sinne, dass Zustände in der Welt den Wünschen angepasst werden. ›Beliefs‹ sind hingegen solche intentionalen Akte, die eine ›mind-to-world direction of fitness‹ aufweisen mit dem Ziel, dass die Gehalte der Intentionen eine adäquate Repräsentation von Zuständen oder Ereignissen in der Welt ermöglichen. Emotionen haben eine Vermittlungsfunktion, sie beziehen Weltzustände auf Welterfahrungen und haben von daher Anteil an beiden directions of fit. Auf der einen Seite weisen sie uns darauf hin, wie bestimmte Zustände in der Welt für uns, also in Hinsicht auf unsere Wünsche sind, sie können von daher angemessen sein oder nicht (vgl. de Sousa 1997), sie passen sich also an die Welt an, auf der anderen Seite haben sie die Funktion, solche Zustände herbeizuführen, die verträglich sind: Negative Emotionen wollen Zustände vermeiden, positive Emotionen Zustände kontinuieren. Die intentionalen Objekte von Emotionen bestehen von daher nicht in dem einem oder anderen Zustand, sondern in der Differenz von konstatierten oder gewünschten Zuständen.

In der wissenschaftlichen Diskussion stößt die Belief-Desire-Theorie deshalb häufig auf Widerstand, weil die Kategorie der ›Wünsche‹ in einem naturalistischen Sinne aufgefasst wird und damit die ethische Dimension, die mit einem ›Sollen‹ verbunden ist, wie auch die soziale Genese von Wünschen verfehlt werden. Aus diesem Grunde ist es angebracht, diese Kategorie so weit wie möglich zu fassen und sie allgemein als ›world-to-mind-Intentionen‹ oder eben als konative Intentionen zu bezeichnen. Wünsche sind eine breite Kategorie, die ›proper desires‹, also Wünsche im genuinen Wortsinn, aber auch leibliche Habitualisierungen, Bedürfnisse, Ziele, Präferenzen (als komparative Bewertung von Optionen), Absichten beinhaltet. Ob Bedürfnisse oder ›proper wishes‹, ob Absichten oder Zielsetzungen, ob Zwecke oder Präferenzen – immer handelt es sich um bestimmte Intentionen in Bezug auf Zustände oder Ereignisse, die realisiert werden oder realisiert sein sollen. Es handelt sich um Intentionen, die auf die Realisierung von Zuständen oder Ereignissen in der Welt hin orientiert sind. Ob es sich dabei um Intentionen handelt, die primäre und ›primitive‹ Bedürfnisse zum Ausdruck bringt oder solche ethischer Verpflichtung oder ›Werte‹, mag dahin gestellt sein. Sie bilden trotz aller interner Differenzen und emotionsgenerierender Widersprüche – man denke nur an die ›Dialektik‹ von ›I‹ und ›Me‹ im Sinne Meads oder von ›Es‹ und ›Über-Ich‹ im Sinne Freuds – eine einheitliche Intentionsklasse, eben diejenige der konativen Intentionen.

Welche ›desires‹ sind denn nun in soziologischer Sicht in besonderer Weise von Bedeutung? Diesseits und jenseits aller idiosynkratischer Konstellationen lassen sich die folgenden Klassen unterscheiden:

- die physisch-leibliche Integrität von Personen;
- die Position von Personen in sozialen Konstellationen sowohl in Bezug auf den Austausch von materiellen wie auch in Bezug auf den Austausch symbolischer Güter wie Identitäts- und Anerkennungsansprüchen;

- die Geltung von normativen und symbolischen Ordnungen von sozialen Konfigurationen.[3]

Handlungssituationen sind also in emotionaler Hinsicht besonders dort mit einer hohen Valenz ausgestattet, in denen die physisch-leibliche Integrität von Personen auf dem Spiel steht, in denen materielle oder symbolische Güter mit besonderen Bedürfnissen verbunden sind oder in welchen die normativen Ordnungen und Werte von Gruppen oder Gemeinschaften bestätigt oder beschädigt werden.

Ähnliche Modifikationen müssen an den ›beliefs‹ angebracht werden. In der handlungstheoretischen Diskussion geht es hier um solche Meinungen oder Überzeugungen, die auf die Mittel bzw. die Geeignetheit der Mittel für die Realisierung bestimmter Ziele gerichtet sind. Dies muss erweitert werden in Richtung auf eine allgemeine Situationsdefinition, die über die strukturellen Bedingungen des Handelns informiert und insbesondere darüber, ob bestimmte Situationen den konativen Intentionen entsprechen oder nicht. Diese Kategorie lässt sich also in orientierende Überzeugungen, die sich auf die Situationsdefinition beziehen, in evaluative Überzeugungen, die sich auf die Bewertung der Situation beziehen, wie auf instrumentelle Überzeugungen, die sich auf die Geeignetheit von Mittel wie auf normative Überzeugungen bezüglich der Angemessenheit von Handlungszielen und Handlungsfolgen unterteilen. Diese alle unterliegen Relevanzkriterien. Emotionen indizieren Handelnden, in welcher Weise Situationen handlungsrelevant sind oder nicht. Allgemein können solche ›beliefs‹, die über die Situation des Handelns und damit über die möglichen Passungen mit konativen Intentionen unterrichten, als konstative Intentionen bezeichnet werden, als Wahrnehmungen, Meinungen, Ansichten, Überzeugungen, mitunter als ›Wissen‹. Es handelt sich mit Searle (1983) um ›Mind-to-World-Intentionen‹, denn hier geht es um die Anpassung von Intentionen an Weltzuständen. Auch diese gehören in eine gemeinsame Funktionsklasse – ihre Unterschiede machen sich erst in der weiteren Informationsverarbeitung bemerkbar und damit auch in Hinsicht darauf, welche Elaborationsklasse von Emotionen aus bestimmten Konstellationen von konstativen und konativen Intentionen impliziert wird. Diesbezüglich kann man zwischen ›pre-emotions‹, vorpropositionalen und propositionalen Emotionstypen differenzieren.

Der Einfluss von Emotionen auf unsere ›beliefs‹ und unsere Informationsverarbeitung ist hinreichend dokumentiert. So machen sich Emotionen besonders im Modus der Informationsverarbeitung bemerkbar, also in welcher Tiefe wir explorieren oder ob

---

3   Dies erklärt auch die enge Liaison von ›Werten‹ und ›Emotionen‹. Dass Werte für uns gelten, erkennen wir selbst und andere daran, dass ihre Verletzung mit intensiven emotionalen Reaktionen einher geht. Dieser Zusammenhang von Werten und Emotionen bleibt in der auf die Rationalität von Werten fokussierten Diskussion außer Acht. Ähnliches gilt für die Liaison von ›Moral‹ und ›Emotionen‹. Moralische Einstellungen weisen in besonderer Weise vielfältige Beziehungen zu spezifischen emotionalen Reaktionen auf, und die Verletzung moralischer Erwartungen wird in der Regel emotional sanktioniert (vgl. Landweer 1999; Neckel 1991).

wir Kategorien bottom-up (wie beispielsweise im Fall von Trauer oder Depression) oder top-down (wie beispielsweise in Zuständen glücklicher Empfindungen) anwenden. Die wesentliche Funktion von Emotionen auf unsere Wahrnehmungs- und Überzeugungssysteme dürfte von daher darin bestehen, dass sie diese mit unseren konativen Intentionen konfrontieren und von daher Explorationen und Interpretationen im Lichte einer affektiven oder emotionalen Bewertung dieser Situation vornehmen lassen. Wir definieren Situationen nicht ›neutral‹, unabhängig von unseren Wünschen und Zielsetzungen und damit auch unabhängig von unseren emotionalen Dispositionen. Situationsdefinitionen finden in einem konativ-emotionalen Rahmen statt.

3.3   Emotionen in Handlungen

Diese Überlegungen bieten nun abschließend die Möglichkeit, eine gegenüber den klassischen Ansätzen modifizierte Handlungstypologie vorzustellen. Geht man davon aus, dass Emotionen aufgrund eines Vergleichs von konstativ-intentional festgestellten Handlungssituationen und konativ-intentional festgehaltenen Sollzuständen dieser Handlungssituationen entstehen und demzufolge die Funktion haben, dem handelnden Individuum entweder die Angemessenheit seiner Intentionen oder die Notwendigkeit einer Modifikation seiner Intentionen anzuzeigen, so können daraus die folgenden Grundmodi des Handelns abgeleitet werden.

- Kontinuierendes Handeln: Es liegt eine Übereinstimmung zwischen konstativ-intentional registrierten Situationen einerseits und Erwartungen andererseits vor und wird durch das Fühlen von Ruhe, Zufriedenheit, Gelassenheit oder sonstigen Gefühlen mit einer niedrigen affektiven Valenz etc. angezeigt mit der Konsequenz, dass der bisherige Belief-Desire-Zustand beibehalten werden kann.
- Diskontinuierendes Handeln: Es liegt eine Nichtübereinstimmung zwischen konstativ-intentional registrierten, realen oder imaginierten Situationen einerseits und konativen Intentionen andererseits vor und wird durch das Fühlen von positiven oder negativen Emotionen mit hoher affektiver Valenz indiziert. Diskontinuierendes Handeln entfaltet sich im Spannungsfeld zwischen zwei Polen, in welches das spontane Handeln den einen Pol und das reflexive Handeln den anderen Pol bildet:
  - Spontanes Handeln ist gegenwartsbezogen. Es vollzieht sich vorreflexiv unter dem spontanen Eindruck von inneren oder äußeren Zuständen, die entweder als bedrohlich und zu vermeidende oder eben als angenehm betrachtet werden.
  - Reflexives Handeln ist zukunftsbezogen. Hier ist der logische Ort der Theorien rationaler Wahl, auch der rationalen Wahl von Emotionen (vgl. hierzu Schnabel 2005 u. 2006). Es ergibt sich entweder als Folge von positiven oder von negativen Gefühlen. Entsprechend kann man von zwei Typen reflexiven Handelns

sprechen mit jeweils sehr unterschiedlichen Konsequenzen für das intentionale Belief-Desire-System:

- Reflexives Handeln vom Typ 1: Die Nichtübereinstimmung wird negativ interpretiert und von negativen Emotionen indiziert. Dies fordert zur einer Reflexivisierung des Handelns auf in der Weise, dass die konativen oder konstativen Intentionen reflexiv kontrolliert werden oder die Handlungssituation verändert werden. Reflexives Handeln geht also mit der Generierung neuer konativer Intentionen in Bezug auf die eigenen intentionalen Zustände einher. Reflexives Handeln dieser Art kann je nach Kausalattribution darin bestehen, solche Situationen zu vermeiden, in denen negative Emotionen erfahren wurden, es kann aber auch darin bestehen, solche Ziele oder Präferenzen aufzugeben, die zu negativen Emotionen führen.
- Reflexives Handeln vom Typ 2: Es liegt eine Diskrepanz zwischen Situationen und Erwartungen in einem positiven Sinne vor, welche durch positive Emotionen indiziert wird. Auch ein Fühlen positiver Gefühle fordert zu einer Reflexivisierung des Handelns, da auch die inneren und äußeren Umstände und Bedingungen des Handelns mit einer reflexiven Aufmerksamkeit bedacht werden, die aber in der Regel zu einer Bestätigung der intentionale Zustände führen.

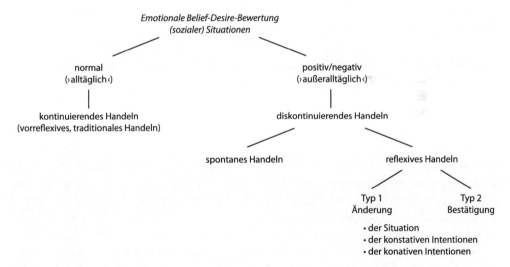

Diese Handlungstypologie stellt den Vergleich von Soll- und Ist-Zuständen und damit affektiv relevanter Vergleichsmechanismen in den Vordergrund. Emotionen sind nicht zuständig für einen spezifischen Handlungstyp, sondern für die Revision von Belief-Desire-Strukturen und damit generell für die Revision von Handlungsformen. Sie haben die Funktion der ›Indeterminierung‹ von intentionalen Zuständen. Das ›Fühlen‹ beruht auf intentionalen Vergleichsprozessen und führt zu einer Kontinuierung oder zu einer Veränderung oder Bestätigung von konstativen oder konativen Intentionen, die sich dann in einem entsprechenden Handeln realisieren können. Es gibt zudem keine Situationen, die nicht einer affektiven Bewertung unterzogen werden.

Der zentrale Unterschied zu herkömmlichen handlungstypologischen Entwürfen besteht darin, dass Affekte oder Emotionen nicht auf einen Sondertypus des Handelns reduziert werden mit der Konsequenz, dass die Funktion des Fühlens in Prozessen des Handelns nicht angemessen berücksichtigt werden kann. Es besteht keine Notwendigkeit, Emotionen oder Gefühle allein auf einen Handlungsmodus wie beispielsweise einen ›automatischen‹, vorreflexiven, mitunter behavioral beschriebenen Verhaltensablauf zu reduzieren. Emotionen haben in funktional-explanativer Hinsicht eine wichtige Funktion in allen Modi des Handelns. Sie informieren über Handlungs- und Situationsbedingungen und begleiten evaluierend die Wahl zwischen Handlungsoptionen. Es gibt auch eine Reihe von Gemeinsamkeiten mit anderen Typologien und Modellen. Dieses Belief-Desire-Modell betont mit Weber und der Sozialphänomenologie die zentrale Bedeutung des traditionalen, des Routine-Handelns oder eben des kontinuierenden Handelns. Und mit pragmatistischen Handlungstheorien rückt es die kritische Rolle von Handlungswiderständen für die Reflexivisierung wie für die Emotionsgenerierung in den Vordergrund (vgl. hierzu auch Pettenkofer und Dietz – in diesem Band). Aber das Modell betrachtet die von dem Pragmatismus analysierten Situationen nur als einen Sonderfall – nicht nur das Scheitern von Handlungsentwürfen oder das Verfehlen von Handlungszielen ist reflexiv und emotiv bedeutsam, sondern allgemein die Differenz zwischen konativen Intentionen und Situationen.

3.4   Emotionale Handlungen?

Die hier vorgeschlagene Integration von Emotions- und Handlungstheorie sieht gegenüber herkömmlichen Emotions- und Handlungstheorien vor, Emotionen als eine Komponente im intentionalen Gewebe von Akteuren aufzufassen. Sie haben eine zentrale Rolle in der Transformation von intentionalen Prozessen. Das heißt nicht, dass sich die soziologisch relevante Rolle von Emotionen darin erschöpft. Die Frage, welche funktionale und kausale Rollen Emotionen in sozialen Beziehungen haben, ist damit noch nicht gestellt. Zunächst geht es um handlungstheoretische Analysen, die im Sinne eines methodologischen Individualismus als ein grundlegendes Element umfassender soziologischer Analysen betrachtet werden müssen. Das Zusammenspiel von Emotionen und Handlungen wird bisher in der Soziologie meist im Begriff der ›emotionalen‹ oder ›affektiven‹ Handlung gesucht, da in der Regel auch nur der Begriff der Handlung zur Verfügung steht und Emotionen dann eben eine besondere Form von Handlungen verursachen. Die hier vorgeschlagene Lösung sieht aber vor, Emotionen – als Komponente der handlungskonstitutiven Intentionalität von Akteuren – als eine intentionale Voraussetzung aller Handlungen zu konzipieren. Die Funktion von Emotion liegt nicht darin, als ein ›emotionales Handeln‹ ein bestimmtes Handeln zu bewirken, sondern der handelnden Intentionalität Reflexivisierungen anzuzeigen, die Möglichkeit, intentionale Akte und Gehalte beizubehalten oder im Hinblick auf neue Situationen zu verändern und auf diese Weise auf das Handeln und Erleben einzuwirken.

Damit stellen sich nun im Hinblick auf die etablierten Konzepte weitere Fragen. Eine erste Frage richtet sich auf die handlungstheoretischen Erklärungen. Müssen wir unsere handlungstheoretischen Erklärungsformen verändern? Belief-Desire-Theorien rekurrieren allein auf konstative und konative Intentionen. Wo bleiben die Emotionen? Müssen wir nicht in handlungstheoretischen Erklärungen auch auf sie Bezug nehmen, etwa so wie in den tradierten Typologien, in denen Emotionen zuständig für die Erklärung einer Teilklasse von Handlungen sind? Dies ist nicht der Fall. Das Belief-Desire-Modell muss nicht erweitert werden, weil Affekte und Emotionen immer schon enthalten sind, nämlich in der Art und Weise, wie konstative und konative Intentionen aufeinander bezogen sind. Emotionen zeigen Handelnden an, ob Wünsche beibehalten werden können oder modifiziert werden müssen und sie beeinflussen auf diesem Wege die Wahrnehmung und Beurteilung von Situationen.

Emotionen selbst aber sind keine ›desires‹. Sie nehmen nicht die funktionale Rolle von konativen Intentionen ein, obwohl man sich bestimmte emotionale Zustände wünschen kann. Sie sind keine intentionalen Zustände, die auf die unmittelbare Veränderung von Situationen und Zustände gerichtet sind, sondern sie sind intentional auf die Differenz von beiden bezogen und somit auf die Revision oder Beibehaltung von konstativen wie auf die Revision oder Bestätigung von konativen Intentionen angelegt. In dieser Vermittlung zeigt sich zudem ihre Rationalität, denn rationales Handeln setzt voraus, die einen Intentionen nur dann zu ändern, wenn die anderen stabil gehalten halten. Nur dann, wenn die konativen Intentionen stabil gehalten werden, kann man lernen, also die konstativen Intentionen verändern, und dies gilt auch umgekehrt. Dabei sind der Revision von Überzeugungen und Wünschen selbstverständlich aufgrund von lebensgeschichtlichen Anpassungs- und Lernprozessen, die bestimmte Gesamtzustände stabilisiert oder ›eingefroren‹ haben, die ein emotionales Gedächtnis etabliert haben, enge Grenzen gesetzt. Aber es sind nicht Emotionen, die uns in bestimmten Zuständen festhalten oder die uns einer Pluralität von unterschiedlichen, ambivalenten, widersprüchlichen Interpretationen aussetzen, sondern die diesen zugrunde liegenden Belief-Desire-Komplexe. Wir widersprechen damit auch wiederum jenen Positionen, die Emotionen spezifische ›Motivationen‹ zuschreiben und damit wiederum eine eigenen Klassen von emotionalen Handlungen gegenüber anderen abgrenzen. Emotionen haben jenseits von ›beliefs‹ und ›desires‹ keinen unmittelbaren direkten Einfluss auf unser Verhalten. Dies gilt selbst für solche Fälle, die wir in einem alltagssprachlichen Duktus mit dem Gegensatz von Gefühl und Vernunft bezeichnen. Wenn Anna sich nicht entscheiden kann, ob sie den vermögenden Karl, der ihr Sicherheit versprechen kann, oder ob sie Anton, dem ihr Herz gehört, erhören soll, so ist dies kein Gegensatz von Gefühl und Vernunft, sondern eine Ambivalenz, ein Widerspruch in ihrer Wunschfiguration. Sie hat Wünsche, die sich nicht gleichzeitig realisieren lassen, aber nicht ein Gefühl hier und eine Vernunftentscheidung dort. Mitunter wird in handlungstheoretischen Kontexten der Gegensatz von Gefühl und Verstand auch benutzt, um die ›akrasia‹ im Sinne eines ›not being in control of oneself‹ (vgl. Pears 2002) zu begründen, die beispielsweise auf das Phänomen der Willensschwäche zurückgeführt wird (vgl. Elster 1986; de Sousa 2003). Gefühle werden in diesem Kontext also als ein Aspekt von Handlungsschwäche oder als ein Mangel von Willenstärke aufgefasst. Gleichzeitig wird Emotionen jedoch umgekehrt die Eigenschaft zugeschrieben, Handlungen mit einer besonderen Energie und Leidenschaft auszustatten. Aber auch diese kausalen Zuordnungen sind zweifelhaft: Emotionen sind wunschabhängige Größen. Von daher lassen sich ›akrasia‹ einerseits und ›emotional energy‹ andererseits eher wieder auf bestimmte belief-desire-Konstellationen zurückführen als auf eine eigenständige emotionale Größe.

Der vermeintliche Gegensatz von Gefühl und Vernunft spielt noch in einer weiteren Hinsicht eine Rolle, nämlich in Bezug auf gewisse Entscheidungsprozeduren. Als ›Bauchgefühl‹ oder ›Bauchentscheidungen‹ (vgl. Gigerenzer 2007 u. 2008) werden gewisse Entscheidungsheuristiken in Situationen der Ungewissheit und Unsicherheit bezeichnet. Diese beziehen sich aber auf ›Intuitionen‹ und damit auf bestimmte Entscheidungsprozeduren, nicht auf Emotionen in dem hier vorliegenden Wortsinn.

Die Frage, ob erklärende Belief-Desire-Theorien um den explanativen Faktor ›Emotion‹ ergänzt werden müssen, kann also verneint werden. Kommen wir zu einer zweiten Frage. Erlauben Belief-Desire-Theorien überhaupt die Explikation solcher Handlungen, die als ›emotionale Handlungen‹ bezeichnet werden? Ein berühmter Gegeneinwand wird von Rosalind Hursthouse (1991) formuliert, und sie rekurriert auf Beispiele, die auch in der Soziologie häufig als genuines emotionales Handeln begriffen werden. Anna ist eifersüchtig auf Beate, sie ist so eifersüchtig, dass sie Beate aus ihrer Welt und ihrem Leben verbannen möchte. Sie nimmt ein Foto von Beate nimmt und zerreißt es. Nach Hursthouse fallen solche Fälle nicht in den Skopus von Belief-Desire-Theorien, weil es sich hier um Handlungen handelt, die nur von Wünschen motiviert sind, nicht von Überzeugungen. Anna hat Hursthouse zufolge nur den Wunsch, Beate zu verbannen, sie hat aber nicht die Überzeugung, dies durch das Zerreißen eines Fotos realisieren zu können. Es handelt sich also nicht um eine rationale, aber auch nicht um eine irrationale Handlung, weil nach Hursthouse überhaupt keine Überzeugung gegeben ist, sondern um eine besondere Form von intentionaler Handlung, nämlich eine a-rationale. A-Rationalität ist Hursthouse zufolge ein Kennzeichen vieler emotionaler Handlungen, weil Emotionen die Wünsche dirigieren und okkupieren und die Überzeugungsanteile minimieren oder sogar ausschalten. Aber man kann dagegen halten, dass Anna durchaus über Überzeugungen verfügen muss, nämlich die Überzeugung, dass es sich um ein Foto von Beate handelt und, mehr noch, dass Beate eine Person ist, die aus ihrem eigenen Leben zu verbannen sei. Ihre Eifersucht lässt sich nicht auf ihren Wunsch reduzieren, sondern drückt sich gerade darin aus, wie Beate als Person für sie ist. Sie verfügt also über orientierende wie über evaluative Überzeugungen und ist von daher nicht rein wunschgesteuert. Aber ist Hursthouse auch darin zuzustimmen, dass Anna über keine instrumentelle Überzeugung verfügt und von daher eine emotionale Handlung als eine a-rationale Handlung vollzieht? Hursthouse setzt dabei voraus, dass Anna als ein Mitglied moderner Gesellschaften sich bewusst ist, dass magische Handlungen geringe Erfolgsaussichten haben und von daher auch keine solche hegt. Man könnte gegen Hursthouse gegebenenfalls einwenden, dass Anna eine instrumentelle Handlung mit einer anderen Zielrichtung unternimmt, denn das Zerreißen des Fotos soll nicht zum Verschwinden von Beate führen, sondern zur Regulierung ihrer eigenen emotionalen Lage durch einen symbolischen Akt. Aber treffender scheint mir aus Sicht der Belief-Desire-Theorie ein anderer Einwand. Dass Zerreißen des Fotos stellt überhaupt keine Handlung dar. Alle Handlungen haben – mit Habermas (1981: 150 f.) – eine teleologische Grundstruktur. Hursthouse ist der Meinung, dass dieser Grundsatz für emotionale Handlungen nicht gilt. Sie macht damit auf ein zentrales Problem aufmerksam, aber die Lösung liegt nicht darin, eine besondere Klasse von Handlungen als emotionale Handlungen auszuzeichnen, sondern dieses Verhalten nicht als Handlungen zu kennzeichnen. Es handelt sich um ein Ausdrucksverhalten, welches in jede Handlung involviert ist, aber in spezifischen Situationen eine besondere Salienz aufweist. Ein Kind springt vor Freude in die Luft, zwei Menschen umarmen sich vor Glück, eine Frau ist vor Trauer in Tränen aufgelöst, ein Mann nestelt aus Angst nervös an seiner Krawatte oder Anna zerreißt aus Eifersucht ein Foto von Beate – es handelt sich um körperliche Inszenierungen, leibliche Expressionen oder symbolische, in ihrer Expressivität institutionalisierte Realisierungen. Alle Handlungen weisen solche Expressionen auf, die Aufschluss darüber geben, wie eine Handlung vollzogen wird, aber sie selbst stellen keine selbständigen Handlungen dar.[4] Für solche gilt, dass Belief-Desire-Komplexe die Handlung selektieren oder in die Handlungen involviert sind. Aber es gilt auch, dass die Ausdrucksebene – und viele Emotionen realisieren sich in einem leiblichen Ausdruck – in den Handlungstheorien übersehen wird, weil die Funktion der Expression in der kommunikativen Dimension liegt und nicht in der instrumentellen Dimension.[5] Unsere Entgegnung auf den Versuch, solche expressiven Akte als emotionale, a-rationale und nicht-teleologische Handlungen zu betrachten und damit als einen Sondertypus zu reduzieren, lautet also, dass es sich um jeglicher Handlung inhärente Ausdrucksphänomene handelt, aber nicht um einen eigenen Handlungstypus. Und wenn es Handlungen sind, dann sind sie teleologisch strukturiert und beruhen auf intentionalen Belief-Desire-Komplexen.

---

4   Wenn sie in der Absicht unternommen werden, Expressionen mitzuteilen, wenn ihnen also ein Belief-Desire-Komplex zugrunde liegt, so handelt es sich um dramaturgische Handlungen.

5   Dies führt auch beispielsweise dazu, dass – trotz Cassirer oder Bühler – in Kommunikationstheorien das Ausdrucksorgan der menschlichen Stimme ebenfalls kaum berücksichtigt wird (vgl. Schützeichel 2010c).

Handlungstheoretisch sind noch weitere Fälle von Belang. So ist festzuhalten, dass emotionale Zustände Ziel von Handlungen sein können. Man möchte glücklich sein, man möchte eine bestimmte Person lieben, man möchte Wut artikulieren. Emotionen können also selbst zu ›desires‹ werden. Dies ist sicherlich ein alltäglicher Normalfall, fordert aber gerade deshalb ebenfalls nicht zu einer Revision der handlungstheoretischen Erklärungsstrategie heraus. Emotionale Zustände oder dramaturgische Handlungen, durch die anderen Publikum eine bestimmte subjektive Welt präsentiert wird, sind dann eben der spezifische intentionale Gehalt von ›desires‹. Eine weitere Überlegung gilt der Frage, wie wir zwischen Handlungsoptionen wählen. Wählen wir nach dem emotionalen Nutzen? Im Sinne eines ›affektiven Utilitarismus‹ könnte man die Position vertreten, dass das Erreichen von affektiven Zuständen zum Ziel des Handelns wird und deshalb solche Handlungen gewählt werden, die mit einem möglichst hohen emotionalen Nutzen verbunden sind. Damit würden Emotionen also in die ›Nutzen-Kategorie‹ einwandern und ein Selektionskriterium bei der Wahl zwischen Handlungen. Auch diese ist ein alltäglicher Normalfall. Der emotionale Nutzen von Handlungen und Handlungszielen ist ein wichtiges Selektionskriterium. Aber es ist zugleich zu berücksichtigen, dass dieser meistens nicht eindeutig bestimmt werden kann. Dafür ist die Welt zu komplex und weist gerade in emotionaler Hinsicht zu viele Ambivalenzen auf. Es ist zudem zu bemerken, dass ›Emotionen‹ nominalskaliert, nur in ihren starken positiven bzw. negativen Ausprägungen ordinalskaliert sind und von daher keine Berechnungen zulassen.

4   Praktiken der Rechtfertigung in sozialen Konfigurationen

Soziologische Handlungstheorien machen in der Regel keine Unterscheidung zwischen der Erklärung und der Rechtfertigung von Handlungen. Es besteht aber eine kategoriale Differenz zwischen der (kausalen oder teleologischen) Erklärung von Handlung einerseits und der an Rationalitätskriterien orientierten Evaluation von Handlungen. Aber es ist beispielsweise nicht ersichtlich, ob die Handlungstypologie Webers, ob die Akteurtheorien oder selbst die Framing-Theorie von Esser mit dem Ziel der Erklärung von Handlungen konzipiert sind oder ob sie das Ziel der Rechtfertigung von Handlungen unter rationalitätstheoretischen Gesichtspunkten verfolgen. In explanativer Hinsicht sind sie zu kritisieren. Aber sie können auch so verstanden werden, dass sie die Aufgabe der Rationalisierung verfolgen und dementsprechend begriffliche Unterscheidungen und Abgrenzungen im Hinblick auf die Rationalität von Handlungen vornehmen. Solche Rechtfertigungen verfolgen eine eigene Logik und sind von explanativen Theorien abzugrenzen. Besonders Webers Handlungstheorie scheint dabei eine internalistische Logik zu verfolgen und solche Gründe in den Vordergrund zu rücken, über die Akteure eine Kontrolle haben und die ihnen transparent sind. Deshalb beispielsweise die Auszeichnung der instrumentellen Zweck-Mittel-Rationalität als einer besonders evidenten Handlungsform, und deshalb auch die Abstufung von ›affektiven Handlungen‹ als tendenziell irrationalen Handlungen, da Emotionen die Eigenschaft aufweisen, nicht oder nur wenig von ihren Akteuren kontrollierbar zu sein.

Aber nicht nur in der soziologischen Theorie, sondern auch in der sozialen Alltagspraxis spielen die Rechtfertigungen oder Rationalisierungen von Handlungen eine kaum zu überschätzende Rolle. Auch diese beruhen auf einer eigenen Logik. Von daher ist jede soziologische Handlungstheorie unvollständig, wenn sie sich nur auf die sozial wie auch immer vermittelten, inneren Mechanismen der Handlungskonstitution bezieht. Dies gilt auch für jede Emotionstheorie. Es müssen also neben der Perspektive der ersten Person auch die Perspektiven dritter Personen eingearbeitet werden. Diese ergeben sich aus den Rechtfertigungspraktiken, den symbolischen Handlungs- und Emotionsordnungen, die in sozialen Konfigurationen und Konstellationen ›emergieren‹ und in einer mehr oder weniger ›geregelten Weise‹ vorherrschen. Diese Differenz zwischen den inneren intentionalen Mechanismen, auf die Handlungserklärungen Bezug nehmen, und den symbolischen Ordnungen, die der Rechtfertigung oder Rationalisierung dienen, wird gerade in soziologischen Handlungstheorien häufig unterlaufen. Dabei macht es einen zentralen Unterschied aus, ob man sich auf das eine oder andere bezieht. Was in den inneren Mechanismen ungeschieden und komplex eine Einheit bilden mag, muss in einer Perspektive der dritten Person aus Gründen der Reduktion von Rechtfertigungs-, Orientierungs- und Anschlussmöglichkeiten in basalen Differenzen erfasst und geformt werden. Solche basalen Reduktionsmöglichkeiten liegen beispielsweise vor in der Unterscheidung einer subjektiven, sozialen und objektiven Welt, wie sie von Habermas (1981) eingeführt wurde.[6] Habermas (1981: Kap. I.3) benutzt diese Unterscheidung, um die ontologischen Voraussetzungen soziologischer Handlungsbegriffe deutlich zu machen. All diese Voraussetzungen und Begründungen müssen an dieser Stelle aber nicht weiter expliziert werden, zumal wir gravierend von Habermas insofern abweichen, als wir die Frage der inneren Konstitution von Handlungen strikt von der Frage der sozialen Rechtfertigung von Handlungen trennen.

Konstative Intentionen beziehen sich auf etwas, was realiter oder potentialiter in der objektiven, sozialen oder subjektiven Welt ist, konative Intentionen beziehen sich auf objektive, soziale oder subjektive Weltzustände, die noch nicht realisiert sind, und Emotionen entstehen aufgrund der Differenz zwischen diesen Zuständen, sie sind intentional auf etwas, was ist, im Lichte dessen, was sein sollte, orientiert und teilen sich in dem ihnen eigenen Medium des phänomenalen Erlebens und Fühlens mit. Was hier ungeschieden ist und in komplexen intentionalen Akten prozessiert, muss in der sozialen

---

6   Dass Habermas selbst in seiner auf der Drei-Welten-Theorie aufbauenden Handlungstypologie nicht zwischen der Perspektive einer ersten und einer dritten Ordnung hinreichend differenziert und somit zwischen einer motivationalen, einer intentionalen und einer kulturell-symbolischen Begründung seiner Handlungstheorie schwankt, gehört zu den zentralen Problemen dieses ansonsten paradigmatischen Theorieentwurfs.

Welt geschieden werden. Ein Ko-Akteur oder ein Beobachter muss, wenn er sich in seinem Handeln orientieren will, unterscheiden, ob die Handlungen eines Akteurs sich instrumentell oder konstativ auf etwas in der objektiven Welt beziehen, ob sie normativ
in der sozialen Welt relevant sind oder ob sie als dramaturgische Handlungen von Bedeutung sind, die sich auf etwas in der subjektiven Welt beziehen. Hier kommen also
die verschiedenen von Habermas ins Feld geführten Typen des strategischen oder instrumentellen, des normativen, des dramaturgischen und des kommunikativen Handelns ins Spiel.

Emotionen werden diesbezüglich in aller Regel der subjektiven Welt zugerechnet.
Wenn das Erleben oder Handeln anderer Akteure im Hinblick darauf, ob sie auf etwas
in der subjektiven, der sozialen oder der objektiven Welt Bezug nehmen, beobachtet
werden, so werden Emotionen in die subjektive Welt verwiesen, als subjektive Einstellung, als ein Ausdrucksphänomen oder als Selbstrepräsentation. So bei Habermas, so
aber auch bei Parsons, der die subjektive Welt als die auf kathektischen Bezügen aufbauende expressive Ordnung beschreibt, als eine Ordnung des expressiven Symbolismus
(vgl. Parsons 1951: 58; vgl. auch Greve 2012), welche er, Habermas schon vorwegneh-
mend, von einer instrumentellen und einer moralischen Ordnung unterscheidet. Und
schließlich ist eine solche Tendenz auch in den Handlungstypologien von Weber oder
den Akteurtheorien unübersehbar. Auch der in diesen Typologien dominierende Gegensatz von Rationalität und Emotionalität ist nur auf der Ebene der Rechtfertigungspraktiken thematisierbar, denn Rationalität ist ein Normbegriff, der dem Vergleich von
Handlungen dient, kein deskriptiver Begriff. Die Unterscheidung von Rationalität und
Expressivität oder Emotionalität baut dann auf der grundsätzlichen Differenzierung von
Welten der Bezugnahme auf und fügt ihnen nochmals eine normative Dimension hinzu.
Das aber muss nicht heißen, dass diese Rechtfertigungspraktik als solche schon begrün-
det ist.

Und schließlich ist abschließend noch zu bemerken, dass die Rechtfertigungspraktiken nicht nur die Funktion der Fremdbeobachtung oder des ›Fremdverstehens‹ haben
und aus solchen Bemühungen resultieren, sondern dass auch die Akteure selbst sich in
ihren intentionalen Bezugnahmen, in ihren konstativen und konativen Intentionen wie
in ihrem Fühlen, an diesen Ordnungen und ihren jeweiligen kulturellen und milieu-
spezifischen Ausprägungen orientieren. Es liegen, um wieder mit Parsons zu sprechen,
›Interpenetrationsverhältnisse‹ zwischen innerer und symbolischer Welt vor. Hierin
zeigt sich die Performanz solcher symbolischer Welten, die auf symbolische Interpretationen deshalb zurückgreifen müssen, weil ihnen der unmittelbare, direkte Zugang
zu den Intentionen anderer versagt ist. Indem sie aber auch als Orientierungsmaßstab
für diese gelten, sind sie in der Lage, performativ eine soziale Wirklichkeit zu erzeugen,
indem sie sie in ihrem Agieren voraussetzen.

5 Emotionen in Handlungen – Zusammenfassung und Ausblick

Das Ziel der vorliegenden Ausführungen besteht darin, Schritte auf dem Weg hin zu einer Integration von Emotions- und Handlungstheorie zu unternehmen. Kritisiert wurden solche soziologischen Handlungstheorien, die Emotionen auf einen einzigen Modus des Handelns reduzieren und dabei eine systematisch nur wenig elaborierte Emotionstheorie voraussetzen. Kritisiert wurden aber auch soziologische Emotionstheorien, die zwar die soziale Genese von Emotionen analysieren, aber den für die Soziologie zentralen Zusammenhang von Emotionen und Handlungen ebenfalls in einer nur wenig elaborierten Weise präsentieren. Diese Schritte hin zu einer Integration bezieht sich sowohl in emotions- wie in handlungstheoretischer Hinsicht auf Belief-Desire-Theorien. Gegen die in der Soziologie vorherrschende Dominanz von kognitivistischen Emotionstheorien wird eine Belief-Desire-Theorie der Emotionen behauptet, die ›desires‹ in den verschiedenen Formaten in das Zentrum rückt. Damit eröffnen sich Potentiale für eine theoretische Integration von Handlungs- und Emotionstheorien. Und damit kann gegenüber den vorherrschenden soziologischen Theorien auch eine andere funktionale Bestimmung von Emotionen eingeführt werden. Emotionen sind indeterminierende Mechanismen. Die Funktion von Emotionen als affektiv-intentionalen Intentionen wird in der Revision von konstativen und konativen Intentionen gesehen. Sie haben die Aufgabe, unsere Überzeugungen, Meinungen und Wahrnehmungen in ihrem Gehalt wie in ihrem Modus auf unsere Handlungziele wie unsere Wünsche, Präferenzen und Handlungziele mit und in neuen Handlungssituationen abzustimmen. Dass Emotionen die Tendenz haben, intentionale Systeme mit Reflexivitätspotential auszustatten, kann handlungstheoretisch fruchtbar gemacht werden und, wie gezeigt, in eine Typologie von Handlungen überführt werden, die die emotional induzierte Reflexivität zum wichtigsten Unterscheidungsmerkmal bestimmt. Von daher stellen Emotionen einen zentralen Mechanismus in der Konstitution wie in der Erklärung von Handlungen dar. Emotionen zeigen und signalisieren, wie bestimmte Zustände für Akteure sind. Diese Funktion kann auf soziale Konstellationen und Konfigurationen übertragen werden (vgl. Schützeichel 2012). In sozialen Kontexten haben Emotionen entsprechend die Funktion, Revisionen oder Bestätigungen der Zustände und der Ziele vorzunehmen, die in und von sozialen Konstellationen und Konfigurationen realisiert bzw. verfolgt werden können.

Literatur

Anscombe, Elizabeth (1957): Intention. Oxford: Blackwell.
Arnold, Magda B. (1969): Human Emotion and Action. In: Theodore Mischel (Hg.): Human Action. New York: Academic Press.
Bach, Kent (1978): A Representational Theory of Action. In: Philosophical Studies 34: 361–379.

Bar-Eli, Michael u. a. (2007): Action Bias among Elite Goalkeepers. In: Journal of Economic Psychology 28: 606–621.

Burke, Peter J. (1991): Identity Processes and Social Stress. In: American Sociological Review 56: 836–849.

Davidson, Donald (1980): Actions, reasons, and causes. In: Ders.: Essays on Action and Events. Oxford: Clarendon Press, S. 3–19.

de Sousa, Ronald (1997): Die Rationalität des Gefühls. Frankfurt am Main: Suhrkamp.

de Sousa, Ronald (2003): Paradoxical Emotions: on sui generis Emotional Irrationality. In: Sarah Stroud/Christine Tappolet (Hg.): Weakness of Will and Practical Irrationality. Oxford: Oxford University Press, S. 274–297.

Döring, Sabine A. (2002): Emotionen und Holismus in der praktischen Begründung. In: Georg W. Bertram/Jasper Liptow (Hg.): Holismus in der Philosophie. Weilerswist: Velbrück, S. 147–167.

Döring, Sabine (2003): Explaining Action by Emotion. In: The Philosophical Quarterly 53 (211): 214–230.

Döring, Sabine (2007): Seeing what to do: Affective Perception and Rational Motivation. In: Dialectica 61: 363–394.

Döring, Sabine A. (2010a): What a Difference Emotions Make. In: Timothy O'Connor/Constantine Sandis (Hg.): A Companion the the Philosophy of Action. Chichester: Wiley-Blackwell, S. 191–199.

Döring, Sabine A. (2010b): Why be Emotional? In: Peter Goldie (Hg.): The Oxford Handbook of Philosophy of Emotion. Oxford: Oxford University Press, S. 283–301.

Döring, Sabine A./Peacocke, Christopher (2002): Handlungen, Gründe und Emotionen. In: Sabine A. Döring/Verena Mayer (Hg.): Die Moralität der Gefühle. Berlin: Akademie, S. 81–103.

Elster, Jon (1986): Deception and self-deception in Stendhal. In: Ders. (Hg.): The Mulitple Self. Cambridge: Cambridge University Press, S. 93–114.

Elster, Jon (1999a): Alchemies of the Mind. Cambridge: Cambridge University Press.

Elster, Jon (1999b): Davidson on Weakness of Will and Self-deception. In: Lewis E. Hahn (Hg.): The Philosophy of Donald Davidson. Chicago: Open Court, S. 425–442.

Elster, Jon (2000): Strong feelings: Emotion, Addiction and Human Behavior. Cambridge: MIT Press

Elster, Jon (2010a): Emotions. In: Peter Hedström/Peter Bearman (Hg.): The Oxford Handbook of Analytical Sociology. Oxford: Oxford University Press, S. 51–71 (geringfügig modifizierte Variante von Elster 2010b).

Elster, Jon (2010b): Emotional Choice and Rational Choice. In: Peter Goldie (Hg.): The Oxford Handbook of Philosophy of Emotion. Oxford: Oxford University Press, S. 263–281.

Elster, Jon (2011): Indeterminacy of emotional mechanisms. In: Pierre Demeulenaere (Hg.): Analytical Sociology and Social Mechanisms. Cambridge: Cambridge University Press, S. 50–63.

Esser, Hartmut (1993): Soziologie: Allgemeine Grundlagen. Frankfurt am Main/New York: Campus.

Esser, Hartmut (2006): Affektuelles Handeln: Emotionen und das Modell der Frame-Selektion. In: Rainer Schützeichel (Hg.): Emotionen und Sozialtheorie. Frankfurt am Main/New York: Campus, S. 143–174.

Flam, Helena (1990a): Emotional ›Man‹: I. The Emotional ›Man‹ and the Problem of Collective Action. In: International Sociology 5(1): 39–56.

Flam, Helena (1990b): Emotional ›Man‹: II. Corporate Actors as Emotion-Motivated Emotion Managers. In: International Sociology 5(2): 225–234.

Frijda, Nico H. (2004): Emotions and action. In: Antony R. S. Manstead/Nico H. Frijda/Agne-
    ta Fischer (Hg.): Feelings and Emotions. New York: Oxford University Press, S. 158–173.
Gigerenzer, Gerd (2007): Gut Feelings. New York: Viking.
Gigerenzer, Gerd (2008): Rationality for Mortals. Oxford: Oxford University Press.
Goldie, Peter (2000): The Emotions. A Philosophical Exploration. Oxford: Oxford University
    Press.
Green, O. H. (1992): The Emotions. Dordrecht. Kluwer.
Greve, Jens (2012b): Talcott Parsons: Toward a General Theory of Action/The Social System. In:
    Konstanze Senge/Rainer Schützeichel (Hg.): Grundwerke der Emotionssoziologie. Wies-
    baden: VS (i. E.).
Habermas, Jürgen (1981): Theorie des kommunikativen Handelns. 2 Bände. Frankfurt am Main:
    Suhrkamp.
Haidt, Jonathan (2001): The Emotional Dog and Its Rational Tail: A Social Intuitionist Approach
    to Moral Judgment. In: Psychological Review 108: 814–834.
Hedström, Peter (2005): Dissecting the Social: On the Principles of Analytical Sociology. Cam-
    bridge: Cambridge University Press.
Hedström, Peter/Bearman, Peter (2010): What is Analytical Sociology all about? An Introductory
    Essay. In: Peter Hedström/Peter Bearman (Hg.): The Oxford Handbook of Analytical So-
    ciology. Oxford: Oxford University Press, S. 3–24.
Heise, David R. (1977): Social Action as the Control of Affect. In: Behavioral Science 22: 163–177.
Heise, David R. (1979): Understanding Events. Affect and the Construction of Social Action. New
    York: Cambridge University Press.
Heise, David R. (2007): Expressive Order: Confirming Sentiments in Social Action. New York:
    Springer.
Heise, David R. (2010): Surveying Cultures. Discovering Shared Conceptions and Sentiments.
    Hoboken: Wiley.
Helm, Bennett (2001): Emotional Reason. Deliberation, Motivation, and the Nature of Value.
    Cambridge: Cambridge University Press.
Horn, Christoph/Löhrer, Guido (Hg.) (2010): Gründe und Zwecke. Frankfurt am Main: Suhrkamp.
Hursthouse, Rosalind (1991): Arational actions. In: Journal of Philosophy 88: 57–68.
Jones, K. (2008): Quick ans Smart? Modularity and the Pro-Emotion Consensus. In: L. Faucher/
    Christine Tappolet (Hg.): The Modularity of Emotions. Suppl. Vol. 32 of The Canadian
    Journal of Philosophy, S. 3–27.
Landweer, Hilge (1999): Scham und Macht. Tübingen: Mohr.
Lawler, Edward (2001): An Affect Theory of Social Exchange. In: American Journal of Sociolo-
    gy 107(2): 321–352.
Lawler, Edward/Thye, Shane R. (1999): Bringing Emotions into Social Exchange Theory. In: An-
    nual Review of Sociology 25: 217–244.
Lawler, Edward J./Thye, Shane R./Yoon, Yeongkoo (2009): Social Commitments in a Depersona-
    lized World. New York: Russel Sage.
Livet, Pierre (2002): Emotions, Revision, and the Explanation of Emotional Actions. In: Élisabeth
    Pacherie (Hg.): Emotion and Action. (European Review of Philosophy 5). Stanford: CSLI
    Publications, S. 93–108.
MacKinnon, Neil J./Heise, David R. (2010): Self, Identity, and Social Institutions. New York: Pal-
    grave Macmillan.
McClelland, Kent A/Fararo, Thomas J. (Hg.) (2006): Purpose, Meaning, and Action: Control Sys-
    tems Theories in Sociology. New York: Palgrave Macmillan.

Meinong, Alexius (1906): Über Urteilsgefühle: was sie sind und was sie nicht sind. In: Archiv für gesamte Psychologie 6: 22–58.

Neckel, Sighard (1991): Status und Scham. Frankfurt am Main/New York: Campus.

Pacherie, Élisabeth (2002): The Role of Emotions in the Explanation of Action. In: Élisabeth Pacherie (Hg.): Emotion and Action. (European Review of Philosophy 5). Stanford: CSLI Publications, S. 53–92.

Parsons, Talcott (1951): The Social System. New York: Free Press.

Patt, Anthony/Zeckhauser, Richard (2000): Action bias and Environmental Decisions. In: Journal of Risk and Uncertainty 21: 45–72.

Pears, David (2002): Akrasia and the Power of Reason. In: Élisabeth Pacherie (Hg.): Emotion and Action. (European Review of Philosophy 5). Stanford: CSLI Publications, S. 1–9.

Pettenkofer, Andres (2012): Von der Situation ergriffen. Emotionen in der pragmatistischen Tradition – in diesem Band.

Reisenzein, Rainer (2007): What is a definition of emotion? And are emotions mental-behaviorist processes? In: Social Science Information 46: 424–428.

Reisenzein, Rainer (2009): Emotional Experience in the computational belief-desire theory of emotion. In: Emotion Review 1: 214–222.

Reisenzein, Rainer (2010): Moralische Gefühle aus der Sicht der kognitiv-motivationalen Theorie der Emotion. In: Marco Iorio/Rainer Reisenzein (Hg.): Regel, Norm, Gesetz. Frankfurt am Main: Peter Lang, S, 257–283.

Roberts, Robert C. (2003): Emotions: An Essay in Aid of Moral Psychology. Cambride: Cambridge University Press.

Schimank, Uwe (2010): Handeln und Strukturen. 4. Aufl. Weinheim: Juventa.

Schnabel, Annette (2005): Gefühlvolle Entscheidung und Entscheidende Gefühle? Emotionen als Herausforderung für Rational Choice-Theorien. In: Kölner Zeitschrift für Soziologie und Sozialpsychologie 57: 287–307.

Schnabel, Annette (2006): Sind Emotionen rational? Emotionen als Herausforderung für Rational-Choice-Ansätze. In: Rainer Schützeichel (Hg.): Emotionen und Sozialtheorie. Frankfurt am Main/New York: Campus, S. 175–194.

Schnabel, Annette (2012): Jon Elster: The Alchemies of the Mind. In: Konstanze Senge/Rainer Schützeichel (Hg.): Grundwerke der Emotionssoziologie. Wiesbaden: VS (i. E.).

Schröder, Tobias (2012): Soziale Interaktion als Verifikation kulturell geteilter Gefühle – in diesem Band.

Schütz, Alfred (1932): Der sinnhafte Aufbau der sozialen Welt. Alfred Schütz Werkausgabe, Band II. Konstanz: UVK 2004.

Schützeichel, Rainer (2010a): Der Wert der politischen Leidenschaft. Über Max Webers ›Affektenlehre‹. In: Tel Aviver Jahrbuch für Deutsche Geschichte, Band 38, S. 103–116.

Schützeichel, Rainer (2010b): Die Logik des Sozialen. Entwurf einer intentional-relationalen Soziologie. In: Gert Albert/Rainer Greshoff/Rainer Schützeichel (Hg.): Dimensionen der Sozialität. Wiesbaden: VS, S. 339–376.

Schützeichel, Rainer (2010c): Soziologie der Stimme. Über den Körper in der Kommunikation. In: Reiner Keller/Michael Meuser (Hg.): Körperwissen. Wiesbaden: VS, S. 85–104.

Schützeichel, Rainer (2012): ›Structures of Feelings‹ und Emotionsmilieus. Eine programmatische Forschungsskizze über den Zusammenhang von Emotionen und Sozialstruktur – in diesem Band.

Searle, John (1983): Intentionality. Cambridge: Cambridge University Press.

Searle, John (1997): Mind, Language and Society. Philadelphia: Basic Books.

Slaby, Jan/Stephan, Achim/Walter, Henrik (Hg.) (2011): Affektive Intentionalität. Beiträge zur welterschließenden Funktion menschlicher Gefühle. Paderborn: Mentis.

Stets, Jan E. (2006): Identity Theory and Emotions. In: Jan E. Stets/Jonathan H. Turner (Hg.): Handbook of the Sociology of Emotions. New York: Springer, S. 203–223.

Stets, Jan E./Burke, Peter J. (2003): A Sociological Approach to Self and Identity. In: Mark R. Leary/June Price Tangney (Hg.): Handbook of Self and Identity. New York: Guilford Press, S. 128–152

Sunstein, Cass R./Zeckhauser, Richard J. (2008): Overreaction to Fearsome Risks. University of Chicago: The Law School. John M. Olin Law and Economics Working Paper Nr. 446.

Tappolet, Christine (2002): Long-Term Emotions and Emotional Experiences in the Explanation of Actions. A critical Review of Peter Goldie's The Emotion. A Philosophical Exploration. In: European Review of Philosophy 5: 151–161.

Weber, Max (1992): Wissenschaft als Beruf, in: ders., Wissenschaft als Beruf 1917/1919/Politik als Beruf. 1919, in: Max-Weber-Gesamtausgabe (nachstehend MWG) Abt. I, Bd. 17, Tübingen 1992, 71–110, hier 81, Hervorh. im Orig.

Gefühlsskripte und tertiäre Gefühle
Zwei konzeptuelle Vorschläge zum Zusammenhang von Gefühlen und Gesellschaft

Christoph Henning

Seit einiger Zeit sind die Gefühle in aller Munde, in Ratgebern und Illustrierten wie in der Theorie. Dieses Interesse zieht sich durch verschiedene Disziplinen, auch in der Sozialtheorie. Das mit gutem Grund, bieten die Gefühle doch eine neue Perspektive auf die Sozialität jenseits der verkürzenden und oft leibvergessenen modelltheoretischen Annahmen von rational choice und Systemtheorie sowie der verführerischen Idealwelten von Kommunikation und Anerkennung. Doch wie ist die gesellschaftliche Relevanz der Gefühle genauer zu begreifen? Die These dieses Beitrags ist, dass menschliche Gefühle zu einem Gutteil selbst sozialer Natur sind. Dieser These stehen zwei Intuitionen entgegen, die sich zur Hypothese vom einsamen Tier als idealtypischem Träger von Gefühlen versinnbildlichen lassen. Gefühle scheinen einerseits etwas rein ›Natürliches‹ und damit vorsozial zu sein – eine These, die sich etwa in der Evolutionsbiologie (vgl. Sober/Wilson 1999) und abgeschwächter auch in der Hirnforschung findet.[1] Sie scheinen andererseits »privat« empfunden zu werden und damit in einem anderen Sinne vorsozial zu sein. Hier stellt sich ein ähnliches Problem wie im philosophischen Privatsprachenargument: Von einem ›Verstehen‹ von Gefühlen zu reden setzt ja voraus, dass sie über die Erlebnissphäre eines Individuums hinausreichen. Wie aber ist das denkbar, wenn Gefühle rein privat sind? Die These der Sozialität der Gefühle geht davon aus, dass menschliche Gefühle zwar eine (›hard-wired‹) Naturebene wie auch eine private Empfindungsebene aufweisen, aber in ihrer Erlebnisqualität wie in ihrem Bedeutungsgehalt weit darüber hinausreichen – und es ist vor allem dieses *Hinausreichende,* was die Sozialtheorie interessiert. Menschliche Gefühle sind also nicht etwas, das auch einzelgängerische Tiere haben können, obgleich natürlich auch diese Tiere Empfindungen wie Schmerz, Hunger, Kälte etc. kennen.

Bei näherem Hinsehen zeigt sich allerdings, dass die ›Sozialität der Gefühle‹ auch von der Sozialtheorie verfehlt werden kann. Im ersten Teil dieses Beitrags soll gezeigt werden, dass reduktionistische Sozialtheorien – also Theorien, die die Gefühle entweder als Ursache oder als Wirkung von gesellschaftlichen Strukturen verstehen – die Sozialität der Gefühle ebenfalls noch unterbestimmen. Ursachen wie Wirkungen von etwas

---

1　Die Hirnforschung weiß um die Plastizität des Gehirns und ist daher gegenüber vorschnellen Naturalisierungen vorsichtiger.

müssen ja selbst nicht Teil dieses ›etwas‹ sein. Doch gerade um diese These geht es hier: dass die menschlichen Gefühle zu einem Grossteil *selbst* etwas Soziales sind. Sind sie selbst sozial, müssen sie Ursache und Wirkung *zugleich* sein können – damit betreten wir das begrifflich nur schwer einzufangende Gebiet sozialer Wechselwirkungen (ein Begriff, den bereits Marx verwandte). Die Sozialität der Gefühle zu denken heisst somit zugleich auch ihren Wandel, ihre Dynamik zu denken – und eben das gelingt nicht, wenn sie nur als Ursache oder nur als Wirkung verstanden werden. Gelingt es allerdings, ein dynamisches Modell der Sozialität der Gefühle zu erstellen, so sollten sich – das jedenfalls ist die These – andere Theorien in dieses Modell eingliedern lassen; denn sie sehen ja jeweils einen Teil des Ganzen richtig, aber eben je nur einen Teil. Das vorgeschlagene Modell soll also der »übersichtlichen Darstellung« im Wittgensteinschen Sinne dienen. Aber nicht nur das: Abschließend gebe ich noch ein Beispiel dafür, dass dieses Modell auch auf einer konkreteren Analyseebene heuristischen Sinn macht – es könnte überaus verwickelte Gefühlsstörungen sozial besser dechiffrierbar machen.

1   Reduktionismus 1: Erklären Gefühle Gesellschaft?

Wenn nach Gefühlen und Gesellschaft gemeinsam gefragt wird, lassen sich idealtypisch drei Fragerichtungen hinsichtlich der Richtung der Wirkweise unterscheiden: ob nämlich erstens Gefühle die Gesellschaft erklären sollen, oder zweitens Gesellschaft die Gefühle, oder ob drittens ihre Wechselwirkungen im Zentrum stehen. Beginnen wir mit der ersten Variante. Das Modell ist einfach: Weil wir auf bestimmte Weise fühlen, organisiert sich Gesellschaft auf bestimmte Weise. Dies muss nicht intentional gedacht werden – emotionale Wirkkräfte müssen ja nicht bewusst sein. Nehmen wir, um dies zu verdeutlichen, als Beispiel Sigmund Freud, der in den Neurowissenschaften ja wieder diskutiert wird (vgl. Roth 2003). Am Anfang seiner seltsam ahistorischen Kulturtheorie (vgl. Vollmann 2010) steht die noch amorphe Libido, die im Laufe eines sich stets wiederholenden Dramas gehalten ist, sich ein Objekt zu suchen, und die sich im Verlauf dieser Formung an den nahestehendsten Figuren, Vater und Mutter, ödipal abarbeiten muss. Selbst in den seltenen Fällen einer geglückten Inkorporation der Libido bleibt sie sozialer Sprengstoff. Das Lustprinzip ist dem Realitätsprinzip überlegen und kann je nur eingedämmt werden. Die Gesellschaft muss aus dieser Perspektive so eingerichtet werden, dass das Lustprinzip keinen Schaden anrichten kann. Die Kausalität verläuft deutlich in eine Richtung.[2]

Nun ist nicht zu leugnen, dass diese Sicht in bestimmten Konstellationen befreiend sein kann – man denke etwa an die Urschreitherapie, die versprach, überzivilisierte Mensch zurück zu ihren Wurzeln zu bringen (Casriel 1977). Doch wenn wir auch über

---

2   Illouz (2006: 109) weist allerdings darauf hin, dass Freud sich des ›Klassencharakters‹ von Gefühlsdispositionen durchaus bewusst war.

diese Konstellationen noch etwas wissen wollen, können wir bei diesem ›Fundationalismus‹ nicht stehen bleiben: er erklärt zuviel, nämlich *jede* mögliche Konstellation – und damit keine besondere mehr. In der philosophische Anthropologie wird die Natur des Menschen nicht zufällig als eine künstliche und insofern wandelbare bezeichnet. Zwar haben Menschen verschiedener Kulturkreise eine gemeinsame organische Ausstattung, die man ihre ›erste Natur‹ nennen kann (Henning 2009); aber bereits diese zeichnet sich aus durch ihre ›Weltoffenheit‹ (Scheler). Aus ihr ist für die Kultur und damit für die jeweilige Gestalt der Gefühle wenig abzuleiten. So kann man etwa nach kulturinvarianten ›Grundgefühlen‹ wie Angst, Wut, Trauer und Freude suchen. Doch nicht nur deren höherstufige Verfeinerung, komplexere Aufstufung und konkrete Ausgestaltung variiert räumlich und zeitlich erheblich. Die Forschung ist sich schon darüber uneinig, wie viele dieser Grundgefühle es eigentlich gibt und welche genau das wären – es gibt bald ebenso viele Listen von Grundgefühlen wie Emotionstheoretiker (vgl. Kemper 1987, Vester 1991, 33; Ekmann/Davidson 1994, Roth 2003, 292 ff.). Mit Ludwig Wittgenstein gesprochen hält hier das Haus die Basis, nicht umgekehrt: Was als ›Grundgefühl‹ gilt, hängt mehr von der näheren Gestalt und den weltanschaulichen Grundlagen der jeweiligen Theorie ab als von der Natur des Menschen, denn diese ist uns nicht so ohne weiteres theoretisch zugängig. Damit ist eine natürliche Grundlegung keineswegs geleugnet, sie ist vielmehr impliziert. Der Erklärungswert der Biologie für einzelne Gefühle und deren soziokulturelle Ausprägungen und Einbettungen ist damit allerdings begrenzt.

Aber machen wir diese Theoriefamilie nicht schwächer als sie ist. Es gibt neben Freud weitere einflussreiche Denker, die sich hier einordnen lassen. Bereits Thomas Hobbes etwa schrieb dem Menschen eine derart übermächtige Gefühlsebene zu (»reason is the slave of passion« echote noch David Hume), dass ohne restringierende und strafende Außenleitung ein destruktives »Hauen und Stechen« (Kant) um die begehrten Objekte einsetzen würde. Da dies ohne Sinn und Verstand abliefe, würde Vergesellschaftung verunmöglicht. Als Ursache des Staates als Garant der überaus fragilen Soziabilität wird auch in diesem Denkmodell ein Gefühlskostüm gesetzt, das – wie Rousseau dann bis zur Kenntlichkeit überzogen hat – selber vorsozial ist.

Politisch ›stiftend‹ ist bei Hobbes primär die Angst.[3] Doch dieses Modell lässt sich auch weniger staatszentriert lesen, wenn an die Stelle der Angst andere Gefühle wie die Eitelkeit treten (so eben bei Rousseau oder Adam Smith: »To gratify the most childish vanity was the sole motive of the great proprietors«, so Smith 1776, III.4). Die utilitaristische Ökonomik geht bis heute von einer solchen Gefühlsausstattung des Menschen aus, mit deren Nichtberücksichtigung sie Mängel der gegenwärtigen Gesellschaft begründet: Ihre vorgebliche Natur dränge die Menschen, stets mehr haben zu wollen als der andere (vgl. die »relative income hypothesis« von Duesenberry 1949), weswegen ein

---

3 Zur Angst als ›politischem‹ Gefühl vgl. Neumann 1954, Mack 2004 und Honneth 2007: 180 ff. Zu den Gefühlstheorien von Hobbes und Hume siehe Landwehr 2009; zu Darwin vgl. Kochinka 2004.

Sozialismus schon aus ›anthropologischen‹ Gründen nicht funktionieren könne. Diesem Modell entgeht allerdings, dass bereits der Trieb, den Nachbarn zu übertrumpfen (»keeping up with the Joneses«), eine überaus soziale Dimension hat. Damit aber ist er wandelbar (er hat z. B. die Angst abgelöst) und kann gerade nicht als Explanans gesetzt werden. Zudem ist ›self-interest‹ in diesem Sinne ja nichts isoliertes, sondern das Bestreben, sich *im sozialen Kontext* auf bestimme Weise zu behaupten – eben diesen Kontext sollten wir daher kennen. (*Warum* beispielsweise ist dieser Trieb an die Stelle der Angst getreten?) Und so ist es schön paradox, wenn im politischen Tagesgespräch aus dieser Ecke zu hören ist, der ›Unternehmergeist‹ sei heute eingeschlafen. Handelte es sich wirklich um eine anthropologische Universalie, könnte er schlecht einschlafen.

Gleichwohl wird das vorgeblich urmenschliche Verlangen, mit Mitmenschen gegen einen Gewinn Waren zu handeln, in der neoklassischen Ökonomie und verwandten Theorien bis heute unterstellt. Theorien der ›rationalen Wahl‹ operieren im Kern mit einer Annahme über die menschliche Gefühlsausstattung. Ökonomische Rationalität sei gerade aufgrund eines bestimmten Gefühles ein so bestimmendes menschliches Verhalten, nämlich aufgrund des Eigeninteresses, der egoistischen *Selbstliebe*. Diese sucht nicht mehr wie bei Aristoteles nach einem qualitativ ›guten‹ Leben in Gemeinschaft mit anderen, sondern setzt auf quantitative Anhäufung individueller Lustgefühle (Thomä 2003, 143 ff.; cf. Mummert/Sell 2005). Noch neueste Varianten, etwa die *Behavioral Economics,* versuchen den im Alltag zu findenden Reichtum an Handlungsweisen in die ökonomische Theorie einzuholen, indem sie ›Rationalität‹ und ›Nutzen‹ breiter definieren. Doch das Grundmodell bleibt erhalten: Auch ›prosoziales Verhalten‹ dient der individuellen Nutzenmaximierung.[4] Man könne seinen Nutzen also auch dadurch optimieren, dass man *nicht* jederzeit zum billigsten Anbieter wechselt, sondern aufgrund von Arbeitsersparnis und der Wahrung bereits akkumulierter »emotionaler Energie« (Collins 2004) bei dem alten Anbieter bleibt. Am Gunde liegt weiterhin das »Metagefühl« der egoistischen Selbstliebe, die sich im Bedürfnis nach individueller Nutzenmaximierung ausdrückt. Die Erklärungskraft sinkt allerdings – sie wird neoinstitutionalistisch aufgeweicht. Vor dem Hintergrund einer näher bestimmten ›Präferenzordnung‹ der Individuen soll nur noch das *Metagefühl* individuelle Handlungen erklären. Aus vielen Einzelhandlungen setze sich schließlich die Gesellschaft zusammen. Gesellschaft entsteht damit nach wie vor letztlich aus dem Gefühl der Selbstliebe.

Dieses bis heute in der ökonomischen Theorie hegemoniale Erklärungsgebäude besticht durch seine interne Geschlossenheit.[5] Doch die neuere Gefühlsforschung rüttelt an den Grundfesten dieses Modells. Die nutzenmaximierende Rationalitätsannahme

---

4   Bereits die frühe Soziologie hat breitere Rationalitätskonzeptionen zugrunde gelegt, wobei Max Weber oder Vilfredo Pareto die Neoklassik direkt vor Augen hatten (cf. Swedberg 2003). Wertrationalität beispielsweise lässt sich aber gerade nicht mehr unter die instrumentelle Rationalität subsumieren; darin war Max Weber weitaus konsequenter als es heute etwa Gary Becker ist.

5   Zu unterscheiden ist die *interne* Konsistenz, die (abgesehen vom Arrow-Paradox u. ä.) weitgehend gegeben ist, von der Kohärenz gegenüber Phänomenen *außerhalb* der Theorie, bei der es große Lücken

kann nicht dieselbe bleiben, nimmt man die Prominenz der Gefühle ernst. Der Haken der Gefühle ist ja, dass sie nicht so kalt berechnend sind, wie die ökonomistische Weltsicht glauben machen will. Wenn aber in nahezu jede Entscheidung Gefühle hinein spielen – und zwar jeweils verschiedene –, und wenn die genuine Sorge um andere[6] gegenüber dem Selbstinteresse nicht länger als untergeordnet gilt, dann lassen sich Gefühle weder von unseren Konzepten von Rationalität und ›vernünftigem‹ Handeln abtrennen (vgl. Frank 1988, LeDoux 1996, Meyer/Stutzer 2004), noch lässt sich eines dieser Gefühle einfachhin als gründendes Metagefühl setzen.

Gegen dieses vereinfachte Modell sprechen weitere Überlegungen, die hier nur anzudeuten sind. So wäre erst noch die Richtung der Kausalität näher zu bestimmen: Erstens kann von zwei Phänomenen, die zugleich auftreten (eine soziale Organisation und eine bestimmte Gefühlspalette), das eine nicht ohne weiteres als Ursache des anderen hingestellt werden. Zweitens beruft sich diese naturalisierende Auffassung bei genauerem Hinsehen zu Unrecht auf Adam Smith: Zwar hatte dieser in seinem zweiten Hauptwerk den Menschen mit einer natürlichen »propensity to truck and barter« ausgestattet. Smith schließt dabei jedoch nicht *direkt* von ihr auf die Gesellschaft, sondern nimmt eine komplexe Vermittlung an: »This division of labour [...] is the necessary, though very slow and gradual consequence of a certain propensity in human nature which has in view no such extensive utility; the propensity to truck, barter, and exchange one thing for another.« (1776 I.2: 117; vgl. Rothschild 2001) Und drittens ist mit dem ›cultural turn‹ deutlich geworden, dass es mehr als nur eine Kultur gibt, dass Kulturen sich in ihren sozialen Praxen und deren Deutungen unterscheiden, ohne dass es eine Teleologie oder eine Wertordnung gäbe. Intern wandeln sich die Kulturen im Laufe der Zeit, auch in Interaktion aufeinander; und mit Bourdieu sind sogar innerhalb eines Kulturkreises ›feine Unterschiede‹ zu vermuten. Diese Bandbreite macht es wenig ratsam, vorschnell zu biologisieren (vgl. Hastedt 2005: 61 ff.). Sollen alle diese Kulturen aus einer primordialen Gefühlsausstattung erklärt werden, so erklärt diese herzlich wenig. Es müsste schon jeder Kultur ein je eigenes Grundgefühl zugrunde gelegt werden, aber damit wandelt sich das Explanans ›Gefühl‹ selbst zum Explanandum, es wird zu einer abhängigen Variable und verliert seine explanatorische Kraft.[7] Wie will man da behaupten, dass bestimmte Gefühle wie Neid, Angst oder Lust Gesellschaft sans phrase erklären würden, wenn gerade die Form der Gesellschaft darüber mitbestimmt, welche Gefühle bei den Individuen an die Oberfläche treten?

---

gibt (vgl. Henning 2005: 130–168). Diese ›Systeme‹ behandeln durch strikte Codes nur, was sie selbst reformulieren können. Dieser blinde Fleck wird als ›law of form‹ sogar als selbstverständlich betrachtet.

6   Zur Egoismus/Altruismusdebatte vgl. Zimmermann 1982, Nussbaum 2001: 354 ff.

7   Vgl. DeMause 2002. Für Hirschman 1987 hat erst der Sieg der berechnenden ›Interessen‹ des Bürgertums über die impulsiven ›Leidenschaften‹ des Adels den Kapitalismus ermöglicht – eine modifizierte Version der ersten Theorievariante. Montesquieu hingegen hatte verschiedenen Regierungsformen einen spezifischen »Geist« zugeordnet, ohne ihn gleich zu einem Explanans zu hypostasieren.

2   Reduktionismus 2: Erklärt Gesellschaft Gefühle?

Wer mehr darüber wissen möchte, wie genau die Menschen ihre Bedürfnisse befriedigen und ihre Lüste ausleben und von welchen Gefühlen wem gegenüber gesprochen werden kann, der muss sie im Zusammenhang mit dem jeweiligen Modus ihrer Vergesellschaftung betrachten. In Reaktion auf vereinfachende und statische Menschenbilder hat die soziologische Aufklärung die menschliche Gefühlsausstattung daher mit einem historischen Index versehen. So korrelierte etwa Durkheim verschiedene Formen von Solidarität mit veränderten Gefühlslagen bezüglich der Mitmenschen (vgl. Kessel 2006). Die Grundthese ist hier, dass die Klaviatur der menschlichen Gefühlsausstattung nicht nur im Lebenszyklus, sondern auch soziogenetisch *wandelbar* ist.[8] In den 1970er Jahren sind Norbert Elias und Michel Foucault mit solchen Thesen bekannt geworden. Beide gingen von Makrotheorien der Gesellschaft aus – das meint Theorien, die den gesellschaftlichen Wandel ohne Rückgriff auf die Intentionen der Individuen zu erklären beanspruchen: vereinfachte Lesarten von Marx' Kapitalismustheorie, Durkheims kollektives Bewusstsein oder Funktionalismus und Strukturalismus. Aussagen über soziale Funktionen waren theoretisch allerdings meist ohne Rückgriff auf die Gefühlsebene konzipiert.[9] Will man nun die Gefühle mitbetrachten, was liegt für solche Theorien näher, als die Gefühlsebene und deren Wandel als etwas zu betrachten, das ebenfalls von Makrostrukturen ›konstruiert‹ würde? Aussagen dieses Ansatzes über emotionale Auswirkungen der Strukturen auf die Individuen stellen daher eher ein Komplement dar, das die Theorien selbst unangetastet lässt. Zudem lassen solche Ansätze theoriearchitektonisch nur schwer eine *Rückwirkung* von subjektiven Elementen – Gefühlen, veränderten Motiven oder reflektierten Handlungen – auf soziale Strukturen zu. Hier tut sich der oft beklagte Abgrund in der Sozialtheorie auf: der Hiatus zwischen Handlung und Struktur als Analysegegenstand. Wechselwirkung bleibt auch hier schwer denkbar.

Überraschenderweise gilt das sogar für Norbert Elias. Dieser untersuchte den emotionalen Wandel historiographisch, anhand einer Analyse von Benimmbüchern entlang einer Epochenwende. Die Frage nach den Ursachen der Veränderung der menschlichen Affektlagen im Übergang zum Feudalismus beantwortet Elias näherhin mit dem sozialen »Beziehungsgeflecht« (Elias 1982 I, 284). Diese genuine Ebene sozialwissenschaftlicher Analyse ist zwar, und darauf legt Elias Wert, nicht selbst Natur. Doch für das Individuum hat sie etwas Zwingendes: »Die Zivilisation ist nichts ›Vernünftiges‹ […] Sie wird blind in Gang gesetzt und in Gang gehalten durch die Eigendynamik eines Bezie-

---

8   Das Gefühlsspektrum eines Individuums wandelt sich im Lebenslauf: auf jugendlichen Überschwang folgt erst erwachsenes Raffinement und dann senile Melancholie (man denke an Bilder der Lebensstufen).

9   Eine erstaunliche Ausnahme bildet Parsons 1939: Er rekuriert auf Emotionen, um zu erklären, wie Werte soziales Handeln motivieren können. »Moralische Gefühle« seien der »Keilriemen« [!], mit das System Akteure steuern könne (cf. Flam 2002: 101 ff.).

hungsgeflechts, durch spezifische Veränderungen der Art, wie in der die Menschen miteinander zu leben gehalten sind.« (Elias 1982 II, 316)

Für Elias ergebe sich erst allmählich die Möglichkeit zu ›planmäßigen Eingriffen‹, doch das meinte eher politische Globalsteuerungen als eine Rückwirkung einzelner Handlungen oder gar Gefühle auf die Sozialstruktur. Das Entscheidende ist nun: Diese soziale Verflechtung wird bei Elias ihrerseits wieder von ›härteren‹ sozialen Tatsachen bestimmt: »Erst wenn man sieht, mit welch hohem Maß von Zwangsläufigkeit ein bestimmter Gesellschaftsaufbau […] kraft ihrer Spannungen […] zu anderen Formen der Verflechtung hindrängt, erst dann kann man verstehen, wie jene Veränderungen des sozialen Habitus […] zustande kommen.« (1982 II, 315) Elias' These ist also, dass sich »Fremdzwänge […] in Selbstzwänge verwandeln« (1982 II, 313). Gefühlslagen, zumindest deren Prädispositionen, werden von der Gesellschaft bestimmt – Punkt. Daher ist seine Theorie kaum geeignet, eine Brücke zwischen systemischen Theorien ohne Subjekte und gefühlssensitiven Handlungstheorien ohne Makroanbindung zu bilden, auch wenn gerade dies die Erwartungshaltung gegenüber seiner Theorie war; benutzte er doch vor Bourdieu den ›habitus‹-Begriff (II, 315). Er argumentiert eher im Sinne systemischer Theorien, wenn er von ›Zwängen‹, ›Motoren‹, ›Automatismen‹, von Menschen als ›Material‹ (II, 57 f.), von ›Funktionen‹ (I, 283) und einer ›Gesellschaftsmechanik‹ (II, 313) redet. Möglicherweise erschien ihm der Individualismus als der bedeutendere theoretische Gegner als kollektivistische und organizistische Theorien.

Bei Michel Foucault entgleitet das eigenmächtig handelnde Individuum als Ansatzpunkt einer möglichen Frage nach der Rückwirkung von Gefühlen auf Sozialstrukturen ebenfalls der Theorie. Er lehnte die Repressionshypothese ja deswegen ab, weil selbst das Innenleben der Menschen noch von den Strukturen ›erzeugt‹ würde. Wie Elias thematisiert Foucault eher die Auswirkungen von Diskursen und Machtstrukturen auf Selbstwahrnehmungen und Gefühlsdispositive (vgl. Landwehr 1991). Die Theorieanlage ist dabei noch weniger dialektisch als bei Elias. Wie das humanistische Selbstbild der Moderne insgesamt, erscheinen bei Foucault auch die Gefühle als Epiphänomene sinnfrei ablaufender soziostruktureller Prozesse: »Die schöne Totalität des Individuums wird von unserer Gesellschaftsordnung nicht verstümmelt, unterdrückt, entstellt; vielmehr wird das Individuum darin […] sorgfältig fabriziert.« (Foucault 1977: 278 f.)

Dieser Kritik wird mit Blick auf den späteren Foucault häufig widersprochen – ich meine zu Unrecht, da Foucault in seinen ästhetischen Schriften das Subjekt im Sinne einer Flucht vor der Macht *unpolitisch* denkt: die Sorge um sich ist als *Alternative* zur Politik gedacht – wie dieser Eskapismus wieder politisch werden soll, wird je nur angedeutet, aber nicht mehr durchdacht. Ich möchte daher die Kritik nochmals so wiedergeben:

> »In ›Der Wille zum Wissen‹ (1977) spricht Foucault von ›einzelnen Widerständen‹, von ›spontanen, wilden, einsamen, abgestimmten, kriecherischen, gewalttätigen‹, die er der Idee … kollektiv organisierter Widerstände entgegensetzt. Doch er beschreibt *keine* Gegenstrate-

gien, keine Koevolution von Macht und Gegenmacht. Er macht z. B. keinen Versuch, die Potentiale eines *reflexiven Subjekts* auszuloten, das die Geständnisprozedur durchschaut und sein ›Geständnis‹ strategisch im Sinne eigener Zielverfolgung formuliert. … Er liefert uns also letztlich *keine* Basis, um Auftreten, Formen und Einfluss von Widerstand analysieren zu können. Und warum nicht? Offenkundig deshalb, weil Macht und Widerstand für ihn eins sind: ein umfassender Monismus, keine polare Dimension« (Moldaschl 2002: 162; ähnlich Rehmann 2004).

Wenn die Makrostrukturen vorausgesetzt werden und sich lediglich in die Gefühlsebene der Individuen *verlängern* bzw. diese sich mit deren Hilfe totalisieren (wie übrigens bereits in den Schriften der Kritischen Theorie, vgl. Henning 2010), so kann man diese Ebene als eine zusätzliche betrachten oder auch nicht, für die Gesellschaftstheorie ändert sich wenig. Eine solche Orientierung ergibt kaum etwas für die Frage, wie Gefühl und Gesellschaft einander *wechselseitig* beeinflussen. Gerade diese Relevanz der Gefühle für ein Verständnis von Gesellschaft ist aber unser Thema. Sehen wir uns daher nach integrativeren Konzepten um.

3   Variante 3: Koevolution von Gesellschaftsstruktur und Gefühlsdisposition

Ein dritter Weg könnte nun eine Wechselwirkung zwischen Gefühlskultur und sozialer Struktur annehmen, ohne eine der beiden Ebenen unterzubestimmen. Beide Richtungen sollen möglich bleiben, um sowohl den Wandel des hegemonialen Gefühlskostüms durch gesellschaftliche Faktoren wie auch die Rückwirkung individueller Gefühlslagen auf soziale Strukturen erfassen zu können. Fragen wir daher so: Wie hängen die Wandlungen von Sozialstruktur und Gefühlsdispositionen zusammen, und wie lässt sich dieser Zusammenhang theoretisch erfassen? Im Unterschied zu den ersten beiden Varianten ist hier davon auszugehen, dass die Wirkweise nicht vorab festgelegt, sondern im Sinne einer Koevolution zu verstehen ist – zwei Kraftfelder wirken aufeinander, von denen mal das eine, mal das andere überwiegt. It depends: Eine Analyse kann darüber zunächst nur im Modus der Einzelfallbetrachtung Aussagen treffen.[10] Ein Beispiel für eine solche Herangehensweise ist die Untersuchung von Delumeau über *Angst im Abendland* (1989), in der nicht die Naturkonstante einer menschlichen Ur- oder »Weltangst« und deren metahistorischer Abfederung durch institutionelle Grundmechanismen steht wie bei Arnold Gehlen, sondern eine durch historische und kulturelle Faktoren induzierte Furcht, die ganz bestimmte soziale Prozesse ausgelöst hat. Systematisch ähnlich argumentierte Blumenberg (1997): Zwar habe Angst vor Gott die gedankliche Umorientierung der Neuzeit angetrieben, aber diese Angst sei nicht durch die Kreatür-

---

10   Eine These wie die Marxsche, dass die Macht sozialer Zwänge letztlich schwerer wiegt, ist in diesem Paradigma nach wie vor möglich, aber nur als Ergebnis, nicht als Voraussetzung.

lichkeit als solche hervorgerufen worden, sondern durch eine bestimmte, Angst einflö-
ßende Theologie – diejenige nämlich, die bereits Max Weber und Thomas Merton für
die Entstehung der Neuzeit belastet hatten.[11] Bei genauerem Hinsehen gibt es also bereits intelligente Ansätze, die der Vielschichtigkeit des Gegenstandes gerecht zu werden
suchen. Doch da sie sich aufgrund ihres jeweiligen und empirischen Charakters nicht
zu einer »general theory« ausweiten lassen, sind sie dem Lehrbuchwissen eher fremd
geblieben.

Versuchen wir daher, den Witz dieses Ansatzes genauer zu kennzeichnen. Er ist noch
nicht erreicht, wenn – wie in der ersten und zweiten Variante – lediglich Parallelen zwischen Emotionen und Gesellschaft festgestellt werden. In der Philosophie hat diese Bewegung eine Parallele in dem Versuch, etwa in der Moralphilosophie Gefühlsgehalte
freizulegen. Das hat solange keine theoretischen Konsequenzen, wie die Moralkonzep-
tionen und ihre Begründungen davon unverändert bleiben. Noch weniger ist der Witz
erreicht, wenn die unmittelbare Interaktionsstruktur unter Anwesenden auf emotionale Codierungen befragt wird, ohne eine Verbindung mit der Makroperspektive zu
schlagen (vgl. Collins 2004). In all diesen Fällen werden in bestehende Theorien *nachträglich* Gefühle eingetragen. Es gibt dann kaum eigene Erklärungsleistungen konkreter Gefühle.

In einer anderen Konstruktion übernehmen Gefühle *Komplementärfunktionen* für
die Rationalität individuellen Handelns. Sie leisten Ausfallbürgschaften, wenn etwa die
Entscheidungstheorie nicht weiterkommt – »emotionale Intelligenz« soll dann weiter-
helfen (Goleman 1999, Filliozat 1998). Auf diese Weise stützen sie allerdings die Grundannahmen des rational choice – ein Beispiel dafür, wie ein in Bedrängnis geratenes
Paradigma sich mit Stützpfeilern gegen alternative Erklärungen abzusichern versucht.
Die orthodoxe Ökonomik bemüht sich arbeitsteilig, bei sozialen und ökonomischen
Handlungsweisen einen emotionalen Subtext freizulegen (z. B. Frank 1988, Berezin
2003). Das »rational choice«-Paradigma, also die Annahme, dass Akteure stets nach
Maßgabe einer individuellen Nutzenmaximierung entscheiden, wird dabei gerade nicht
außer Kraft gesetzt. Die ursprüngliche Annahme, dass Individuen aufgrund rationaler
Nutzenkalküle handeln, hat sich im Laufe einer jahrzehntelangen Kritik zugleich als zu
stark und zu schwach erwiesen: zu stark in ihrem Erklärungsanspruch, zu schwach in
ihrer empirischen Signifikanz. Sie wird vielleicht nur beibehalten, weil keine Alternative
in Sicht ist (Nippa 2001, vgl. Bolle 2006). Die Gefühle werden allerdings zurechtgestellt
und theoretisch überfrachtet, wenn sie ein Modell »retten« sollen, in dem sie eigentlich
gar nicht vorgesehen sind.

Vielleicht führen Beispiele weiter, in denen die Berücksichtigung von Gefühlen die
bisherige Theorie *verändern?* Ein solches Beispiel könnte z. B. das viel bemühte Vertrauen sein. Der orthodoxen Theorie gilt Vertrauen als Ausfallmechanismus, wo Berechnungen nicht weiter kommen – dem Vertrauen wird also angesichts der geringen

---

11 Zur Kritik an solchen Säkularisierungsthesen Henning 2005: 384 ff.

Reichweite rationaler Akte eine Komplementärfunktion zugeschrieben (Luhmann 1968, Coleman 1990, kritisch dagegen Endress 2002: 34, 39). Der reichhaltige Phänomenbereich »Vertrauen« wird dadurch eigenartig funktionalistisch verkürzt. Denn wie kann man beispielsweise Vertrauen in politische Mechanismen erklären, wenn die Mechanismen, die es stützen soll, gar nicht autochthon sind – also eben von diesem Vertrauen abhängen? Die Mechanismen können das Vertrauen schlecht erzeugt haben, wenn sie es zu ihrer Durchsetzung immer schon voraussetzen. Ebensowenig aber kann es ein Vertrauen in Mechanismen geben, die es noch nicht gibt. Wir kommen hier mit einer monoprinzipiellen Denkart nicht weiter. Der innovative rational choice-Autor Jon Elster (1999) hat daher im Zuge einer Beschäftigung mit den Gefühlen die Reichweite des rational choice-Ansatzes stark begrenzt. Statt Kurven zu verschieben analysiert er nun schöne Literatur; liegt doch in der Literatur die menschliche Gefühlswelt mitsamt ihrer Verkettung mit sozialen Zwängen breit aufgefächert vor uns. Elster hat eingesehen, dass Gefühle einer instrumentalisierenden Kosten/Nutzen-Analyse nicht offen stehen; denn oft definieren erst sie, ob solche Überlegungen überhaupt in Frage kommen, und was als Kosten und was als Nutzen auftritt (Henning 2008b).

Durch die Einsicht in die Grenzen traditioneller Analysemuster beim Thema der Gefühle werden die soziologischen Klassiker wieder interessant, die mehr als ihre Nachfolger den kulturellen, naturhaften und soziostrukturellen Einflüssen bereits eine je eigene Wirkweise und Erklärungsmacht zugestanden haben. Auch die »Soziologie der Gefühle« geht daher zunächst theoriegeschichtlich auf die Klassiker zurück.[12] Max Webers These der protestantischen Ethik etwa ist ja nicht so gemeint, dass die calvinistische Ethik den Kapitalismus *erzeugt* hat. Das wäre das kritisierte Erklärungsmodell, welches Gefühle (hier die Angst vor Verdammung) umstandslos in Gesellschaftsstrukturen verlängert. Inhaltlich wäre diese These allzu breit, da die protestantische Ethik dann ganz Verschiedenes erzeugt hätte, z. B. auch einen manifesten Antikapitalismus. Weber fragte vielmehr, welche emotionalen Muster die gesellschaftliche *Durchsetzung* dieses sozioökonomischen Mechanismus erlaubt haben (Gerhards 1989). Die »Charaktermaske« des Kapitalisten, von der Marx sprach, ist nur vor dem Horizont grundlegender kultureller Vorbedingungen überhaupt formbar.

Emotions-kulturelle und sozioökonomische Phänomene wirken also zusammen und müssen daher gemeinsam analysiert werden. Sie haben allerdings ihre je eigenen Dynamiken und können in der Analyse nicht aufeinander reduziert werden. Vielmehr geraten wir, da es keine Letztursachen gibt, in solchen Analysen unweigerlich in eine historische Dimension. Unterscheiden wir mit Georg Simmel (1922: 51; vgl. Gerhards 1988: 43; Vester 1991: 32 f.) zwischen primären und sekundären Gefühlen, was den Unterschied zwischen den beiden Erklärungsrichtungen berührt: primäre Gefühle (solche der »ersten Natur«) wären dann basale Gefühle, die soziale »Wechselwirkungen« *konstituieren*, sekundäre Gefühle hingegen solche, die aus Wechselwirkungen *hervorgehen*.

---

12   Siehe z. B. Schumann/Stimmer 1987, Gerhards 1988, Kemper 1991, Baecker 2004, Turner 2005.

Begreift man den Zusammenhang als Kreislaufmodell, dann bedingen oder beeinflussen bestimmte Gefühle gewisse Sozialitätsmuster, die wiederum bestimmte Gefühle induzieren und so fort. Dabei kommt durch die Kontingenz solcher Prozesse kaum etwas wieder so heraus, wie es in diesen Wirbel hineinging. Ein steter Wandel als emergentes Phänomen ist in diesem Modell erwartbar.

Soziale »Wechselwirkungen« gibt es allerdings ganz verschiedene, und so folgt aus diesem Kreislaufmodell nicht notwendigerweise eine sinnfrei prozessierende »autopoietische« Lesart, da die Intentionen der »Elemente« und soziostrukturelle Zwänge eine große Rolle spielen. Interessenkonflikte gesellschaftlicher Gruppen sind in der modernen Gesellschaft die Regel. Ihre offene, wenn auch pazifizierte Austragung ist ja gerade der Sinn der Demokratie – und dies wird in Systemtheorie wie Ökonomik seltsam fortabstrahiert. Interessengruppen können bewusst versuchen, mit »Wechselwirkungen« eigener Art auf diesen Kreislauf *einzuwirken*. Bestimme Gefühle können durchaus intendiert sein im Interesse der Durchsetzung politischer oder ökonomischer Interessen: man denke etwa an die Verstetigung der gegenwärtig skandalöse Ausmaße erreichenden sozialen Ungleichheit durch Schamgefühle und Beschämungsstrategien (vgl. Kemper in Kemper 1990; Neckel 1991, Flam 2002: 149 ff.).

Damit wird keineswegs verschwörungstheoretisch unterstellt, dass einige Macher auf den »Kommandohöhen« (etwa in der Kulturindustrie) die jeweils notwendigen Gefühle formen und indoktrinieren.[13] Doch gilt es den Blick dafür zu schärfen, dass selbst die scheinbar private Ebene der Gefühle offen ist für Kämpfe um gesellschaftliche Deutungsmacht. Dieses Problem wird durch Definitionen fortabstrahiert, wenn (auf der Abstraktionsskala zu weit oben) »psychische Systeme« als Umwelt sozialer Systeme, oder (zu weit unten) Gefühle auf Ausfallbürgschaften für Nutzenkalküle reduziert werden. Das interessante Geschehen spielt sich genau *zwischen* den Foki von Handlungstheorie und Systemtheorie ab. Folgt man Karl Mannheims (1929) Variante der Ideologiekritik, dann müssen solche Prozesse nicht bewusst sein und nicht intendiert werden. Bestimmte Weltbilder zwingen sich deswegen so leicht auf, weil es darunter liegende sozialökonomische Kräfte gibt, zu denen sie so wunderbar passen (eine »Relationierung«) – gerade dann, wenn diese Kräfte durch die Weltbilder inhaltlich eher verdeckt werden. Diese Passung wird als etwas Natürliches erlebt, das darum gefällt. Mit Heidegger gesprochen »wohnt« man regelrecht in seiner Weltanschauung; nur wird sie dadurch nicht richtiger. Sie wird nur tiefer im Subjekt verankert. Weltbilder können sich regelrecht in die Individuen *inkorporieren*. Da sie nicht nur kognitiv, sondern auch emotiv und habituell wirken, sind sie hartnäckig aufklärungsresistent.

---

13 Allerdings wird diese Angst in Science-Fiction Filmen a lá *Dark City* oder *Matrix* sowie in Huxleys *Schöne Neue Welt* als real behandelt, sie ist somit als Angst real. Sie steht in Zusammenhang mit der wachsenden Manipulierbarkeit von Gefühlen durch Psychopharmaka (Ehrenberg 2004) oder andere Mittel, und mit der ungeheuren Geschwindigkeit sozialen und mentalitätsgeschichtlichen Wandels im Kapitalismus.

Wie lässt sich dies gleichwohl politisch nutzen? Beispielsweise können bestimmte, in der Tradition einer Volksgruppe angelegte Gefühle durch mediale Multiplikatoren stark zu machen versucht werden, um gewisse politische Vorhaben durchzubringen – Beispiele wären subtile Varianten politischer Propaganda in den Medien oder die häufige Beschwörung von Männlichkeitsbildern, Patriotismus und Wertkonservatismus im amerikanischen Kino (Burgoyne 1997). Nur ist, wie die Cultural Studies gezeigt haben, die Wirkung dessen recht offen. Sie kann auch nach hinten losgehen. Jeweils dominante Gefühlswerte können *umgedeutet* werden, so dass sie in eine andere Richtung wirken als vielleicht von einigen gesellschaftlichen Akteuren gewünscht (daher »Koevolution«). Eine mangelnde Planbarkeit ist die Signatur der modernen Gesellschaft, gerade darum sind Deutungskämpfe um die Interpretation von Gefühlen so wichtig. Die Analyse und Deutung von Gefühlen, von Gefühlswellen und deren Thematisierungen ist selbst noch ein Teil dieser gesellschaftlichen Aushandlungsprozesse, sie kann sich darum nicht als »Beobachtung zweiter Ordnung« mit einem Mäntelchen von Neutralität schmücken. Mannheims Wissenssoziologie erzwingt, dass man seinen »Standpunkt« ausweisen kann. Es gibt keine standpunktlose Betrachtung sozialer Phänomene – das schadet nicht, so lange die Beteiligten das reflektieren. Nicht nur die Dinge, auch die Sichten auf die Dinge müssen stets erneut ausgehandelt werden.

4   Die Sozialität der Gefühle: Ein Modell zur Integration verschiedener Theorien

Wenn Gefühle in der beschrieben Weise sozial wirken und zugleich beeinflussbar sein sollen, dann muss eine intersubjektive Zugänglichkeit der Gefühle postuliert werden. Damit sind wir wieder bei der »Sozialität der Gefühle« angelangt, von der eingangs die Rede war. Diese mag dem phänomenalen Alltagserleben kontraintuitiv erscheinen, sind doch Gefühle etwas privat Empfundenes (denken wir an die Abscheu vor einer Person oder vor einem Geruch, die niemand teilen muss und die dennoch real sein kann). Diese Skepsis lässt sich zerstreuen, wenn man die verschiedenen Referenzen des Gefühlsbegriffes auseinander hält. Zu unterscheiden ist einerseits die aktualgenetisch gefühlte *Empfindung* der Individuen, über deren Mitteilbarkeit die Meinungen geteilt sind, andererseits das *Gefühlsskript,* das in der emotionalen Kommunikation als Medium dient (Ulich/Mayrink 2003; vgl. Böhme 1997). Der Medienbegriff ist dabei durchaus im Sinne des frühen Luhmann (1969) als Kanalisierung des Erlebens zu verstehen. Interaktionssituationen sind durch emotionale Skripte immer schon vor-ausgelegt, wodurch sich die hohe Komplexität einer »doppelt kontingenten« Situation ein wenig reduziert. Man denke an typische Situationen für Scham, Trauer oder Freude, bei denen »man« sich zu verhalten weiß und darum das Verhalten anderer lesen kann. Ich gehe davon aus, dass dieses leiblich-praktische Wissen nicht kognitiv-expressiv »gehabt« werden muss, um es zu vollziehen, es aber gleichwohl der Erkennbarkeit zugänglich ist (etwa durch Filmauswertungen eigener Interaktionen).

Solche Gefühlsskripte sind intersubjektiv, sie werden in der Sozialisation gelernt und in Medien wie Theater und Film ständig neu eingeübt: Rollenmuster für »typische« Verhaltensweise in emotional klar dechiffrierbaren Situationen werden hier ja permanent vorgelebt. So sorgen die Skripte für die Möglichkeit von Anschlusskommunikationen, aber auch von gouvernementaler Beeinflussung. Denken wir uns zur Verdeutlichung zwei Individuen A und B, die in einer Situation doppelter Kontingenz interagieren wollen. Würden beide nichts voneinander wissen und keine Hintergründe teilen, wäre gelingende Interaktion recht unwahrscheinlich – und das um so mehr, wenn unvermittelte und kaum zu deutende Gefühlsregungen in der Interaktion aufscheinen. Diese gilt es zu kanalisieren. Als glückende emotionale Kommunikation denke man an folgende Beispiele:

1. Der Chef ist zornig, der Untergebene fürchtet sich, doch macht ein Kompliment, der Chef muss lachen, beide sind erleichtert.
2. Sie lächelt ihn an, er ist verlegen, lächelt aber zurück, sie lädt ihn zum Kaffee ein.
3. Das Kind weint, die Mutter tröstet es fürsorglich, das Kind lacht. Oder, um auch ein Beispiel für Misslingen zu bringen:
4. Er ist eifersüchtig, sie missdeutet die Eifersucht als Desinteresse und verabredet sich anders, er wird böse, sie ist enttäuscht; die Interaktion kommt zum Erliegen.

Für solche emotionalen Interaktionen sind A und B auf Gefühlsskripte angewiesen, aus der heraus beide Beteiligten die Situation interpretieren. Auf diese Weise *verstehen* sie sich (oder eben auch nicht) – was indes nicht bedeutet, dass sie dasselbe empfinden. Es handelt sich um keine geteilte Intentionalität oder gar ein Kollektivsubjekt. Es bedeutet lediglich, dass sie Gefühle (die eigenen wie die des anderen) auf eine Weise ausdrücken und deuten, die ähnlich genug ist, um eine Anschlusskommunikation zu generieren. Gefühlsskripte sind also für Interaktionen zentral, doch sie entstehen nicht unmittelbar aus dieser. Sie sind ihr bereits vorgängig und werden sozialisatorisch erlernt. Die Skripte sind jedoch wandelbar, weil auf sie vier verschiedene Faktoren einwirken:

Erstens die objektive gesellschaftliche Umwelt, die über die Einwirkung auf die Individuen bestimmte Gefühlslagen evoziert und andere ablöst. Waren etwa Wut und Empörung gegen ein übermächtig scheinendes »System« noch vor zwei Jahrzehnten verbreitete aufmüpfige Gefühle, so sind soziale Gefühlslagen heute eher zwischen fröhlichem Aufgehen in der Masse und Erschöpfung zu suchen (Henning 2008a).

Zweitens der Diskurs über Gefühlslagen. Der Witz an Gefühlen ist zwar, dass sie bereits vor ihrer Thematisierung gespürt werden können, gleichwohl stehen sie dem Diskurs offen. Damit einher gehen Versuche, die Skripte zu beeinflussen. Ein Beispiel ist der Umgang mit Zorn: dieser kann entweder versteckt werden müssen (»lass dich nicht gehen«), es gibt aber auch Skripte, die vorschreiben, ihn demonstrativ auszuleben (»lass alles heraus« – die soziale Lage hat sicher einen Einfluss darauf, welches Skript sich jemand zu eigen macht). Der Diskurs darüber kann so oder so ausgehen. Die Unterscheidung zwischen Diskurs und »objektiver« Gesellschaft mag Konstruktivisten nicht auf Anhieb einleuchten. Doch Beispiele vermögen hoffentlich aufzuzeigen, dass diese Unterscheidung Sinn macht: Die Apartheit etwa hat farbige und weiße Bürger unterschiedlich behandelt. Der Diskurs darüber hat es inzwischen verurteilt, die Praxis war dennoch lange weiter gegeben. Vergleichbar lässt der öffentliche Diskurs heute keine Diskriminierung von Frauen mehr zu; real gibt es diese sehr wohl, etwa wenn man die Ungleichverteilung von höheren Positionen betrachtet. Auch hinsichtlich der Gefühle macht es daher Sinn, diese Einflüsse zu unterscheiden: niemand fühlt sich ja *automatisch* so, wie er soll.

Drittens haben die Individuen die – obzwar begrenzte – Möglichkeit, auf die »strukturierende Struktur« (Giddens) der Gefühlsskripte einzuwirken, indem die hegemonialen Skripte in der privaten Praxis uminterpretiert werden (in der Beziehung, der Familie, einer Kommune oder einem Freundeskreis). Weil niemand vollends Herr über die eigenen Gefühle ist, ist diese Möglichkeit begrenzt. Zudem sorgt das Problem der Anschlussfähigkeit dafür, dass sich solche Verschiebungen zunächst nur langsam – eben in Kleingruppen – durchsetzen können. Beispiele dafür wären geschlechtsspezifische Rollenmuster (z. B. Frauen, die »die Hosen« anhaben), bei denen ein Gleiten über die Jahrzehnte hinweg evident ist, das aber noch immer auf Widerstände trifft, weil sich nicht alle Menschen und Kulturen gleichzeitig wandeln.

Viertens und letztens übt die Natur einen begrenzenden Einfluss auf all diese Faktoren ein, allerdings auf eine Weise, die man mit F. J. W. Schelling als »Unvordenkliches« bezeichnen muss, da uns die Natur nicht als solche zugänglich ist. Dennoch ist sie stets als Bedingung und Grenze in Rechnung zu stellen (Henning 2010). Zusammengenommen ergibt sich damit folgendes Bild:

Skizze zur Topologie sozialer Gefühle

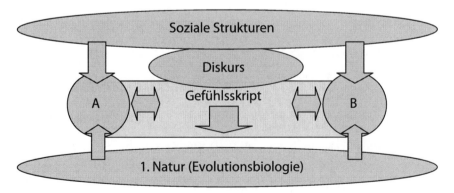

5 Tertiäre Gefühle: Eine emotionssoziologische Deutung von Zivilisationskrankheiten

Dieses Modell erlaubt nun die Verbindung von Gedanken, die beim ersten Anschein unvereinbar erscheinen mögen: etwa wie Empfindungen zwar privat, ihr Verständnis aber dennoch sozial sein können, oder dass Gefühle zwar beeinflussbar, aber nicht planbar sind. So lassen sich etwa gouvernementale Bestrebungen zu einer Menschenführung durch »empowerment« heute vermehrt beobachten.[14] Doch in dem Maße, wie die funktionalen Gefühlsanforderungen mit dem tatsächlich Leistbaren auseinander treten – wie das Gesetz des großen Anderen immer anspruchsvoller, aber immer weniger erfüllbar wird –, können zu straffe Gefühlsregeln auch gegenteilige Wirkungen haben. Wenn also ein Gefühlsskript Verhaltensweisen vorsieht, die die Menschen *physisch* nicht durchhalten können, wenn Diskurs und der durch Gesellschaftsstruktur und Natur vorgegebene Möglichkeitsspielraum der Individuen auseinandertreten, muss es zur Reibung kommen. In solchen Fällen werden Erfindung neuer Kulturtechniken, experimentelle Initiierung neuer Praxen, neue, kritische Thematisierungen oder gar Auflehnung wahrscheinlicher.

Für solche Fälle, in denen die tatsächlich empfundene und die im Gefühlsdiskurs geforderte Gefühlslage nicht übereinstimmen, möchte ich die Kategorie *tertiäre Gefühle* einführen. Denn auch dies fühlt sich auf bestimmte Weise an. Mit der Einführung »tertiärer Gefühle« lassen sich emotionsbasierte gesellschaftliche Pathologien möglicherweise differenzierter erklären als bislang. So lässt sich recht einfach nachvollziehen, wie es zum reflexiven Leid an einem emotionalen Versagen kommt, wenn man Gefühlsskript und tatsächliche Gefühle unterscheidet und zwischen ihnen *Spannungen* erlaubt, die wiederum gefühlt werden können (etwa als »Schuld«). Dafür möchte ich abschließend ein Beispiel nennen. Offensichtlich haben sich die funktionalen Gefühle einmal mehr verändert: es geht von passiven Gefühlen, die man einst anonymen Systemen gegenüber zu erbringen hatte, zu aktiven Gefühlen, die sich auf sich selbst und andere richten – auch wenn man sie nur inszenieren muss. Vor allem das Anforderungsprofil in der Arbeit hat sich deutlich geändert: Die sozial erwünschten Gefühlslagen sind heute solche des Aufbruchs, der steten Begeisterung, des (echten oder inszenierten) Optimismus – allerdings, und das ist der Pferdefuß daran, jeweils nur für vorgegebene Dinge wie die corporate identity.[15] Diese Pflicht zum Begeistertsein, zur Zurschaustellung von chronischer Ekstase gilt nicht nur für die Arbeitssuche (CV-hunting, Selbst-

---

14 Gemeint ist eine Herrschaftstechnik durch Subjektformierung. Die Erziehung zu konsumistischen, marktförmigen und »flexiblen« Subjekten ist etwa das Ziel vieler medialer Anstrengungen (vgl. Lessenich 2008).

15 »Der Druck, der damit auf den Angestellten und Arbeitern lastet, besitzt eine paradoxe Form: sie müssen um ihrer zukünftigen Beschäftigungschancen willen ihre eigene Berufsbiographie fiktiv nach dem Muster der Selbstverwirklichung organisieren« (Honneth 2002: 153). Ehrenberg 2004 erfasst die Geschichte der Depression eher aus einer pharmaziegeschichtlichen Sicht.

management), sondern auch »on the job«: Beziehungen zu Mitarbeitern und Vorgesetzten – kurz: soziale Netzwerke – sind überaus wichtig geworden, und die Simulation von Arbeitswilligkeit droht die Kompetenz zu überlagern. Solche Erscheinungen sind nun sicherlich erfreulich, insoweit sie wirklich Freiraum zur Entfaltung on the job geben, den es vorher nicht gab. Für andere, vielleicht auch für dieselben Menschen, die eigentlich ganz froh um diesen Wandel sind, können sie auch Grund zu einer Frustration sein. Diese ist aber nicht einfach als Effekt der neuen Arbeit zu verstehen – dieser kann emotional (auf erster Stufe) eben durchaus positiv sein. Doch kann die tatsächliche Gefühlslage noch immer mit der geforderten *auseinandertreten,* etwa wenn mehr Enthusiasmus vorgeschrieben als empfunden wird. Das kann zu Frustrationen führen, die zunächst schwer zu erklären sein dürften (und daher vielleicht selten artikuliert werden).[16]

Neue Mechanismen, die solche Frustrationsgefühle hervorrufen können, gibt es viele: So ist beispielsweise mit der Selbstverantwortung im Job (den offenen Verträgen) die Arbeitszeit stark gewachsen, aber zugleich der arbeitsrechtlichen Kontrolle entwachsen, da viele nun »selbstverantwortlich« sind dafür, wieviel sie tun (vgl. Schultheis 2010). Den Arbeitgeber interessiert primär, dass man fristgerecht etwas Gutes abliefert. Geleistete Mehrarbeit wird weniger denn je monetär entlohnt, da das Management die »intrinsische Motivation« als weitaus effektiver erkannt hat als Extravergütungen, wenn es gilt, Mitarbeiter zu motivieren. Auch die räumliche, zeitliche und biographische Trennung von Arbeit und Freizeit unterliegt einer Entgrenzungstendenz, was die Regeneration im Privatleben systematisch untergraben kann. Insbesondere das »deep acting«, die stete Inszenierung guter Laune gegenüber Kunden und Arbeitgebern, kann schnell als eine Art seelischer Prostitution empfunden werden.[17] Nicht der Wandel bedarf daher der Erklärung, sondern eher die Frage, warum sich bei so viel Leidensdruck bisher so *wenig* wandelt. Ich vermute, dass dies auch mit der Schwierigkeit zu tun hat, die eigenen – überaus komplexen – Emotionen sozial entsprechend zu dechiffrieren und die Schuld *nicht* bei sich zu suchen.

Fügen wir diese Beobachtungen zusammen, so haben wir einerseits Auswirkungen der Strukturen auf das Befinden der Individuen, andererseits diskursive Anforderungen und Emotionsregeln, sowie einen möglichen Widerstreit beider, der zu einem sozialen Wandel, aber auch zu emotionalen Pathologien führen kann. Dieser inner-emotionale Widerstreit macht sich selbst noch einmal emotional bemerkbar. Ermüdung und Depression wären Beispiele für solche emotionalen Reaktionen dritter Ordnung; aber auch Enttäuschung und Wut sind denkbar. Darum schließt dieser Beitrag mit dem Vorschlag, Vorsicht gegenüber gesteigerten Optimismusinszenierungszwängen walten zu lassen. Die Gefühlstheorie sollte mehr über die zeitliche Folge von Gefühlen-in-Gesell-

---

16 Natürlich ist das auch positiv denkbar: die Passung des Selbst in die Welt der Erwartungen anderer kann eine beglückende Erfahrung sein.

17 Hochschild 1983 unterscheidet dieses von Goffmanns sozialen Rollen, die wir auch relativ affektneutral spielen können.

schaft nachdenken: Ich vermute, bei gelingender Intersubjektivität würden sich positive Gefühle wahrscheinlicher einstellen, als wenn man die Kausalität verdreht und Gefühle aus dem Bauch improvisiert werden, in der Hoffnung, damit beglückende intersubjektive Verhältnisse allererst zu schaffen. Die Reduktion der Ethik auf Effizienz, die in der Wirtschaftsethik der 1990er Jahre zu verzeichnen war – gesollt werden kann nur, was auch leistbar ist –, muss, wenn sie gelten soll, symmetrisch gelten. Sie müsste dann auch auf die Arbeitsethik anwendbar sein: Auch Arbeitnehmer können Anforderungen nur in begrenztem Maße erfüllen; nämlich so weit, wie sie tatsächlich Anlass haben, optimistisch zu sein. Soweit der euphorisierende Gefühlsdiskurs der Gegenwart Optimismus und Selbstverantwortung als funktionale Erfordernisse konstruiert und diese als gatekeeper und Markteintrittsschranken fungieren, ist er als Zumutung zu beurteilen. Er beschreibt die Gegenwart nicht, sondern verschleiert sie und sucht sie in seinem Sinne zu beeinflussen; allerdings mit ambivalenten Folgen. Soziogene Depressionen als Gefühle dritter Ordnung können in Zusammenhang mit diesen zumutenden Emotionsdiskursen gedeutet werden. Vielleicht könnte das helfen, wieder zu anderen – menschenfreundlicheren – Gefühlsskripten vorzustossen.

Literatur

Baecker, Dirk (Hg.) (2004): Soziologie der Gefühle. Soziale Systeme 10, Sonderheft 1.

Berezin, Mabel (2003): Emotions and the Economy. CSES Working Paper Series 12.

Blumenberg, Hans (1997): Die Legitimität der Neuzeit. Frankfurt am Main: Suhrkamp.

Böhme, Hartmut (1997): Gefühl. In: Christoph Wulf (Hg.): Vom Menschen. Handbuch Historische Anthropologie. Weinheim/Basel. 525–548.

Bolle, Friedel (2006): Gefühle in der ökonomischen Theorie. In: Rainer Schützeichel (Hg): Emotionen und Sozialtheorie. Frankfurt am Main/New York: Campus, S. 48–65.

Burgoyne, Robert (1997): Film Nation. Hollywood looks at U. S. History. Minnesota.

Casriel, Daniel (1977): Die Wiederentdeckung des Gefühls. Schreitherapie und Gruppendynamik. München.

Coleman, James S. (1990): Foundations of Social Theory. Cambridge.

Collins, Randal (2004): Interaction Ritual Chains. Princeton.

Delumeau, Jean (1989): Angst im Abendland. Die Geschichte kollektiver Ängste im Europa des 14. bis 18. Jahrhunderts. Reinbek.

DeMause, Lloyd (2002): The Emotional Life of Nations. New York.

Demmerling, Christoph/Landwehr, Hilge (2006): Philosophie der Gefühle. Von Achtung bis Zorn. Stuttgart.

Döring, Sabine A./Mayer, Verena (Hg.) (2002): Die Moralität der Gefühle. Deutsche Zeitschrift für Philosophie, Sonderband 4/2002. Berlin.

Döring, Sabine A. (Hg.) (2009): Philosophie der Gefühle. Frankfurt am Main.

Duesenberry, J. S. (1949): Income, Saving and the Theory of Consumer Behavior. Cambridge, MA.

Ehrenberg, Alain (2004): Das erschöpfte Selbst. Depression und Gesellschaft in der Gegenwart. Frankfurt am Main.

Ekmann, P./Davidson, R. J. (Hg.) (1994): The Nature of Emotions: Fundamental Questions. Oxford.

Elias, Norbert (1982): Über den Prozess der Zivilisation. Soziogenetische und psychogenetische Untersuchungen, 2 Bde. Frankfurt am Main.

Elster, Jon (1999): Alchemies of the Mind. Rationality and the Emotions. Cambridge.

Endress, Martin (2002): Vertrauen. Bielefeld.

Filliozat, Isabelle (1998): Die Intelligenz der Gefühle entdecken. Zürich/Düsseldorf.

Flam, Helena (2002): Soziologie der Emotionen. Konstanz.

Foucault, Michel (1977): Überwachen und Strafen. Die Geburt des Gefängnisses. Frankfurt am Main.

Frank, Robert (1988): Passions within Reason: The Strategic Role of the Emotions. New York.

Freud, Sigmund (1930): Das Unbehagen an der Kultur. Frankfurt am Main 1953.

Gerhards, Jürgen (1988): Soziologie der Emotionen. Fragestellungen, Systematik und Perspektiven. Weinheim/München.

Gerhards, Jürgen (1989): Affektuales Handeln. Der Stellenwert von Emotionen in der Soziologie Max Webers. In: Johannes Weiß (Hg.): Max Weber heute. Erträge der Forschung. Frankfurt. 335–357.

Goleman, Daniel (1999): Emotionale Intelligenz. München.

Hastedt, Heiner (2005): Gefühle. Philosophische Bemerkungen. Stuttgart.

Hegelmann, Carl (Hg.) (2000/2001): Kapitalismus und Depression, 3 Bde. Berlin.

Henning, Christoph (2005): Philosophie nach Marx. 100 Jahre Marxrezeption und die normative Sozialphilosophie der Gegenwart in der Kritik, Bielefeld.

Henning, Christoph (2006): Depression. In: ders. (Hg.): Marxglossar. Berlin. 69–76.

Henning, Christoph (2008a): Vom Systemvertrauen zur Selbstverantwortung. Der Wandel kapitalistischer Gefühlskultur und seine seelischen Kosten. In: Ludger Heidbrink/Alfred Hirsch (Hg.): Verantwortung in der Marktwirtschaft, Frankfurt am Main: Campus, 373–394.

Henning, Christoph (2008b): Wie Jon Elster die Vernunft in die Gefühle einholt. In: Ingo Pies/Martin Leschke (Hg.): Jon Elsters Theorie rationaler Bindungen, Tübingen. 107–128.

Henning, Christoph (2009): Karl Marx. In: Christian Thies/Eike Bohlken (Hg.): Handbuch Anthropologie. Der Mensch zwischen Natur, Kultur und Technik. Stuttgart. 28–34.

Henning, Christoph (2011): Das Glück in der Kritischen Theorie. In: Dieter Thomä/Christoph Henning/Olivia Mitscherlich (Hg): Glück. Ein interdisziplinäres Handbuch. Stuttgart. 282–291.

Hirschman, Albert O. (1987): Leidenschaften und Interessen. Politische Begründungen des Kapitalismus vor seinem Sieg. Frankfurt am Main.

Hochschild, Arlie R. (1983): The Managed Heart. Commercialization of Human Feeling. Berkeley.

Honneth, Axel (Hg.) (2002): Befreiung aus der Mündigkeit. Paradoxien des gegenwärtigen Kapitalismus. Frankfurt am Main.

Honneth, Axel (2007): Pathologien der Vernunft. Geschichte und Gegenwart der Kritischen Theorie. Frankfurt am Main.

Illouz, Eva (2006): Gefühle in Zeiten des Kapitalismus. Frankfurt am Main.

Illouz, Eva (2009): Die Errettung der modernen Seele: Therapien, Gefühle und die Kultur der Selbsthilfe. Frankfurt am Main.

Kemper, Theodore D. (1987): How many Emotions are there? Wedding the Social and the Autonomic Components. In: American Journal of Sociology 93.2. 263–289.

Kemper, Theodore D. (Hg.) (1990): Research Agendas in the Sociology of Emotions. Albany, N. Y.

Kessel, Martina (2006): Gefühle und Geschichtswissenschaft. In: Schützeichel. 29–47.

Kochinka, Alexander (2004): Emotionstheorien. Begriffliche Arbeit am Gefühl. Bielefeld.

Landwehr, Hilge (1991): Scham und Macht. Phänomenologische Untersuchungen zur Sozialität eines Gefühls. Tübingen.

Landwehr, Hilge/Renz, Ursula (Hg.) (2009): Klassische Emotionstheorien. Berlin.

LeDoux, J. (1996): The Emotional Brain: The Mysterious Underpinnings of Emotional Life. New York.

Lessenich, Stephan (2008): Die Neuerfindung des Sozialen: Der Sozialstaat im flexiblen Kapitalismus. Bielefeld.

Luhmann, Niklas (1968): Vertrauen. Ein Mechanismus zur Reduktion sozialer Komplexität. Stuttgart.

Luhmann, Niklas (1969): Liebe als Passion. Eine Übung. Frankfurt am Main. 2008.

Mack, Arien (Hg.) (2004): Fear: Its Political Uses and Abuses. Social Research 71.4, New York.

Mannheim, Karl (1929): Das Problem der Generationen. In ders.: Wissenssoziologie, Neuwied 1964. 509–565.

Meier, Stephan/Stutzer, Alois (2004): Is Volunteering Rewarding in Itself? Institute for Empirical Research in Economics, University of Zurich, Working Paper No. 180.

Moldaschl, Manfred (2002): Foucaults Brille. Eine Möglichkeit, die Subjektivierung von Arbeit zu verstehen? In ders. (Hg.): Subjektivierung von Arbeit. München. 149–192.

Mummert, Uwe/Sell, Friedrich H. (Hg.) (2005): Emotionen, Markt und Moral. Münster.

Neckel, Sighard (1991): Status und Scham: Zur symbolischen Reproduktion sozialer Ungleichheit. Frankfurt am Main.

Neckel, Sighard (2006): Kultursoziologie der Gefühle. Einheit und Differenz – Rückschau und Perspektiven. In: Schützeichel. 124–139.

Neumann, Franz (1954): Angst und Politik. Vortrag. Tübingen.

Nippa, Michael (2001): Intuition und Emotion in der Entscheidungsforschung – State of the Art und aktuelle Forschungsrichtungen. In: Managementforschung 11: Emotionen und Management. Wiesbaden. 213–247.

Nussbaum, Martha (2001): Upheavals of Thought. The Intelligence of Emotions. Cambridge.

Parsons, Talcot (1939): Aktor, Situation und normative Muster. Ein Essay zur Theorie sozialen Handelns. Frankfurt am Main 1994.

Rehmann, Jan (2004): Postmoderner Links-Nietzscheanismus. Deleuze & Foucault. Eine Dekonstruktion. Hamburg.

Roth, Gerhard (2003): Denken, Fühlen, Handeln. Wie das Gehirn unser Verhalten steuert. Frankfurt am Main.

Rothschild, Emma (2001): Economic Sentiments. Adam Smith, Condorcet, and the Enlightenment. Harvard.

Scherke, Katarina (2009): Emotionen als Forschungsgegenstand der deutschsprachigen Soziologie. Wiesbaden.

Schultheis, Franz et al. (Hg.) (2010): Ein halbes Leben. Biographische Zeugnisse aus einer Arbeitswelt im Umbruch. Konstanz.

Schumann, Roswitha/Stimmer, Franz (Hg.) (1987): Soziologie der Gefühle. Zur Rationalität und Emotionalität sozialen Handelns. München.

Schützeichel, Rainer (Hg) (2006): Emotionen und Sozialtheorie. Disziplinäre Ansätze. Frankfurt am Main.

Simmel, Georg (1922): Die Religion. Frankfurt am Main.

Smith, Adam (1759): The Theory of Moral Sentiments. Düsseldorf 2001.

Smith, Adam (1776): The Wealth of Nations. London 1973.

Sober, Elliot/David S. Wilson (1999): Unto Others. Evolution and Psychology of Unselfish Bevaviour. Harvard.

Swedberg, Richard (2003): Principles of Economic Sociology. Princeton.

Thomä, Dieter (2003): Vom Glück in der Moderne. Frankfurt am Main.

Turner, Jonathan H./Stets, Jan E. (2005): The Sociology of Emotions. Cambridge.

Tritt, Karin (1992): Emotionen und ihre soziale Konstruktion. Frankfurt am Main.

Ulich, Dieter/Mayring, Philipp (²2003): Psychologie der Emotionen. Stuttgart.

Vester, Heinz-Günter (1991): Emotion, Gesellschaft und Kultur. Grundzüge einer soziologischen Theorie der Emotionen. Opladen.

Vollmann, Morris (2010): Freud gegen Kant? Moralkritik der Psychoanalyse und praktische Vernunft. Bielefeld.

Voss, Christiane (2004): Narrative Emotionen. Eine Untersuchung über Möglichkeiten und Grenzen philosophischer Emotionstheorien. Berlin.

Zimmerman, Gertrud (1982): Die Soziologie David Humes als Ergebnis der Egoismus-Altruismus-Debatte. Mannheim.

IV. Aggregationen und Emotionen

Zur Wahrnehmung von Leiden
Emotionen und Sozialität am Beispiel von ›Mitleid‹

Angelika Poferl

> » Wo es um das Betrachten des Leidens anderer geht, sollte man kein › Wir‹ als selbstverständlich voraussetzen.«
> (Sontag 2003: 13)

1   ›Mitleid‹ und ›Sozialität‹. Einführende Bemerkungen

Die seit den 1970er Jahren zunächst in den USA entstandene und sich inzwischen wachsender Aufmerksamkeit auch im deutschsprachigen Raum erfreuende Soziologie der Emotionen hat sich bislang eher randständig mit Phänomenen des Mitgefühls und Mitleids befasst. Das Spektrum der bearbeiteten Gegenstandsbereiche ist neben den vielfältigen emotionssoziologischen Frage- und Problemstellungen allgemeinerer Art durchaus breit. Teils im Rückgriff auf die europäischen (allen voran: Simmel, Durkheim, Weber) und US-amerikanischen Klassiker (z. B. Cooley, Parsons, Sorokin)[1], teils in Neuansätzen werden Themen wie Liebe, Hass, Vertrauen, Freundschaft, Treue, Dankbarkeit, Wut, Neid, Scham, Freude, Trauer behandelt – sucht man nach Arbeiten zu Mitgefühl und Mitleid, dann fallen die Resultate jedoch vergleichsweise spärlich aus, zumindest, solange man im Rahmen der engeren soziologischen ›Bindestrich-Disziplinen‹ bleibt.[2] Interdisziplinär betrachtet stellt sich die Aufmerksamkeit recht unterschiedlich dar. Vielfältigste Abhandlungen und Traktate finden sich im Bereich der klassischen und zeitgenössischen Moralphilosophie und -kritik; Clifford Orwin zufolge ruht die Frage nach Mitleid (Empathie bzw. Mitgefühl gelten ihm als verwandt) heute auf einer »2500 Jahre langen Geschichte des Nachdenkens über das Mitleid« (2009: 1) auf. Unter ›Mitleid‹ sei hier, in diesem Beitrag, zunächst eine spezifischere, auf die *Anteilnahme am Leiden Anderer* bezogene Form des umfassenderen ›Mitfühlens‹ (das ja auch ein Mitfreuen beinhalten kann)[3] verstanden; es gehört in die Kategorie der »*emphatic emotions*« (Shott 1979), die darauf aufbauen, sich in die Lage Anderer hineinzuversetzen bzw. einzufühlen und *deren* – unterstellte – Gefühle nachzuempfinden. Zwischen ›Mitgefühl‹ und ›Mit-

---

1   Einführend zur europäischen und US-amerikanischen Emotionstheorie und -forschung siehe Flam (2002), Gerhards (1988).
2   Zu einer ähnlichen Einschätzung im Hinblick auf die englischsprachige Soziologie der Emotionen gelangt Wilkinson (2005).
3   Aus der Psychologie vgl. dazu auch Bischof-Köhler (2006).

leid‹ wird in der Literatur selten systematisch unterschieden[4], während sich Vorabqualifizierungen wertender Art zwischen dem tendenziell eher positiv, weil ›konkret‹ und ›authentisch‹ konnotierten Begriffs des Mitgefühls und dem intellektuell eher skeptisch betrachteten Begriff des Mitleids häufig finden. Darin scheint ein Welt- und Menschenbild auf, das den ›moralischen Gefühlen‹ (so die Umschreibungen seit Adam Smith) misstraut. Unbehagen tritt insbesondere dann zu Tage, wenn ›Mitleid‹ in die Sphäre der politischen Semantik einzudringen droht und sich mit Fragen der politischen Ethik und der Gestaltung kollektiver Ordnung, z. B. im Menschenrechts- und humanitären Diskurs, vermischt – ein eigenes Genre der ›linken‹ und ›rechten‹ Mitleidskritik hat darin seine Wurzeln. Mitleid kann auf den ersten Blick zweifellos als ein solch ›moralisches Gefühl‹ verstanden werden, insofern als es Emotionalität und Moralität, Gefühle einerseits und Vorstellungen von ›Gutem‹ und ›Schlechtem‹ andererseits vereint – dass es darin nicht aufgeht, wird noch zu zeigen sein. Die Psychologie, aber auch die Kulturgeschichte, die Literatur-, Medien- und Kunstwissenschaften nehmen sich des Themas an. Verstreute Beiträge liegen vor im Bereich der Soziologie der Moral, der Soziologie der Massenmedien und sozialen Bewegungen sowie der Modernisierungs-, Globalisierungs- und Kosmopolitisierungsdiskussion. Dieser interdisziplinären Literaturlage muss man sich in der Beforschung stellen. Sie erfordert die Kenntnisnahme sehr unterschiedlicher Zugangsweisen und Perspektiven und bereitet gewisse Schwierigkeiten der Eingrenzung, verweist aber zugleich auf die inhaltliche Vielschichtigkeit des Gegenstandes, der kulturelle, historische und normative, politische und ästhetische Dimensionen hat. Die soziologischen Theorie- und Forschungslücken zur Thematik des Mitleids sind erstaunlich, weil es sich hierbei ja um ein ›*soziales*‹ – *auf Andere bezogenes* – Gefühl in besonders deutlicher und ausgezeichneter Weise handelt; das im Deutschen erhaltene Präfix ›mit‹ drückt dies unmittelbar aus.

Der vorliegende Beitrag wendet sich der Frage des Verhältnisses von Emotionen und Sozialität exemplarisch anhand des Phänomenbereichs ›mitfühlendes Mitleid‹ zu – beide Kategorien seien aus genannten Gründen hier bewusst zusammengefasst; sprachlich knapper wird im Weiteren überwiegend nur mehr von ›Mitleid‹ die Rede sein. Insofern geht es nicht um eine generelle emotionssoziologische Auseinandersetzung darüber, was Emotionen und Sozialität ›sind‹ und wie sich deren Verbindung grundbegrifflich elementar bestimmen lässt. Dies wäre ein theoretisch weitreichendes Unterfangen, das hier nicht geleistet werden kann. In einem problemorientierten Zugriff wird vielmehr der Brückenschlag zu wissens- und kultursoziologischen Perspektiven der Rekonstruktion gesellschaftlicher Wirklichkeitskonstruktionen gesucht. Damit schließen die folgenden Überlegungen an das Programm einer Hermeneutischen Wissenssoziologie[5] an, die sich der soziologischen Frage nach den Bedingungen der Möglichkeit

---

4   Siehe allerdings Arendt (1990), auf deren Begrifflichkeit später noch einzugehen ist.
5   Die Hermeneutische Wissenssoziologie als theoretischer, methodologischer und methodischer Ansatz (Hitzler/Reichertz/Schröer 1999) knüpft ihrerseits – in unterschiedlicher Akzentsetzung und die viel-

von Handeln und Handlungsalternativen insbesondere unter dem Aspekt des *Sinnverstehens* sowie der *historischen Genese* von Deutungs- und Handlungstypen zuwendet. Dies umfasst die allgemeine systematische »Rekonstruktion des typischen Sinns typischer Handlungen in einer gegebenen Gesellschaft in einer bestimmten Epoche« (Luckmann 1989: 35). Die eng an Berger/Luckmann (1980) und Soeffner (2004) anknüpfende ›Großfragestellung‹ der Hermeneutischen Wissenssoziologie untersucht konkreter,

> »wie Handlungssubjekte hineingestellt und sozialisiert in historisch und sozial entwickelte Routinen und Deutungen des jeweiligen Handlungsfeldes diese einerseits vorfinden und sich aneignen (müssen), andererseits diese immer wieder neu ausdeuten und damit auch ›eigenwillig‹ erfinden (müssen). Die neuen (nach den Relevanzen des Handlungssubjekts konstituierten) Neuauslegungen des gesellschaftlich vorausgelegten Wissens werden ihrerseits (ebenfalls als Wissen) in das gesellschaftliche Handlungsfeld wieder eingespeist.« (Reichertz 2000: 519)

Emotionen spielen in hermeneutischen Ansätzen allerdings, soweit erkennbar, bislang keine besondere, systematisch untersuchte Rolle; die Dominanz kognitivistischer Auffassungen und der damit verbundene *bias,* wie er den Sozialwissenschaften generell attestiert wird (siehe dazu u. a. Schützeichel (2006: 13)), hinterlassen auch hier ihre Spuren. Damit stellt sich weiterhin die Frage, wie Emotionen – hier: Mitleid – hermeneutisch-wissenssoziologisch erfasst werden können. Auch dies wird nicht auf einer allgemeinen Metaebene, sondern problembezogen, mittels einer theoretisch und empirisch informierten Strukturierung des Phänomenbereiches, diskutiert.

Aus wissenssoziologischer Sicht ist zum einen gewiss zu klären, inwieweit Gefühle wie ›Mitleid‹ nicht nur geformt, sondern kulturell überhaupt erst *hervorgebracht* werden. Darüber hinaus interessiert, *wie* und *warum,* in welchen sozial unterscheidbaren Situationen, so und nicht anders gefühlt wird – kommunikationsbezogen: welches »Gefühlsvokabular« (Gordon 1989) und welches »Motivvokabular« (Mills 1940) zur Situationsdefinition und Expression von Mitleid herangezogen werden; schließlich ist zu fragen, was Mitleid als ein *seiner eigenen Logik* folgendes Orientierungsprinzip des Handelns charakterisiert. Gefühle lassen sich nicht dem Raster kognitiver Rationalität unterwerfen; eben dies schränkt, wie Ronald Hitzler (1988: 28 f.) gegenüber der Mundanphänomenologie kritisch vermerkt, die »lebendige Fülle des In-der-Welt-Seins [ein] (…) Ohne vehementen Einbezug der Emotionalität z. B. aber bleiben eben wesentliche, konstitutive Aspekte des In-der-Welt-Seins verborgen.« Zugleich ist zu berücksichtigen:

---

fältigen Einflüsse hier nur unvollständig aufzählend – an die Traditionslinien der Mundanphänomenologie (Schütz), die philosophische Anthropologie (Plessner, Gehlen, Scheler), an die Symboltheorie (Gadamer), den Pragmatismus (James, Dewey, Peirce) und die ›Chicago School‹ (Thomas), den Symbolischen Interaktionismus (Mead) und nicht zuletzt die Klassiker Weber und Durkheim an. In einigen Varianten wird explizit auch auf den phänomenologischen Existentialismus Sartres und auf die Phänomenologie Heideggers Bezug genommen.

Nicht immer schon, nicht überall, nicht mit jedem wird Mitleid empfunden oder gilt gleichermaßen als legitim. Damit kommen die gesellschaftlichen und kulturellen Bedingungen der *Wahrnehmung von Leiden* in den Blick. Mit anderen Worten:

> »Weder die Wahrnehmung der Natur noch das Entsetzen über Kriege, Verbrechen und Terror, Krankheit und Tod können sich der unentwegten, immer schon kulturell geprägten Deutungsarbeit entziehen. Insofern sind wir, was immer wir sonst auch noch sind, von vornherein Kulturmenschen.« (Soeffner 2000: 9)

Im Weiteren seien zunächst diskursive Kontexte skizziert, in denen sich die gesellschaftliche und wissenschaftliche Rede über Mitleid bewegt; dies setzt vor allem an philosophisch-intellektuellen Auseinandersetzungen an, deren geistiges Erbe sich in objektivierten, weltanschaulichen Wissensbeständen bis heute wiederfindet. Daran anschließend wird auf aktuelle Befunde zur historischen und gesellschaftlichen Genese von Mitleid sowie zur Vermittlung und Perzeption von menschlichem Leiden eingegangen; darin bietet sich ein Übergang zur Ebene der subjektiven Aneignung und Erfahrung an. Viertens und abschließend sollen einige typische *konstitutive* Merkmale von Mitleid herausgearbeitet werden, die vor dem Hintergrund seiner geschichtlich-gesellschaftlichen *Konstruktionen* verstanden werden müssen.[6] Übergeordnet ist dabei insbesondere die Frage nach dem spezifischen, in ›Mitleid‹ eingelassenen *Objektbezug,* der hier nicht als anthropologische Konstante, sondern in seinen kulturellen wie sozialen Voraussetzungen betrachtet werden soll. In Übereinstimmung mit zahlreichen, ansonsten durchaus unterschiedlichen sozialwissenschaftlichen Emotionskonzepten lassen sich Gefühle vorweg als *subjektive Art und Weise des Erlebens* sowie als *Modus der Welterfahrung* begreifen. Angelehnt an Natan Sznaider (der von Mitleid als »compassion« und »public compassion« spricht) sei ›mitfühlendes Mitleid‹ als »about sensing other people's pain, about understanding pain, about trying to do something about it« (Sznaider 2001: 25) definiert.

---

6   Das in der phänomenologisch fundierten Wissenssoziologie häufig als Nacheinander erscheinende Verhältnis von Konstitutions- und Konstruktionsanalyse wird hiermit gleichsam ›umgedreht‹. Dies hat allerdings auch ein anderes Verständnis des Konstitutionsbegriffs zur Folge, unter den sowohl ›Aufbau der Welt im Bewusstsein‹ (also das klassische Programm) als auch die historisch-soziale Beschaffenheit solcher weltaufbauenden Vorgänge und Phänomene, d. h. konkrete Formen des *Weltzugangs* bzw. der Verbindung von *Subjekt* und *Welt* subsumiert werden sollen. Konstruktionen gehen somit in die konstitutiven Leistungen des Bewusstseins und die egologische Perspektive der Subjekte ein. Diese Annahme soll hier im Hinblick auf ›Mitleid‹ weiter ausgearbeitet werden.

2 Normative Diskurse: Mitleidsethik und Mitleidskritik

In historischen und zeitgenössischen Diskursen bilden sich Selbstbeschreibungen, Selbstverständigungen und Selbstvergewisserungen bestehender und sich verändernder Gesellschaften ab. Verhandelt werden Ideen, Überzeugungen und Semantiken, sie geben darüber hinaus aber auch Auskunft über handlungsrelevante und in geschichtlich-gesellschaftlichen Kontexten entwickelte »Interpretationsrepertoires« (Keller 2005). Diskurse lassen sich als strukturierte »Komplex[e] von Aussagereignissen und darin eingelassenen Praktiken« begreifen, »die [....] spezifische Wissensordnungen der Realität prozessieren.« (ebd.: 230) Das heißt: Diskurse erzeugen Wissen, und dieses diskursiv erzeugte Wissen ist sowohl den tradierten und institutionalisierten, gesellschaftlich vorhandenen Wissensvorräten als auch den Deutungsmustern, die soziale Wahrnehmung organisieren, eingeschrieben; sie haben Anteil an der *diskursiven Konstruktion* von Wirklichkeit (vgl. Poferl 2004). Diskurse üben Machtwirkungen aus und bilden die Gegenstände, »von denen sie sprechen« (Foucault 1988: 74). Sie eröffnen aber auch (und dies kommt in diskurstheoretischen Ansätzen oft zu kurz) ›Optionen‹, d. h. Definitions- und Handlungsspielräume, indem sie ein auslotbares und vor allem auch ausdehnbares, Differenz und Kontingenz einschließendes Spektrum von Vorstellungen über soziale Wirklichkeit, von Begründungsmöglichkeiten bzw. Legitimationen anbieten und »kognitive, moralische und ästhetische Bewertungsmaßstäbe zur Verfügung [stellen].« (Keller 2005: 233) Diskurse disponieren, aber determinieren nicht. Dies ist insbesondere unter dem Aspekt der für moderne Gesellschaften charakteristischen *Säkularisierung* und *Pluralisierung* von »Moralen« (*moralities,* Luckmann 1997: 14) sowie der damit verbundenen *Individualisierung* von Entscheidungen zentral – einschließlich des ›eigenen Gottes‹ weltanschaulicher Positionen, sozialer Bindungen, gemeinschaftlicher und individueller Identitätsentwürfe (vgl. aktuell Beck 2008).

Intellektuelle Debatten um die Frage, welche gesellschaftliche Bedeutung dem Mitleid sowie dem damit eng verknüpften Phänomen der Empathie zukommt und zukommen sollte, führen bis in die Antike zurück. Sie haben die Entwicklung der Moderne begleitet und sind vor allem Gegenstand der Moralphilosophie, die sich um Grundsätze, Normen und Kriterien des Handelns bemüht. Mit der Geburt der Moderne im 18. Jahrhundert (vgl. Bayly 2006) einerseits, der Ausdehnung globaler Handlungsräume im »Zeitalter der Entdeckungen und Eroberungen« – so Henning Ritter (2005²: 11) – andererseits kommt es zu einer nachhaltigen Verunsicherung und Erschütterung gesellschaftlicher Moralvorstellungen. Die Thematik des Mitleids spielt hierbei eine nicht unwichtige Rolle. Auseinandersetzungen kreisen um die Frage des *Verhältnisses von* ›*Gefühl*‹ *und* ›*Tugend*‹ (Orwin 2009) ebenso wie um die Frage der *Reichweite von Moral* (Ritter 2005²) bzw. des empathischen, mitleidsvollen Handelns. Es ist im gebotenen Rahmen unmöglich, den facettenreichen und weit verzweigten philosophischen Diskurs inhaltlich nachzuzeichnen. Auch sind philosophische Reflexionen sicher nicht mit den vielfältig aufgefächerten gesellschaftlichen (politischen, professionellen, künstlerischen, alltäglichen) Diskursen in eins zu setzen. Dennoch sind Philosophien dem in Gesellschaft verfügbaren Wissen nur scheinbar weit entrückt. Sie finden Ausdruck bis in die ›Niederungen‹ von Alltagstheorien – und lassen sich ihrerseits als spezialisierte, wenngleich hochgradig abstrahierte Ausarbeitungen kultureller Haltungen lesen.

Dem spezifischen Rationalismus der Antike[7] galten Mitgefühl und Mitleid als ›Leidenschaften‹ (also als Gefühle), die angeboren, aber zugunsten der Entfaltung von ›Tugenden‹ (sprich: einer rationalen Einstellung gegenüber den Leidenschaften) zu kontrollieren seien. Mitleid wird mit (weiblicher) Weichheit und Selbstmitleid assoziiert. Dies ist nicht deckungsgleich mit der Billigung von Grausamkeit oder einer vollständigen Ablehnung von Mitleid: »Aber die Denker der Antike waren nun einmal der Ansicht, dass die Tugendhaften ihr Mitleid geradeso wie ihre anderen Leidenschaften beherrschen und ihm nur in dem Maße frönen sollten, wie es gerecht und vernünftig war. Eine Verehrung des Mitleids gab es nicht.« (Orwin 2009: 2) Den Weg zu dieser behaupteten »Verehrung« (der Autor spricht gar von einer »späteren Rangerhöhung des Mitleids zu seinem gegenwärtigen triumphalen Zenit«, ebd.: 2) ebnet die Entwicklung des Christentums und das darin verankerte Prinzip der *Nächstenliebe*. Sie begreift sich als eine theologisch begründete, übernatürliche Tugend, die humanitäre Akte zugunsten des Nächsten und der Linderung irdischen Leidens als (immer nur unvollkommene) Annäherung an das göttliche Modell der (gr.) *agape* (lat. *caritas*) – d. h. der nichtsinnlichen Liebe – beinhaltet. Im Kern aber bleibt das christliche Gedankengut auf die ewige Erlösung von Leiden im Jenseits gerichtet. Diese Jenseitsorientierung verbindet sich mit einer Sinnstiftung, wonach Leiden unvermeidlich, die Menschen *im* Leiden aber auch Christus nahe seien.

Erkennbar anders stellt sich dies schließlich in der Figur des ›modernen‹ Mitleids dar, die maßgeblich im 18. Jahrhundert entstanden und gleich einem »modernen Projekt« zur Abschaffung des Leidens (ebd.: 9) vorangetrieben worden ist. Zu seinen bedeutendsten Vertretern zählt Jean-Jacques Rousseau, der in seiner »*Abhandlung über den Ursprung und die Grundlagen der Ungleichheit unter den Menschen*« (2010) im Mitleid einen ganz und gar natürlichen und somit menschlichen, durch die Zivilisation, die Macht der Eigenliebe *(amour-propre)* und den sich ausbreitenden Wettbewerb jedoch abgeschwächten und nahezu zerstörten Impuls sah (vgl. ausführlich Ritter 2005²). Umgekehrt erhält das Mitleid im Zuge dieses Denkens den Status einer »diesseitig-irdischen« (Orwin 2009: 3) Gegenmacht zum Egoismus, deren Entwicklung zu fördern sei. Im 19. Jahrhundert formuliert Arthur Schopenhauer eine explizite Mitleidsethik aus, die (in Auseinandersetzung mit dem Werk Kants und dessen moralischen Rigorismus) allein das Mitleid als »Triebfeder« und Fundament moralischen Handeln (Welsen 2007: XIII) ausweist. Diese Vorstellung baut auf einer – wie Schopenhauer es nennt – »metaphysischen« Bestimmung des Verhältnisses zweier Individuen auf. Demnach sei der empirisch bestehende »Unterschied zwischen dem Subjekt und dem Anderen«

---

7   Als führende Denker werden meist Platon und Aristoteles behandelt (vgl. dazu auch Nussbaum 1996).

(Welsen 2007: XIV) im Mitleid gleichsam aufgehoben. Diese durchaus geheimnisvolle, mysteriöse Tatsache bilde »die metaphysische Basis der Ethik, und bestände darin, dass das EINE Individuum im ANDERN unmittelbar sich selbst, sein eigenes wahres Wesen wieder erkenne.« (Schopenhauer 2007: 169; Großschreibung im Orig.)

›Soziologischer‹, d.h. auf reale gesellschaftliche und ökonomische Entwicklungen bezugnehmend, argumentieren Autoren wie Charles de Secondat Montesquieu oder die schottischen Aufklärer Adam Smith und David Hume. Für sie stehen die Ausbreitung von *Markt- und Handelsbeziehungen* im Zentrum der Moderne, die damit verknüpfte Durchsetzung eines ›wohlverstandenen‹, ›aufgeklärten Eigennutzes‹ und die Entstehung einer diesbezüglich homogenen (strukturell gleichgesinnten) Öffentlichkeit. Der Handel, so die Vorstellung, schaffe Engstirnigkeit, Provinzialismus und Aberglauben ab; er mache die Menschen wohlhabender und sicherer, toleranter und umgänglicher. Dies wird in Begriffen von Sanftmut bzw. Milde *(douçeur),* von Menschlichkeit *(humanité)* und *sympathy* ausbuchstabiert. Der vor allem durch Smith bekannt gewordene Begriff der ›sympathy‹ meint dabei jedoch weder persönliche Zuneigung noch allumfassende Menschenliebe; er lässt sich umschreiben als eine Haltung der potentiellen Einfühlung, die auf der »technischen« (Sznaider 2000: 20) *Gleich-Gültigkeit von Fremden* im Kontext der historisch neuartigen liberalen Wirtschaftsgesellschaft beruht. Für Alexis de Tocqueville, einem weiteren aufmerksamer Beobachter seiner Zeit, scheinen Mitleid, Einfühlungsvermögen und Menschlichkeit in einem Zusammenhang mit der Entwicklung der *Demokratie* und dem damit verbundenen *Individualismus* auf: In der Aristokratie stand »Mitgefühl […] für Menschen als solche nicht zur Verfügung«, es bleibt auf Klassenbindungen beschränkt. Unter demokratischen Bedingungen dagegen »sind die engen Bindungen der Klasse geschwächt, und wir beziehen uns unmittelbar als Menschen aufeinander. Wo alle mehr oder weniger gleich sind, identifiziert sich ein jeder bereitwillig mit dem Anderen und also auch mit dessen Missgeschick.« (Orwin 2009: 8)

Vor diesem Hintergrund wird deutlich, dass in den Diskursen über Mitleid um nichts Geringeres als um ein Verständnis der *moralischen Ordnung* sich wandelnder Gesellschaften und um die *Berechtigung* eines Denkens und Handelns in entsprechenden Kategorien gerungen wird. ›Mitleid‹ wurde in teils mehr, teils weniger konkreten Utopien entworfen, als Gegenpol zu Grausamkeit und Brutalität; Hoffnungen auf eine »Verbesserung der Moral« (Ritter 2005²: 8) und nicht zuletzt auf eine »moralische Integration der Menschheit« (ebd.: 11) unter dem Vorzeichen historischer Globalisierungsprozesse knüpfen daran an. ›Mitleid‹ ist so auch Ausdruck eines Fortschrittsdenkens und Zivilisierungsprozesses, das auf Vorstellungen *verallgemeinerter Mitmenschlichkeit* aufruht (darauf wird noch einzugehen sein). Demgegenüber – und einer solchen Deutung diametral entgegensetzt – schließt die (Diskurs-)Geschichte des Mitleids bis in die Gegenwart ein Spektrum wuchtig vorgetragener Dekonstruktionen ein, das zwar die Existenz eines solchen Gefühls nicht zu negieren vermag, damit aber keineswegs positive Aspekte verbindet. Aus Sicht der Mitleidskritik stellt ›Mitleid‹ sich im Gegenteil z.B. als Verschleierung von Machtinteressen, als selbstverliebter Altruismus, als Ausweis barm-

herzigen ›Samariter‹- und naiven ›Gutmenschentums‹, als Zeichen der Larmoyanz oder
schlicht Irrationalität dar. Friedrich Nietzsche – um nur noch einmal den Blick zurück
zu werfen – sah im Mitleid eine »moderne Epidemie«, der auch sein Antipode, der Mit-
leidsethiker Schopenhauer, an Heim gefallen sei. Es gehöre in die »Sphäre der niederen
Menschen, die andere ebenso wie sich selbst bemitleideten und sich darin wälzten […]
Das Wesen der Menschheit machte ihr Streben nach Größe aus, und alle Größe beruhte
auf Leiden. Das moderne Projekt des Mitleids, als Abschaffung des Leidens verstanden,
war also ipso facto ein Feldzug gegen die Menschheit im eigentlichen Sinne zugunsten
eines Abstiegs zum Untermenschlichen.« (Orwin 2009: 9)[8] Dazu Nietzsche im »Antichrist«: Mitleid sei »als *Multiplikator* des Elends wie als *Konservator* alles Elenden ein
Hauptwerkzeug zur Steigerung der *décadence.*« (Nietzsche 2008: 21; Hervorh. im Orig.).

Von rein moralischen Erwägungen zu unterscheiden sind die Konstellationen des
politikphilosophischen Diskurses, in dem Mitleid und Moral in Widerspruch zu Kategorien des *Rechts* und seiner – im Kontext nationalstaatlicher Solidarität bürgerrecht-
lich definierten, im Bezugsrahmen der Menschenrechte universal geltenden – Prinzipien von *Gleichheit* und *Freiheit* geraten. Zwar münden, wie oben angedeutet, die
›Erfindung‹ des modernen, bürgerlichen Individuums (als Markt- wie auch als Rechts-
subjekt) und daran geknüpfte Ordnungskonstruktionen in eine Verallgemeinerung und
damit auch *sozialstrukturelle Entgrenzung* von Mitleid über Klassenschranken hinweg.
Unter den Bedingungen hierarchisch gestalteter Gesellschaftsordnungen, sozialer Dis-
paritäten und diese stützender Macht- und Herrschaftsverhältnisse kann Mitleid jedoch
umgekehrt dazu beitragen, die Überlegenheit der einen und Unterlegenheit der anderen
in Beziehungen der *Abhängigkeit* zu zementieren; verpflichtendes Recht wird – symbolisch und materiell – durch Wohlwollen, Wohltätigkeit und höchst ambivalente Formen
der Anerkennung (sprich: der ›Mitleidswürdigkeit‹ von Leidenden) ersetzt. Historische
Forschungen zur Armut und sozialen Exklusion, in der seit jeher zwischen ›Würdigen‹
und ›Unwürdigen‹ unterschieden wird (vgl. Raphael/Uerlings 2008) sowie die politische Propagierung eines ›mitfühlenden‹ Kapitalismus und Liberalismus geben eine Ahnung von dieser Ambivalenz. Aktuell spielen solche Auseinandersetzungen bspw. auf
komplizierte Weise in die Diskussionen um globale Armut, globale Gerechtigkeit und
das Leiden *entfernter Anderer* hinein, die um Schlüsselbegriffe wie ›Verantwortung‹,
›Solidarität‹ oder eben auch ›Humanität‹ changieren und – vor dem Hintergrund fehlender globaler Sicherungsstrukturen – gerade die real bestehenden Ungleichheiten als
moralisches und politisches Problem definieren.[9] Können Mitleid und Mitgefühl mit der

---

8   Orwin interpretiert dies in seiner Nietzsche-Lektüre als einen Einwand »ethischer Art«, gerichtet ge-
     gen den »Mitleidswahn, von dem das 19. Jahrhundert infiziert war und wovon wir uns auch heute nicht
     gänzlich erholt haben.« (2009: 7)
9   Während entsprechende Diskussionen auf national- und wohlfahrtstaatlicher Ebene angesichts der
     weit durchgesetzten Normsetzung des Rechts und korrespondierender Steuerungs- und Regulierungs-
     formen mehr oder weniger obsolet erscheinen, brechen sie gegenwärtig mit Brisanz im Kontext glo-
     balgesellschaftlicher Problemstellungen auf. Vgl. dazu im Hinblick auf Armut, Menschenrechte, den

emanzipatorischen Idee von Gleichheit und Freiheit, mit Ebenbürtigkeit einhergehen oder werden emanzipatorische Ansprüche durch emotionale Haltungen unterminiert? Erweisen Mitleid und Mitgefühl sich als politische Kraft oder fallen sie unter das Verdikt eines ›politisch inkorrekten‹ Sentiments? Solche Fragen sind durch die Etablierung von (nationaler) Wohlfahrtstaatlichkeit und die Entwicklung des Menschenrechtsschutzes keineswegs gelöst, im Gegenteil. Unter gegenwärtigen Globalisierungsbedingungen verbinden sich mit ihnen stets neuartige, weitreichende Herausforderungen und schwierige Debatten, die die Ebene der Institutionen- und der Individualethik, aber auch der Sozialstruktur berühren.[10]

Wie schon die Philosophin Hannah Arendt deutlich gemacht hat, baut Mitleid entscheidend auf der *Differenz* auf, die zwischen der eigenen Lage und der Lage der Leidenden, zwischen dem ›Glücklichen‹ und ›Unglücklichen‹ besteht. Arendt hat die Kategorie des Mitleids in Auseinandersetzung mit dem Ideengut der Französischen und Amerikanischen Revolution genau darüber bestimmt; sie betont des Weiteren den Aspekt der *Beobachtung,* der an die ›Aufführung‹ des Leidens (»the spectacle of the people's sufferings«, Arendt 1990: 75) anschließt: als »observation of the *unfortunate* by those who do not share their suffering, who do not experience it directly and who, as such, may be regarded as fortunate or *lucky* people.« (Boltanski 1999: 3; Hervorh. im Orig.) Hinsichtlich dessen verwirft Arendt den Mitleidsbegriff in seinen politischen Implikationen. In der von ihr getroffenen Unterscheidung zwischen Mitleid (›*pity*‹) und Mitgefühl (›*compassion*‹) ist Ersteres als Rhetorik, als Kategorie der Generalisierung und Repräsentation *und* als Emotion, die sich selbst als solche erkennt und anerkennt, definiert.[11] Ein ›Wegsehen‹ sei seit dem 18./19. Jahrhundert nicht mehr möglich, zugleich maße Mitleid als *pity* sich den Anspruch der stellvertretenden Fürsprache an. *Compassion* hingegen wird als praktische Anteilnahme an je partikularen Individuen und deren Leiden in direkten Begegnungen, als affektuelle und unmittelbare Regung in face-to-face Situationen charakterisiert. Diese Begriffswahl mag sachlich einerseits einleuchten und ließe sich zuspitzen – hin etwa zur Unterscheidung zwischen Mitleid als einer ›diskursiven‹ und Mitgefühl als einer ›interaktiv-praktischen‹ Emotion. Sie bleibt in ihrem präskriptiven Duktus aber soziologisch unbefriedigend und unterschätzt zum einen die *generelle* Bedeutung mediatisierender Vorgänge und Kontexte, die in Mitleid ebenso wie Mitgefühl eingelassen sind – auch das Leiden des Anwesenden, des direkt Beobachtbaren bedarf der Interpretation durch den Zuschauer, der auf sinnlich wahrnehmbare Elemente wie

---

Umgang mit Leiden z. B. die Bände von Follesdal/Pogge (2005), Kuper (2005), Eade/O'Byrne (2005), Bleisch/Schaber (2009) sowie aus kosmopolitischer Sicht Linklater (2007), Kurasawa (2007), Turner (2006). Zur Frage einer Solidarität jenseits des Nationalstaates und einer kosmopolitischen Konzeption von Sozialität vgl. auch Poferl (2010 a und b) und die dort diskutierte Literatur.

10 Zu Untersuchungen des Verhältnisses von Gefühlen und Sozialstruktur vgl. bspw. auch Neckel (1991).

11 Arendt lehnte die darauf aufbauende ›Politik des Mitleids‹ *(politics of pity)* entschieden ab. Generalisierung und Repräsentation bedeutet, gemäß den Idealen der Französischen Revolution z. B. für das leidende Volk, *le peuple,* zu sprechen.

Mimik und körperlichen Ausdruck reagiert. Zum anderen verkennt die Arendtsche Gegenüberstellung, dass auch ›tiefe‹ und ›aufrichtige‹ Gefühle an die *immer nur* indirekte Erfahrung in Form der Vorstellung vom Leiden Anderer anknüpfen können.

3 Die historische Genese des Mitleids und die Perzeption von Leiden. Ausgewählte Befunde

Genauer als normative Diskurse geben sozialwissenschaftlich und kulturhistorisch orientierte Arbeiten Aufschluss über die gesellschaftlichen und sozialen Faktoren, die zur Entstehung des Mitleids und seiner Programmatik wie auch Praxis beigetragen oder begünstigende Hintergrundbedingungen geschaffen haben. In wegweisenden Untersuchungen zur Durchsetzung eines »*humanitarian consciousness*« im 18. und 19. Jahrhundert und zur Genese des Mitleids in der Moderne behandelt Sznaider die eben schon angesprochene Entwicklung der Demokratie und des Marktes als *die* beiden großen sozialstrukturellen und kulturellen Prozesse, deren universalisierende und pazifizierende Effekte dem »›öffentlichen Mitleid‹« und seinen organisierten Formen durch die Aktivitäten von »Experten und Funktionären in Sachen Mitleid« (Sznaider 2000: 9) den Boden bereitet haben. Ausgangspunkt seiner Analysen ist die Frage, »welche Art von Mitleid typisch für welche Art von Gesellschaft ist.« (ebd. 7). Dazu wird angenommen, dass es

> »einen logischen und historischen Zusammenhang gibt zwischen dem Humanitarismus, nämlich die Gestalt, die das Prinzip des größten Glücks für alle konkret annimmt, das praktizierte Mitleid, auf der einen Seite und dem Entstehen der bürgerlichen Gesellschaft mit ihren charakteristischen Zügen wie Kapitalismus, Markt und Demokratie auf der anderen Seite.« (ebd.: 10)

Mitleid stellt demnach eine »eindeutig moderne Form des moralischen Handelns« (ebd.: 7) dar. Es steht für die *moralische Selbstorganisation* der modernen – humanitären – Gesellschaft, die im »compassionate temperament« (2001: 3 ff.) ihren Ausdruck findet:

> »Compassion is the moral self-organization of society. It is the first moral campaign not organized by the church or the state. The structures of modernity are what make this self-organization possible. And the moral sentiments that result from this process constitute qualitatively new social bonds.« (2001: 1)[12]

---

12 Empirisch beschäftigt der Autor sich in der hier zitierten Arbeit insbesondere mit dem Wandel der gesellschaftlichen Behandlung von Kindern; theoretisch wird in kritischer Auseinandersetzung auf Arendt und Foucault sowie die moralphilosophischen Ansätze der schottischen Aufklärung (Smith, Hume) Bezug genommen.

Die historische und gegenwärtige Erfahrung menschlicher Grausamkeit und Barbarei ist damit nicht von der Hand zu weisen. Allein die Empörung darüber und das Bemühen, Leid zu mindern, zeige jedoch einen entscheidenden Wandel des kulturellen Wertesystems der Moderne, als dessen integraler Bestandteil Mitleid gelten kann, bis in das 20. Jahrhundert hinein an: »Clearly this has been the century of cruelty, and it also has been the century of compassion.« (ebd.: 99)

Modernisierungstheoretische Zugänge nehmen vor allem makrostrukturelle Bedingungen in den Blick. Auf spezifischere Prozesse der Vermittlung und Wahrnehmung von Leiden machen darüber hinaus bereits die instruktiven Arbeiten von Thomas Laqueur (1989) zur Entwicklung des »humanitären Narrativs« aufmerksam. Die Entfaltung dieses Narrativs baut erstens auf der literarischen Technik des »reality effect« auf, der auf empirische Genauigkeit bedacht ist und durch den Erfahrungen (Qualen, Beschädigungen, Nöte) Anderer als wirklich und ›wahr‹ vermittelt werden[13]; zweitens auf der Körperlichkeit des Leidens und der Herstellung eines Körperbezuges – der Körper ist Ort des Schmerzes und bildet ein gemeinsames Band zwischen den Leidenden und denen, die helfen könnten; drittens auf Szenarien der Kausalität und Handlungsmächtigkeit – die Linderung von Leiden gilt angesichts der gestiegenen menschlichen Eingriffsmöglichkeiten (sowohl medizinisch-technischer als auch sozialer und politischer Art) als erreichbar und möglich, sie erscheint daher moralisch geboten und unmittelbar legitim. Die geschichtlich-gesellschaftliche Entwicklung der Kategorie des Leidens sowie dessen Verknüpfung mit humanitaristischem und menschenrechtlichem Denken ist in jüngster Zeit zu einem viel beachteten Thema der sozial- und kulturwissenschaftlichen Diskussion geworden;[14] neben historischen und zeitdiagnostischen Rekonstruktionen werden in der Theoriebildung bspw. Bezüge zum Konzept der »Verwundbarkeit« (Turner 2006) hergestellt. Allerdings handelt es sich bei diesen Beiträgen – die Arbeiten Sznaiders ausgenommen – nicht um eine Soziologie des Mitleids im engeren Sinne.

Weitere aktuelle Studien, die an dieser Stelle nur kurz, zur Veranschaulichung möglicher Generierungs- und Wahrnehmungsdispositive angeführt seien, heben die für moderne Gesellschaften zentrale Rolle der Massenmedien[15] hervor, die über das Leiden Anderer berichten, es verbal und visuell präsentieren, dar- und oftmals auch zur Schau stellen. Die Medien sind, so Roger Silverstone (2007), zu einem eigenen »moral space« transformiert, der diese Anderen über örtlich gebundene Interaktionen hinaus nahe bringt – im Zeitalter der Globalisierung vollzieht sich dies über Grenzen und weltweite Entfernungen hinweg. Lillie Chouliaraki (2006) weist auf die verschiedenen Formate der medialen Vermittlung von Leiden am Beispiel von Nachrichten hin, die je unter-

---

13 Der ›reality effect‹ hat sich um Zuge der empiristischen Revolution des 17. Jh. durchgesetzt. Als Beispiele werden der realistische Roman, die Autopsie, der klinische Bericht wie die Umfrage genannt (Laqueur 1989: 177). Vgl. aktuell auch Laqueur (2009).

14 Vgl. z. B. die Beiträge in Wilson/Brown (2009); soziologisch-konzeptionell Wilkinson (2005), Turner (2006).

15 Vgl. dazu bspw. auch die Ausführungen bei Behmer (2003), Spahr (2006), Zill (2006), Zizek (1994).

schiedliche Reaktionsweisen hervorbringen können. Untersuchungen von Kampagnen und Organisationen (vgl. Baringhorst 1999, Kurasawa 2007) arbeiten die auf Solidarität – und das heißt auch: Betroffenheit, Empathie – abhebenden Rahmungsstrategien heraus. Methodisch ist der oft vorschnellen Behauptung der ›Erzeugung‹ von Mitgefühl und Mitleid über Mediendarstellungen jedoch mit Vorsicht zu begegnen. In der Regel werden mediale Angebote, keine Rezeptionen untersucht. Luc Boltanski fragt in seiner Studie über die Wahrnehmung von Leiden auf Distanz (1999)[16] danach, welche *moralisch akzeptablen Antwortmöglichkeiten* dem Zuschauer – der ja in der Regel nicht direkt eingreifen kann, sondern sich in der komfortablen Lage des Medienkonsumenten befindet – zur Verfügung stehen. Diese Möglichkeiten sind verschieden, doch begrenzt. Sie dokumentieren sich, so sein Ansatz, in der Rede *(speech)*, d. h. in der Art und Weise, in der über das Gesehene gesprochen wird: »The answer we propose […] is, that one can commit oneself through speech; by adopting the stance, even when alone in front of the television, of someone who speaks to somebody else about what they have seen.« (Boltanski 1999: XV) Im Rückgriff auf literarische Genres (Pamphlete, Romane, Kunstkritik) unterscheidet Boltanski drei rhetorische Formen des Mitleids: »the topic of denunciation«, das durch Empörung und Anklage gekennzeichnet ist, »the topic of sentiment«, in dem Weichherzigkeit, Wohltätigkeit und die Dankbarkeit des Leidenden im Vordergrund stehen, und »the aesthetic topic«, das dergleichen Formen des Involviert-Seins zurückweist zugunsten einer Sublimierung, einer Haltung der scheinbaren Kälte sowie der verfeinerten Betrachtung.[17]

Die hier nur stichwortartig angeführten Befunde zeigen, dass in allen vorliegenden Untersuchungen und Reflexionen – teils mehr, teils weniger explizit und systematisch – die ›General-Unterscheidung‹ zwischen *dem Leiden* und seinem *Betrachter* zentral wird. Wie schon Arendt geht auch Susan Sontag (2003) in ihrem bekannten Essay zur Kriegsfotografie kritisch darauf ein. Die grundlegende Differenz zwischen dem Leidenden und (potentiell) Mit-Leidenden verleitet zu Akten der Interpretation im Sinne gängiger Deutungskonventionen, die – so Sontag – in Frage zu stellen sind und gleichsam der Berechtigung im Bilde selbst entbehren: »Wo es um das Betrachten des Leidens anderer geht, sollte man kein ›Wir‹ als selbstverständlich voraussetzen.« (Sontag 2003: 13) Sontag wendet sich kunsttheoretisch argumentierend gegen die Inanspruchnahme von Sehgewohnheiten in moralisierender und politisierender Absicht und macht zudem auf die Konstruiertheit (d. h. hier: Manipulierbarkeit) von Realität im Prozess der Bildproduktion aufmerksam, die zu Fiktionen und Täuschungen veranlasst. Das Wissen um eben diese Manipulierbarkeit hat jedoch, so muss ergänzt werden, längst den aufgeklärten,

---

16   Zur Anwendung und Diskussion dieses Ansatzes im Hinblick auf die Dramatik von Risikodiskursen vgl. Keller (2003).

17   Vorbild dafür ist die Figur des ›Dandy‹ (Boltanski 1999: 117). Im Rekurs auf Baudelaire : »there is no sweeter pleasure than to surprise a man by giving him more than he expects.« (Paris Spleen: 59, zit. nach Boltanski 1999: 130).

informierten – oder zumindest aufgeklärt und informiert erscheinen wollenden – Zuschauer erreicht. Boltanski (1999: 149 ff.) unterstreicht in seiner These von der »Krise des Mitleids« die in verschiedenen Studien aufgezeigten »kritischen Fähigkeiten« der Zuschauer und damit verbundene Prozesse der *bewussten Distanzierung*. Sie lösen je eigene Dynamiken aus und sind sowohl von der intellektuellen Vorstellung eines unbedarften, der gesellschaftlichen Deutungsmacht blind ausgelieferten Alltagsinterpreten wie auch von psychisch-sinnlicher Ermüdung und Abstumpfung im Angesicht von Bilderfluten zu unterscheiden.

4   Konstitutive Merkmale und Dimensionen von Mitleid: Existentielle Asymmetrie und ›wertfühlende‹ Resonanz

Die in der Literatur genannten Aspekte der *Differenz* bzw. *Distanz* zwischen Leidenden und Mitleidenden sowie die damit verbundenen *Beobachtungsqualität* zum einen, *Affektivität, Expressivität* und *Partikularität* in Form einer je spezifischen Bezugnahme auf Leiden zum anderen, sind auch für eine wissens- und emotionssoziologische Konzeptualisierung von Mitleid von Belang. Allerdings erscheint es nicht plausibel, dies je getrennten Kategorien des Mitleids als Repräsentation behauptendem *pity* und sich einfühlendem *compassion* definitorisch zuzuordnen. Welche Elemente in einem bestimmten sozialen, kulturellen, historischen und politischen Kontext situativ wie zum Tragen kommen, bleibt eine *empirische* Frage und kann daher auch nur empirisch beantwortet werden. Im Mit*leid* ist – wortwörtlich genommen und wie eingangs vermerkt – ein Mit*gefühl* enthalten, mag es noch so abstrakt und allgemein sich artikulieren. Aber auch das Moment der nur ›vermittelten‹ Betrachtung von aufgeführtem und dargestelltem Leiden im Unterschied zur ›unmittelbaren‹, interaktiven Anteilnahme stellt kein geeignetes Distinktionskriterium dar. Je eher der Konstruktionscharakter von Mitgefühl und Mitleid anerkannt wird, desto mehr verschwimmt die vermeintlich trennscharfe Unterscheidung. Zugleich rücken – und dies ist durchaus kein Widerspruch – *post-konstruktivistische* Fragen in den Vordergrund: Mitfühlendes Mitleiden verweist hinsichtlich der Struktur seiner *Objektwahrnehmung* stets auf die elementare Ebene der Verletzlichkeit, Antastbarkeit und Fragilität menschlicher Existenz, auf den gesellschaftlichen Stellenwert menschlicher Integrität und Würde und darauf, was sie letztlich ›ausmacht‹ – in gegebenen, empirisch aufzuschlüsselnden Konstellationen. Die Differenz zwischen ›Leid‹ und ›Mit-Leid‹ ist dabei unauflösbar. Sie schafft eine *existentielle Asymmetrie,* die sich der *Deckungsgleichheit* von Erfahrung in jedweder Situation verweigert. Insofern kommt im Mitleid immer eine Form der Perspektivenübernahme oder -verschränkung zum Tragen, die eine Anbindung des je eigenen Erlebens und der emotionalen Erfahrung (aus der Sicht des *ego*) an die unterstellte Wirklichkeitserfahrung des Anderen *(alter ego)* zu leisten hat. Dem liegen Prozesse der *Sensibilisierung,* der *Übersetzung* und der *Erzeugung von Resonanz* zugrunde, ohne die es weder Mitgefühl noch Mitleid geben kann; empirische Unterschiede sind in den jeweiligen Kontexten und Vorgängen der Zeichen- und Symbolinterpretation wie des Leidens- und Mitleidensausdrucks – von der Mikroebene individueller, subjektiver Erfahrung bis hin zu kollektiven Ausprägungen – zu suchen.

Vorliegende Nachzeichnungen der Ideengeschichte von Mitgefühl und Mitleid können in diesem Zusammenhang als Quellen der Information herangezogen, darüber hinaus aber auch selbst als empirisches Material, d. h. als Diskursdokumente gelesen werden. Von der Jetztzeit, also ihrem Ende her gesehen, schreiben diese Nachzeichnungen ganz überwiegend eine Art *Erfolgsgeschichte:* In der privaten, aber auch der öffentlichen Sphäre moderner bürgerlicher Gesellschaften habe das Mitleid heutzutage eine zentrale Stellung erhalten, es erfreue sich eines »hohen und unumstrittenen Ansehens«. »Mitleid wird heute im Allgemeinen für etwas Gutes gehalten und diejenigen, die Mitleid zeigen, gelten als gute Menschen. Viele sehen ja im Mitleid […] den eigentlichen Kern des Guten, die Tugend aller Tugenden.« (Orwin 2009: 1) Die Ethik des Mitleids sei weder an Beschränkungen des Orts noch der Kultur gebunden, sie nehme sogar die Gestalt einer »Ethik der grenzenlosen Einfühlung« (Ritter 2005²: 8) an, wie sie »ausdrücklich oder unausdrücklich« (ebd.) vor allem der Programmatik und Arbeit moderner Hilfsorganisationen zugrunde liege. »Von wenigem sind die Angehörigen der westlichen Zivilisation so sehr überzeugt wie von ihrer Fähigkeit, sich in andere hineinzuversetzen. Sie glauben sogar, daß diese Fähigkeit stetig zunehme, so daß eines Tages eine den ganzen Globus umfassende Moral der Einfühlung durchgesetzt ist.« (Ritter 2005²: 7) Dieser Erfolgsgeschichte wird jedoch zugleich mit erheblicher Skepis begegnet. ›Mitleid‹ steht in enger Verbindung mit ›Moral‹ und wo von Moral die Rede ist, ist die Moralkritik nicht weit; gespiegelt ist darin, dass Mitleid alles andere als ein kulturell selbstverständliches Phänomen ist. Die Ideengeschichte steht vielmehr selbst oft im Bann der Dekonstruktion. Dem intellektuellen Diskurs stellt sich Mitleid heute eher als verkannte Subjektformierung und als ideologisch *verdächtiges Motiv* dar, das die diskursive Bearbeitung ihrerseits zu unermüdlichen Absetzungsbemühungen und Entlarvungsgesten veranlasst; dies gilt für die Moral- wie die Politikphilosophie und deren Geschichtsschreibung gleichermaßen. An der Präsenz einer solchen Normativität des Gegenstandes – genauer: einer Normativität seiner Deutung und Beurteilung – führt offensichtlich so leicht kein Weg vorbei.

In Auseinandersetzung mit den vorhergehend betrachteten Diskussions- und Forschungslagen ergibt sich darüber hinaus folgendes Bild:

Erstens zeigt sich, dass Sozialität – phänomenologisch interpretiert als Dasein des Menschen und In-der-Welt-Sein mit Anderen, als soziale Grundstruktur der »Lebenswelt« (Schütz/Luckmann 1979/1984) – dem Phänomen des Mitleids existentiell vorausgeht.[18] Wo kein ›Anderer‹ ist, entbehrt das Mitleiden seines Gegenstandes und könnte sich weder ideell noch praktisch entfalten – dies wäre eine konstitutionslogisch und vor allem dann auch sozio-logisch weltfremde Abstraktion. *Intentionalität* in Form der Gerichtetheit auf ein Objekt und *Relationalität* als dadurch hergestellte Beziehung stellen insofern zwei grundlegende, miteinander verwobene Merkmale – bereits auf vorreflexiver, die emotionale Erfahrung, das Verhältnis von Subjekt und Welt erst konstituierende Ebene – dar. Auch das formal begründete Simmelsche Konzept der ›Wechselwirkung‹, das besagt, dass eben diese Gefühlen strukturell vorgelagert sei, weist auf die Unhintergehbarkeit von Sozialität hin.

Zweitens ist davon auszugehen, dass Mitleid über die affektive Besetzung von Objekten dazu beiträgt, die Wahrnehmung und Bewertung von Situationen und Gegebenheiten zu strukturieren und somit an der Entstehung einer ganz *bestimmten* – durch Anteilnahme, Berührung und Resonanz geprägten – Form des In-der-Welt-Seins mit Anderen, d. h. an *historisch situierter* Sozialität, beteiligt ist. Gefühle haben kognitive wie evaluative – und auch darin intentionale, gegenstandsbezogene[19] – Komponenten. Wiederum ließe sich emotionssoziologisch an Simmel wie insbesondere an Durkheim anknüpfen, der Gefühle bereits als »fundamentale Konstruktionsform sozialer Wirklichkeit« (Gerhards 1988: 37 ff.), entscheidend etwa über Profanes/Sakrales, Nähe/Ferne, Zugehörigkeit/Nicht-Zugehörigkeit, begreift. Zur Wirkung kommt dabei die von neueren phänomenologisch ausgerichteten Ansätzen betonte ›Intentionalität des Leibes‹[20] ebenso wie die kognitivistisch akzentuierte ›Intentionalität des Verstandes‹, die Er-

---

18 Dem zugrunde liegt die von Schütz proto-soziologisch ausgearbeitete Annahme einer sozialen Struktur der Lebenswelt, die zu den von ihm beschriebenen – und über phänomenologische Konstitutionsanalysen zugänglichen – universalen Strukturen subjektiver Orientierung in der Welt gehört. Die Sozialität des Handelns ruht auf der sozialen Struktur der Lebenswelt auf. Dies kommt, Srubar (2007) zufolge, nicht nur, aber insbesondere in der pragmatischen Ausrichtung der Lebensweltheorie und der hierfür zentralen Kategorie des Wirkens und der Wirkensbeziehung zum Ausdruck: Das Wirken in der Welt sei stets »von dem Wirkungszusammenhang her mit anderen her« (ebd.: 197) zu begreifen. Es »strukturiert sowohl die soziale Welt als Umwelt als auch das wirkende Subjekt selbst« (ebd. 198). Anders formuliert: »Mit dem Primat des pragmatischen Motivs ist also das Primat der Sozialität als Grundlage subjektiver Sinnkonstitution wesentlich verbunden.« (ebd.: 198). Phänomenologie ist *nicht* mit Soziologie als empirischer Erfahrungs- und Wirklichkeitswissenschaft, Konstitutionsanalyse in *diesem* Verständnis nicht mit Konstruktionsanalyse gleichzusetzen (zur Unterscheidung vgl. Luckmann 1979). Gleichwohl verweist beides aufeinander. Einen Einblick in die aktuelle Diskussion über das Verhältnis von Phänomenologie und Soziologie bietet der Sammelband von Raab u. a. (2008).
19 Einen Sonderfall stellt womöglich das Gefühl der Einsamkeit dar, das sich aus Erfahrungen der Abwesenheit speist. Was Intentionalität im Sinne der Gerichtetheit, der ›Bezogenheit auf etwas‹ – das eben nicht da ist, das womöglich nur als Erwartung existiert – in dem Zusammenhang bedeutet, kann hier nur als Frage aufgeworfen werden.
20 Als fundierende Referenztheorien in der Emotionssoziologie gelten in der Regel nicht die mit Schütz verbundene Mundanphänomenologie, sondern die Leibphänomenologie Merlau-Pontys oder die existentialistische Phänomenologie Sartres. Zu kognitivmuskritischen Ansätzen in der Philosophie vgl. z. B. Schmitz (1980), Landweer (1999, 2004).

lebens- und Empfindungsweisen gleichsam identifizieren.[21] Ein Dualismus des einen *oder* anderen erscheint jedoch unzureichend, um der Komplexität von Mitleid gerecht zu werden (auch die Emotionstheorie und -forschung ist oftmals um Integrationen und Synthesen, einschließlich physiologischer und naturwissenschaftlicher Konzepte, bemüht.)[22]

Drittens ist Mitleid, so der Hinweis kulturwissenschaftlich orientierter Arbeiten, von umfassenderen *kulturellen Sinn- und Bedeutungszusammenhängen* geprägt, die den eben angesprochenen Prozessen der Wahrnehmung und Bewertung zugrundeliegen, diese konturieren und der emotionalen Erfahrung vermittels spezifischer Deutungsmuster und Interpretationsschemata Gestalt verleihen. Darauf lässt sich der in der Emotionsforschung inzwischen breit verwendete Begriff der ›Gefühlskulturen‹ beziehen, der das Insgesamt der kulturellen Vorstellungen und Ausdrucksformen von Gefühlen, Ideologien, ›Gefühlsregeln‹ und die zur Beschreibung eingesetzte Sprache beinhaltet.[23] Gefühlskulturen und emotionale Erfahrungen sind eng miteinander verknüpft. In einem – sehr weit angelegten – Konzept der »*emotional practices*« weist Denzin (1990: 89) alle sozial verankerten und verkörperten Handlungen als Kontexte und Erzeugungsweisen von »*lived emotions*« aus; im Fall des Mitleids zählten hier bspw. das Betrachten von Bildern, die Beobachtung von Situationen, spontanes Engagement und organisierte Formen des Helfens dazu.

Eine vierte soziale Besonderheit von Mitleid liegt darin, dezidiert ein *Miterleben* mit dem *Erleben Anderer* zu beanspruchen. Eben darin liegt ein empathisches Moment; es beruht zentral auf der Fähigkeit – genauer: dem Glauben an die Fähigkeit – sich in den Anderen hineinzuversetzen und sein Erleben adäquat, zumindest näherungsweise, nachzuvollziehen. Dies bedeutet weiterhin: Ein Mensch, von dem ›wir‹ *nicht* annehmen, dass es ihm oder ihr schlecht ergeht, dem wir *keine* beklagens- oder eben: bemitleidenswerte Lage unterstellen, ›braucht‹ unser Mitleid nicht (und evoziert es in der Regel wohl auch nicht). Mitleid hat also eine projektive und imaginative Komponente. Sie bezieht sich auf die Vorstellungen, die Menschen sich voneinander machen; auf die Erlebensformen, die Gefühlszustände, Befindlichkeit und Lage, die dem Anderen – an dessen Schicksal man Anteil nimmt – zugeschrieben werden. Von einer tatsächlichen Reziprozität der Perspektiven ist dabei nur bedingt auszugehen. Das Mitleid selbst kann abgewiesen, aber durch den Anderen *zunächst* nicht korrigiert werden. Es ist ein objektverhafteter und zugleich sehr selbstbezüglicher Akt des Fühlens, in dem die Person sich als mitleidend erfährt.

---

21 Zum Spektrum interaktionistischer, konstruktivistischer und kulturwissenschaftlicher Positionen in der Emotionssoziologie siehe den Überblick bei Schützeichel (2006).

22 Neben entsprechenden Hinweisen in der bereits genannten Literatur siehe z. B. auch Harré/Parrott (1996). Als naturwissenschaftlicher Ansatz zur Erfassung von Empathie zieht aktuell die Theorie der Spiegelneuronen (Rizzolatti/Sinigaglia 2008) Aufmerksamkeit auf sich.

23 Siehe emotionssoziologisch z. B. Gordon (1989), Denzin (1990); zum Konzept der Gefühlskulturen in der Geschichtswissenschaft Kessel (2006).

Fünftens schließlich ist im Mitleid ein *Wertbezug* enthalten, der auf die *praktische Anerkennung* des Mensch-Seins im Anderen verweist. Auch dieser Aspekt ist für ein Verständnis des spezifischen Subjekt-Objekt-Bezuges unerlässlich. Die geschichtlich noch sehr aktuelle Erfahrung einer Unterscheidung von ›wertem‹ und ›unwertem‹ Leben im Nationalsozialismus macht darauf aufmerksam, dass Mitleid durch soziale Normen weder garantiert noch gesichert ist, sondern im Gegenteil zerstört und zum Schweigen gebracht werden kann. Leiden *als* Leiden wahrzunehmen, beinhaltet, nicht nur sich selbst, sondern auch dem Anderen die Tatsache des Mensch-Seins sowie entsprechende Leidens-, Erlebens- und Empfindungsfähigkeiten zuzugestehen.[24] Mitleid setzt zudem voraus, dass das erlittene bzw. wahrgenommene Leiden im Kern *legitimationslos* ist. In dieser Hinsicht geht Mitleid sowohl über ›moralisch‹ gebundene Gefühle als auch ›ethische Rationalität‹ hinaus. Es kann sich vielmehr dezidiert gegen die Grausamkeit moralischer Traditionen richten oder als beständiger Stachel z. B. gegen die rationalisierende Gerechtigkeitsformel des ›verdienten‹ und ›verschuldeten‹ Leidens wirken. Im Mitleid kommen – um einen Begriff Max Schelers aufzugreifen – Prozesse des freilich fragilen, jederzeit aufkündbaren »*Fühlens von Werten*« (2000: 35 ff.) zum Ausdruck, seien diese gesellschaftlich erlaubt, akzeptiert, rechtfertigbar oder nicht. Mitleid hat so auch nichts mit abgehobenen Standards zu tun, vielmehr mit *lebensweltlichen Erfahrungen* und *Praxen des Sozialen,* mit den historischen, kulturellen und materialen *Grenzziehungen* der sozialen Welt und ihren möglichen *Überschreitungen* – der »circle of the we« (Laqueur 2009: 32)[25] erweitert sich. Um es nochmals zu betonen: Die Asymmetrie zwischen Leid und Mitleid ist unumgänglich, und das heißt in sozialen Dynamiken wiederum, dass Achtung sich in Missachtung verwandeln kann; dem »Wertfühlen« des Glücklichen stehen – womöglich – Gefühle von Minderwertigkeit und Scham des Unglücklichen gegenüber. Diese Uneindeutigkeiten sind konzeptionell nicht zu ›bereinigen‹ und weder durch diskursive Überhöhung noch Herabsetzung des Gegenstandes aufzulösen. Wer sich mit Mitleid befasst, wandelt stets auf dem schmalen Grat der Perspektivendifferenz.

Literatur

Arendt, Hannah (1990): On Revolution: Harmondsworth: Penguin Books.
Baringhorst, Sigrid (1999): Solidarität ohne Grenzen? Aufrufe zu Toleranz, Mitleid und Protest in massenmedialen Kampagnen. In: Jörg Bergmann/Thomas Luckmann (Hg.): Kommu-

---

24 An dieser Stelle ist es natürlich unumgänglich, über den Menschen hinaus auch auf den potentiellen Einbezug von Tieren, Pflanzen, symbolisch besetzten Dingen – kurz: alles Belebten oder in der Phantasie Belebbaren – in den Kreis des Leidensfähigen hinzuweisen.

25 Laqueur greift damit eine Formulierung von David Hollinger auf. Zu den Grenzen der sozialen Welt und ihrer möglichen menschheitlichen Erweiterung vgl. moraltheoretisch auch Luckmann (2000).

nikative Konstruktion von Moral. Band 2: Von der Moral zu den Moralen. Opladen: Westdeutscher Verlag, S. 236–259.

Bayly, Christopher (2006): Die Geburt der modernen Welt. Eine Globalgeschichte 1780–1914. Frankfurt am Main/New York: Campus.

Beck, Ulrich (2008): Der eigene Gott. Die Individualisierung der Religion und der ›Geist‹ der Weltgesellschaft. Frankfurt am Main: Suhrkamp.

Behmer, Markus (2003): Menschenwürde und mediale Zwänge. Anmerkungen zur Berichterstattung aus der ›Dritten Welt‹. In: Communicatio Socialis 36(4): 353–364.

Berger, Peter L./Luckmann, Thomas (1980): Die gesellschaftliche Konstruktion der Wirklichkeit. Eine Theorie der Wissenssoziologie. Frankfurt am Main: Fischer.

Bischof-Köhler, Doris (2006): Empathie – Mitgefühl – Grausamkeit. Und wie sie zusammenhängen. In: Berliner Debatte Initial, Gestalten des Mitgefühls 17(1/2): 14–20.

Bleisch, Barbara/Schaber, Peter (Hg.) (2009): Weltarmut und Ethik. Paderborn: mentis.

Boltanski, Luc (1999): Distant Suffering. Morality, Media and Politics. Cambridge: Cambridge University Press.

Chouliaraki, Lillie (2006): The Spectatorship of Suffering. London: Sage.

Denzin, Norman K. (1990): On Understanding Emotion: The Interpretative-Cultural Agenda. In: Theodore D. Kemper (Hg.): Research Agendas in the Sociology of Emotions. Albany. N. Y.: State University of New York Press, S. 85–116.

Eade, John/O'Byrne, Darren (Hg.) (2005): Global Ethics and Civil Society. Aldershot: Ashgate.

Flam, Helena (2002): Soziologie der Emotionen. Konstanz: UVK.

Follesdal, Andreas/Pogge, Thomas (Hrsg.) (2005): Real World Justice. Grounds, Principles, Human Rights and Social Institutions. Dordrecht: Springer.

Foucault, Michel (1988): Archäologie des Wissens. Frankfurt am Main: Suhrkamp.

Gerhards, Jürgen (1988): Soziologie der Emotionen. Fragestellungen, Systematik und Perspektiven. Weinheim/München: Juventa.

Gordon, Steven L. (1989): Institutional and Impulsive Orientations in Selectively Appropriating Emotions to Self. In: David D. Franks/E. Doyle McCarthy (Hg.): The Sociology of Emotions: Original Essays and Research Papers. Greenwich, Conn: JAI Press, S. 115–135.

Harré, Ron/Parrott, W. Gerrod (Hg.) (1996): The Emotions. Social, Cultural and Biological Dimensions. London: Sage

Hitzler, Ronald (1988): Sinnwelten. Ein Beitrag zum Verstehen von Kultur. Opladen: Westdeutscher Verlag

Hitzler, Ronald/Reichertz, Jo/Schröer, Norbert (Hg.) (1999): Hermeneutische Wissenssoziologie. Standpunkte zur Theorie der Interpretation. Konstanz: UVK.

Keller, Reiner (2003): Distanziertes Mitleiden. Katastrophische Ereignisse, Massenmedien und kulturelle Transformationen. In: Berliner Journal für Soziologie 3: 395–414

Keller, Reiner (2005): Wissenssoziologische Diskursanalyse. Grundlegung eines Forschungsprogramms. Wiesbaden: VS.

Kessel, Martina(2006): Gefühle und Geschichtswissenschaft. In: Rainer Schützeichel (Hg.) (2006): Emotionen und Sozialtheorie. Disziplinäre Ansätze. Frankfurt am Main/New York: Campus, S. 29–47.

Kuper, Andrew (Hg.) (2005): Global Responsibilities. Who Must Deliver on Human Rights? New York/London: Routledge

Kurasawa, Fuyuki (2007): The Work of Global Justice. Human Rights as Practices, Cambridge: Cambridge University Press

Landweer, Hilge(1999): Scham und Macht. Phänomenologische Untersuchungen zur Sozialität eines Gefühls. Tübingen: Mohr.

Landweer, Hilge (2004): Phänomenologie und die Grenzen des Kognitivismus. In: Deutsche Zeitschrift für Philosophie 52(3): 467–486.

Laqueur, Thomas (1989): Bodies, Details, and the Humanitarian Narrative. In: Lynn Hunt (Hg): The New Cultural History. Berkeley: University of California Press, S. 176–204.

Laqueur, Thomas (2009): Mourning, Pity and the Work of Narrative in the Making of ›Humanity‹. In: Richard Ashby Wilson/Richard D. Brown (Hg.): Humanitarianism and Suffering, The Mobilization of Empathy. Cambridge: Cambridge University Press, S. 31–57.

Linklater, Andrew (2007): Distant Suffering and Cosmopolitan Obligations. In: International Politics 44(1): 19–36.

Luckmann, Thomas (1979): Phänomenologie und Soziologie. In: Walter M. Sprondel/Richard Grathof (Hg.) (1979): Alfred Schütz und die Idee des Alltags in den Sozialwissenschaften. Stuttgart: Enke, S. 196–206.

Luckmann, Thomas (1989): Kultur und Kommunikation. In: Max Haller u. a. (Hg.): Kultur und Gesellschaft. Verhandlungen des 24. Deutschen Soziologentags, des 11. Österreichischen Soziologentags und des 8. Kongresses der Schweizerischen Gesellschaft für Soziologie. Frankfurt am Main/New York: Campus, S. 33–45.

Luckmann, Thomas (1997): The Moral Order of Modern Societies, Moral Communication and Indirect Moralizing. In: Michael Wicke (Hg.) (1997): Konfigurationen lebensweltlicher Strukturphänomene. Opladen: Westdeutscher Verlag, S. 11–24.

Luckmann, Thomas (2000): Die intersubjektive Konstitution von Moral. In: Martin Endreß/Neil Roughley (Hg.): Anthropologie und Moral. Philosophische und soziologische Perspektiven. Würzburg: Königshausen & Neumann, S. 115–138.

Mills, Charles Wright (1940): Situated Actions and the Vocabularies of Motives. In: American Sociological Review 5(6): 904–913.

Neckel, Sighard (1991): Status und Scham. Zur symbolischen Reproduktion sozialer Ungleichheit. Frankfurt am Main/New York: Campus.

Nietzsche, Friedrich (2008): Der Antichrist. Fluch auf das Christentum. Neuenkirchen: RaBaKa Publishing.

Nussbaum, Martha (1996): Compassion: The Basic Social Emotion. In: Social Philosophy & Policy 13(1): 27–58.

Orwin, Clifford (2009): Mitleid. Wie ein Gefühl zu einer Tugend wurde. In: Merkur. Deutsche Zeitschrift für europäisches Denken 63(716): 1–9.

Poferl, Angelika (2004): Die Kosmopolitik des Alltags. Zur Ökologischen Frage als Handlungsproblem. Berlin: edition sigma.

Poferl, Angelika (2010a): Sozialität und Globalität. In: Michael Meuser/Michaela Pfadenhauer (Hg.): Fragile Sozialität. Inszenierungen, Sinnwelten, Existenzbastler. Wiesbaden: VS, S. 143–156.

Poferl, Angelika (2010b): Jenseits der Solidarität? Globale Probleme und die kosmopolitische Konstitution von Sozialität. In: Ulrich Beck/Angelika Poferl (Hg.): Große Armut, großer Reichtum. Zur Transnationalisierung sozialer Ungleichheit. Berlin: Suhrkamp, S. 134–167.

Raab, Jürgen/Pfadenhauer, Michaela/Stegmaier, Peter/Dreher, Jochen/Schnettler, Bernt (Hg.) (2008): Phänomenologie und Soziologie. Theoretische Positionen, aktuelle Problemfelder und empirische Umsetzungen. Wiesbaden: VS.

Raphael, Lutz/Uerlings, Herbert (Hg.) (2008): Zwischen Ausschluss und Solidarität. Modi der Inklusion/Exklusion von Fremden in Europa seit der Spätantike. Frankfurt am Main: Peter Lang.

Reichertz, Jo (2000): Objektive Hermeneutik und hermeneutische Wissenssoziologie. In: Uwe Flick/Ernst von Kardorff/Ines Steinke (Hg.): Qualitative Sozialforschung. Reinbek: Rowohlt, S. 514–524.

Ritter, Henning (2005²): Nahes und fernes Unglück. Versuch über das Mitleid. München: Beck.

Rizzolatti, Giacomo/Sinigaglia, Corrado (2008): Empathie und Spiegelneurone. Die biologische Basis des Mitgefühls. Frankfurt am Main: Suhrkamp.

Rousseau, Jean-Jacques (2010): Abhandlung über den Ursprung und die Grundlagen der Ungleichheit unter den Menschen. Hg. von Philipp Rippel. Neuausgabe. Stuttgart: Reclam.

Scheler, Max (2000): Grammatik der Gefühle. Das Emotionale als Grundlage der Ethik. München: dtv.

Schmitz, Hermann (1980): Neue Phänomenologie. Bonn: Bouvier.

Schopenhauer, Arthur (2007): Über die Grundlage der Moral. Hamburg: Meiner.

Schütz, Alfred/Luckmann, Thomas (1979/1984): Strukturen der Lebenswelt. Bd. 1 1979, Bd. 2 1984. Frankfurt am Main: Suhrkamp.

Schützeichel, Rainer (Hg.) (2006): Emotionen und Sozialtheorie. Disziplinäre Ansätze. Frankfurt am Main/New York: Campus.

Schützeichel, Rainer(2006): Emotionen und Sozialtheorie – eine Einleitung. In: Ders.: Emotionen und Sozialtheorie, Frankfurt am Main/New York, S. 7–26.

Shott , Susan (1979): Emotion and Social Life: A Symbolic Interactionist Analysis. In: American Journal of Sociology 84(6): 1317–1334.

Silverstone, Roger (2007): Media and Morality. On the Rise of the Mediapolis. Cambridge/Malden: Polity Press.

Soeffner, Hans-Georg (2000): Gesellschaft ohne Baldachin. Über die Labilität von Ordnungskonstruktionen. Weilerswist: Velbrück.

Soeffner, Hans-Georg (2004): Auslegung des Alltags – Der Alltag der Auslegung. Zur wissenssoziologischen Konzeption einer sozialwissenschaftlichen Hermeneutik. 2., durchges. und ergänzte Auflage. Konstanz: UVK.

Sontag, Susan (2003): Das Leiden anderer betrachten. München/Wien: Hanser.

Spahr, Angela (2006): Theatrum mundi. Mitfühlen angesichts des globalen Elends im Fernsehalltag. In: Berliner Debatte Initial, Gestalten des Mitgefühls 17(1/2): 50–60.

Srubar, Ilja (2007): Phänomenologie und soziologische Theorie. Aufsätze zur pragmatischen Lebenswelttheorie. Wiesbaden: VS.

Sznaider, Natan (2000): Über das Mitleid im Kapitalismus. Essay. Wien/Linz/Weitra/München: edition München Bibliothek der Provinz.

Sznaider, Natan (2001): The Compassionate Temperament. Care and Cruelty in Modern Society. Lanham: Rowman & Littlefield.

Turner, Bryan (2006): Vulnerability and Suffering. The Pennsylvania State University: The Pennsylvania State University Press.

Welsen, Peter (2007): Einleitung. In: Arthur Schopenhauer (2007): Über die Grundlage der Moral. Hamburg: Meiner, S. VII–XV.

Wilkinson, Iain (2005): Suffering. A Sociological Introduction. Cambridge/Malden: Polity Press.

Wilson, Richard Ashby/Brown, Richard D. (Hg.) (2009): Humanitarianism and Suffering, The Mobilization of Empathy. Cambridge: Cambridge University Press.

Zill, Rüdiger (2006): Zivilisationsbruch mit Zuschauer. Gestalter des Mitgefühls. In: Berliner Debatte Initial: Gestalten des Mitgefühls 17(1/2): 61–72.

Zizek, Slavoj (1994): Das erhabene Bild des Opfers. In: Mittelweg 36 (3/4): 76–84.

Gabe und Vertrauen
Eine französische Perspektive

Frauke Rischmüller

1   Plädoyer für einen Perspektivwechsel

Was ist Vertrauen? Welche Rolle spielt Vertrauen für soziale Beziehungen? Wie entsteht Vertrauen? Nimmt man an, dass jede Interaktion und jede Kommunikation für das soziale Leben von großer Bedeutsamkeit ist, da sie unser Verständnis von Werten wie Liebe, Freundschaft, Treue und anderen immateriellen Echtheiten beeinflussen, dann muss weiter angenommen werden dass dem Vertrauen eine hohe Bedeutung in diesem Zusammenhang zukommt. Sämtliche Soziologen, die sich mit dem Phänomen des Vertrauens beschäftigt haben, attestieren dem Konzept eine grundlegende Bedeutung für die menschliche Sozialität. Vertrauen ist die »Basis sozialer Ordnung« (Misztal 1998), die »Grundlage sozialen Zusammenhalts« (Hartmann/Offe 2001) oder eine »elementare Voraussetzung sozialer Prozesse« (Endreß 2002). Vor allem vor dem Hintergrund der Aufweichung bestehender sozialer Wertstrukturen in der Moderne bemerkten schon klassische Autoren – allen voran Georg Simmel – die Bedeutung des Vertrauens zur Herstellung stabiler Interaktionen und Beziehungen (vgl. Misztal 1998). Im Gegensatz zu der ihm beigemessenen Wichtigkeit zur Erklärung sozialer Zusammenhänge steht dabei jedoch die bislang kaum erfolgte Integration des Begriffs in die soziologische (Mainstream-)Theorie. Der Vertrauensbegriff ist hier, zumindest bis vor einiger Zeit, eher stiefmütterlich behandelt worden und erlebt erst seit den 1990er Jahren eine intensivere Auseinandersetzung (vgl. die Einleitungen bzw. Übersichtsarbeiten von Hartmann/Offe 2001; Endreß 2002).

Viele theoretische Ansätze des Vertrauens, ob klassisch oder modern, kranken jedoch an zwei Einseitigkeiten. Zum einen beziehen sie sich primär auf die Ebene der Gesellschaft, nehmen also eine stärker meso- bis makrosoziologische Perspektive ein. Zum anderen sind die Erklärungen und Ausführungen zum Vertrauen durchweg in der einen oder anderen Art funktionalistisch. Vertrauen ist ›gut‹, praktisch, sogar unabdingbar für das gesellschaftliche Miteinander und sein Pendant – das Misstrauen – desaströs und zerstörerisch für den sozialen Zusammenhalt. Durch diesen funktionalistischen Bias wird zwar die Bedeutung von Vertrauen plausibel und durchaus eindringlich klar, allerdings wird die Erklärung des Phänomens selbst eher behindert als gefördert. Niklas Luhmannns (2000) vielrezipierte Auseinandersetzung mit dem Vertrauensbegriff ist vielleicht das beste Beispiel für diese beiden Schwerpunktsetzungen, aber auch andere

Theorien lassen sich so kritisieren (vgl. Endreß 2002: 47). Durch diese Einseitigkeiten besteht bezüglich der theoretischen Einbettung des Vertrauens die Gefahr, dass der Vertrauensbegriff nicht mehr als eine ›aufgewertete Residualkategorie‹ bleibt (Hartmann 2001: 16), die nicht weiter hinterfragt wird. Was dabei ausgeblendet oder wenig beachtet wird ist die Frage nach der Genese, dem Ursprung von Vertrauen in der sozialen Interaktion. Warum vertrauen sich Menschen, warum misstrauen sich andere, wie entwickelt sich dieses soziale Band? Gerade in einer multiplen Moderne (multiple modernities), die sich durch Kontingenzen und deren Nuancen einer prozesshaften interaktiven Dynamik beschreiben lassen, sind Fragen nach dem Aufbau von Vertrauen auf einer Mikroebene entscheidend, denn geht man davon aus, dass Mikro- und Makroebene nicht singulär nebeneinander stehen, sondern miteinander verwoben sind und auf einem Kontinuum ineinander überfließen, zeigt dies, dass auch eine Makrotheorie sensibler werden muss für interpretative Vorgänge (vgl. Knöbl 2007). Daher bedarf es zur theoretischen Fundierung des Vertrauens und seiner sozialen Bedeutung einer Perspektive der ›radikalen Mikrosoziologie‹ (Collins), die sich vorrangig mit der sozialen Interaktion, also dem Aufspüren zwischenmenschlicher Prozesse und mit ihren Wechselwirkungen beschäftigt.

Der Ausdruck, jemanden Vertrauen zu ›schenken‹, stößt einen geradezu auf die Formel der Gabe, die eine Wechselwirkung des Geben und Nehmens begründet. In solch einer Perspektive der Wechselseitigkeit lässt sich Vertrauen fassen als beziehungsstiftende Gabe, die nicht reziprok im Sinne eines *do ut des* ist, sondern eine gegenseitige Zugewandtheit darstellt, die sich in der Immaterialität von Gesten und Gefühlen niederschlägt. Es wird daher im folgenden um die Auseinadersetzung und Theoretisierung von Vertrauen als eine immaterielle Gabe gehen, eine Perspektive, die sich auf den in den letzten Jahren auch international zunehmenden Diskurs über Marcel Mauss und dessen Ausführungen zur Gabe und Reziprozität bezieht (z. B. auf Englisch: Godbout 1998; James/Allen 1998; im deutschen Raum: Adloff/Mau 2005; Adloff 2006/2007; Moebius/Papilloud 2006; auf Französisch: Caillé 2005/2006/2008). Zentraler Ausgangspunkt dieser Debatte ist dabei Mauss' brillanter, innerhalb der Ethnologie oft zitierte und berühmt gewordene *Essai sur le don* von 1923/24, der erstmalig in der L'Année Sociologique erschien und 1968 ins Deutsche mit dem Titel *Die Gabe* (Mauss 1990) übersetzt wurde. Besonders in Frankreich, Mauss' Geburts- und Heimatland, werden seine Schriften eingehend gewürdigt, denn dort gilt er als einer der (Mit)Begründer der französischen Ethnologie und neuerdings auch Soziologie (Moebius 2006a). Bis heute haben Mauss' Gedanken zur Gabe viele berühmte Soziologen und Philosophen von Levi-Strauss bis hin zu Paul Ricœur oder natürlich Marcel Hénaff inspiriert. Trotzdem ist es erstaunlich, dass Marcel Mauss bisher vor allem als Ethnologe und Durkheim-Schüler gesehen wird, aber kaum als eigenständiger großer soziologischer Klassiker (Adloff 2007). Laut Camille Tarot bleibt Mauss »ein extrem berühmter Unbekannter« (zit. nach Caillé 2008: 40). In den 1980er Jahren hat sich daher im französischsprachigen Raum eine Strömung entwickelt, die die Bedeutung des Mauss'schen Gedankenguts für die soziologische Theorie, und hier vor allem für die Handlungstheorie, herausstellen will. Zu nennen sind an dieser Stelle als Autoren unter anderem Alain Caillé (2005; 2006; 2008), Jacques Godbout (1998), Marcel Hénaff (2009) oder auch im weiteren Sinne Paul Ricœur (2006). Das Programm dieser Bewegung sieht als Ziel vor, aus dem Werk Mauss' ein interdependentes Paradigma zu schaffen, welches das Geben, Nehmen und Erwidern als Kern allen menschlichen und politischen Handelns sieht.

Zur handlungs- und gabentheoretischen Fundierung des Vertrauensbegriffs wird im Folgenden diese französische Perspektive vorgestellt – vor allem in der Lesart von Alain Caillé, denn dieser hat sich in besonderem Maße darum bemüht, ein drittes Paradigma jenseits von strucure/agency Erklärungen zu etablieren, programmatisch zum Beispiel in seiner Monographie *Anthropologie der Gabe* (Caillé 2008), an der sich die folgenden Ausführungen orientieren. Im nächsten Abschnitt wird daher das Gabenparadigma kurz vorgestellt und darauf eingegangen, inwiefern Caillé den Begriff des Vertrauens in diesem schon verankert. Daran anschließend wird diskutiert, welche Besonderheiten und Vorteile solch eine neue Perspektive für die Untersuchung von Vertrauen bietet, inwiefern Vertrauen unter einer gabentheoretischen Interaktionstheorie nicht nur besser erschließbar und zugänglich wird, sondern auch im Kontext der Entstehung sozialer Beziehungen zu sehen ist. Zum Abschluss werden einige Fragen zur zukünftigen Integration und Andockung dieser französischen Perspektive an bestehende Forschungsprojekte aufgeworfen und erörtert. Das Gabenparadigma kann als ›offenes‹ Paradigma gesehen werden, das durchaus geeignet ist andere Perspektiven, etwa die von Erving Goffman und Randall Collins, zu integrieren (vgl. Rischmüller 2008). Dabei geht es auch um die Frage, wie Vertrauen und Emotion zusammenhängen und welche Rolle der Vertrauensbegriff innerhalb der Emotionssoziologie einnehmen kann.

2   Vertrauen im Lichte des Gabenparadigmas

Alain Caillés theoretischer Ansatz gehört zu demjenigen anti-utilitaristischen Paradigma, welches sich unter der sogenannten M. A. U. S. S.-Bewegung[1] Anfang der 1980er Jahre in Frankreich entwickelte und die beiden Ziele verfolgt, den französischen Ethnologen und Soziologen Marcel Mauss bekannter zu machen sowie seine theoretischen Ideen zur Gabe weiterzudenken. Caillés Ausführungen lehnen sich daher stark an das fragmentarische Werk von Mauss an, gehen aber über eine bloße Rezeption weit hinaus, indem sie ein offen konzipiertes theoretisches Gerüst bilden, das sogenannte ›Para-

---

[1]   Das Akronym M. A. U. S. S. soll natürlich an Marcel Mauss erinnern, steht aber ausgeschrieben für *Mouvement anti-utilitariste dans les sciences sociales,* um den anti-utilitaristischen Impetus der Gruppe herauszustellen. Dem Utilitarismus soll etwas *Positives* entgegengesetzt werden, in dem der Gabendiskurs à la Mauss weitergedacht wird (http://www.revuedumauss.com.fr/). Es existiert ein eigenes Journal (La Revue du M. A. U. S. S.) und eine Buchreihe (Bibliothèque du M. A. U. S. S. – herausgegeben im Verlag La Découverte, Paris).

digma der Gabe und des Symbolismus (kurz ›Gabenparadigma‹). Das Gabenparadigma will als ein Gegenentwurf zu den beiden großen soziologischen Paradigmen, dem Holismus und dem methodologischen Individualismus, eine eng an den Empirizismus angelehnte Richtung, verstanden werden. Vertrauensgaben spielen dabei eine wesentliche Rolle zur Überwindung der aus den gängigen Paradigmen entstehenden Antinomien. Um dies genauer zu verstehen, muss zunächst Caillés Kritik an den beiden klassischen Paradigmen kurz dargelegt werden, da sie zentraler Ausgangs- und Aufbaupunkt seiner Überlegungen ist und ohne solche Erläuterungen die daraus folgenden Ausführungen missverständlich werden könnten.

Caillés Grenzziehung zu den klassischen Erklärungsmodellen beginnt mit der Erkenntnis, dass sowohl der Holismus als auch der Individualismus bei genauerer Betrachtung keine überzeugenden Erklärungen der Genese von Sozialität liefern. Der methodologische Individualismus, unter den Caillé alle nutzenorientierte Motivtheorien wie den klassischen Utilitarismus bis hin zum Neo-Utilitarismus sowie Austauschtheorien und Rational-Choice Ansätze zusammenfasst, betont primär individuelles Handeln und stellt somit persönliches Handeln vor die Sozialstruktur. Darin sieht Caillé eine ›Hypostasierung‹ des Individuums, es kommt zur theoretischen Überbewertung der individuellen Perspektive. Der handelnde Akteur steht als fertige Entität mit seiner Nutzen- oder Präferenzstruktur bereit, ohne dass eine Sozialstruktur mitkonstituierenden Einfluss gehabt hätte. Unweigerlich führt diese Annahme ab einem gewissen Grad zu Inkongruenzen, die dann durch Zusatzannahmen und *post hoc* Erklärungen ausgeglichen werden müssen. Solche Zusatzannahmen oder Ergänzungen im Nachhinein ziehen Tautologien nach sich und enden schließlich in einem Zirkelschluss. Auf der anderen Seite besteht immer die Unterstellung eines bestimmten Nutzens für die handelnde Person. Der Mensch wird so in seinem gesamten sozialen Verhalten auf egoistisches Nutzenkalkül und unpersönliche Mechanismen verkürzt. Jedoch wird nicht nur die Entstehung dieser Präferenzen kaum hinterfragt, sondern, und dieser Punkt ist im Zusammenhang mit dem Vertrauensbegriff entscheidend, das Risiko des ›Nicht-Hinzugewinnens‹, etwa dass jemand auf ein Freundschaftsangebot nicht eingeht, wird von individualistischen Ansätzen komplett unterschätzt. Um Vertrauen aufzubauen, bedarf es aber genau dieser Überbrückung und Inkaufnahme des Risikos. Wird nur im Nachhinein festgestellt, wie nützlich und praktisch soziale Kooperation ist, ist es einfach zu behaupten, dass Vertrauen nur durch Nutzenkalkulation entstehen kann. Begibt man sich in der Betrachtung allerdings an den Anfang des Prozesses, wird deutlich, wie gefährlich es ist, eine ›riskante Vorleistung‹ (Luhmann) zu erbringen. Als letzter Kritikpunkt ist zu erwähnen, dass bei der rein individuellen Betrachtung die eigentlich wesentlich sozialbildende Sphäre, nämlich jene zwischen den Individuen liegende, diesem Paradigma gänzlich verschlossen bleibt.

Die holistische Perspektive steht in genau diametralem Zusammenhang zum individuellen Paradigma, sie setzt die Struktur vor die Akteure. Dementsprechend sieht Caillé die größte Schwierigkeit für den Holismus in der Geschlossenheit dieser Perspektive.

Wenn die Sozialstruktur ontologisch betrachtet vor dem Handeln der Subjekte steht, darf man strenggenommen gar nicht mehr von Handlung sprechen, denn die Akteure verhalten sich dann nur noch im Rekurs auf bestehende Modelle und Regeln. Tatsächlich fällt es unter den Annahmen des Holismus schwer, Aussagen über die Entstehung und Dynamik zwischenmenschlichen Verhaltens und sozialer Beziehungen zu machen, geschweige denn über die Gabe, da diese etwas rituell Zwanghaftes wäre, das nur aus Gründen der Erfüllung beispielsweise reproduktiver, funktionaler oder strukturaler Aufgaben getätigt würde. Bei genauerer Überlegung bedeutet dies, dass der Holismus nicht die einzelnen, oft kreativen oder interpretativen Elemente erkennen kann, die zwischen den Akteuren ›rangieren‹, diese miteinander verbinden und eine Dynamik des menschlichen Handelns entwerfen.

Zusammengenommen spiegelt die Einteilung in die zwei Paradigmen und Caillés kritische Vertiefung und Auseinandersetzung mit diesen nichts anderes wider als die klassische Debatte um ›structure versus agency‹. In diesem Sinne ist die Paradigmenunterscheidung von Caillé nicht neu, sondern kann vielmehr als weiterer Ausdruck einer grundlegenden Auseinandersetzung der sozialwissenschaftlichen Theorie mit dem Utilitarismus gesehen werden. Doch für Caillé war die bisherige Kritik am utilitaristischen Handlungsmodell nicht hinreichend in dem Sinne, dass diesem kein zufriedenstellendes neues Paradigma entgegengesetzt werden konnte. Der Holismus und der Individualismus verfehlen den eigentlichen Kern des Sozialen, so kann vor allem die Genese von Freundschaften und Bündnissen nicht unter diesen vertieft werden. Nach Caillé handeln Menschen innerhalb dieser Paradigmen gleichsam in ›Extremen‹, denn Akteure wären entweder ›Heilige oder Gauner‹, die einerseits so charakterfest sind ›brav einer Norm zu folgen‹ oder andererseits darauf bedacht, immer den eigenen Vorteil aus der Situation zu ziehen. Der ›Normalfall‹ zwischenmenschlicher Begegnungen und Beziehungen aber wird von beiden Paradigmen nicht ausreichend erfasst und erklärt, vor allem deshalb nicht, weil im Normalfall auch immer Unsicherheiten bestehen wie Menschen sich verhalten (sollen) und wie jeweils der andere reagiert.

Das Gabenparadigma hingegen will sich diesen Fragen öffnen und gerade diese zwischenmenschliche Sphäre beleuchten, und dabei zugleich ein Instrumentarium bieten, dass die Problematiken der klassischen Paradigmen überwinden kann[2]. Laut Caillé liegt mit dem Konzept der Gabe die Antwort bei Marcel Mauss schon ganz offen dar:

»In allen Gesellschaften, die uns unmittelbar vorausgegangen sind oder die uns heute noch umgeben, und selbst in zahlreichen Bräuchen unseres eigenen Volkes gibt es keinen Mittelweg: entweder volles Vertrauen oder volles Misstrauen. Man legt seine Waffen nieder, entsagt

---

2 Tatsächlich spricht Caillé in Bezug auf das Gabenparadigma in erster Linie auch von einem ›positiven Anti-Utilitarismus‹, der nicht nur Fragen aufwirft, sondern auch selbst etwas entwirft und zum anderen, so denkt sich die Autorin, ist mit ›positiv‹ auch etwas ›Aktives‹ gemeint, das die Sozialität und das Miteinander der Individuen erklären kann.

der Magie und verschenkt alles, von gelegentlicher Gastfreundschaft bis zu Töchtern und Gütern. Unter solchen Bedingungen haben die Menschen gelernt, auf das Ihrige zu verzichten und sich dem Geben und Erwidern zu verschreiben.« (Mauss 1990: 180)

In diesem Zitat wird gut deutlich, was der zentrale Ausgangspunkt der Gabentheorie ist: das Vorhandensein von Risiko und Unsicherheit in sozialen Interaktionen. An dieses ›Risiko der Gabe‹ ist zunächst geknüpft, dass in einer Begegnung zwischen (zwei) Menschen aufgrund der Asymmetrie oder ›Alterität‹, wie Ricœur es ausdrücken würde, zwischen ihnen eine nicht klar definierte Sphäre vorherrscht, in der es riskant ist zu geben. Anders ausgedrückt besteht eine ›strukturelle Unsicherheit‹ zwischen Individuen, die aufzeigt dass trotz bestimmter gegebener Regeln oder ungeschriebener Gesetze immer noch die Interpretation des einzelnen Akteurs hinzukommt bevor eine Handlung wirklich ausgeführt wird. Um diese strukturelle Unsicherheit nun zu durchbrechen, muss ein Akteur den ›ersten Schritt‹ wagen, eine ›erste Gabe‹ geben und das Risiko der Nicht-Erwiderung der eigenen Gabe eingehen. Dies geschieht, indem man dem anderen signalisiert, dass man im Vertrauen kommt und gute Absichten hat. Genau an dieser Stelle spricht Caillé von einer ›ersten Gabe des Vertrauens‹, die den Grundstein für den Aufbau von vertrauensvollen Beziehungen legt.

Mit der Eröffnung der Interaktion gibt ein Akteur gewissermaßen einen Vertrauensvorschuss, traut sich, die Interaktion zu begründen. Dadurch macht er sich aber selbst verwundbar, er offenbart einen gewissen Teil von sich selbst und begibt sich quasi in die Hand des anderen mit dem Risiko, dass dieser die Gabe nicht annimmt. Somit wird auch klar, dass eine Vertrauensgabe sich erst voll entfalten und eine soziale Beziehung begründen kann, wenn sie angenommen und erwidert wird. Das Vertrauen oder die erste Vertrauensgabe, wenn sie angenommen wird, setzt einen Zyklus des Gebens, Nehmens und Erwiderns in Gang, der die Individuen miteinander fundamental verbindet (vgl. Rischmüller 2008).

Warum aber traut sich jemand, diese erste Gabe zu geben und das Risiko auf sich zu nehmen? Ausgehend von der strukturellen Unsicherheit baut Caillé eine Art paradoxes Handlungsmodell auf, welches versucht die Eigenart der Gabe durch zwei Dimensionen zu erfassen (s. Abbildung).

In Bezug auf das individualistische Paradigma ist die Gabe ›eigennützig und uneigennützig‹ zugleich, gegenüber dem holistischen Paradigma verhält sie sich sowohl ›obligatorisch‹ als auch ›frei‹. Somit ist in der Folge des Gebens, Nehmens und Erwiderns immer ein Mitschwingen dieser beiden Gegensätzlichkeiten relevant. Caillé nennt dies das Paradox der Gabe, er konzipiert das Gabenparadigma also anhand eines vierpoligen Raumes, in dem die Gabe oszilliert. Die Gabe ist in ihrer Ganzheit dabei alles zugleich, denn sie ist das Paradoxon selbst und daher nicht reduzierbar auf einen Pol, sie ist Mittelpunkt des Geschehens und das Motiv zur Handlung. Dies bedeutet, dass menschliches Handeln und die dahinter stehende Motivation nicht reduzierbar ist auf

Das paradoxale Spannungsfeld der Gabe als Triebfeder menschlichen Handelns (vgl. Rischmüller 2008).

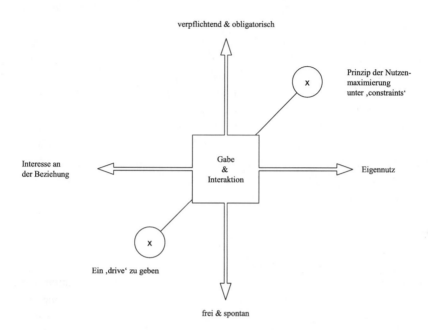

die eine oder andere Facette, sondern für Caillé handeln gebende Akteure aus der Spannung aller Pole heraus.

Was erwächst nun aus dieser ersten Gabe des Vertrauens? Eine Gabe im Gabenparadigma beruht auf den drei Elementen des Gebens, Nehmens und Erwiderns. Diese Trias nennt Mauss und so auch Caillé die ›dreifache Verpflichtung der Gabe‹, denn mit einer ersten Gabe bindet man den anderen und sich selbst an einen wiederkehrenden Zyklus des Gebens. Jacques Godbout, ein kanadischer Theoretiker und Mitstreiter von Caillé, spricht auch von einer »positiven gegenseitigen Verschuldung« (Godbout 1998: 43). Vor allem bei Freundschaften und engeren Beziehungen geht es nicht (mehr) darum, dauernd die gegebenen Gaben gegeneinander abzugleichen, sondern die Beziehung lebt vielmehr von der ständigen Spannung einer ›freien Verpflichtung‹ der Gabe, in welcher man einander frei und spontan aus dem Interesse am anderen gibt. So betrachtet fällt noch ein weiterer Aspekt im Zusammenhang mit der Gabe auf, nämlich der Aspekt der Historizität. Godbout drückt dies sehr schön aus, wenn er schreibt: »Like life, the gift preserves the traces of past relationships.« (ebd.: 171) Das bedeutet dass Individuen, die soziale Interaktionen eingehen, diese auch in Beziehung setzten können mit vergangenen Interaktionen und verstrichenen Erlebnissen. Die Gabe, welche auch als

ein ›offener Kreis‹ symbolisiert werden kann, weist eine Vergangenheits-, Gegenwarts-
und Zukunftsperspektive auf, welche vertrauensvolle Beziehungen durchdringt. Dieser
offene Kreis des Gebens, Nehmens und Erwiderns verläuft genauer gesagt *spiralförmig*,
denn eine Spirale verdeutlicht die verschiedenen Dimensionen der Gabe und kann so
den freien Charakter von Interaktionen und den offenen Ausgang der Gaben-Trias ver-
bildlichen.

Die beschriebene Dynamik von Vertrauen in Interaktionsspiralen kann dabei auch,
um dies nur kurz anzudeuten, in Misstrauen umschlagen, wenn zum Beispiel Gaben
falsch interpretiert oder zurückgewiesen werden. Dann könnte das Ausschlagen einer
Gabe als eine Art Vertrauensbruch gelten, der sicherlich zu Betrübtheit führt, in schlim-
meren Fällen zum Bruch der Beziehung oder sogar zu Vergeltungen. Somit kann sich
ein positiver Gabenzyklus auch verwandeln in einen negativen Zyklus, in dem nur noch
›üble Gaben‹ gegeben werden (vgl. zum Thema der ›Umkehrung‹ der Gabe bzw. negativen Gabe die Ausführungen von Caillé 2008: 203 ff.).

3   Handlungstheoretische Überlegungen zum Vertrauen am Beispiel

Diese bislang doch recht theoretisch-abstrakt klingenden Gedanken Caillés lassen sich
am besten an einem Beispiel verdeutlichen, bei dem auch die grundlegenden Probleme
der gängigen Paradigmen verdeutlicht und zugleich die verschiedenen Aspekte der Gabentheorie veranschaulicht werden können.

Angenommen auf einer Landstraße nähert sich ein Auto einer Biegung, an der ein
Tramper wartet. Der Fahrer des Wagens hält an, kurbelt das Beifahrerfenster herunter,
es kommt zu einer ersten kurzen Verständigung zwischen dem Fahrer und dem warten-
den Reisenden und am Ende fahren beide gemeinsam weiter. Warum nun kommt es zu
dieser sozialen Beziehung, aus welchem Grunde vertrauen sich der Autofahrer und der
Tramper einander an?

Nach der holistischen Perspektive könnte der Autofahrer aus einer bestimmten
Normbefolgung heraus anhalten – weil er beispielsweise die Norm der Hilfsbereitschaft
befolgt. Doch wenn es solch eine strenge Norm gibt, müssten eigentlich alle Fahrer den
Tramper mitnehmen und keiner dürfte aus Eile oder Misstrauen einfach an diesem vor-
beifahren. Nun könnte man auf die Möglichkeit einer konkurrierenden Norm verweisen, wie z. B. die der ›Vorsicht vor Fremden‹ oder stärker: ›Nimm keinen Fremden mit!‹,
doch wie es im Ernstfall zur Wahl der einen oder anderen Norm des Akteurs kommt
bleibt in strukturellen Theorien letztendlich ein ungelöstes Rätsel. Denn dass jemand
eine bestimmte Auswahl der Normen trifft, lässt sich nur noch im Nachhinein erkennen und dies wiederum würde bedeuten, dass man innerhalb des Strukturalismus entweder nur *post hoc* Erklärungen treffen kann oder eben Zusatzannahmen braucht, wie
beispielsweise die der auslösenden Bedingungen für diese oder jene Normbefolgung in
einer spezifischen Situation.

Aus Sicht des Individualismus scheint es zumindest in Bezug auf den Tramper einfach zu sein, seine Motivation vollständig zu erklären. Für ihn hat das Trampen einen klaren Nutzen (er kommt von A nach B) ohne entsprechende Kosten, denn er verfolgt ja das Ziel umsonst zu reisen. Man könnte sogar so weit gehen, dass seine dem Mitnehmenden gegenüber geäußerten Freundlichkeiten und netten Gesten nur gespielt sind, um das tatsächliche Ziel der kostenlosen Mitnahme zu erreichen. Das erwiderte Vertrauen des Trampers zum Fahrer und alle darauf folgenden Emotionen und Handlungen wären nur Mittel zum Zweck und dem Eigennutz gedacht! Schwierig wird es hingegen aber, auch das Handeln des Autofahrers nach der Perspektive des Individualismus zu erklären, denn augenscheinlich sprechen auf Seiten des Fahrers drei Dinge gegen das Aufgabeln des Trampers: für die Mitnahme wird es keine monetäre Begleichung geben; die Handlung ist mit zusätzlichem Aufwand verbunden, denn der Fahrer muss zur Mitnahme des Trampers seine Fahrt unterbrechen (womöglich geht noch Zeit verloren beim Verstauen der Gepäckstücke im Kofferraum) und drittens setzt sich der Autofahrer dem Risiko eines völlig Fremden aus. Allein die Hoffnung auf gute Unterhaltung und Ablenkung könnte für den Fahrer des Wagens aus Sicht des Individualismus von Nutzen sein. Abermals wird deutlich, dass auch die utilitaristisch-individualistische Perspektive nicht ohne Zusatzannahmen oder *post hoc* Erklärungen auskommt, die einen bestimmten Nutzen sowohl für den Mitnehmer als auch für den Tramper konstruieren. Durch solche Konstruktionen der immer auf den Eigennutz bedachten Motive, welche mitunter den Beigeschmack einer Unterstellung haben können, wird eine Situation geschaffen, die für eine Erklärung eines Vertrauensaufbaus keine stabile Voraussetzung sein kann: Denn – plakativ ausgedrückt – würden Sie jemandem trauen, der nur deshalb freundlich zu Ihnen ist, damit Sie ihn umsonst mitnehmen?

Betrachtet man diese Situation mit den von Caillé ausgeführten Überlegungen zum Paradox der Gabe stellt man fest, dass sich zunächst einmal jeder der beiden Akteure in eine ›riskante Situation‹ begibt. Beide kennen einander nicht, sind sich sogar völlig fremd, aber wenn sie gemeinsam fahren wollen müssen sie in gewisser Weise Vertrauen zueinander aufbauen. Wie geschieht dies nun im Detail und aus Sicht des Gabenparadigmas? Bevor der Autofahrer anhält, wird er sicherlich den Tramper schon per Augenschein ›geprüft‹ haben auf eine prinzipielle Vertrauenswürdigkeit. Ähnlich wie in der Studie von Gambetta/Hamill (2005), die untersuchten wie Taxifahrer in verschiedenen Städten die Vertrauenswürdigkeit von Fahrgästen einschätzen, hat auch der Fahrer des Wagens in diesem Beispiel wenig Zeit zum Entscheiden. Taxifahrer mögen sicherlich geübter und gewiefter im Ermessen von Fahrgästen sein und beispielsweise anhand von Kleidung, Frisur, Mimiken oder anderen Äußerlichkeiten das Risiko einigermaßen gut abschätzen können. Obwohl der Autofahrer im Beispiel mit weniger Erfahrung auskommen muss, hält er an und begibt sich in die Gefahrensituation bzw. in eine strukturell unsichere Situation, denn der Tramper könnte ja etwa eine Waffe mit sich oder zumindest nichts Gutes im Schilde führen. Gerade die eröffnende und erste Gabe, hier das Anhalten des Fahrers, das Herunterkurbeln des Fensters und die Offerierung der Mitnahme, ist riskant zu geben, da der Fahrer durch das Abstoppen und Öffnen des Fensters sich selbst verwundbar macht, wobei er nicht wissen kann, wie der Tramper reagiert. Das Verhalten des Fahrers ist dabei, wie oben beschrieben, nicht einseitig sondern komplex motiviert. Es ist frei und spontan, da sicher viele einfach weitergefahren wären (es gibt keine strenge Norm Anhalter mitzunehmen), obwohl doch auch bestimmte Wertvorstellungen wie etwa die der Hilfsbereitschaft eine Rolle gespielt haben können. Es ist uneigennützig und aus dem Interesse an der anderen Person heraus motiviert, auch wenn ein bestimmter Nutzenaspekt mitschwingen könnte, wie beispielsweise die Erwartung eines interessanten Erlebnisses, dass sich für spätere Erzählungen im Freundeskreis eignet. Trotzdem ist das Risiko nicht zu unterschätzen, und es ist wichtig zu verstehen, dass der Fahrer die Mitnahme im Vertrauen darauf offeriert, dass der andere ihm nichts Böses will und vielleicht sein Angebot annimmt und mitfährt. Auf der anderen Seite bringt aber auch der Tramper von vornherein schon viel Mut mit, sich spontanen Begegnungen auszusetzen. Nun tritt also der Tramper an das haltende Auto heran, schaut durchs Beifahrerfenster hinein und es kommt zum ersten Kontakt. Buchstäblich dieser erste Kontakt, genauer gesprochen – der Blickkontakt, ein erstes einander Zulächeln, ein nettes Wort und eine Erwiderung, entschärft nun die Situation der Unwissenheit und schafft eine erste Vertrauensbasis. Durch die Offerierung der Mitnahme eröffnet der Fahrer quasi eine ›dreifache Verpflichtung der Gabe‹ und es liegt nun beim Tramper, das Angebot der Mitnahme anzunehmen. Nimmt der Tramper an und überlegt unterdessen schon, wie er diese Gabe der Mitnahme noch erwidern könnte (beispielsweise durch eine gute Unterhaltung seinerseits mit einem Witz oder einer Geschichte), befindet er sich schon mitten im Zyklus des Gebens, Annehmens und Erwiderns.

4   Was ist das Besondere am Gabenparadigma?

Was ist das Besondere einer gabenparadigmatischen Konzeptualisierung des Vertrauensbegriffs? Aus Sicht der Autorin verspricht das Gabenparadigma ein großes Potenzial, bestehende Probleme und Figuren der Sozialität neu zu denken. Es bietet einen Rahmen und Denkwerkzeuge, die so im bestehenden Werkzeugkasten soziologischer Erklärungen bislang fehlen. Dies soll verdeutlicht werden anhand einiger Vorteile, die ganz konkret die handlungstheoretische Debatte und die theoretische Fassung des Vertrauens bereichern können.

Der vielleicht grundlegendste und hervorstechendste Charakter des Gabenparadigmas ist seine methodologische Eigenheit, auf dem Prinzip der Vermittlung zu beruhen. Caillé sieht eine theoretische Hauptaufgabe darin, andere kompatible Theorieansätze in das Gabenparadigma zu transformieren und so eine Übersetzung zwischen dem Sozialen und der Individualität zu schaffen (Caillé 2006: 169). Aufgrund der oben beschriebenen paradoxalen Konzeption der Gabe liegt in ihr ein gewisses Übersetzungspotential, das die bestehende structure/agency Dichotomie in ein neues Paradigma überführen kann. Die paradoxale Konstruktion soll dabei nicht dazu verleiten zu denken, hier läge kein Paradigma im eigentlichen Sinne vor. An dieser Stelle ist auch Caillés Wortwahl eher hinderlich bis missverständlich, wenn er etwa das Gabenparadigma als »*anti-paradigmatisch par excellence*« charakterisiert (Caillé 2006: 196). Nach Thomas Kuhn (1976), der den Begriff des Paradigmas in der Wissenschaftstheorie etablierte, zeichnet sich ein Paradigmenwechsel nicht durch theoretische Erweiterungen, sondern durch Brüche aus, die durch bestimmte ›scientific communities‹ getragen werden. Die französische M. A. U. S. S.-Bewegung könnte den Kern solch einer neuen Gemeinschaft darstellen und den Beginn eines Wechsels signalisieren, und das Gabenparadigma wäre zwar in dem Sinne anti-paradigmatisch, dass es ›offen‹ konzipiert ist und als Übersetzungswerkzeug bezüglich anderer Ansätze dienen kann, aber es bleibt trotzdem ein neues Paradigma, da es durch die bestehenden Antinomien der klassischen Paradigmen provoziert ist und nun einen neuen, sei es paradoxen Weg geht, um die soziale Welt und das Handeln der Menschen neu zu interpretieren (kritisch hierzu aber Moebius 2006b).

Dies ist auch im Diskurs zum Vertrauensthema höchst relevant. Zum einen ist die vorgestellte Perspektive geeignet, bestehenden Konzeptualisierungen von Vertrauen eine explizit handlungstheoretische Fundierung zu geben. Wie Endreß (2002) richtig bemerkt, beruhen viele wenn nicht alle der bisherigen Beiträge zum Thema auf makro-theoretischen Erklärungen und/oder auf funktionalistisch anmutenden Mustern – es mangelt ihnen also an einer mikro-soziologischen Betrachtung. Damit fehlt auch die Beantwortung der als grundlegend zu betrachtenden Frage nach der Entstehung von Vertrauen und Sozialität. Zum anderen lassen sich auch innerhalb der neueren Ansätze zum Vertrauen bei denjenigen, die explizit oder zumindest implizit mikro-soziologische Erklärungen vornehmen und somit die Genese und Motivation des Einander-Vertrauens ergründen wollen, sowohl individualistische als auch holistische Erklärungsmuster erkennen. Damit ist genau die von Caillé kritisierte Dichotomie der handlungstheoretischen Paradigmen auch in der soziologischen Vertrauensliteratur omnipräsent und führt zu den oben beschriebenen Antinomien. Individualistische Muster finden sich in der seit kurzem stark zunehmenden Literatur zum Thema in den rational-choice Ansätzen, die laut Hartmann zur Zeit nicht nur in der Überzahl sind, sondern auch mehr als andere Ansätze eine ›stringente‹ und damit in sich schlüssige Theorie des Vertrauens repräsentieren (Hartmann 2001: 19). Die vielleicht umfassendste und wichtigste Arbeit zum Vertrauen im Rahmen rational-individualistischer Austauschtheorien hat dabei James Coleman in seiner Grundlegung der Sozialtheorie vorgelegt (Coleman 1994[1990]). Ausgangspunkt ist bei Coleman (wie bei anderen rational-choice Ansätzen) die Annahme, dass soziale Wirklichkeit als kalkulative Summe individueller (rationaler) Entscheidungen beschrieben werden kann. So ist Vertrauen nach Coleman eine rationale Abwägung von Nutzen- und Kostenaspekten, und das gegenseitige Vertrauen eine Art soziales Kapital, da es die Komplexität von Situationen (vgl. Luhmanns Argument) und den mit ihnen verbundenen Aufwand reduziert. Eine holistische Perspektive

hingegen wird beispielsweise explizit von Lewis/Weigert (1985) vertreten, die, aufbau-
end auf einem theoriehistorischen Argument von Durkheim und Simmel über Parsons,
Luhmann und Bernard Barber zu dem Schluss kommen, dass Vertrauen funktional-
holistisch und eben nicht als Summe individueller Entscheidungen verstanden werden
muss: »Trust functions as a deep assumption underwriting social order and is not redu-
cible to individiual characteristics.« (ebd.: 455); »a holistic perspective is necessary for
interpreting the dynamics and consequences of trust [...].« (ebd.: 457) Mit diesem Ansatz laufen sie aber, um die Kritik von Caillé noch einmal anzuwenden, in große Erklä-
rungsnöte bei der Entstehung von Vertrauen – ein Problem, dass die Autoren selbst ein-
gestehen, wenn sie schreiben: »In a strict sociological sense, interpersonal trust comes
›naturally‹ in successful relationships, at least for the time being.« (ebd.: 469, Hervorh.
im Orig.) Im Zusammenhang mit individualistischen Vertrauenstheorien wird auch
von ›reflexiven‹ oder ›kognitiven‹ Ansätzen gesprochen, da unterstellt wird, die Akteure würden kognitiv ihre Handlungen steuern. Sowohl Hartmann als auch insbesondere Endress (2002: 47 ff.) betonen in ihren Übersichten über soziologische Vertrauenstheorien den für sie zentralen Unterschied zwischen einem ›reflexiv‹ und einem
›prä-reflexiv‹ konzeptualisierten Vertrauen. Reflexiv sind die rational-choice Ansätze,
also nach Caillé die Theorien des methodologischen Individualismus, die Vertrauen
als Nutzenoptimierungsphänomen beschreiben. Der Begriff des prä-reflexiven ist hingegen schwieriger zu fassen. Man kann argumentieren, dass es sich beim prä-reflexiv
verstandenen Vertrauen um eine weitere Form der holistischen Betrachtung handelt,
da hier argumentiert wird dass bestehende Normen und Regeln als kulturelle Hintergrundbedingungen quasi unreflektiert und implizit unser Handeln bestimmen. Damit
sind wir aber wiederum bei der klassischen structure/agency Dichotomie der handlungstheoretischen Erklärung von Vertrauen. Zwar betont das prä-reflexive gerade die
Unbewusstheit der handlungsbestimmenden Normen und Regeln, damit wird aber im
schlimmsten Fall die Motivierung des ohnehin definitorisch wie empirisch schwer fass-
baren Vertrauensbegriffs mehr verschleiert als aufgeklärt.

Jedenfalls zeigen diese Betrachtungen, dass die bisherigen theoretischen Überlegungen zum Vertrauen bisher nicht vermochten, das weiter oben in seiner Problematik dargelegte handlungstheoretische Dilemma zu überwinden. Gerade hier kann das
Gabenparadigma Übersetzungsarbeit leisten. Zum einen, weil Handlung in ihm paradox motiviert ist, sich also nicht in einem ›entweder-oder‹, sondern in einem ›so-
wohl-als-auch‹ begründet. Zum anderen aber auch, weil es eine gänzlich neue Variante
der Handlungsmotivation ins Spiel bringt, jenseits von individuell-nutzenorientiertem
Verhalten, das unter den ›constraints‹ des kulturellen Kontextes abläuft. Gemeint sind
damit die beiden Pole links unten im Spannungsfeld der Gabe (s. Abbildung), nämlich die freie und spontane, von Werten und Normen losgelöste, nicht-teleologische
Handlung – die durchaus Ähnlichkeit mit dem von Hans Joas postulierten Konzept der
»Kreativität des Handelns« aufweist (Joas 1996), und die Handlung aus Uneigennutz
und Interesse am andern.

Dieser letzte Aspekt wirft gleichzeitig Licht auf das zweite große Versprechen, das aus dem Gabenparadigma erwächst. Es geht nicht nur um die Verbindung von bestehenden Erklärungsmustern und um die Übersetzung bisheriger Paradigmen in ein neues Vokabular, sondern um eine neue Perspektive. Bisherige Erklärungen kranken an einer Fixation auf die Extreme – sei es das Individuum oder die Sozialstruktur. Die eigentliche zwischenmenschliche Interaktion wird dabei nur als Beobachtungshintergrund individuellen Handelns verstanden, nicht als eigenständiges Betrachtungsobjekt. Die *Beziehung* wird nur in Hinblick auf die Handlungen einzelner Akteure begriffen, nicht als Ausdruck und eigenständiges Ziel der Handlung von sozialen Akteuren, die sich am andern und eben an der Beziehung orientieren. Selbst interaktionstheoretische Überlegungen, deren Augenmerk ja *expressis verbis* auf der Interaktion ruht, haben hier einen blinden Fleck. Garfinkel beispielsweise definiert Vertrauen als einen Handlungsprozess, bei dem die Akteure in der Interaktion ein gemeinsames Sinnverständnis zu erzeugen versuchen, basierend auf implizit vorgenommenen Normreferenzen oder gemeinsam interpretierten Spielregeln (vgl. Garfinkel 1963). In dieser Beschreibung sind jedoch sowohl individualistische als auch strukturalistische Erklärungsmuster miteinander verstrickt. Es besteht, um eine Analogie zu verwenden, eine Art Heisenberg'sche Unschärferelation – je nach Perspektive des Betrachters/Rezipienten kann diese Konzeptualisierung mal als individualistisch, mal als holistisch interpretiert werden[3]. Dabei werden einige Aspekte ausgeblendet, die mit den theoretischen Begriffen des Gabenparadigmas aufgegriffen werden können, da sie einen Gegenpol zum individuellen Handeln unter (impliziten) strukturellen Einschränkungen beinhalten. Bei Garfinkel geht es vorrangig um die Herstellung von Sicherheit (Nutzenaspekt) vor einem gemeinsamen Deutungshorizont (struktureller Aspekt). Nicht betrachtet wird zum einen das Risiko oder die ›Lust am Risiko‹, die auch mitschwingen kann, wenn jemand das Wagnis eingeht sich einem anderen anzuvertrauen. Zweitens wird generell die emotionale Seite des Vertrauens außer Acht gelassen (mehr dazu im nächsten Abschnitt), und drittens geht es nicht explizit um die Beziehung und die Interaktion an sich, sondern die Interaktion wird nur als Mittel zum Zweck, zur Herstellung eines gemeinsamen Deutungsrahmens für eine stabile Interaktion verstanden. Mit einem gabentheoretischen Verständnis von Vertrauen lässt sich mit den drei immerwiederkehrenden Impulsen des Gebens, Annehmens und Erwiderns gerade die Sphäre *zwischen* den Individuen begreifen. Hierin liegt auch die besondere Wesensart der Gabe, Entwicklungen und Dynamiken von Sozialität zu ergründen, denn sie ist von Grund auf ›sozial‹, da sie immer an den jeweilig anderen (oder vielleicht sogar an etwas anderes) gerichtet ist und damit die Beziehungen zwischen den Menschen ins Visier nimmt. Die Gabe und insbesondere ›Gaben im Vertrauen‹ sind demnach das, was Menschen verbindet oder trennt, was Menschen erinnern oder vergessen lässt und sie mit Gefühlen konfrontiert

---

3 Auch bei Erving Goffmans Interaktionstheorie zeigt sich diese Ambivalenz gegenüber dem structure/ agency Problem (vgl. Rischmüller 2008).

und umgibt (seien es positive oder negative Gefühle). Durch den offenen Dreierzyklus der Gabe wird der Theoretiker quasi immer dazu aufgefordert, Beziehungen herzustellen und nicht in der Einzelsicht des Individuums zu verharren. Und es bietet sich auch gleich ein Instrumentarium um den Zeitaspekt, vor allem die Historizität von sozialen Beziehungen zu erklären. Es braucht Zeit, um gegenseitiges Vertrauen aufzubauen (und noch mehr Zeit, einmal gebrochenes Vertrauen wiederherzustellen), es braucht riskanter erster Gaben und quasi-spontaner Gegengaben, um Vertrauen zu stärken. Rational-choice Ansätze, die vergangene Interaktionen nur als ›sunk cost‹ betrachten, haben gerade mit diesem Aspekt Probleme, und erklären Beziehungen über die Zeit mit einer Art Buchhaltungslogik des *do ut des*.

Mit den Vorteilen der Übersetzung bestehender Paradigmen und dem Einbringen von neuen Perspektiven auf die interaktive Sozialität stellt die Gabentheorie in der Sozialtheorie einen wichtigen dritten Weg dar, das Problem der Erklärung der Entstehung von Vertrauen, sozialen Beziehungen und den darauf aufbauenden sozialen Netzwerken anzugehen. Mit der Betonung ihres offentheoretischen Entwurfes ist sie gerade deshalb gut geeignet, als Grundgerüst und Integrationsfolie für vornehmlich solche Theorieansätze, die – wie Caillé sagt – eine gewisse ›Familienähnlichkeit‹ aufweisen, zu dienen (Caillé 2006: 184). Damit sind solche Ansätze gemeint, die vor allem den Anspruch verfolgen den klassischen Widerspruch der beiden großen Paradigmen zu lösen. Dies sind zum einen Klassiker wie Simmel oder Mead, aber auch besonders interaktionistische Theorien (Adloff 2007). Aufgrund des ihr immanenten vermittlerischen Potentials lässt sich die Gabe mit diesen Ansätzen verbinden, um letztlich die klassische Debatte um structure/agency zu überwinden, aber auch um zunächst eine interaktionistisch mikrosoziologische Perspektive und damit ein analytisches Reservoir von Begrifflichkeiten und Denkmustern zu schaffen, mit denen das Vertrauen zwischen Menschen beleuchtet und ergründet werden kann. Passenderweise kann der Zyklus des Gebens, Nehmens und Erwiderns, wie Adloff schreibt, für eine solche Interaktionsbetrachtung dienen: »Insbesondere die Logik der Gabe etabliert für Mauss eine eigenständige Interaktionsordnung: Die Gabe repräsentiert für Mauss den Inbegriff der symbolisch vermittelten Interaktion und der Handlungsakt des Gebens ist zugleich ein intrinsisch symbolischer wie sozialer Tatbestand.« (Adloff 2007: 231) Diese Feststellung lädt geradezu dazu ein das Vertrauen – wie in diesem Beitrag skizziert – auf einer Interaktionsebene zu betrachten, die auf Vertrauensgaben bzw. Vertrauensangeboten und Vertrauensannahmen beruht. Eine Theorieintegration von Gabenparadigma und Interaktionstheorien würde dabei nicht nur ein erweitertes theoretisches Vokabular zum Verständnis sozialer Interaktion und deren Genese liefern, sondern zugleich auch dem Gabenparadigma eine größere Bezugsnähe zur Praxis ermöglichen.[4]

---

4   In diesem Zusammenhang wurde bereits eine Verbindung der Interaktionstheorien von Erving Goffman und Randall Collins mit dem hier vorgestellten Gabenparadigma vorgelegt (vgl. Rischmüller 2008).

5 Vertrauen und Emotion

Eine besonders interessante Frage, die es im Rahmen einer weiterführenden gabentheo-retischen Betrachtung des Vertrauensphänomens zu untersuchen gäbe, ist die des Zusammenhangs von Vertrauen und Emotion. In welcher Beziehung stehen das Vertrauen in den anderen und die Emotionen gegenüber dem anderen? Ist das Vertrauen etwa an sich schon eine Emotion oder beinhaltet emotionale Aspekte, wie von einigen Autoren behauptet (z. B. Jones 1996)? Dann ist es jedoch verwunderlich, warum Vertrauen bislang in der Emotionssoziologie fast gar nicht als Emotion Beachtung findet. So taucht beispielsweise in Stets und Turners umfassenden Handbuch der Emotionssoziologie das Vertrauen nicht als eigenständige Emotion auf, im gesamten Buch wird der Begriff sogar nur an drei Stellen kurz erwähnt (Stets/Turner 2007). Oder ist Vertrauen eher als eine Art Grundlage von Emotionen zu verstehen? Wenn Emotionen ihrem Wesen nach grundlegend sozial sind und das zwischenmenschliche Vertrauen die Grundlage von Beziehungen und damit des sozialen Zusammenhangs darstellt, ist auch diese Verbindung plausibel.

Beide Ansichten wären aus Sicht der Autorin vielversprechend zu verfolgen. Zum ersten Punkt lässt sich anführen, dass verschiedene Autoren dem Vertrauen sowohl eine rationale als auch affektive Komponente zuschreiben – etwa explizit bei Jones (1996), aber auch Giddens erwähnt beide Aspekte wenn er schreibt, dass Vertrauen bedeute, dem anderen ›Redlichkeit‹ (also Berechenbarkeit als rationales Element) und ›Zunei-gung‹ (als emotionales Element) zu unterstellen (Giddens 1995: 48). Lohnenswert erscheint hier eine Verbindung von Vertrauen mit Untersuchungen zu positiven sozialen Gefühlen gegenüber anderen. Vor allem eine Verbindung des gabentheoretischen Vertrauensbegriffs mit der Konzeptualisierung von Sympathie nach Candace Clark (Clark 1987; Schmitt/Clark 2007) scheint interessant, und zwar aus zwei Gründen. Zum einen schreibt Clark der ›Sympathie‹ verblüffend ähnliche Eigenschaften wie dem Vertrauen zu, denn diese Emotionen wird als eine Grundlage sozialer Bindungen gesehen: »social emotions […] glue us together«, denn »sympathy give and take reinforces and creates social bonds.« (Schmitt/Clark 2007: 468) Zum anderen konstruiert Clark den Sympathiebegriff ebenfalls gabentheoretisch in Anlehnung an Marcel Mauss im Lichte des Dreiklangs von Geben, Nehmen und Erwidern, auch wenn sie nicht die hier vorgestellte französische Perspektive von Alain Caillé rezipiert. Eine vergleichende Analyse scheint also lohnenswert, wobei es dabei aber auch die Unterschiede zwischen Sympathie und Vertrauen auszuloten gilt. So ist es beispielsweise denkbar, dass man eine Person sympathisch findet, obwohl man sie gar nicht persönlich kennt, oder sie zwar kennt, aber ihr nicht vertraut, etwa weil man weiß dass diese Person unzuverlässig ist.

Auch zum zweiten Punkt, ob Vertrauen als Grundlage für Emotionen gelten kann, lassen sich mit dem Gabenparadigma Aussagen treffen. Hierzu müssen die Begriffe Vertrauen und Emotion auf eine andere Ebene, nämlich die Beziehungsebene, gehoben werden. Eine Betrachtung von Emotionen auf der Beziehungsebene ist wichtig, da man davon ausgehen kann, dass in vertrauensvollen und engeren Freundschaften, die wiederum auf einer Basis von Vertrauen beruhen, Emotionen erst an Bedeutung für den handelnden Menschen gewinnen bzw. zunehmen. Gerade im Vertrauen offenbart man sich dem anderen und erzählt diesem intime Gedanken oder äußert persönliche Gefühle. Es erscheint zwar manchmal leichter, in einem Gespräch mit einem Fremden (wie beispielsweise gegenüber einem fremden Tramper wie im obigen Beispiel) über Probleme zu reden, aber ja gerade deshalb, weil man ansonsten so emotional wäre. In einer engen Beziehung könnte man z. B. Angst haben, dass der Freund einen nicht richtig versteht und dass deshalb das zueinander aufgebrachte Vertrauen verletzt werden könnte, und deshalb könnten einem die Worte fehlen. Gegenüber einem Fremden verhält man sich neutraler, weniger emotional und kann sein Problem vielleicht besser in Worte fassen (man hat ja auch weniger zu verlieren). Auch Gefühlsausbrüche, zu denen es auch in einem Gespräch mit einem Fremden kommen kann, dem man sein ›Herz ausschüttet‹, sprechen nicht gegen die vermutete Beziehung von enger Bindung, Vertrauen und Emotion, denn diese Gefühle würden ja nicht dem Fremden gelten, sondern eigentlich demjenigen, für den man sie hegt. Besonders in vertrauensvollen Beziehungen spielen durch die Spannung der ›freien Verpflichtung‹ der Gabe gerade solche Gaben, die mehr *immaterieller Natur* sind, eine große Rolle. Dies können auch Emotionen sein, die jetzt im Vertrauen kreativ gegeben, angenommen und interpretiert werden und so das gegenseitige Vertrauen des sozialen Bandes lebendig halten.

Literatur

Adloff, Frank (2006): Beyond Interests and Norms: Gift-Giving and Reciprocity in Modern Societies. In: Constellations: An International Journal of Critical and Democratic Theory 13(3): 407–427.

Adloff, Frank (2007): Marcel Mauss – Durkheimien oder eigenständiger Klassiker der französischen Soziologie? In: Berliner Journal für Soziologie 17(2): 231–251.

Adloff, Frank/Mau, Steffen (Hg.) (2005): Vom Geben und Nehmen. Zur Soziologie der Reziprozität. Frankfurt am Main/New York: Campus.

Caillé, Alain (2005): Die doppelte Unbegreiflichkeit der reinen Gabe. In: Frank Adloff/Steffen Mau (Hg.): Vom Geben und Nehmen. Zur Soziologie der Reziprozität. Frankfurt am Main/ New York: Campus, S. 157–184.

Caillé, Alain (2006): Weder methodologischer Holismus noch methodologischer Individualismus – Marcel Mauss und das Paradigma der Gabe. In: Stephan Moebius/Christian Papilloud (Hg.): Gift – Marcel Mauss' Kulturtheorie der Gabe. Wiesbaden: VS, S. 161–214.

Caillé, Alain (2008): Anthropologie der Gabe. Frankfurt am Main: Campus.

Clark, Candace (1987): Sympathy Biography and Sympathy Margin. In: American Journal of Sociology 93: 290–321.

Coleman, James S. (1994[1990]): Foundations of Social Theory. Cambridge: Harvard University Press.

Endreß, Martin (2002): Vertrauen. Bielefeld: Transcript.

Gambetta, Diego/Hamill, Heather (2005): Streetwise. How Taxidrivers Establish Their Customers' Trustworthiness. New York: Russell Sage Foundation.

Garfinkel, Harold (1963): A conception of, and experiments with, ‚trust‹ as a condition of stable concerted actions. In: O. J. Harvey (Hg.): Motivation and Social Interaction. New York: The Ronald Press, S. 187–238.

Giddens, Anthony (1995): Konsequenzen der Moderne. Frankfurt am Main: Suhrkamp.

Godbout, Jacques T. (1998): The World of the gift. Montreal: McGill-Queen's University Press.

Hartmann, Martin (2001): Einleitung. In: Martin Hartmann/Claus Offe (Hg.): Vertrauen. Die Grundlage des sozialen Zusammenhalts. Frankfurt am Main/New York: Campus, S. 7–34.

Hartmann, Martin/Offe, Claus (Hg.) (2001): Vertrauen. Die Grundlage des sozialen Zusammenhalts. Frankfurt am Main/New York: Campus.

Hénaff, Marcel (2009): Der Preis der Wahrheit: Gabe, Geld und Philosophie. Frankfurt am Main: Suhrkamp.

James, Wendy/Allen, Nicholas J. (1998): Marcel Mauss. A Centenary Tribute. New York/Oxford: Berghahn Books.

Joas, Hans (1996): Die Kreativität des Handelns. Frankfurt am Main: Suhrkamp.

Jones, Karen (1996): Trust as an Affective Attitude. In: Ethics 107(1): 4–25.

Knöbl, Wolfgang (2007): Die Kontingenz der Moderne: Wege in Europa, Asien und Amerika. Frankfurt am Main: Campus.

Kuhn, Thomas S. (1976): Die Struktur wissenschaftlicher Revolutionen. 2. rev. Aufl. Frankfurt am Main: Suhrkamp.

Lewis, David/Weigert, Andrew (1985): Social Atomism, Holism, and Trust. In: The Sociological Quarterly 26(4): 455–471.

Luhmann, Niklas (2000): Vertrauen: Ein Mechanismus der Reduktion sozialer Komplexität. 4. Aufl. Stuttgart: UTB.

Mauss, Marcel (1990): Die Gabe. Form und Funktion des Austauschs in archaischen Gesellschaften. Frankfurt am Main: Suhrkamp.

Misztal, Barbara A. (1998): Trust in Modern Societies. The Search for the Bases of Social Order. Cambridge: Polity Press.

Moebius, Stephan (2006a): Marcel Mauss. Konstanz: UVK.

Moebius, Stephan (2006b): Die Gabe – ein neues Paradigma der Soziologie? Eine kritische Betrachtung der M. A. U. S. S.-Gruppe. In: Berliner Journal für Soziologie 16(3): 355–370.

Moebius, Stephan/Papilloud, Christian (2006): Gift – Marcel Mauss' Kulturtheorie der Gabe. Wiesbaden: VS.

Ricœur, Paul (2006): Wege der Anerkennung. Frankfurt am Main: Suhrkamp.

Rischmüller, Frauke (2008): Gabe & Interaktionsrituale. Eine Analyse der Interaktionstheorien von Goffman und Collins aus der Perspektive des Gabenparadigmas nach Mauss und Caillé. Göttingen: unveröffentlichte Diplomarbeit.

Schmitt, Christopher S./Clark, Candace (2007): Sympathy. In: Jan E. Stets/Jonathan H. Turner (Hg.): Handbook of the Sociology of Emtoions. New York: Springer, S. 467–492.

Stets, Jan E./Turner, Jonathan H. (Hg.) (2007): Handbook of the Sociology of Emotions. New York: Springer.

Konzentriertes Fallenlassen

Ansätze einer Soziologie kollektiver Ekstase

Alexander Leistner & Thomas Schmidt-Lux

Die soziologische Analyse von Ekstase erscheint auf den ersten Blick als einfache Aufgabe. Schnell ist man etwa mit dem Verweis auf Emile Durkheim bei der Hand, der bei seiner – obgleich vom Schreibtisch aus betriebenen – Analyse australischer Stammesfeiern auf die Relevanz und Konsequenzen solcher ›kollektiven Wallungen‹ verwiesen hatte und ihnen einen zentralen Platz in seiner Theorie kollektiver Symbole und Ideen einräumte (Durkheim 1998). Oder man könnte die Aufgabe gleich abweisen und darauf verweisen, dass schon für Max Weber ein Handeln, dass vorrangig im Affekt geschieht, »an der Grenze und oft jenseits dessen [ist], was bewusst ›sinnhaft‹ orientiert ist.« (Weber 1972) – und damit für die Soziologie eine Art Grauzone.

Dem steht entgegen, dass die soziologische Relevanz von Emotionen schon seit geraumer Zeit (wieder) betont und inzwischen auch in einer Vielzahl empirischer Studien verdeutlicht worden ist (vgl. Gerhards 1988; Flam 2002; Schützeichel 2006). Und auch wenn Durkheim in den folgenden Überlegungen eine wichtige Rolle spielen wird, versuchen wir zugleich, sein Konzept »kollektiver Efferveszenz« deutlich zu erweitern. Im Ergebnis entwerfen wir eine soziologische Theorie kollektiver Ekstase, die sich in der empirischen Forschung bewähren soll. Denn ganz augenscheinlich gibt es vor allem mit Blick auf das Zustandekommen kollektiver Ekstasen ein Missverhältnis von Prominenz und Evidenz. Zwar haben Momente und Orte kollektiver Ausgelassenheit und Entgrenztheit aufgrund der Außeralltäglichkeiten und dem unterstellt irrationalen Charakter gute Chancen, in den Fokus massenmedialer wie wissenschaftlicher Aufmerksamkeit zu kommen. Ihre Analyse belässt es aber allzu oft bei einer vagen Funktionsbestimmung, die nicht selten auf kurzschlüssigen Vermutungen oder soziologischen Gemeinplätzen beruht. Wie solche Rauscherlebnisse kollektiv überhaupt zustande kommen, bleibt ungeklärt. Und ob die unterstellten mit den tatsächlichen Folgen übereinstimmen, bleibt nicht selten offen.

Kollektive Ekstase – bei deren Thematisierung ist also zu unterscheiden was sie *ist,* wie sie *wirkt* und schließlich wie sie *entsteht.* Beginnen wir zunächst bei der Frage, *was sie ist.* Unter Ekstase verstehen wir Emotionen von einer besonders intensiven und außeralltäglichen Intensität. Ekstase beschreibt Momente einer sich rauschhaft steigernden Verselbständigung des Fühlens, des Erlebens, des Verhaltens; Momente, die den ekstatisch erschütterten Körper die Außenwelt vergessen lassen. Ekstase meint also das ›Außer-Sich-Sein‹ im Singen, Tanzen, Spielen oder im fiebernden Zuschauen; meint die

Erfahrung der Selbststeigerung und -überschreitung. Solche ekstatischen Zustände werden kollektiv, wenn eine Vielzahl von Personen hineingerissen wird in das Ritual, in den Tanz, das Spiel oder den Jubel. Kollektive Ekstase beschreibt Momente von Unmittelbarkeit und Distanzlosigkeit; Momente von Verschmelzung und situativer Vergemeinschaftung. Kollektive Ekstase meint also das rauschhafte Zusammenfließen zu einem ›größeren Ganzen‹, zur ›Kultgemeinschaft‹, zur ›Nation‹, zum ›Hexenkessel Westfalenstadion‹.

Was für soziale Gebilde dabei entstehen können, hängt stark davon ab, welche Funktion und welche ambivalenten *Wirkungen* sozialwissenschaftliche Beobachter den Emotionen dabei zuschreiben. Bei der ›Masse‹, dem ›Mob‹, der ›Meute‹ (Canetti 1995; Sofsky 2002) ist es die Aktionsmacht einer von den Emotionen hinfortgerissenen Menschenmenge. Beim ›Kollektiv‹ konzentriert sich die Aufmerksamkeit auf die – das einzelne Ereignis überdauernde – Integrationsleistung der im Erlebnis zusammengeführten Teilnehmer, also auf die seit Durkheim sozialtheoretisch zentrale Einsicht in die sozialitätskonstituierte wie stabilisierende Kraft efferveszenter Gefühlsbeziehungen. Durkheims Überlegungen zu den Auswirkungen rauschhafter Vergemeinschaftungserlebnisse haben ihrerseits eine beachtliche theoretische Prominenz und kaum zu überblickende Wirkungsgeschichte, die weit über die Religionssoziologie hinaus geht. Die von ihm beschriebenen Erfahrungen ›kollektiver Efferveszenz‹ werden bspw. zum Bezugspunkt für die handlungstheoretische Blickerweiterung auf Phänomene unkontrollierter Körpererfahrungen und des »sinnhaften Verlustes der Intentionalität« (Joas 1992: 249 f.). Die Wirkung dieser Kollektiverfahrungen wiederum dient als Erklärungsfaktor für die Ermöglichung von diktatorisch unterdrückten Massenprotesten (Tyrakian 1995), wie für die gefühlspolitische Legitimitätserzeugung in totalitären Herrschaftssystemen (von Klimó/Rolf 2006); ebenso als Erklärungsfaktor für die Stabilisierung so flüchtiger Gebilde wie sozialer Bewegungen (Pettenkofer 2006) oder Jugendszenen (Inhetveen 1997; Fritzsche 2003). All diese Studien argumentieren zentral mit kollektiver Ekstase und konzentrieren sich dabei auf deren soziale Auswirkung.

Wie und unter welchen Voraussetzungen derartige Momente entstehen, wird dagegen kaum thematisiert. Die schiere Anwesenheit vieler Menschen an einem Ort und zu einem Zweck erzeugt aber keineswegs quasiautomatisch kollektive Erregungen und efferveszentes Gären. Momente kollektiver Ekstase sind stattdessen selten – das ist unsere *Beobachtung* (Abschnitt 1). Sie sind selten, weil ihr Zustandekommen voraussetzungsreich ist – das ist unsere *These*. Mithilfe eines Analyserahmens lassen sich diese Voraussetzungen durchschauen – das ist schließlich unser *Vorschlag*, den wir anhand theoretischer Bausteine (Abschnitt 2) und am Beispiel von Fußballfans (Abschnitt 3) entfalten und schließlich im Theorem des ›konzentrierten Fallenlassens‹ bündeln möchten (Abschnitt 4).[1]

---

1   Unser Dank geht an Anna Lux für hilfreiche Anmerkungen und ihre stete Ermahnung, lesbar zu schreiben, sowie an Hanna Küstner.

1 Fußballfans im Stadion – eine Bildanalyse

Zunächst also ein erster Blick auf das Phänomen, in unserem Fall ein Blick in ein gut gefülltes Fußballstadion, ein Blick auf die Fotografie eines Fanblockes. Das Kriterium für diese exemplarische Bildauswahl lautete schlicht: viele augenscheinlich gleichgesinnte Menschen, zusammengeführt an einem Ort (Stadion) und durch Symbole (Wappen, Farben) und Rituale (Gesänge und Parolen).

Fans des SV Austria Salzburg (Foto: Lorenz Migsch /www.die-verdammten.at)

Auf dem Bild sieht man eine dicht gedrängt stehende Menschenmenge – in diesem Fall Fans des Traditionsvereins SV Austria Salzburg.[2] Die Blickrichtung der meisten Personen folgt der Stadionarchitektur, die den Blick auf das Spielfeld hin trichterförmig bündelt. Ein Effekt, der bei ›engen‹ und atmosphärisch ›dichten‹ Stadien[3] besonders stark

---

2 Nach der Übernahme, der Umbenennung des Ursprungsvereins und der Änderung der Vereinsfarben durch einen Getränkehersteller formierte sich innerhalb der Fanszene des ›alten‹ Austria Salzburg breiter Widerstand. Aus Protest gegen diesen marketingstrategischen Kauf des Erstligaspielrechts gründeten Fans 2005 den SV Austria Salzburg in der untersten Spielklasse, der Salzburger 2. Klasse Nord A. Als Vorbild diente die ganz ähnlich situierte und motivierte Neugründung des FC United of Manchester durch vereinspolitisch enttäuschte Fans von Manchester United (vgl. Brown 2007).
3 Zu dieser Kategorie Stadien gehört beispielsweise die ›Alte Försterei‹ in Berlin, das neugebaute Rudolf-Harbig-Stadion in Dresden oder das Westfalenstadion in Dortmund.

ist, begünstigt durch die unmittelbare Nähe der Tribünen zum Spielfeld, die vergleichsweise steilen Stehplatz-Traversen hinter den Toren oder auf der Gegengeraden, das laut-
verstärkende Stadiondach. In der dokumentierten Situation herrscht im Fanblock nur
wenig Bewegung. Die Fans stehen am Platz, einige vermutlich an ›ihrem‹, am ange-
stammten Platz. Niemand verlässt den Block oder kommt hinzu. Über dem Ganzen
liegt ein leichter Rauchschleier von kürzlich abgebrannter Pyrotechnik. Es ist anzunehmen, dass hier eine eher unspektakuläre Spielszene abgebildet ist. Dafür sprechen das
Am-Platz-Sein aller, die entspannte Körperhaltung der sich unterhaltenden Personen
im Vordergrund oder die nur singulären Anfeuerungsgesten der mittleren, klatschen-
den Personen. Aber weder die Blickrichtung, noch die spielfeldbezogenen Aktivitäten
werden von allen Zuschauern geteilt. Die Fans verfolgen das Geschehen auf je verschiedene Weise: in schweigender Konzentration, wie rechts der Mann im weißen T-Shirt
und die beiden Frauen mit den vom Schal verdeckten Gesichtern; im vom Spielgeschehen losgelösten Gespräch mit den Umstehenden, wie die drei Figurengruppen in der
unteren Bildhälfte; in ausdruckstarker Interaktion – klatschend, rufend, singend, wie in
der linken Bildhälfte; schließlich im abschweifenden Blick auf andere Bereiche des Geschehens (den eigenen Fanblock), wie die fotografierende Person oben links.

Die Fans sind zwar im Stadion zusammengekommen, aber damit offenbar noch
nicht automatisch zu einem, im gemeinsamen Tun und Erleben verschmolzenen Kollektiv geworden. Sie stehen eng beieinander, aber sie sind augenscheinlich emotional
unterschiedlich am Geschehen beteiligt. Das mag sich ändern, abhängig vom Verlauf
und der Dramatik des Spieles. Aber es ist schwer vorstellbar, dass allein ein Tor auf dem
Spielfeld diese offenkundig heterogene Ansammlung in einen derart intensiven und er-
bzw. umgreifenden Zustand führen kann, wie er eingangs beschrieben wurde. Schon
dieser erste, flüchtige Blick lässt somit nach den Entstehungsbedingungen kollektiver
Ekstase fragen. Wie wirken Ort und Anlass des Geschehens, was passiert mit den Fans
während des Spiels und schließlich, was geschieht am und im ekstatisch erschütterten
Einzelnen?

2   Kollektive Ekstase: Theoretische Bausteine

Bezogen auf diese drei Fragen möchten wir im Folgenden drei Theorieangebote auf
ihren Ertrag für einen gegenstandssensiblen Analyserahmen prüfen. Konkret meint
dies die Arbeiten von Emile Durkheim, Randall Collins und Helmuth Plessner. Diese
Analyse wird nicht auf die alleinige Präferenz für einen der Autoren hinauslaufen. Offenkundig entwirft keine dieser Theorien (und auch keine andere) eine solch umfassen-
des Konzept, das allein zur Beantwortung der aufgeworfenen Fragen hinreichen würde.
Die Verbindung ihrer je eigenen Stärken ergibt jedoch eine soziologische Theorie, die
diesem Ziel genügen könnte. Sprachlich schon an die spezifischen Beiträge der Autoren
angenähert, fragen wir somit: Welchen Einfluss haben die Rahmenbedingungen des Ge-

schehens (2.1), was sind grundlegende Situationsdynamiken (2.2), wann und wie verlieren Menschen die Kontrolle über ihren Körper (2.3)?

2.1 Rahmenbedingungen

Das Interesse an Rahmenbedingungen kollektiver Ekstase führt prominent zu Emile Durkheim. In den *Elementaren Formen des religiösen Lebens* untersuchte er – am Beispiel australischer Ureinwohner – gemeinschaftliche, religiöse Riten und Feiern als Ursprünge von Erfahrungen der Selbstüberschreitung und -entgrenzung. Auf diesen regelmäßig stattfindenden Zusammenkünften der Klanmitglieder wurde gemeinsam gesungen und getanzt, Rituale auf- und ausgeführt. Die wichtigsten dieser Feste erstreckten sich über mehrere Tage, und zu den jeweiligen Höhepunkten ereigneten sich regelrecht orgiastische Szenen »außerhalb und über der gewöhnlichen Moral« (Durkheim 1998: 298). Im Resultat dieser ekstatischen Erlebnisse entstand der Eindruck zweier gegensätzlicher Welten und damit die Kernunterscheidung jeder Religion: die Einteilung in profane und heilige Dinge. Diese Unterscheidung wurde auf Dauer gestellt, indem die neu erfahrenen, heiligen Kollektivgefühle auf materielle Ausdrucksgestalten übertragen wurden: Totemtiere und -zeichen. Sie standen nun symbolisch für die Gemeinschaft und stellten gleichzeitig sicher, dass die in den Feiern geborenen Kollektivgefühle erinnert und reaktiviert werden konnten.

Neben den Wirkungen gemeinschaftlich herbeigeführter und zugleich kollektiv erlebter Efferveszenz sind für eine Theorie kollektiver Ekstase vor allem die Rahmenbedingungen und die Mechanismen des gemeinschaftlichen Kontrollverlustes interessant. Zentral ist für Durkheim hierbei das gezielte Zusammenkommen einer (großen) Gruppe von Menschen an einem Ort. Die schiere Anwesenheit von Menschen allein sei schon »ein besonders mächtiges Reizmittel. Sind die Individuen einmal versammelt entlädt sich auf Grund dieses Tatbestandes eine Art Elektrizität, die sie rasch in einen Zustand außerordentlicher Erregung versetzt. Jedes ausgedrückte Gefühl hallt ohne Widerstand in dem Bewusstsein eines jeden wider, das den äußeren Eindrücken weit geöffnet ist. Jedes Bewusstsein findet sein Echo in den anderen. Der erste Anstoß vergrößert sich auf solche Weise immer mehr, wie eine Lawine anwächst, je weiter sie läuft. Und da diese starken und entfesselten Leidenschaften nach außen drängen, ergeben sich allenthalben nur heftige Gesten, Schreie, wahrhaftes Heulen, ohrenbetäubendes Lärmen jeder Art, was wiederum dazu beiträgt, den Zustand zu verstärken, den sie ausdrücken.« (Durkheim 1998: 297)

Hinzu tritt als zweite Bedingung die gemeinsame und zugleich ritualisierte Aktivität dieser Gruppe in Form von Tänzen und Gesängen. Gerahmt wurde dies durch Musik und rhythmisches Schlagen von Bumerangs, Lanzen oder Stöcken, »um besser die Gefühlsregung zu verstärken« (ebd.). Diese ›Zutaten‹ bringen, zumal wenn sie mehrtägig versammelt sind, ekstatische Ereignisse hervor – die berühmte *effervescence collective*.

Durkheim beschreibt dies als Rauschzustände, orgiastische Szenen und letztlich die grundlegende Erfahrung von Außeralltäglichkeit und Transzendenz.

Wie aber stellt sich Durkheim das Zustandekommen dieser Momente konkret vor? Im Grunde behauptet er hier einen quasiautomatischen Mechanismus. Zwar schränkt Durkheim ein, dass »die Empfindungen und Leidenschaften des Primitiven nur unzulänglich seiner Vernunft und seinem Willen unterworfen sind« und er »leicht die Selbstbeherrschung« verliere (Durkheim 1998: 296). Doch unabhängig von spezifischen Reizen rufe eben allein schon die verdichtete Anwesenheit Vieler solche Reaktion hervor.[4] Der zweite Faktor führt hier lediglich noch zu Verstärkungen; Rhythmik und Akustik verleihen der Energie der Masse noch gezielteren Ausdruck. Drei Aspekte können hier nicht überzeugen. Zunächst betrifft dies die *Automatik,* die von Durkheim unterstellt wird. Zwar gibt es offenkundig eine Vielzahl von Beispielen, bei denen massenhafte Veranstaltungen rauschartigen Charakter annehmen; und sowohl von außen als auch von innen mag das unerklärlich scheinen und Vorstellungen von gleichsam natürlich entstehender Erregung befördern. Zugleich lassen sich jedoch mühelos Gegenbeispiele aufführen, bei denen eben die Masse allein, selbst bei musikalisch-rhythmischer Unterstützung, keine Begeisterung hervorzurufen mag. Wechselseitige Gemeinsamkeitswahrnehmungen und Zustände kollektiven Rausches stellen sich offenbar auf komplizierteren Wegen ein. Dies haben auch andere, auf Durkheim aufbauende Ekstase-Analysen im Blick gehabt, bislang aber nur in Ansätzen ausgearbeitet. Katharina Inhetveen (1997: 250) etwa wies auf den begrenzten Einfluss stimmiger Rahmenbedingungen hin, unternahm aber keine genauere Bestimmung weiterer Faktoren. Zu wenig ist zudem die *Dynamik* kollektiver Versammlungen analysiert, also das beobachtbare Auf und Ab solcher Anlässe. Schließlich bleibt die *individuelle Dimension* dieser Kollektivekstasen völlig unterbelichtet. Durkheim bemerkt dazu lediglich: »Man kann sich leicht vorstellen, dass sich der Mensch bei dieser Erregung nicht mehr kennt. Er fühlt sich beherrscht und hingerissen von einer Art äußeren Macht, die ihn zwingt, anders als gewöhnlich zu denken und zu handeln. Ganz natürlich hat er das Gefühl, nicht mehr er selbst zu sein.« (Durkheim 1998: 300) Dies bleibt jedoch vage und unsystematisch und läuft letztlich allein auf die Markierung der individuellen Erfahrung einer anderen Welt hinaus.

Ungeachtet dieser Einwände ist für das Verständnis kollektiver Ekstase vor allem Durkheims Fokus auf Ausgangsbedingungen hilfreich und auf ›eigentlich‹ säkulare Kontexte übertragbar.[5] Entscheidend ist dabei vor allem die räumliche und situative

---

4   Und dies gilt ganz grundsätzlich: »Die Geschichte ist voll solcher Beispiele«, zu denen eine Ansammlung eine »gemeinsame Leidenschaft«, Gefühle und Aktionen erzeuge, »deren wir unfähig sind, wenn wir auf unsere Kräfte allein angewiesen sind.« (Durkheim 1998: 289)

5   So sind auch Fußballspiele kollektive Feiern um einen symbolisch vermittelten Gegenstand mit ekstatischen Momenten. Sie lassen eine Trennung von alltäglichen Phasen des Lebens und besonders verdichteten Momenten erkennen, die die eigentlichen Höhepunkte der ansonsten nur durch Symbole und vereinzelt kommunizierenden Gruppe darstellen.

Abgrenzung der Menschenansammlung, wie sie vor allem in Fußballstadien realisiert ist.[6] Deren architektonisch »nach innen gewendete Wucht« (Prosser 2002: 275) fügt die Fans »zu einer ringförmig geschlossenen Masse« (Alkemeyer 2008: 97) zusammen. Dies hat zur Folge, dass sich die Atmosphäre sinnlich verdichtet und – verstärkt etwa durch das Echo der Stadionüberdachung – die Wahrnehmung von Spielern und gegnerischen Fans intensiviert.

2.2 Situationsdynamiken

Wo Durkheim vor allem auf Rahmen- und Ausgangsbedingungen abstellt, untersucht Randall Collins – an ihn anschließend (2004) – die konkreten Situationsdynamiken potentiell ekstatischer Menschenansammlungen. Interessant ist hier vor allem das im Rahmen seiner Soziologie intellektueller Auseinandersetzungen entwickelte Theorem eines sozialen *Aufmerksamkeitsraumes* mit mehreren, hart umkämpften *Aufmerksamkeitszentren* (Collins 1998, 2001). Ein Theorem, dass er verschiedentlich angewendet hat: sowohl auf Makrophänomene wie die konflikthafte Positionierung sozialer Bewegungen (2001), wie auch auf Mikrophänomene wie den emotionalen Aufmerksamkeitsraum von Gewaltsituationen (2008).

Es liegt nun nahe es auch für unsere Zwecke nutzbar zu machen und das Geschehen in Fußballstadien als einen situativ und räumlich begrenzten Aufmerksamkeitsraum mit einem Aufmerksamkeitszentrum – dem Spiel – zu beschreiben.[7] Collins betont in seinen Arbeiten aber, das es innerhalb eines Aufmerksamkeitsraumes eine begrenzte Anzahl konkurrierender Aufmerksamkeitszentren und sogar rivalisierende *Aufmerksamkeitsfelder* geben kann. Das Vorhandensein solcher Konkurrenzen schließt an unsere Bildbeobachtungen an. In Fußballstadien gibt es eine – je nach Spielverlauf und Spielbrisanz – unterschiedlich intensive Bezugnahmen auf das Spiel: die einen fiebern, die anderen reden mit Umstehenden, wieder andere mustern den gegnerischen Fanblock. Entsprechend vielstimmig ist die Stadionatmosphäre, wenn auch die übertönende Lautstärke organisierter Fangesangsroutinen zuweilen darüber hinwegtäuschen mag. Das polyphone Rauschen mündet jedoch in besonderen Spielmomenten in kollektives Agieren wie Aufspringen, Pfeifen, Singen, Raunen, Jubeln oder Umarmungen. Aus dem *Nebeneinander von Aufmerksamkeitszentren* wird dann der eine Kristallisationspunkt: die entscheidende Torchance, ein besonders brutales Foul, die letzten Minuten, der Spiel entscheidende Treffer.

---

6   Zur emotionsverstärkenden Architektur von Fußballstadien vgl. Schäfer/Roose (2010), Alkemeyer (2008), Prosser (2002) und zu religiösen Elementen des Fantums vgl. Schmidt-Lux (2010).

7   So charakterisieren Bette und Schimank populäre Sportereignisse als triadische Handlungskonstellationen eines Wettkampfes zweier Kontrahenten vor und für Dritte(n) (2000: 308 f.).

Neben diesen situativen Dynamiken, also neben dem Wechsel zwischen spielbezogener Aufmerksamkeitsverdichtung und -verflüssigung, sind zudem gerade in Fußballstadien rivalisierende *Aufmerksamkeitsfelder* zu beobachten, die der Heterogenität von Fanszenen geschuldet sind. In der Fanforschung gibt es diesbezüglich verschiedene Typisierungsversuche, die aber hinsichtlich ihrer Vergleichsdimensionen und des verhandelten Bezugsproblems stark variieren. Sie unterscheiden etwa Fans nach der Stärke affektiver Bindungen (Wann/Branscombe 1990), untersuchen die verschiedenen Spezialisierungshierarchien in Fanszenen (Eckert u. a. 1990) oder differenzieren Fangruppen nach der Anerkennungsrelevanz ihrer Aktivitäten (Heitmeyer/Peter 1988). Gerade Heitmeyers Unterscheidung von konsumorientierten, fußballzentrierten und erlebnisorientierten Fans macht die sehr verschiedenen Logiken von Fanaktivitäten deutlich, die nicht allein auf das Fanobjekt gerichtet sind. So suchen die ›erlebnisorientierten‹ Fans beim Fußball in der Gruppe vor allem spannende Situationen und emotionsintensive Konfrontationen (Heitmeyer/Peter 1988: 42). Für sie haben stimmungsfördernde oder gewaltauslösende Handlungen einen hohen und eben unterscheidungsrelevanten Eigenwert.[8] Fasst man diese Untersuchungen zu unterschiedlich gewichteten Motivationen und verschieden gerichteten Aktivitäten der Fans zusammen und wendet sie auf das Fußballstadion als sozialen Aufmerksamkeitsraum an, so lassen sich *fanobjekt*zentrierte Fans von *interaktions*zentrierten Fans unterscheiden (Leistner 2010: 271f.). Die Aufmerksamkeit und das Verhalten fanobjektzentrierter Fans ist auf die Mannschaft oder einzelne, besonders berühmte Spieler ausgerichtet: für sie ist wichtig, was sich auf dem Platz tut. Der Aufmerksamkeitsfokus interaktionszentrierter Fans – etwa der Ultras[9] – verschiebt sich stärker in Richtung des eigenen Beitrags zur Stimmungserzeu-

---

8   Eine andere, relativ komplexe Kategorisierung von unterschiedlichen Fangruppen stammt von Richard Giulianotti (2002), der vier Typen der Identifikation von Zuschauern mit dem jeweiligen Fußballverein untersucht. Die derart sichtbar gemachten Wandlungen, etwa vom stark mit einem lokalen Verein identifizierten ›Supporter‹ hin zum die internationale Fußballwelt medial durchstreifenden ›Flaneur‹, setzt er dabei in Beziehung zu Prozessen der Kommerzialisierung und Medialisierung des Fußballsportes. Der ›Follower‹ ist ein stärker distanzierter Anhänger, der neben dem Bezugsverein interessensabhängige Loyalitäten gegenüber anderen Vereinen oder Spielern pflegt. Und als ›Fan‹ bezeichnet Giulianotti schließlich den Identifikationstyp des vereinspolitisch passiven, die Mannschaft oder einzelne Spieler wie einen Popstar verehrenden Anhängers.

9   Zu Geschichte und zum Phänomen der Ultras vgl. Gabriel (2004), Schwier (2005) und Pilz/Wölki (2006). Gunter A. Pilz definiert die Mitglieder dieser Bewegung als »besonders leidenschaftliche, emotionale und engagierte Fans […], die von der südländischen Kultur des Anfeuerns fasziniert sind, und es sich zur Aufgabe gemacht haben, in deutschen Stadien organisiert wieder für bessere Stimmung zu sorgen. Sie besitzen nur eine Identität – ihre Ultra-Identität – die sie sowohl innerhalb der Woche als auch am Wochenende ausleben.« (Pilz et. al. 2006: 12.) Wir verwenden den Begriff offener, als eine Spezifikation des Typs interaktionszentrierter Fans. ›Ultra‹ ist zunächst nicht mehr als eine Selbstbezeichnung von Gruppen, die als Minimalkonsens die Kritik an der Kommerzialisierung des Fußballs und die starke Supportorientierung verbindet. Was jeweils unter Ultrasein verstanden wird und wie es praktiziert wird, welchen Stellenwert die Kreativität des Support oder Gewalt hat, ob man sich als politische oder unpolitische Gruppe versteht, all das erklärt sich nicht aus der Szene an sich, sondern aus der je spezifischen Eigengeschichte der Fanszene.

gung bzw. der vielfältigen Rivalitäten zwischen den Anhängern konkurrierender Fanobjekte. Für sie ist wichtig, was man selbst bzw. was die gegnerischen Fans tun. Man muss also *gegen* Durkheim davon ausgehen, dass es bei massenhaften Versammlungen aufgrund konkurrierender Aufmerksamkeitsfelder und Aufmerksamkeitszentren *nicht zwingend* einen gemeinsamen, kollektiv geteilten Aufmerksamkeitsfokus gibt – und damit auch nicht automatisch kollektive Ekstasen. Damit bleibt die Frage, wie unter den Bedingungen dieser (fan)kulturellen Konkurrenzen Gemeinsamkeiten im Erleben und Tun entstehen können.

2.3 Individuelles Fallenlassen

Kann man auf diese Weise die Situationsbedingungen und Situationsdynamiken von Ekstasen weiter spezifizieren, bliebe noch die dritte oben genannte Schwachstelle der Durkheimschen Theorie: ihre weithin unausgearbeitete individuelle Dimension. Hierfür scheint uns Helmuth Plessner eine geeignete Referenz zu sein, dessen Überlegungen zum Lachen und Weinen sich (auch) als Beitrag zu einer Individualtheorie des Ekstase lesen und mit den bisherigen Analysedimensionen verknüpfen lassen.[10]

»Man lacht und weint nur in Situationen, auf die es keine andere Antwort gibt« konstatierte Plessner und entwarf beide Phänomene als »Grenzreaktionen«, als gewissermaßen letzte Auswege in undeutbaren, unbeherrschbaren Lagen und Situationen ohne ersichtlichen Handlungsspielraum. Lachen beantwortet dabei »die Unterbindung des eigenen Verhaltens durch unausgleichbare Mehrsinnigkeit der Anknüpfungspunkte, Weinen die Unterbindung des Verhaltens durch Aufhebung der Verhältnismäßigkeit des Daseins.« Beide Reaktionen werden also in Situationen hervorgerufen, in denen der Mensch an die Grenzen seiner Fähigkeit stößt, seine Umgebung sinnvoll zu deuten. Bisher vorhandene Routinen versagen, oder besser: es stehen überhaupt keine zur Verfügung. Statt planvoll zu handeln, lasse nun der Mensch »den Körper an seiner Stelle antworten« (ebd.: 366). Er verfällt ins Lachen bzw. lässt sich ins Weinen fallen – und verliert in beiden Fällen die Beherrschung über sich selbst. Der Mensch erlebt diese ekstatischen Momente als »an und in ihm selbst verselbständigte Natur« (ebd.), er ist einer weiteren Steuerung seines Körpers unfähig. Gleichzeitig jedoch, so Plessner, wird diese »Desorganisation« nicht bloß erlitten, »sondern wie eine sinnvolle Reaktion verstanden« (Plessner 1982: 359). Eine Reaktion auf spezifische Krisenmomente eben, auf die »Weltoffenheit als Widerfahrnis« (Fischer 2008: 261).

Dass Plessner sich im Grunde nicht für die Rahmenbedingungen solcher Grenzsituationen bzw. eines solchen Reagierens auf Grenzsituationen interessierte, muss uns insofern nicht stören, da wir diese bereits über den Verweis auf Durkheim und Collins

---

10 Wegweisend für diese Anwendung ist die Präparierung von Plessners Theorie der Ekstase durch Joachim Fischer (2008).

eingefangen haben. Die Plessnerschen Ideen scheinen uns aber ein geeigneter Ansatz, um die Individualebene kollektiver Ekstasen zu erfassen. Vor allem der *Anlass* für eine Ekstase wäre hierbei viel genauer erfasst als bei Durkheim. Dort sprang ja gleichsam ein ominöser Funke von der Masse auf den Einzelnen über; es existierte also etwas Über-individuelles, das, analog zum Kollektivbewusstsein, gewissermaßen als Kollektivenergie verstanden wurde. Bei Plessner wiederum sind es erst spezifische Situationen und Ereignisse, die aus den Einzelnen ein Kollektiv schaffen und dann je individuell in Ekstase fallen lassen – eben Grenzreaktionen hervorbringen.

Was wären nun solche Anlässe für das ›Antworten des Körpers‹? Schaut man hierfür wiederum ins Fußballstadion, lassen sich einige Anhaltspunkte finden. Zunächst wird das Fußballspiel ja als eine Situation erlebt, die selbst nur mittelbar beeinflusst werden kann, obwohl der Einzelne ein starkes Interesses an einer bestimmten ›Lösung‹ der Situation hat. Innerhalb dieses derart grundgespannten Rahmens kommt es so unvorhersehbar wie kurzzeitig zu Krisen – positiver wie negativer Art: durch entscheidende Tore, brutale Fouls etc. Diese Momente sind insofern ›sinnfrei‹ und damit den von Plessner gesehenen Situationen strukturähnlich, als die Einzelnen sich ihnen ausgesetzt fühlen, und sie mitunter auch nicht erklärbar sind. Zu dem Gesehenen tritt das Gehörte hinzu: die an- und abschwellende, von vielen Fans selbst erzeugte und alle Fans umgebende Stimmung. Wenn sich derart krisenhaft erlebte Spielsituationen eigendynamisch summieren und akustisch verdichten, dann entstehen Momente wie beim Siegtreffer in letzter Minute oder dem endgültig verlorenen Spiel; dann wird das erlebbar, was Plessner den »Verlust der Selbstbeherrschung« (Plessner 1982: 359) nannte. Dies mag sich in unkontrolliert-ekstatischem Jubel, ebenso aber in entgrenzter Gewalt äußern.

Keineswegs soll damit jeder Torjubel zur Kollektivekstase erklärt werden – im Gegenteil. Die hier vorgeschlagene Analytik soll gerade darauf hinweisen, dass Ekstasen selten sind. Dies lässt sich vor dem Hintergrund der Plessnerschen Lektüre unschwer beobachten. Denn häufig verlaufen Momente des Jubelns oder des wütenden Ärgers in normierten, standardisierten Bahnen: Umarmungen, Arme hochreißen, schnell einsetzendes rhythmisches Klatschen, kollektives Beschimpfen vermeintlich Schuldiger. Nimmt man jedoch die Rede vom ›antwortenden Körper‹ als Kriterium für ekstatische Momente ernst, dann kommen hier vor allem eher unkontrollierte und (scheinbar) ziellose Bewegungen in den Blick. Ein Jubel etwa, der die Menschen nicht unbedingt in kollektiven Gleichklang bringt, sondern sich eher ungeordnet und unvorhersehbar bewegen lässt.

3   ›Reine Glückssache‹. Eine Fallstudie

Die erarbeiteten Theoriebausteine zur Hand möchten wir uns nun ganz dem erwähnten Feld der Fußballstadien zuwenden. Sie finden klassischerweise immer wieder Erwähnung, wenn es um ›moderne Orte Durkheimscher Efferveszenz‹ geht. Dass es in Stadien zu kollektiver Ekstase kommt, sei hier nicht bestritten. Wir haben allerdings versucht, diesem Phänomen etwas genauer als bisher auf die Spur zu kommen, insbesondere den Bedingungen und den situativen Dynamiken solcher Momente verdichteter und gesteigerter Emotion.

Empirisch geschah dies über teilnehmende Beobachtungen und Gruppendiskussionen mit Fans aus unterschiedlichen Fansegmenten: mit aktiven Fans zweier Traditionsvereine und mit Ultras (dem Vorsänger und den Trommlern – mithin also den Emotionserzeugungsexperten) eines weiteren Vereins. Wir sprachen also mit engagierten, nicht nur passiv oder neutral beobachtenden Fans ›aus der Kurve‹. Bei ihnen ließ sich am ehesten erwarten, Momente von Ekstase und Rausch geschildert zu bekommen.[11] Im Folgenden präsentieren wir die Ergebnisse verdichtet; dem gingen jedoch ausführliche Interpretationen der Interviews und der Beobachtungen voraus.[12] In den Interviews und Gruppendiskussionen versuchten wir, die Fans über ihre Erlebnisse und Ideale ›guter Stimmung‹ im Stadion ins Gespräch kommen zu lassen. Über die Interpretation dieser Diskussionssequenzen ließ sich gut erkennen, wie vielfältig die Aufmerksamkeitszentren in Stadien sind und was im Grunde zusammenkommen muss, damit Situationen als ekstatisch oder rauschhaft erlebt und geschildert werden – ohne dass freilich dabei diese Begriffe fallen (müssen). Intuitiv könnte man annehmen, dass in solchen Diskussionen der primäre Fokus auf die eigene Gruppe, also die anderen Anhänger der eigenen Mannschaft gerichtet ist. Dies spielt natürlich eine Rolle, erfährt jedoch – mitunter gleich zu Beginn der Gespräche – eine Erweiterung auf die Zusammensetzung der *gesamten* Zuschauerschaft, wenn die Interviewten die Präsenz gegnerischer Fans im Stadion betonen. Völlig unabhängig vom ›eigentlichen‹ Spielgeschehen rührt für sie der Reiz eines Fußballspiels (auch) aus der Konstellation *eigene* vs. *gegnerische* Fans. Diese Konstellation kann sich auf verschiedene Weise niederschlagen: als gemeinsame Stimmungsmache; als kompetitive, Lautstärke und Kreativität ins Feld führende Anfeuerungsschlacht oder aber als konfrontative Schlägerei. Diese agonalen Fanaktivitäten bestimmen über die jeweilige Stadionatmosphäre und das eigene Empfinden des Spieles mit. Ansonsten, so heißt es an einer Stelle, ›fehlt schon einiges‹.

Wichtiger als das Kräfteverhältnis der Fangruppen und damit der jeweilige Ausgang ist dabei der Wettbewerb an sich. Mitunter ist es gerade die zahlenmäßige Unterlegen-

---

11 Uns ist bewusst, dass damit in erster Linie das Reden über Ekstase in den Blick kommt. Zugleich gehen wir aber davon aus, dass dieses Reden nicht völlig abgelöst ist vom Erleben im Stadion und insofern Rückschlüsse darauf zulässt. Gleichwohl haben wir auch aus diesen Gründen die Gruppendiskussionen mit teilnehmenden Beobachtungen kombiniert. Auch diese lassen keinen direkten Zugriff auf Kollektivekstasen zu, ermöglichen aber eine weitere Annäherung und erleichtern die Interpretation der Diskussionen.

12 Die Beobachtungen wurden in den Jahren 2005 bis 2008 durchgeführt, die Gruppendiskussionen nur 2008. Sie standen im Kontext einer Reihe von Forschungen zu Fans und Fanszenen, die von den Autoren in den letzten Jahren unternommen wurden (vgl. dazu etwa Leistner 2008, 2010 oder Roose/Schäfer/Schmidt-Lux 2010). Die Auswertung des empirischen Materials erfolgte unter Bezug auf Verfahren der Grounded Theory und der Objektiven Hermeneutik.

heit, die erst recht die eigenen Anstrengungen herausfordert und das Spiel zum Erlebnis macht: »Auswärts ist es dann echt besser.« Kernaktivitäten der Gruppen bei Spielen und zugleich wichtig für die emotionale Gestimmtheit der Fans sind gemeinsame Gesänge und das Aufführen von Choreographien. Zudem wird die Anwesenheit von Fangruppen geschätzt, die in ihrer Funktion permanenter Stimmungserzeugung als *orchestrators* bezeichnet werden können (vgl. Zurcher 1972). Damit sind vor allem die Fans der Ultra-Gruppierungen gemeint, die sich durch besonderes Engagement und Einsatz auszeichnen, auch wenn deren Aktivitäten von einem Teil der Befragten ambivalent gesehen werden. Zudem erweisen sich Spielverlauf, spezifische Spielereignisse und Spielergebnis als bedeutsame Einflüsse auf die Fanstimmung – jedoch nicht für alle Fans gleichermaßen. Denn hinsichtlich des Spielbezuges, also hinsichtlich des Bezugs auf das Aufmerksamkeitszentrum lassen sich sehr unterschiedliche Orientierungen feststellen:

Die erste Gruppe – die Ultras – misst dem ›eigentlichen‹ Geschehen auf dem Platz weniger Bedeutung bei und »macht durchgängig Stimmung« – teilweise unabhängig vom Spielstand und Spielverlauf. Innerhalb der Ultraszene gibt es da durchaus starke Nuancen zwischen den Ausdrucksstilen. Charakteristisch ist aber für alle eine eigentümliche Doppelstellung: Ultras sind Teil der jeweiligen Fanszene vor Ort und zugleich Teil einer länderübergreifenden Jugendkultur. Es existiert hier also ein subkulturell gerahmter Aufmerksamkeitsraum, der über das Stadion hinausreicht und zugleich die Aktivitäten im Stadion überformt. Diesen Aufmerksamkeitsraum zeichnet zudem eine spezifische Konkurrenzlogik aus, die Selbstinszenierungswettkämpfe zwischen Ultragruppierungen um die spektakulärsten Choreographien und das kreativste Liedgut für die Gruppenidentität zentral werden lässt und im Stadion einen Stimmungserzeugungszwang etabliert.

Die zweite Gruppe kann einer distanziert-ästhetisierenden Sichtweise auf das Spiel zugerechnet werden, für die ›die Schönheit des Spiels‹ ausreicht oder vielmehr Bedingung ist, um Stimmung hervorzubringen. Der Erfolg oder Misserfolg der eigenen Mannschaft ist dabei durchaus nachrangig, mitunter sind bei diesem Fansegment die Leidenschaften für ein Team nicht einmal besonders ausgeprägt. Anerkennung findet hier also primär die Leistung der Spieler, wobei sich dies – aus Sicht der Fans – an Toren, gelungenen Aktionen oder mindestens dem als ausreichend erachteten, kämpferischen Einsatz misst.

Die dritte und vermutlich größte Gruppe grenzt sich schließlich von beiden vorherigen Fansegmenten ab. Weder machen sie sich gänzlich unabhängig vom Spielgeschehen, noch reicht ihnen ›ein schönes Spiel‹. Diese Gruppe zeigt sich selbst (auch) am Spiel und Ergebnis interessiert und zugleich davon beeinflusst: »In dem Moment, wenn dann Saturn drei null hinten liegt, dann höre ich ooch off, dann ist mir das ooch, dann habe ich ooch keine Lust mehr.« Gleichzeitig sind es jedoch gerade Negativereignisse und krisenhafte Momente wie Benachteiligungen, ungeahndete Fouls an den eigenen Spielern etc., die die Stimmung aus Sicht dieser Gruppe hochkochen lassen. »Bei uns geht's erst richtig los, wenn *Saturn* benachteiligt ist.«

Momente der Ekstase schließlich werden in einer Weise geschildert, die vor allem deren unwahrscheinlichen und ganz und gar nicht selbstläufigen Charakter betont. Bei der dritten Gruppe fungiert die Verbindung von Spielgeschehen und spezifischen Fanaktivitäten als Auslöser besonderer Emotionen. Weder Spiel noch Fans genügen sich selbst. Kommt es aber zu Überschneidungen und passenden Konstellationen von Spielverlauf und Fankonstellationen, hat die kollektive Efferveszenz Chance, sich Bahn zu brechen: »Wenn dann ein fieses Foul war, kein gelbe Karte, da ist Bambule und da, das hält auch lange an, wenn da gleich noch was hinterher kommt und dann, und dann kommt irgendwie noch ne gelbe Karte für uns wegen Meckern oder so, und dann ist ne Zeitlang wirklich rambazamba und dann, das ist's auch wirklich wieder richtig lustig.« Der Ausnahmecharakter dieser gemeinsamen Gestimmtheit und zugleich die Dynamik der Ekstase wird aber besonders in der Schilderung der Ultras deutlich. Im Zentrum stehen dabei zwei Mechanismen: *Suspension* und *Expansion*. Auch hierfür zunächst ein Zitat:

> »Also ich find ja gute Stimmung ist es genau dann, wenn man nicht darüber nachdenkt ob die Stimmung gut ist. Wenn das halt ei/einfach so, so fließt, wo man sich keine Gedanken darum macht und das halt so total frei ausleben kann, so die Emotionen. Das ist für mich gute Stimmung, wenn sich da keiner ne Platte drum machen muss, ist es jetzt gut, geben wir alles, so dann find ich, ist es gute Stimmung.«

›Nicht darüber Nachdenken‹ und ›total frei Ausleben‹ beschreiben Momente, in denen es den Ultras gelingt, sich von der funktionsbedingten Reflexivität, gleichsam von Rationalität der planvoller Stimmungserzeugung und dem Zwang einer auf Aufmerksamkeitsgewinne hin ausgerichteten Gruppenidentität frei zu machen. Die Logik der permanenten emotionalen Qualitätssteigerung wird für Momente suspendiert. Dieses dann zwanglose und selbstläufige Rauscherleben wird über die Gruppe hinaus auch von den ›Anderen‹ im Stadion expandierend mitgetragen. Das besondere an diesen Momenten ist nicht zuletzt, dass sie auch für diese *orchestrators* keineswegs planbar erscheinen: »Man kann auch nie, nie vorher sagen, ob es heute gute Stimmung wird, find ich, also das ist immer, ist halt so ne reine Glückssache.«[13] Die eigenen Bemühungen der Stimmungserzeugung werden konfrontiert mit der Erfahrung der Nicht-Steuerbarkeit der Fankurve. Mit Hilfe von Technik (Trommeln, Megaphon) und Emotionswissen (›man kann ooch den Block kaputt spielen‹) schaffen sie zwar über ein kalkuliertes

---

13 Dies korrespondiert mit den Analysen von Hardcore-Konzerten bei Inhetveen, die feststellt, dass »auch bei Berücksichtigung aller förderlichen und hinderlichen Umstände […] das Gelingen eines Konzertes nie mit Sicherheit vorausgesagt werden [kann]. Gute äußere Bedingungen und Motivation bei Publikum und Band machen Entstehen und Aufrechterhalten der Interaktionsspirale zwar wahrscheinlicher, das nötige Ausmaß an Hingabe an das Geschehen kann jedoch nicht erzwungen werden und entsteht, obgleich in seinen Äußerungen stark normiert, zu einem gewissen Anteil immer spontan aus der Situation.« (Inhetveen 1997: 250)

Wechselspiel von ›Powerliedern‹, Standardgesängen, Anfeuerungsrufen und Trommel-
einlagen ein abgestimmtes oder aber situativ improvisiertes Arrangement unterschiedlicher Stimmungsimpulse. All diese Techniken des Emotionsmanagements zielen aber
vor allem darauf, den Fanblock über die Spieldauer hinweg ununterbrochen auf Lautstärke und in Bewegung zu halten. Einen direkten Zugriff auf den Fankörper als Reso-
nanzraum, um gewissermaßen planvoll Ekstase zu stimulieren, erlauben sie indes nicht.
Die ›reine Glückssache‹ dieses Momentes kann somit als kontingentes wie zugleich
rauschhaftes Erlebnis interpretiert werden.

4   Zusammenfassung und Ausblick

Abschließend wollen wir nun die Ergebnisse systematisieren. Aus unserer Sicht ist es
notwendig, für eine Theorie der Ekstase zwischen *Rahmenbedingungen* und *situativen
Bedingungen* zu unterscheiden.

(1) Die *Rahmenbedingungen* wurden inzwischen mehrfach genannt: die körperliche
Anwesenheit mehrerer Personen, die situative und räumliche Begrenzung dieser Ansammlung, und ritualisierte, gemeinsam ausgeführte Aktivitäten der Personen. All dies
erinnert stark an Durkheim und wurde auch von Randall Collins in seiner Theorie der
Interaktionsrituale übernommen.

(2) Allein diese Rahmenbedingungen reichen nun aber keineswegs aus – weder empirisch zu einer Entstehung von Ekstase und Rausch, noch theoretisch zu einem Verständnis solcher Situationen. Hinzu treten deshalb *situative Bedingungen*.

Dazu zählt erstens die Herstellung eines tatsächlich *gemeinsamen Aufmerksamkeitsfokus*. Wie gezeigt, existieren auch in Momenten situativer und räumlicher Begrenztheit
unterschiedliche und konkurrierende Aufmerksamkeitszentren. Erst wenn es einem
dieser Zentren gelingt, zum ›Fokus aller‹ oder wenigstens vieler Menschen zu werden,
vergrößert sich die Chance auf Emotionssteigerungen. Diese Bündelung auf ein Zentrum ist wiederum kein selbstverständlicher Prozess. Im Beispiel des Stadions mag er
sich durch besondere Spielereignisse einstellen: Fouls, Tore etc. Dies kann dadurch begünstigt werden, dass die Spiele selbst eine herausgehobene Bedeutung haben – Pokal-
endspiele haben es hier leichter als Testspiele der zweiten Mannschaft. Die Unterschied-
lichkeit der Aufmerksamkeitszentren ist schließlich auch (sub)kulturell beeinflusst und
erhöht sich mit der Heterogenität des Publikums. Diese Aufmerksamkeitsbündelung
der Anwesenden ist die *externe* situative Bedingung ekstatischer Momente.

Hinzu tritt eine *interne* Bedingung, nämlich ein Vorgang, den wir besonders verdichtet bei den Ultras beschrieben sahen und den wir mit *Expansion und Suspension*
beschrieben haben. Diese Momente erkennt man besonders prägnant aus der Plessnerschen Perspektive. Es sind Situationen, in denen Menschen grundlegende Krisenmomente erfahren und entsprechende ›Resonanzphänomene‹ zeigen. Diese Krisen
können, wie gezeigt, ganz unterschiedliche Anlässe haben und situativ unvorherseh-

bar eintreten – auch wenn sie sicherlich beim zumeist ja freiwilligen Gang ins Stadion erhofft werden. Mit ihnen gehen das Mitfiebern und die Anspannung des Körpers einher. Sie sind dann von einem »Verlust der Selbstbeherrschung« (Plessner) gezeichnet, mithin einem sich Fallen-Lassen ins Lachen, Weinen oder einfachen, unreflektiertem Dabei-Sein.[14] Erst beide situative Bedingungen zusammen ergeben aus unserer Sicht jene Spezifik des ekstatischen Moments, die wir als ›konzentriertes Loslassen‹ bezeichnen wollen. Konzentriertes Loslassen betont sowohl die ›Arbeit‹ und ›Anstrengung‹, die jenen Momenten vorgängig ist. Dies schließt an die Analysen an, die auf die sozial erzeugte Dimension von scheinbar spontan sich einstellenden Emotionen verweisen (Hochschild 1983). Zugleich ist damit jedoch eine unkontrollierte und unbeherrschte Seite des Moments markiert, eben jene, in die man fällt bzw. sich fallen lässt.

Dies ist unser Vorschlag zur Differenzierung und zum Verstehen des Phänomens kollektiver Ekstase. Man mag in derartigen Situationen mit Durkheim die Urszene des Sozialen erkennen. Aber gerade diese sozialtheoretisch zentrale Funktionszuschreibung macht es erforderlich, hinter die ›Fassade der Ekstase‹ zu schauen und die Konstitutionsmechanismen und Aufführungsregeln emotionaler Vergemeinschaftung zu rekonstruieren. Dies schärft den Blick einerseits für deren voraussetzungsreiche Entstehung und andererseits für die ›Arbeit‹ an der Reaktivierung solcher Momente. Mit unserem Vorschlag verbinden wir zugleich die Einladung, sowohl am Analyserahmen als auch an der Theorieminiatur des ›konzentrieren Fallenlassen‹ weiterzubauen und auf andere Forschungsfelder anzuwenden.

Literatur

Accarino, Bruno/Schloßberger, Matthias (Hg.) (2008): Expressivität und Stil. Helmuth Plessners Sinnes- und Ausdrucksphilosophie. Berlin: Akademie.

Bette, Karl-Heinrich/Schimank, Uwe (2000): Sportevents: Eine Verschränkung von ›erster‹ und ›zweiter Moderne‹. In: Winfried Gebhardt/Ronald Hitzler/Michaela Pfadenhauer (Hg.) (2000): Events. Soziologie des Außergewöhnlichen. Opladen: Leske + Budrich, S. 307–323.

Brown, Adam (2007): ›Not For Sale‹? The Destruction and Reformation of Football Communities in the Glazer Takeover of Manchester United. In: Soccer & Society 8(4): 614–635.

Bündnis Aktiver Fußballfans – BAFF (Hrsg.) (2004): Ballbesitz ist Diebstahl. Fußballfans zwischen Kultur und Kommerz Göttingen: Die Werkstatt.

Canetti, Elias (1995): Masse und Macht. Frankfurt am Main: Fischer.

Collins, Randall (1998): The Sociology of Philosophies: A Global Theory of Intellectual Change. Cambridge: Harvard University Press.

---

14 Brückenschläge in die Gehirnforschung scheinen an dieser Stelle aufschlussreich. So haben neurowissenschaftliche Untersuchungen ekstatischer Religiosität gezeigt, dass es einen Zusammenhang zwischen dem Glaube an die situative Präsenz Gottes und der Deaktivierung von Regionen des Gehirns gibt, die für die kognitive (Selbst)-Kontrolle verantwortlich sind – gleichsam als eine Form kulturell gerahmten neuronalen ›Fallenlassens‹ (vgl. Schjoedt u. a. 2010).

Collins, Randall (2001): Social Movements and the Focus of Emotional Attention. In: Jeff Goodwin/James M. Jasper/Francesca Polletta (Hg.): Passionate Politics. Emotions and Social Movements. Chicago: University of Chicago Press, S. 27–44.

Collins, Randall (2004): Interaction Ritual Chains. Princeton: Princeton University Press.

Collins, Randall (2008): Violence. A Micro-sociological Theory. Princeton: Princeton University Press.

Durkheim, Émile (1998): Die elementaren Formen des religiösen Lebens. Frankfurt am Main: Suhrkamp.

Eckert, Roland/Vogelgesang, Waldemar/Wetzstein, Thomas A./Winter, Rainer (1990): Grauen und Lust. Die Inszenierung der Affekte. Pfaffenweiler: Centaurus.

Fischer, Joachim (2008): Ekstatik der exzentrischen Positionalität. ›Lachen und Weinen‹ als Plessners Hauptwerk. In: Accarino et. al. (2008): 253–269.

Flam, Helena (2002): Soziologie der Emotionen. Eine Einführung. Konstanz: UVK.

Fritzsche, Bettina (2003): Pop-Fans. Studie einer Mädchenkultur. Opladen: Leske + Budrich.

Gabriel, Michael (2004). Ultra-Bewegungen in Deutschland. In: Bündnis Aktiver Fußballfans – BAFF (2004): 179–194.

Gerhards, Jürgen (1988): Soziologie der Emotionen. Fragestellungen, Systematik und Perspektiven. Weinheim & München: Juventa.

Giulianotti, Richard (2002): Supporters, Followers, Fans, and Flaneurs: A Taxonomy of Spectator Identities in Football. In: Journal of Sport and Social Issues 26(1): 25–46.

Heitmeyer, Wilhelm/Peter, Jörg-Ingo (1988): Jugendliche Fußballfans. Weinheim/München: Juventa.

Hochschild, Arlie Russell (1983): The Managed Heart. Commercialization of Human Feeling. Berkeley: University of California Press.

Inhetveen, Katharina (1997): Gesellige Gewalt. Ritual, Spiel und Vergemeinschaftung bei Hardcorekonzerten. In: Trotha (1997): 235–260.

Joas, Hans (1992): Die Kreativität des Handelns. Frankfurt am Main: Suhrkamp.

Klimó, Árpád/Rolf, Malte (Hg.) (2006): Rausch und Diktatur. Inszenierung, Mobilisierung und Kontrolle in totalitären Systemen. Frankfurt am Main/New York: Campus.

Leistner, Alexander (2008): Zwischen Entgrenzung und Inszenierung. Eine Fallstudie zu Formen fußballbezogener Zuschauergewalt. In: Sport und Gesellschaft 5(2): 111–133.

Leistner, Alexander (2010): Fans und Gewalt. In: Jochen Roose u. a. (Hg.): Fans. Soziologische Perspektiven. Wiesbaden: VS, S. 249–279.

Niekrenz, Yvonne & Sonja Ganguin (Hrsg.) (2010): Jugend und Rausch. Interdisziplinäre Zugänge zu jugendlichen Erfahrungswelten. Weinheim & München: Juventa.

Pettenkofer, Andreas (2006): Die Euphorie des Protests: Starke Emotionen in sozialen Bewegungen. In: Schützeichel (2006): 256–285.

Pilz, Gunter A. & Franciska Wölki (2006): Vom Schlachtenbummler zum postmodernen Ultra. In: Unimagazin Hannover 1/2. 8–12.

Pilz, Gunter A./Behn, Sabine/Klose, Andreas/Schwenzer, Victoria/Steffan, Werner/Wölki, Franciska (2006): Wandlungen des Zuschauerverhaltens im Profifußball. Schorndorf: Hofmann.

Roose, Jochen/Schäfer, Mike S./Schmidt-Lux, Thomas (Hg.) (2010): Fans. Soziologische Perspektiven. Wiesbaden: VS.

Schjoedt, Uffe/Stødkilde-Jørgensen, Hans/Geertz, Armin W./Lund, Torben E./Roepstorff, Andreas (2010): The power of charisma. Perceived charisma inhibits the frontal executive network of believers in intercessory prayer. In: Social Cognitive and Affective Neuroscience.

Schmidt-Lux, Thomas (2010): Fans und Religion. In: Jochen Roose u. a. (Hg.): Fans. Soziologische Perspektiven. Wiesbaden: VS, S. 281–308.

Schützeichel, Rainer (Hg.) (2006): Emotionen und Sozialtheorie. Disziplinäre Ansätze. Frankfurt/M.: Campus.

Schwier, J. (2005). Die Welt der Ultras. Eine neue Generation von Fußballfans. Sport und Gesellschaft 2. 1. 21–38.

Sofsky, Wolfgang (2002): Zeiten des Schreckens. Amok. Terror. Krieg. Frankfurt am Main: Fischer.

Tiryakian, Edward A. (1995): Collective Effervescence, Social Change and Charisma: Durkheim, Weber and 1989. In: International Sociology 10(3): 269–281.

Trotha, Trutz von (Hg.) (1997): Soziologie der Gewalt. Wiesbaden: Westdeutscher Verlag, S. 235–260.

Wann, Daniel L./Branscombe, Nyla R. (1990): Die-Hard and Fair-Weather Fans: Effects of Identification on BIRGing and CORFing Tendencies In: Journal of Sport and Social Issues 14(2): 103–117.

Weber, Max (1972): Wirtschaft und Gesellschaft. Tübingen: Mohr.

Zurcher, Louis A. (1972): The Staging of Emotion: A Dramaturgical Analysis. In: Symbolic Interaction 5(1): 1–22.

Wie sind geteilte Emotionen möglich?
Ein Problemaufriss

Annette Schnabel & Alexander Knoth

1 Einleitung

Gruppen brauchen Wir-Gefühle zur Integration und um Phasen der Latenz zu überstehen. Ebenso existieren ›imaginierte Gemeinschaften‹ wie soziale Bewegungen oder Nationen nur so lange, solange Menschen sich einer solchen Gemeinschaft zugehörig *fühlen*. Menschen in Gruppen erfahren gemeinsam emotionale Ekstase (siehe den Beitrag von Leistner und Schmidt-Lux in diesem Band), sie empfinden gemeinsam Solidarität, Glück oder Scham. Wir schreiben der Gruppe, dem Kollektiv oder den anderen Mitgliedern zu, dass sie dasselbe empfinden wie wir. Das bringt uns einander näher. Gleichzeitig weiß ich, dass nur ich allein meine Gefühle fühlen kann: Emotionen lassen sich nur introspektiv wahrnehmen, ihre interpersonale Vermittlung stößt permanent an kommunikative Grenzen.[1] Worin aber bestehen solche kollektiven Gefühle? Wie lassen sie sich konzeptionalisieren und wie erklären?

Obwohl die Analyse von Gruppen und größeren Gemeinschaften zum Bestand soziologischer Kernthemen gehört, gibt es wenig systematische sozialtheoretische Überlegungen dazu, wie sich der Kitt, der sie zusammenhält, aus soziologischer Perspektive darstellt. Vielmehr scheinen Begriffe wie Wir-Gefühle, Zusammengehörigkeitsgefühle, geteilte Gefühle oder Kollektivgefühle Leerstellen zu bezeichnen, für die es aus soziologischer Perspektive zurzeit noch keine überzeugenden Konzepte gibt. Gleichzeitig ist mit der Frage, ob kollektive Gefühle tatsächlich meint, dass wir dieselben Gefühle teilen oder individuell die gleichen Gefühle haben, auf eine der ältesten soziologischen Debatten verwiesen: Diese dreht sich darum, ob und inwiefern Sozialität – und damit auch die soziale Dimension von Emotionen – als Aggregat individualen Erlebens und Handelns, als eigenständiges Phänomen oder als Relation von Akteuren theoretisch konzeptionalisiert werden sollte. Der folgende Beitrag wird damit also nicht nur die Frage aufnehmen, wie sich Wir- und Zusammengehörigkeitsgefühle soziologisch auffassen und erklären lassen. Mit der Frage danach, wie sich die Geteiltheit von Emotionen konzep-

---

1 Wissenschaftstheoretisch ist die Diskussion um die interpersonale Kommunizierbarkeit vom Fühlen von Emotionen, wie beispielsweise von Schmerz, eng mit dem Leib-Seele-Problem verknüpft (vgl. u. a. Metzinger 1995).

tionell fassen und erklären lassen könnte, ist gleichzeitig die Frage danach gestellt, wie sich Sozialität (wissens-)soziologisch auffassen lässt.

2   Ein Syndrom als Phänomen

Die Notwendigkeit für ein besseres Verständnis geteilter Emotionen ergibt sich nicht zuletzt daraus, dass die Soziologie typischerweise kollektive Gefühle, geteilte Gefühle oder Wir- und Zusammengehörigkeitsgefühle bemüht, um sowohl kleinere, interaktionsbasierte Gruppen, größere, über gemeinsame Aktionen integrierte Gruppen als auch imaginierte Gemeinschaften zu definieren.[2] So sind es gemäß einer der in der Soziologie gängigeren Definition von Gruppen insbesondere die Entwicklung einer kollektiven Identität und ein geteiltes Gefühl der Zusammengehörigkeit, die Gruppen von Interaktionen und Organisationen unterscheiden (vgl. Neidhardt 1979: 642 oder Schäfers 2006: 313).[3] Ähnlich benennen viele Definitionen die Entwicklung eines Wir- oder Zusammengehörigkeitsgefühls als zentrales Charakteristikum sozialer Bewegungen.[4] Und auch wenn die Mitglieder imaginierter Gemeinschaften, wie beispielsweise von Nationen, zumeist nur über Medien vermittelt voneinander Kenntnis nehmen, so wird es auch für diese Form der Vergemeinschaftung als konstitutiv angesehen, dass ihre Mitglieder durch das Gefühl vereint werden, etwas miteinander gemeinsam zu haben und zu teilen (vgl. z. B. Weber 1972: 244; Wehler 2004: 32 oder Anderson 1983).

Obwohl kollektive oder geteilte Gefühle für alle drei Typen der Vergemeinschaftung als zentral angesehen werden, sind sie doch phänomenologisch nicht leicht zu bestimmen[5]: Oft fallen dabei kollektive, geteilte, Wir- und Zusammengehörigkeitsgefühle konzeptionell in Eins.

Wir wollen im Folgenden mit Bar-Tal/Halperin/Rivera (2007: 442) kollektive oder geteilte Gefühle von gruppenbasierten Gefühlen unterscheiden. »[W]hile the former concept suggests that group members may share the same emotions for a number of different reasons, the latter refers only to emotions that individuals experience as a result of identifying with their fellow group members.« Diese Unterscheidung ist insofern sinn-

---

2   Im Folgenden bezeichnen wir mit ›Gruppe‹ kleinere, mehr oder minder stabile soziale Gebilde, deren Mitglieder einander kennen und potentiell in face-to-face-Interaktionen miteinander treten können, während ›Kollektive‹ größere Gruppierungen benennen soll, in denen Mitglieder nicht unbedingt voneinander persönlich Kenntnis haben, beispielsweise in Form von allen Arten imaginierter Gemeinschaften wie sozialen Bewegungen oder nationalen Gemeinschaften.

3   Demnach zeichnen sich Gruppen durch die Charakteristika der Dauerhaftigkeit, der Personenabhängigkeit, eines Zusammengehörigkeits- und Zugehörigkeitsgefühls, einer kollektiven Identität und durch unmittelbare und diffuse Beziehungen aus.

4   Vgl. etwa Tajfel 1981: 244; Raschke 1987: 21; Rucht 1994: 77; Whittier 1997: 751; Della Porta und Diani 1999: 14 oder Polletta und Jasper 2001.).

5   Angesichts dieser Ähnlichkeiten beschränken wir uns im Folgenden auf den Begriff ›Zusammengehörigkeitsgefühl‹.

voll, als dass sie einen konzeptionellen Optionsraum eröffnet: So lässt sich unterscheiden, dass meine Identifikation mit einer bestimmten Gruppe durchaus Gefühle freisetzen kann, die von anderen nicht geteilt werden müssen. Gleichzeitig können Gefühle geteilt sein, ohne dass ich mich als Gruppenmitglied fühle – Solidarität oder Mitgefühl sind Beispiele für solche Gefühle, die auch anderen gegenüber entwickelt werden können, denen ich mich nicht zugehörig fühle. Ein Wir-Gefühl oder Zusammengehörigkeitsgefühl wiederum umschreibt das Gefühl, »dass ›uns‹ etwas verbindet«, »dass ›wir‹ etwas gemeinsam haben«, »dass ›wir‹ zusammen gehören«. Dieses kann damit als ein kollektives Gefühl angesehen werden, das anderen, gruppenbasierten Gefühlen folgt. Gleichzeitig können kollektive Gefühle wie beispielsweise Stolz, Scham, Solidarität oder Trauer zwar als geteilt erlebt werden, müssen aber nicht unbedingt damit verbunden sein, dass wir uns einander zugehörig fühlen. Ihr Erleben muss nicht notwendig vergemeinschaftend sein, sondern kann vielmehr Ablehnung oder gar Hass hervorrufen. Damit wären Wir-Gefühle immer kollektive Gefühle, aber kollektive Gefühle nicht immer zusammengehörigkeitsschaffend.

Auch wenn dies nicht immer der Fall sein muss, so scheinen kollektive und gruppenbasierte Gefühle oft damit zusammenzuhängen, dass Menschen annehmen, sie würden etwas – ein Merkmal, eine Einstellung oder Überzeugung, ein Erleben, eine Problemlage oder ein Ziel – gemeinsam haben und/oder teilen, wobei dieses Gemeinsame oder Geteilte nicht notwendigerweise auch tatsächlich gemeinsam oder geteilt sein muss (wie beispielsweise bei ›immagined communities‹, Anderson 1983). Mit dieser Ähnlichkeitsvermutung ist meist nicht ein einziges Gefühl, sondern eher ein Gemenge verschiedener Gefühlslagen verbunden: Wir fühlen uns den anderen nahe, wir ›gehören zusammen‹, empfinden Sympathie, Solidarität, vertrauen einander. Stolz oder Scham und Schuld wiederum können als kollektive Gefühle angesichts gemeinsam er- oder durchlebter Ereignisse empfunden werden (z. B.: Gabriel 1992, Wohl/Branscombe/Klar 2006, Bar-Tal, Halperin/Rivera 2007). Diese Gefühle können dann möglicherweise wiederum Solidarität, Vertrauen oder Nähe produzieren, die zu einem noch stärkeren Zusammenhalt in der Gruppe führt – die Gruppe ›zusammenschweißt‹.[6] Diese unterschiedlichen (Einzel-)Gefühle und ihre gegenseitige Beeinflussung führen zu emotionsgestützten Bindungen zwischen den Mitgliedern einer Gruppe oder eines Kollektivs. Dabei vermuten wir, dass die anderen Mitglieder ›genauso fühlen wie ich‹. Gleichzeitig aber wissen wir, dass die Gruppe auch anders fühlen kann als ich – die Gruppe kann angesichts ihrer Leistung ekstatischer, impulsiver sein, und ich kann mich von fremdenfeindlichen Gefühlsäußerungen meiner Nation innerlich und äußerlich emotional distanzieren (z. B.

---

6 Schuld und Scham können allerdings auch dazu führen, dass sich die Gruppenmitglieder gegenseitig ›nicht mehr in die Augen gucken können‹, sich nicht mehr gegenseitig an das Schuld verursachende gemeinsame Ereignis erinnern wollen und somit die Gruppe auseinanderfällt. Geteilte Gefühle müssen damit also nicht zwangsläufig zu gruppenbasierten Zusammengehörigkeitsgefühlen führen.

Gilbert 1997). Kollektive, geteilte Gefühle scheinen damit mehr zu sein als die Summe der individuellen Gefühle (zusammenfassend Barsade/Gibson 1998: 84).

Die Integration von Gruppen und (imaginierten) Gemeinschaften über Emotionen hat zwei soziologisch höchst interessante und wichtige Implikationen: Zum einen hat sie die Kraft, dazu zu motivieren, eigene Interessen zugunsten eines Kollektivs in den Hintergrund zu stellen, sich solidarisch zu verhalten und im Sinne der Gruppe zu agieren. Damit hat die Integration durch Emotionen das Potential, zur Lösung des Kollektivgutproblems beizutragen (z. B. Schnabel 2003). Zum anderen hebt sie die Differenz zwischen dem ›wir‹ und ›den anderen‹ hervor, denen gegenüber solche Gefühle nicht entwickelt werden. Damit verbunden sind unterschiedliche Handlungsdispositionen den Gruppenmitgliedern und Nichtmitgliedern gegenüber, die sich beispielsweise in Form einer von der Außenmoral differierenden Binnenmoral äußern können (Weber 1924; Barth 1969; Rex 1990).

Die Untersuchung des Zusammenhangs zwischen kollektiven Emotionen und der Formierung von Gruppen oder Gemeinschaften ist nicht neu: Klassische Beiträge stammen von LeBon (1896), McDougal (1923) und Freud (1922) zur Psychologie der Masse. Hierin wird vor allem betont, dass das Individuum sich in der Masse anders verhalte als allein und dass kollektive Gefühle die Kraft hätten, individuelle Gefühlslagen zu überschreiben und zu dominieren. So konstatiert McDougal (1923: 57), Individuen wären in Massen »carried away by the forces« und »powerless to control«. Damit seien die kollektiven Gefühle der Masse mächtiger als individuelle Gefühle und somit nicht auf diese reduzierbar.

Aus soziologischer Perspektive arbeiteten bereits Durkheim und Simmel die Bedeutung heraus, die Emotionen insbesondere für die Kohäsion von Gruppen haben: Während Simmel (1922) darauf verweist, dass Wechselbeziehungen zwischen Individuen nicht nur über gemeinsame Interessen, sondern mindestens ebenso über Gefühle entstehen, thematisiert Durkheim in seinen Schriften zur Religionssoziologie die Entstehung und Aufrechterhaltung von Gemeinschaften über Rituale und die dadurch hervorgerufenen und stabilisierten Gefühle. Beide Theoretiker weisen nach, dass Gefühle eine zentrale Rolle für Integration von Gruppen und Gemeinschaften spielen. Für Simmel (1983) handelt es sich dabei nicht nur um positive Gefühle wie Sympathie, Liebe, Freundschaft, die Wechselbeziehungen zwischen Individuen strukturieren, sondern ebenso um negative Gefühle, die in Form von Streit, Kampf oder Konkurrenz Individuen in (stabile) Relationen zueinander bringen. Für Simmel müssen es auch nicht unbedingt kollektiv geteilte oder gruppenbasierte Emotionen sein, bereits individuell erlebte Liebe oder Hass strukturieren eine Dyade oder Triade, ohne dass dieses Gefühl erwidert oder geteilt sein muss. Damit Emotionen ihren strukturierenden Effekt entfalten können, müssen sie sich allerdings immer (relational) auf andere beziehen.

Durkheim sieht im gemeinsamen rituellen Tun die Ursache für ›gemeinsame Leidenschaften‹ (Durkheim 2007: 312), die dazu veranlassen, im Sinne der Gemeinschaft (auch gegen unmittelbar individuelle Interessen) zu handeln. Für ihn ist es jedoch genau diese Gemeinsamkeit der Leidenschaft, die kollektiven Emotionen ihre integrative Kraft verleiht.

Während die soziale Integrationsleistung von Gefühlen relativ unbestritten ist, ist die Frage, ob Emotionen Integration und Gruppenkohäsion hervorrufen oder ob Gruppen und Gemeinschaftlichkeit die Voraussetzungen für gemeinsame Emotionen sind, nach wie vor offen. Sowohl Durkheim als auch Simmel nahmen bereits an, dass Emotionen nicht nur Ursache (oder zumindest Unterstützung) von Integration seien, sondern dass bestimmte Formen von Emotionen durch Ansammlungen und deren gemeinsames Tun (im Falle Durkheims) oder von bereits existierenden Wechselbeziehungen (im Falle Simmels) bestimmt werden. So unterscheidet etwa Simmel zwischen form-gebenden Emotionen, die Wechselbeziehungen verstetigen und damit zu Gruppenbildung führen (wie Verliebtheit, Hass), und form-folgenden Emotionen, die durch bestimmte Arten von Interaktionen und Gruppen erst hervorgerufen werden (beispielsweise Liebe, Treue und Eifersucht; vgl. Flam 2002: 17 ff.). Kollektive Gefühle lassen sich im Sinne Simmels sowohl als form-gebend als auch form-folgend begreifen: Sie sind dann form-gebend, wenn sie Grund für die Bildung beispielsweise von Solidaritäts-, Aktions- oder Selbsthilfegruppen sind oder wenn durch ihre Evozierung und medienwirksame Darstellung (imaginierte) Gemeinschaften angeregt werden. Sie sind dann form-folgend, wenn Gruppen und Gemeinschaften durch regelmäßige Gruppentreffen, gemeinsame Rituale, Aktionen, Leistungen oder Verbrechen die Aktivierung und Aufrechterhaltung dieser Gefühle motiviert. Gruppenbasierte Emotionen hingegen sind mit Simmel immer form-folgend, setzen sie doch die Gruppe schon voraus.

Die Unklarheit über das ursächliche Verhältnis zwischen Integration und Emotionen spiegelt sich in der Debatte um die Frage nach den Ursachen und Gründen für soziale Kohäsion in modernen Gesellschaften wider.[7] Diese wird überwiegend bestimmt von der sozialpsychologischen Debatte über soziale Kohäsion in (Klein-)Gruppen (zusammenfassend z. B. Cota u. a. 1995; Friedkin 2004) und der eher in der politischen Philosophie geführten Diskussion um die Bedingungen sozialer Kohäsion für (nationalstaatlichen) Gesellschaften und deren demokratische Institutionen (zusammenfassend z. B. Stanley 2003). Beiden Ansätzen ist gemeinsam, dass soziale Kohäsion als Eigenschaft der Gruppe, respektive des Kollektivs, verstanden wird.

Die sozialpsychologische Diskussion rekurriert auf soziale Kohäsion als mehrdimensionale, latente Eigenschaft von Gruppen, die aus den manifesten individuellen Einstellungen und Verhaltensweisen abgeleitet ist. »Overall, cohesiveness studies conceive of emotions as the glue binding members to groups« (Barsade/Gibson 1998: 87). Aller-

---

7   In einer mittlerweile klassischen Definition bezeichnet Festinger (1950: 164) soziale Kohesion als »the total field of forces which act on members to remain in the group«. Friedkin (2004: 411) kritisiert diese Definition dahingehend, dass sie offen ließe, ob soziale Kohäsion sich nun auf diejenigen Kräfte bezöge, die die Gruppe integrieren, oder ob sie allein das Faktum der Mitgliedschaftsdauer einzelner Mitglieder bezeichne.

dings werden im Gegensatz zur soziologischen Debatte um die Integration von Gruppen und Gemeinschaften Zusammengehörigkeitsgefühle hier nicht als konstitutives Merkmal angesehen – Gruppen können, müssen aber nicht über Emotionen integriert werden. Die Attraktivität einer Gruppe oder ihrer Mitglieder kann auch rein instrumenteller Natur sein (wie z. B. Thibaut/Kelley 1959 argumentieren). In der Wohlfahrtsstaatsforschung wiederum wird soziale Kohäsion als Voraussetzung für die Ausbildung von Zusammengehörigkeitsgefühlen, Vertrauen in andere und Vertrauen in die demokratischen Institutionen gesehen und damit auch für die Bereitschaft, zum Kollektiv beizutragen. Dabei bleibt offen, inwiefern die (wahrgenommene) Homogenität von Werthaltungen, Überzeugungen oder ökonomischen Lagen für soziale Kohäsion notwendig oder unerheblich ist.[8]

Unabhängig davon, wie sich das verursachende Verhältnis von Zusammengehörigkeitsgefühlen, kollektiven und gruppenbasierten Gefühlen und der Integration von Gruppen und Kollektiven im Einzelnen darstellt, so scheinen kollektive und gruppenbasierte Emotionen doch eindeutig darauf zu beruhen, dass Menschen sich selbst als Teil einer Gruppe oder eines Kollektivs wahrnehmen. Damit enthalten kollektive und gruppenbasierte Gefühle notwendig immer eine kognitive Komponente, nämlich die Identifizierung des Selbst als Gruppen- oder Kollektivmitglied (so argumentieren aus sowohl der Perspektive der Philosophie: Gilbert 2002, als auch aus sozialpsychologischer Perspektive: Wohl, Branscombe und Klar 2006 oder Bar-Tal, Halperin und Rivera 2007). Damit ist nicht unbedingt gesagt, dass diese kognitive Komponente auch bewusst erlebt werden muss. Sie kann sich auch darin äußern, dass wir uns in unserem Verhalten und Ausdruck unbewusst an der Gruppe oder dem Kollektiv orientieren, indem wir vielleicht gruppentypisches Verhalten, ohne nachzudenken und routiniert wiederholen, oder sie äußert sich darin, dass wir Ansichten, Einstellungen oder Werthaltungen einer Gruppe unbewusst übernehmen.

Wenn Integration von Gruppen und Kollektiven eng mit der Entwicklung von kollektiven Gefühlen verwoben ist, dann stellt sich die Frage, worauf sich diese Gefühle beziehen können: Wem oder was gegenüber empfinden wir Gefühle, wenn es um Gruppen oder Kollektive geht? Anhaltspunkte für eine Antwort finden sich in der Sozialpsychologie, in der diskutiert wird, ob es eher die Gruppe an sich ist, die für ihre Mitglieder attraktiv ist, oder die individuellen Mitglieder und deren Eigenschaften oder Leistungen (zusammenfassend: Friedkin 2004: 411/412). Damit wird die Frage nach dem intentionalen Objekt[9] gestellt, die insbesondere für eine Analyse von Zusammengehörigkeitsgefühlen von Interesse ist: Während Emotionen wie Sympathie, Solidarität, Nähe oder

---

8   Während Huntington (1996), Moïe (2009), Wolfe und Klausen (1997) oder Alesina und Glaser (2004) argumentieren, Heterogenität würde soziale Kohäsion negativ beeinflussen, stellen Helly (2003), Stanley (2003), Banting und Kymlicka (2006) diese These mit ihrer Forschung in Frage.

9   Intention meint hier ›Gerichtetheit‹. Emotionen können sich auf verschiedenartige Objekte wie Personen, Ereignisse, Vorstellungen, aber eben auch auf Gruppen und Kollektive richten. Ihre Gerichtetheit ist jedoch immer konstativ, bezieht sich also auf etwas, das der Fall ist (Schützeichel 2010: 354).

Vertrauen eher die Vermutung nahe legen, sie bezögen sich primär auf die Mitglieder der Gruppe, lässt sich für Stolz und Scham argumentieren, dass sie sich gleichermaßen auf die Mitglieder und die Gruppe beziehen können – so können wir uns für andere Menschen (fremd-)schämen, aber ebenso gut auch stolz auf die Leistung sein, die wir nicht als einzelne, sondern als Gruppe vollbracht haben. Die Gruppe präsentiert sich dann nicht allein als Summe ihrer Mitglieder, sondern als integriertes Konstrukt, auf das sich Emotionen beziehen können.

3   Zur Ontologie eines Syndroms

Nach dieser phänomenologischen Einkreisung kollektiver und gruppenbasierter Gefühle stellt sich die Frage, wie sich diese ontologisch konzeptionalisieren lassen: Was ›sind‹ kollektive und gruppenbasierte Emotionen? Diese Frage ist insofern relevant, als dass sich erst nach ihrer Beantwortung genauer untersuchen lässt, wer in welcher Form wem gegenüber solche Gefühle entwickelt. Zwei Beobachtungen geben dabei Ausschlag für die folgende Diskussion: Zum einen scheinen individuelle und insbesondere kollektive Gefühle auseinanderfallen zu können – zumindest empfinden wir manchmal eine Differenz beispielsweise zwischen der Euphorie der Gruppe angesichts des Siegs des nationalen Fußballteams und unserer eigenen Freude oder der kollektiven Scham über die unangebrachten Äußerungen eines Spitzenpolitikers und unserer eigenen Beschämung. Zum anderen können kollektive Emotionen einen Zwang auf uns ausüben – sie scheinen ansteckend zu sein, ohne dass wir uns ihrer erwehren können und sie verpflichten, qua Mitgliedschaft zur Gruppe oder zum Kollektiv, sie ebenfalls zu empfinden, zumindest aber ihr Nicht-Empfinden zu rechtfertigen.

Barsade/Gibson (1998) unterscheiden top-down-Ansätze, die kollektive Emotionen als Charakteristikum der Gruppe ansehen, die individuelle Emotionen beeinflussen, und bottom-up-Ansätze, welche die Entstehung kollektiver Emotionen aus den Emotionen der Gruppenmitglieder erklären. Während top-down-Ansätze die Frage aufwerfen, was hier genau individuelle Gefühle beeinflusst, stellt sich bei bottom-up-Ansätzen die Frage, zu was genau individuelle Emotionen aggregiert werden. Diese letzte Frage ist insbesondere für kollektive oder geteilte Emotionen von besonderer Relevanz.

Gilbert (1997, 2002) unterscheidet hier drei mögliche ontologische bottom-up-Positionen, wie sich kollektive Gefühle auffassen lassen: Demnach können kollektive Gefühle (a) entweder die Summe der von den einzelnen Mitgliedern individuell in Relation zum eigenen Tun und zur eigenen Position empfundenen Gefühle sein, oder sie sind (b) Gefühle, welche die Gruppenmitglieder in ihrer Rolle als Gruppenmitglied und in diesem Sinne in Relation zur Gruppe haben (also gruppenbasierte Gefühle, die hier mit kollektiven Gefühlen in eins fallen), oder sie werden (c) von einem Kollektivsubjekt ›Gruppe‹ empfunden, dem sich die Mitglieder verpflichtet fühlen. Gilbert (2002: 139 [Hervorhebungen im Original]) formuliert diese Position am Beispiel der Kollektiv-

schuld wie folgt: »For us *collectively to feel guilt over our action A* is for us to constitute the plural subject of a feeling of guilt over our action A.«[10] Gilbert argumentiert für
diese letztere Sichtweise geteilter Emotionen, weil die beiden anderen Positionen aus
ihrer Sicht einige gravierende Nachteile aufweisen:

(a) Wenn kollektive Emotionen allein als Summe der von Individuen gefühlten
Emotionen im Angesicht des eigenen Tuns oder Erleidens verstanden werden, dann
entsteht ihre Kollektivität dadurch, dass Individuen Ähnliches oder Gleiches tun oder
erleiden und in Relation dazu – und zueinander – je individuell Emotionen entwickeln.
Kollektive Emotionen wären damit streng genommen weder im eigentlichen Sinne ›kollektiv‹ noch ›geteilt‹. Sie wären nichts anderes als das individuelle Empfinden der gleichen Emotionen. Ein ›Kollektiv‹ wäre damit eine Gruppe von Personen, die das gleiche
(nicht aber dasselbe) empfinden, wobei sich die Intensität dieser kollektiven Emotionen
als ihre Eigenschaft durch ihren Mittelwert operationalisieren ließe. Damit stellen sich
jedoch unmittelbar zwei Fragen: Zum einen ist ungeklärt, wie die Beobachtung, das Erleben und die Überzeugung entstehen können, dass das eigene Erleben oder Erleiden
mit anderen ›geteilt‹ wird oder – stärker – dass ich es mit anderen *gemeinsam* erlebe
oder erleide. Zum anderen ist es dieser Konzeptionalisierung unmöglich, zu erfassen,
wie die Gruppe oder das Kollektiv ein Gefühl teilen kann, ein einzelnes Mitglied dieses Gefühl jedoch nicht unbedingt haben muss: Wie kann also beispielsweise eine politische Gruppe Wut angesichts einer Ungerechtigkeit empfinden, ein einzelnes Mitglied
jedoch nicht? Sieht man geteilte Emotionen allein als Summe individueller Gefühle, so
ist es nicht möglich zu beschreiben, dass individuelle und kollektive Emotionen solcher-
art auseinanderfallen können (Gilbert 2002: 131).[11]

(b) Geteilte Emotionen können auch dahingehend verstanden werden, dass sie von
Gruppenmitgliedern in ihrer Eigenschaft als Gruppenmitglied empfunden werden: So
kann ich mich als Mitglied der Frauenbewegung sehen und als solches Wut empfinden
angesichts der Diskriminierung von Frauen bei der Besetzung von Aufsichtsratspositio-
nen größerer Unternehmen. Ein Kollektiv kann sich schuldig fühlen angesichts einer
gemeinsam begangenen Tat, auch wenn einige der Mitglieder nicht unmittelbar daran
beteiligt waren (›membership guilt‹, Gilbert 2002: 134). Damit ließe sich immerhin eine
Konstellation beschreiben, in der ich in meiner Rolle als Mitglied einer Gruppe ein bestimmtes Gefühl empfinde, nicht aber als individuelle Person. Das Problem dieser Po-

---

10   Streng genommen ist es genau diese letzte Position, die eine top-down-Betrachtung erst ermöglicht:
     kollektive Emotionen müssen, wie andere emergente Phänomene auch, eigenständige Einheiten mit Ei-
     genschaften sein, die sich nicht aus den Eigenschaften individueller Emotionen ableiten lassen, damit
     sie als kausal wirksam angesehen werden können (vgl. Heintz 2004 und Stefan 1999).
11   Gegen dieses Argument ließe sich einwenden, dass, wenn die Gruppe durch den Mittelwert individu-
     eller Gefühlsintensität beschrieben würde, durchaus ein Gruppenmitglied eine Merkmalsausprägung
     von Null haben kann, die dann den Mittelwert senken würde. Problematischer erscheint uns hier, dass
     unklar ist, wie viele Mitglieder eine Emotion nicht haben dürfen, bevor eine solche Gruppenemotion
     als gar nicht mehr vorhanden angesehen werden muss.

sition besteht Gilbert zufolge jedoch darin, dass Gefühle qua Mitgliedschaft phänomenologisch allein eine individuelle Ausprägung haben können – sie können gar nicht anders, als durch das Individuum realisiert zu sein –, dass sie hier aber gleichzeitig eine nicht-individuelle Grundlage haben. Gefühle qua Mitgliedschaft können, eben weil sie eine kollektive Basis haben, bewusst-rational abgelehnt werden (»ich werde in meinem Alltag nicht diskriminiert, warum soll ich dann wütend auf das Patriarchat sein?«), werden aber gleichzeitig in ihrer Eigenschaft als individuelle Emotion unmittelbar körperlich empfunden (»trotzdem kann ich mir nicht helfen – ich bin wütend, wenn wir in unserer Frauengruppe über geschlechtsspezifische Verteilung von Hausarbeit reden«). Dieser Widerspruch könne, so Gilbert, innerhalb dieser Position nicht aufgeklärt werden. Unseres Erachtens kommt noch hinzu, dass, wie oben argumentiert, nicht alle gruppenbasierten Emotionen kollektive Emotionen sein müssen und dass diese Unterscheidung auf der Basis dieser Position nicht zu treffen ist.

(c) Gilbert schlägt einen dritten Weg der Konzeptionalisierung von kollektiven Emotionen vor: Sie argumentiert, dass, wenn Menschen Gruppen Gefühle zuschreiben, wenn sie diese als Kollektivsubjekt (›plural subjects‹ Gilbert 1997: 66) definieren und sich auf dieses verpflichten: »In order for a number of people to constitute a plural subject, it is both necessary and sufficient for them to be *jointly committed* to doing something *as a body*« (Gilbert 1997: 66 [Hervorhebung im Original]). Eine *gemeinsame Verpflichtung* ist dabei nicht die Summe individueller Verpflichtungen, sondern eine Verpflichtung von mehreren Personen, wobei die ›relevant expression of readiness‹ (Gilbert 1997: 69) zum Handeln hinreichend ist. Eine solche kann zum *common knowledge* in imaginierten Gemeinschaften werden, wenn deren Mitglieder von ›wir‹ und ›uns‹ sprechen (Gilbert 1997: 68 ff.). Eine *gemeinsame Verpflichtung* hat besondere Eigenschaften: Sie können nicht einfach durch den Willen eines einzelnen Individuums verändert werden, sie konstituieren die Verpflichtung des Mitglieds, sich an sie zu halten und Abweichungen zu rechtfertigen, so wie das Recht der Gruppe, im Fall von Verletzungen das jeweilige Mitglied zur Rechenschaft zu ziehen (Gilbert 2001: 113 f.). Damit gesteht Gilbert einer solchen *gemeinsamen Verpflichtung* die Macht zu, individuelle Handlungen kausal zu beeinflussen.[12] Ist eine Gruppe durch eine *gemeinsame Verpflichtung* entstanden, so können ihr als Objekt Emotionen zugeschrieben werden: Die Masse kann als Masse euphorisiert sein, die Dritte-Welt-Bewegung ist solidarisch, das Handballteam schämt sich für ein schlechtes Spiel am Wochenende. Konzeptionalisiert man Gruppen als eigenständige Kollektivsubjekte, die durch *gemeinsame Verpflichtungen* entstehen, so lässt sich zum einen verstehen, wie kollektive Emotionen und die Emotionen ihrer Mitglieder auseinander fallen können. Zum anderen wird verständlich, wie die Emotionen eines solchen Kollektivs die Mitglieder emotional verpflichten kön-

---

12 *Gemeinsame Verpflichtungen* in Gilberts Verständnis können damit als streng emergente Phänomene angesehen werden (Schnabel 2011, für eine ausführliche Diskussion emergenter Eigenschaften vgl. Stephan 1999: 53).

nen: Wenn ich als Feministin keine Wut empfinde angesichts der sexuellen Belästigung der Kollegin am gemeinsamen Arbeitsplatz, so ist dies zumindest rechenschaftspflichtig.

Dieses Argument lässt sich Emotionstheorien anschließen, nach denen Gruppen, Organisationen, Kollektive und Gesellschaften *feeling rules* entwickeln, mittels derer ihre Mitglieder angehalten werden, in bestimmten Situationen bestimmte Emotionen in einer bestimmten Dauer und Intensität zu empfinden und adäquat auszudrücken (klassisch: Hochschild 1979: 563): »[T]here is evidence from diverse sources that groups tend to generate strongly felt emotions and then seek to control the expression of these emotions through normative control« (Barsade/Gibson 1998: 85). Gruppen und Kollektive entwickeln damit offensichtlich nicht nur Regeln und Normen darüber, wie sich ihre Mitglieder zu verhalten haben, welche Handlungen erwartet werden, sondern eben auch, welche Emotionen als adäquat erachtet werden und damit erwartet werden können.

Auch wenn Gilberts ontologische Konzeption von Kollektivsubjekten als emergente Einheiten einige der angesprochenen Probleme im Verständnis kollektiver Gefühle zu lösen scheint, so gibt ihre Argumentation doch Anlass zu der Frage, was in diesem Sinne eigentlich eine kollektive *Emotion* ist. Wenn wir davon ausgehen, dass Emotionen immer mit einer körperlichen Empfindung einhergehen,[13] dann erscheint es zumindest problematisch, davon auszugehen, dass Gruppen als Kollektivsubjekte solche Empfindungen haben können. So konstatiert Gilbert (2002: 122) selbst: »In sum, if experiencing a feeling-sensation is essential to feel guilt, one may have to grant that groups do not feel guilt.« Von kollektiven Emotionen kann also nur insoweit die Rede sein, als dass diese Emotionen ontologisch nicht als mit einer körperlichen Reaktion verbunden aufgefasst werden. Dann aber stellt sich die Frage, ob es tatsächlich noch sinnvoll ist, an dieser Stelle von »Gefühlen« zu reden oder ob nicht vielmehr von Einstellungen oder Überzeugungen (beispielsweise von der Schuldhaftigkeit kollektiv begangener Handlungen) gesprochen werden müsste. Dann aber ist es relativ unproblematisch, von Gruppen oder Kollektiven als Bezugspunkten für individuelle kognitive Kognitionen und Emotionen zu sprechen und damit für die Entstehung von (individuell realisierten) Emotionen. Der Gruppe oder dem Kollektiv kann dann auch eine Emotion ›zugeschrieben‹ werden, die jedoch nicht im eigentlichen Sinne ontologisch existent ist, aber dennoch die von Gilbert beschriebenen Wirkungen entfalten kann. Die kollektive Emotion wäre dann keine Emotion, sondern eine Zuschreibung. Eine solche Sicht würde jedoch nicht über Position (a) oder (b) hinaus gehen und ließe sich prinzipiell mit einem (reduktionistischen) Verständnis kollektiver Emotionen als Summe allein individuell rea-

---

13 Darüber scheint es auch in der Soziologie derzeit einen weitverbreiteten Konsens zu geben (z. B. Turner 2009 oder Elster 1998). In den Neurowissenschaften wird ohnehin argumentiert, dass das Fühlen von Gefühlen ohne individuelle bioregulatorische Reaktion nicht möglich sei (Damasio 2004: 165 ff.).

lisierter Emotionen in Einklang bringen.[14] Damit aber die Frage, wie es kommt, dass Menschen fest davon überzeugt sind, Emotionen gemeinsam zu haben oder zu teilen und wie solchermaßen geteilte Emotionen von individuellen Emotionen unter Umständen abweichen können, nach wie vor unbeantwortet.

4 Wie entsteht das Geteilte an den geteilten Emotionen?

Da die ontologische Bestimmung insbesondere von kollektiven Emotionen Schwierigkeiten bereitet (als Aggregat individueller Emotionen sind sie nicht im eigentlichen Sinne eigenständig, als eigenständiges Phänomen scheinen sie jedoch eher Überzeugungen oder Zuschreibungen zu sein), eröffnen möglicherweise Theorien, die sich damit befassen, wie Emotionen als geteilt *erlebt* werden, eine weiterführende Perspektive. Um zu verstehen, wie kollektive Gefühle, aber eben auch geteilte Emotionen als gemeinsame Emotionen, ob nun geteilt oder kollektiv, erlebt werden und auf welcher Basis alltagsweltliche Zuschreibungen von Emotionen zu Kollektiven passieren, soll hier kurz auf mögliche Mechanismen eingegangen werden, welche die interaktive und intersubjektive ›Infektion‹ von Emotionen zu erklären versuchen. Zwei Ansätze erscheinen uns hier besonders erklärungskräftig: (a) Die Affect-Theory (in ihrer Entwicklung von Lawler 2001) und (b) die neurobiologischen Ansätze zur Erklärung von Empathie. Während erstere einen Erklärungsversuch für die emotionale Orientierung an anderen und an Gruppen und Kollektiven liefern, tragen letztere dazu bei, zu verstehen, wie die interpersonale ›Ansteckung‹ von Emotionen verlaufen könnte, wodurch sich der Eindruck erklären ließe, wir würden in der Tat dieselbe Emotion ›teilen‹. Beiden Ansätzen ist jedoch gemein, dass sie sich nicht mit kollektiven Emotionen im Sinne emergenter Phänomene befassen, sondern allein Antworten auf die Frage suchen, wie wir je individuell zu der Überzeugung gelangen können, Emotionen zu teilen.

(a) Lawler (2001) zeigt mit der Affect-Theory insbesondere, wie die Entwicklung von gruppenbasierten Emotionen durch Interaktion erklärbar sein könnte. Er betont dabei, dass sie nicht voraussetzungslos ist: Diesen Emotionen gehen immer Interaktionsbeziehungen voraus, an denen die Beteiligten auch ein kontinuierliches Interesse haben. Lawler (2001: 327) nimmt an, dass sozialer Austausch zwischen Akteuren oder zwischen Akteuren und Gruppen/Kollektiven sogenannte *globale* Emotionen oder Gefühle bei den beteiligten Akteuren hervorrufe, die sich auf die gemeinsame Aufgabe, konkrete Interaktionspartner oder auf eine größere, am Austausch beteiligte Einheit wie eine

---

14 Dabei ist jedoch nach wie vor offen, ob Gruppen oder Kollektive als emergente Phänomene, als Relationen oder als Summe ihrer Mitglieder verstanden werden. Das Argument zieht seine Plausibilität lediglich daraus, dass es schwierig scheint, körperliche Empfindungen als kollektive Phänomene aufzufassen. Damit ist zunächst noch nicht dafür plädiert, dass alle Prozesse, dieser individuellen Realisierung Sinn und Bedeutung zuzuweisen, ebenfalls als (reduktionistisch) subjektiv aufgefasst werden müssten und eben nicht als durch eine Gruppe, eine Relation oder durch ein Kollektiv initiiert und kontrolliert.

Gruppe, beziehen können. Diese seien zunächst auf einer positiv/negativ-Dimension angesiedelt. So kann ich die Zusammenarbeit mit meinem Kollegen (sehr allgemein) angenehm/unangenehm finden oder mein Gefühl der Umweltschutzgruppe gegenüber, bei der ich Mitglied bin, positiv/negativ sein. Solche *globalen* Emotionen seien intern selbstverstärkend, indem sie Akteure veranlassten, positive Austauschsituationen zu suchen und negative zu vermeiden. Darüber hinaus regten sie dazu an, die Quellen dieser globalen Gefühle verstehen zu wollen.[15] Aus einem solchen Zuweisungsprozess von globalen Gefühlen zu sozialen Objekten können wiederum *spezifische* Emotionen erwachsen, die sich auf das fokussierte soziale Objekt beziehen: Ich kann beispielsweise meinen Kollegen sympathisch finden und *zusammen mit ihm* stolz auf unseren gemeinsam geschriebenen Artikel sein.[16]

Nach Lawler (2001) kann aus sozialem Austausch und der Zuweisung spezifischer Emotionen die *Perzeption* einer gemeinsam geteilten Verantwortung erwachsen, weil es sich bei sozialem Austausch immer um einen *joint task* handelt, der nicht von einer Person allein durchgeführt werden kann. Interdependenz ist die unabdingbare Vorausetzung sozialen Austauschs und damit sind Beitragsleistungen in Umfang und Effektivität nicht mehr einfach individuellen Akteuren zurechenbar. Dies erschwert es den daran beteiligten Akteuren, die Verantwortung für Gelingen oder Versagen sich oder anderen individuell zuzuweisen. Je größer die Schwierigkeit, die Beiträge zum gemeinsamen Output zu separieren, desto größer wird, mit Lawler, die als gemeinsam empfundene Verantwortung für diesen Output sein. Die Art des Austausches (gemeinsame Produktion, Verhandlung über Regeln, reziproker und sequentieller Austausch oder Austausch in Austauschketten) hat dabei einen wesentlichen Einfluss darauf, wie stark die empfundene Gemeinsamkeit der Verantwortung für das Austauschergebnis ist. Mit einem höheren Grad an empfundener Gemeinsamkeit wiederum geht ein höherer Grad an Solidarität einher: Damit ist impliziert, »[...] that positive emotions produced by exchange should increase solidarity effects on relations and groups, and negative emotions should decrease solidarity effects« (Lawler 2001: 329).

Die individuelle Wahrnehmung, dass eine Emotion kollektiv sei, beruht hier also auf der Perzeption des Austausches und des Austauschergebnisses als einem gemeinsam erreichten und positiv bewerteten Erfolg. Wird der Austausch oder dessen Ergebnis aufgrund von Verantwortungsdiffusion als Gruppen- oder Kollektivergebnis erlebt, so werden Gruppe/Kollektiv zum Objekt der emotionalen Orientierung – Wir-Gefühle lassen sich in diesem Sinne als *spezifisches* Gefühl einer Gemeinschaft gegenüber lesen, in der wir positive Austauschbeziehungen erlebt haben. Damit eine Wahrnehmung gemein-

---

15 Lawler (2001: 332) fasst dies folgendermaßen zusammen: »I argue that – because global emotions are valued, self-reinforcing (or self-punishing) stimuli, yet not controlled by those who feel them – actors attempt to understand and control underlying situational conditions or causes.«

16 Während *globale* Emotionen also in der Simmel'schen Lesart form-folgend wären, lassen sich *spezifische* Emotionen als form-stabilisierend interpretieren.

samer Verantwortung für eine Leistung stattfinden kann, ist es dann noch nicht einmal unbedingt nötig, dass ich an der Gemeinschaftsleistung tatsächlich teilgenommen habe, es reicht, dass ich mich selbst als in irgendeiner Weise der Gemeinschaft zugehörig fühle und mich in der Verantwortung für diese sehe – ich muss also nicht mit über das Spielfeld gelaufen sein, um stolz darauf zu sein, wie ›wir‹ bei der letzten Fußballweltmeisterschaft abgeschnitten haben. Geteilt wird hier jedoch nicht im eigentlichen Sinne, sondern vielmehr (ebenfalls) zugeschrieben, nämlich die Leistung der Gruppe, in der ich Mitglied bin, und den anderen Gruppenmitgliedern ein ähnliches Erleben.

Diese Argumentation ist von Gilberts Konzeptionalisierung von Gruppen und kollektiven durch *joint commitment* nicht allzu weit entfernt: Auch Lawler sieht in der Gemeinsamkeit des Austausches den Ausgangspunkt für gemeinsame Verantwortung und damit für kollektive (präziser formuliert: zugeschriebene) Gefühle; auch hier ist ein *joint task* nicht etwas, das jemand allein durchführen könnte, und auch hier verpflichtet die Gemeinsamkeit. Im Unterschied zu Gilbert hebt Lawler diese Gemeinsamkeit allerdings nicht notwendig von der individuellen Perzeption, den individuellen Beiträgen und dem individuellen Erleben ab. *Joint tasks* sind gemeinsam allein in dem Sinne, dass sie sich (technisch) nicht von einer Person allein durchführen lassen, nicht im Sinne notwendig eigenständiger ontologischer Entitäten. Und Austausch bedarf immer der Bewertung entlang individueller Interessen, damit er *globale* und *spezifische* Emotionen hervorrufen kann.

Die Affect-Theory beantwortet die Frage danach, auf welcher Basis der Eindruck geteilter Gefühle entstehen kann und wie genau er entsteht. Sie tut dies über einen Mechanismus der Emotionsgenese. Ihr wesentlicher Vorzug besteht darin, dass sie keiner zusätzlichen Annahmen über Ähnlichkeiten und Differenzen zwischen Personen bedarf, die zu einer Differenzierung in ›wir‹ und ›sie‹ führt – lediglich ein subjektiv als erfolgreich empfundener Austausch reicht bereits hin, um derartige Gefühle zu aktivieren: »The theory argues that if networks are perceived by actors as a means for them to accomplish results that cannot be accomlished alone or in subunits, the conditions for group attributions to the networks are present.« Damit erübrigt sich die Beantwortung der Frage nach der Auswahl als relevant empfundener Merkmale für eine Gruppenbildung, die sich in anderen Ansätzen sofort stellt, wenn angenommen wird, dass es die Ähnlichkeiten in Bezug auf bestimmte, geteilte Charakteristika sind, die beispielsweise Solidarität oder Wir-Gefühle verursachen. Dabei ist jedoch nicht ausgeschlossen, dass wir den Austausch mit Akteuren, die uns in bestimmter Hinsicht ähnlich sind, als befriedigender erleben – nicht zuletzt, weil dieser möglicherweise (durch *feeling rules*) sozial positiv sanktioniert wird.

Nicht beantwortet ist hierbei jedoch die Frage danach, wie ›Ansteckung‹ von Emotionen erklärbar sein könnte: Warum unterstellen wir nicht nur, dass andere ähnliche Emotionen haben wie wir, sondern sogar, dass sie das gleiche wie wir fühlen?

(b) An dieser Stelle hilft es, einen Blick in die Neurowissenschaften zu werfen, welche die Mechanismen der interpersonalen ›Infektion‹ mit Emotionen unter dem Begriff der Empathie diskutiert. Auch hier geht es im strengen Sinne nicht um kollektive Emotionen als emergentes Phänomen. Der zentrale Vorteil dieser untypisch unsoziologischen Theorie besteht darin, dass sie den Fokus vom subjektiven Fühlen weg und hin zur interaktiven Produktion von Gefühlen verschiebt. Sie hilft zu verstehen, wie wir die Handlungen anderer verstehen und Emotionen nach- und mitfühlen können. Damit hilft sie, die Kluft zwischen Individuen und ihren Emotionen einerseits und solidarischem Handeln und sozialer Kohäsion andererseits zu überbrücken und somit dem Rätsel der als geteilt erlebten Emotionen näher zu kommen.

Demnach versetzen neuronale Netzwerke Menschen in die Lage, füreinander Empathie zu empfinden: »Recent functional magnetic resonance imaging (fMRI) studies have shown that observing another person's emotional state activates parts of the neuronal network involving in processing that same state in oneself whether it is disgust, touch or pain« (Vignemont/Singer 2006: 435). Solche so genannten Spiegelneuronen ermöglichen es, dass Menschen Emotionen von Anderen empfinden »als wären es ihre eigenen«, wenn sie das *emotional display* anderer beobachten. Dadurch werden die neuronalen Netzwerke quasi-automatisch aktiviert und führen durch »embodied simulation« (Gallese 2003: 517) zum wortwörtlichen Nach- und Mitempfinden der Emotionen. Verstehen von Handlungen erfolgt damit durch neuronale Simulation von Handlungen, die wir bei anderen beobachten, Verstehen von Emotionen durch die Simulation des *emotion displays*, das andere uns zeigen (Gallese 2003: 519). Beobachten wir eine lachende Person, so simulieren Spiegelneuronen die Anspannung der für den Ausdruck des Lachens verantwortlichen Muskeln, sodass sich ein Gefühl von Freude im Körper ausbreitet und wir mitlachen, auch wenn wir gar nicht so genau wissen, warum. Damit wird das Erleben des Gemeinsamen neurologisch durch ein Erleben des Gleichen ausgelöst. Auch hier wäre streng genommen das Kollektive an den Emotionen eine Zuschreibung, diesmal nicht auf der Basis von Bewertungen, sondern auf der Basis von Nach-Empfundenem.

Ungeklärt ist hierbei jedoch, ob die Aktivierung der Spiegelneuronen automatisch und unreflektiert erfolgt und damit auch die Evokation von Emotionen (vgl. Gallese 2003), oder ob diese nicht vielmehr durch Bewertungsvorgänge beeinflusst wird: Phänomenologisch zumindest spricht einiges dafür, dass Menschen nicht fortwährend empathisch sind, würde dies doch nicht zuletzt zu einer ungeheuren Verarbeitungslast führen. Zudem ist davon auszugehen, dass bestimmte Eigenschaften und Erfahrungen der Empathie empfindenden Personen sowie die Nachvollziehbarkeit der Motivation des *emotional displays* Intensität, Richtung und Bedeutsamkeit des emotionalen Auslösers modifizieren. Emotionaler Auslöser und Kontext scheinen also Bewertungsvorgänge in Gang zu setzen, welche die empathische Reaktion modifiziert (zusammenfassend: Vignemont/Singer 2006).

Die körpereigene Simulation von Emotionen muss dabei, neueren Forschungsergebnissen zufolge, nicht zwingend durch face-to-face-Interaktion angeregt werden. Es scheint hinreichend, uns andere Personen und deren *emotional state of mind* vorzustellen, um ihn simulieren und damit nachfühlen zu können: »Visual imaginery is equivalent to simulating a actual visual experience« (Gallese 2003: 522). Es ist jedoch noch unklar, auf welcher Basis solche imaginierten Simulationen ablaufen und inwieweit sie auf Erfahrungswissen zurückgreifen müssen: Wie viel muss ich mit einem Lebewesen gemein haben, um mich in dessen Gefühlsleben ›ein‹-fühlen zu können?

Mit der Wirkungsweise von Spiegelneuronen wäre somit ein soziologisch anschlussfähiger Mechanismus benannt, mit dem sich erklären ließe, wie sehr kurzfristig selbst unter Fremden so etwas wie Solidarität entstehen kann: Auch wenn ich den Grund für die sichtbare Trauer eines Menschen nicht unbedingt kenne, kann ich mich ihn in mich ›hineinversetzen‹ und diese Trauer ›mit‹-fühlen und brauche mir dessen noch nicht einmal bewusst zu sein. Allerdings: Zwar gibt die Wirkungsweise von Spiegelneuronen Auskunft darüber, warum wir glauben, mit anderen mitzufühlen, Gefühle zu teilen oder sogar dieselben Gefühle zu haben, so rekurriert auch diese Erklärung auf Individuen als Emotionen Realisierende und bestätigt eine Ontologie, die kollektive Gefühle eben nicht als eigenständige, emergente Phänomene begreift.

Lawlers Ansatz zeigt, dass nicht alle Interaktionen notgedrungen über ein Stadium globaler Emotionszuweisung hinauskommen und nicht unbedingt zu (gefühlt) geteilten Emotionen führen müssen. Er bleibt dabei eher vage, wenn es darum geht, zu erklären, was eigentlich genau geteilt wird. Mit Hilfe der Spiegelneuronen lässt sich wiederum zeigen, wie durch einen vor-bewussten Prozess der Eindruck entsteht, wir hätten die selben Emotionen – es wird also geklärt, was wir teilen, nämlich den Eindruck, etwas zu teilen; warum aber nicht alle Interaktionen zum Mitfühlen führen und nicht jeder unserer Empathie würdig scheint, bleibt jedoch (noch) ungeklärt.[17] Dies stellt insofern ein erhebliches Manko dar, als dass die Erklärung für die Alltagswahrnehmung, dass zeitweise Gruppen und Kollektive intensiver oder etwas anders fühlen können als einzelne ihrer Mitglieder, entweder darauf hinauslaufen muss, dass sich die Mitglieder ›ver-spiegelt‹ haben, die Simulation also nicht passend erfolgt ist, oder darauf angewiesen ist, auf (soziologische) Erklärungen vor-simulativer Selektionsprozesse zurückzugreifen.

5 Zusammenfassung und Ausblick

Als Ausgangspunkt für die Diskussion um geteilte Emotionen lassen sich zwei einander widersprechende Intuitionen ausmachen: Zum einen erleben wir in unserem Alltag oft Situationen, in denen wir den Eindruck haben, andere teilen ein bestimmtes Gefühl mit uns: Freude, Wut, Scham werden als gemeinsam erlebt und lassen uns Nähe und Solidarität mit anderen empfinden. Geteilte Emotionen entfalten integrierende Kraft und produzieren Kohäsion in Gruppen und größeren Kollektiven – wobei sie, diejenigen, die

---

17 Hier ließe sich eine erklärungskräftige Verbindung zu Überlegungen zu sozialen feeling rules und Ähnlichkeitsregeln denken (zur Verbindung zur Identitätstheorie vgl. Gallese 2003: 513).

nicht zum kollektiven ›Wir‹ gehören, wirkmächtig auszuschließen vermögen. Ebenso schaffen sie es, uns dazu zu veranlassen, Dinge zu tun und zum Wohlergehen des Kollektivs beizutragen, auch wenn dies unseren individuellen, egoistischen Interessen möglicherweise kurzfristig widersprechen mag. Gleichzeitig wissen wir, dass das Fühlen von Emotionen eine einsame Sache ist: Unsere Emotionen sind an unseren Körper gebunden, ihr Empfinden lässt sich oft nur schwer in Worte fassen und anderen mitteilen.

Zwischen diesen beiden widersprüchlichen Polen muss sich eine Soziologie der (geteilten oder kollektiven) Emotionen verorten: Dabei, so die hier geführte Diskussion, erscheint es wenig hilfreich, kollektive Emotionen als ontologisch eigenständige Einheiten zu verstehen, da dies dem gängigen Verständnis von Emotionen als körperrelationiert zuwider läuft. Ohne das Gefühlte an den Gefühlen blieben diese allein Überzeugung oder Einstellung. Ebenso wenig scheint es befriedigend, kollektive Emotionen allein als Summe (womöglich autarker) individueller Gefühle zu beschreiben, würde dies doch bedeuten, unsere Überzeugung, tatsächlich *ein* Gefühl mit anderen zu teilen, uns auf ein *gemeinsames* Gefühl verpflichtet zu fühlen und in der Pflicht zu sehen, Abweichungen zu rechtfertigen, seien allein Fiktionen, deren Entstehung und Aufrechterhaltung damit schwer zu erklären wären.

Erfolgversprechender hingegen ist, das Fühlen von Emotionen tatsächlich als individuelles Phänomen aufzufassen, dieses jedoch als Resultat bestimmter Formen von Interaktionen mit individuellen oder kollektiven Akteuren oder als Relationen zu konzeptionalisieren – als gruppenbasierte Emotionen, die als ›geteilt‹ erlebt werden und damit ihre Wirkungskraft entfalten. In dem Sinne, in dem Emotionen immer konstativ sind (Schützeichel 2010: 354), müssen gruppenbasierte und kollektive Emotionen immer als der Gruppenbildung folgend verstanden werden. Während die Affect-Theory erklärt, warum nicht jede Relation zur Hervorbringung einer als geteilt erlebten Emotion taugt, lässt sich mit Hilfe neurowissenschaftlich basierter Kognitionsforschung zeigen, wie sich durch Simulation von Emotionen nicht nur intersubjektives Verstehen, sondern eben auch der Eindruck, wir würden nicht nur das Gleiche, sondern sogar das Selbe empfinden, erklären lassen. Jedoch erscheint keiner der beiden Erklärungen wegen der noch offenen Fragen, die sie beide aufwerfen, vollständig befriedigend.

Wenn gruppenbasierte Emotionen Gruppen brauchen, dann muss zunächst geklärt werden, wie Interaktionen, Gruppen und Kollektive verstanden werden sollten: Sie lassen sich sowohl als Netzwerke individueller Interaktionsdyaden (Lawler and Yoon 1996), als Relationen mit spezifischen Eigenschaften oder eben als *joint commitment* auffassen. Alle drei Positionen haben ihre Vor- und Nachteile, die an dieser Stelle nicht weiter diskutiert werden können (vgl. Greve und Schnabel 2011).

Der vorliegende Beitrag versteht sich eher als Problemaufriss denn als abschließende Diskussion. Nicht nur die soziologische Forschung zu Gruppen, Kollektiven und (imaginierten) Gemeinschaften macht es aus unserer Perspektive notwendig, sich diesem Thema weiter zu nähern, sondern eben auch die Debatte um die Konzeptionalisierung des Sozialen, zeigt die Diskussion um das Geteilte der geteilten Emotionen doch, dass es alles andere als evident ist, wie sich diese im Spannungsfeld zwischen Individuum und Gruppe verorten lassen sollten. In diesem Beitrag plädieren wir für ein relationsbasiertes (gruppenbasiertes) Verständnis von geteilten Emotionen, die durch die individuelle Identifikation des Selbst als Mitglied einer Gruppe initiiert und individuell gefühlt werden. Eine befriedigende Erklärung von solchen Gefühlen muss also zunächst den voraussetzungsvollen Prozess der Identifikation mit einer Gruppe, einem Kollektiv erklären können, bevor in einem zweiten Schritt geklärt werden muss, welche Emotionen im vorliegenden Fall konkret als geteilt *erlebt* werden, bis dann, drittens, deren Entstehung und Stabilisierung geklärt werden kann. Dabei wäre nicht nur zunächst der ontologische Status der Gruppe zu klären, sondern eben auch, entlang welcher Merkmale Identifikationsprozesse stattfinden und wie diese sozial eingebettet sind. Hier müsste für eine befriedigende Erklärung genauer nach den Prozessen der Mobilisierung des ›Wir‹ gefragt werden. Dass gleiche Merkmale nicht unbedingt gleiche Problemlagen und Interessen implizieren, ebenso dass sie nicht unbedingt mit gleichen Werthaltungen und Überzeugungen einhergehen müssen, wird seit langem in der Bewegungs- und in der Geschlechterforschung diskutiert.[18] Die Wohlfahrtsstaatsforschung hingegen verhandelt extensiv, dass diese nicht unbedingt hinreichend für die Stabilität demokratischer Institutionen sein müssen. Die Mobilisierung von Gruppen oder Kollektiven kann, muss aber nicht unbedingt Emotionen einbeziehen, sondern kann auch entlang von Interessen geschehen. Es liegt allerdings nahe, insbesondere hier nach der Evozierung von Emotionen zu schauen, diese erscheint aber weder zwingend notwendig noch hinreichend. Damit plädieren wir dafür, die Geteiltheit von Emotionen eher als Explanandum von Gruppenbildungsprozessen aufzufassen anstatt als ihr Konstituens oder Explanans. Phänomenologische Unterschiede zwischen Gruppen und (imaginierten) Gemeinschaften lassen vermuten, dass in beiden Fällen darüber hinaus nach je unterschiedlichen Mechanismen gesucht werden sollte.

Literatur

Anderson, Benedict (1983): Imagined Communities: Reflections on the Origin and Spread of Nationalism. London: Verso.

Alesina, Alberto/Glaeser, Edward L. (2004): Fighting Poverty in the US and Europe: A World of Difference. New York: Oxford University Press.

Banting, Keith/Kymlicka, Will (2006): Immigration, Multiculturalism, and the Welfare State. In: Ethics & International Affairs 20: 281–304.

Barth, Fredrik (1969): Ethnic Groups and Boundaries. The Social Organization of Culture Difference. Oslo: Universitetsforlaget.

---

18 Vgl. aus der Forschung zu sozialen Bewegungen u. a. Olson (1985), Snow und Benford (1988), Snow et al. (1986), McAdam (1988), in der Geschlechterforschung wurde dieses Thema u. a. von Butler (1990) oder Young (1994) diskutiert.

Barsade, Sigal D./Douglas E. Gibson (1998): Group Emotion: A View from Top and Bottom. In: Research on Managing groups and teams 1: 81–102.

Bar-Tal, Daniel/Halperin, Eran/de Rivera, Joseph (2007): Collective Emotions in Conflict Situations: Societal Implications. In: Journal of Social issues 63: 441–460.

Butler, Judith (1990): Gender Trouble: Feminism and the Subversion of Identity. New York: Routledge. Cota, Albert u. a. (1995): The Structure of Group Cohesion. In: Personality and Social Psychology Bulletin 21: 572–580.

Damasio, Antonio. R (2004): Decartes' Irrtum. Fühlen, Denken und das menschliche Gehirn. Berlin: List.

Della Porta, Donatella/Diani, Mario (1999): Social Movements. Cambridge: Blackwell.

Durkheim, Émile (2007): Die elementaren Formen des religiösen Lebens. Frankfurt am Main: Verlag der Weltreligionen.

Elster, Jon (1998): Emotions and Economic Theory. In: Journal of Economic Literature 36: 47–74.

Festinger, Leon/Stanley Schachter/Kurt Back (1950): Social Pressures in Informal Groups: A Study of Human Factors in Housing. New York: Harper.

Flam, Helena (2002): Soziologie der Emotionen. Eine Einführung. Konstanz: UVK Verlag.

Freud, Sigmund (1922): Group Psychology and the Analysis of the Ego. London: International Pscho-Analytical Press.

Friedkin, Noah E. (2004): ›Social Cohesion‹ In: Annual Review of Sociology 30: 409–425.

Gabriel, Ayala H. (1992): Grief and Rage: Collective Emotions in Politics of Peace and the Politics of Gender in Israel. In: Culture, Medicine and Psychiatry 16: 311–335.

Gallese, Vittorio (2003): The Manifold Nature of Interpersonal Relations: The Quest for a Common Mechanism. Philosophical Transactions of The Royal Society. In: Bilogical Sciences 358: 517–528.

Gilbert, Margaret (1997): Group Wrongs and Guilt Feelings. In: The Journal of Ethics 1: 65–84.

Gilbert, Margaret (2001): Collective Preferences, Obligations, and Rational Choice. In: Economics and Philosophy 17: 109–119.

Gilbert, Margaret (2002): Collective Guilt and Collective Guilt Feelings. In: The Journal of Ethics 6: 115–143.

Greve, Jens/Annette Schnabel (2011): Emergenz. Zur Analyse komplexer Strukturen. Frankfurt am Main: Suhrkamp.

Heintz, Bettina (2004): Emergenz und Reduktion. Neue Perspektiven auf das Mikro-Makro-Problem. In: Kölner Zeitschrift für Soziologie und Sozialphilosophie 56: 1–31.

Helly, Denise (2003): Social Cohesion and Cultural Plurality. In: Canadian Journal of Sociology 28: 19–42.

Hochschild, Arlie R. (1979): Emotion Work, Feeling Rules, and Social Structure. In: American Journal of Sociology 85: 512–575.

Huntington, Samuel (1996): Clash of Civilizations? New York: Foreign Affairs.

Lawler, Eugene L. (2001): An Affect Theory of Social Exchange. In: American Journal of Sociology 107: 321–352

Lawler, Eugene L./Jeongkoo Yoon (1996): Commitment in Exchange Relations: Test of a Theory of Relational Cohesion. In: American Sociological Review 61: 89–108.

LeBon, Gustave (1896): The Crowd: A Study of the Popular Mind. London: Ernest Benn.

McAdam, Dough (1988a): Micromobilization Contexts and Recruitment to Activism. In: Bert Klandermans u. a. (Hg.): From Structure to Action: Comparing Social Movement Research Across Cultures. Greenwich, Conn.: JAI Press, S. 125–154.

McDougall, William (1923): Outline to Psychology. New York: Scribner.

Metzinger, Thomas (1995): The Problem of Courteousness. In: ders. (Hg.): Conscious Experience. Paderborn: Imprint Acadamic, Schöningh, S. 3–41.

Neidhardt, Friedhelm (1979): Das innere System sozialer Gruppen. In: Kölner Zeitschrift für Soziologie und Sozialpsychologie 31: 639–660.

Olson, Mancur (1985[1965]): Die Logik des kollektiven Handelns. Tübingen: J. C. B. Mohr.

Polletta, Francesca/James M. Jaspers (2001): Collective Identity and Social Movements. In: Annual Review of Sociology 27: 283–305.

Raschke, Joachim (1987): Zum Begriff der sozialen Bewegung. In: Roland Roth/Dieter Rucht (Hg.): Neue soziale Bewegungen in der Bundesrepublik Deutschland. Frankfurt am Main/New York: Campus, S. 19–29.

Rex, John (1990): ›Rasse‹ und ›Ethnizität‹ als sozialwissenschaftliche Konzepte. In: Eckard J. Dittrich/Frank-Olaf Radtke (Hg.): Ethnizität Wissenschaft und Minderheiten. Opladen: Westdeutscher Verlag.

Rucht, Dieter (1994): Modernisierung und neue soziale Bewegungen: Deutschland, Frankreich und USA im Vergleich. Frankfurt am Main/New York: Campus.

Schäfers, Bernd (2006): Die soziale Gruppe. In: Korte, Hermann/Bernd Schäfers (Hg.): Einführung in Hauptbegriffe der Soziologie. Wiesbaden: VS, S. 127–143.

Schnabel, Annette (2003): Die Rationalität der Emotionen. Wiesbaden: Westdeutscher Verlag.

Schnabel, Annette (2011): Group Beliefs, Group Speakers, Power and Negotiation. A Commentary on Margaret Gilbert: Culture as Collective Construction. In: Albert, Gert/Steffen Sigmund (Hg.): Soziologische Theorie Kontrovers. Kölner Zeitschrift für Soziologie und Sozialpsychologie, Sonderheft 50, S. 394–404.

Schützeichel, Rainer (2010): Die Logik des Sozialen. Entwurf einer intentional-relationalen Sozialtheorie. In: Gert Albert/Rainer Greshoff/Rainer Schützeichel (Hg.): Dimensionen und Konzeptionen von Sozialität. Wiesbaden: VS, S. 339–377.

Simmel, Georg (1922): Die Religion. Frankfurt a. M.: Rütten und Söning.

Simmel, Georg (1983): Soziologie. Untersuchungen über die Formen der Vergesellschaftung. Berlin: Duncker & Humblodt.

Snow, David A./Robert D. Benford (1988): Ideology, Frame Resonance, and Participant Mobilisation. In: Bert Klandermans/Hanspeter Kriesi/Sidney Tarrow (Hg.): From Structure to Action: Comparing Social Movement Research Across Cultures. Greenwich, Conn.: JAI Press, S. 197–217.

Snow, David A./Rochford, E. Burke/Worden, Steven K./Benford, Robert D. (1986): Frame Alignment Processes, Micromobilization, and Movement Participation. In: American Sociological Review 51: 464–481.

Stanley, Dick (2003): What Do We Know about Social Cohesion: The Research Perspective of the Federal Government's Social Cohesion Research Network. In: Canadian Journal of Sociology 28: 5–17.

Stephan, Achim (1999): Varieties of Emergentism. In: Evolution and Cognition 5: 49–59.

Tajfel, Henri (1981): Human Groups and Social Categories. Studies in Social Psychology. Cambridge: Cambridge University Press.

Thibaut, John W./Harold H. Kelley (1959): The Social Psychology of Groups. New York: Wiley.

Truner, James (2009): The Sociology of Emotions: Basic Theoretical Arguments. In: Emotion Review 1: 340–354.

Vignemont, Frederique/Tania Singer (2006): The Empathic Brain: How, When and Why? In: Trends in Cognitive Science 10: 435–441.

Weber, Max (1972): Wirtschaft und Gesellschaft. Grundriss der verstehenden Soziologie. Tübingen: Mohr.

Wehler, Hans-Uwe (2004): Nationalismus: Geschichte – Formen – Folgen. München: Beck.

Whittier, Nancy (1997): Political Generations, Micro-Cohorts, and the Transformation of Social Movements. In: American Sociological Review 62: 760–778.

Wohl, Michael J. A./Nyla R. Branscombeb/Yechiel Klar (2006): Collective Guilt: Emotional Reactions When One's Group Has Done Wrong Or Been Wrong. In: European Review of Social Psychology 17: 1–37.

Young, Iris M. (1994): Gender as Seriality: Thinking about Women as a Social Collective. In: Signs 19: 99–124.

V. Emotionen und gesellschaftliche Transformationen

Neue Stimulationen – Über die Emotionalisierung des Schreibens und Lehrens in den Kulturwissenschaften

Gernot Wolfram

Der für diesen Beitrag verwendete Begriff ›Emotionalisierung‹ versteht sich bewusst als ein Sammelbegriff für verschiedene assoziative Formen von genuin kulturwissenschaftlichen Forschungs- und Erkenntnisprozessen und den damit in der kulturwissenschaftlichen Lehre verbundenen medialen Darstellungen (Texte, Videosequenzen, Dokumente, Materialien etc.). Die Aufmerksamkeit richtet sich dabei vor allem auf die sich wandelnden Funktion dieses Begriffes in den verschiedenen Dimensionen von Forschung, Lehre und akademischer Rezeption. Besonders die verschiedenen Implikationen der spezifischen Stimulationsstrategien innerhalb dieser Dimensionen werden einer genaueren Betrachtung unterzogen. Der Fokus liegt dabei vor allem auf der Art und Weise der Herstellung des »selbstgesponnenen Bedeutungsgewebes« (Geertz 1987: 9) von kulturwissenschaftlichen Perspektiven. Hierbei, so lautet die grundlegende These des Beitrags, spielt der reflektierte Umgang mit darstellungsimmanenten emotionalen Stimulationsstrategien bei der Generierung von Wissen sowie bei der Rezeption dieses Wissens in Lehr- und Lernprozessen eine ebenso wichtige Rolle wie der wissenschaftstheoretische Zugang zu den jeweiligen Betrachtungsgegenständen. Der Begriff Emotion wird in diesem Beitrag bewusst in einem sehr weiten Sinne verwendet, um seine differenzierten Fragestellungen, Probleme, Chancen und Widersprüche innerhalb der Kulturwissenschaften zu beleuchten. Seine verschiedenen Funktionsebenen stehen dabei im Mittelpunkt der Betrachtung.

1   Emotionsforschung in den Kulturwissenschaften

Die starke emotional stimulierende Wirkung von Kunst- und Kulturprodukten, die sich unter anderem durch die rasche Verbreitung sowie Kommentierung von Wissensinhalten via Internet und anderer Medien ergibt, hat in den letzten Jahren auch zu schnelleren Reaktionen von akademischer Seite geführt, sich mit ihnen auseinanderzusetzen und unterschiedliche Sichtweisen auf diese Produkte und Diskurse zu formulieren. Man könnte sogar von einem gewissen *Aktualitätsdruck* sprechen, der im Gegensatz zu der geisteswissenschaftlichen Distanz gegenüber zeitgenössischen Medien- und Kulturphänomenen in früheren Jahren steht. So hat sich vielleicht am stärksten auf dem Feld der Kulturwissenschaften eine andere Form für die Aktualität »kultureller Repräsentationen« (Göttlich 2001: 16) entwickelt – eine Form der Auseinandersetzung, die Emotionalisierungsprozesse in ihre Theoriesysteme zu integrieren versucht. Besonders in der Rezeptions- und Zuschauerforschung ist das von besonderer Evidenz. Auch in der Literaturwissenschaft (Anz 1998; Alfes 1995) wie in kunsthistorischen Arbeiten (Herding et al. 2004) gibt es zahlreiche Beispiele für eine intensive Auseinandersetzung mit der Bedeutung von Emotionen. Spezifische Relevanz erhält diese Auseinandersetzung auch in Diskursen zur Ästhetik, wie sie etwa in dem Forschungsprojekt ›Ästhetische Modulation affektiver Valenz‹ an der Freien Universität Berlin untersucht werden. Trotzdem ist festzuhalten, dass bislang die große Bedeutung jener Emotionalisierungprozesse noch kaum Eingang gefunden hat in die zentralen Kategorien der Kulturwissenschaften, zumindest im deutschsprachigen Raum. Weder in Aleida Assmanns *Einführung in die Kulturwissenschaft* (2008), Wolfgang Müller-Funks *Kulturtheorie* (2006), Mieke Bals *Kulturanalyse* (2006) noch in Klaus P. Hansens *Kultur und Kulturwissenschaft* (2003), um nur einige durchaus repräsentative Beispiele zu nennen, findet sich neben den bekannten Kategorien *Raum, Ästhetik, Familiarität, Körper, Zeichen, Entfremdung, Medien, Gedächtnis* und *Identität* die Kategorie *Emotion*. Vielmehr wird der Blick auf Emotionen häufig Körperdiskursen zugerechnet, obgleich gerade hier eine deutliche Trennschärfe gefragt wäre. Lediglich bei Hansen wird ein kurzes Kapitel den »Standardisierungen des Empfindens« (Hansen 2003: 113 ff.) gewidmet. Ein frappanter Unterschied, wenn man sich dazu amerikanische Veröffentlichungen ansieht (etwa Barker 2007), in denen die Emotionsforschung in den Kulturwissenschaft bereits seit Jahren eine zentrale Stellung einnimmt. Hier liegen also noch im deutschsprachigen Raum Desiderate vor.

Eine Ausnahme bilden dabei die Cultural Studies und ihre Vertreter im deutschsprachigen Raum. Basierend auf den Arbeiten der britischen Cultural Studies wurde eine Neubetrachtung jenes konventionellen Kulturverständnisses gefordert, »das sich ausschließlich auf ästhetische und intellektuelle Werke und Prozesse bezieht.« (Lindner 2000: 19) Neue Perspektiven der Alltagskultur, vor allem aber auch des Alltagsempfindens gegenüber kulturellen Gütern rückten plötzlich in den Mittelpunkt der Aufmerksamkeit, wobei die politische Dimension dieser Betrachtung ebenfalls eine gewichtige Rolle spielte (vgl. Lindner 1994; Mikos 1997a; Winter 2001). Lothar Mikos weist in einem Aufsatz zu den Einflüssen der Cultural Studies im deutschsprachigen Raum ausdrücklich auf die Bedeutung der Entwicklung von Rezeptionsästhetik hin. In Bezug auf die Wahrnehmung von Filmen und Bildern schreibt er: »Für das Verhältnis der Film- und Fernsehtexte zum Zuschauer ist bedeutsam, dass Texte grundsätzlich zum Wissen der Rezipienten hin geöffnet sind.« (Mikos: 330) Er führt dabei auch ein Zitat von Lowry an, das besagt: »Die Wirkung eines Films kann man als Angebot an Bedeutungen, Zeichen, *Gefühlsanregungen* und Identifikationsmöglichkeiten begreifen, aus dem die Zuschauer und Zuschauerinnen ihr Filmerlebnis zusammensetzen und die sie zur Deutung ihrer Lebenswelt nutzen.« (Lowry 1992: 13) Auffälligerweise geht er auf den Punkt der ›Gefühlsanregungen‹ in der Folge kaum genauer ein. Obgleich die Beschäftigung mit Kulturerzeugnissen der Alltagskultur zum zentralen Verständnishorizont der

Cultural Studies gehört, wird in vielen Büchern zur Rezeption der Cultural Studies im deutschsprachigen Raum dieser Beschäftigung nur ein marginaler Platz eingeräumt. In der Textsammlung *Die Werkzeugkiste der Cultural Studies – Perspektiven, Anschlüsse und Interventionen* (Göttlich et al. 2001) findet sich kein einziger Beitrag, der sich ausschließlich mit Emotionalisierungsprozessen beschäftigen würde. Dennoch haben gerade diese Arbeiten mit Sicherheit den Fragestellungen zu Emotionen innerhalb kulturwissenschaftlicher Forschungsansätze überhaupt erst den Weg geebnet.

2 Strategien einer anderen Wissensgenerierung

Um die Frage nach den Bedingungen emotionsorientierter Strategien der Wissensgenerierung innerhalb von kulturwissenschaftlichen Forschungsperspektiven zu stellen, ist es ratsam, sich mit konkreten Beispielen zu befassen. Hier soll ausdrücklich darauf hingewiesen werden, dass dies im Rahmen der komplexen Versuche der Kulturtheorie-Bildung verstanden werden soll. (vgl. Nünning/Nünning 2003). Besonders Mieke Bals Hinweis, sich in diesem Kontext selbstbewusst zu der »Infragestellung methodologischer Dogmen sowie elitärer Vor- und Werturteile« (Bal 2006: 7) in den Kulturwissenschaften zu bekennen, um der Gefahr einer »intellektuellen Abschottung« (ebd.) in den Geisteswissenschaften zu begegnen, ist für die nachfolgende Perspektive entscheidend. Beginnen wir mit dem Buchanfang eines bekannten wissenschaftlichen Werks, das in vielen kulturwissenschaftlichen Seminaren intensiv gelesen wird. Der amerikanische Ethnologe Clifford Geertz geht in seinem berühmt gewordenen Buch *Dichte Beschreibung* (Geertz 1983) gleich im ersten Kapitel auf eine Anekdote Gilbert Ryles ein, um die Bedeutung kultureller Codes innerhalb von Gesellschaften zu verdeutlichen: »Stellen wir uns, sagt er, zwei Knaben vor, die blitzschnell das Auge des rechten Lids bewegen. Beim einen ist es ein ungewolltes Zucken, beim anderen ein heimliches Zeichen an seinen Freund. Als Bewegungen sind die beiden identisch. [...] Es ist nicht etwa so, sagt Ryle, dass derjenige, der zwinkert, zwei Dinge tut – sein Augenlid bewegt und zwinkert –, während derjenige, der zuckt, nur sein Augenlid bewegt. Sobald es einen öffentlichen Code gibt, demzufolge das absichtliche Bewegen des Augenlids als heimliches Zeichen gilt, so *ist* das eben Zwinkern. Das ist alles, was es dazu zu sagen gibt: ein bißchen Verhalten, ein wenig Kultur und – *voilà* – eine Gebärde.« (Geertz 1983: 10 f.)

Natürlich verrät der Text in der Folge recht bald, dass dies nicht ›alles‹ war, aber als kleine Provokation, als rhetorischer Trick, um die Argumentation assoziativ zu erweitern, funktionieren Beispiel und Schlussfolgerung hervorragend. Geertz wählt ein bildhaftes, emotional stimulierendes Beispiel – das Augenzwinkern –, um die Bedeutung kultureller Codes zu illustrieren.

Das Augenzwinkern wird als geheimes Verständigungszeichen unter Freunden verwendet, bei Versuchen, jemanden kennen zu lernen oder als Signal schweigenden Einverständnisses. Bei Geertz kommt das Beispiel der beiden zwinkernden Jungen fast als

Witz daher; eine Ironisierung ist durchaus intendiert. Geertz geht es dabei nicht um oberflächliches Possenreißen, sondern eben dieses Lächeln ist bei ihm schon Bedingung einer Einsicht, nämlich das mit den konventionellen klassifizierenden Kulturverständnis in seinem Modell nicht viel gewonnen ist. Er wählt in vielen seiner Arbeiten immer wieder Anekdoten, kleine Geschichten und Begebenheiten aus. Das Entscheidende daran ist nicht nur eine veränderte Perspektive auf den Rezipienten des wissenschaftlichen Textes, sondern vor allem die fachimmanente Selbstreflexion wird hier auf der Ebene verschiedener Narrative vorgeführt. Die Stimulations- und Assoziationsfähigkeit der Narrative wird zur Methode und verweist auf den Standpunkt der gewählten kulturwissenschaftlichen Perspektive. Kulturelle Systeme nur vom Verstande her zu verstehen, hielt Geertz für schlichtweg unmöglich. So verwundert es auch nicht, dass er in der »Dichten Beschreibung« immer wieder Geschichten, Anekdoten, Beobachtungen aus seinen ethnologischen Feldstudien sowie nahezu plauderhafte Reflektionen über seine eigenen Erlebnisse einstreut. Geertz setzt diese Narrative bewusst ein, um sich von den formalen theoretischen Ansätzen der Ethnologie und konventionellen Kulturanalysen zu lösen. »Nichts hat meiner Meinung nach mehr zur Diskreditierung von Kulturanalysen beigetragen als die Erstellung einwandfreier Abbildungen von formalen Ordnungen, an deren Existenz niemand so recht glauben mag.« (Geertz 1983: 26)

In seinem Buch *Spurenlesen – Der Ethnologe und das Entgleiten der Fakten* (Geertz 1997) weist er noch deutlicher darauf hin, dass das »flüchtige Ereignis« (Geertz 1997: 27) in der Beschreibung von kulturellen Repräsentationen eine neue und andere wissenschaftliche Sprache benötigt. Geertz selbst wählte dafür immer stärker, literarische und emotionale Narrative, um seinen Lesern diesen Gedanken plausibel zu machen.

Geertz Ansatz, auf fast unterhaltsame Art und Weise Wissenschaft zu ›erzählen‹ und assoziative Emotionen zu nutzen, ist im deutschsprachigen Raum freilich noch immer ein Wagnis innerhalb von Forschungsdiskursen. Die Angst vor populärwissenschaftlicher Ungenauigkeit und in die Nähe des Journalismus rückender Plauderei bestimmt immer noch große Teile des kulturwissenschaftlichen Wissenschaftsbetriebs, was damit zusammenhängen mag, dass ebendiese Angst bislang zu wenig reflektiert wurde. Bei genauerem Hinsehen zeigt sich, dass sich der Prozess, der hier als *Emotionalisierung des Schreibens und Lehrens in den Kulturwissenschaften* bezeichnet werden soll, sich parallel zu einem anderen Verständnis von *Repräsentation* innerhalb wissenschaftlicher Diskursen entwickelt hat – mitsamt einer Vielzahl von methodischen »Verunsicherungen« (Hansen 2006: 1). Verständlichkeit und Identifikation spielen im Sinne von anti-elitären Vermittlungsstrategien eine immer gewichtigere Rolle. Und so verwundert es nicht, dass vor allem bei Wissenschaftsautoren, die sich mit dem Verhältnis von Öffentlichkeit, Medien und individueller Seinsgestaltung beschäftigen, bis in die Sprache ihrer Untersuchungen hinein, Strategien der Wissensgenerierung finden, die, ohne Zugeständnisse an das notwendige Maß an Komplexität zu machen, dennoch von einer ungewöhnlichen Form der Selbstreflektion eigener Gefühle beim Nachdenken, Schreiben und Wahrnehmen geprägt sind. Das reicht von Michel Foucaults Schreibweisen in den

Bänden von *Sexualität und Wahrheit* (Foucault 1991) bis zu Slavoj Zizeks provokantem Stil in Büchern wie etwa *Die Puppe und der Zwerg* (Zizek 2003) oder zu Jochen Hörischs Arbeiten zur Mediengeschichte (Hörisch 2004). Der Erkenntnisprozess fokussiert sich nicht auf eine scheinbar objektivierende Begriffsbildung, sondern auf emotionale *Assoziationsräume,* die jedoch nicht beliebige Assoziationsfelder bilden, sondern sehr konkret auf die Dimension der Bedeutungsvariabilität von Kulturbeschreibungen hinweisen. (Hierher gehören freilich auch Beispiele wie das Tagebuch Bronislaw Malinowskis, das der Kulturethnologie verdeutlicht hat, dass der ›objektive Blick‹ des Ethnologen eine Illusion ist – seine Gefühle werden ihm auch zum unfreiwilligen Mitautor und zuweilen auch zum Fallstrick (vgl. Geertz 1988: 75–100).)

Um die Emotionalisierungsprozesse dieser Arbeiten zu verstehen, ist es sinnvoll, sich ein weiteres Textbeispiel anzusehen. Wieder ein amerikanischer Autor, jedoch mit einer starken Affinität zu europäischer Kultur- und Wissenschaftsgeschichte mitsamt ihren methodischen Spezifika: Der Soziologe Richard Sennett, Weggefährte und Mitstreiter Michel Foucaults. Er beginnt sein Buch *Fleisch und Stein* (Sennett 1997) über den Körper und die Entwicklung der Stadt in der westlichen Zivilisation ebenfalls mit einer Anekdote: »Vor einigen Jahren ging ich mit einem Freund in einem vorstädtischen Einkaufszentrum bei New York ins Kino. In Vietnam hatte ein Geschoss die linke Hand meines Freundes zerschmettert, und die Militärärzte hatten oberhalb des Handgelenks eine Amputation vornehmen müssen. Jetzt trug er eine Prothese mit Metallfingern. [...] Der Film entpuppte sich als besonders blutrünstiger Kriegsfilm [...]. Nach dem Film standen wir noch draußen herum, rauchten und warteten auf Bekannte [...]. Mein Freund [...] führte die Zigarette in seiner Klaue sicher, fast stolz, an die Lippen. Die Kinobesucher hatten soeben zwei Stunden zerrissener Körper hinter sich gebracht, wobei das Publikum bei besonders gelungenen Treffern applaudiert und das ganze Gemetzel sehr genossen hatte. Die Leute strömten um uns herum aus dem Saal, blickten unbehaglich auf die Metallprothese und gingen uns aus dem Weg; schon bald waren wir eine Insel in ihrer Mitte.« (Sennett 1997: 22)

Mit diesem Beispiel steigt Sennett in sein umfangreiches Buch zum Verhältnis von Körper und Stadt ein – und hat gleich zwei sehr starke Bilder präsent: die im Vietnamkrieg verkrüppelte Hand und die anonymen Räumlichkeiten eines New Yorker Vorstadtkinos und in der Folge eine verunsicherte emotionale Reaktion der nach draußen strömenden Kinobesucher. Für die Argumentationsstränge des Buches wäre diese Anekdote nicht zwingend erforderlich, um aber Sennetts Erkenntnisperspektive zu verstehen, ist sie unverzichtbar. Der ›Schock‹ dieses New York Erlebnisses mit dem Vietnam-Veteranen wird zum Schlüssel seiner gesamten Fragestellung. Die Wahrnehmung des Körpers im städtischen Raum verdichtet sich in dieser Anekdote nicht nur zu einem symptomatischen Fallbeispiel – sie verdichtet sich vor allem zu einer *Emotion,* die mit literarischen Narrativen erzeugt wird. Die Inszenierung der Zigarette in der Eisenklaue des Freundes kann an eine Kette von spezifischen Erinnerungen an Kriege, Verletzungen und Einschränkungen, aber auch an persönliche Tabus und Angstbilder auslösen.

Diese *stimulierten Assoziationen* sind für Sennett ein wichtiges Instrument seines Argumentationsaufbaus. In seinem Buch *Der flexible Mensch* (Sennett 1998) verstärkt Sennett diesen Ansatz noch, indem er fast jedes einzelne Kapitel mit einer literarischen Beschreibung beginnt, besonders eindrücklich in dem Kapitel ›Risiko‹, das mit einer ausführlichen Schilderung der ›Trout Bar‹ und ihrer Geschichte in Manhatten einsetzt. (Sennett 1998: 99–104) Sennett emotionalisiert seine Betrachtungsgegenstände, um in den Assoziationsräumen seiner Beschreibungen wiederkehrende Motive freizulegen, etwa die Verödung von Städten, die Bezugslosigkeit von Orten zum individuellen Leben von Menschen oder die Determiniertheit der wissenschaftlichen Beschreibung selbst. Ähnlich wie Geertz sucht er nicht nach einem theoretischen Modell, das die betrachteten Phänomene einfängt – vielmehr geht es ihm um das Bewusstsein für den Standpunkt des wissenschaftlichen Beobachters, der seine Annahmen nicht frei wählen kann, sondern er ist immer schon involviert, nicht nur mit seinen kulturellen, sozialen oder politischen Vorprägungen, sondern auch mit seinen Emotionen. Die Wissenschaftssprache wird hier zu einem symbolischen Raum neuer Erkenntnis- und Erkenntnisvermittlungsansätze.

Die jeweils erzählte Geschichte ›verdichtet‹ sich bei Geertz wie bei Sennett zu einer Emotion, die unmittelbar aus dem Narrativ der Beobachtung entsteht. Sie fungiert als Aufmerksamkeitsgarant – sie intendiert zugleich aber auch ein Versprechen: Emotionen sind es, die den weiteren Verlauf des Buches leiten werden. Das mag als Behauptung zunächst gewagt erscheinen, wenn man bedenkt, dass sowohl Geertz wie Sennett in ihren Büchern große faktische Materialmengen behandeln, die auf jahrelangen akribischen Forschungen beruhen. Daher ist es ratsam, den Begriff Emotionalisierung, wie er hier verwendet wird, genauer zu bestimmen.

Emotionalisierung von Wissensinhalten, besonders in den Medien- und Kulturwissenschaften, ist zunächst ein Prozess der Kritik gegenüber der konventionellen Theoriebildung, zugleich aber auch eine Reflektion des Mediums, in dem die Wissensinhalte präsentiert werden. Was stimuliert das Medium und welche Stimulationen ergeben sich aus dem Verhältnis Rezipient/Medium? Warum sind diese Stimulationen von so entscheidender Bedeutung, um den Argumentationsgang schlüssig nachzuvollziehen? Gerade bei Geertz, Sennett, Foucault, aber auch bei Slavoj Zizek und Bruno Latour lässt sich deutlich nachweisen, dass die Bücher nicht nur für ein Fachpublikum geschrieben und als Präsentation von neuen Forschungsperspektiven verstanden wurden, sondern dass sie bewusst das Verhältnis von Medium und *Forschungsrepräsentation* reflektieren. Sie nutzen dabei die vielfältigen Möglichkeiten des Mediums Buch, um sich von elitären Wissensdiskursen abzusetzen. Analyse, Information, Bereitstellung von Daten, Unterhaltung und emotionale Stimulation nähern sich dabei immer stärker an. Bei Zizek geht das so weit, dass er bewusst Witze und zweideutige Anspielungen in seine Argumentationen einfließen lässt. Das Gelächter, vielleicht aber auch die Empörung des Lesers sind genau intendierte Strategien der wissenschaftlichen Narrative Zizeks. Der Leser soll umfassend in die Fragestellungen des Autors hineingezogen werden. Mit der Entstehung und rasanten Entwicklung von Medien wie dem Internet sind die Schwierigkeiten einer adäquaten wissenschaftlichen Reaktion auf kulturelle Phänomene, aber auch auf das Medium selbst, größer geworden. Dennoch lässt sich in den Kulturwissenschaften beobachten, dass gerade Medien- wie Kulturphänomene, die mit technischen Innovationen zusammenhängen, rasch aufgegriffen und in neue Erzähl- und Präsentationsmuster wissenschaftlicher Forschung integriert werden.

Dieser Prozess lässt sich in einem weiteren Schritt als Veränderung des zeitgenössischen Wissenschaftsverständnisses lesen, besonders in den Kulturwissenschaften. Emotionalisierung in diesem Sinn wird nicht als Defizit, sondern als Erkenntnisinstrument genutzt, um grundsätzliche Kommunikationsstrategien zeitgenössischer Medien, einschließlich der konventionellen Vermittlung durch Printpublikationen, zu verstehen und auch auf der Ebene der wissenschaftlichen Beschreibung zu integrieren. Das hat auch unmittelbare Konsequenzen für die kulturwissenschaftliche Lehre und die damit verbundenen Rezeptionsbedingungen.

3   Emotionalisierungsprozesse in der kulturwissenschaftliche Lehre

Der Medienwissenschaftler Jochen Hörisch geht in seinen kulturwissenschaftlich orientierten Arbeiten zur Entwicklung von Medien immer wieder auf einen Begriff ein, der sich aus einem kleinen Buchstabenspiel ergibt: »S(t)imulationen«. Er schreibt dazu in Bezug auf die Bedeutung des Computers: »Computer können alles simulieren. Und damit und danach Neues stimulieren.« (Hörisch 2004: 399) Das ist ein entscheidender Hinweis, der sicher nicht nur für den Computer gilt: die Simulations- und Stimulationsfähigkeit von Medien generell sind auf die menschlichen Sinne ausgerichtet, auf die umfassende Beeinflussung von menschlichen Wahrnehmungsprozessen. Das heißt auch: Forschungsperspektiven, die ihren Inhalt medial vermitteln (und das tun alle Forschungsansätze, sobald sie rezipiert werden) stehen nicht außerhalb dieser Stimulationsprozesse, sondern vielmehr mittendrin. Das ist einer der besonderen Chancen der kulturwissenschaftlichen Lehrvermittlung – dass der Transfer von Wissensproduktion zur Wissensrezeption als medialer Stimulationsprozess verstanden wird, in dem eben neben den kognitiven Ansprüchen auch Emotionalisierungsprozesse eine gewichtige Rolle spielen. Gerade weil bereits in der Dimension der Wissensgenerierung das emotional Assoziative eine so gewichtige Rolle spielt, ist eine adäquate Übersetzung dieser Denkansätze in die Lehrvermittlung eine stringente Erweiterung. Die wissenschaftliche Auseinandersetzung mit Fragen zur Rezeptionsästhetik, zu subkulturellen Kontexten und Hybridisierungsprozessen (vgl. Bronfen et. al. 1997), um nur einige Beispiele stellvertretend herauszugreifen, würde sich freiwillig selbst limitieren ohne Berücksichtigung der inhärenten Emotionsgehalte dieser Themenfelder.

Natürlich birgt dieser Ansatz, gerade vor dem Hintergrund der europäischen Wissenschaftsgeschichte, berechtigte und immer wieder angesprochene Gefahren. Was vor

einigen Jahren in den Geisteswissenschaften und ihren Angeboten an den Universitä-
ten eher Seltenheitswert hatte, ist in den zeitgenössischen Kulturwissenschaften mittlerweile fast eine Selbstverständlichkeit geworden: dass Phänomene wie die mediale
Repräsentation etwa des Afghanistan-Kriegs, neue kulturelle Interaktionsformen wie
virtuelle Spiel- und Gameshows oder aktuelle Innovationen im Bereich der Bildrezep-
tion unmittelbar Eingang in die Lehrveranstaltungen und Curricula finden – mit der
häufig wenig komplexen Begründung, diese Phänomene zählten eben zur Massenkul-
tur. Die Verfügbarkeit neuen Wissens im Internet sowie der Zugang zu Software, die unmittelbare Partizipation ermöglicht, haben hier in den letzten Jahren tiefgreifende Veränderungen geschaffen – besonders in dem von vielen Kulturwissenschaftlern betonten
Ansatz, neue »Verfahren der Artikulation« (Göttlich 2001: 35) zu etablieren. Gerade
deswegen muss hier auch die Gefahr einer neuen Oberflächlichkeit gesehen und diskutiert werden. Oftmals sind die methodischen Zugänge in den Kulturwissenschaften, wie
häufig zu Recht kritisiert (vgl. Bachmann-Medick 2009; Göttlich 2001: 35), nicht entwickelt genug, um angemessen reagieren zu können. Das gilt besonders für die Lehrvermittlung. Daher ist es unabdingbar, dass die Stimulationen der Medien, vor allem jene,
die Eingang in die akademische Lehrvermittlung finden, im Zusammenhang mit den
Faktoren Beschleunigung und Emotionalisierung immer wieder auch kritisch reflektiert
und vor allem eingegrenzt werden.

   Die Entwicklung der letzten Jahre zeigt dabei, dass die medialen Stimulationen im
Wissenschaftsbetrieb vor allem ein verändertes Selbstverständnis der Lehre und somit
der Partizipation an Wissensinhalten hervorgebracht haben. Fast in jedem Curriculum
innerhalb kultur- und sozialwissenschaftlicher Studiengänge finden sich heute Praxis-
bezüge zur Entwicklung neuer Medien, oft auch Workshops oder beispielorientierte Se-
minare, die den Versuch unternehmen, theoretische Diskurse zu kultureller Repräsentation mit konkreten medialen Realitäten zu verbinden. Dabei lässt sich beobachten,
dass dies nicht nur einer Mode im Wissenschaftsbetrieb folgt, sondern vielmehr eine
Reaktion auf die Veränderungen von geschichtlich bedingten Sinneswahrnehmungen
darstellt, wie es Walter Benjamin in seinem Essay *Das Kunstwerk im Zeitalter seiner
technischen Reproduzierbarkeit* (Benjamin 1977) beschrieben hat: »Dabei ist das fort-
schrittliche Verhalten dadurch gekennzeichnet, dass die Lust am Schauen und am Erleben […] eine unmittelbare und innige Verbindung mit der Haltung des fachmänni-
schen Beurteilens eingeht.« (Benjamin 1977: 159)

   Das heißt, dass im Umgang mit Medien immer beides zu berücksichtigen ist: ihre
Wirkungen und Stimulationen innerhalb einer breiten Öffentlichkeit und die damit
einher gehende Notwendigkeit, diese Effekte im Sinne eines schon erwähnten neuen
»Verfahrens der Artikulation« (Göttlich 2001: 35) zu untersuchen und zu bewerten.
Benjamin hat hier frühzeitig erkannt, dass in diesem Prozess der elitäre Moment der
Wissensaneignung und in der Folge der Wissensverwaltung in sich zusammenschmel-
zen. Medien wie das Radio, das Fernsehen, der Film und das Internet haben nicht nur
vollkommen neue Publikumsschichten erreicht, sondern aufgrund der Komplexität und

Geschwindigkeit ihrer Omnipräsenz haben sie auch notgedrungen einen Prozess der Simplifizierung in der wissenschaftlichen Bewertung in Gang gesetzt.

Das ist für ein Wissenschaftsverständnis im Sinne der Aufklärung freilich ein gefährliches und zu Recht mit Argwohn beobachtetes Terrain. Die Gefahr des Verlustes wissenschaftlicher Distanz und Genauigkeit ist evident, sofern man keinen deutlichen Definitionsrahmen für diese Emotionalisierungsprozesse innerhalb von Beschreibungsmodi festlegt. Besonders wünschenswert erscheint in diesem Zusammenhang auch die Stärkung der immer noch schwach ausgebildeten Definitionen von genuin kulturwissenschaftlichen Verständnisansätzen, anstatt methodisch wie interpretatorisch immer ausgiebiger Erkenntniszugänge der Psychologie, Kognitionsforschung, Literaturwissenschaft, Philosophie und Sozialforschung miteinander zu vermischen.

4   Kulturwissenschaftliche Vermittlungsstrategien und Lernprozesse

Kultur in *Erklärungen* vermittelt zu bekommen, gilt glücklicherweise als didaktisches Auslaufmodell. Konventionelle Museums- oder Stadtführungen sind dafür ein beredtes Beispiel: die Anhäufung von historischen, sozialen und politischen Details innerhalb kürzester Zeit führt meist zu einem wenig befriedigenden Resultat: der Zuhörer verliert irgendwann die Lust, sich das Wesentliche zu merken. Die Fähigkeit, *Assoziationen* zu bilden, die auch emotionale Wahrnehmungsebenen berühren, und die eigenen Gedanken mit dem Gehörten oder Gesehenem zu verbinden, bleibt innerhalb solcher Vermittlungsmuster zumeist marginal. Der Grund dafür ist einfach zu benennen: komplexe Zusammenhänge benötigen eine Struktur der assoziativen Reflektion, um Komplexität überhaupt als solche begreifen zu können. Wie viel stärker wirken daher situative und emotionale Augenblicke innerhalb von Lernprozessen, in denen die *Bewusstwerdung von Komplexität* als sinnliche *Qualität* erlebt werden kann. Dieser Ansatz aus der kulturellen Praxis gewinnt auch in der akademischen kulturwissenschaftlichen Vermittlung von Wissensinhalten immer mehr an Bedeutung. Die Assoziationsfähigkeit von Thesen, Artefakten und Diskursen verbleibt nicht länger in der Zuschreibung einer fragwürdigen »schillernden Bedeutungsvielfalt« (Hansen 2001: 3), sondern gewinnt an Zugänglichkeit durch neue Formen reflektierter Lehrprozesse, die vor allem den Mut haben müssen, sich einzugrenzen und aus dem sehr großen kulturwissenschaftlichen Forschungsstand signifikante Linien herauszuarbeiten. Das ist im Bereich der Lehrdidaktik in den Kulturwissenschaften nach wie vor eine dringliche Aufgabe. Besonders die Schärfung des Assoziationsbegriffes kann hier ein guter Wegweiser sein. Ansätze dazu finden sich beispielsweise in den kulturwissenschaftlichen Arbeiten von Bruno Latour (2002), etwa zum *Iconoclash,* die aufgrund ihrer Prägnanz und klaren Beschreibung neuer Untersuchungsperspektiven und hermeneutischer Ansätze hervorragend in der Lehre eingesetzt werden können.

Die didaktische Fokussierung auf Assoziationen auslösende Momente, die dann *umfassend* in der Erinnerung und somit in tieferen Dimensionen des Bewusstseins anhaften, ist freilich keine zeitgenössische Erfindung, sondern ist bereits in der griechisch-sophistischen Tradition und in der römischen Memoria-Kunst verankert. Bei Cicero etwa wird als Grundbedingung der Rezeption proklamiert: »Dass man demjenigen, von dem man informiert wird [...] so aufmerksam zuhört, dass es den Anschein hat, als dringe die Rede gar nicht in die Ohren, sondern präge sich der Seele ein [...].« (zit. nach. Ueding 1994: 229 f.)

In Ernst Machs 1922 veröffentlichter Studie *Analyse der Empfindungen* wird den Assoziationsfähigkeiten des Menschen sogar der Charakter von *Gesetzen* zugebilligt. »Es ist bekannt, dass in der Psychologie den Assoziationsgesetzen eine hervorragende Bedeutung zuerkannt wird. Diese Gesetze lassen sich auf ein einziges zurückführen, welches darin besteht, dass von zwei Bewusstseinsinhalten A,B, welche einmal gleichzeitig zusammentrafen, der eine, wenn er eintritt, den anderen hervorruft. [...] Die Unterschiede des Gedankenlaufs, bei einfacher Erinnerung an Erlebtes, bei ernster Berufsbeschäftigung und beim freien Phantasieren oder wachen Träumen, werden leicht begreiflich durch die begleitenden Umstände.«

5   Veränderte Lernprozesse

Welche Rezeptionsstrategien, lässt sich daher fragen, sind nun aber geeignet, als Beispiele für Emotionalisierungsprozesse im Feld der Kulturwissenschaften zu dienen? Hier wird die Forschung in Zukunft erst noch exaktere Systeme mit Identifikationsmerkmalen festlegen müssen. Schon jetzt lässt sich aber zeigen, dass eines dieser Merkmale die erweiterte hermeneutische Untersuchung des Verhältnisses Rezipient vs. mediale Performance im Fokus der emotionalen Stimulationskraft des jeweiligen Kulturprodukts sein wird. Kulturelle Phänomene können nicht umfassend ohne ihre emotionalen Stimulationsreize untersucht und verstanden werden. Hier ist es nochmal wichtig, zu betonen, dass eine Trennung zwischen wahrnehmungspsychologischen und rezeptionstheoretischen Verständnisansätzen in diesem Kontext wünschenswert ist, um spezifische kulturwissenschaftliche Lesarten zu stärken.

Es lässt sich also kurz zusammenfassen, dass die veränderten medialen Repräsentationen von Kultur unmittelbare Auswirkungen auf die Repräsentation von Wissensgütern im Bildungsbereich haben. Dazu kommt, dass die durch Bücher, Diskussionsforen, Blogs, Videos und interaktive Websites generierte Wissensaneignung in den verschiedenen Ausbildungsmodellen Vernetzungsprozesse in Gang setzt, die bei herkömmlichen Lernprozessen nicht vorhanden waren. Das hat zu einer globalen Scientific Community geführt, die auf der Ebene der Netzkommunikation durch ein hohes Maß an anti-elitären Kommunikationsmechanismen bestimmt ist, eben weil Vernetzung und Austausch möglichst barrierefrei gelingen sollen. Diese Vernetzung ist ein wichtiges Thema in den

Kulturwissenschaften geworden und benötigt daher, nicht nur als Ergänzung, eine genauere Untersuchung der in ihr verborgenen Stimulationsprozesse.

Welche Rolle spielen nun diese theoretischen Annahmen auf der Ebene der Praxis, also in der kulturwissenschaftlichen Lernpraxis selbst? Es wurde schon erwähnt, dass Autoren wie Clifford Geertz oder Richard Sennett mit ihren spezifischen Vermittlungsstrategien Vorreiter einer neuen Auffassung von Kulturwissenschaft waren. Die eigenen Haltungen, Prägungen, Voreinstellungen und Emotionen des Autors werden in diesen Ansätzen bewusst integriert – als Angebot und als Aufforderung an den Leser, sich ebenfalls aktiv mit den eigenen Prägungen auseinanderzusetzen. Nimmt man diese Ansätze ernst, kommt man nicht umhin, Konsequenzen für die akademische Lernansätze zu ziehen, d. h., Formen der medialen Repräsentation von Kultur nicht nur zu studieren und zu untersuchen, sondern auch die individuellen Rezeptionsformen der Teilnehmer stärker in den Blick zu nehmen. Mikos weist ausdrücklich auf dieses Abhängigkeitsverhältnis hin: »Weder mediale Texte noch Zuschauer existieren als ontologische Gegebenheiten, sondern sie entstehen, indem sie sich in der Zeit an einem Ort realisieren. [...] Sowohl Text als auch Zuschauer existieren lediglich in einem latenten Stadium. Erst in der Interaktion miteinander konkretisieren sie sich in ihren jeweiligen Funktionsrollen.« (Mikos 2001: 326) Emotionalisierungsprozesse lassen sich hierbei als *Interaktionsverstärker* beschreiben. Vielleicht lässt sich in diesem Zusammenhang auch endlich einlösen, was Niklas Luhmann in seiner Soziologischen Aufklärung gefordert hatte: »Ich denke manchmal, es fehlt uns nicht an gelehrter Prosa, sondern an gelehrter Poesie. [...] Vielleicht sollte es für anspruchsvolle Theorieleistungen eine Art Parallelpoesie geben, die alles noch einmal anders sagt und damit die Wissenschaftssprache in die Grenzen ihres Funktionssystems zurückweist.« (Luhmann 1995: 176 f.)

6   »Unerhörte Gefühle«

Wenn Niklas Luhmann von einer fehlenden ›gelehrten Poesie‹ spricht, so kann man darin eine Aufmerksamkeit für die in der europäischen Wissenschaftstradition häufig vermisste Sensibilität für die Bedeutung und kommunikative Kraft von Emotionen lesen. Es sind im eigentlichen Sinn des Wortes ›unerhörte Gefühle‹ – keine Sentimentalitäten oder poetischen Schwärmereien, sondern unmittelbare Desiderate, die nur mit einer ›gelehrten Poesie‹ gefüllt werden können, in denen das wissenschaftliche Sprechen sich um eine emotional-assoziative Dimension erweitert. Die Entwicklung des Internets und der zahlreichen neuen Kommunikationsstrategien in den Kulturwissenschaften waren hier von Anfang an rigoros: Texte allein genügten nicht länger. Es musste etwas hinzutreten: eine Form der Emotionalisierung des Repräsentierten, eine Offenheit für neue Lesarten, ein Bewusstsein für die Stimulationskraft von Medien und Kulturphänomenen hin zu einer neuen und umfassenderen Form kultureller Rezeption. Die Emotions- und Stimulationsprozesse innerhalb dieser Entwicklung sollten klar abgetrennt werden von psychologischen Kategorien, da es sich hierbei um spezifisch assoziative Gefühle handelt, die eng mit der Wissensgenerierung in den Kulturwissenschaften zusammenhängen. Das hat der Lehrvermittlung wie den Lernprozessen in den Kulturwissenschaften neue Chancen, aber auch neue Risiken eröffnet. Emotionalisierungsprozesse als Bestandteil kulturwissenschaftlichen Denkens und Arbeitens zu verstehen, gehört daher immer noch zu den wichtigen Herausforderungen innerhalb einer Konkretisierung der Methoden innerhalb kulturwissenschaftlicher Disziplinen.

Literatur

Alfes, Henrike F. (1995): Literatur und Gefühl. Emotionale Aspekte literarischen Schreibens und Lesens. Opladen: Westdeutscher Verlag.

Anz, Thomas (1998): Literatur und Lust. Glück und Unglück beim Lesen. München: dtv.

Assmann, Aleida (2008): Einführung in die Kulturwissenschaft. Grundbegriffe, Themen, Fragestellungen. Berlin: Schmidt.

Bachmann-Medick, Doris (2009): Cultural Turns: Neuorientierungen in den Kulturwissenschaften. Reinbek bei Hamburg: Rowohlt.

Bal, Mieke (2006): Kulturanalyse. Frankfurt am Main: Suhrkamp.

Barker, Chris (2007): Cultural Studies: Theory and Practice. New York: Sage

Benjamin, Walter (1977): Illuminationen. Frankfurt am Main: Suhrkamp.

Bronfen, Elisabeth/Marius, Benjamin/Steffen, Therese (Hg.) (1997): Hybride Kulturen. Beiträge zur anglo-amerikanischen Multikulturalismusdebatte. Tübingen: Stauffenburg.

Foucault, Michel (1991): Der Gebrauch der Lüste. Zweiter Band »Sexualität und Wahrheit.« Frankfurt am Main: Suhrkamp.

Geertz, Clifford (1997): Spurenlesen. Der Ethnologe und das Entgleiten der Fakten. München: Beck.

Geertz, Clifford (1983): Dichte Beschreibung. Frankfurt am Main: Suhrkamp.

Geertz, Clifford (1988): Die künstlichen Wilden. Der Anthropologe als Schriftsteller. Frankfurt am Main: Fischer.

Göttlich, Udo/Mikos, Lothar/Winter, Rainer (Hg.) (2001): Die Werkzeugkiste der Cultural Studies. Perspektiven, Anschlüsse und Interventionen. Bielefeld: Transcript.

Göttlich, Udo (2001): Zur Epistemologie der Cultural Studies in kulturwissenschaftlicher Absicht. In: Udo Göttlich/Lothar Mikos/Rainer Winter (Hg.) (2001): Die Werkzeugkiste der Cultural Studies. Perspektiven, Anschlüsse und Interventionen. Bielefeld: Transcript, S. 15–42.

Hansen, Klaus P. (2003): Kultur und Kulturwissenschaft. Tübingen: Francke.

Herding, Klaus/Stumpfhaus Bernhard (Hg.) (2004): Pathos, Affekt, Gefühl. Die Emotionen in den Künsten. Berlin: de Gruyter.

Hörisch, Jochen (2004): Vom Urknall zum Internet. Eine Geschichte der Medien. Frankfurt am Main: Suhrkamp.

Latour, Bruno (2002): Iconoclash: Gibt es eine Welt jenseits des Bilderkrieges? Berlin: Merve.

Lindner, Rolf (2000): Die Stunde der Cultural Studies. Wien: Facultas.

Luhmann, Niklas (1995): Soziologische Aufklärung. 6 Bände. Opladen: Westdeutscher Verlag.

Mach, Ernst (1922/1991): Die Analyse der Empfindungen. Darmstadt: Wissenschaftliche Buchgesellschaft.

Mikos, Lothar u. a. (1997): Kinder an der Fernbedienung. Berlin: Vistas.

Mikos, Lothar (2001): Cultural Studies, Medienanalyse und Rezeptionsästhetik. In: Udo Göttlich/ Lothar Mikos/Rainer Winter (Hg.) (2001): Die Werkzeugkiste der Cultural Studies. Perspektiven, Anschlüsse und Interventionen. Bielefeld: Transcript.

Müller-Funk, Wolfgang (2006): Kulturtheorie. Einführung in Schlüsseltexte der Kulturwissenschaften. Tübingen: Francke.

Ansgar Nünning/Vera Nünning (Hg.) (2003): Konzepte der Kulturwissenschaften. Stuttgart: Metzler.

Sennett, Richard (1997): Fleisch und Stein. Der Körper und die Stadt in der westlichen Zivilisation. Frankfurt am Main: Suhrkamp.

Sennett, Richard (1998): Der flexible Mensch. Die Kultur des neuen Kapitalismus. Berlin: Berliner Taschenbuch Verlag.

Ueding, Gert/Steinbrink, Bernd (Hg.) (1994): Grundriss der Rhetorik. Geschichte, Technik, Methode. Stuttgart: Metzler.

Zizek, Slavoj (2003): Die Puppe und der Zwerg. Frankfurt am Main: Suhrkamp.

Individuen in Gemeinschaft

Zur Konstruktion personaler Selbstbeschreibung im Modus emotionalisierter Zugehörigkeit

René John

1   Emotionen und Gemeinschaften in gegenseitiger Ermöglichung

Emotionen und Gemeinschaften sind zwei Phänomene, die häufig zusammen zu beobachten sind. Gemeinschaften erscheinen hochgradig emotional, weil Emotionen ihre Entfaltung erst im gemeinsamen Miteinander finden. Dieser Zusammenhang bildete schon bei Durkheim (1994) ein Steigerungsverhältnis, das ein Gefühl der Zugehörigkeit produziert. Das Individuum kann im Moment der Efferveszenz über sich hinaus- und in die Gemeinschaft aufgehen. Dieser Übergang bildete bei Durkheim die Grundlage für gesellschaftliche Solidarität und Moral. Gemeinschaft erscheint damit als Reproduktionsort des Zusammenhalts der Gesellschaft, als deren sozialer Kitt. Dem steht die Angst vor Gemeinschaft als diskriminierendes Phänomen gegenüber. Statt einer individuelle Differenzen überbrückenden Wirkung wird die mit ihr betriebene und unvermeidliche Distanzierung gegenüber anderen betont: Dem Wir steht immer auch ein Ihr gegenüber – eine Differenz, die nur noch idealerweise und darum kaum praktisch in einem universalen Wir eingebettet vorgestellt werden kann (dazu Tietz 2002). Beide Auffassungen zur Gemeinschaft können auf eine Tradition der Gemeinschaftssuche wie ihrer Ablehnung verweisen. Dabei speist sich die Popularität dieser beiden konträren Linien zumeist von alltagspolitischen Debatten.[1] Für die deutsche Debatte kann zwanzig Jahre nach der Einheit immerhin eine gewisse Entspannung gegenüber der Gemeinschaft in der wissenschaftlichen Diskussion erkannt werden.[2] Und auch im Alltag werden kollektive Großereignisse im Zeichen nationaler Bekenntnisse nicht mehr sofort als globale Provokation befürchtet. Gemeinschaften – einst Anzeichen finsterer Zeiten – sind nun Teil einer modernen Gesellschaft. Und darum werden Gemeinschaften ebenso ambivalent wahrgenommen wie die Moderne selbst.

---

1   Die kontroverse Rezeption der vergleichenden Betrachtung Tönnies' von Gemeinschaft und Gesellschaft (1991) zeigt dies anschaulich (siehe dazu z. B. Breuer 2001).

2   Wie anders und auch hilflos das noch während der 1990er Jahre war, zeigt sich nachdrücklich bei Niethammers (2000) Verbannungsversuch des Gemeinschaftsthemas in der politischen, aber auch wissenschaftlichen Debatte.

Tritt Gemeinschaft auf diese Weise in die Normalität der modernen Gesellschaft ein, verwundert ihr Funktionieren unter individualistischer Perspektive. Individuen scheinen sich ihrer Individualität zu entledigen, um in einem Kollektiv aufzugehen. Diese Verwunderung spitzt sich noch zu, beobachtet man dabei die emotionalen Enthemmungen, die als Grenzüberschreitungen sowohl für Beteiligte als auch Außenstehende wahrzunehmen sind. Neben der Frage, welche Probleme für Individuen in Gemeinschaften zu lösen sind, sodass sie diese scheinbar kontraintuitiv aufsuchen, stellt sich genauso jene, wie Gemeinschaften mittels Emotionen funktionieren. Sind diese hier der Katalysator eines unwahrscheinlichen Zusammenhalts unter Verzicht des Individuums auf seine Individualität? Damit würde dann allerdings die Vermutung bestärkt, bei Gemeinschaften handele es sich um ein Erbe der vormodernen Vergangenheit, welches parasitär vom überkommenen Bedürfnis nach Nestwärme zehrt, das der moderne Mensch noch nicht ablegen konnte.

Die Frage nach dem Sinn individueller Gemeinschaftsbezüge soll hier aus der Perspektive des emotionalen Funktionierens von Gemeinschaften beantwortet werden. Dazu werden im Folgenden ausgewählte Ergebnisse einer empirischen Studie präsentiert, die sich der Frage nach der Funktion und dem Funktionieren von Gemeinschaften widmete und dabei auf die Bedeutung von Emotionen stieß.

2   Beobachtungen zur Oderflut 1997

Anhand einer schon länger zurückliegenden Umweltkatastrophe, der Oderflut von 1997, bot sich die Gelegenheit, dem emotionalisierenden Funktionieren von Gemeinschaften nachzuforschen. Das Sommerhochwasser der Oder war eine Bedrohung für die untersuchte ostdeutsche Region. Diese Bewertung speiste sich zum einen aus historischen Erfahrungen, zum anderen legten die damals aktuellen Ereignisse, die Überflutung weiter Landschaften mit Todesopfern in Polen und Tschechien, dies nahe. War dadurch schon eine Emotionen provozierende Situation gegeben, so zeigte sich im Verlauf des Ereignisses ein massiver Bezug auf Gemeinschaft, die einerseits regional gefasst war, andererseits durch die Massenmedien an das deutsche Nationalkollektiv gekoppelt wurde. Anfangs interessierte bei der Untersuchung der Wir-Aufruf der Betroffenen, jedoch drängte sich bald der Zusammenhang von Gemeinschaft und Emotionen auf. Es zeigten sich nämlich andere emotionale Ausdrücke als erwartet. Statt Angst und Niedergeschlagenheit ob der Katastrophe waren schon die Äußerungen der Betroffenen in den Massenmedien, aber erst recht die Erzählungen in den später erhobenen Interviews überwiegend von Freude und sogar Euphorie geprägt.

3   Das Oderland in Aufruhr

Bis zum Sommer 1997 war die unmittelbar östlich von Berlin gelegene Grenzregion nach Polen weitgehend unbekannt. Das Oderbruch, eine Senke, die sich über 80 Kilometer von Bad Freienwalde im Norden bis nach Lebus im Süden am westlichen Ufer der Oder erstreckt, wurde damals von etwa 67 000 Menschen bewohnt. Diese bereiteten sich zur Urlaubszeit im Juli 1997 bei hochsommerlichen Temperaturen auf das bevorstehende 250-jährige Jubiläum der Trockenlegung des Bruchs unter Friedrich II. vor. Auch die südlich von Frankfurt (Oder) gelegene Ziltendorfer Niederung, eine wesentlich kleinere Senke, war in ähnlicher Weise gefährdet.

Als Deutschland Nachrichten aus Polen und Tschechien über das durch starke Regenfälle verursachte Hochwasser am Oberlauf der Oder und ihrer Nebenflüsse erreichten, nahm diese kaum jemand als bedrohlich war. Das kommende war nicht das erste Hochwasser in der Geschichte des Landstrichs. Die meisten Bewohner hatten schon das Winterhochwasser 1980 erlebt. Selbst die Erinnerungen der Älteren an die Überflutung von 1947 machte niemandem Angst. Die jahrelang gepflegten Ressentiments gegenüber Polen führten darüber hinaus zu einem Gefühl der Überlegenheit: Man war sich auch angesichts der Katastrophenbilder gebrochener Deiche und zahlreicher Flutopfer in Polen und Tschechien sicher, auch diese Gefahr unbeschadet zu überstehen.

Mitte Juni wurden von der Brandenburger Landesregierung erste Maßnahmen zum Schutz der Deiche ergriffen, bevor am 17. Juni die Hochwasserwelle Brandenburg bei Ratzdorf am Zusammenfluss von Neiße und Oder erreichte. Eine Woche später erreichte die Oder eine neue Höchstmarke. In der südlich von Frankfurt (Oder) gelegenen Ziltendorfer Niederung begann die Evakuierung. Nur einen Tag später, am 23. Juli, brach hier der Deich auf 115 Meter und am nächsten Tag an anderer Stelle ein zweites Mal. Die Ziltendorfer Niederung wurde überschwemmt. Die Massenmedien berichteten nun deutschlandweit und täglich von der Entwicklung an der Oder. Vor allem ein überfluteter Parkplatz mit alten Bussen und die von einem Hubschrauber aufgescheuchte, kreisende Kuhherde auf einer Erhöhung inmitten des Wassers wurden immer wieder gezeigt. Doch der Pegel der Oder stieg weiter, sodass sich im nördlich gelegenen Oderbruch die Situation an den Deichen nicht entspannte. Hier waren unmittelbar 11 000 Menschen bedroht, als der Deich am nördlichsten Punkt bei Hohenwutzen am 25. Juli ins Rutschen kam. Daraufhin wurde auch im Oderbruch mit der Evakuierung begonnen. Immer wieder leckten die Deiche oder rutschten. Sie konnten aber mit Hilfe der, von den Bewohnern unermüdlich gefüllten Sandsäcke und den insgesamt 30 000 eingesetzten Bundeswehrsoldaten gehalten werden. Die Situation wurde kritisch, als am 30. Juli der Deich bei Hohenwutzen brach. Eine Überflutung konnte nur durch eine dramatische Aktion von Bundeswehr und Helfern verhindert werden. Erst zwei Tage später begann der Pegel der Oder zu sinken. Am 3. August wurde der letzte Deichschaden gemeldet. Etwa eine Woche später konnte man die Evakuierung im Oderbruch aufheben. Kurz darauf begann die Bundeswehr die Deichbrüche in der Ziltendorfer Niederung zu schließen, die Grenzübergänge nach Polen wurden wieder geöffnet. Waren im Oderbruch kaum Schäden zu vermelden, zogen sich die Aufräumarbeiten in der Ziltendorfer Niederung noch lange hin. Diese wurden zudem von einem Streit der Bewohner um die Verteilung von Hilfsmitteln begleitet.

Anders als in Polen und Tschechien forderte die Oderflut auf deutscher Seite keine Todesopfer. Die Schadenssumme von etwa einer halben Milliarde Mark wurde zum größten Teil vom Land Brandenburg übernommen. Hinzu kam aus ganz Deutschland eine Spendensumme von etwa 130 Millionen Mark zusammen, nicht eingerechnet der zahlreichen unkonventionellen Geldgeschenke vor allem an Einwohner der Ziltendorfer Niederung. Am Ende sind die Bewohner der ostdeutschen Oderregion im Vergleich mit Polen und Tschechien glimpflich davon gekommen. Waren in der Ziltendorfer Niederung die zumeist gerade erst nach der Deutschen Einheit hergerichteten Häuser überschwemmt und mussten manche gar ganz abgerissen werden, so hielt sich der finanzielle Schaden letztlich in Grenzen. Die Bedeutung dieser Flut von 1997 für die Bewohner der Oderregion aber kann kaum hoch genug geschätzt werden. Die Erfahrungen der ersten Jahre in einem neuen Deutschland, in dem sich alte Bindungen auflösten – nicht zuletzt durch den sich einstellenden materiellen Wohlstand der ersten Einheitsjahre – und auch die neuartige Besinnung auf die Region waren eine tiefe Zäsur im Leben der Bewohner des Oderlandes. Vor diesem Hintergrund brachte die Oderflut eine ganz eigene Dynamik der Gemeinschaftsbildung hervor. Diese war weder politisch motiviert, noch ethnisch begründet. Nur in den Massenmedien machten sich solche Deutungen neben einer starken Militarisierung der Sprache bemerkbar. Der ›Kampf an der Oder‹ wurde da von ethnisch beschriebenen Oderbruch-Typen durchgestanden, die sich auf Hilfe einer gesamtdeutschen Armee und auf die gesamtdeutsche Solidarität verlassen konnten.

Wie wenig diese Art der Berichte mit den Erlebnissen der Bewohner des Oderlandes zu tun hatten, ließ sich an deren Reaktionen erahnen. Im Angesicht der Flutgefahr wirkten die Bewohner des Oderbruchs kaum ängstlich, sondern betonten geradezu euphorisch ein Wir, das sie selbst als Gemeinschaft meinte. In der überfluteten Ziltendorfer Niederung hingegen kam vor allem während der Aufräumarbeiten Streit untereinander auf, der ebenso erstaunte wie zuvor die Zuversicht im Oderbruch angesichts der Gefahr. Woher kamen diese Emotionen und wieso richteten diese sich auf regionale Gemeinschaften, nicht aber auf Andere, wie den solidarischen Deutschen oder den vermeintlich nachlässigen Polen?

Zahlreiche Hinweise für die Beantwortung dieser Frage fanden sich in den Interviews, die mit einigen von der Oderflut Betroffenen ab Januar 1998 und während dieses Jahres geführt wurden. So waren die Erzählungen über die Fluterlebnisse erwartbar und ähnlich wie zuvor die Fernsehberichte von Freude und Euphorie, aber auch von Angst und Trauer gekennzeichnet. Insgesamt wurden während des Jahres 1998 über Aufrufe in der Regionalzeitung, vor allem aber über Multiplikatoren mittels eines Schneeballsystems 23 Interviewpartner ausfindig gemacht. Dabei entfiel der größte Teil auf Interviews auf Bewohner des Oderbruchs. Entsprechend konzentriert sich die folgende Darstellung auf vier Beispiele aus dieser Region.[3]

Die Intention der Interviews zielte auf die Darstellung personaler Identität und den Bezug auf Gemeinschaft aus Anlass der Oderflut. Darum wurde dezidiert zu einer Erzählung der Fluterlebnisse aufgefordert. Grundlage dieses Vorgehens war die Annahme, dass Identität narrativ konstruiert wird (vgl. Meuter 1995, Kraus 1996, Lucius-Hoehne/Deppermann 2002), biographische Narrationen entsprechend als Erläuterungen von Identität gelten (vgl. Fischer-Rosenthal 2000). Bei ihren Erzählungen orientierten sich die Erzähler im wesentlichen am chronologischen Ablauf des Ereignisses. Diese war zuvor durch zahlreiche retrospektive Berichte im regionalen Fernsehen und in der regionalen Zeitung sowie weiteren Publikationen etabliert worden. Insofern waren die individuellen Erlebnisse schon synchronisiert. Dieser Umstand wurde vor allem bei der Zuordnung von Erinnerungen und Fotos zu bestimmten Daten deutlich, wenn dabei diese Publikationen zurate gezogen wurden. Die so geordneten Erinnerungen an die Ereignisse während der Flut riefen immer wieder Emotionen auf den Plan. Diese fehlten aber bei den resümierenden Abschnitten oder den Schilderungen der Ereignisse nach der Flut. Dieser Wechsel von einer emotionalisierten zur sachlichen Schilderung deutet weniger auf einen vermeintlichen Wahrheitsgehalt des Geschilderten als vielmehr auf die individuelle Bedeutung dieser Ereignisse hin.

Die sequenzanalytische Auswertung der Interviews erfolgte anhand von Kontrastmerkmalen wie Region, Geschlecht, Alter, soziale Situation in beiden Flutregionen. Im Anschluss daran wurden diese einem thematischen Vergleich unterzogen. Ziel der Analyse war dabei keine Typisierung der Fälle, sondern den Sinn sowie die Art und Weise des Gemeinschaftsaufrufes aufzudecken. Dabei trat dann auch die Rolle von Emotionen hervor. Die Untersuchung wurde durch eine Medienanalyse regionaler Fernseh- und Zeitungsbeiträge ergänzt, die sich vor allem auf die kurz nach dem Ende der Flut angefertigten Retrospektiven konzentrierte.[4] Die Medienanalyse verfolgte das Ziel, festzustellen, inwiefern die Erzählungen durch massenmediale Deutungsvorgaben beeinflusst waren, was auch auf die Annahme der Manipulierbarkeit von Gemeinschaften zielte.[5] Dabei wurden Themenkomplexe, Begriffsfelder und die Fabeln der präsentierten

---

3 Der regional unterschiedliche Verlauf der Oderflut 1997 bot der empirischen Analyse die Möglichkeit, die untersuchte Flutregion nach zwei Gebieten, dem Oderbruch und der Ziltendorfer Niederung, zu unterscheiden. Dadurch bot sich eine Evaluationsmöglichkeit der Ergebnisse, die aber an dieser Stelle nicht ausgeführt wird. Mehr findet sich dazu in John (2008).

4 Wichtigstes Untersuchungsmaterial waren dabei die »Deichprotokolle. Die Oderflut – Protokoll einer Katastrophe« des ehemaligen Regionalsenders Ostdeutscher Rundfunk Brandenburg (ORB) und die Dokumentation »Die Flut. Hochwasser an der Oder 1997 – Eine Dokumentation in Texten und Bildern« der regionalen Tageszeitung Märkische Oderzeitung (MOZ).

5 Ein Motiv, das sich kontinuierlich durch die Diskussion um Gemeinschaft zieht. Das führte unter anderem zum hilflos wirkenden Abstinenzratschlag Niethammers (2000). Giesen (1999) ordnete dies unter dem Titel Priestertrugsmodell als eine Variante in der Diskussion um kollektive Identität ein.

Geschichten analysiert. Diese Analyseeinheit soll hier nur dahingehend erwähnt werden, als sich zeigte, dass die massenmedialen Berichte nicht als Deutungsvorgabe funktionierten, sondern im Wesentlichen Mittel der Synchronisation des individuell Erlebten waren, was sich mit den Ausführungen Andersons (2006) deckt. Als unmittelbarer Spiegel boten die massenmedialen Berichte Anlässe zur Thematisierung bestimmter Ereignisse, aber eben keine Sinnstiftung. Das wird unter anderem am unterschiedlichen Sprachgebrauch bei ähnlicher Thematisierung deutlich.

Die Geschichten zur Oderflut können an dieser Stelle nicht vollständig präsentiert werden.[6] Sie werden nur soweit dargestellt, als Emotionen thematisiert wurden. Dazu werden beispielhaft Interviews aus der nördlichen Untersuchungsregion, dem Oderbruch, thematisch vorgestellt.

4   Reaktionen auf die Nachrichten

Durch die Massenmedien erfuhren die Einwohner des Oderbruchs vom Hochwasser am Oberlauf der Oder. Anfangs wurden diese Nachrichten eher interessiert denn mit Sorge verfolgt. Ein Bewohner des nördlichen Oderbruchs, Herr Baumert, befand sich damals im Urlaub. Als seine Heimatregion immer mehr in den Fokus der Flutnachrichten rückte, packte ihn ein ›Ungewissen‹. In diesem Neologismus schwingt sowohl Unwissen als auch ein schlechtes Gewissen mit. Da er im Urlaub nur als ein unbeteiligter Beobachter seiner Heimatregion und der Leute vor Ort agieren kann, packt ihn neben der wachsenden Sorge auch Scham, die ihn den Urlaub abbrechen und zurückkehren ließ.

Das Rentnerehepaar Krämer war aufgrund ihrer Erfahrungen mit diversen Hochwassern angesichts der Flutnachrichten zuversichtlich. Darum machten sie sich anfangs keine Sorgen. Erst als die Lage sichtbar ernst wurde, hatten sie Angst. Das Hochwasser verlief nämlich anders als ihren Erfahrungen zufolge, weshalb die Situation eher unbeherrschbar erschien. Doch wollten beide noch vor Ort ausharren und sich nicht evakuieren lassen.

Herr Neubert, der inmitten des Oderbruchs wohnte, fühlte sich im nachhinein nicht richtig informiert; wie alle Anderen war er vom Flutverlauf überrascht. Er war in dieser Situation dazu gezwungen, seine gegenüber der Gemeinschaft exponierte Berufsrolle aufzugeben. Damit aber gab er auch seinen Platz in der Gemeinschaft auf. Schon darin zeigt sich bei ihm der Gemeinschaftsbezug. Die Flut erschien ihm wie eine Krankheit,

---

6   Eine ausführliche Darstellung – freilich auch hier beispielhafter Interviews – wie auch die evaluierende Kontrastierung der Analyseergebnisse aus beiden Untersuchungsregionen finden sich in John (2008). Hierfür wurde die Möglichkeit genutzt, die der regional unterschiedliche Verlauf der Oderflut 1997 im Oderbruch und in der Ziltendorfer Niederung der empirischen Analyse bot.

was sowohl ihren zwingenden Charakter als auch die Möglichkeit der Heilung implizierte. So schwankte er zwischen Angst und Hoffnung.

Mediale Berichte waren der Auslöser der Sorgen Frau Gersters. Eigene Fluss-Beobachtungen bestärkten ihre Sorgen, was dazu führte, die Nachbarn über die Gefahr aufzuklären. Erst als die unerwartet ruhig blieben, geriet sie in einen Gemütszustand, den sie als Panik beschrieb.

5 Entscheidung über Ausharren oder Evakuierung

Nachdem Herr Baumert in seinen Heimatort zurückkehrte, agierte er wie ein Beobachter. Besonders an die aufgeregten Debatten erinnerte er sich, als die Leute die bedrohliche Lage nicht wahr haben wollten, so als ob sie sich auf diese Weise hätten dagegen wehren können.

Auch Krämers schilderten sich während der nächsten Tage aus einer Beobachterposition. So verlief die Evakuierung im Dorf ruhig und gelassen. Diese Ruhe wurde ihnen jedoch unheimlich, als sie bemerkten, dass sie bis auf wenige Ausnahmen die Letzten im Ort waren. Die aufkommende Angst paarte sich mit Wut auf die wiederholten Evakuierungsaufforderungen der wie ›verrückt‹ agierenden Ordnungskräfte. Eine Evakuierung in die bereitgestellten Unterkünfte kam aber für sie nicht infrage. Da wollten sie wenigsten noch selbst wählen, wenn es soweit kommen sollte.

Herr Neubert fühlte sich angesichts ausbleibender Kundschaft nutzlos. Mit der Geschäftsschließung überkam ihn eine gedrückte Stimmung, was durch die Erzählungen der Alten über vergangene Fluten noch verstärkt wurde. Bei der gemeinsamen Arbeit auf dem Sandsackplatz und bei der gegenseitigen Hilfe in seinem Heimatort stellten sich neue Glücksgefühle ein, denn das kam ihm »alles sehr positiv« vor. Anstelle lähmender Angst trat da schon Zuversicht.

Die Familie Frau Gersters beschloss gemeinsam, zu bleiben. Dadurch erschien diese Entscheidung alternativlos, als ein selbstgewählter Zwang, der ihrem Mann half, eine Panikattacke zu bewältigen. Ärgerliche Auseinandersetzungen mit den Ordnungskräften, die zur Evakuierung aufforderten, vermieden sie, indem sie sich im Haus versteckten. Und so konnten sie als gute Gemeinschaft mit den anderen Ausharrenden im Dorf bestehen. Gegen eventuelle Angstgefühle sicherten sie sich durch Vorsorgemaßnahmen ab. Vor allem aber halfen dagegen die gemeinsamen Lagebesprechungen, die der Gemeinschaft immer Zuversicht gaben. Jedoch griff Frau Gerster dann sofort zu, als ihr eine aktive Rolle bei der Deichsicherung offeriert wurde.

6   Engagement

Immer noch in seiner Beobachterposition erwartete Herr Baumert Panikreaktionen und ob der bevorstehenden Evakuierung Niedergeschlagenheit, als es zu einem Deichabrutsch in der Nähe seines Dorfes kam. Nun bemerkte er aber erstaunt, dass sich ein Aktivismus auf dem Sandsackplatz, wo die Bewohner tagtäglich Sandsäcke als Deichabstützung abfüllten, ausbreitete. Der Aktivismus steigerte sich zu einem euphorischen Erlebnis, das auch ihn mitriss. So konstatierte er lachend: »Das war der Höhepunkt«. Als er selbst unmittelbar am zerstörten Deich stand, überwältigte ihn angesichts der Zerstörung der Gedanke an die Gemeinschaft, die mit eigener Kraft den Naturgewalten widerstehen konnte.

Einem ›inneren Druck‹ folgend fand Herr Neubert vom Sandsackplatz aus zu einer kleineren Gemeinschaft. Auf diese wurde er durch Erzählungen aufmerksam als eine ›Truppe‹ mit Witz. Dieser gelang es trotz der Sperren bis an die gefährlichen Deichabschnitte vorzudringen, um dort zu helfen. Daraufhin beschloss er, sich dieser ›Truppe‹ anzuschließen. Zwar waren die gemeinsamen Einsätze nicht so abenteuerlich, wie er sich das anfangs vorgestellt hatte, aber der ›phantastische‹ Zusammenhalt der ›Truppe‹ begeisterte ihn. Dabei agierten sie immer im Bewusstsein, am Deich im Namen einer größeren regionalen Gemeinschaft zu arbeiten, für die sie nur stellvertretend anpackten. Mit dieser Einstellung machten ihnen gefährliche Situationen keine Angst, sondern sie fühlten sich in ihrem Einsatzwillen noch beflügelt. Der Stolz auf das gemeinsam Geleistete entlud sich später auf den Heimfahrten in Scherzen, mit denen das gemeinsam Erlebte in neue positive Selbstbeschreibungen überführt wurde. Bald darauf fuhr Herr Neubert nicht mehr mit der ›Truppe‹ mit, weil es die Situation am Deich nicht mehr erforderlich machte. Ein gewichtigerer Grund aber scheint hier in der erfolgreich neu formulierten Selbstbeschreibung zu liegen. Diese ermöglichte ihm nämlich, bald wieder seine alte berufsrollenbezogene Selbstbeschreibung gegenüber und in der Regionalgemeinschaft aufzunehmen. Diese hatte er mittels der Erlebnisse in der Truppe am Deich verteidigt.

Aktive Arbeit am Deich, selbst monotone, war auch für Frau Gerster die beste Möglichkeit mit der bedrohlichen Hochwassersituation umzugehen. Hier bekam sie schließlich Informationen aus erster Hand. Und immer noch war auch die Gruppe der Ausharrenden eine Stütze im Fall von Sorge. Die Tatkraft der Helfer, die sie täglich am Deich erlebte, machte ihr zudem weiteren Mut. Vor allem aber war ihre eigene Tätigkeit im Kampf gegen das drohende Hochwasser die Grundlage, die Bedrohung mit ausreichend Selbstsicherheit durchzustehen.

7 Die Anderen: Helfer

Herr Baumert teilte die weitverbreitete Bewunderung und Dankbarkeit gegenüber den fremden Helfern. Vor allem die Bundeswehr mit ihrer Technik begeisterte ihn geradezu. Aber doch wunderte er sich über das selbstlose Engagement der Fremden. War die Differenz zu diesen Anderen hier ambivalent, so trat sie zu den fremden Politikern und Journalisten um so deutlicher hervor.

Auch Krämers fühlten sich dankbar gegenüber den Helfern, denen sie am Ende ihre Aufdringlichkeit und Unerfahrenheit nachsahen. Wie schon Herr Baumert waren sie dankbar wegen der überraschenden Einsatzbereitschaft der Fremden bei der Bewältigung ihrer Katastrophe. Aber so blieben die Helfer auch hier immer noch die Anderen.

8 Von der bedrohten Gemeinschaft zur Gemeinschaft im Alltag

Nach der anstrengenden Arbeit auf dem Sandsackplatz, berichtete Herr Baumert, versammelten sich die Bewohner des Dorfes noch in ihrer Kneipe. An diesen Abenden war er ›glücklich‹. Die Älteren erzählten bei der Gelegenheit Geschichten von früheren Fluten und zeigten Fotos. Dabei wurde die Gemeinschaft und ihr Schicksal von damals mit der heutigen Situation verglichen. Hier wurden die begrenzenden Elemente (Cohen 1984) der auf dem Sandsackplatz während der gemeinsamen Arbeit konstituierten Gemeinschaft in gemeinsamen Geschichten kondensiert und konfirmiert: Das gefühlte Glück des Augenblicks in Gemeinschaft wurde bestätigt als ein andauerndes Glück der Gemeinschaft. Um so mehr fielen die Außenseiter auf, die nicht mehr dazugehörten. Inzwischen erinnert er sich immer noch gern an die Zeit, wozu ihm wie den anderen Dorfbewohnern unauffällige Gedenkorte Anlass geben. So kann diese Erinnerung aus den aktuellen Konflikten herausgehalten werden. Die Zeit der Flut erinnerte er als eine gemeinschaftlich überstandene Ausnahmesituation, als ein großes ›Abenteuer‹.

Krämers bezogen sich wegen ihrer Evakuierungssituation während der Flut vor allem auf ihre Familie. Der hier erlebte Zusammenhalt machte sie stolz auf ihre Kinder und letztlich auf sich als Eltern. Deutlich wird dadurch, dass die heimatliche Gemeinschaft, die sie oft betonten, im Grunde durch ihre Familie verkörpert war, wo sie unbestritten ihren Platz hatten. Diese Kerngemeinschaft war in der vertrauten Umgebung aus Nachbarschaft und Landschaft, ihrer Heimat, eingebettet.

Als die Flut vorüber war, wich die emotional aufgewühlte Flutgemeinschaft schnell dem Alltagsgeschäft. Gleichzeitig zogen für Herrn Neubert neue Ereignisse ganz andere Konfliktlinien und definierten ganz andere Gemeinschaften. Aus dem Impuls der Fluterlebnisse gründete er gemeinsam mit anderen eine regionale Sportinitiative, mit der er hoffte, die ganze Region bekannter und attraktiver zu machen.

Nach der Flut erlebte Frau Gerster die Normalität wieder als die Ruhe, die sie am Oderbruch so schätzte. Die Flut war davon die Ausnahme und bestätigte als solche nur noch den Lebenswert ihrer Heimatregion.

9   Emotionen in Gemeinschaft

Die Schilderungen emotionaler Zustände in den Geschichten der Fluterlebnisse beschreiben die gesamte Skala der Primärgefühle (vgl. Vester 1991; Damasio 2004) in mehr oder weniger komplexen und reflektierten Ausdrucksformen. Als das Oderhochwasser zur Bedrohung wurde, fühlten sich die Befragten überrascht und reagierten mit Angst. Diese Angst galt dabei nicht so sehr einem möglichen Verlust an Eigentum. Vor allem ging es um den Verlust des Platzes in der alltäglichen Gemeinschaft, weil es diese im Angesicht der Gefahr nicht mehr gab. Doch erst jetzt wurden den Protagonisten durch die medial erfahrene Bedrohung, durch die Sinnentleerung der eigenen Rolle, die Einsamkeit als Ausharrende oder das Unverständnis der Anderen dieser Platz als Fehlstelle bewusst. Das kurzzeitige Beharren auf Individualität, ob in einer Beobachterrolle, bei der Selbstbestimmung des Evakuierungsquartiers oder als Rückzug in die Familie als Bollwerk gegen die Umstände waren mögliche Reaktionen, um nicht dem Gefühl der Nutzlosigkeit oder Depressionen anheimzufallen. Von solcher Minimalposition aus war es den Protagonisten möglich, eine andere als die alltägliche Gemeinschaft aufzusuchen und diese dabei überhaupt erst zu konstituieren. Dies geschah vorzugsweise auf dem Sandsackplatz, wo die Bewohner unermüdlich Sand in Säcke für die Verstärkung der Deiche füllten. Andere Gemeinschaften, wie die Truppe oder auch nur die Stelle als Küchenhilfe beim Krisenstab am Deich waren weitere Möglichkeiten aktiv zu werden. Anstelle der obsoleten Rollen konnten die Protagonisten neue Rollen in ihren jeweiligen Gemeinschaften erleben und diese als Teil einer abstrakten regionalen Gemeinschaft begreifen, deren Situation der ihren glich. Dieses neue Selbsterleben führte zu den vielfach geäußerten Euphorieerfahrungen im Augenblick unmittelbarer Gefahr, aber auch während gemeinsamer Rekapitulation der Geschehnisse. Die Anderen, die Helfer und Journalisten, die nationale Solidargemeinschaft oder auch die Leidensgenossen in den Nachbarländern waren davon ausgeschlossen. Sie blieben die Fremden, denen man nur darum dankbar sein konnte oder denen gegenüber man Mitleid entwickelte. Sie blieben die Anderen gegenüber der eigenen Gemeinschaft, der gegenüber man zu neuer Selbstbeschreibung finden konnte. Schließlich zeigen sich in den Betrachtungen zu den späteren Ereignissen nach der Flut, dass Gemeinschaften keine statischen, fest umrissenen Phänomene sind. Vielmehr existieren Gemeinschaften allein im Vollzug und werden darum ständig, wenn auch nicht beliebig gewechselt. Die Kontinuität der jeweils aktuellen Gemeinschaft wird über die gemeinsam hergestellte und konfirmierte Erinnerung gewährleistet, die nicht nur die Ereignisse bewahrt, sondern auch deren emotionale Färbungen.

10   Gefühlte Passung – die individuelle Selbstbeschreibung der Person

Der eigentliche Fixpunkt der negativen Emotionen zum Beginn des Oderhochwassers war der Verlust individueller Souveränität. Die Reduktion auf das bloße Erleben durch die Naturkatastrophe unterminierte den als aktiv handelnd und selbstbestimmt wahrgenommenen Teil der Selbstbeschreibung. Damit aber wurde diese insgesamt obsolet, denn sie stimmte offensichtlich nicht mehr mit der Realität überein, wenn keine Kunden kommen, die vertrauten Nachbarn nicht mehr da sind, die Leute einem nicht mehr zuhören oder sich die dörfliche Ordnung im panischen Chaos auflöst.

Das warf für jeden Betroffenen ganz individuell die Frage auf, was anstelle der ungültigen Selbstbeschreibung treten kann. Und zwar in einer Weise, die nicht nur für jeden selbst glaubhaft ist, sondern bei der die Selbstbeschreibung ihre Gültigkeit hinsichtlich der relevanten Anderen bestätigen kann. Die Ausnahmesituation der Flut war auch deshalb eine Katastrophe, weil keine der vorgehalten alternativen Selbstbeschreibungen anwendbar waren, denn keine war hier relevant.

Diese identitären Zusammenbrüche waren alle von derselben Art Emotionen begleitet, nämlich von Angstgefühlen und Frustrationen. Von hier aus fanden die Betroffen ganz individuelle Wege sich mit neuen Selbstbeschreibungen auszustatten, die Gültigkeit nachweisen konnten. So wurde zum Beispiel der regional wichtige Geschäftsinhaber zum einfachen Truppenmitglied oder ein einfacher Dorfbewohner zum Initiator von Selbsthilfemaßnahmen.

Diese und weitere Konstellationen ermöglichten anstelle obsoleter Selbstbeschreibungen neue glaubhafte und damit gültige zu setzen. Dabei war der Bezug auf die Gemeinschaft unerlässlich, wie sich anhand der Geschichten zeigte. Erst jetzt wird die Gemeinschaft zum Thema – und zwar nur die relevante, die sich aus der wahrgenommenen Umwelt für jeden individuell ableiten lässt. Darum handelt es sich bei den individuellen Erzählungen nicht um dieselbe Gemeinschaft und doch um die gleiche Art, nämlich der von Betroffenen, die die Katastrophe gemeistert haben: die Region, das Dorf, die Nachbarschaft, die Truppe oder die Familie. Hier in der Gemeinschaft wurde die Beziehung zum Zweck der Aufrichtung alternativer Selbstbeschreibungen erneuernd begründet, ausgehandelt und bestätigt. Dabei war der vormalige Gemeinschaftsbezug nicht schon verworfen, sondern blieb als Erinnerung einer Möglichkeit präsent. Angetrieben von unweigerlichen Emotionen gelangten die de-personalisierten Individuen wieder in Gemeinschaft, wo sie sich erneut mit glaubhaften Selbstbeschreibungen, Identitäten, ausstatten konnten und so als relevante Kommunikationsadressen, als Personen, sichtbar wurden.

Emotionen kommt im Bezug auf die Dynamik personaler Identitäten offensichtlich eine Evaluationsfunktion zu. Identität als simplifizierende Selbstbeschreibung ist ein auf relevante Umwelten fokussiertes Erwartungsbündel, das im Grunde nur auf Bestätigung aus ist und nur dann funktioniert. Mit realen Widerständen kann dabei nicht gerechnet werden, würde das doch die Glaubhaftigkeit nachhaltig untergraben. Um so schockierender sind dann erlebte Realitäten. Hier treten Emotionen, wie oben geschildert, hervor. Aber auch die durch gemeinschaftliche Konstituierung, Kondensierung und Konfirmierung erneuerten Selbstbeschreibungen lösen Emotionen aus, nämlich die Freude über die gelungene Selbstformulierung, die in ihrer Anschlussfähigkeit an Gemeinschaft Bestätigung findet. Und so verwundert es nicht, dass diese Freude, die bis zum Überschwang der Efferveszenz reichen kann, in seiner konkreten Form ein einmaliges Erlebnis bleibt. Sie kann nicht wiederholt werden, nur eine andere gemeinschaftliche Neukonstituierung kann wieder zu ähnlichen emotionalen Erlebnissen führen.

Es kann davon ausgegangen werden, dass Emotionen im Bezug auf Gemeinschaft ein unerlässlicher Moment der andauernden Anfertigung simplifizierender Selbstbeschreibungen sind. Sie sind somit ein Modus der Herausbildung moderner Individualität im Bezug auf Gemeinschaft. Emotionen sind als Evaluationsmechanismen der Konstitutions- und Konfirmierungsprozesse von Gemeinschaften zur Gewinnung personaler Identität zu begreifen. Auch über deren Angemessenheit geben Emotionen Rückmeldung.[7] Die so erfahrenen Sicherheiten befähigen Individuen mit ihrer anderen Selbstbeschreibung wieder selbständig, individuell zu agieren. So kommen Individuen mittels Emotionen in die Gemeinschaft, aber eben auch wieder hinaus.

Literatur

Anderson, Benedict (2006): Imagined Communities. London/New York: Verso.

Breuer, Stefan (2001): ›Gemeinschaft‹ in der ›deutschen Soziologie‹. In: Zeitschrift für Soziologie 5: 354–372.

Cohen, Anthony P. (1984): The Symbolic Construction of Community. London: Routledge.

Damasio, Antonio R. (2004): Descartes' Irrtum. München: List.

Durkheim, Émile (1994): Die elementaren Formen des religiösen Lebens. Frankfurt am Main: Suhrkamp.

Fischer-Rosenthal, Wolfram (2000): Melancholie der Identität und dezentrierte biographische Selbstbeschreibung. Anmerkungen zu einem langen Abschied aus selbstverschuldeter Zentriertheit des Subjekts. In: Hoerning, Erika M. (Hg.): Biographische Sozialisation. Stuttgart: Lucius & Lucius, S. 227–255.

Giesen, Bernhard (1999): Kollektive Identität. Frankfurt am Main: Suhrkamp.

Hoerning, Erika M. (Hg.) (2000): Biographische Sozialisation. Stuttgart: Lucius & Lucius

John, René (2008): Die Modernität der Gemeinschaft. Soziologische Beobachtungen zur Oderflut. Bielefeld: Transcript.

Kraus, Wolfgang (1996): Das erzählte Selbst. Pfaffenweiler: Centaurus.

Lucius-Hoehne, Gabriele/Deppermann, Arnulf (2002): Rekonstruktion narrativer Identität. Ein Arbeitsbuch zur Analyse narrativer Interviews. Opladen: Leske+Budrich.

Meuter, Norbert (1995): Narrative Identität. Das Problem der personalen Identität im Anschluß an Ernst Tugendhat, Niklas Luhmann und Paul Ricoeur. Stuttgart: M&P Verlag für Wissenschaft und Forschung.

---

7   Aber das nicht in einem kognitivistischen Sinne, sondern eher habitualisiert.

Niethammer, Lutz (2000): Kollektive Identität. Heimliche Quellen einer unheimlichen Konjunktur. Reinbek: Rowohlt.

Tietz, Uwe (2002): Grenzen des Wir. Frankfurt am Main: Suhrkamp.

Tönnies, Ferdinand (1991): Gemeinschaft und Gesellschaft. Darmstadt: Wiss. Buchgesellschaft.

Vester, Heinz-Günter (1991): Emotion, Gesellschaft und Kultur. Grundzüge einer soziologischen Theorie der Emotionen. Opladen: Westdeutscher Verlag.

Verortung der Liebe und *amour passion* in der japanischen Frühneuzeit[1]

Takemitsu Morikawa

Nach einer allgemein verbreiteten Vorstellung verdrängen die Japaner Emotionen wie Liebe und Sexualität in Paarbeziehungen (vgl. Caudill 1981). Seit den 90er Jahren ändert sich dieses Bild (vgl. Coulmas 2007; Gössmann1998; Rebick/Takenaka 2006). Im vorliegenden Text gehe ich weder darauf ein, ob dieses Klischee Gültigkeit besitzt, noch darauf, aus welchen Konstellation es entstand. Stattdessen thematisiere ich die gesellschaftliche Verortung der Emotionen, insbesondere der Liebe und Sexualität, zur Vorbereitung für weitere Forschung zu Intimbeziehungen im gegenwärtigen Japan.[2] Meine Leithypothese lautet: Die japanische Gesellschaft in der Frühen Neuzeit kannte die hoch entwickelte Liebessemantik wie *amour passion,* die leidenschaftliche Liebe, in Frankreich. Wie in Westeuropa entwickelte sie sich außerhalb der Gesellschaft. In Japan kostete es jedoch mehr Zeit, diese Semantik der Liebe als Grundlage für die moderne Familie wieder in die Gesellschaft zu integrieren.[3]

---

1 Der vorliegende Text ist ein Teilergebnis des vom Schweizerischen Nationalfond geförderten Projekts *Transformation der Liebessemantik in Japan. Von der Frühen Neuzeit in die Neuzeit* unter der Leitung von Rudolf Stichweh. Für die sprachliche Korrektur danke ich Irene Friesenhahn und Evelyn Moser.

2 In die Semantik der ›modernen‹ Liebe ist die Sexualität eingebaut worden und auch der Zugang zur Sexualität wird durch den Code der Liebe reguliert. Dieses Verhältnis von Liebe und Sexualität ist heute eine Selbstverständlichkeit geworden, historisch betrachtet ist es aber durchaus ein modernes Phänomen. Luhmanns (1982) Modell zufolge war die idealisierte Liebe im europäischen Mittelalter jenseits der Sexualität eher platonisch konzipiert. Die Unterscheidung von der höheren (geistigen) und der niedrigen (sinnlichen) Liebe bzw. von der platonischen Liebe und der Sexualität korrespondiert mit der stratifizierten Differenzierung der Gesellschaft. Im Kontext der Entwicklung der Liebessemantik in Japan wurde diese Unterscheidung im sich industrialisierenden Japan im ausgehenden 19. und beginnenden 20. Jahrhundert durch die vom Christentum beeinflussten Intellektuellen wieder verstärkt. Wegen dieser theoretischen, aber auch wegen der historischen Relevanz behalte ich hier die Unterscheidung von Liebe und Sexualität im Auge.

3 Theoretisch und methodisch liegt der vorliegenden Arbeit die klassische Unterscheidung von Semantik und Gesellschaftsstruktur zugrunde. Die Semantik – als Medium der Selbstbeschreibung und Selbstreflexion der Gesellschaft – wird von der Gesellschaftsstruktur bestimmt, aber nicht determiniert. Sie ändert sich nach einer eigenen Dynamik und ihr Wandel kann zur Bildung von neueren Strukturen führen, insbesondere in einer Zeit wie in der Sattelzeit im Sinne Reinhart Kosellecks. Das Hauptanliegen der vorliegenden Arbeit besteht darin, diese wechselseitige Dynamik von Semantik und Gesellschaftsstruktur im frühneuzeitlichen Japan auf ihr strukturschaffendes Potenzial hin zu analysieren. Zu dieser Fragestellung siehe Luhmann 1980 und 1982.

1   Soziale Differenzierung und Freudenviertel im frühneuzeitlichen Japan

In der Edo-Zeit[4] entwickelte sich in Japan eine Ständegesellschaft mit stratifikatorischer Differenzierung. Nach der offiziellen Ideologie jener Zeit, die auf einem konfuziani-schen Text beruhte, bestand die Gesellschaft aus vier Hauptständen: Kriegern (Samu-rai), Bauern, Handwerkern und Kaufleuten. Handwerker und Kaufleute wurden üb-licherweise zusammen als *chônin* (Bürger, Stadtbewohner) bezeichnet.[5] Neben diesen Hauptständen existierten die Hofaristokratie *(kuge)*, Priester/Mönche und Pariagrup-pen *(eta, hinin)* als selbstständige Stände. Hofaristokraten unterschieden sich von Sa-murai in ihrem historischen und sozialen Ursprung sowie in ihrem Ideal und Sitten-kodex. Die ökonomische und finanzielle Macht der Großkaufleute überstieg im Lauf der Zeit allmählich die politische und administrative Macht der Samurai, die im Lauf der Zeit immer mehr verarmt waren. In diesem Sinne ist es zwar fraglich, ob die japa-nische Gesellschaft in der Frühen Neuzeit dem Modell der stratifizierten Gesellschaft entsprach in dem Sinne, dass Autorität, Macht, Reichtum und kulturelle Hegemonie in die Hand einer homogenen ›Oberschicht‹ konzentriert waren. Nach Kenntnis der heu-tigen Forschung war die Geschlossenheit eines Hauptstandes in der Edo-Zeit nicht fest und die Grenzen zwischen den Ständen waren relativ durchlässig. Reiche Bauern und Bürger konnten den Stand der Samurai erkaufen, verarmte und niedrigere Samurais waren dagegen gezwungen ihren Rang zu veräußern. Die Adoption einer erwachsenen Person war darüber hinaus ein übliches Mittel um die Grenze zwischen den Ständen zu überschreiten (vgl. Eisenstadt 1996: 200). Die frühneuzeitliche Gesellschaft kennzeich-nete sich jedoch durch segmentäre bzw. stratifizierte Differenzierung in dem Sinne, dass jedes Teilsystem wie Haushalte, Stände oder Dörfer eine exklusiv abgeschlossene Ein-heit darstellte und eine Person in der stratifizierten Gesellschaft ausschließlich in ein Teilsystem vollinkludiert war (vgl. Luhmann 1995: 243).[6] Diese Inklusion in ein Teilsys-tem war die Voraussetzung für die Existenz und Zugehörigkeit eines Individuums zur Gesellschaft.

Bekanntlich geht der Übergang von der stratifikatorisch zur funktional differenzier-ten Gesellschaft mit der Änderung der Semantik von der Inklusions- zur Exklusions-individualität einher. Mein Fokus liegt hier insbesondere auf den Erfahrungen in den so genannten Freudenvierteln *(yûkaku, hanamachi:* in diesem Text verwende ich die Bezeichnung Freudenviertel), die das nichtjapanische Publikum zumeist mit der Figur *Geishas* zu assoziieren pflegt. Denn gerade diese Viertel spielten in der japanischen Ge-sellschaft zu jener Zeit eine zentrale Rolle für Kultur und Mode und boten Möglich-

---

4   Tokio hieß zu jener Zeit Edo. Die japanische Frühneuzeit heißt wegen des Regierungssitzes Edo-Zeit.

5   Im Folgenden meine ich mit chônin (Bürger) ausschließlich Handwerker und Kaufleute. Die Samurai werden aus diesem Begriff ausgenommen, auch wenn sie in der Stadt wohnten. Zum Stand der chônin in der Edo-Zeit siehe Nishiyama 1972.

6   Zur Regulierung der Heirat über die Grenze eines Teilsystems hinaus im Teilstaat Satsuma siehe Sakai 1975: 22 ff.

keiten, nicht innerhalb eines Standes, sondern über Ständegrenzen hinweg salonmäßig zusammenzutreffen.[7] Sie waren daher ein geeignetes Umfeld für die Entwicklung einer speziellen Semantik zur Regulierung der sozialen Interaktion jenseits der Ständeunterschiede.

1.1 Das Freudenviertel als soziale Einrichtung der exkludierenden Inklusion

Das Freudenviertel ist Ende des 16. und Anfang des 17. Jahrhundert entstanden. Das bekannteste unter ihnen war Yoshiwara in Edo, aber auch Shimabara in Kyôto und Shinmachi in Ôsaka waren große Freudenviertel und kleinere Städte hatten ähnliche Etablissements.[8] Nach den allgemein verbreiteten Vorstellungen war der Beischlaf mit Kurtisanen in einem solchen Viertel offiziell erlaubt, wurde sogar gefördert und die Frauen zu jener Zeit wurden wie Sex-Sklavinnen behandelt (Stein 1997). Diese Vorstellungen über Yoshiwara sind zwar nicht falsch, berücksichtigen aber nicht alle kulturhistorisch und soziologisch relevanten Tatsachen. Kurtisanen gehörten nicht zu den oben dargelegten vier Hauptständen, sondern entsprachen nach den offiziellen Angaben des damaligen Ständesystems der Pariagruppe. Sie mussten sich in einem von der Behörde zugewiesenen Freudenviertel niederlassen. Es ihnen und ihren Dienstherren nicht erlaubt außerhalb dieses Viertels Geschäft zu machen und der Dienstherr ließ sie nicht frei das Viertel verlassen. Damit waren sie zwar räumlich vom Rest der Gesellschaft exkludiert, es ginge jedoch zu weit zu behaupten, dass sie damit auch von der sozialen Kommunikation ausgeschlossen waren. Zu beachten ist, dass die Prostitution außerhalb des Freudenviertels streng verboten war und verfolgt wurde, auch wenn dieses Verbot nicht immer konsequent umgesetzt wurde (vgl. Stein 1997: 425 ff.; Ishii 1967: 55 ff.; Ono 2002: 146 ff.). Darüber hinaus war ein freier Geschlechtsverkehr vor der Eheschließung durch *patria potestas* strafbar, ein Ehebruch der Frau wurde sogar mit dem Tod bestraft (dazu Takamure 1963: 234 f., aber vor allem Ujiie 1996). Das Freudenviertel war

---

7 Die kulturelle Vergesellschaftung im Sinne Tenbrucks begann in Japan also viel früher als die Öffnung des Landes nach Westen Mitte des 19. Jahrhunderts und als die Industrialisierung im ausgehenden 19. Jahrhundert. Zum Begriff der kulturellen Vergesellschaftung siehe vor allem Tenbruck 1990: 213 ff.

8 Zum historischen Ursprung von Shimabara und Shinmachi auf Englisch siehe Teruoka 2000: 4. Shôji Jinnai begründet das Gesuch auf die Erschließung Yoshiwaras folgendermaßen: 1. als präventive Maßnahme gegen die Geldverschwendung und mögliche Untreue von Kunden. Teehausbesucher haben die Tendenz, sich so lange wie möglich dort aufzuhalten. Im Freudenviertel darf sich ein Kunde maximal einen Tag und eine Nacht aufhalten. 2. als präventive Maßnahme gegen die unrechtmäßige Adoption der Tochter einer armen Familie. Menschenhandel war verboten, aber die aus Familienarmut und Not adoptierten Töchter waren oft gezwungen als Dirnen zu dienen. 3. Teehäuser boten Möglichkeiten des Verstecks für Vagabunden, Vermisste und Unruhestifter. Die räumliche Konzentration der Teehäuser in den Freudenvierteln erleichterte die polizeiliche Kontrolle (Ishii, 1967: 4 f.). Folglich waren Überwachung und Kontrolle das Hauptmotiv zur Genehmigung des Antrags (Ishii 1977: 2 ff.; auf Deutsch Stein 1997: 343 ff.; auf English Teruoka 2000: 5 f.).

damit nichts anderes als eine Form der modernen disziplinierenden Einrichtung wie das Gefängnis, in diesem Fall jedoch für Sexualität und Erotik.[9] Kommunikation und Semantik über Sexualität und Liebe war in diesen Raum jenseits der Ständeordnung exkludierend inkludiert. Der Hauptzweck der Ehe lag nach der damaligen Standesethik, Nachkommen für die Fortpflanzung des ›Hauses‹ zu zeugen. Dank der Einrichtung des Freudenviertels als Institution waren Liebe und Sexualität von der Ehe im häuslichen Bereich räumlich differenziert. Zum Zweck der stabilen Reproduktion des Hauses als ökonomisch-politische Einheit wurden Ehefrauen entsexualisiert und instabile Faktoren wie Sexualität, Sinnlichkeit und dergleichen von dort verbannt. Sexualität und Liebe waren in diesem Sinne früher als andere Funktionssysteme räumlich, aber auch semantisch ausdifferenziert.

Menschenhandel war damals offiziell nicht erlaubt und juristisch dienten Kurtisanen nur gemäß einem Vertrag über in der Regel 10 Jahre, d. h. zumeist bis zum 25. Lebensjahr. Die Möglichkeit, den Dienst früher zu beenden, war an den Freikauf durch einen Gast gebunden. Deshalb bemühten sie sich, einen netten und verlässlichen Freund unter den Gästen zu finden und frei gekauft zu werden (vgl. Ishii 1967: 175 f.). Da sich das Spektrum der Gäste im Freudenviertel von den Samuraifürsten, die als *Daimyô* bezeichnet wurden, bis hin zu den einfache Bürgern erstreckte, ergab sich im besten Fall die Möglichkeit, einen Fürsten zu heiraten.[10] Das bekannteste Beispiel dafür ist Date Tsunamune (1640–1711), der Fürst von Sendai, der Kurtisane Kahoru von Takashimaya in Kyômachi heiratete (vgl. Mitamura 1997: 258; Ishii 1967: 94 f.). Dies lässt sich als eine Form der sozialen Mobilität und damit der Überwindung des Prinzips der Stratifikation interpretieren, denn Kurtisanen stammten zumeist aus ärmeren Dörfern. Darüber hinaus waren im Freudenviertel weitere Möglichkeiten zu beobachten, das Prinzip der Stratifikation außer Kraft zu setzen. Standesunterschiede sollen dort keine wesentliche Rolle gespielt haben, was beispielsweise darin deutlich wurde, dass ein Samurai dort seine zwei Schwerter und damit das Symbol seiner Macht und Autorität abgeben musste (Ishii 1967: 31). Mit anderen Worten: Das Betreten dieses Viertels implizierte die vorübergehende Exklusion aus dem eigenen Stand.

1.2   Das Freudenviertel als Ort der kulturellen Vergesellschaftung und sozialen Reflexion

Das Freudenviertel war in der Edo-Zeit der Hauptort der Geselligkeit (Yoshida zit. n. Chinpunkan 1989: 13; Ishii 1967: 98). Dort fanden politische Verhandlungen der ver-

---

9   Im Sinne Stichwehs (2009: 39 f.) ist das Freudenviertel eine Einrichtung der exkludierenden Inklusion.
10 Die Heirat zwischen Fürstenhäusern, aber auch zwischen Samurai- und Großkaufmannsfamilien war nichts anders als ein Allianzdispositiv im Sinne Michel Foucaults (1977).

schiedenen Fürstenhäuser statt.[11] Er war auch der Ort der Künstler. Der Haiku-Dichter Yosa no Buson (1716–1784) führte beispielsweise einen Haiku-Dichter-Salon in einem Teehaus, Sumiya in Shimabara. Bekannt waren auch Maler wie Ogata Kôrin (1658–1716) und Kitakawa Utamaro (1753–1806), die mit Vorliebe Kurtisanen zeichneten. Ihre Bilder wurden gedruckt und verkauft und nahmen so auch Einfluss auf die Mode zu jener Zeit (vgl. Ono 2002: 125 ff., 144 f.). Santô Kyôden, einer der bekanntesten Schriftsteller des 18. und 19. Jahrhunderts war zweimal jeweils mit einer Kurtisane verheiratet. Zu behaupten, dass die Moderne im Sinne der kulturellen Vergesellschaftung in Japan im Freudenviertel begann, ist sicher keine Übertreibung.

Im 17. Jahrhundert wurden Kurtisanen in drei Rängen klassifiziert: Den höchsten Rang *tayû*, den zweithöchsten *kôshi* und den dritten Rang *hashi*.[12] Die als *tayû* bezeichneten höchstrangigen Kurtisanen waren nicht nur Meister der Verführung, sondern verfügten auch im künstlerischen und literarischen Bereich über eine Bildung auf zu jener Zeit höchstem Niveau, wie beispielsweise in Musik, Tanz, Führung der Teezeremonie, Kalligraphie und Dichtung. Von ihnen waren Kenntnisse der klassischen japanischen Literaturen gefordert wie die *Geschichte des Prinz Genji, taketori monogatari*, acht große Gedichtsammlungen, die zwischen dem 8. und 10. Jahrhundert entstanden waren *(hachidaishû)*. Erwünscht war auch die Fähigkeit, klassische chinesische Literatur zu lesen (vgl. Ono 2002: 133 f.; Mitamura 1997: 263 f.). Vor dem ersten Beischlaf, also bevor der Gast mit einer Frau intim werden durfte, musste er zwei Proberunden – eine Art Fest – absolvieren (vgl. Ishii 1967: 161 ff.; Ono 2002: 125). Er musste in den Proberunden die Kurtisane überzeugen und ihre Angehörigen auf seine eigenen Kosten bewirten. Der Prozess vom Kennenlernen zur Intimbeziehung war immer von den Zeremonien begleitet, die eine Eheschließung parodierten. Nach dem Beischlaf war es für den Gast nicht erlaubt, mit einer anderen Kurtisane sexuellen Beziehungen zu unterhalten (Ono 2002: 125). Im Hinblick darauf durften die Kurtisanen – zumindest die Kurtisanen höheren Ranges – einen Kunden ablehnen (Ishii 1967: 167; Ono 2002: 83–86; Chinpunkan 1989: 62).

Die wesentliche Voraussetzung für die Teilhabe an Gesellschaft und erotischen Vergnügungen im Freudenviertel war selbstverständlich Geld. Aber Geld allein reichte nicht aus, um die Gesellschaft einer *tayû* genießen zu dürfen.[13] Differenzlogisch be-

---

11 In der Edo-Zeit bestand Japan aus zahlreichen, fast unabhängigen Teilstaaten, die jeweils von einem Feudalfürst beherrscht wurden. Dieser Teilstaat hieß in der japanischen Sprache han. In den westlichen Sprachen setzte sich allmählich der Begriff Daimyonat durch, weil der Feudalfürst eines hans als daimyô bezeichnet wurde. In Edo und Kyôto besaßen die Fürsten üblicherweise eine eigene Residenz, die mit der äquivalenten Funktion der heutigen Botschaft ausgestattet war.

12 Azuma monogatari aus dem Jahr 1642 zufolge lebten in Yoshiwara 987 Kurtisanen und davon tayû rangige waren nur 75 Kurtisanen (kôshi= 31; hashi= 881) (vgl. Ono 2002: 58; Teruoka 2000: 7). Die Zahl der tayû ist 1734 auf 4 zurückgegangen. Yoshiwara saiken (1734) zufolge lebten in jenem Jahr in Yoshiwara nur 4 tayûs und 65 koshis. Bis 1764 waren die tayû in Yoshiwara verschwunden (vgl. Ishii 1967: 119).

13 Wie schwer war es, mit einer berühmten tayû wie Takao einen Termin zu finden, beschreibt Ihara 1996: 213 (auf Deutsch Ihara 1965: 238).

trachtet verlor das Geld seinen Informationswert, wenn alle Gäste es hatten. Stattdessen wurde eine spezielle Semantik benötigt, um Interaktion zwischen Kurtisane und Gast sowie das Sich-Einlassen-auf-eine-Beziehung der Kurtisane zu regulieren.[14] Kurtisanen hatten Selbstachtung und -vertrauen. Sie orientierten sich bewusst an den Traditionen der kaiserlichen Hofdame in Kyôto (vgl. Teruoka 2000: 9). Die Ablehnung eines Gastes durch eine *tayû* wurde von der Öffentlichkeit als Zeichen für mangelnde Sensibilität, fehlendes Interesse an der Kunst, mangelnde Bildung in klassischer Literatur oder physische Behinderungen interpretiert, was zur Zerstörung seines Rufs in der Oberklasse führen konnte (vgl. Teruoka 2000: 9).

Die Bewegungsfreiheit der Kurtisanen war sehr eingeschränkt, dies bedeutete jedoch nicht, dass sie von der gesellschaftlichen Kommunikation ausgeschlossen waren. Im Gegenteil: Ereignisse im Freudenviertel und das Verhalten der Personen (Gäste und Kurtisanen) waren beliebte Themen der medialen Beobachtung.[15]Unter Medien verstehe ich hier sowohl schriftliche Medien als auch Aufführungen im Kabuki- und Jôruri-Theater. Ich möchte gern einige Beispiele dafür nennen: Als die berühmte *tayû* Yûgiri Anfang 1678 erkrankte, wurde im Theater in Osaka das Abschiedsstück »Lebwohl Yûgiri zum Neujahr« gespielt und das Stück erfreute sich großen Erfolgs. Yugiris Geschichte etablierte sich so gar als unverzichtbarer Teil des Repertoires des Kabukitheaters (Yûgirinagori no shôgatsu) (Teruoka 2000: 12). Auch in Jôruri-Puppentheter erfreute sich die Geschichte Yûgiris großer Beliebtheit. Chikamatsu Monzaemon[16]verfasste Erinnerungen an Yûgiri (*Yûgiri Santesô,* 1686) (siehe auch Torigoe, in: Chikamatsu 1997: 570) und Yûgiri Meerenge von Awa (*Yûgiri Awa no Naruto* in: Chikamatsu 1997: 399–441). Im gleichen Jahr wurde in Kyôto ein Stück zum Thema *tayû* Yoshino die Dritte (1605–1643) gespielt, *Hochzeit von Yoshino.* Yoshino verkauft darin ihre Kleider und Schmuck, um ihren finanziell ruinierten Geliebten zu retten. Das Stück war so erfolgreich, dass es sechs Monate lang lief.

Nicht nur auf den Theaterbühnen, sondern auch durch Druckmedien wurden Informationen über Kurtisanen, ihr Leben und die Gepflogenheiten im Freudenviertel verbreitet: 1655 erschienen *Tôgenshû* (Pfirsichsammlungen)und *Naniwa monogatari* (Erzählungen von Naniwa), dann *Nemonogatari* (Erzählungen für den Schlaf), *Miyako monogatari* (Geschichte der Hauptstadt) und *Masarigusa* (Chrysantheme) berichteten über das Leben in Shimabara bzw. Shinmachi. Später wurde über Yoshiwara auch *Yoshiwara kagami* (Yoshiwara-Spiegel) und *Takao byôbu kuda monogatari* (Geschichte der Takao) publiziert (Teruoka 2000: 17 f.). Diese Art der Kurtisanenkritik und Freuden-

---

14   »Die Ausdifferenzierung von ›doppelter Kontingenz‹ als beiderseitiger Freiheit, sich für oder gegen ein Sich-ein-lassen auf eine Liebesbeziehung zu entscheiden, stimuliert die Entwicklung einer Spezialsemantik, an die man sich, wenn soziale Beziehungen unsicher werden, statt dessen halten kann.« (Luhmann 1982 : 60)

15   Dies betrifft natürlich nicht alle Kurtisanen, sondern nur die ranghöheren.

16   Der größte Dramatiker in der Edo-Zeit. Mit seinen Dramen werde ich mich im vorliegenden Text später auseinandersetzen.

viertelführer entwickelte sich zur fiktiven Prosa *(Ukiyosôshi)*. Den Höhepunkt erreichte diese Entwicklung mit Ihara Saikakus (Schriftsteller, Dramatiker: 1642–1693) *Yonosuke*.

2   Yonosuke. Der dreitausendfache Liebhaber

Kôshoku ichidai otoko[17] ist wahrscheinlich das erste und bekannteste Werk zum einen des Schriftstellers Saikaku, zum anderen auch einer literarischen Gattung, die Sexualität, Erotik und Liebe im Freudenviertel thematisierte und in Form der Fiktionsprosa sublimierte. In der japanischen Literaturgeschichte wurde seit dem Mittelalter vorwiegend die Schönheit der Natur thematisiert. In Saikakus *Yonosuke* wurden zum ersten Mal die Bürger diesseits zum Gegenstand der literarischen Reflexion. *Yonosuke* blieb kein isolierter Text, bis 1710 sind 93 Titel nachzuweisen, die mit den Schriftzeichen »kôshoku« beginnen, daneben noch eine größere Zahl anderer Titelanfänge und Titelbestandteile, die ebenso auf die Art des Inhaltes hinweisen (May 1983: 126). *Yonosuke* stieß offensichtlich dazu an, dieses Genre zu etablieren und damit die soziale Reflexion in Form der Erzählprosa dauerhaft zu institutionalisieren.

Der Held des Romans, Uki Yonosuke, strebte lebenslang nach Liebe und Sexualität. Dieses Streben begann in seinem siebten Lebensjahr, dauerte bis hin zu seinem sechzigsten, als er Japan verließ und nach Nyokaigashima – dem legendären Paradies für Liebe und Sexualität – abreiste. Wichtig sind in diesem Werk folgende Aspekte: 1. Die Aufwertung von Sexualität und Liebe als Selbstzweck: Nach der feudalgesellschaftlichen Norm diente die Sexualität ausschließlich der Fortpflanzung des Hauses und war nur dadurch legitimiert (Kischka-Wellhäusser 2004: 35 ff.). Der gepriesene Held Yonosuke genoss lebenslang Liebe, Geselligkeit, Erotik und Sexualität mit zahlreichen Frauen und Freunden, aber er gründete weder eine Familie noch zeugte er Kinder. Seine Lebensführung war damit eine große Rebellion gegen die herrschenden feudalen Normen. 2. Die soziale Herkunft des Helden: Yonosuke entstammte weder dem Hofadel *(kuge)* noch der Samurai-Schicht. Er ist ein Bürger, der nach der feudalen Rangordnung als dritter oder vierter Stand galt. Sein Vater war ein sogenannter Playboy mit Vermögen und seine Mutter war eine Kurtisane. Im Verlauf der Geschichte erbt er ein großes finanzielles Vermögen, mit dem er sich die Gesellschaft von Kurtisanen leisten konnte ohne finanzielle Sorgen haben zu müssen. Damit eröffnete sich ihm ein Handlungsspielraum jenseits von ökonomischer Sorge, politischer Macht und sozialem Rang. Die Schaffung dieses Spielraums bedeutete zugleich die Differenzierung der (noch) als feudal beschriebenen Gesellschaft und Interaktion. In diesem Raum wurde Interaktionssemantik nicht

---

17   Auf Deutsch: Yonosuke. Der dreitausendfache Liebhaber. Im Folgenden abgekürzt als Yonosuke.

nur ermöglicht, sondern benötigt. Diese Interaktionssemantik heißt *iki*.[18] In der Kulturgeschichte ist es üblich, sie als bürgerliches Ideal zu betrachten. 3. Verkörperung des Iki-Ideals in Yonosuke: Zwar taucht Yonosuke in verschiedenen Episoden des ganzen Werks als Hauptfigur auf, aber das Werk ist jedoch eher als Sammlung von Episoden konstruiert. Es ist daher nutzlos, die einheitliche subjektive Welt des Yonosukes zu suchen. Vielmehr wird ihm als *Tsu-jin* – Kenner des Iki-Ideals – die Rolle des Richters zugewiesen, der urteilt, wer zu loben und wer zu tadeln ist.[19]

Im Vordergrund der Darstellung steht die Reflexion über das Verhalten der Menschen einerseits und Sitten und Gewohnheiten im Freudenviertel andererseits. Weibliche Gestalten, die den Umgang mit Yonosuke pflegen, sind zumeist Kurtisanen mit *tayû*-Rang, denn nur sie besaßen die Freiheit, sich auf eine Beziehung einzulassen oder sie abzulehnen. Nur ihnen war es damit möglich, sich jenseits vom ökonomischen Zwang frei zu verhalten.

Auf Grundlage dieser Vorkenntnisse gehe ich jetzt auf drei bekannte Episoden mit jeweils einer Kurtisane in *Yonosuke* ein.

2.1 Die Kurtisane Yoshino[20]

Ein Lehrling eines armen Schwertschmieds ging einmal über die Strasse und erblickte flüchtig in der Prozession der *tayu* Yoshino. Er verliebte sich sofort in sie. Nur einmal in seinem Leben wollte er ihr Gast sein. Er arbeitete hart Tag und Nacht, um dreiundfünfzig Momme[21] zu sparen, eine Summe, die man benötigte, um Yoshinos Gast zu werden. Dreiundfünfzig Nächte schmiedete er jede Nacht ein Schwert. Er hatte auf diese Weise das nötige Geld zusammengebracht, aber aufgrund seines sozialen Ranges hatte er keine Chance, von Yoshino empfangen zu werden: »Es gab keine Möglichkeit, Yoshino seine Liebe zu offenbaren, und jeden Tag waren seine Ärmel nass von seinen Tränen.« Yoshino erfuhr von dem Leid des Schwertsschmiedslehrlings und sagte: »Es ist sehr rührend, so geliebt zu werden, dafür muss ich ihm danken.« Yoshino empfing ihn schließlich heimlich. Die Tränen flossen ihm über die schmutzigdunklen Wangen, als dieser Yoshino sah. »Dass Ihr mich so freundlich empfangen habt, werde ich in meinem Leben nicht vergessen. Mein größter Wunsch ist erfüllt, ich bin überglücklich!« Er

---

18 Zur Iki-Semantik siehe zunächst eine philosophische Schrift des Baron Kuki (Iki no Kôzô. Erste Erscheinung: 1930) (auf Deutsch Kuki 1999), ferner Morikawa 2012. Einen Vergleich dieser japanischen Semantik mit der des honnête homme (Höfer 1986) würde ich gern bei anderer Gelegenheit anstellen.

19 Insbesondere in der zweiten Hälfte Yonosukes (Hefte 5–8). Hingegen entspricht die Struktur bis zum Ende von Heft 4 eher einer Art Bildungsroman, in dem Yonosuke Schritt für Schritt Verhaltensregeln im Umgang mit Frauen lernte und sich als Meister der Liebe und Sexualität bildete.

20 Ihara 1965: 149 ff.; Ihara 1996: 136 ff. Siehe auch Teruoka 2000: 10.

21 Eine historische Währung im Japan zu jener Zeit.

dankte Yoshino und wollte gehen, ohne sie zu berühren, aber sie sagte zu ihm » Wartet einen Augenblick, so könntet Ihr nicht fortgehen, kommt hierher...«

Dieses Ereignis gefiel Yonosuke, der ein Stammgast Yoshinos war, so gut, dass er sie heiratete. Seinem Clan – insbesondere den Damen – gefiel dies nicht. Angesichts der Schwierigkeiten ihres Mannes mit seinem Clan legte Yoshino ihm nahe, sie zu verlassen. Aber Yonosuke zögerte. Dann schmiedete sie einen Plan und lud alle Verwandten ein. Der Text auf dem Einladungsbrief lautete: »Ich, Yonosuke, werde Yoshino morgen freigeben. Bitte, behandelt mich wie einst als Mitglied des Clans, und verkehret wieder mit mir. Da gerade jetzt die Kirschen in voller Pracht blühen, möchte ich gern alle Damen des Hauses einladen.« Alle Verwandten sagten zu und erschienen am folgenden Tage vor Yonosukes Haus. Inmitten des Empfangs erschien auch Yoshino in einem hellblauen Kleid mit einer roten Schürze, auf dem Kopf ein Baumwolltuch wie ein Dienstmädchen. Sie verbeugte sich vor der ältesten Dame aus Yonosukes Verwandtschaft ehrfurchtsvoll und mit viel Charme. »Ich bin die Kurtisane Yoshino. [...] Ich weiß wohl, dass ich nicht würdig bin, bei dieser vornehmen Gesellschaft zu erscheinen. Ich werde heute von Yonosuke freigegeben und muss heimkehren. Zum Abschied möchte ich vor den Damen ein Lied singen.« Alle waren gerührt und hörten ihr schweigend zu. Danach spielte Yoshino *Koto*[22], dichtete Fünfzeiler Gedichte *(waka)* und bereitete den Tee auf vornehmste Weise zu. Sie zeigte damit alle Fähigkeiten, die eine vornehme Dame beherrschen muss und führte diese in meisterhafter Weise vor. Sie unterhielt sich über Themen aus Religion und Philosophie. Auch bei persönlichem Kummer und Sorgen der Damen konnte sie gute Ratschläge erteilen. Zum Schluss sagte die älteste Dame des Hauses »Es gibt keinen Grund, dass Yonosuke Yoshino freigeben müsste. Sogar wir Frauen haben mit ihr eine sehr angenehme, unterhaltsame Zeit gehabt.«

2.2   Die Kurtisane Mikasa[23]

Nachdem Yonosuke die Kurtisane Mikasa in Kyôto kennen gelernt hatte, konnte er sie wegen der finanziellen Schuldenlast nicht im Teehaus treffen. Als Yonosuke einmal das Teehaus ihres Herrn Gonzaemon besuchte und dort Mikasa traf, verliebten sich beide heftig ineinander und versprachen sich, bis zum Tode zusammen zu bleiben. Am Anfang waren sie sehr glücklich, aber mit der Zeit häuften sich die Schwierigkeiten. So forderte Gonzaemon alte Schulden von Yonosuke zurück. Yonosuke war seines Daseins überdrüssig und dachte oft an einen Abschied von diesem Leben. Nur wegen der Liebe Mikasas zu ihm wagte er nicht, sich umzubringen. Sie verabredeten sich regelmäßig heimlich. Allmählich wurde jedoch Mikasas geheime Liebe zu Yonosuke in der ganzen Stadt bekannt. Gonzaemon wurde zornig und schlug Mikasa ab und zu. Trotz dieser

---

22   Ein japanisches Musikinstrument, eine Art Zither.
23   Ihara 1965: 185 ff.; Ihara 1996: 166 ff.

Demütigung gab sie ihre Liebe zu Yonosuke nicht auf. Schließlich war seine Geduld mit
der starrköpfigen Mikasa am Ende. Er ließ sie ihre Gewänder ablegen und band sie, nur
mit Unterwäsche bekleidet, in der Kälte des Novembers an einen Weidenbaum. Trotz
der Drohung Gonzaemons gab Mikasa nicht nach, sie war sogar bereit zu sterben. Als
Yonosuke Mikasas Entschluss in einem Brief erfuhr, kleidete er sich in ein Totengewand
und eilte zu ihr, um mit ihr gemeinsam zu sterben. Letzten Endes erhielt Mikasa doch
die Erlaubnis, mit Yonosuke zusammenzuleben. Die *tayu* Mikasa wurde durch diese
Liebesgeschichte für ihre Treue und Tapferkeit in ganz Japan berühmt.

2.3   *Die Kurtisane Takahashi*[24]

Am Morgen des ersten Schnees hatte die Tayû-Kurtisane Takahashi die Idee, mit anderen tayûs eine Teezeremonie zu machen. Yonosuke war als Hauptgast eingeladen. Sie
genossen alle den Tag. Als der schöne Tag seinem Ende zuneigte, erschien ein Bote
aus dem Teehaus Maruya und sagte Takahashi: »Ein Gast aus Owari[25] erwartet Euch.«
Nachdem sie im Teehaus Maruya eingetroffen war, ging sie aber nicht sofort zu dem
Gast, der sie erwartete, sondern schrieb Yonosuke einen langen Brief. Der Teehausbesitzer und seine Gattin baten sie, zu dem Gast zu kommen. Aber Takahashi hörte
nicht zu, sondern schrieb seelenruhig ihren Brief weiter. Trotz der wiederholten Auf-
forderungen kehrte sie zu Yonosuke zurück mit den Worten: »So einen ungeduldigen
und aufdringlichen Gast möchte ich nicht sehen.« Noch mehrere Male kamen Boten,
um sie zurückzuholen, auch Yonosuke redete ihr zu, doch dem Gast wenigstens kurze
Zeit Gesellschaft zu leisten. Sie verweigerte dies: »Ich schwöre bei allen Göttern Japans,
dass ich heute bestimmt nicht gehe, auch wenn es mich mein Leben kosten sollte.« Yonosuke scherzte: »Der Gast wird kommen und Dich mit seinem Schwert in zwei Hälf-
ten teilen, ihm werde ich die untere Hälfte von Dir überlassen, die obere Hälfte werde
ich behalten.« Takahashi erwiderte: »Gut, ich bin bereit, mich von ihm töten zu lassen«
und bat Yonosuke, Shamisen[26] zu spielen. Sie summte ein Lied und gelegt ihren Kopf auf
seinem Schoss. In diesem Augenblick kam der Samurai aus Owari in der Tat vor Wut
schäumend mit gezogenem Schwert in ihr Zimmer. Takahashi warf noch nicht einmal
einen Blick auf ihn, sondern sang leise und ruhig ohne zu zittern weiter als ob er überhaupt nicht anwesend sei. Zu guter Letzt erschien der Teehausbesitzer von Takahashi
und holte sie zurück. »Wenn Takahashi nicht nachgibt, dann darf sie heute weder den
Gast aus Owari noch Yonosuke sehen.«

Die Episode der legendären *tayû* Yoshino ist in dieser Weise in die Geschichte Yonosukes eingegliedert. Darin zeigt sich, dass sie über künstlerische, literarische Bildung

---

24   Ihara 1965: 215 ff.; Ihara 1996: 198 ff.
25   Das Fürstentum Owari lag in der Mitte Japans und entsprach der heutigen Präfektur Aichi.
26   Dreisaitiges, gezupftes Lauteninstrument.

verfügte, so dass sie die Damen aus der Oberschicht nicht langweilte, sondern eine angenehme Gesellschaft für sie war. Durch ihre gute Menschenkenntnis meisterte sie den Umgang mit den Menschen. Eine Person wie Yoshino überwindet die Grenzen von Teilsystemen wie Haus oder Stand, die in der stratifikatorischen Gesellschaft Vollinklusion beanspruchen. In einer der Episoden wird die *tayû* Mikasa dafür gelobt, dass sie sich trotz der Demütigungen ihres Dienstsherrn für die Liebe zu Yonosuke entscheidet, obwohl dieser finanzielle Schwierigkeiten hat. Der Samurai in der Episode Takahashis, ein Gast aus Owari, verhielt sich entgegengesetzt zu den Geselligkeitsregeln jener Zeit. Er war ungeduldig, aufdringlich und autoritär. Wie in dieser Episode beispielhaft gezeigt wird, bekam eine solche Person von der Kurtisane eine Absage erteilt. Die Gesellschaft (einer Kurtisane) durfte man nicht erzwingen. Die politische, ständische oder finanzielle Autorität hatte keine wesentliche Rolle zu spielen. Eine *iki*-hafte Person, d. h. eine Person, die sich in der Semantik der Geselligkeit jener Zeit auskennt wie Yonosuke und Takahashi, beugt sich nicht vor einer solchen autoritären Haltung. Wer, wie der Samurai aus Owari, diese Regeln der intimen Geselligkeit und Liebe mit der Kurtisane nicht kennt, hat es nicht verdient sie zu gewinnen. Die Episode mit dem Schwertschmiedelehrling macht deutlich, dass die *Ehrlichkeit des Herzens* der Schlüssel zur Liebe einer *tayû* ist. Postuliert wird hier der von den äußeren Mächten, Autoritäten und Zwängen freie, autonome Raum des Inneren. Dieses Innere wurde zur Instanz des moralischen und ästhetischen Urteils und soll die Geselligkeit regulieren. Daran zeigt sich der erste Schritt zum Übergang von der Inklusion- zur Exklusionsindividualität: Die Identität des Individuums wird nicht mehr durch das Teilsystem bestimmt, sondern durch das, was nicht mehr zum Teilsystem gehört.

Nach der Bestätigung der beginnenden Ausdifferenzierung der Semantik der Liebe und Geselligkeit im Freudenviertel werde ich im nächsten Abschnitt auf ein weiteres bekanntes Werk Saikakus eingehen, *Fünf Geschichten von liebenden Frauen* (Ihara 1996; Ersterscheinung 1686, auf Deutsch Ihara 1960; im Folgenden *Fünf Geschichten* abgekürzt), um die Einsicht zu vertiefen, wie die Liebe in der Gesellschaft zu jener Zeit verortet war. In diesem Heft sammelte Saikaku fünf Liebeserzählungen, die sich außerhalb des Freudenviertels abspielten.

3 Fünf Geschichten von liebenden Frauen

Yonosuke war zwar kein Liebesroman im modernen Sinne, in den Prosaerzählungen *Fünf Geschichten* sind jedoch Entwicklungen in Richtung der modernen Liebe zu sehen. Die Erzählungen besteht aus fünf Episoden: 1. Onatsu und Seijûrô, 2. Osen, Frau eines Fassbinders, 3. Osan, Frau eines Kalendermachers, und Shigeemon, ihr Hausdiener,

4. Oshichi, die Tochter eines Krauthändlers, und Kichisaburô, 5. Oman und Gengobei. Ich möchte zunächst den Inhalt der fünf Episoden zusammenfassen:[27]

1. Onatsu und Seijûrô

Seijûrô, der Sohn eines Sakebrauers, arbeitete als Diener bei der Kaufmannsfamilie Tajimaya. Dort lernte er Onatsu, eine Schwester seines Dienstsherrn, lieben und es kam zu körperlicher Intimität mit ihr. Sie verließen das Haus und flüchteten in Richtung Ôsaka und Kyôto. Aber ihre Flucht scheiterte und Seijûrô wurde wegen des Verdachts auf Untreue festgenommen, da fast gleichzeitig mit ihrer Flucht 700 *ryô*[28] Geld im Hause Tajimaya verschwunden waren. Er wurde zum Tode verurteilt und hingerichtet. Seine Unschuld klärte sich jedoch später, als das verlorene Geld entdeckt wurde. Als Onatsu von seiner Hinrichtung erfuhr, versuchte sie Selbstmord zu begehen, konnte aber überredet werden, stattdessen Nonne zu werden.

2. Osen, die Frau eines Fassbinders

Osen war eine kluge, schöne Frau und arbeitete seit ihrem vierzehnten Lebensjahr in einem Haus in Tenma. Ein Fassbinder verliebte sich in sie und auf einer arrangierten Pilgerreise lernten sie sich lieben. Osen konnte ihn nicht vergessen, so dass sie ihrer Arbeit keine ausreichende Aufmerksamkeit mehr widmete. Ihr Herr entließ sie und verheiratete sie mit dem Fassbinder. Am Anfang verlief die Ehe glücklich. Eines Tages geriet sie jedoch in Verdacht, Ehebruch mit einem Nachbar namens Chôzaemon begangen zu haben. Da dessen Frau sie aus der Eifersucht immer wieder schikanierte, entschloss sie sich, ihn wirklich zu verführen. Als ihr Versuch entdeckt wurde, beging sie Selbstmord und Chôzaemon wurde hingerichtet.

3. Osan, die Frau eines Kalendermachers, und Shigeemon, ihr Hausdiener

Osan, die schöne Ehefrau eines Kalendermachers, schlief während der Abwesenheit ihres Mannes unabsichtlich mit Shigeemon, einem Diener von ihr, über den sie sich eigentlich lediglich lustig machen wollte. Sie verließen das Haus, verwischten ihre Spuren und gaben vor gemeinsam Selbstmord begangen zu haben. Sie lebten zusammen glück-

---

27 Sie wurden auch von anderen Autoren literarisch verarbeitet. Zur Geschichte von Onatsu und Seijûrô siehe z. B. Chikamatsu 1997: 13–59; zur Gengobei und Oman siehe Chikamatsu 1997: 267–335; zur Geschichte der Frau des Kalendermachers z. B. Chikamatsu 1998: 529–581.
28 Eine historische Währung in Japan zu jener Zeit.

lich in der Provinz Tango, wurden jedoch zum Schluss wurden sie entdeckt, festgenommen und hingerichtet.

4. Oshichi, die Tochter eines Krauthändlers, und Kichisaburô

Oshichi, die Tochter eines Krauthändlers, war wegen eines in der Stadt (Edo) ausgebrochen Feuers mit ihrer Mutter in einen Tempel evakuiert worden und lernte dort Kichisaburô, einen Jungen von »adligem Aussehen«, kennen. Er war bekümmert wegen eines Splitters, der in seinem linken Zeigefinger steckte. Sie verliebten sich ineinander. Oshichi, die unter der Aufsicht ihrer Eltern stand, legte Feuer in der verzweifelten Hoffnung ihn auf diese Weise wieder sehen zu können. Oshichi wurde daraufhin als Brandstifterin festgenommen und zum Tode auf dem Scheiterhaufen verurteilt. Nach der Erholung aus einer vom Liebeskummer verursachten, schweren Krankheit erfuhr Kichisaburô von der Verbrennung Oshichis. Er versuchte zunächst, aus Verzweifelung Selbstmord zu begehen, wurde aber dazu überredet, Mönch zu werden, um so den Tod der Geliebten zu betrauern.

5. Oman und Gengobei

Gengobei, ein Knabenliebhaber, verlor in kürzerer Zeit zwei seiner Geliebten nacheinander und trat aus Verzweifelung in den Mönchsstand ein. Oman, die Tochter eines Kaufmanns, verliebte sich in ihn und kam verkleidet als junger Mann bei ihm vorbei. Sie ließ ihn ewige Liebe schwören, bevor sie körperlich intim wurden. Trotz der Enttarnung als Frau setzte sie sich durch und hielt ihn fest. Sie heirateten. Anfangs lebten sie in Armut, erbten schließlich aber das Hausvermögen ihrer Eltern, da diese Gengobei als Lebensgefährten ihrer Tochter anerkannten.

Abgesehen von der Episode von Onatsu und Seijûrô sowie von Oshichi und Kichisaburô können die übrigen drei Episoden der *Fünf Geschichten* nicht als ›Liebeserzählungen‹ im modernen Sinne bezeichnet werden. In der Episode von Osen bzw. von Osan geht es um Ehebruch. Allerdings wird in der letzten eine emotionale Bindung der Liebe zwischen den beiden Kontrahenten nach dem Beginn der Affäre deutlich. Hier zeigt sich, dass die Liebe oftmals nicht in die Ehe integriert war, sondern im Gegensatz dazu stand und damit moralisch verwerflich war.

3.1   Chikamatsu Monzaemon und seine Dramen zum Thema Doppelselbstmord
        der Liebenden

Im Gegensatz zu Saikakus Schriften zeichnen sich die Dramen Chikamatsus deutlicher
als ›Liebestragödie‹ ab. Chikamatsu schrieb seine Dramen für das Jôruri-Puppentheater,
das sich – anders als das deutsche Kaspertheater – an ein erwachsenes Publikum richtet.
Darüber hinaus übernahm das Theater in Japan zu jener Zeit die Funktion der Medien,
was sich auch in der Themenwahl Chikamatsus zeigt. Neben mehr als 80 historischen
Dramen verfasste er 24 Dramen zu zeitgenössischen Ereignissen *(Sewamono)*. Dazu gehören auch Dramen, die das Thema des Doppelselbstmords, auf Japanisch *shinjû*, behandeln, wie beispielsweise *Sonezakishinjû (shinjû mono)*. Etymologisch besteht der Begriff *shinjû* aus zwei Zeichen: *shin* = Herz und *jû* = das Innere. Die gleiche Verbindung
der Bedeutungszeichen spricht man *shinchû* aus, wenn sie sich auf den subjektiven inneren Raum wie Gedanken und Emotionen beziehen, und man verwendet den Begriff
in Konstruktionen wie *shinchû wo akasu* (Farbe zu bekennen) oder *shinchû wo yomu*
(jemandes innerste Gedanken lesen). Das 1704 publizierte *Shinjû Ôkagami* registrierte
21 Doppelselbstmorde, die sich in der Genroku-Epoche (1688–1703) ereigneten. Zwar
stellte die Shôgunat-Regierung Doppelselbstmord unter höchste Strafe, trotzdem nahm
die Zahl des versuchten Doppelselbstmords nach der Aufführung von *Sonezakishinjû*
zu. Dies bewegte die Shôgunat-Regierung dazu, im Jahr 1724 die Aufführungen der
Dramen zum Thema Doppelselbstmord zu verbieten. Die Texte der Dramen wurden jedoch nicht verbrannt und blieben so Teil des kulturellen Gedächtnisses.

3.2   *Sonezaki Shinjû (The Love Suicides at Sonezaki, 1703)*[29]

Tokubei (25, Kontorist eines Sojasossekaufhauses in Ôsaka) und Ohatsu (19, Kurtisane)
waren ein Liebespaar. Da er jedoch den Vorschlag seines Onkels und Herrn, die Nichte
von dessen Frau zu heiraten, nicht annehmen wollte, musste er die von seiner Mutter
bereits angenommene Aussteuer zurückgeben und Ôsaka verlassen. Er wurde aber von
einem Freund, dem Ölhändler Kuheiji, um das Geld, das seinem Herrn zurückzugeben
war, betrogen und in seinem Freundkreis gedemütigt. Angesichts der aussichtlosen Situation beschlossen Tokubei und Ohatsu verzweifelt, zusammen Selbstmord zu begehen.

---

29   Die englischen Titel der Dramen Chikamatsus stammen aus der von Donald Keene übersetzten engli-
     schen Ausgabe (Chikamatsu 1961).

3.3 Shinjû ten no amijima (The Love Suicides at Amijima, 1721)

Die Kurtisane Koharu von Kinokuniya (19) und Jihei, ein Papierkaufmann (28), liebten sich und versprochen sich gemeinsam zu sterben. Koharu verriet einem Gast, dass sie trotz des Versprechens, das sie Jihei gegeben hat, nicht sterben wolle. Jihei, der das belauscht hatte, ärgerte sich über den Verrat Koharus. Sein Bruder Magoemon überredete ihn, sie zu verlassen, und er warf ihr den ›Schwurbrief‹ vor die Füsse. Zu Hause erfuhr Jihei, dass Koharu von einem Gast freigekauft werden sollte. Es stellte sich aber heraus, dass Osan, die Ehefrau Jiheis, Koharu im Briefverkehr überredet hatte, auf ihn zu verzichten, weil sie ihren Mann vom Tod abhalten wollte. Jihei und Osan ahnten, dass Koharu sich im Fall des widerwilligen Freikaufs durch den Feind Jiheis umbringen würde. Osan stellte ihr Vermögen zur Verfügung, um Koharu zu retten, weil sie sich dieser freundschaftlich verbunden fühlte. Aber Osans Vater empörte sich darüber und holte es sich zurück. Verzweifelt floh Jihei zum Schluss mit Koharu in einen Tempel in Amijima, wo sie sich letztendlich doch gemeinsam das Leben nahmen.

3.4 Shinjû yoigôshin (1722)

Hanbei, ein Krauthändler, kehrte zum siebzehnten Todestag seines Vaters in seine Heimat zurück. Während seiner Abwesenheit wies seine Adoptivmutter seine Frau Chise ab. Hanbei und Chise trafen sich zufällig zu Hause bei ihrem kranken Vater. Vor ihm schwor ihr Hanbei ewige Liebe. Hanbei und Chise kamen zusammen nach Ôsaka zurück, aber die Adoptiv- und Schwiegermutter erlaubte Chise nicht, weiterhin mit ihm zusammen zu leben. Aus dieser ausweglosen Situation heraus beschlossen Hanbei und Chise, gemeinsam zu sterben.

3.5 Shinjû man'nensô (The Love Suicides in the Women's Temple, 1710)

Kumenosuke, ein Tempeldiener, und Oume, die Tochter eines Papierhändlers, waren heimlich ineinander verliebt. Sie planten, einen gefälschten Antrag auf seine Entlassung aus dem Tempel zu stellen. Aufgrund der Verwechselung mit einem Liebesbrief, den Oume an Kumenosuke geschrieben hatte, wurde ihre Beziehung aufgedeckt. Kumenosuke wurde vom Obermönch des Tempels exkommuniziert und aus dem Tempel verbannt. Kurz vor der von den Eltern arrangierten Hochzeit Oumes mit einem Korbhändler floh Kumenosuke zu ihr und daraufhin lief das Liebespaar gemeinsam davon. In einem Tempel sahen sie Kumenosukes Schwester, die er seit langem nicht mehr gesehen hatte, mit der Urne seines Vaters. Sie sagten ihr Lebwohl und nahmen sich vor der Urne das Leben.

4   Reflexivität

Ich möchte im Folgenden kurz auf das Reflexionsniveau des Liebescodes und die *amour passion* im frühneuzeitlichen Japan eingehen. Reflexivität taucht in diesem Problemzusammenhang in zweifacher Weise auf: 1) Reflexion der Gesellschaft über den Liebescode und seine Ausdifferenzierung sowie 2) gesteigerte Reflexivität in der Liebeskommunikation. Ein konkretes Beispiel dafür ist der Zweifel an der Liebe in der Liebeskommunikation und die Suche nach der Authentizität der Liebe.

Ad 1) In Saikakus *Fünf Geschichten* und in den Dramen Chikamatsus geht es genauso wie in einigen Episoden in *Yonosuke* zumeist um reale Ereignisse. Diese Tatsache belegt das damals erreichte Reflexionsniveau der Gesellschaft. Nach Torigoe (in: Chikamatsu 1997 u. 1998) waren alle diese Episoden bereits in der Bevölkerung bekannt. Diese Geschichten, die damit als Beobachtungen gelesen werden können, kennen zudem *iro* (Liebe und Sexualität) als Reduktionsmechanismus der doppelten Kontingenz. Sie wissen Liebe als Beweggrund der Hauptkontrahenten zu beschreiben und diesen zuzurechnen.[30] Zwar ist anzunehmen, dass sich in den Doppelselbstmordgeschichten nicht wenige männliche Kontrahenten nicht primär aus Liebe, sondern aus anderen Gründen wie finanzieller Schwierigkeiten umbrachten. Für die Frauen, d.h. Kurtisanen, bestand jedoch keine Notwendigkeit, ihren Geliebten ins Jenseits zu begleiten. Versteht man die Beziehung von Kurtisane und Kunde im Freudenviertel als einfache gekaufte Liebe, resultiert daraus für die Kurtisane keine Veranlassung, die schwierige Lage, die zumeist von der Beziehung selbst verursacht wurde, mit zu erleiden und gemeinsam mit dem Geliebten zu handeln. Das Medium Liebe wird eingesetzt, um das Problem der doppelten Kontingenz durch die Beschreibung zu lösen. Die Semantiken jener Zeit waren in der Lage, Liebe als Beweggrund heranzuziehen, um die Handlungen von zwei Akteuren aufeinander abzustimmen. Darüber hinaus fungierten sowohl die Schriften Saikakus als auch die Dramentexten Chikamatsus dank des gut entwickelten und am Markt orientierten Verlagswesens und des Netzwerk der Leihbuchhändler als Verbreitungsmedien der Semantiken (vgl. Morikawa 2011). Die Leihbuchhändler ermöglichten, das Wissen (Informationen) nicht nur in Großstädten, sondern auch auf dem Land zu verbreiten. Zugleich übernahmen sie die Funktion von Speichermedien, um die Semantiken aufzubewahren und darüber zu reflektieren.[31]

---

30 Liebe in diesem Sinne kann man natürlich auf die literarische Tradition bis in die Heian-Zeit zurückverfolgen.

31 Zum Leihbuchhändler in der japanischen Frühneuzeit siehe zunächst May 1983: 53 ff.

4.1 *Amour passion und Verortung der Liebe*

Ad 2) Reflexivität in Liebeskommunikationen: In jeder Episode der *Fünf Geschichten* spielt der Briefverkehr eine unentbehrliche Rolle. Briefe von Kurtisanen an Seijûrô veranlasste Onatsu, sich in ihn zu verlieben. Sie entdeckte zufällig zahlreiche Liebesbriefe von Kurtisanen, die an ihn gerichtet waren. Dies wiederum löste ihre Liebe zu Seijûrô aus. Liebesbriefe motivierten sie zum Lieben. Und selbstverständlich wurde der verselbstständigte Code im Freudenviertel geschmiedet und fermentiert. Onatsu verliebte sich in Seijûrô, als sie die Briefe von Kurtisanen an ihn gelesen hat. »Wo sie auch las, wie tief verstrickt, selbstvergessen und hingegeben liebten diese Dirnen. Nichts von vorgespiegeltem Gerede des Gewerbes, nur Treue verrieten die Pinselzüge. Ach, mögen es auch feile Dirnen sein, verächtlich sind sie wahrlich nicht. Und ein Mann wie er, wie hätte seine Liebesglut unbelohnt bleiben sollen! O wie musste er bezaubern können! Dass nach ihm allenthalben die Frauen sich sehnen, ist es ein Wunder? Unter solchen Gedanken kam Onatsu unversehens dazu, selbst für Seijûrô Liebe zu fühlen, und bald war es so, dass sie sich mehr und mehr, bei Tag und bei Nacht, nach ihm verzehrte, so als habe sich ihre Seele von ihr getrennt und sei in Seijûrôs Herz eingezogen, und sie redete wie eine Traumwandelnde.« (Ihara 1960: 13 f.) Zur Vertiefung der Beziehung der beiden trug der Briefverkehr bei, da sie sich im Haus ihres Bruders nicht offen treffen durften (Ihara 1960: 15). Der Fassbinder versuchte am Anfang vergebens, Osen seine Gefühle mit Liebesbriefen zu vermitteln (Ihara 1960: 34). In der Episode Osans schrieb sie anstelle einer Zofe dem jungen Diener Shigeemon, was später zu ihrer Liebe und dem Ehebruch führte. Oshichi und Kichisaburô bestätigten ihre Liebe auch im Briefverkehr: »Da musste sie noch inniger an ihn denken, schrieb ihm insgeheim ein Brieflein und ließ es ihm ganz verstohlen zustecken. Das hatte sich aber schon mit einer Botschaft von ihm gekreuzt, und bald war es Kichisaburô, der unzählige zärtliche Worte schrieb. So flocht sich beider Verlangen ineinander, dass sie ein Herz und eine Seele waren.« (Ihara 1960: 88)

Der Zweifel an der Liebe und die Suche nach ihrer Authentizität kommen ebenfalls in der Reflexivität des Codes in den Liebeskommunikationen zum Ausdruck (Braun 2001: 221). Mit Luhmann gesprochen entkommt zwar *plaisir* als anthropologische Vorgabe jedem Zweifel, aber *amour* wird angezweifelt. »Die Zentraldifferenz, die Information generiert, hat hier eine andersartige, aber funktional genau äquivalente Form. Sie besteht in der Differenz von *plasir* und *amour*.« (Luhmann 1982: 109) In der Geschichte von Jihei und Koharu geht es darum, ob Koharus Liebe vorgetäuschte oder wahre Liebe ist, und diese Frage zieht das Publikum an. Der Beweis der Authentizität liegt in der Entschlossenheit zum gemeinsamen Sterben und die Geliebten haben sie im Schwurbrief vermerkt. Als Jihei vom Verrat Koharus erfuhr, war er sehr empört und warf ihr den Schwurbrief vor die Füsse. Im Lauf des Dramas verdeutlicht sich dem Publikum und dem Leser die wahre Emotion Koharus.

Man kann bestätigen, dass die Erzählungen Saikakus und die Dramen Chikamatsus Liebe als Präferenzcode [Wir Zwei/Rest der Welt] kennen. Liebe totalisiert. Alles andere in der Umwelt wird von den Liebenden abgewertet. Der/Die Geliebte steht für die/ den Liebenden im Zentrum der Welt und alle andere verlieren ihre Farbe und Bedeutung. Deshalb versuchte sich Onatsu umzubringen, als sie erfuhr, dass ihr Geliebter Seijûrô hingerichtet worden war. Deshalb bemühte sich Kichisaburô um Selbstmord, als er nach seiner Krankheit erfuhr, dass Oshich zur Strafe verbrannt werden sollte. Die beiden Figuren gaben zwar zum Schluss ihren Versuch auf, aber sie exkludierten sich aus der Gesellschaft, indem sie Mönch bzw. Nonne wurden. Darin zeigt sich der monopolische Anspruch der Liebe bzw. deren Wahlverwandtschaft mit der Erlösungsreligion – in diesem Fall dem Buddhismus. »Der Liebestod treibt einen Grundzug des Liebescodes ins Extrem, der darin besteht, die Intensität der Liebe qua Relationierung sichtbar werden zu lassen. Die Liebenden negieren die Institution der Ehe, die Vernunft und die Moral, sie ordnen Herkunft und Sozialstatus, ja selbst ihr Leben dem Gefühl füreinander unter. Diese Semantik – am Präferenzcode entlang erzeugt – ist geeignet, zur Passion hinzuführen, mit der sich Liebe der rationalen Kontrolle entzieht und zum Exzess wird.« (Braun 2001: 233). Das Hauptmotiv der Tragödie jener Zeit ist der Konflikt der persönlichen Intimwelt gegen das Ständessystem, gegen Geld und gegen die politische Einheit, vor allem aber gegen das Haus als ökonomisch-politische Einheit gerichtet. Die von einem Zufall ausgelöste Liebe steigert sich an den ständischen, familiären Hemmnissen und führt zumeist zu einem tragischen Ende, weil sich die Liebe immer noch außerhalb der Gesellschaft bzw. gegen die ständischen gesellschaftlichen Ordnungen abspielte. Dieses semantische Muster bezeugt, dass Liebe es noch nicht vermag ein stabiles System zu bilden. Ein glückliches Ende wird nur dann garantiert, wenn die Galanterie einer Kurtisane das ganze Haus überzeugen kann (wie in der Episode Takaos) oder von den Eltern anerkannt wurde (wie Gengobei und Oman). Hingegen findet sogar die Liebe eines Ehepaars keinen Platz in der Gesellschaft, wenn sie von der familiären Ordnungen bzw. der Autorität der Eltern nicht anerkannt wird, wie das Drama von Hanbei und Chise zeigt. Der Exzesscharakter der Liebe stellt sich in der Geschichte Oshichis zugespitzt dar. Ihre passionierte Liebe führte diese sogar zur Brandstiftung.

Das gleiche gilt auch in der Episode Osans. Hier wird die Liebe, die mit dem Ehebruch entstanden ist, thematisiert. In diesem Sinne setzt sich ihre Liebe bereits von Beginn an über eine konventionelle Grenze hinweg. Osan konterte Gott Monju, als er sie im Traum vor ihrer Liebe warnte: »In der Kapelle des Gottes Monju zu Heckentor wollten sie die Nacht durchwachen, doch fielen sie darüber in Schlummer. Um die Zeit der Mitternacht etwa hatten sie im Traum eine wunderbare Erscheinung. Die redete zu ihnen: ›Die ihr unerhörte Buhlerei begangen, nirgends könnt ihr der Vergeltung entgehen. Zwar ist Vergangenes unwiederbringlich, doch wenn ihr künftig euer weltlich Gewand ablegt, das Haar, das euch köstlich dünkt, schert und die Welt verlasset; wenn ihr getrennt voneinander lebet, bösen Gelüsten widerstehet und den Weg der Erleuchtung beschreitet, so mögen euch die Menschen wohl verschonen‹. In diesem huldvollen

Traum hörte sich Osan selber sprechen: ›Was kümmert uns die Zukunft! Mag kommen, was will. Wir haben um der Liebe willen einer für den anderen das Leben gewagt. Hehrer Monju! Du begreifst nur die Liebe von Mann zu Mann. Was weißt du um die Liebe der Frau!‹« (Ihara 1960: 77 f.)

5 Schlussbemerkung

Im Allgemeinen war die frühneuzeitlichen Semantik der Liebe noch nicht mit der der Ehe integriert. Der Hauptzweck der Ehe bestand nach der damaligen Standesethik in Fortpflanzung der Familie. Die räumliche Differenzierung von Haus und Ehe einerseits und Liebe, Erotik und Sexualität andererseits durch die Einrichtung des Freudenviertels weist darauf hin, dass es wie in allen anderen, älteren lokal verdichteten Gesellschaftssystemen auch in Japan zu jener Zeit unmöglich gewesen war, dass die sexuell basierte Intimität und Zweierbeziehung darin einen Platz findet (Luhmann 1982: 38 f.). Zugleich förderte diese Differenzierung die Evolution der Liebessemantik im Freudenviertel in Japan ebenso wie in der französischen Salongesellschaft (vgl. Albrecht 1995; Höfer 1986). Denn Gäste im Freudenviertel orientierten sich zumeist ausschließlich an *plaisir*. In diesem Viertel entwickelte sich zunächst die Semantik der Geselligkeit, *iki*, welche das Sich-Einlassen-auf-eine Beziehung regulierte. Dort gedieh auch die Kunst der Liebe, *ars amandi*, ebenso wie sich *Coquetterie* und *Galanterie* entwickelten (vgl. Luhmann 1982: 113). »Aber es kann passieren, dass man dabei unversehens die Schwelle zur Liebe überschreitet, und damit beginnt die Tragödie.« (Luhmann 1982: 113) Dies ist auch in den *Fünf Geschichten* Saikakus zu sehen. Von allen fünf Episoden endet nur die Geschichte von Oman und Gengobei mit einem ›Happy End‹, in den übrigen vier Geschichten führt die Liebe zu einer Tragödie. Ebenso dramatisch gehen Chikamatsus Dramen aus.

Es war unumstritten, dass das Interesse der Gäste im Freudenviertel an *plaisir* lag. Gerade deshalb, weil man allen Gästen Interesse an *plaisir* unterstellen konnte, kam es dazu, dass die Differenz *plaisir/amour* eine wichtige Rolle spielte (Luhmann 1982: 108 f.) und es dabei auf die Differenz von vorgetäuschter und wahrer Liebe ankommt. Es ist bekannt, dass zahlreiche Techniken im Freudenviertel entwickelt wurde, um die wahre Liebe von der vorgetäuschten zu unterscheiden und sie auf die Probe zu stellen, wie beispielsweise Tätowierungen und ähnliches.[32] Diese kulturhistorische Tatsache belegt

---

32 Hatayama Kizans Shikidô ôkagami [Große Spiegel der Erotik] zählte 6 übliche Bräuche zu jener Zeit auf, die Kurtisanen zum Beweis ihrer echten Liebe verwendeten: 1. Ausreißen der Fingernägel, 2. Tätowierung, 3. Abschneiden der Haare, 4. Abschneiden der Finger, 5. Verletzung der eigenen Beine durch einen spitzen Gegenstand, 6. Schwurbrief. (zit. nach Ishii 1967: 186 f.; auf Deutsch siehe Stein 1997: 374 f.)

das gesteigerte Reflexionsniveau der Liebeskommunikation. Man bezweifelte und reflektierte die Liebe.

Zwar wird schon in *Yonosuke* die Aufwertung von Sexualität und Liebe einerseits und die Verteidigung der Autonomie der Geselligkeit und Intimität gegenüber anderen gesellschaftlichen Mächten deutlich, darunter vor allem der politischen und ständischen Autorität und den feudalen Familienordnungen. Aber dieser Code war zu schwach, um einen autonomen, dauerhaft stabilen Raum der Intimität zu schaffen. Insbesondere der Konflikt mit den Familienordnungen ist in der zugespitzten Form der Doppelselbstmorde in den Dramen Chikamatsus zu sehen. Die umgekommenen Liebenden sollen nicht in die Hölle gehen, sondern im Paradies erlöst werden[33] und dort ewig verbunden bleiben. Der Doppelselbstmord aus Liebe wurde zumindest als bemitleidenswert und in der Form der Tragödie beschrieben, woran sich bereits erste Anzeichen eines Wandels hin zu einer positiven Bewertung erkennen lassen.

Die Aufgabe, Liebe wieder in die Gesellschaft zu integrieren, blieb bestehen. Diese Aufgabe wird in Westeuropa vor allem durch das Freundschaftsmodell der Liebe und die Zähmung der Passion gelöst. Ob dies auch Japan gelang, möchte ich bei anderer Gelegenheit zeigen.

Literatur

Albrecht, Clemens (1995): Zivilisation und Gesellschaft. Bürgerliche Kultur in Frankreich. München: Fink.

Baecker, Dirk/Markowitz, J./Stichweh, Rudolf (Hg.) (1987): Theorie als Passion. Niklas Luhmann zum 60. Geburtstag. Frankfurt am Main: Suhrkamp.

Braun, Manuel (2001): Ehe, Liebe, Freundschaft. Semantik der Vergesellschaftung im frühneuhochdeutschen Prosaroman. Tübingen: Niemeyer.

Caudill, William (1981): Emotionale Grundstrukturen im modernen Japan. In: Gerd Kahle (Hg.): Logik des Herzens. Die soziale Dimension der Gefühle. Frankfurt am Main: Suhrkamp, S. 211–232.

Chikamatsu, Monzaemon (1961): Major Plays of Chikamatsu. Übersetz. v. Donald Keene. New York: Columbia University Press.

Chikamatsu, Monzaemon (1997): Chikamatsu Monzaemon shû. Bd. 1, hrsg. v. Torigoe Bunzô. Tôkyô: Shôgakukan.

Chikamatsu, Monzaemon (1998): Chikamatsu Monzaemon shû. Bd. 2, hrsg. v. Torigoe Bunzô. Tôkyô: Shôgakukan.

Chinpunkan, Shujin (1989): Edo no geisha. [Kurtisanen in Edo]. Tôkyô: Chûô kôron sha.

---

33 Das Drama Sonezaki shinjû endet: »high and low alike gather to pray for these lovers who beyond a doubt will in the future attain Buddhahood. They have become models of true love« (Chikamatsu 1961: 56). Am Ende Shinjû ten no Amijima steht: »People say that they who were caught in the net of Buddha's vow immediately gained salvation and deliverance, and all who hear the tale of the Love Suicides at Amijima are moved to tears.« (Chikamatsu 1961: 425)

Coulmas, Florian (2007): Die Gesellschaft Japans. Arbeit, Familie und demographische Krise. München: Beck.

Eisenstadt, Shmuel N. (1996): Japanese Civilization. A Comparative View. Chicago: University of Chicago Press.

Foucault, Michel (1977): Der Wille zum Wissen. Sexualität und Wahrheit 1: Frankfurt am Main: Suhrkamp.

Gerstle, C. Andrew (Hg.) (2000): 18th century Japan. Culture and Society. Richmond: Curzon.

Gössmann, Hilaria (Hg.) (1998): Das Bild der Familie in den japanischen Medien. München: Iudicium.

Hahn, Kornelia/Burkart, Günter (Hg.) (2000): Grenzen und Grenzüberschreitungen der Liebe. Opladen: Leske + Budrich.

Haraguchi, Torao/Sakai, Robert K./Sakihara, Mitsugu u. a. (Hg.) (1975): The Status system and social organization of Satsuma. A translation of the Shumon tefuda aratame jomoku. Honolulu: University Press of Hawaii.

Höfer, Anette/Reichardt, Rolf (1986): Honnête homme, Honnêteté, Honnêtes gens. In: Rolf Reichardt/Eberhard Schmitt (Hg.): Handbuch politisch-sozialer Grundbegriffe in Frankreich 1680–1820. München: Oldenbourg, S. 7–73.

Ihara, Saikaku (1960): Fünf Geschichten von liebenden Frauen. München: Hanser.

Ihara, Saikaku (1965): Yonosuke. Der dreitausendfache Liebhaber. Wiesbaden: Horst Erdmann Verlag.

Ihara, Saikaku (1996): Kôshoku ichidai otoko; Kôshoku gonin onna; Kôshoku ichidai onna. Ihara Saikaku shû. Bd. 1, hrsg. v. Teruoka Yasutaka u. Higashi Akimasa. Tôkyô: Shôgakukan.

Ishida, Ichirô (1966): Chônin bunka. Genroku, Bunka, Bunsei jidai no bunka ni tsuite. [Die bürgerliche Kultur in der Genroku-, Bunka- und Bunsei-Epoche]. Tôkyô: Shibundô.

Ishii, Ryôsuke (1967): Yoshiwara. Edo yûkaku no jittai. [Yoshiwara. Der Freudenviertel in Edo]. Tôkyô: Chûôkôronsha.

Kahle, Gerd (Hg.) (1981): Logik des Herzens. Die soziale Dimension der Gefühle. Frankfurt am Main: Suhrkamp.

Kischka-Wellhäusser, Nadja (2004): Frauenerziehung und Frauenbild im Umbruch. Ideale von Mädchenerziehung, Frauenrolle und weiblichen Lebensentwürfen in der frühen Jogaku-zasshi (1885–1889). München: Iudicium.

Kleiber, Karina (1997): Gibt es die moderne japanische Familie. Zum Wandel der japanischen Familie in der Neuzeit. In: Ilse Lenz/Mae Michiko (Hg.): Getrennte Welten, gemeinsame Moderne. Geschlechterverhältnisse in Japan. Leverkusen: Leske und Budrich, S. 79–95.

Kohsaka, Shiro; Laube, Johannes (Hg.) (2000): Informationssystem und kulturelles Leben in den Städten der Edo-Zeit. Symposium München, 11.–14.10.1995. Wiesbaden: Harrassowitz.

Kuki, Shûzô (1999): Die Struktur von ›Iki‹. Eine Einführung in die japanische Ästhetik und Phänomenologie. Egelsbach: Hänsel-Hohenhausen.

Lenz, Ilse/Mae Michiko (Hg.) (1997): Getrennte Welten, gemeinsame Moderne. Geschlechterverhältnisse in Japan. Leverkusen: Leske + Budrich.

Luhmann, Niklas (1980): Gesellschaftsstruktur und Semantik, Studien zur Wissenssoziologie der modernen Gesellschaft. Bd. 1. Frankfurt am Main: Suhrkamp.

Luhmann, Niklas (1982): Liebe als Passion. Zur Codierung von Intimität. Frankfurt am Main: Suhrkamp.

Luhmann, Niklas (1995): Soziologische Aufklärung 6. Die Soziologie und der Mensch. Opladen: Westdeutscher Verlag.

Luhmann, Niklas (2008): Liebe. Eine Übung. Frankfurt am Main: Suhrkamp.

May, Ekkehard (1983): Die Kommerzialisierung der japanischen Literatur in der späten Edo-Zeit (1750–1868). Rahmenbedingungen und Entwicklungstendenzen der erzählenden Prosa im Zeitalter ihrer ersten Vermarktung. Wiesbaden: O. Harrassowitz.

Mitamura, Engyo (1997): Edo no Hanamachi. Tôkyô: Chûôkôronsha.

Morikawa, Takemitsu (2011): Das frühneuzeitliche Japan in der Medien- und Literaturgeschichte: Zur Erweiterung der gesellschaftstheoretischen Perspektive Niklas Luhmanns. Working Paper, Luzern.

Morikawa, Takemitsu (2012): Iki-Semantik und die soziale Struktur. Eine Revision der Struktur des Iki Kuki Shuzos. In: Zusammenhänge. Jahrbuch für Asiatische Philosophie, Bd. 2 (im Druck).

Neuss-Kaneko, Margret (1990): Familie und Gesellschaft in Japan. Von der Feudalzeit bis in die Gegenwart. München: Beck.

Nishiyama, Matsunosuke (Hg.) (1974): Edo chônin no kenkyû. [Studien über Edo-Bürger]. Tôkyô: Yoshikawa Kôbun kan.

Ochiai, Emiko (1998): Familie und Geschlechterbeziehung in Japan seit Ende des Zweiten Weltkrieges bis zur Gegenwart. In: Hilaria Gössmann (Hg.): Das Bild der Familie in den japanischen Medien. München: Iudicium, S. 33–56.

Ono, Takeo (2002): Yoshiwara to Shimabara. [Yoshiwara und Shimabara]. Tôkyô: Kôdansha.

Rebick, Marcus E.; Takenaka, Ayumi (Hg.) (2006): The changing Japanese Family. London: Routledge.

Reichardt, Rolf/Schmitt, Eberhard (Hg.) (1986): Handbuch politisch-sozialer Grundbegriffe in Frankreich 1680–1820. München: Oldenbourg.

Sakai, Robert K. (1975): An Introductory Analysis. In: Torao Haraguchi u. a. (Hg.): The Status system and social organization of Satsuma. A translation of the Shumon tefuda aratame jomoku. Honolulu: University Press of Hawaii, S. 5–41.

Schmidt, Johannes F. K. (2000): Die Differenzierung persönlicher Beziehungen. Das Verhältnis von Liebe, Freundschaft und Partnerschaft. In: Kornelia Hahn/Günter Burkart (Hg.): Grenzen und Grenzüberschreitungen der Liebe. Opladen: Leske + Budrich, S. 73–100.

Stein, Michael (1997): Japans Kurtisanen. Eine Kulturgeschichte der japanischen Meisterinnen der Unterhaltungskunst und Erotik aus zwölf Jahrhunderten. München: Iudicium

Stichweh, Rudolf (2009): Inklusion und Exklusion. Analysen zur Sozialstruktur und sozialen Ungleichheit. Wiesbaden: VS.

Takada, Mamoru (2000): Zur Geschichte der Freudenvirtel. In: Shiro Kohsaka/Johannes Laube (Hg.) (2000): Informationssystem und kulturelles Leben in den Städten der Edo-Zeit. Symposium München, 11.–14.10.1995. Wiesbaden: Harrassowitz. S. 195–210.

Takamure, Itsue (1963): Nihon kon'in shi. [Geschichte der Eheformen in Japan]. Tôkyô: Shibundô.

Tenbruck, Friedrich Heinrich (1990): Die kulturellen Grundlagen der Gesellschaft. Der Fall der Moderne. 2. Aufl. Opladen: Westdeutscher Verlag.

Teruoka, Yasutaka (2000): The pleasure quarters and Tokugawa culture. In: C. Andrew Gerstle (Hg.) (2000): 18th century Japan. Culture and Society. Richmond: Curzon, S. 3–32.

Torigoe, Bunzô (Hg.) (1998): Chikamatsu no jidai [Chikamatsus Epoche]. Tokyo: Iwanami shoten

Tyrell, Hartmann (1987): Romantische Liebe. Überlegungen zu ihrer ›quantitativen Bestimmtheit‹. In: Dirk Baecker u. a. (Hg.) (1987): Theorie als Passion. Niklas Luhmann zum 60. Geburtstag. Frankfurt Main: Suhrkamp, S. 570–599.

Ujiie, Mikito (1996): Fugimittsû. Kinjirareta koi no Edo. [Ehebruch! Verbotene Liebe in der Edo-Zeit]. Tôkyô: Kodansha.

Trauer als Forschungsgegenstand der Emotionssoziologie

Nina Jakoby

> »Grief plays a limited role in general sociological theories of emotions.« (Charmaz/Milligan 2006: 517)

1   Einleitung

Trauer nach dem Tod eines geliebten Menschen ist ein randständiges soziologisches Thema. Sie wird primär von den Humanwissenschaften Psychologie, Psychiatrie und Medizin bearbeitet. Gemäß der Aussage von Tony Walter »Sociologists never die« sind das Sterben und die damit verbundene Trauer gesellschaftliche Themenbereiche, die in der Soziologie kaum existieren, ganz so, als ob Soziologinnen und Soziologen niemals sterben würden. An dieser Defiziteinschätzung hat sich bis heute wenig geändert (vgl. Schneider 2005: 55). Wenn die Soziologie sich mit Emotionen beschäftigt, dann eher mit Scham, Vertrauen oder Neid. Allgemeine Lehrbücher zur Soziologie der Emotionen thematisieren Trauer nur am Rande (z. B. Flam 2002; Gerhards 1988; Turner/Stets 2005). Die Trauer wird zumeist nur dann erwähnt, wenn Durkheim (1994) als Klassiker der Emotionssoziologie diskutiert und seine Studie *Die elementaren Formen des religiösen Lebens* vorgestellt wird. Für Durkheim (1994: 532) ist Trauer kein spontaner Ausdruck individueller Gefühle, sondern eine Pflicht und rituelle Handlung, die von der Gruppe auferlegt wird. Forschungsgegenstand der kulturvergleichenden Studien ist vor allem der Ausdruck von Trauer in einer gegebenen Kultur und die damit verbundenen Trauerrituale, während das empfundene Gefühl von Trauer bei einem Verlust einer nahestehenden Person vernachlässigt wird (vgl. Lofland 1985; Rosenblatt u. a. 1976). Mit Ausnahme von Charmaz und Milligan (2006) sowie Cochran und Claspell (1987) kommt die bisherige soziologische Betrachtung der Trauer (insb. Walter 1996, 1999; Winkel 2002; Valentine 2008) zumeist ohne expliziten Bezug zu den verschiedenen emotionssoziologischen Ansätzen aus. Die Soziologie der Emotionen hat aber mehr zur Erforschung der Trauer beizutragen. Dies aufzuzeigen ist Ziel dieses Beitrages.

Psychologische Perspektiven dominieren das Verständnis der Trauer. Sie sehen in der Trauer primär eine Krankheit, die es zu überwinden gilt *(grief as a disease)* und blenden aus, dass Trauer als schmerzhafte Emotion verstanden werden muss *(grief as an emotion)* (vgl. Bradbury 1999; Charmaz/Milligan 2006; Rosenblatt 2006). Die Psychologie verbleibt auf der Ebene des subjektiven Erlebens und analysiert Trauer reduktionistisch als intrapersonelles Phänomen; die sozialen und kulturellen Bedingungen dieser Emotion vernachlässigt sie völlig. Im Vordergrund der psychologischen Forschung stehen der individuelle Ausdruck von Trauer, ihre Symptomatik und potenzielle therapeutische Interventionen (vgl. Charmaz/Milligan 2006). Diese verengte Sichtweise korreliert mit dem Phasenmodell der Trauer (Parkes 1972), der Unterscheidung zwischen normaler und pathologischer Trauer und den klassischen psychologischen Trauertheorien (Freud 1917, Bowlby 1969). Trauer ist jedoch *keine* Krankheit, da sie nicht in der American Psychiatric Association's Diagnostic and Statistical Manual (DSM-III) aufgeführt wird (vgl. Archer 1999; Averill/Nunley 2006; Horwitz/Wakefield 2007). Zudem betrachtet die Gesellschaft trauernde Individuen nicht als psychisch oder physisch Kranke (vgl. Horwitz/Wakefield 2007). Darüber hinaus weisen Cochran und Claspell (1987) darauf hin, dass ein Verlusterlebnis auch zu persönlicher Entwicklung oder Reifung führen kann. Auch dieses Argument widerspricht der Definition von Trauer als Krankheit. Das mentale Leiden, das mit der Trauer verbunden ist, führt allerdings dazu, dass diese oft mit Depression, Stress und anderen psychischen Krankheiten gleichgesetzt wird (Archer 1999; Horwitz/Wakefield 2007).

Trauer ist jedoch nicht nur ein individuelles Gefühl bzw. subjektives Phänomen oder gar ein pathologischer Zustand, sondern ergibt sich aus sozialen Beziehungen, affektiven Bindungen, Erwartungen und Verpflichtungen (vgl. Charmaz/Milligan 2006). Diese Aspekte stellen zentrale Anknüpfungspunkte für eine Analyse der Trauer aus der Perspektive der Emotionssoziologie dar. Die Soziologie platziert das Individuum in einen sozialen Kontext und versteht Trauer als interpersonellen Prozess. Dies impliziert zugleich ein Verständnis von Trauer als *normale* emotionale Reaktion auf einen Verlust – als Prototype intensiver, aber normaler Traurigkeit und menschlicher Erfahrung (vgl. Horwitz/Wakefield 2007). Deshalb muss die Trauer systematisch in eine Soziologie der Emotionen integriert und vom medizinischen Modell abgegrenzt werden. Der soziale Anteil der Trauer kann mit Hilfe des Frames ›Emotion‹ theoretisch eingebettet werden. Dies ist der Schwerpunkt dieses Beitrages. Er konzeptualisiert Trauer als soziales Phänomen und greift dabei auf allgemeine emotionssoziologische Ansätze (Symbolischer Interaktionismus, Strukturelle Theorie, Verhaltenstheoretischer Ansatz) zurück.[1] Es gilt zu zeigen, wie die Emotionssoziologie zu einem besseren Verständnis der Trauer beitragen kann.

2 Trauer als Emotion: Definitionen und Konzepte

Die wesentlichen Elemente der verschiedenen Definitionen von Emotionen sind die physiologische Erregung, der motorische Ausdruck und das subjektives Gefühl. Dazu gehören weiterhin motivationale Faktoren, wie zum Beispiel Handlungstendenzen

---

[1] Ritualtheorien konzeptualisieren Trauer als kollektive Emotion (vgl. Durkheim 1994; Collins 1990; Barbalet 1994). Der rituelle Charakter von Trauer wird in dieser Betrachtung jedoch nicht weiter vertieft.

sowie kognitive Bewertungs- und Einschätzungsprozesse (vgl. zusammenfassend von Scheve 2009: 71; Turner/Stets 2005: 9). Während Traurigkeit als primäre Emotion bzw. Basisemotion definiert wird, bildet die Trauer nach Turner (2007) eine sekundäre Emotion.[2] Nach Charmaz und Milligan (2006: 517) ist Trauer eine Variation von Traurigkeit. Nur Fromme und O'Brian (1982) sowie Panksepp (1982) zählen Trauer explizit zu den primären Emotionen. Als subjektive emotionale Reaktion auf den Verlust und die Trennung von einem/einer signifikanten Anderen stellt sie einen »Schmerz über den Verlust von Unersetzlichem« (Hahn 1968) dar. Trauer ist eine schmerzhafte Emotion, die affektive, kognitive, physiologische und konative Komponenten enthält. Sie ist multikomplex und wird auf der affektiven Ebene von anderen Emotionen, wie Wut, Angst, Traurigkeit oder Schuld, begleitet. Sie geht zum Beispiel mit Unruhe, Müdigkeit oder Weinen auf der Verhaltensebene und mit Konzentrationsschwierigkeiten, Erinnerungsstörungen u. a. auf der kognitiven Ebene einher. Zudem ist sie mit physiologischen Aspekten wie Appetitlosigkeit, Schlafstörungen, Kopfschmerzen und anderen somatischen Reaktionen verkettet (vgl. zusammenfassend Stroebe/Stroebe 1987; Shuchter/Zisook 2006). Trauer bezieht sich immer auf ein Objekt (Ende einer Freundschaft, Ehescheidung, Wohnortwechsel, Arbeitsplatzverlust). Einer der elementarsten Verluste ist der Tod eines geliebten Menschen, der im Vordergrund dieser emotionssoziologischen Betrachtung der Trauer steht.

Die biologische Komponente der Trauer wird durch das Konzept des Verlustschmerzes *(separation distress)* erfasst. *Separation distress* kann als Affektprogramm innerhalb der Emotion Trauer definiert werden, als ein zentraler, jedoch nicht allumfassender Bestandteil, der einen Teil der Trauersymptomatik erklären kann. Dieser Verlustschmerz als biologisches, automatisches Verhaltensprogramm bildet die Grundform der Trauer bei Erwachsenen, Kindern oder auch Tieren. Er ist definiert als »alarm reaction set off by a deficit signal in the behavioral system underlying attachment.« (Archer 1999: 153) Separation distress geht mit Suchverhalten, einer erhöhten Funktion des vegetativen Nervensystems (Puls, Blutdruck) und mentalen Schmerzen einher (vgl. Archer 1999). Doch nur bei Erwachsenen führen Verluste zur Trauer im hier betrachteten Sinn. Aus der Perspektive der Soziologie konstituiert sich Trauer als eine soziale Emotion, für die eine hohe soziale und kulturelle Variabilität des emotionalen Ausdrucks und Gefühls charakteristisch ist. Zudem setzt sie Kognitionen wie Denken, Vorstellen oder Integration von neuen Informationen voraus. Des weiteren ist eine Regulation des Gefühls und emotionalen Ausdrucks möglich. Voraussetzungen für die Trauer sind ein Selbstkonzept und die mentale Repräsentation des/der Verstorbenen (vgl. von Scheve 2009).

---

2   Nur Bonnano (2007) kritisiert die Definition von Trauer als Emotion. Er begründet dies mit der Feststellung von vier zentralen Unterschieden: 1) Emotionen und Trauer haben verschiedene zeitliche Intervalle. 2) Trauer wird von mehreren Emotionen begleitet. 3) Emotionen und Trauer haben verschiedene interne Bedeutungsstrukturen. 4) Beide rufen unterschiedliche Coping-Strategien hervor (vgl. Bonnano 2007: 494 ff.).

Trauer ist *mehr* als separation distress (vgl. auch Archer 1999). Sie kann nicht auf einen körperlichen Erregungszustand oder ein Reiz-Reaktionsschemata reduziert werden.

Neben wissenschaftlichen Klassifikationen sollen abschließend die individuellen Erfahrungen von Hinterbliebenen angeführt werden, die die in den vorherigen Abschnitten beschriebene Multikomplexität der Trauer verdeutlichen. In *The Language of Emotions* von Davitz (1969) werden diese Erfahrungen sehr eindrücklich beschrieben (vgl. Krause 1994: 331 f.):

> »Ein Klumpen ist in meiner Kehle, […] es ist ein erdrückendes, beklemmendes Gefühl mitten in meiner Brust, es ist ein innerer Schmerz, der nicht zu lokalisieren ist, […] ich kann nicht lächeln oder lachen, da ist ein nagendes Gefühl in meiner Magengrube.«

> »Es ist ein Gefühl des Bedauerns, ein Empfinden von Sehnsucht, ein Verlangen danach, daß alles wieder wie vorher sei.«

> »Ich fühle mich leer, erschöpft, im Stich gelassen, mein ganzes Interesse, meine Vitalität ist weg, ich sehe in mich rein, ich bin in mich gekehrt.«

Wie können wir dieses individuelle Gefühl aus soziologischer Perspektive erklären? Welchen Beitrag leistet die Emotionssoziologie für das Verständnis der Trauer in Abgrenzung zum medizinischen Modell? Diesen Fragen wird in den folgenden Abschnitten unter Zuhilfenahme von drei prominenten emotionssoziologischen Ansätzen nachgegangen. Damit wird erstmals eine mikro- und makrosoziologische Perspektive auf Trauer eröffnet, die in der bisherigen Trauerforschung vernachlässigt wurde.

3   Emotionssoziologische Ansätze und Trauer

Es fehlt eine systematische Verbindung zwischen allgemeinen emotionssoziologischen Ansätzen (Symbolischer Interaktionismus, Strukturelle Theorie, Verhaltenstheoretischer Ansatz) und dem Trauerphänomen, die einen Beitrag zur soziologischen Erklärung und Beschreibung dieses individuellen Gefühls leisten können. Ziel ist eine theoretische Integration des Phänomens Trauer in Abgrenzung zu den klassischen psychologischen Trauertheorien.

3.1   *Symbolischer Interaktionismus: Trauer als schmerzhafte Rekonstruktion des Selbst und emotionale Rolle*

Im Wesentlichen sind es drei Aspekte, die der Symbolische Interaktionismus zum Verständnis der Trauer beiträgt. Erstens wird der Tod eines/einer signifikanten Anderen als ›loss of self‹ interpretiert (vgl. Charmaz 1980; Rosenblatt 2006; Schmied 1985; Bradbury 1999). Ebenfalls wird die Bedeutung von Framing-Prozessen hervorgehoben, die mit einem Verlustereignis verbunden sind. Und letztendlich wird Trauer als emotionale Rolle konzeptualisiert und der Einfluss von Gefühlsregeln auf die Trauerrolle hervorgehoben (vgl. Averill 1980; Hochschild 2006; Fowlkes 1990; Doka 2002).

Es ist nicht nur der Verlust der geliebten Person, der Tod zerstört auch die Grundlage des Selbst der Hinterbliebenen. Nach Mead konstituiert sich das Selbst aus der Bewusstheit von Anderen; der bzw. die Andere erfährt sich aus der Sicht des Gegenübers (vgl. Schmied 1985: 137). Aus symbolisch-interaktionistischer Perspektive bedeutet der Tod einer nahestehenden Person einen *Verlust des Selbst* (Charmaz 1980; Rosenblatt 2006; Schmied 1985). Die Hinterbliebenen verlieren einen Teil der Identität, die in Interaktionen mit signifikanten Anderen konstruiert wurde, denn nach Mead gibt es keine scharfe Grenze zwischen eigener Identität und der Identität anderer. Der Verlust eines Gruppenmitgliedes hat einen fundamentalen Eingriff in die Handlungsfähigkeit und die Gefühlswelt der Hinterbliebenen zur Folge (vgl. Schmied 1985: 137). Dies wird verständlich, wenn man sich bewusst macht, was der Tod eines/einer signifikanten Anderen bedeutet (Cochran/Claspell 1987; Valentine 2008). Das soziologische Konzept der *threads of connectedness* (Lofland 1985) beschreibt die multidimensionalen Verbindungen, die durch einen Tod zerstört werden. Es ist nicht ›nur‹ der Verlust des Individuums, die physische Präsenz, sondern mit ihm/ihr sind eine Reihe weiterer Bedeutungen verbunden, die gleichzeitig durch den Tod zerstört werden und auch als »multiple Verluste« (Stroebe/Schut 1999), »Verlust des sozialen Kontextes« (Rosenblatt 2006) oder »Bruch der Biographie« (Schmied 1985) bezeichnet werden. Im Einzelnen sind das zum Beispiel der Verlust von sozialen Rollen (z. B. Ehefrau, Mutter), Verlust des privaten Selbst, Verbindungen zu anderen Personen (Zugang zu sozialen Netzwerken) und anderen sozialen Welten, eine geteilte Realität, erhoffte Zukunft, gemeinsame Vergangenheit oder eine Quelle von Sicherheit und Bestätigung (vgl. Lofland 1985: 175). In dieser Sichtweise wird Trauer als *schmerzhafte Neukonstitution des Selbst* und Alltagslebens verstanden, in der es zu einer Neuorientierung von Handlungen, Haltungen und emotionalen Bindungen kommt (vgl. Schmied 1985: 138). Trauer kann damit als »psychischer Prozess des Abschiednehmens« (Bellebaum 1992) interpretiert werden und dies nicht nur von der geliebten Person, sondern ebenfalls von dem durch sie etablierten (alten) Selbst, sozialen Rollen oder Bindungen. Die soziale Identität der Individuen wird damit insbesondere bei Verlusten von signifikanten Anderen deutlich (vgl. Bradbury 1999).

In Übereinstimmung mit diesen soziologischen Konzeptionen ist auch das psychologische *dual process model of coping* (Stroebe/Schut 1999; Hofer 1984) zu verstehen. Es unterscheidet zwischen zwei Reaktionen nach einem Todesfall, zum einen auf den Verlust der spezifischen Person und zum anderen auf den Verlust der latenten Funktionen der verloren gegangenen Beziehung (vgl. Hofer 1984). Das Modell differenziert damit auch zwischen zwei Arten von Stressoren, die Einfluss auf den Coping-Prozess haben und an die unterschiedliche therapeutische Interventionen gekoppelt sind: a) ›loss-oriented stressors‹ und b) ›restoration-oriented stressors‹. Erstere beziehen sich auf die Beziehung zum/zur Verstorbenen und die Todesumstände, während letztere die Reorganisation des täglichen Lebens, finanzielle Probleme oder soziale Isolation betreffen. Im Fokus steht hier die veränderte Welt, die als sekundäre Konsequenz eines Verlustereignisses bewältigt werden muss (vgl. Stroebe/Schut 1999: 212 ff.). Die Annahme von ›sekundären Konsequenzen‹ und die ›latenten Funktionen‹ einer Beziehung entsprechen den Überlegungen Loflands (1985) zur Multidimensionalität intimer Beziehungen (›threads of connectedness‹).

Auch die Bedeutung von persönlichem Besitz und Gegenständen der Verstorbenen für die Hinterbliebenen kann aus symbolisch-interaktionistischer Perspektive erklärt werden (vgl. Rosenblatt 2006). Indem sie Erinnerungen und Gefühle versinnbildlichen, schaffen sie Kontinuität und Verbindungen zur Vergangenheit (vgl. Belk 1988). Diese Gegenstände oder Fotografien sind mehr als nur Erinnerungen, denn sie definieren Gefühle, personalisieren die Verstorbenen, die Beziehung zu Lebzeiten und die Position innerhalb der Familie und fungieren damit als »identity anchors« (Charmaz/Milligan 2006) oder »linking objects« (Archer 1999).

Der Symbolische Interaktionismus weist zudem auf die Wichtigkeit von Framing-Prozessen im Kontext von Verlustereignissen hin. Ein soziologisches Verständnis der Trauer erfordert die Berücksichtigung der subjektiven Interpretationen und Deutungen, die mit dem Tod verbunden sind. Diese Tatsache kann als *Framing des Verlustes* bezeichnet werden und korrespondiert mit den Annahmen der kognitiven Emotionstheorien (Schachter/Singer 1962, Reisenzein 1983), die davon ausgehen, dass kognitive Interpretationen Emotionen bedingen. Das im vorherigen Abschnitt vorgestellte Konzept der ›threads of connectedness‹ (Lofland 1985) zeigt in diesem Zusammenhang auf, wie unterschiedlich die Bedeutung eines/einer signifikanten Anderen definiert werden kann. Die Intensität von Emotionen ist durch kognitive Einschätzungen *(appraisals)* des Verlustobjektes in Relation zu den Bedürfnissen, Zielen, Erfahrungen oder Werten des/der Hinterbliebenen bestimmt (vgl. Shaver/Tancredy 2007; Reisenzein 2000). Diese sozialen Einschätzungen verbinden die Veränderung der Umwelt (Tod einer geliebten Person) und das Individuum (und seine/ihre Biografie, Sozialität, Interaktivität) (vgl. von Scheve 2009). Der Verlust eines/einer signifikanten Anderen wird nun vor diesem Hintergrund – bewusst oder unbewusst – definiert (vgl. auch Cochran/Claspell 1987; Valentine 2008). Spezifizieren Gefühlsregeln die situationsspezifisch erwarteten Gefühle, implizieren Framing-Regeln hingegen bestimmte soziale oder kulturell vorgegebene Interpretationen, die für Situationen gelten (vgl. Turner 2007). Es sind gesellschaftlich vorgegebene Situationsdefinitionen. Nach Kemper (1981b: 136) kann gerade die Soziologie das begriffliche Modell des sozialen Umfeldes liefern, das die situationsspezifischen Bewertungsprozesse auslöst. Auf individueller Ebene gibt es zwei Quellen von kognitiven Bewertungen und Interpretationen (Frames), die für das Verständnis der Trauer von besonderer Bedeutung sind: der persönliche Frame und der Familien-Frame. Der persönliche Frame bezieht sich auf kognitive Einschätzungen und Bewertungen des Verlustes vor dem Hintergrund dessen, was ein Individuum ausmacht, z. B. Erfahrungen, Wünsche, Ziele oder Bedürfnisse (vgl. auch von Scheve 2009). Nach Bradbury (1999) impliziert der persönliche Frame allgemeine Glaubenssysteme, wie Liebe, Krankheit, religiöse Vorstellungen oder Gesundheit. Hierzu gehören insbesondere auch frühere Verlusterlebnisse und biografische Erfahrungen im Umgang mit Sterben und Tod, vor deren Hintergrund der Verlust definiert wird (Stroebe/Stroebe 1987). Der Familien-Frame ist verbunden mit einem Prozess, den man als »family meaning-making« (Nadeau 2007) bezeichnet. Die Art und Weise, wie Familienmitglieder die Realität des Todes definieren – zum Beispiel als Erlösung von Qualen oder als einen Tod, der hätte vermieden werden können – hat Einfluss auf die Intensität und Qualität der Trauer der Angehörigen.

Andere Ansätze konzeptualisieren Trauer als *emotionale Rolle* – als Emotion, die durch soziale Normen und Gefühlsregeln determiniert ist (Averill/Nunley 2006, Hochschild 2006). Wichtigste Vertreterin dieses Ansatzes ist Arlie Hochschild. Nach Badura und Pfaff (1989: 648) liefert Hochschild (2006) zum einen eine Mikrosoziologie der Gefühlsmanifestation, des Gefühlsmanagements und -ausdrucks von Individuen und zum anderen eine Makrosoziologie sozialer Gefühlsregeln. Aus beiden Sichtweisen, die im Folgenden dargestellt werden, ergeben sich wertvolle Erkenntnisse für eine soziologische Erklärung der Trauer. Gefühlsregeln sind gesellschaftliche Normen, die spezifizieren, welche Gefühle, wann, mit welcher Intensität und mit welcher Dauer zum Ausdruck gebracht werden. Normabweichungen, so genannte *emotional deviances* (Thoits 1990), können auch durch konfligierende Erwartungen von Familie und Freunden entstehen (vgl. Turner/Stets 2005: 54). So können wir zu viel oder zu wenig trauern oder unsere Trauer über- bzw. untertreiben. Es gibt falsche Zeitpunkte und Orte der Trauer (vgl. Hochschild 2006: 81). Weitere Grundregeln für Trauernde beziehen sich nach Hahn (1968) auf das erwartete äußere Verhalten, konkret in der Vermeidung des Besuchs von geselligen Veranstaltungen, einer sofortigen Wiederheirat nach Tod des Ehemannes oder der Ehefrau sowie dem Tragen von Trauerkleidung.

> »Daß Menschen so häufig glauben, sie hätten sich nicht richtig verhalten zeigt, was für eine bemerkenswerte Leistung ›richtiges‹ Trauern darstellt, d. h. zu trauern, ohne die erstaunlich präzisen Standards zu verletzen, die wir aus der kulturellen Überlieferung über angemessenes Fühlen beziehen.« (Hochschild 2006: 83)

Nach Fowlkes (1990: 649) ist Trauer sozial reguliert, da das Recht zu trauern an die moralische Definition eines *legitimen Verlustes* bzw. einer intimen Beziehung gebunden ist. Gesellschaftliche Normen definieren den Grad der Intimität von Sozialbeziehungen und geben vor, welche Menschen für uns wichtig sind (vgl. Hahn 1968). In diesem Zusammenhang werden kernfamiliale Beziehungen von anderen Beziehungstypen (z. B. Freunden und Freundinnen oder gar Haustiere) klar abgegrenzt und moralisch höher bewertet. Diese hierarchische Sichtweise spiegelt sich auch in der (psychologischen) Literatur über Trauer wider, die primär den Verlust von EhepartnerInnen und Kindern thematisiert, andere Personengruppen jedoch vernachlässigt. Hahn (1968) stellt einen Zusammenhang zwischen der Intensität der Trauer und dem genealogischen Verwandtschaftsverhältnis her und die an sie geknüpften Rollenerwartungen.

Eine weitere soziologische Verbindung kann zwischen der Gefühlsarbeit und der Trauerreaktion hergestellt werden. Dokas (2002) Konzept der entrechteten Trauer *(disenfranchised grief)* stellt nach Charmaz und Milligan (2006: 531) einen der wichtigsten Beiträge der soziologischen Trauerforschung dar und knüpft inhaltlich an die Aussagen von Fowlkes (1990) an. So kann es zu einer Unterdrückung der Trauerreaktion bei stigmatisierten Verlusten kommen, z. B. im Fall des Todes des/der Geliebten oder PartnerInnen von gleichgeschlechtlichen Beziehungen. Die Basis von Trauer bildet damit nach Hahn (1968: 126) der »Schmerz über den Verlust von Unersetzlichem«, und dies entweder subjektiv oder in Übereinstimmung mit institutionalisierten Erwartungen. In ihrer Studie über normative Gefühlsregeln verweist Goodrum (2008) auf die Komplexität der Strategien und Techniken des Trauermanagements. Die häufigsten Strategien, die eigenen Emotionen in Einklang mit normativen Erwartungen zu bringen, waren die Unterdrückung der Trauer und die Vortäuschung, dass es einem gut gehe. Dies zeigt sich im Herunterspielen der Trauer im Sinne eines Oberflächenhandelns oder »display act« (Hochschild 1979) mit dem primären Ziel, z. B. andere Familienmitglieder vor der eigenen Trauer zu ›schützen‹. Gleichzeitig kann aber auch eine Gefühlsarbeit in Form des »deep acting« (Hochschild 1979) bestätigt werden. Als Techniken der emotionalen Sozialisation durch Andere wurde das Vermeiden des Themas (›It is time to move on‹) oder Weinen als Signal der Unfähigkeit, mit der Trauer der Anderen umzugehen, hervorgehoben (vgl. Goodrum 2008).

Aus symbolisch-interaktionistischer Perspektive ist Trauer durch subjektive Situationsdefinitionen des Verlustes geprägt, die ein Verständnis der Multidimensionalität affektiver Bindungen erfordert (vgl. Lofland 1985; Rosenblatt 2006; Valentine 2008). Gleichzeitig weist dieser Ansatz auf die zahlreichen Rollenerwartungen an Trauernde hin, die eine Selbstregulation der Emotion und des Ausdrucks der Trauer zur Folge haben können (vgl. Hochschild 1979, 2006; Fowlkes 1990; Doka 2002; Goodrum 2008). Das psychologische Konzept der normalen Trauer stellt sich als von Gefühlsregeln bestimmt dar, das davon abweichende Trauerreaktionen als pathologisch definiert. So enthalten die psychologischen Konzepte, z. B. chronische Trauer, gehemmte Trauer oder verspätete Trauer, implizite Gefühlsregeln über Länge, Dauer und Intensität der Trauer (vgl. auch Charmaz/Milligan 2006). Die soziale Konstruktion der normalen Trauer erwartet intensiven Schmerz und Verzweiflung, zu durchlebende Trauerphasen, Trauerarbeit und ›recovery‹ (vgl. Wortman/Silver 2007). Vor diesem Hintergrund erweist sich das Modell der normalen Trauer als eine soziale und kulturelle Konstruktion. Zudem muss die Vorstellung von der Loslösung von alten Bindungen und ›recovery‹, die das medizinische Modell impliziert, kritisch gesehen werden. Vor dem Hintergrund der Annahmen des Symbolischen Interaktionismus, der von einer Zerstörung des Selbst im Fall des Todes eines/einer signifikanten Anderen ausgeht, erscheint die Idee einer endgültigen Ablösung und Bewältigung des Verlustes nicht möglich. Das einzige, was möglich erscheint, ist der Wiederaufbau bzw. die Neukonstruktion des Selbst: »It is the rebuilding of the self that takes time, not the healing of an injury or wound.« (Bradbury 1999: 176) In Übereinstimmung mit dieser Annahme weisen soziologische Ansätze (vgl. Walter 1996, 1999; Winkel 2002; Valentine 2008) auf die Integration der Verstorbenen in die Biografie der Hinterbliebenen mittels Kommunikationsprozesse hin.

3.2 Strukturelle Theorie: Trauer und Sozialstruktur

Das Phänomen der Trauer kann nicht getrennt von sozialstrukturellen Rahmenbedingungen gesehen werden, in denen sich die Hinterbliebenen befinden und in die die Trauerreaktion eingebettet ist. Die Verbindungen zwischen Trauer und Sozialstruktur zeigen sich in dreierlei Hinsicht:

1. Die Verbindung zwischen der Status-Macht-Position einer sozialen Beziehung und Trauer wie sie Kemper (1981a) postuliert.
2. Die Verbindung zwischen Coping-Ressourcen, Coping-Stilen und sozialen Positionen (Turner/Stets 2005, Young/Cullen 1996, Allen 2007).
3. Die Verbindung zwischen Gefühlsregeln und Sozialstruktur (vgl. Hochschild 1979, 2006).

Die Sozialstruktur ist nach Kemper (1981a: 338) ein allgemeines Konzept, das sich sowohl auf die Makroebene (z. B. Organisationen, soziale Klassen) als auch auf die Mikroebene und die interpersonellen Beziehungen zwischen Akteuren bezieht. Das emotionale Erleben wird als eine Reaktion auf ein Interaktionsergebnis verstanden. Emotionen ergeben sich aus erlebten, vorgestellten oder erwarteten Ergebnissen sozialer Beziehungen (vgl. Kemper 1981b: 145). Wenn ein Individuum zu wenig Anerkennung aufgrund einer zu geringen Status-Macht-Position in Begegnungen mit Anderen erhält, dann können sich negative Gefühle wie Enttäuschung, Ärger oder Traurigkeit einstellen (vgl. Flam 2002). *Macht* bezieht sich auf »actions that are coercing, forcing, threatening, punishing, […] producing thereby a relationship of domination and control of one actor by the other.« (Kemper 1981a: 337) *Status* hingegen is eine »scalar dimension reflecting the amount of uncoerced, willing compliance, approval, deference, reward, praise, emotional or financial support, even love, that actors accord each other.« (Kemper 1981a: 337) Damit umfasst die Machtdimension sozialer Beziehungen Handlungen wie Gewalt, Zwang, Bedrohung oder Beherrschung, während die Statusdimension die freiwillige Gewährung von emotionaler Unterstützung, Liebe, Freundschaft oder sonstigen Belohnungen impliziert (vgl. Kemper 1981b: 139). Traurigkeit rekurriert z. B. auf einen Statusverlust, wobei das Individuum sich selbst als Ursache erkennt. Auch die Depression resultiert nach Kemper (1981b: 144) aus einem Mangel, d. h. ungenügenden Gratifikationen und Belohnungen durch Andere, z. B. der Verlust oder das Zurückweisen von Liebe. Wird das Selbst dabei als Ausgangspunkt für das Statusdefizit gesehen, entsteht Verzweiflung oder Apathie. Dieses Erklärungsmodell lässt sich darüber hinaus auf Ärger, Wut, Neid oder Scham anwenden (vgl. Turner/Stets 2005).

Kemper (1981a) liefert kein explizites Modell der Trauer, aber er nutzt das Beispiel der Trauer zur Verdeutlichung der konstruktivistischen und positivistischen Perspektive von Emotionen. Wie kann man das Gefühl der Trauer bei einer Beerdigung erklären? In direktem Gegensatz zum Symbolischen Interaktionismus verweist Kemper auf die soziale Beziehung zwischen Verstorbenen und Hinterbliebenen. Einzig das Ergebnis der Sozialbeziehung in ihren Grunddimensionen Status und Macht vermag die Emotion Trauer zu erklären.

> »We do not grieve or feel the depressed emotional state of mourning at a funeral, (…), unless we were in a state of happy relationship to the dead person or his or her survivors, which evokes grief or mourning sentiments from us because of *the loss of that relationship* or our sympathy for those who have lost it.« (Kemper 1981a: 345, eigene Hervorh.)

In diesem Sinne bedeutet der Tod von signifikanten Anderen einen *Statusverlust,* da Zuwendungen wie Liebe oder Unterstützung verloren sind (vgl. auch Scherke 2009). Und umgekehrt wird sich keine Trauer zeigen, wenn die Beziehung zwischen den Verstorbenen und Hinterbliebenen durch Zwang, Bedrohung oder Gewalt gekennzeichnet war. An dieser Stelle müssen jedoch widersprüchliche Befunde der psychoanalytischen Trauerforschung angeführt werden, die zeigen, dass insbesondere eine konfliktreiche, ambivalente Beziehung zentraler Risikofaktor für pathologische Trauer ist (vgl. Freud 1917). Ambivalenz bezieht sich auf eine soziale Beziehung, in der Liebe und Hass koexistieren. Sie kann zu Trauerreaktionen mit verstärkten Schuldgefühlen und Beeinträchtigungen des Selbstwertgefühls führen, die den Coping-Prozess negativ beeinflussen (vgl. Stroebe/Stroebe 1987: 202). Der strukturelle Ansatz liefert eine weitere Erklärung für Emotionen, die sich mit Trauer vermischen oder von ihr überlagert werden, je nach der Attribution von Verantwortung in Bezug auf die Todesumstände, zum Beispiel Wut (auf Dritte, wie Ärzte oder Pflegepersonal) oder Schuldgefühle, wenn die Verantwortung für den Tod bei den Hinterbliebenen vermutet wird (vgl. Scherke 2009: 86).

Kemper akzeptiert den Einfluss von Gefühlsregeln, aber er schreibt ihnen eine andere Signifikanz und temporäre Anordnung zu, da er sie als ›epiphenomenal‹ bezeichnet. »Thus, there certainly is a cultural prescription for feeling sad at a funeral. But what if the dead person was our personal enemy or a barbarous political tyrant? Must we then go to another cultural prescription or to failed socialisation or to pathology to explain why one might in the circumstances described feel happy at the funeral?« (Kemper 1981a: 344)

Nach Kemper (1981a: 345) können Gefühlsregeln keine Trauerreaktion erklären, sondern sie modifizieren primär das Ausdrucksverhalten von Trauer, weniger jedoch das innere ›echte‹ Gefühl. Zuerst kommt die Beziehung und determiniert Trauer. Erst später wird dieses Gefühl und sein Ausdruck sozial und kulturell überformt. Aus der Perspektive des Symbolischen Interaktionismus stellt diese Annahme einen zentralen Kritikpunkt an der Strukturellen Theorie von Kemper dar (vgl. Gerhards 1988, Scherke 2009).

Die Verbindung zwischen Coping-Ressourcen und Sozialstruktur beruht auf einer sozial differenzierten Verteilung von sozialen und persönlichen Ressourcen, die für die Bewältigung eines Verlustes als wichtig erachtet werden. Soziale Netzwerke werden von Turner und Stets (2005: 293) als »property of social structure« bezeichnet. In der Trauerforschung werden soziale Netzwerke und die damit verbundenen Unterstützungen als soziale Coping-Ressourcen verstanden (Stylinanos/Vachon 2006). Diese sind jedoch gesellschaftlich ungleich verteilt und weisen einen deutlichen Schichtgradienten auf. Die Netzwerkgrösse korreliert beispielsweise positiv mit dem Bildungsstatus und anderen Schichtindikatoren (vgl. zusammenfassend Wolf 2004). Und die Netzwerkgrösse korreliert ihrerseits negativ mit depressiven Symptomen und positiv mit der Lebenszufriedenheit (vgl. Stylinanos/Vachon 2006). Auch in Bezug auf finanzielle Ressourcen zeigt sich ein negativer Zusammenhang mit der psychischen und physischen Gesundheit nach einem Todesfall. Ein geringes Einkommen bzw. ein niedriger sozialer Status ist ein zusätzlicher Stressor, insbesondere für Witwen (vgl. Stroebe/Stroebe 1987, Stroebe/Schut 2007, Sanders 2006).

Betrachtet man die in der psychologischen Forschung thematisierten Verbindungen zwischen Persönlichkeitsfaktoren und der Trauerreaktion, so lassen sich Verknüpfungen zur Sozialstruktur herstellen. Insbesondere Selbstbewusstsein, emotionale Stabilität und interne Kontrollüberzeugung werden zu den persönlichen Coping-Ressourcen gezählt. Selbstbewusste, stabile Persönlichkeiten mit interner Kontrollüberzeugung zeigen eine bessere Bewältigung eines Todesfalles als unsichere, ängstliche oder zornige, mit geringem Selbstbewusstsein und externer Kontrollüberzeugung (vgl. Stroebe/Stroebe 1987, Stroebe/Schut 2007, Sanders 2006). Und diese persönlichen Ressourcen sind wiederum sozial differenziert verteilt. Denn emotionssoziologische Studien zeigen, dass niedrige Statuspositionen mit dem verstärkten Erleben von negativen Emotionen wie Angst, Hoffnungslosigkeit oder Ärger einher gehen (vgl. Neckel 1999). Zudem gibt es negative Zusammenhänge zwischen psychischen Problemen und der sozialen Schichtzugehörigkeit (vgl. Stroebe/Stroebe 1987).

Des weiteren besteht ein Zusammenhang zwischen Coping-Stilen und der sozialen Klasse. Studien thematisieren die sozial ungleiche Verteilung von ›bereavement technologies‹, zum Beispiel psychologische Trauerberatung. Sie stellen vor allem der Mittelschicht spezifische Gefühlsregeln bereit, um einen Todesfall zu bewältigen. Darüber hinaus zeigen Angehörige der Arbeiterschicht ein ›more stoical getting on with life‹, die Unterdrückung von Gefühlen sowie eine Vermeidung des Themas (vgl. Allen 2007, Young/Cullen 1996).

In diesem Kontext weist Hochschild (2006) auf eine weitere mögliche Verbindung zwischen Sozialstruktur und Trauer hin. Beide sind über soziale Normen und Gefühlsregeln vermittelt. Trauer ist durch Gefühlsnormen determiniert und diese sind durch eine gesellschaftlich sozial differenzierte Verteilung von Gefühlsregeln und -normen für bestimmte Gruppen (z. B. Männer vs. Frauen, Arbeiter- vs. Mittelschicht) gekennzeichnet.

3.3   Verhaltenstheoretischer Ansatz: Verlust von Reinforcement

Emotionen entstehen aufgrund des Ressourcenstroms in Interaktionen. Positive Emotionen entstehen dann, wenn sich ein Gewinn in einer Austauschbeziehung einstellt, wenn das Erwartungsniveau überschritten wird oder ein gerechter Tausch stattfindet. Dementsprechend zeigen sich negative Emotionen (z. B. Ärger) bei einem ungerechten Tausch, bei dem Reziprozitäts- und Fairness-Normen verletzt werden oder Erwartungsniveaus unterschritten werden (vgl. Turner/Stets 2005: 301). Die wichtigste Verbindung zwischen Emotionen und der Austauschtheorie liegt in den Konstrukten Gerechtigkeit und Fairness sowie den Erwartungen (vgl. Turner/Stets 2005: 180). Traurigkeit entsteht, wenn ein Individuum die erwarteten Ressourcen nicht erhält und den Grund hierfür in den eigenen Handlungen identifiziert (vgl. Turner/Stets 2005: 308).

Aus der Perspektive der Verhaltenstheorie bedeutet der Tod eines/einer signifikanten Anderen den Wegfall von wechselseitigen Bestätigungen, positiven Verstärkern, komplementären Verhaltensweisen oder Eigenschaften sowie des Unterstützungssystems (vgl. Krause 1994). Trauer wird als Reaktion auf die Reduktion von positivem ›reinforcement‹ verstanden (vgl. Stroebe/Stroebe 1987: 202). Der Tod eines/einer signifikanten Anderen bedeutet den Verlust von »expected reward or relationship-related reinforcement« (Archer 1999: 65). Stroebe und Stroebe (1987) heben vor allem den Verlust von beziehungsspezifischem reinforcement im verhaltenstheoretischen Ansatz hervor. Dieser Ansatz richtet die Aufmerksamkeit primär auf externe Faktoren, die die Trauer und den Coping-Prozess determinieren (Stroebe/Stroebe 1987). Der Zugang zu sozialen Netzwerken und die damit verbundenen emotionalen und praktischen Unterstützungsleistungen sind zentrale interpersonelle Ressourcen und damit Quellen von alternativem reinforcement. Riches und Dawson (2000: 18) nennen soziale Ressourcen wie stabile emotionale Beziehungen, Kommunikationsmöglichkeiten oder verfügbare Sozialbeziehungen außerhalb der Familie. Reinforcement korreliert ebenfalls positiv mit der Beziehungsqualität (vgl. Stroebe/Stroebe 1987). Hier besteht eine Parallele zur Argumentation Kempers (1981a). Statusverlust oder Verlust von reinforcement rekurrieren beide auf die Qualität von sozialen Beziehungen.

Trauer als ›cost of commitment‹ (Parkes 1972) ist eine weitere Definition von Trauer, die wir hier verorten können. Commitment ist definiert als psychische Bindung an eine intime Beziehung, so wie es beispielsweise Rusbult (1980) im Investitionsmodell definiert. Commitment ist eine Funktion der Beziehungsqualität und der Höhe von immateriellen oder materiellen Investitionen. Der Tod repräsentiert damit einen Verlust von Investitionen, z. B. in Form von gemeinsamen Erinnerungen, Verbindungen zu anderen Personen (soziales Netzwerk) oder der erhofften Zukunft. Diese Annahme entspricht der Idee von ›threads of connectedness‹ (Lofland 1985). Die Intensität und Art der Trauer sind von der Höhe und Qualität der beziehungsspezifischen Investitionen determiniert.

4 Fazit

Ziel dieses Beitrages ist eine Konzeptualisierung der Trauer aus der Perspektive von drei emotionssoziologischen Ansätzen. Jeder theoretische Ansatz hebt spezifische Aspekte hervor, die für das Verständnis und die Erklärung von Trauer bedeutsam sind, vernachlässigt jedoch wiederum andere. Es bestehen vielfältige Anknüpfungspunkte für eine soziologische Betrachtung der Trauer. Diese liegen im Selbstkonzept (vgl. Charmaz 1980; Schmied 1985; Rosenblatt 2006), sozialen Beziehungen (vgl. Kemper 1981a und 1981b; Lofland 1985), Normen und Rollen (vgl. Averill/Nunley 2006; Hochschild 2006, Fowlkes 1990, Goodrum 2008) und der Sozialstruktur (vgl. Kemper 1981a und 1981b; Hochschild 2006; Allen 2007) begründet. Im Einzelnen leisten die hier diskutierten Theorien einen Erklärungsbeitrag für:

a) die Entstehung der Trauer,
b) die Regulation und Modifikation der Trauer,
c) die sozial ungleiche Verteilung von Coping-Ressourcen und -Stilen.

Ursache der Trauer ist der Verlust des/der signifikanten Anderen und der damit verbundenen intimen Beziehung. Im Vordergrund der Betrachtung steht die Analyse der unterschiedlichen Definitionen und Interpretationen der Bedeutung eines Verlustes für die Hinterbliebenen (vgl. Lofland 1985; Cochran/Claspell 1987; Valentine 2008). Eine soziologische Analyse der Trauer ermöglicht damit Rückschlüsse über affektive Beziehungen im Allgemeinen. Bereits Kemper (1981b) hat darauf hingewiesen, dass ein besseres Verständnis von Emotionen ein besseres Verständnis sozialer Beziehungen voraussetzt (vgl. auch Charmaz/Milligan 2006). In den hier diskutierten theoretischen Ansätzen verdeutlichen Konzepte wie ›threads of connectedness‹, Status und Macht, commitment oder reinforcement generelle Eigenschaften und Qualitäten von Sozialbeziehungen, die auch in anderen speziellen Feldern der Soziologie, z. B. der Familiensoziologie, diskutiert werden.

Die Stärke des Symbolischen Interaktionismus liegt in der Sensibilisierung für die zahlreichen Gefühlsregeln und der gesellschaftlichen Konstruktion der Trauer, im Einzelnen in der Unterscheidung zwischen gesellschaftlich legitimierten und nicht-legitimierten Verlusten (vgl. Fowlkes 1990) und in den spezifischen Regeln für ›richtiges‹ Trauern, die sich an dem psychologischen Modell der normalen Trauer ausrichten und andere Verhaltensweisen pathologisieren. Darüber hinaus verweist der Symbolische Interaktionismus auf die kognitiven Interpretations- und Deutungsleistungen der Individuen. Die verhaltenstheoretischen und strukturellen Ansätze heben die Bedeutung von sozialen und ökonomischen Ressourcen für den Coping-Prozess hervor. Damit weisen sie auf allgemeine Restriktionen und Opportunitäten hin, die für die Bewältigung des Verlustes relevant sind, aber gesellschaftlich unterschiedlich verteilt sind (z. B. Allen 2007).

Die Unterschiede der einzelnen Theorien liegen in der Berücksichtigung und der Bedeutung von Framing-Prozessen sowie der Signifikanz von Gefühlsregeln. Kemper (1981a) akzeptiert die Idee des Framing, denn seiner These zufolge nutzen Akteure in allen Kulturen Macht und Status als Kategorien der Interpretation und Strukturierung von Situationen (vgl. Gerhards 1988: 141). Nach Kemper wird ein Verlustereignis universal mit Trauer beantwortet. Damit wird jedoch keine Perspektive der Akteure und ihrer subjektiven Interpretationen und Einschätzungen der Interaktionsbedingungen eingenommen (vgl. Scherke 2009). Nicht der Verlust an sich determiniert Trauer, sondern die Wahrnehmung des Verlustes als *Verlust* und die kognitive Bewertung des verlorenen Interaktionsergebnisses. Auch der verhaltenstheoretische Ansatz berücksichtigt nicht die kognitiven Deutungsleistungen der Akteure und fokussiert primär auf externe Faktoren, die den Coping-Prozess beeinflussen.

Beide Ansätze blenden zudem die normative und kulturelle Codierung von Verlusten aus. Für Gerhards (1988: 141 f.) bedeutet dies jedoch nicht, dass Trauer ausschließlich aus der spezifischen Beziehungssituation heraus erklärt werden kann. Gleichzeitig können die Hinterbliebenen auch Trauer empfinden, weil es sozial und kulturell so vorgeschrieben ist. Dennoch muss an dieser Stelle kritisch darauf hingewiesen werden, dass Normen an sich keine Emotionen erklären. Normen entfalten ihre Wirkungen nur über individuelles Handeln und den damit verbundenen Nutzen oder Kosten für normkonformes oder normabweichendes Verhalten (vgl. Hill/Kopp 2006). An dieser Stelle besteht eine Anschlussfähigkeit des Symbolischen Interaktionismus für handlungstheoretische Prinzipien (vgl. auch Turner/Stets 2005). Individuen richten ihr Handeln an Erwartungen und Sanktionen aus. Welche emotionale Reaktion soll ich zeigen, was erwartet die Gesellschaft von mir? Implizit kommen hier Rollen und Normen zum Tragen, die meine Erwartungen prägen. Positive oder negative Sanktionen entstehen bei der Übereinstimmung oder der Abweichungen von diesen Erwartungen. Individuen können in ihren Gefühlen und Handlungen von Trauernormen abweichen. Sie zeigen beispielsweise keine direkte Trauer oder positive Emotionen (vgl. Bonnano 2007); Trauerarbeit als integraler Bestandteil der normalen Trauer hat keine Effekte auf die Bewältigung eines Verlustes oder es findet keine Loslösung von den Verstorbenen statt (vgl. Wortman/Silver 2007). Diese Beispiele demonstrieren, dass Trauer keine simple Widerspiegelung von sozialen und kulturellen Normen ist. Die Abweichungen vom medizinischen Modell werden vielmehr über die Beziehungsqualität, die Todesumstände oder durch einen unterschiedlichen Grad der sozialen Unterstützung erklärt. Auch für Kemper können Normen das ›echte‹ Gefühl der Trauer nicht erklären. Sie wirken sich nur auf das Oberflächenhandeln (vgl. Hochschild 2006) aus und modifizieren den Ausdruck von Trauer in einer gegebenen Situation.

Die vorgestellten emotionssoziologischen Ansätze entwickeln eine mikro- und makrosoziologische Perspektive auf Trauer, die in der bisherigen psychologisch dominierten Trauerliteratur vernachlässigt wurde. Sie konzeptualisieren Trauer als soziale Emotion und verdeutlichen den Anteil des Sozialen am Zustandekommen dieser schmerzhaften Emotion. Trauer ist nicht nur ein psychologisches und biologisches Phänomen, sondern der Verlust eines/einer signifikanten Anderen zerstört die Identität von Hinterbliebenen, soziale Bindungen und Rollenverständnisse. Trauer wird durch interpersonelle, familiale und soziale Interaktionen konstruiert (Shapiro 2007). Der Ausdruck und das Erleben von Trauer orientieren sich an normativen Erwartungen an die Trauerrolle und den damit verbunden positiven und negativen Sanktionen des sozialen Umfeldes. Die Vulnerabilität von Hinterbliebenen ist sozial differenziert verteilt, zum Beispiel in Form einer sozial ungleichen Verteilung von Coping-Ressourcen. Die individuelle Trauerreaktion kann nicht losgelöst von diesen sozialen Bedingungen erklärt werden.

Literatur

Allen, Chris (2007): The poverty of death: social class, urban deprivation, and the criminological consequences of sequestration of death. In: Mortality 12: 79–93.

Archer, John (1999): The nature of grief. The evolution and psychology reactions to loss. London: Routledge.

Averill, James R. (1980): Constructivist view of emotion. In: Plutchik, Robert/Kellermann, Henry (Hg.): Emotion: theory, research, and experience. New York: Academic Press: 305–339.

Averill, James R./Nunley, Elma P. (2006): Grief as an emotion and as a disease. A social-constructionist perspective. In: Margaret S. Stroebe u. a. (Hg.): Handbook of bereavement. Theory, research, and intervention. Cambridge: Cambridge University Press, S. 77–90.

Badura, Bernhard/Pfaff, Hoger (1989): Stress, ein Modernisierungsrisiko? Mikro- und Makroaspekte soziologischer Belastungsforschung im Übergang zur postindustriellen Zivilisation. In: Kölner Zeitschrift für Soziologie und Sozialpsychologie 41: 644–668.

Barbalet, Jack M. (1994): Ritual, emotion and body work: A note on the uses of Durkheim. In: Social Perspectives on Emotion 2: 111–123.

Belk, Russell W. (1988): Possessions and the extended self. In: Journal of Consumer Research 15: 139–168.

Bellebaum, Alfred (1992): Abschiede. Trennungen im Leben. Wien: Deuticke.

Bowlby, John (1969): Attachment and loss. Attachment. New York: Basic Books.

Bonnano, George A. (2007): Grief and emotion. A sociofunctional perspective. In: Margaret S. Stroebe u. a. (Hg.): Handbook of bereavement research. Consequences, coping, and care. Washington DC: American Psychological Association, S. 493–515.

Bradbury, Mary (1999): Representations of death. A social psychological perspective. London: Routledge.

Charmaz, Kathy (1980): The social reality of death. Reading: Addison-Wesley.

Charmaz, Kathy/Milligan, Melinda J. (2006): Grief. In: Jan E. Stets/Jonathan H. Turner (Hg.): Handbook of the sociology of emotions. New York: Springer, S. 516–538.

Cochran, Larry/Claspell, Emily (1987): The meaning of grief. A dramaturgical approach to understanding emotion. Westport CT: Greenwood Press.

Collins, Radall (1990): Stratification, emotional energy, and transient emotions. In: Kemper, Theodore D. (Hg.): Research agendas in the sociology of emotions. Albany: State University of New York Press, S. 27–57.

Davitz, Joel R. (1969): The language of emotion. New York: Academic Press.

Doka, Kenneth J. (Hg.) (2002): Disenfranchised grief. Champaign, Illinois: Research Press.

Durkheim, Emile (1994): Die elementaren Formen des religiösen Lebens. Frankfurt am Main: Suhrkamp.

Flam, Helena (2002): Soziologie der Emotionen. Stuttgart: UTB.

Fowlkes, Martha R. (1990): The social regulation of grief. In: Sociological Forum 5: 635–652.

Freud, Siegmund (1917): Trauer und Melancholie. In: Internationale Zeitschrift für ärztliche Psychoanalyse 4: 288–301.

Fromme, Donald K./O'Brian, Clayton S. (1982): A dimensional approach to the circular ordering of emotions. In: Motivation and Emotion 6: 337–363.

Gerhards, Jürgen (1988): Soziologie der Emotionen. Fragestellungen, Systematik und Perspektiven. Weinheim/München: Juventa.

Goodrum, Sarah (2008): When the management of grief becomes everyday life: the aftermath of murder. In: Symbolic Interaction 31: 422–442.

Hahn, Alois (1968): Einstellungen zum Tod und ihre soziale Bedingtheit. Eine soziologische Untersuchung. Stuttgart: Kohlhammer.

Hill, Paul B./Kopp, Johannes (2006): Familiensoziologie. 4. Aufl. Wiesbaden: VS.

Hochschild, Arlie R. (1979): Emotion work, feeling rules and social structure. In: American Journal of Sociology 85: 551–575.

Hochschild, Arlie R. (2006): Das gekaufte Herz. Zur Kommerzialisierung der Gefühle. Frankfurt am Main/New York: Campus.

Hofer, Myron A. (1984): Relationships as regulators. A psychobiologic perspective on bereavement. In: Psychosomatic Medicine 46: 183–197.

Horwitz, Allan V./Wakefield, Jerome C. (2007): The loss of sadness. How psychiatry transformed normal sorrow into depressive disorder. Oxford: Oxford University Press.

Kemper, Theodore D. (1981a): Social constructionist and positivist approaches to the sociology of emotions. In: American Journal of Sociology 87: 336–362.

Kemper, Theodore D. (1981b): Auf dem Wege zu einer Theorie der Emotionen. Einige Probleme und Lösungsmöglichkeiten. In: Gerd Kahle (Hg.): Logik des Herzens. Die soziale Dimension der Gefühle. Frankfurt a. M.: Suhrkamp: 134–154.

Krause, Rainer (1994): Verlust, Trauer und Depression – Überlegungen auf der Grundlage der Emotionsforschung. In: Zeitschrift für psychosomatische Medizin und Psychoanalyse 4: 324–340.

Lofland, Lyn H. (1985): The social shaping of emotion. The case of grief. In: Symbolic Interaction 8: 171–190.

Nadeau, Janice W. (2007): Meaning making in family bereavement. A family systems approach. In: Margaret S. Stroebe u. a. (Hg.): Handbook of bereavement research. Consequences, coping, and care. Washington DC: American Psychological Association, S. 329–347.

Neckel, Sighard (1999): Blanker Neid, blinde Wut? Sozialstruktur und kollektive Gefühle. In: Leviathan 27: 145–165.

Panksepp, Jaak (1982): Toward a general psychobiological theory of emotions. In: Behavioral and Brain Sciences 5: 407–467.

Parkes, Colin M. (1972): Bereavement. Studies of grief in adult life. London: Tavistock.

Reisenzein, Rainer (1983): The Schachter theory of emotion. Two decades later. In: Psychological Bulletin 94: 239–264.

Reisenzein, Rainer (2000): Einschätzungstheoretische Ansätze in der Emotionspsychologie. In: Otto, Jürgen H. Otto u. a. (Hg.): Handbuch der Emotionspsychologie. Weinheim: Psychologie Verlagsunion, S. 186–191.

Riches, Gordon/Dawson, Pam (2000): An intimate loneliness: Supporting bereaved parents and siblings. Buckingham: Open University Press.

Rosenblatt, Paul C./Walsh, Patricia R./Jackson, Douglas A. (1976): Grief and mourning in cross-cultural perspective. New Haven/CT: Human Relations Area Files Press.

Rosenblatt, Paul C. (2006): Grief. The social context of private feelings. In: Margaret S. Stroebe u. a. (Hg.): Handbook of bereavement. Theory, research, and intervention. Cambridge: Cambridge University Press, S. 102–111.

Rusbult, Caryl E. (1980): Commitment and satisfaction in romantic associations. A test of the investment model. In: Journal of Experimental Social Psychology 16: 172–186.

Sanders, Catherine M. (2006): Risk factors in bereavement outcome. In: Margaret S. Stroebe u. a. (Hg.): Handbook of bereavement. Theory, research, and intervention. Cambridge: Cambridge University Press: 255–267.

Schachter, Stanley/Singer, Jerome E. (1962): Cognitive, social and physiological determinants of emotional state. In: Journal of Personality and Social Psychology 69: 379–406.

Scherke, Katharina (2009): Emotionen als Forschungsgegenstand der deutschsprachigen Soziologie. Wiesbaden: VS.

Scheve von, Christian (2009): Emotionen und soziale Strukturen. Die affektiven Grundlagen sozialer Ordnung. Frankfurt am Main/New York: Campus.

Schmied, Gerhard (1985): Sterben und Trauern in der modernen Gesellschaft. Opladen: Leske + Budrich.

Schneider, Werner (2005): Der gesicherte Tod. Zur diskursiven Ordnung des Lebensendes in der Moderne. In: Hubert Knoblauch/Arnold Zingerle (Hg.): Thanatosoziologie. Tod, Hospiz und die Institutionalisierung des Sterbens. Berlin: Duncker & Humblot, S. 55–80.

Shapiro, Esther R. (2007): Grief in interpersonal perspective. Theories and their implications. In: Margaret S. Stroebe u. a. (Hg.): Handbook of bereavement research. Consequences, coping, and care. Washington DC: American Psychological Association, S. 301–327.

Shaver, Phillip/Tancredy, Caroline M. (2007): Emotion, attachment, and bereavement. A conceptual commentary. In: Margaret S. Stroebe u. a. (Hg.): Handbook of bereavement research. Consequences, coping, and care. Washington DC: American Psychological Association, S. 63–88.

Shuchter, Stephen R./Zisook, Sidney (2006): The course of normal grief. In: Margaret S. Stroebe u. a. (Hg.): Handbook of bereavement. Theory, research, and intervention. Cambridge: Cambridge University Press, S. 23–43.

Stroebe, Wolfgang/Stroebe, Margaret S. (1987): Bereavement and health: the psychological and physical consequences of partner loss. Cambridge: Cambridge University Press.

Stroebe, Margaret S./Schut, Henk (1999): The dual process model of coping with bereavement. Rationale and description. In: Death Studies 23: 197–224.

Stroebe, Wolfgang/Schut, Henk (2007): Risk factors in bereavement outcome: A methodological and empirical review. In: Margaret S. Stroebe u. a. (Hg.): Handbook of bereavement research. Consequences, coping, and care. Washington DC: American Psychological Association, S. 349–371.

Stylianos, Stanley K./Vachon, Mary L. S. (2006): The role of social support in bereavement. In: Margaret S. Stroebe u. a. (Hg.): Handbook of bereavement. Theory, research, and intervention. Cambridge: Cambridge University Press, S. 397–410.

Thoits, Peggy A. (1990): Emotional deviance. Research agendas. In: Theodore D. Kemper (Hg.): Research agendas in the sociology of emotions. Albany: State University of New York Press, S. 180–203.

Turner, Jonathan H./Stets, Jan E. (2005): The sociology of emotions. Cambridge: Cambridge University Press.

Turner, Jonathan H. (2007): Human emotions. A sociological theory. London/New York: Routledge.

Walter, Tony (1996): A new model of grief. Bereavement and biography. In: Mortality 1: 7–25.

Walter, Tony (1999): On bereavement: the culture of grief. Oxford: Oxford University Press.

Winkel, Heidemarie (2002): »Trauer ist doch ein großes Gefühl…«. Zur biographiegenerierenden Funktion von Verlusterfahrungen und der Codierung von Trauerkommunikation. Konstanz: UVK.

Wolf, Christian (2004): Egozentrierte Netzwerke. Erhebungsverfahren und Datenqualität. In: Diekmann, Andreas (Hg.): Methoden der Sozialforschung. Sonderheft der Kölner Zeitschrift für Soziologie und Sozialpsychologie 44. Opladen: Westdeutscher Verlag, S. 244–273.

Wortman, Camille B./Silver, Roxane C. (2007): The myths of coping with loss revisited. In: Margaret S. Stroebe u. a. (Hg.): Handbook of bereavement research. Consequences, coping, and care. Washington DC: American Psychological Association, S. 405–429.

Valentine, Christine (2008): Bereavement narratives: Continuing bonds in the 21st century. London: Routledge.

Young, Michael/Cullen, Lesley (1995): A good death: Conversations with East Londoners. London: Routledge.

Über die Bedeutung von Gefühlen bei Investitionsentscheidungen

Konstanze Senge

1 Einleitung und Fragestellung

Investitionsentscheidungen an Finanzmärkten sind durch eine prinzipielle Unsicherheit gekennzeichnet. Wie grundsätzlich alle Entscheidungen sind auch Investitionsentscheidungen auf die Zukunft gerichtet, die unbekannt ist. Ungewissheiten sind dabei für ökonomische Entscheidungen aufgrund der Orientierung an nutzenmaximierenden Handlungsresultaten besonders problematisch (Beckert 1996; Granovetter 1985; Granovetter/Swedberg 2001). Denn wie sollen Akteure in hochgradig kontingenten Situationen ihre Entscheidungen von ihren Präferenzen ableiten, um derart ihren Nutzen zu maximieren (Beckert 1996: 126)? In durch starker Ungewissheit charakterisierten Entscheidungssituationen an den Finanzmärkten ist es Akteuren nur bedingt möglich, auf der Basis rationaler Strategien ihren Nutzen zu maximieren, da die Konsequenzen der eigenen Handlungen nicht vollständig antizipiert werden können. Es ist anzunehmen, dass Investoren sowohl richtige als auch falsche Entscheidungen treffen, und zwar auf der Grundlage von sowohl richtigen als auch falschen Annahmen und vice versa (ebd. ff.).

Dieses Problem verstärkt sich angesichts volatiler Finanzmärkte und instabiler Börsenphasen (Krämer 2009). Seit der Finanzkrise scheint das Finanzsystem gänzlich durcheinander zu sein. Unvorgesehene Marktdynamiken sind die Folge. Im Oktober 2008 wurden Kursverluste von weltweit 4,5 Billionen Euro verursacht. Im Mai 2010 kam es zu dem so genannten ›Flash Crash‹ an den amerikanischen Börsen, in dessen Folge innerhalb von wenigen Minuten Börsenkurse um mehr als neun Prozent einbrachen. Viele der Kursverluste wurden innerhalb weniger Minuten auch wieder abgefangen. Drohende Staatsbankrotte, Konjunkturprogramme in Milliardenhöhe, Verstaatlichungen von Banken und massive Kapitalabflüsse führen zu unberechenbaren Konsequenzen an den Finanzmärkten (Beyer 2009). Finanzmärkte werden mehr und mehr ein durch hohe Unsicherheit und Komplexität gekennzeichnetes Arbeitsfeld, das regelmäßig »chaotische Schocks« (Beyer 2011) verursacht, in dem Finanzmarktakteure ihre Investitionsentscheidungen treffen müssen.

Angesichts derartiger Dynamiken ist es für Finanzmarktakteure kaum präzise vorhersehbar, ob der Preis für Wertpapiere fallen oder steigen wird. Um diese Frage zu beantworten, müssen die Investoren an den Finanzmärkten prognostizieren, wie

Marktoperationen und deren Wirkungen in der Zukunft ablaufen werden. Eine solche Prognose kann seriös nicht geleistet werden (Windolf 2005). Was also tun Investoren, wenn sie nicht genau wissen, wie sie ihren Nutzen optimieren können und auch Wahrscheinlichkeitsaussagen nicht per se zum Erfolg führen (Taleb 2008a)?

Neuere Untersuchungen der Wirtschaftssoziologie haben diesbezüglich gezeigt, dass Emotionen einen nicht zu unterschätzbaren Einfluss bei Investitionsentscheidungen haben und dass es oft dass ›gute Gefühl‹ ist, welches erfolgreichen Investieren von weniger erfolgreichen differenziert. Von Bedeutung ist in diesem Zusammenhang die Arbeit *Making Markets. Opportunism and Restraint on Wall Street* von Abolafia (2002). Abolafia untersucht mit dieser ethnographischen Studie die, damals noch mehr als heute, exotische Kultur des Anleihenhandels in New York, mit einem besonderen Interesse für die Rationalität der Entscheidungsprozesse. Abolafia fasst seine Erfahrungen und Analysen wie folgt zusammen:

> »Bond traders bore a striking resemblance to Homo economicus: the highly rational and self-interested decision maker portrayed in economists' models. Bond traders' behavior appeared closer than I expected to the economists' assumptions of perfect rationality and unambiguous self-interest.« (Abolafia 2002: 95)

Diese perfekte Rationalität wird von Abolafia jedoch als eine »hyper rationality« der Entscheidungsfindung entlarvt, welche sich neben technischer Analysen vor allem auf »intuitive judgements in their decision process« stützt (ebd. 100). Intuitives Entscheiden wird als reflexartiges Reagieren auf sublime Informationen verstanden. Für den Händler offenbart sich die Richtigkeit einer Handelsentscheidung »because it felt right or felt good« (ebd.: 102). Das gute oder richtige Gefühl bleibt dabei oftmals jenseits einer bewussten Reflexion; es wird in der Erfahrung durch ›trail and error‹ erlernt, wobei dieses Erfahrungswissen von den Händlern nicht explizit gemacht werden kann (ebd.). Handelsabschlüsse kommen demnach nach Abolafia gerade oftmals nicht aufgrund eines kalkulierten Abwägens von Handlungsalternativen zustande, sondern basieren auf individuellen, nicht explizierbaren emotionalen[1] Wahrnehmungen. Für den Wahrscheinlichkeitstheoretiker Neye (1991) folgen erfolgreiche Händler, so genannte ›lucky fools‹, typischerweise ihrem Gefühl, und es ist oft der vermeintliche Zufall, ausgedrückt in der Metapher des ›Black Swan‹, der dazu verhilft, das große Geld am Finanzmarkt zu machen (Taleb 2008b). Hassoun (2005) argumentiert noch pointierter: Er untersucht zwar nicht Investitionsentscheidungen per se, kann aber deutlich machen, inwiefern »Emotions on the Trading Floor« tragendes Element der für den Aktienhandel an der ehemaligen Pariser Börse charakteristischen Dynamik sind. Für Hassoun stimuliert der sichtbare Ausdruck von Emotionen risikoreiches Verhalten, welches essentiell für die rasante

---

1   Der englische, von Abolafia verwendete Begriff »feeling«, der die sinnliche Wahrnehmungskomponente ausdrückt, deckt sich mit dem von mir gewählten Verständnis einer »emotionalen Wahrnehmung«.

und kontinuierliche Handelsaktivität ist (Hassoun 2005: 117). Auch Knorr Cetina und Brügger (2005: 159) dokumentieren mit ihrer Analyse der globalen Mikrostrukturen globaler Finanzmärkte das emotionale Engagement der Händler mit dem Markt und anderen Marktteilnehmern. Hohe Emotionalität, die Präsenz von Furcht und Gier wird typischerweise in einem Vokabular zum Ausdruck gebracht, »das die Emotionen des gefühlten Angriffs und der Gewalttätigkeit des Marktes wiedergibt.« (ebd. 158; vgl. auch Brügger 1999: 195 ff.). Neckel (2011) zeigt in seinem Beitrag, inwiefern eine spezifische emotionale Disposition, nämlich Gier, für die Akteure am Finanzmarkt typisch ist und wie diese zustande kommt. Dafür kombiniert er kognitionswissenschaftliche Erkenntnisse mit soziologischen Erklärungen, indem er beschreibt, inwiefern permanente Handlungsanforderungen auf den Finanzmärkten, insbesondere die Steigerungslogik der Banken nach spekulativer Rendite, quasi im Gehirn zu entsprechenden neuronalen Repräsentationen führen, die wiederum z. B. Gier auslösen. Dabei entsteht kein deterministisches Handlungsprogramm, vielmehr braucht es zur Umsetzung durch Gier stimulierter Handlungen institutionelle Strukturen, situationale Möglichkeiten sowie akkumulierte Erfahrung in der Umsetzung derartiger Handlungen.

Die genannten Arbeiten belegen, dass für den Handel mit Finanzprodukten, werden diese nun an der Börse oder ›over the counter‹ gehandelt, Emotionen bei Investitionsentscheidungen bedeutsam und gefühlsmäßige Ausbrüche charakteristisch sind, ja das Geschehen sogar maßgeblich dadurch mitgetragen und geprägt wird (vgl. Pixley 2004[2]).[3] Diese Schlussfolgerung mag aus einem Alltagsverständnis nicht überraschend sein, für die soziologische und auch die wirtschaftswissenschaftliche Debatte wird aber mit derartigen Ergebnissen prinzipiell Neuland beschritten, galt Geld doch seit Simmel als »die reine Sachlichkeit« und der Handel mit Geld und Geldprodukten als das emotionsloseste, was das Stadtleben hervorgebracht hat – eine Vorstellung, die in der Figur des ›homo oeconomicus‹ sein Pendant innerhalb der Wirtschaftswissenschaften gefunden hat (Simmel 1995: 118 ff. und 1989: 23–253; Pareto 2006). Konsequenterweise sind Beiträge, welche die Bedeutung von Emotionen für die hier im Interesse stehenden Investitionsentscheidungen untersuchen noch eher selten und ihre Resultate stehen bislang unsystematisch nebeneinander. Der folgende Beitrag versucht eine Antwort auf die Frage zu formulieren, welche Bedeutung Emotionen bei Investitionsentscheidungen zugeschrieben werden kann. Dafür werden Ergebnisse aus einem aktuellen Forschungsprojekt vorgestellt werden, welches explizit der Frage nach der sozialen Funktion von Gefühlen bei Investitionsentscheidungen nachgeht. Ziel der Darlegung ist es, typische

---

2   Es sei angemerkt, dass ich nicht Pixleys Interpretation teile, dass Vertrauen und Risiko Emotionen seien (Pixley 2004). Vertrauen und Risikobereitschaft sind vielmehr mentale Zustände, die durch Emotionen ausgelöst werden können (vgl. Berenzin 2005). Diese Kritik schmälert aber nicht die grundsätzliche Einsicht in Pixleys Ausführungen in die Bedeutung von Emotionen für Entscheidungen am Finanzmarkt.

3   Siehe für die grundsätzliche Bedeutung von Emotionen für Entscheidungen Barbalet 1998, Turner 2000.

Situationen zu identifizieren, in denen Finanzmarktakteure berichten, dass Gefühle die Regie über ihre Entscheidungen übernommen haben. Zur Beantwortung werde ich zunächst einige theoretische Überlegungen über die Funktion von Gefühlen im Anschluss an Berger (1997), Plessner (2003) und Katz (1999) darlegen (2). Das dann folgende Unterkapitel untersucht anhand empirischen Materials, in welchen Situationen Investoren typischerweise auf Gefühle verweisen (3). Der Beitrag endet mit einem Fazit, in dem der professionelle Umgang mit spezifischem Nicht-Wissen reflektiert wird (4).

2   Theoretische Verortung: ›Emotion‹ und ›Gefühl‹

Im Rahmen dieses Beitrags verstehe ich unter ›Emotion‹ einen inneren Erfahrenskomplex, der sich aus körperbezogenen, kognitiven und psychischen Erfahrungen zusammensetzt (vgl. Schwarz-Friesel 2007: 43 ff.). Unter ›Gefühl‹ verstehe ich den bewussten und sprachlich mitteilbaren Erfahrensteil von Emotionen (vgl. auch Otto/Euler/Mandel 2000: 13 f.).[4] Der unmittelbare Zugang zu Emotionen ist demnach ein Privileg erster Personen. Somit wird in dem vorgetragenen Verständnis eine Unterscheidung zwischen der Wahrnehmung einer Emotion und dem begrifflichen Ausdrucks derselben eingeführt; für letzteres verwende ich den Begriff ›Gefühl‹. Im Kern vertrete ich damit ein *phänomenologisches* Emotionsverständnis, welches Emotionen als eine eigene Kategorie versteht, die sich weder auf kognitive noch voluntative Elemente reduzieren lässt (vgl. Heller 1981). Da das Wesen der emotionalen Erfahrung nur dem erfahrenen Individuum selbst zugänglich ist, entzieht sich dieses der soziologischen Untersuchung. Interessiert man sich aber nicht für das Phänomen ›Emotion‹ selbst, sondern dafür, wie Individuen ihre Wirklichkeit deuten, dann interessiert vor allem, warum Individuen ihre Gefühle zum Thema machen. Welches soziale Problem löst der kommunikative Verweis auf Gefühle? Kann man dieses typische Handlungsproblem identifizieren, dann ist, ganz im Sinne einer Verstehenden Soziologie, das Handeln der Menschen verstanden. Was also ist die Frage, auf die der kommunikative Verweis auf Gefühle die Antwort ist?

Ist man bereit, den hier artikulierten theoretischen Prämissen zu folgen, dann finden sich mit den Arbeiten von Berger (1997), Plessner (2003) und Katz (1999) interessante Antworten auf die Frage nach der Funktion von Gefühlen, die von anderen Autoren, aus gänzlich unterschiedlichen Theorietraditionen in ihrem Kern gestützt wird (Luhmann 1984; Fuchs 2004). Im Wesentlichen beschreiben die genannten Autoren, dass

---

4   In der Literatur findet sich auch die umgekehrte Zuschreibung von Emotion und Gefühl, d. h. der Begriff ›Gefühl‹ steht für einen komplexeren Erfahrensbereich als der Begriff ›Emotion‹ und ›Emotion‹ bezeichnet den sprachlich mitteilbaren Erfahrensteil (z. B. Fries 2004) oder aber die synonyme Verwendung der Termini (Stoeva-Holm 2005). Eine linguistische Untersuchung der alltagssprachlichen Verwendung der beiden Begriffe legt die von mir gewählte Definition nahe (vgl. Schwarz-Friesel 2007: 140 ff.).

wir immer in jenen Situationen auf Gefühle verweisen, wenn wir das Wahrgenommene nicht mehr sinnhaft verdichten können.

Bergers Analyse von Komik, Humor und Lachen in *Erlösendes Lachen* zeigt, dass das Komische im Alltag allgegenwärtig ist, wobei es nicht ununterbrochen präsent ist, sondern nur hin und wieder die normale Alltagsrealität durchbricht. Die Alltagsrealität ist dominant, weil wir uns in ihr die meiste Zeit aufhalten und sie damit für uns die wichtigste ist. Daneben gibt es viele Erfahrungen, welche die Wirklichkeit des Alltags durchbrechen und diese für eine kurze Zeit außer Kraft setzen, um dann, in der Regel, wieder in die dominante Alltagswirklichkeit zurück zu kehren. Da für Berger das Komische eine finite Sinnprovinz im Schützschen Sinne markiert, transzendiert das Komische die Realität der Alltagswelt (vgl. Schütz 1982). Lachen, verstanden als der kommunikative Ausdruck von Komik, verweist damit auf eine Welt, die uns im Moment des Erlebens zwar wirklicher ist als die gewöhnliche, die aber jenseits der uns vertrauten liegt und die wir mit niemandem teilen können (Berger 1997: 242 ff.). Lachen *verweist* auf diese unbekannte Welt, aber *repräsentiert* sie nicht. Insofern ist Lachen auch immer ein Signal dafür, dass wir es mit subjektiven Wahrnehmungen zu tun haben, deren Mitteilung (Lachen) eine Reduktion des Wahrgenommenen entspricht. Lachen bezeichnet demnach das Mitwahrgenommene, das nicht bezeichnet werden kann (siehe ähnlich Fuchs 2004: 92). Lachen ist bei Berger ein Signal dafür, dass die erlebte außeralltägliche Welt nicht vollständig bezeichnet werden kann, dass es aber diese Unvollständigkeit ist, auf die man gleichzeitig deutet.

Bergers zentrale These, dass Lachen auf eine unbekannte, andere Welt verweist und insofern als eine Begegnung mit Transzendenz beschrieben werden kann, findet Parallelen in der Abhandlung von Plessners *Lachen und Weinen* (2003). Für Plessner sind Lachen und Weinen Ausdrucksvarianten von Gefühlen, die »Antworten auf eine *Grenzlage*« bedeuten (Plessner 2003: 378; vgl. Berger 1997: 246). Während Lachen für ihn die Nichthandlungsfähigkeit des sinnhaft orientierten Individuums überbrückt, dem aufgrund von einer nicht handhabbaren »Mehrsinnigkeit der Anknüpfungspunkte« (ebd.) die Grundlage zum Weiterhandeln entzogen wird, antwortet Weinen auf die nichthandhabbare Reduktion unfassbarer Komplexität, gegenüber der sich das Individuum ohnmächtig fühlt (vgl. Fischer 2011: 3). Lachen und Weinen sind für das sinnhaft orientierte Lebewesen Krisenphänomene. Sie deuten auf eine sinnhaft nicht zu bewältigende Komplexität menschlicher Erfahrung.

Gemeinsam ist den hier genannten Analysen über Gefühle, dass der Ausdruck von Gefühlen zunächst auf eine Krise im Selbstverhältnis hindeutet und erst zweitrangig im Sozialverhältnis. Im Erleben von Emotionen steht sich das Individuum einer Komplexität oder in Plessners Worten einer ›offenen Welt‹ gegenüber, die in ihrer Gänze nicht sinnhaft erschlossen und nicht sozial artikuliert werden kann: »part of the project of crying is to cry in a way that explains why one cannot say what is meant, intended, or felt«, so auch Jack Katz in seinem emotionssoziologischen Klassiker *How Emotions Work* (Katz 1999: 212). Der soziale Ausdruck von Gefühlen weist somit immer auf eine Lücke, auf ein Defizit, auf ein Nichtbegeifen von Komplexität. Der kommunikative Verweis auf Gefühle, so meine Interpretation der hier vorgestellten theoretischen Standpunkte, besteht genau in dem Bezeichnen dieses Defizits, dem Verweis auf Transzendenz. Das Individuum, das Gefühle kommunikativ ins Spiel bringt, bedeutet damit, dass noch wesentlich mehr gemeint ist, als das, was gesagt werden kann. Es bringt damit eine Hilflosigkeit gedanklichen und/oder sprachlichen Vermögens zum Ausdruck angesichts einer als überwältigend wahrgenommenen Komplexität. So beschreibt Katz Weinen metaphorisch als »a battle with speech« und als »a statement of the ontological limits of language« (Katz 1999: 197). Soziologisch betrachtet weist der kommunikative Ausdruck von Gefühlen auf zwei Welten hin, die nicht zur Deckung gebracht werden können: die Welt der Wahrnehmung und die Welt der Gedanken und Sprache. Katz beschreibt dieses Verhältnis am Beispiel von Weinen wie folgt: »Crying tries to relate two worlds that cannot share a language.« (Katz 1999: 192) Der kommunikative Verweis auf Gefühle transzendiert diese zwei Welten und immunisiert das Individuum gegenüber einem Abbruch von sinnhafter Kommunikation. Indem Gefühle thematisiert werden, kann so getan werden als ob man das, was wahrgenommen wurde, »noch im Griff hat«, also begreift; das Individuum bleibt nach Überwindung der Situation *handlungsfähig*. Gefühle dienen dem Individuum damit in Situationen, in denen das Wahrgenommene gedanklich nicht vollends verarbeitet und eigentlich nicht sinnhaft weiter gehandelt werden kann, als Legitimation zum dennoch erfolgten bzw. erfolgenden Weiterhandeln.

Für die hier interessierende Frage implizieren die bisherigen theoretischen Überlegungen, dass insbesondere in jenen Situationen auf Gefühle verwiesen wird, die derartig komplex sind, dass das Bewusstsein nicht mehr in der Lage ist, die Komplexität der Welt sinnhaft zu verdichten. Als Beispiel für solch hochkomplexe Entscheidungssituationen stellen sich Investitionsentscheidungen an den Finanzmärkten dar. Folglich soll in den folgenden Abschnitten geprüft werden, ob Investitionsentscheidungen tatsächlich auf der Basis von Gefühlen getroffen werden und ob in diesem Kontext der kommunikative Verweis auf Gefühle auf ein Problem der Komplexitätsbewältigung hindeutet.

3   Methode und Analyse

Die folgenden Überlegungen und Ergebnisse basieren auf einer qualitativen Studie, die der Frage nachgeht, wie professionelle Investoren am Finanzmarkt ihre Investitionsentscheidungen treffen. Dabei wurde insbesondere die Bedeutung von Gefühlen untersucht. Angesichts der Vielfalt unterschiedlicher Investoren am Finanzmarkt, ist es nicht möglich, ein einheitliches Bild ›des Investors‹ zu zeichnen (vgl. Preda 2005; Stäheli 2007). Zu unterschiedlich sind mögliche Tätigkeitsfelder und Anlagestrategien (Krämer 2009). Um brauchbare Aussagen über das Entscheidungsverhalten von Investoren machen zu können, habe ich in meiner Studie exemplarisch möglichst unterschiedliche professionelle Investoren interviewt, um so ein theoretisch weit gespanntes Bild des Investors zu zeichnen. Die Interviewpartner sind zum Teil selbständig tätig, zum Teil in einem Angestelltenverhältnis. Interviewt wurden Händler, die am Computer-handelsplatz Investitionsentscheidungen tagesaktuell umsetzen müssen; Investoren, die im Kundengespräch mittel- bis langfristige Strategien entwerfen, für deren Umsetzung wiederum hierarchisch untergeordnete mitverantwortlich sind; sowie Top-Manager von Banken. Zu den Interviewten gehören Chief Investment Officers (CIO) von deutschen Großbanken und Privatbanken; Private Wealth Manager von Großbanken und Privatbanken, welche das Privatvermögen von Personen ab 25 Millionen Euro verwalten; selbstständige Vermögensverwalter, die mehrere eigene Aktienfonds mit einem Wert im Durchschnitt von 165 Millionen Euro managen; Leiter so genannter ›family offices‹, die das Vermögen reicher Familien verwalten; sowie Börsenhändler, die für namhafte Investmentfirmen tätig sind. Alle Interviewpartner sind männlich. Insgesamt wurden 15 qualitative Experteninterviews durchgeführt. Die Interviewphase fand von Herbst 2009 bis Herbst 2010 statt. Da das Tätigkeitsfeld der Interviewten sich über das gesamt Bundesgebiet erstreckt, wurden die Interviews meist in Büros oder Besprechungszim-mern am Arbeitsort geführt. Die Interviews fanden vor allem im Frankfurter Raum, in Hamburg, im Ruhrgebiet und in München statt. Sie dauerten zwischen 40 und 120 Mi-nuten. Hinsichtlich des Interviewten waren sie als ›offenes Interview‹ gestaltet, hinsicht-lich des Interviewenden als ›leitfaden-orientiertes‹ (Meuser/Nagel 1991: 448 ff.). Die Interviewpartner wurden aufgrund ihrer »institutionalisierte[n] Kompetenz zur Kon-struktion von Wirklichkeit« als Experten eingestuft (vgl. Hitzler/Honer/Maeder 1994). Die Interviews wurden auf Tonband aufgezeichnet und anschließend anonymisiert und transkribiert. Die Dateninterpretation erfolgte nach hermeneutischen Analyseverfah-ren. Ich erwarte, dass das berufliche Handeln einem widersprüchlichen Spannungsfeld ausgesetzt ist und verschiedene Entscheidungslogiken in sich vereint, u. a. eine gefühls-basierte Entscheidungslogik. Im Folgenden werden nur jene Interviewpassagen heran-gezogen, die für die hier interessierende Frage von Relevanz sind.

Wendet man sich dem Interviewmaterial mit Blick auf die Frage zu, warum Inves-toren in bestimmten Situationen darauf verweisen, dass Gefühle die Regie über ihre Entscheidungen übernommen haben, so lässt sich in dem vorliegenden Datenmaterial zunächst eine Differenzierung von Investorentypen durch die Interviewten erkennen. Die gewählte Typisierung abstrahiert dabei von dem empirisch Vorgefundenem und vernachlässigt mit dem, was sie hervorhebt, das Nicht-Typische. Hervorgehoben wird also, was im Sinne der Argumentation dieses Beitrags auf das Wesentliche und Charak-teristische der genannten empirisch ermittelten Investorentypen hinweiset (vgl. Weber 1988: 186 ff.).

Und zwar gib es unter Anlagemanagern vier dominante Typen – den Unternehmer, den Techniker, den Statistiker und den Spieler –, für die spezifische Investitionsstrate-gien typisch sind. Die Wahl einer Investitionsstrategie ist abhängig von den jeweiligen Vorstellungen über die dominante Marktordnung. Derartige Investitionsstrategien kön-nen auch als ›Entscheidungsprämisse‹ bezeichnet werden, da sie eine Regel für spätere

Entscheidungen vorgeben und diese somit vorstrukturieren (Luhmann 1988: 168 ff.). Die vier Typen lassen sich wie folgt charakterisieren:

- Der Typus ›*Statistiker*‹ nutzt vornehmlich finanzmathematische Modelle, mittels derer Wahrscheinlichkeiten berechnet werden und derart zukünftige Marktentwicklungen prognostizieren. Der Statistiker denkt sowohl in langfristigen als auch in kurzfristigen Anlagehorizonten.
- Der ›*Unternehmer*‹ kann grundsätzlich als langfristig orientierter Anleger charakterisiert werden, dessen maßgebliche Entscheidungsprämisse bei Investitionsentscheidungen die Fundamental- oder volkswirtschaftliche Analyse ist. Mittels dieser wird die Berechnung des Preises von Wertpapieren auf der Grundlage betriebswirtschaftlicher Daten und der Berücksichtigung des ökonomischen Umfeldes, den so genannten Fundamentaldaten, ermittelt.
- Der ›*Techniker*‹ nutzt vornehmlich die Chartanalyse als Entscheidungsprämisse. Bei der Chartanalyse errechnet man den angemessenen Preis von Wertpapieren aus der Relation anderer Börsenkurse. Bei der Chartanalyse geht die Wertpapierbewertung also nicht über Betrachtungen der Entwicklungen des Finanzmarktes hinaus, bei der Fundamentalanalyse findet hingegen eine Rückbindung an die Realwirtschaft statt. Der Techniker zeichnet sich sowohl durch mittelfristige und kurzfristige Anlagehorizonte aus.
- Und last but not least gibt es den Typus ›*Spieler*‹, der als Pendant zum Unternehmer hauptsächlich an kurzfristigen Geschäften interessiert und oftmals in Day-trading-Aktivitäten involviert ist. Seine Entscheidungsprämisse beruht auf einer inneren Begabung, Glück zu erkennen bzw. dem Glück zu begegnen. Interessanterweise wurde der Typ des Spielers von fast allen meiner Gesprächspartner als negative Distinktionsfigur herausgearbeitet, von der sie sich abgrenzen, empirisch erwies sich jedoch bei keinem der Interviewten, dass ihre Investitionsentscheidungen von Wissen und Leistung entkoppelt sind (vgl. Stäheli 2007: 45 ff.). Für die hier untersuchten Fälle ist der Spieler demnach mehr eine theoretische Distinktionsfigur, denn eine empirische Persönlichkeit.

Während die Interviewten in der Regel eine Mixtur verschiedener Strategien nutzen, wird von den meisten jedoch eine einzelne als besonders handlungsleitend angesehen. Interessant ist für die hier interessierende Fragestellung, dass für das Investitionsverhalten ausnahmslos aller Gesprächspartner die genannten Strategien den Handlungsrahmen markieren, an dem sie sich orientieren, und dies auch von den Akteuren explizit betont wird. Gleichwohl wird deutlich und auch von den Investoren beschrieben, dass dieser dominante Handlungsrahmen zwar selten, aber doch regelmäßig verlassen wird, ja verlassen werden muss, da die Marktdynamiken sich nicht mehr nach den Regeln der gewählten Strategien prognostizieren lassen. Und genau an diesem Punkt, nämlich dann, wenn das vertraute Terrain aufgeben werden muss, betonen die Interviewten typischerweise die Bedeutung von Gefühlen als entscheidungsleitend. Im Folgen möchte ich dieses Mäandern zwischen strategischen Entscheidungsprämissen und den eher diffus ins Feld geführten gefühlsbasierten Entscheidungen für die drei oben unterschiedenen empirischen Typen anhand des Materials plausibilisieren. Dafür werde ich aus dem Datenmaterial für jeden Typus einen Fall herausgreifen, der diesen Typ in seinen wesentlichen Merkmalen präsentiert, um Gemeinsamkeiten oder auch Unterschiede hinsichtlich des Umgangs mit Gefühlen bei Investitionsentscheidungen herauszuarbeiten.

Statistiker: finanzmathematische Modelle

Die so genannten ›finanzmathematischen Modelle‹ vereinen in der Regel Faktoren verschiedener Analagestrategien und müssen korrekterweise als ›Mehrfaktorenmodelle‹ bezeichnet werden. Typischerweise fließen in diese Modelle über 100 Faktoren ein, die sowohl Fundamentaldaten umfassen, technische Analysen, indem die Kursgeschichten berücksichtigt werden, Stimmungsindikatoren, Meinungsbarometer und andere. Die Gewichtung der Faktoren ist in dem Modell fixiert, allerdings können Einzelfaktorpunkte aufgrund schlechter Markttechniken doppelt gewichtet werden, ohne das Modell auszutauschen. Das Modell errechnet auf der Basis von Wahrscheinlichkeiten Prognosen über zukünftige Marktbewegungen und Allokationsempfehlungen. Herr X, CIO einer Privatbank in Frankfurt/Main, der selbst an der Entwicklung des Modells beteiligt war und von mir als Vertreter des Typs ›Statistiker‹ typisiert wird, beschreibt das Modell als »starr« und »sehr fixiert«. Gleichwohl beschreibt Herr X, dass das Modell auch »Schwächen« hat, die ihm bekannt sind. Insbesondere »absolute Rezessionsphasen« oder »Depressionsphasen«, wie sie sich im Jahr 2008 einstellten, konnten durch das Modell in der real erfolgten Dynamik und Heftigkeit nicht abgedeckt werden. Im Juli 2008 traf Herr X deshalb folgende Entscheidung: »Ich setzte sozusagen das Modell außer Kraft, bewusst«. Eine Entscheidung, die sich rückblickend als unzweifelhaft richtig erwiesen hat. Problematisch erwies sich die Rückkehr zum Modell, da der Markt sich außergewöhnlich rasch erholte. Diesem deutlichen Aufschwung nach der Krise, welcher von dem Modell mit entsprechenden Empfehlungen beantwortet wurde, stand Herr X misstrauisch gegenüber, so dass er sehr konservativ die Empfehlungen des Modells übernahm und dadurch leider nicht die positive Marktentwicklung gleichermaßen für sich nutzen konnte. Obwohl die Entscheidung richtig war, bedauert Herr X, dass er das Modell hat aussetzen müssen, weil er damit seine Strategie verlassen hat. Außerdem besteht ein juristisches Risiko für die Fälle, in denen das Aussetzen des Modells zu Verlusten auf Kundenseite führt. Herr X betont deshalb ausdrücklich, dass das Aussetzen »in ein paar Jahren eigentlich nur einmal vorkommen [sollte], oder vielleicht zweimal«. Das Verlassen der Strategie wird also zum einen als negativ beurteilt, zum anderen aber auch als notwendig. Denn das Modell ist für bestimmte Krisenzeiten nicht gerüstet, weshalb Herr X an der Verbesserung seines Modells arbeitet. Für die Zukunft geht Herr X davon aus, dass der Einfluss der Finanzaufsichtsbehörden zunehmen wird, die eine zunehmend reglementierte Investitionsstrategie vorschreiben werden und mit größeren Haftungsrisiken auf Seiten der Bank zu rechnen sei. Ein Aussetzen des Modells wäre dann aufgrund von Haftungsrisiken nicht mehr möglich. Für Herrn X würde dieses zu erwartende Zukunftsszenario ein ernstzunehmendes Dilemma darstellen, denn es steht für ihn fest:

> »Der Nachteil ist in eben Krisenzeiten, dass man dann gar nicht die Möglichkeit hat so stark vielleicht einzugreifen, wie es opportun wäre […] [E]s kann eigentlich nicht sein, dass man äh nicht aktiv da noch mal eingreift.«

Wichtig für die hier interessierende Frage ist die Tatsache, dass die Zeitpunkte des Eingreifens oder Außer-Kraft-Setzens des Modells nicht vom Modell berechnet werden, sondern gefühlsinduziert sind. So betont Herr X, für das richtige Eingreifen »braucht [man] schon eine gewisse Erfahrung und das Gefühl für die Situation«. *Erfahrung* und *Gefühl* gehen für Herrn X Hand in Hand. Erfahrung und Gefühl sind immer dann von Bedeutung, wenn Situationen nicht mehr adäquat in der Logik der gewählten Strategie erfasst werden können. Erfahrung braucht man, »um einfach abschätzen zu können, was überhaupt möglich ist«. Das Gefühl sagt einem dann, »wann der richtige Zeitpunkt ist [vom Modell] eventuell abzuweichen«. Herr X betont, dass er sich zwar auf sein Gefühl verlassen kann,

> »aber es ist schon so, dass Sie wissen alles im Nachhinein. Ist so […] Wissen Sie, das ist je genau das Problem an der Geschichte. Bin ich Manager, weil ich von mir überzeugt bin und ich sage immer zu meinen Mitarbeitern: Ich bin kein Guru. Warum sage ich das? […] Weil es gibt niemanden, der immer richtig liegt. Ich bin ehrlich […] Portfoliomanagement ist ein Handwerk, es braucht Erfahrung, Disziplin und Mut […] Mut zu entscheiden, dass Situationen anders sind, wie es dann halt aussieht. Dafür brauchen Sie Ihren gesunden Menschenverstand, das richtige Gefühl eben zu sagen, ich mache es jetzt so und nicht so […] Ich glaube schon, dass ich das [richtige Gefühl] habe, aber man muss auch ein bisschen demütig sein dahingehend, dass man sich einfach darüber klar sein muss durch welche Situation auch immer man halt doch ein etwas anderes Bild bekommt, wie es dann halt ist.«

In dem Interview mit Herrn X wird insgesamt deutlich, dass Herr X prinzipiell sehr systematisch seinem Modell folgt. Gleichwohl gibt es für ihn immer wieder Krisenzeiten, in denen die Vorgaben des Modells nicht befolgt werden sollten. Über die Nichtbefolgung des Modells entscheidet aber nicht das Modell, sondern Erfahrung, der gesunde Menschenverstand bzw. das richtige Gefühl. Erfahrung, gesunder Menschenverstand und das richtige Gefühl werden in Eins gesetzt und stehen in Differenz zum ›Verstand‹, der in die Konstruktion des mathematischen Modells geflossen ist. Das Gefühl für die

Situation wird von Herrn X immer dann bemüht, wenn den offiziellen Vorgaben (des Modells) zu wider gehandelt wird. Diese Situationen sind für Herrn X Krisensituationen, da sie sich der vermeintlich objektiven Berechnung entziehen. Gefühle werden also dann handlungsleitend, wenn die objektiven Bewertungsmaßstäbe versagen. Gleichwohl räumt Herr X ein, dass er gegenüber seinen Gefühlen auch Vorsicht walten lässt, weil auch er sich täuschen kann. Die Unsicherheit, mit der gefühlsinduziertes Entscheiden einhergeht, wird von Herrn X damit explizit noch einmal hervorgehoben.

Wichtig ist mir an dieser Stelle zu betonen, dass wir anhand des Datenmaterials nicht wissen, ob Herr X tatsächlich beim Verweis auf sein Gefühl einem emotionalem Impuls folgt oder nicht. Bedeutsam ist aber die Tatsache, dass er kommunikativ auf die Bedeutung von Gefühlen in jenen Situationen verweist, wenn seine rationale Handlungsstrategie, nämlich das Befolgen eines mathematischen Modells, versagt und er keine objektive Regel für ein Weiterhandeln ins Feld führen kann. Gefühle sind damit eine Art Platzhalter, indem sie die Lücke für eine fehlende Strategie füllen.

Unternehmer: Fundamentalanalyse

Herr Y, der Prototyp des langfristig denken Unternehmers, sieht in der Fundamentalanalyse die zentrale Entscheidungsprämisse für die Bewertung des Finanzmarktes. Herr Y leitet seit zehn Jahren ein Family Office und ist primär auf das Devisengeschäft spezialisiert. Für den Handel mit Devisen ist eine genaue Kenntnis vor allem der Volkswirtschaften, Kulturen, vorhandenen Rohstoffe und politischen Entwicklungen der einzelnen Länder notwendig, deren Devisen gehandelt werden. Diese Kenntnis wird zum einen von den neun Angestellten im Family Office erarbeitet, zum anderen verfügt Herr Y über exklusive Kontakte zu Volkswirtschaftlern der Banken und Analysten. Und auch das persönliche, über Jahre gewachsene Netzwerk, der persönliche Kontakt mit Managern ist wesentlich, um »unternehmerisch tätig [zu sein]« und einen direkten Zugang zu Investmentideen zu haben. Herr Y folgt demnach im Unterschied zudem zuvor vorgestellten Typus des ›Statistiker‹, von dem er sich kritisch distanziert, nicht wie dieser primär den Bewertungen finanzmathematischer Modelle, sondern den Ergebnissen von Fundamentalanalysen durch Experten und Analysten. Von daher sind die für Investitionsentscheidungen ausschlaggebenden Parameter Informationen, Charts und vor allen anderen Fundamentaldaten. Darüber hinaus betont Herr Y die Bedeutung von ›Gefühl‹. Während die zuvor genannten Faktoren ›cum grano salis‹ auf die Generierung sachlicher Informationen abzielen, stellt sich die Frage, inwiefern Gefühle bei Investitionsentscheidungen wichtig sind. Wie in dem folgenden Zitat deutlich wird, dient auch das ›Gefühl‹ dem sachlichen Ergründen für die Entscheidungsfindung relevanter Informationen, nur ist die Art der Information eine andere, nämlich eine diffuse, mit Ungewissheit begleitete Ahnung:

»Ein Gefühl ist also, wie auch zu Hause. Sie kommen nach Hause und Sie haben ein Gefühl, dass irgendwas nicht stimmt, nicht? Kennen Sie das? Ihren Eltern geht es schlecht, Ihre
Kinder sind irgendwie irgendwas irgendwie, Sie spüren irgendwas. Irgendwie wird das ein
schlechter Abend hier, ja? So. Das ist da genau das Gleiche. Nicht? Sie sehen, dass im Grunde
alles, die Parameter sind so richtig, aber trotzdem, Sie trauen sich nicht richtig ran oder anders herum, Sie meinen: Lass mal lieber. Ich glaube, da passiert irgendwas. Das ist das Gefühl [...].«

»Es [das Gefühl, K. S.] ist Wissen oder anders herum. Sie stehen am Strand, rechts ist noch
die Sonne. Sie haben am Strand gelegen. Es ist schön warm. Und auf der anderen Seite, da
ganz hinten, kommt so irgendwas Komisches, diesig, man weiß nicht genau, ist es Gewitter
oder nicht, so? Weiß man nicht genau. Nicht? Und es kommt ziemlich schnell näher. Und
Sie denken: Ahhh, eine halbe Stunde kann ich noch schön am Strand liegen, nicht? Weil es
ist ja alles schön sonnig. So, diese, diese, diese, diese Dinger. Da kommt irgendwas. Wann es
kommt, ob es kommt, vielleicht zieht es auch vorbei, Sie wissen es nicht genau. Aber das ist
das, was ich so als Gefühl meine, um das mal plastisch darzustellen.«

Deutlich wird in diesen Aussagen, dass das ›Gefühl‹ als eine besondere Form von Wissen Herrn Y auch Informationen liefert, nämlich wie Situationen einzuschätzen sind.
Vom ›Gefühl‹ geht eine Art Signalwirkung aus, was zu tun oder zu unterlassen ist. Das
›Gefühl‹ liefert Informationen, die sich im subjektiven Wissensvorrat verankern und
unmittelbar entscheidungsrelevant sind. Charakteristisch ist dabei, dass dieses gefühlsermittelte Wissen als nicht bewusst durchdrungen beschrieben wird: »Ihre Kinder
sind irgendwie irgendwas irgendwie, Sie spüren irgendwas. Irgendwie wird das [...].«
Diese fünffach genannte unbestimmte Bezeichnung weist darauf hin, dass die Situation in ihrer Komplexität kognitiv nicht vollständig erfasst werden kann. Herr Y ist sich
nicht sicher, aber er hat ein Gefühl, was zu tun ist. Wie bei Herrn X stehen auch in diesem zweiten Fall Gefühl und Unsicherheit nah beieinander. Auch für Herrn Y ist es
das Gefühl, wodurch die Unsicherheit, die aufgrund von nicht gesichertem Wissen eintritt, überbrückt wird: »Da kommt irgendwas. Wann es kommt, ob es kommt, vielleicht
zieht es auch vorbei, Sie wissen es nicht genau. Aber das ist das, was ich so als Gefühl
meine [...].«
Das Gefühl versetzt Herrn Y in die Lage, in prinzipiell unsicheren Situationen Entscheidungen treffen zu können. Dies wird in der folgenden Passage noch einmal deutlich, mit der auch betont wird, dass trotz der Unsicherheit Entscheidungen getroffen
werden müssen:

»Das war das Gefühl, was ich sagte. Sie haben, Sie leben in einem oder anders herum, Sie leben in einem dreidimensionalen Raum, wo Sie sich eigentlich ganz gut auskennen. Ab und
zu gehen die Türen und die Fenster auf und von draußen kommt was rein. Das merken Sie

auch. Sie wissen nur nicht genau, was es ist. Und wie wirkt sich das aus. Und darauf müssen Sie reagieren […] Also Sie müssen Entscheidungen treffen. Wenn Sie Geld verdienen wollen, müssen Sie eine Entscheidung treffen. Ob die richtig ist, wissen Sie nicht. Die kann richtig werden, irgendwann mal, aber erst einmal kann es die falsche Entscheidung sein.«

Vom Gefühl geht das Signal aus, wie in der nicht eindeutig zu entscheidenden Situation entschieden werden soll. Herr Y verweist kommunikativ auf die Bedeutung von Gefühlen, wenn die dominante Entscheidungsprämisse keine adäquate Antwort gibt, wie in der jeweiligen Situation entschieden werden soll. Das Gefühl ermöglicht Herrn Y in eben solchen Situationen dennoch Entscheidungen treffen zu können und somit ein prinzipiell vorhandenes strategisches Defizit zu überwinden. Auffällig ist auch hier die Anerkennung der Fehlbarkeit eigener Entscheidungen, denn die Möglichkeit, falsche Entscheidungen treffen zu können, ist permanent zugegen.

Techniker: Chartanalyse

Herr Z, der Repräsentant des Typs ›Techniker‹, war zunächst als Analyst für eine große US-amerikanische Investmentfirma in New York tätig und später für die Betreuung von zehn Kunden verantwortlich, deren Portfolios er managte. Mittlerweile arbeitet er als selbständiger Vermögensverwalter in Deutschland und verwaltet die Vermögen, über deren Volumen ich keine Angabe habe, von ca. 40 Privatkunden. Eine spezielle formale Ausbildung wie z. B. eine Bankausbildung ist für diese Tätigkeiten nicht notwendig. Herr Z ist von der Prognosefähigkeit der Charttechnik überzeugt. Seine Anlagestrategie ist temporär gesehen kurz- bis mittelfristig und umfasst Investitionen, die teilweise nur tageweise gehalten werden, und Investments, die er über mehrere Monate hält. Herr Z konzentriert sich bei seinen Investitionsentscheidungen nur auf die Bewegungen am Markt und die Empfehlungen von Analysten und dem hauseigenen Research Team. Die Entscheidung, welcher Empfehlung zu folgen ist, trifft Herr Z autark, denn:

»[W]enn man länger arbeitet am Markt, kann man feststellen, dass von allen Empfehlungen, die von Investmentbanken ausgesprochen werden, vielleicht 50 Prozent zutreffen. Also es ist schon ein Glücksspiel. 50 treffen, also in der Regel 40 bis 60 der Prognosen treffen ein, 40 bis 60 fallen aus, stimmen nicht.«

Laut Herrn Z wird in dem vorangegangenen Zitat das Vorgehen der Analysten in die Nähe des Glücksspielens gebracht. Folglich ist es aus seiner Sicht nicht ratsam, den Empfehlungen einfach zu folgen. Eine der wichtigsten Kompetenzen sieht Herr Z in der Befähigung, gerade aufgrund der nicht sicheren Empfehlungen der Analysten, dennoch Entscheidungen treffen zu können:

»Man, gut, man trifft nicht immer die richtige Entscheidung zum richtigen Zeitpunkt. Ich
glaube, die Kunst liegt eigentlich darin, mehr richtige Entscheidungen zu treffen als falsche
Entscheidungen. Ganz ganz wichtig ist einfach, überhaupt Entscheidungen zu treffen. So,
und ich glaub, das unterscheidet die meisten Leute auch so voneinander, dass viele brauchen
einfach zu lange, eine Entscheidung zu treffen.«

Für Herrn Z ist es am wichtigsten, überhaupt reagieren zu können. Dafür orientiert er
sich an den Fakten, welche für ihn aus Empfehlungen und Kursverläufen bestehen. Insbesondere konzentriert er sich auf die Entwicklung der Kurse und nicht auf die fundamentalen Daten, die dahinter stehen. Er bezeichnet sein Vorgehen als strategisch und
»sehr wertneutral. Du siehst einfach nur 'ne Kurve und Gewinn und Verlust.« Strategisch ist das Vorgehen deshalb, weil sich Herr Z auf die Charttechnik verlässt. Mittels
der Charttechnik werden die Punkte festgelegt, an denen gekauft und verkauft wird.
Gleichzeitig räumt Herr Z den Interpretationscharakter der festgelegten Punkte ein:

»Nee, also, man dehnt die dann auch, die Punkte, ne? Wenn du grad 'nen Lauf hast oder so,
dann verlässt du dann auch diese Punkte. Also du gehst nicht schnurstracks irgendwie nach
einer festen Strategie vor. Du hast so ne Vorgabe, aber ich glaub schon, dass ich die mehr als
zweimal verletzt hab', diese Vorgabe [...] Du bleibst schon auch bei deiner Strategie. Aber du
hast schon die Möglichkeiten, und ich glaub schon, dass dass dies vom Gefühl abhängt, dass
du denkst, bah, guck mal, jetzt steigt's gerade. Ich glaub nicht, dass es da an dem Punkt auf-
hört zu steigen. Da bleib ich drin.«

Deutlich wird an dieser Passage das Mäandern zwischen festgelegter Strategie, in diesem Fall der Charttechnik, und dem Verlassen der Strategie, um einen größtmögli-
chen Profit zu erzielen. Die Entscheidung, wann und ob die Strategie verlassen wird, ist
eine gefühlsinduzierte Entscheidung. Für Herrn Z steht fest, dass ein guter Investor ein
›gutes Gefühl‹ braucht. Dieses ›gute Gefühl‹ unterscheidet letztlich einen guten Investor
von einem schlechten. Das ›gute Gefühl‹ legt den Punkt fest, an dem gekauft und verkauft wird und belegt die Kompetenz des erfolgreichen Investors, trotz zugestandenen
Nichtwissens über die tatsächliche zukünftige Entwicklung der Märkte:

»Man glaubt, vieles zu wissen. Man glaubt immer in die Zukunft gucken zu können. Ich
glaub, das glauben alle, die an der Börse arbeiten. Ich glaub, diesen Glauben, den brauchst du
auch irgendwie, so dass du sagst, hey, ich hab zu 70, zu 80 Prozent immer richtig gelegen, ich
hab die Wahrheit gefressen, ich hab's in mir, ich kann's irgendwie.«

»Und emotional ist einfach: Was glaube ich, was passiert? Und das ist, irgendwie, keiner weiß
es wirklich.«

Zwischen diesen beiden zuletzt zitierten Interviewpassagen und der von Herrn Z beschriebenen Investitionsstrategie gibt es ein Passungsverhältnis. Denn in den zitierten Passagen wird ein Mäandern zwischen Wissen und Nichtwissen deutlich. Der Glaube an die Richtigkeit der eigenen Entscheidungsfindung ist notwendig, um in dem Geschäft überhaupt tätig zu werden. Das prinzipielle Nichtwissen um die Richtigkeit der getroffenen Entscheidungen muss dabei immer wieder ausgeblendet werden. Gleichzeitig aber kann Herr Z das prinzipielle Nichtwissen nicht durchgängig leugnen; er weiß darum und verweist – im obigen Zitat – auf ein emotionales Erfassen der Prognose hinsichtlich zukünftiger Marktentwicklungen. Dem Wechsel im Bewusstwerden von Wissen und Nichtwissen entspricht ein Wechsel in der Bewertung von Marktdynamiken, nämlich auf der Basis der Charttechnik oder auf der Basis von Gefühl. Insbesondere bei unübersichtlichen Marktentwicklungen, betont Herr Z, dass man »dann schon nach dem Gefühl entscheiden muss irgendwie, hmm, was machen die jetzt?« Und resümierend stellt er fest:

> »Also ich glaub schon, also ich hab viel, ich glaub, wahrscheinlich mehr als erlaubt ist, aus dem Gefühl heraus irgendwie entschieden, zu sagen: Ich glaub so, es steigt, jetzt ist gerad ein Punkt erreicht, jetzt verkauf ich, und ich weiß genau, ich kauf in 15 Minuten wieder. Ich verkaufe jetzt und ich kauf in 15 Minuten wieder, und ich weiß, ich werd ein Prozent Gewinn machen. Und dummerweise ist das so oft passiert, dass das genau so auch eingetreten ist, und einfach so, weil ich eben in diesen Charts gearbeitet hab.«

Dieser Wechsel der Bewertungsmaßstäbe ist Herrn Z bewusst. Er folgt strategisch der Chartanalyse, aber er verlässt diese Strategie auch. Dieses Verlassen der Strategie wird von Herrn Z ambivalent bewertet, ähnlich wie von Herrn X. Denn ein Entscheiden nach dem Gefühl ist einerseits nur in gewissem Maß erlaubt. Kontrollorgan ist hier nicht eine Finanzaufsichtsbehörde wie bei Herrn X, sondern eine normative Vorgabe des Unternehmens, für das Herr Z gearbeitet hatte. Andererseits gibt der Erfolg dem Vorgehen des Herrn Z recht (»dass das genau so eingetreten ist«). Und obwohl der Erfolg das gefühlsinduzierte Entscheiden ex post legitimiert, ist auffällig, dass Herr Z erneut und im Widerspruch zum vorherigen Halbsatz sein Vorgehen im Kern als an den Charts orientiert darstellt und dadurch mittels einer Strategie legitimiert (»also ich hab viel, ich glaub, wahrscheinlich mehr als erlaubt ist, aus dem Gefühl heraus irgendwie entschieden […] weil ich eben in diesen Charts gearbeitet hab«).

Für Herrn Z bleibt also wie in den vorangegangenen Fällen erkennbar, dass auch er mit einer Strategie arbeitet und es ihm wichtig ist, dieses strategische Vorgehen zu betonen. Die Charts geben typische Verläufe von Kursentwicklungen wider. Die Schwierigkeit mit der Arbeit der Charttechnik besteht darin zu entscheiden, wie oft sich Muster wiederholen und wie genau die von den Charts angezeigten Punkte tatsächlich von der Realität abweichen (können). Für diese kniffligen Situationen ist laut Herrn Z ein gutes Gefühl von Nöten. Auch hier werden Gefühle pauschal ins Feld geführt, wenn die

Strategie keine definitive Anleitung für Entscheidungen gibt. Das Bewusstwerden des prinzipiellen Nichtwissens und das dann notwendig werdende Verlassen auf das eigene Gefühl gehen Hand in Hand: »Und emotional ist einfach: Was glaube ich, was passiert? Und das ist, irgendwie, keiner weiß es wirklich.« Und auch hier scheint deutlich zu werden, dass Gefühle wesentlich dafür sind, dass in bestimmten Situationen, in denen keiner wirklich weiß, wie sich die Märkte bewegen werden, dennoch Entscheidungen getroffen werden können. Auch hier ist der kommunikative Verweis auf Gefühle Ausdruck eines kognitiven Defizits: Die Situation kann in der Logik der gewählten Strategie nicht mehr adäquat bewältigt werden. Gefühle transzendieren diese Lücke und machen ein Weiterhandeln möglich.

Für die hier vorgestellten Fälle bleibt festzuhalten, dass alle Interviewten ihre Entscheidungen primär strategisch treffen. Sie orientieren sich möglichst streng an einer favorisierten Entscheidungslogik. Diese Logik wird nur ungern aufgegeben, auch wenn allen Akteuren bewusst zu sein scheint, dass ein Abweichen von der gewählten Strategie im Sinne der Profitmaximierung sinnvoll ist. Es zeigt sich deshalb sowohl im Entscheiden als auch in der Begründung des Entscheidens ein Mäandern zwischen Strategie und Gefühl. Gefühlsinduzierte Entscheidungen können nicht als strategisch bezeichnet werden, da sie keiner klaren Regel folgen, die objektiv zu bezeichnen wäre. Entscheidungen werden immer dann als gefühlsinduziert beschrieben, wenn die Entscheidungssituation durch starke Unsicherheit bzw. Nichtwissen geprägt ist. Dass dies prinzipiell für jede Entscheidung gilt, ist für die Interviewpartner nicht von Relevanz. Sie nämlich beschreiben jene Entscheidungen als gefühlsinduziert, in denen sie subjektiv unsicher waren, was zu tun sei das Beste wäre. Es handelt sich also um eine subjektiv gefühlte große Unsicherheit, die bei gefühlsinduzierten Entscheidungen charakteristisch ist. Die Unsicherheit kann dabei verschiedene Ursachen haben wie fehlendes Wissen bezüglich der Konjunkturentwicklung, Unsicherheit hinsichtlich des richtigen Timings, aufgrund unvorhergesehener Situationen etc. Die Tätigkeit des Investors verlangt jedoch, auch in diesen unsicheren Situationen, Entscheidungen zu treffen. Um dieser normativen Vorgabe Folge zu leisten, werden nicht-rationale Entscheidungsprämissen bemüht, die den offiziellen institutionellen Normen (rationale Begründbarkeit der Investitionsentscheidung) zuwider laufen. Statt der offiziell erwarteten alleinigen Dominanz der Rationalitätsprämisse bei Investitionsentscheidungen, geben auch informelle Entscheidungsprämissen dem Investitionsalltag demnach seine Struktur.

Das Material zeigt, dass die Interviewten immer in jenen Situationen auf ihre Gefühle verweisen, wenn die offizielle Strategie versagt bzw. verlassen wird. Dies trifft auf jene Situationen zu, in denen die Anwendung der Strategie auf die reale Situation nicht erfolgversprechend erscheint bzw. ein Verlassen mehr Erfolg verspricht. Gefühlsinduzierte Entscheidungen versetzen die Akteure in die Lage, die Nichtentscheidbarkeit der Situation zu transzendieren und dadurch entscheidungsfähig zu bleiben. Gefühlsinduzierte Entscheidungen ermöglichen damit, dass das Geschäft weitergeht, welches eigentlich an dieser Stelle hätte abgebrochen werden müssen. Dadurch immunisieren sich die

Händler gegenüber einem Abbruch der Investitionstätigkeit. Schlussfolgernd kann die eingangs gestellte Frage nach der sozialen Funktion von Gefühlen bei Investitionsentscheidungen dahingehend beantwortet werden, dass eine zentrale soziale Funktion von Gefühlen in ihrer Transzendenzfunktion besteht. Gefühle sind eine Brücke, indem sie die Nicht-Entscheidbarkeit der aktuellen Situation transzendieren und ein Weiterhandeln ermöglichen. Sie transzendieren die Welt des kognitiven Nichtbegreifens – in dem Sinne, die Situation kognitiv nicht mehr ›im Griff zu haben‹ – mit der Welt des Weiterhandelns, d. h. die Situation zu beherrschen und weiterhandeln zu können. Sie ermöglichen somit den ungestörten Fortgang der Finanzgeschäfte. Folglich erfüllen Gefühle eine wesentliche Funktion bei Investitionsentscheidungen und für die Dynamik des Finanzmarktes, die möglicherweise durch neue institutionelle Vorgaben durch Aufsichtsbehörden o. ä. neu justiert werden kann.

4   Fazit

Die vorgegangene Analyse hat gezeigt, dass professionelle Investitionsentscheidungen zum einen auf der Basis rationaler Strategien getroffen werden. Wissen und kalkuliertes Verstehen von Marktdynamiken, Fundamentaldaten und technischer Analyse geben den Handlungsrahmen vor. Dieses notwendige spezifische Wissen ist ein positives Differenzierungsmerkmale, welches den professionellen Investor vom nichtprofessionellen Investor unterscheidet. Darüber hinaus bedarf es aber für ein erfolgreiches Agieren am Finanzmarkt noch mehr. Die Ergebnisse deuten darauf hin, dass wir eine zumindest zweistufige Entscheidungslogik beobachten können, auf deren ersten Stufe eine Evaluation der Marktsituation auf der Basis rationaler Kalkulation erfolgt (Fundamentalanalyse, finanzmathematische Modelle, Chartanalyse); diese erste Evaluationsstufe wird dann durch ein zweite ergänzt, die auf der Basis des Gefühls getroffen wird. Während die erste Stufe auf der Grundlage einer legitimierten Entscheidungsprämisse erfolgt, gelten gefühlsinduzierte Investitionsentscheidungen als nicht-legitimiert. Die Interviewten Investoren wissen darum, betonen aber gleichzeitig die Notwendigkeit, den offiziellen Vorgaben im Sinne der Profitmaximierung zuwider handeln zu müssen und zusätzliche Entscheidungsregeln einzuführen. Da sie diese Regeln nicht explizieren können und stattdessen auf ihr Gefühl verweisen, kann man diesbezüglich auch von ad-hoc-Regeln sprechen, die zur Anwendung kommen, wenn die Akteure nicht weiter *wissen*. Gefühlsinduziertes Entscheiden signalisiert dabei also einen spezifischen Umgang mit Nicht-Wissen.[5] Dieser Umgang mit Nicht-Wissen sollte aber nicht als Ausdruck von Unprofessionalität gewertet werden, sondern im Gegenteil, als Ausdruck einer professionellen

---

5   Vergleiche die ähnliche Argumentation bei Gigerenzer 2007. Gigerenzer beschreibt hier, wie unser »evolviertes Gehirn« Lücken der Wahrnehmung mit vergangenen Erfahrungen sinnhaft erschließt (64 ff.), eine Fähigkeit, die von der Entscheidungstheorie vernachlässigt wird.

Kompetenz, mit spezifischem Nicht-Wissen umgehen zu können (vgl. Wilkesmann 2010). In diesem Sinne ist das hier aufgedeckte Nicht-Wissen nicht einfach die Abwesenheit von Wissen, sondern mitunter offenbart sich darin eine Erkenntnis, die sich zwar ohne eine bewusste Wahrnehmung darstellt und deshalb auch von den Interviewten nicht explizit gemacht werden kann, die aber deshalb nicht willkürlich ist. Vielmehr ist auffällig, dass die Befragten das ›gute Gefühl‹ wiederholt mit ›gesundem Menschenverstand‹ oder ›Erfahrung‹ in Eins setzen.[6] Erfahrung und gesunder Menschenverstand bilden sich im Laufe der Jahre heraus und sind Resultat der Praxis. Es handelt sich dabei um Eigenschaften, die das Wahrnehmen und das Handeln organisieren und anleiten, ohne dass es dafür eine Kontrolle eines objektivierenden Bewusstseins oder eines rationalen bewussten Denkprozesses bedarf. Diese Eigenschaften beruhen auf einer Handlungsorganisation, deren Ziel zwar bekannt ist (Profit maximieren), deren konkretes Vorgehen sich aber erst im Prozess und in der Auseinandersetzung mit der Umwelt und dem Markt entwickelt. Es ist somit stets ein Umgang mit dem Unbestimmbaren (Böhle/ Weihrich 2009). In Analogie zu einem 1988 von Böhle und Milkau formulierten Begriff der ›technischen Sensibilität‹ kann man die spezifische Eigenschaft des Investors, nämlich den professionellen Umgang mit spezifischen Nicht-Wissen durch Ausbildung des richtigen Gefühls für die Dynamik der Märkte, mit dem Begriff der ›Finanzmarkt-Sensibilität‹ auf den Punkt bringen.

Literatur

Abolafia, Mitchel Y. (2002): Making Markets: Opportunism and Restraint on Wall Street. In: Nicole W. Biggart (Hg.): Readings in Economic Sociology. Oxford: Blackwell, S. 94–111.

Barbalet, Jack (1998): Emotion, Social Theory, and Social Structure: A Macrosociological Approach. Cambridge: Cambridge University Press.

Beckert, Jens (1996): Was ist soziologisch an der Wirtschaftssoziologie? Ungewissheit und die Einbettung wirtschaftlichen Handelns. In: Zeitschrift für Soziologie 25 (2): 125–146.

Berenzin, Mabel (2005): Emotions and the Economy. In: Richard Swedberg (Hg.): The Handbook of Economic Sociology. 2. Aufl. Oxford: Oxford University Press, S. 109–127.

Berger, Peter (1997): Erlösendes Lachen. Berlin: de Gruyter.

Beyer, Jürgen (2011): Survival of the Weirdest? Vortrag, Tagung ›Organisationen im Chaos?‹, 15.10.2011 in Potsdam.

Beyer, Jürgen (2009): Varietät verspielt. Zur Nivellierung der nationalen Differenzen des Kapitalismus durch globale Finanzmärkte. In: Jens Beckert/Christoph Deutschmann (Hg.): Wirtschaftssoziologie. Sonderheft 49 der Kölner Zeitschrift für Soziologie und Sozialpsychologie. Wiesbaden: VS, S. 305–325.

Böhle, Fritz/Milkau, Brigitte (1988): Vom Handrad zum Bildschirm – Eine Untersuchung zur sinnlichen Erfahrung im Arbeitsprozeß. Frankfurt am Main/New York: Campus.

Böhle, Fritz/Weihrich, Margit (Hg.) (2009): Handeln unter Unsicherheit. Wiesbaden: VS.

---

6   In anderen Interviews wurde auch oft von ›Intuition‹ gesprochen.

Brügger, Urs (1999): Wie handeln Devisenhändler? Eine ethnographische Studie über Akteure in einem globalen Markt. Bamberg: Difo-Druck.

Fischer, Joachim (2012): Helmuth Plessner: Lachen und Weinen. In: Konstanze Senge/Rainer Schützeichel (Hg.): Hauptwerke der Emotionssoziologie. Wiesbaden: VS (i. E.).

Fuchs, Peter (2004): Wer hat wozu und wieso überhaupt Gefühle? In: Soziale Systeme 10(1): 89–110.

Fries, Norbert (2004): Gefühle, Emotionen, Angst, Furcht, Wut und Zorn. In: Wolfgang Börner, Wolfgang/Klaus Vogel (Hg.): Emotion und Kognition im Fremdsprachenunterricht. Tübingen: Narr.

Gigerenzer, Gerd (2007): Bauchentscheidungen. München: Bertelsmann.

Granovetter, Mark (1985): Economic Action and Social Structure: The Problem of Embeddedness. In: American Journal of Sociology 87: 481–510.

Granovetter, Mark/Swedberg, Richard (Hg.) (1992): The Sociology of Economic Life. Boulder: Westview.

Hassoun, Jean-Pierre (2005): Emotions on the Trading Floor. In: Karin Knorr Cetina/Alex Preda (Hg.): The Sociology of Financial Markets. Oxford: Oxford University Press, S. 102–119.

Heller, Agnes (1980): Theorie der Gefühle. Hamburg: VSA.

Hitzler, Ronald/Honer, Anne/Maeder, Christoph (Hg.) (1994): Institutionalisierte Kompetenz zur Wirklichkeitskonstruktion. Opladen: Westdeutscher Verlag.

Katz, Jack (1999): How Emotions Work. Chicago: University of Chicago Press.

Knorr Cetina, Karin/Brügger, Urs (2005): Globale Mikrostrukturen der Weltgesellschaft: Die virtuellen Gesellschaften von Finanzmärkten. In: Paul Windolf (Hg.): Finanzmarktkapitalismus. Wiesbaden: VS, S. 145–171.

Krämer, Klaus (2009): Propheten der Finanzmärkte. Die Kompensation von Ungewissheiten durch charismatische Zuschreibungen. In: AIS Studien 2 (2): 45–60.

Luhmann, Niklas (1984): Soziale Systeme. Frankfurt am Main: Suhrkamp.

Luhmann, Niklas (1988): Organisation. In: Willi Küpper/Günther Ortmann (Hg.): Mikropolitik. Opladen: Westdeutscher Verlag, S. 165–185.

Meuser, Michael/Nagel, Ulrike (1991): Experteninterviews – vielfach erprobt, wenig bedacht. In: Detlef Garz/Klaus Kraimer (Hg.): Qualitativ-empirische Sozialforschung. Opladen: Westdeutscher Verlag, S. 441–471.

Neckel, Sighard (2011): Der Gefühlskapitalismus der Banken: Vom Ende der Gier als ›ruhiger Leidenschaft‹. In: Leviathan 39: 39–53.

Nye, John V. (1991): Lucky Fools and Cautious Business: On Entrepreneurship and the Measurement of Entrepreneurial Failure. In: Research in the Economic History 6: 131–152.

Otto, Jürgen/Euler, Harald A./Mandl, Heinz (2000): Emotionspsychologie. Ein Handbuch. Weinheim: Beltz.

Pareto, Vilfredo (2006): Manuale di economia politica. Milano: Università Bocconi.

Pixley, Jocelyn (2004): Emotions in Finance. Distrust and Uncertainty in Global Markets. Cambridge: Cambridge University Press.

Plessner, Helmuth (2003): Lachen und Weinen. In: Ders.: Ausdruck und menschliche Natur. Gesammelte Schriften VII. Frankfurt am Main: Suhrkamp, S. 201–387.

Preda, Alex (2005): The Investor as a Cultural Figure of Global Capitalism. In: Karin Knorr Cetina, Karin/Alex Preda (Hg.): The sociology of Financial Markets. Oxford: Oxford University Press, S. 141–162.

Schütz, Alfred (1982): On Multiple Realities. In: Ders.: Collected Papers, Bd. I. Dordrecht: Kluwer, S. 207–228.

Schwarz-Friesel, Monika (2007): Sprache und Emotion. Weinheim: UTB.

Simmel, Georg (1995): Die Großstädte und das Geistesleben. In: Ders.: Aufsätze und Abhandlungen 1901–1908. Bd. I. Frankfurt am Main: Suhrkamp, S. 116–131.

Simmel, Georg (1989): Philosophie des Geldes. Suhrkamp: Frankfurt am Main.

Stäheli, Urs (2007): Spektakuläre Spekulation. Frankfurt am Main: Suhrkamp.

Stoeva-Holm, Dessislava (2005): Zeit für Gefühle. Tübingen: Narr.

Taleb, Nassim N. (2008a): Narren des Zufalls. Weinheim: Wiley.

Taleb, Nassim N. (2008b): Der Schwarze Schwan. München: Hanser.

Turner, Jonathan H. (2000): On the Origins of Human Emotions. Stanford: Stanford University Press.

Weber, Max (1988): Die Objektivität sozialwissenschaftlicher und sozialpolitischer Erkenntnis. In: Ders.: Gesammelte Aufsätze zur Wissenschaftslehre. Tübingen: Mohr, S. 146–214.

Wernet, Andreas (2000): Einführung in die Interpretationstechnik der Objektiven Hermeneutik. Opladen: Leske und Budrich.

Wilkesmann, Maximiliane (2010): Der professionelle Umgang mit Nichtwissen. Discussion Paper des Zentrums für Weiterbildung der Technischen Universität Dortmund (1).

Windolf, Paul (2005): Was ist Finanzmarktkapitalismus? In: Paul Windolf (Hg.): Finanzmarktkapitalismus. Wiesbaden: VS: S. 20–57.

Polizistinnen und Polizisten als Gefühlsarbeiter(innen)
Zur Relevanz von Emotionen für Polizeibedienstete und Polizei

Peggy Szymenderski

1   Einleitung: Vom Fernsehkrimi zum realen Polizeialltag

Jeder/Jede ist aus unterschiedlichsten Situationen, Gegebenheiten sowie Gewohnheiten heraus und im Gebrauch unterschiedlichster Medien mit der Arbeit von Polizistinnen und Polizisten schon einmal in Berührung gekommen. Dabei erhält man oft nur einen ausschnitthaften Einblick in ihr Tun. Die mediale Darstellung der Arbeit der Beamt(inn)en wird meist sehr einseitig dargestellt. Im Vordergrund stehen vor allem emotional bewegende und/oder actionreiche (Groß-)Ereignisse.

In der Belletristik stößt man zum Beispiel auf – zunehmend auch weibliche – Kommissare in Kriminalromanen, wie Guido Brunetti, Pia Korittki oder Kurt Wallander, die stets mit hohem kriminalistischen Geschick ihre Fälle lösen (vgl. Voß/Weihrich 2002). Die Polizei ist auch ein beliebtes Thema in Fernsehserien und Filmen. Diese reichen von der Fernsehserie Autobahnpolizei Cobra 11, die mit ihrer Vielzahl an zu Schrott gefahrenen (Polizei-)Autos scheinbar stark an der polizeilichen Realität vorbeischrammt, über Columbo, der mit seinem Gespür und Bauchgefühl als Ermittler brilliert bis hin zu den allseits bekannten Tatortfolgen, die viele Zuschauer(innen) am Sonntagabend im Fernsehen verfolgen. Vom Kommissar Schimanski[1] aus Duisburg als seewölfiger ›Bulle‹ mit Herz und Faust (Süddeutsche Zeitung vom 20.07.2008) über die harten Kerle Freddy Schenk und Max Ballauf aus Köln bis hin zur kühlen und humorlosen Tatort-Kommissarin Charlotte Lindholm aus Hannover.

Die Arbeit der Polizei ist zudem oft Thema in Nachrichtensendungen. Bei großen Einsatzlagen, bei der Suche nach vermissten Kindern, Geiselnahmen oder anderen Einsatzsituationen, verrichten die Polizeibediensteten ihre Arbeit stets unter dem wachsamen Auge der Medien. Oftmals geraten sie dabei unter Kritik. So musste sich die Polizei nach ihrem Einsatz beim G8-Gipfel 2007 in Heiligendamm den Vorwurf gefallen lassen, gegen Bürger(innen)rechte verstoßen zu haben und mit überzogener Härte und entwürdigenden Methoden gegen die G8-Gegner vorgegangen zu sein (siehe dazu Süddeutsche Zeitung vom 28.06.2007 oder Welt-Online vom 27.06.2007). Ebenso entzündete der Fall Jakob von Metzler eine angeheizte Debatte zu den Verhörmethoden in der

---

[1]   Schimanski war nur bis 1991 ein Tatort-Kommissar. Ab 1997 wurde Schimanski zu einer eigenständigen Krimiserie.

Deutschen Polizei zur Rettung von Menschenleben. In der Hoffnung, den im September 2002 entführten Jungen noch lebend zu finden, hatte ein leitender Polizeibeamter dem mittlerweile verurteilten Mörder im Verhör mit Gewalt drohen lassen, um den Aufenthaltsort des Jungen zu erfahren (vgl. Focus-Online vom 01.03.2003 oder Süddeutsche Zeitung vom 20.02.2004). Kritik wird hauptsächlich dann laut, wenn unbestimmte Rechtsbegriffe, wie das Wohl des Einzelnen und der Gemeinschaft entgegen dem Grundsatz der rechtlichen Gleichbehandlung missbraucht bzw. eigenwillig zur Legitimation des Handelns verwendet werden.

In persönlichen Kontakten mit den Polizeibediensteten beschränkt sich die Wahrnehmung ebenso, je nach konkreter Situation, nur auf einen bestimmten Ausschnitt polizeilicher Tätigkeit. Viele kennen die Polizei aus allgemeinen Verkehrskontrollen, bei Geschwindigkeitsüberschreitungen oder Auffahrunfällen. Meist erscheinen die Polizist(inn)en dabei als mehr oder weniger strenge Kontrolleure, die auch mal ein Auge zudrücken, wenn man beispielsweise beim Falschparken niemanden behindert. Die Polizei kennt man zudem aus Erzählungen von Freunden oder Bekannten, die sich – es ließen sich zahlreiche Beispiele aufzählen – über das Auftreten eines Polizeibediensteten ärgern oder die aufgrund eines Verkehrsvergehens ein hohes Bußgeld und Punkte in Flensburg befürchten. Meist ist etwas nicht Alltägliches passiert, wenn man über die Polizei spricht – ganz im Gegensatz zu den Beamt(inn)en, für die Einbrüche, Verkehrsunfälle, Diebstähle und andere Einsatzsituationen zum beruflichen Alltag gehören.

Was haben nun diese ganz unterschiedlichen Perspektiven auf die Polizei gemeinsam und was haben sie mit Emotionen zu tun? Es zeigt sich, dass die Polizeibediensteten in Alltagssituation, wie einer allgemeinen Verkehrskontrolle, als eher emotionslos wahrgenommen werden, die manchmal ein Herz haben und kleine Ordnungswidrigkeiten auch mal durchgehen lassen. In Film und Fernsehen erscheinen sie dagegen als taffe Ermittler(innen), die sich auf ihr Gespür verlassen und die auch mal hart durchgreifen oder die Nerven verlieren können. Oftmals werden sie als coole Draufgänger inszeniert, denen die Belastungen des Berufs nichts ausmachen. Nur selten werden die Schattenseiten dieser manchmal auch an den existenziellen Grenzen stattfindenden Arbeit thematisiert.

Darüber hinaus wird der administrative Charakter polizeilicher Tätigkeiten außen vor gelassen bzw. nimmt man als Außenstehende/r die hinter der praktischen Arbeit stehenden Vorschriften und Verordnungen, die das Handeln der Polizeibeamt(inn)en strukturieren, nicht wahr. Polizist(inn)en als Angehörige einer Verwaltung sind jedoch in einem engen Rahmen aus Gesetzen, bürokratischen Regeln und Verhaltenserwartungen tätig, die den Interessen der Bürger(innen) und eigenen Ansprüchen auch entgegenstehen können. Die meist unzureichend dargestellten und nur ausschnitthaft wahrnehmbaren beruflichen Anforderungen polizeilicher Arbeit bilden den Ausgangspunkt der folgenden Ausführungen. Es wird dabei deutlich, dass diese mehr oder weniger stark das emotionale Erleben der Polizeibediensteten tangieren. Dazu werden zunächst kurz die emotionalen Anforderungen polizeilicher Arbeit dargestellt (Kapitel 2).

Im Umgang der Polizist(inn)en mit den emotionalen Belastungen des Berufs zeigt sich, dass Gefühlsarbeit ein wesentliches Element der Prozesse und Strukturen polizeilicher Arbeit ist. Vor diesem Hintergrund bilden die Umgangsformen der Beamt(inn)en mit den situativen Gefühlsanforderungen den Schwerpunkt dieses Beitrags. Anhand von empirischem Material aus dem Projekt »Polizistinnen und Polizisten als Gefühlsarbeiter/innen. Eine qualitative Untersuchung zu den Formen des Umgangs mit emotionalen Situationsanforderungen bei der polizeilichen Arbeit« wird dargestellt, welche Gefühlsarbeitspraxen sich die Polizist(inn)en im dienstlichen Alltag erarbeiten (Kapitel 3 und 4). Schließlich wird aufgezeigt, welche Randbedingungen die Bewältigungsprozesse beeinflussen, denn die Praktiken werden nicht nur durch individuelle Dispositionen und die emotionale Subjektivität der Polizeibediensteten bestimmt. Insgesamt erfährt das Konzept der Gefühlsarbeit (Hochschild 1990) eine Konkretisierung durch die dargestellten empirischen Ergebnisse (Kapitel 5 und 6).

2 Emotionale Anforderungen polizeilicher Arbeit

2.1 Extrembelastungen

Polizist(inn)en kommen bei ihrer Arbeit oftmals mit ganz existenziellen Fragen in Berührung. Sie erleben Grenzsituationen, in den Menschen leiden, sterben, missbraucht, misshandelt oder getötet werden, um ihr Leben kämpfen oder (fahrlässig wie auch vorsätzlich) schuldhaft handeln. Extrembelastungen sind Folge des emotionalen Erlebens von Polizist(inn)en im Rahmen zu ermittelnder Gewalttaten. Die extremen Belastungen können potenziell traumatisierend wirken (zur Definition von Extrembelastungen vgl. Hahn 2008: 18).

Die Anzeichen von erlebten Extrembelastungen sind äußerlich meist nicht sichtbar, sondern werden innerlich erfahren. Die Polizist(inn)en leiden am Erlebten. Zentrale gefühlsmäßige Reaktionen sind innere Betroffenheit und ein Mitleiden mit Opfern und Angehörigen. Aus diesen emotionalen Reaktionen ergeben sich für die Polizeibediensteten zahlreiche emotionale Konflikte zwischen Nähe und Distanz, Hilfe und Kontrolle, Verstrickung und Abwehr oder Ohnmacht und Macht (vgl. Behr 2004).

Um die Polizei als staatliches Gewaltmonopol jedoch nicht zu schwächen, müssen Polizist(inn)en nach individuellen Bewältigungslösungen suchen, um mit den emotionalen Ambivalenzen umzugehen. Sie müssen auf den Bühnen verschiedenster Öffentlichkeiten – hinter ihren Kulissen umgesetzt – die dominante Stellung der Polizei in den täglichen Einsatzsituationen im Rahmen polizeilicher Habitusarbeit (Hüttermann 2000: 157) inszenieren. Die Inszenierungen dienen dazu, den »Mythos der Überlegenheit« öffentlichkeitswirksam in Szene zu setzen (Mensching 2008: 73). Das impliziert, dass die Polizist(inn)en bereit und in der Lage sind, die ›Schwächen‹ individuell zu ertragen und damit umzugehen (Behr 2004). Daraus ergibt sich die ›Stärke‹ der Polizei. Für die Polizist(inn)en hat die Zugehörigkeit zur Polizeibehörde als staatliches Gewaltmonopol zu Folge, »*dass für die Kehrseite der Macht (Insuffizienzgefühle, Ohnmacht, Versagensangst, Schwäche) keine Ausdrucksform zur Verfügung steht.*« (Behr 2004: 46) Sie sind gefordert, den Umgang mit den emotionalen Anforderungen durch extreme Belastungen durch einen Rückzug auf die »innere mentale Hinterbühne« (Voswinkel 2005: 236) sicherzustellen.

2.2   Das Spannungsfeld widersprüchlicher Anforderungen

Polizistinnen und Polizisten arbeiten im Spannungsfeld widersprüchlicher beruflicher Anforderungen. Bei ihrer Arbeit stehen sie den divergierenden Interessen und Verhaltenserwartungen von Polizeibehörde und Bevölkerung gegenüber. Zudem bringen sie eigene Interessen und Ansprüche in die Arbeit ein. Die differenten Interessen von Polizeibehörde und Polizeipublikum gehen mit unterschiedlichen Verhaltenserwartungen einher. So hat die Polizeibehörde ein Interesse an der affektiven Neutralität der Polizeibediensteten, weil diese eine Gleichbehandlung des polizeilichen Gegenübers gewährleistet. Demgegenüber steht das Interesse der Behörde an Bürgerfreundlichkeit, die eine entsprechende Selbstinszenierung des Polizeibediensteten erfordert. Ebenso sind die Interessen der Bürger(innen) nach Berücksichtigung der spezifischen Besonderheiten ihres Einzelfalles mit Forderungen nach Empathie, verstehendem Eingehen oder Trost verbunden. Aber auch die Ansprüche der Polizist(inn)en selbst sind mit unterschiedlichen eigenen Erwartungen an die emotionale Selbstdarstellung verknüpft (z. B. good-cop-bad-cop-Inszenierungen oder Hilfe/Kontrolle, Nähe/Distanz-Relationen).

Vor dieser Folie kann man konstatieren, dass Polizist(inn)en in einem bürokratischen Trilemma (vgl. Treutner/Voß 1986: 59 f.) stecken, weil sie zwischen den widersprüchlichen und konkurrierenden Interessen und Verhaltenserwartungen der Behörde Polizei, der Bürgerinnen und Bürger sowie eigenen Ansprüchen und Bedürfnissen vermitteln müssen. Die Polizeibediensteten und ihr Gegenüber als Individuen haben Bedürfnisse, Motive, Erwartungen, Gefühle sowie Kenntnisse und Fertigkeiten, die zwar eine gemeinsame Kooperation ermöglichen, jedoch auch zu konfliktbeladenen sozialen Beziehungen führen können (Hegner 1978: 87 ff.).

Aus der Perspektive der Polizeibediensteten können die sich gegenüber stehenden beruflichen Anforderungen zu einem Widerspruch zwischen der institutionellen Logik polizeilichen Handelns und der Erlebnisebene der Polizist(inn)en führen. Denn nicht intendierte Folge der Entkopplung der rechtlichen Regelungen von den tatsächlichen Problemen des polizeilichen Gegenübers ist, dass das unpersönliche Verwaltungshandeln in Widerspruch zum persönlichen Alltagserleben der Polizist(inn)en geraten kann, beispielsweise wenn die gesetzlich-juristische Bewertung eines Falles (z. B. Diebstahl) der emotional-moralischen Beurteilung einer Straftat (weil eine Rentnerin aufgrund ihrer geringen Rente Medikamente stiehlt) gegenüber steht (Behr 2004). Das für die polizeiliche Bürokratie typische Rollenhandeln kann dadurch den Erfahrungen und Wertevorstellungen der Polizist(inn)en widersprechen. Girtler (1980: 61) spricht in diesem Zusammenhang vom Interrollenkonflikt, der ein der Arbeitsrolle des Polizisten/der Polizistin inhärenter Stressor ist und zum Erleben von emotionalen Dissonanzen[2] führen kann.

Aus den vermeintlich klaren Handlungsvorgaben für die Polizeibediensteten kann man demnach nicht einfach den Schluss ziehen, dass die Polizeibehörde leicht zu steuern ist und dass das administrative Handeln der Polizist(inn)en in der Alltagswirklichkeit widerspruchsfrei durchzuhalten ist. Die Gesetzmäßigkeiten, nach denen die Standardprozesse des Einsatzgeschehens ablaufen, sind nur sehr bedingt auf den Polizeialltag übertragbar (Christe-Zeyse 2006: 72). Es ist eher die Ausnahme als die Regel, dass die ideelle polizeiliche Alltagswirklichkeit der faktischen entspricht. Auch Behr (2000) findet in seinem empirischen Material zahlreiche Hinweise auf Diskrepanzen zwischen Anspruch und Wirklichkeit, zwischen Recht und Gerechtigkeit oder zwischen formellen und informellen Regeln bei der Polizei.

2.3   Die Vielfalt an Interaktionssituationen

Polizist(inn)en sind bei ihrer Arbeit darüber hinaus in vielfältige Interaktionssituationen eingebunden und interagieren mit ganz unterschiedlichen Personen. Zu den polizeilichen Aufgaben gehören das Überbringen von Todesnachrichten, das Absichern von Demonstrationen, das Schlichten von Streitigkeiten, die Festnahme von Tatverdächtigen, die in Gewahrsamnahme von Betrunkenen, die Durchführung von Vernehmungen oder Sicherheitskontrollen im Straßenverkehr. Diese Einsatzsituationen erfordern von den Polizist(inn)en unterschiedlichste emotionale Leistungen. So müssen sie beim Überbringen von Todesnachrichten Mitgefühl und Trost zum Ausdruck bringen (vgl. Kahmann 2007). Im Rahmen von Streitigkeiten muss es den Beamt(inn)en gelingen, die Situation zu beruhigen, um eine Eskalation des Streites zu verhindern. Kontrollen und Festnahmen erfordern ein eher strenges und ernstes Auftreten. Sie müssen gegenüber Verdächtigen polizeiliche Macht demonstrieren. In Vernehmungen sind die Polizeibediensteten bemüht, auf das polizeiliche Gegenüber – unabhängig davon ob Opfer oder Beschuldigte/r – einzugehen, um die für die Aufklärung der Straftat wichtige Aussagebereitschaft herzustellen (vgl. Schröer 2003). Dabei entstehen bei den Polizist(inn)en ganz unterschiedliche Emotionen, wie beispielsweise Wut, Ekel, Abscheu, Mitleid, Trauer oder Aggression. Über ihre wahren Gefühle müssen die Polizist(inn)en das polizeiliche Gegenüber täuschen. Zum Beispiel wird die Angst weggesteckt, damit eine Festnahme erfolgreich durchgeführt werden kann (vgl. Hahn 2008: 115 ff.). Aber

---

2   Emotionalen Dissonanzen entstehen aus einem langfristig erlebten Widerspruch zwischen dem, was eine Person fühlen soll mit dem, was sie tatsächlich fühlt (vgl. Hochschild 1990: 100).

auch bei den Opfern, Angehörigen, Tätern und Zeugen entstehen Emotionen, die in die Interaktionssituationen einfließen. Die Polizist(inn)en werden dadurch auf vielfältige Weise zur Projektionsfläche unterschiedlichster Emotionen.

2.4   Gefühlsarbeit als Element polizeilicher Arbeit

An den dargestellten emotionalen Anforderungen polizeilicher Arbeit wird der ausgeprägte subjektive und emotionale Bezug der Polizist(inn)en zu ihrer Arbeit deutlich. Vor diesem Hintergrund wird die Annahme formuliert, dass Gefühle und Gefühlsarbeit wesentliche Komponenten im alltäglichen polizeilichen Handeln sind. Die Polizist(inn)en erarbeiten sich Kompetenzen und Handlungsressourcen im Umgang mit den situativen Gefühlsanforderungen, die aus den, die polizeiliche Arbeit prägenden, Extrembelastungen, widersprüchlichen Handlungsanforderungen und Interaktionssituationen resultieren. Die Polizist(inn)en erarbeiten sich Praktiken, die dem Umgang mit den alltäglichen emotionalen Anforderungen dienen. Zentrales Bewältigungsmedium ist die Gefühlsarbeit. Der reflexive Bezug auf Gefühle ermöglicht den Polizist(inn)en dabei nicht nur – so die Annahme – das Eingehen auf das polizeiliche Gegenüber und die Einhaltung von Gefühlsregeln, sondern auch die Verarbeitung von erlebten emotionalen Belastungen aufgrund der beruflichen Anforderungen. Die Gefühlsarbeit der Polizist(inn)en ist demnach nicht nur eine berufliche Kompetenz zur Erbringung der Arbeitsleistung, sondern auch Selbstsorgekompetenz, die dem nachhaltigen Umgang mit der eigenen Arbeitskraft dient (vgl. auch Dunkel 1988).

3   Stand der Forschung und empirische Fragestellungen

Ein Blick in unterschiedlichste empirische Studien zur Polizeiforschung belegt einen sehr facettenreichen Einsatz von Gefühlen und Gefühlsarbeit im Rahmen polizeilicher Arbeit. So erweist sich in Vernehmungen der Einsatz von Emotionen als Mittel zur Beeinflussung des polizeilichen Gegenübers mit dem Ziel, Aussagen zum Tathergang, Tatmotiv usw. zu gewinnen (vgl. Schröer 2003). Auch beim Überbringen von Todesnachrichten ist das gefühlsmäßige Eingehen auf die Hinterbliebenen wichtig (vgl. Kahmann 2007). Bei Ermittlungen ist neben Erfahrungswissen auch Intuition und Bauchgefühl gefragt (vgl. Reichertz 1992, 1992a). Betrachtet man sich die inzwischen sehr zahlreichen Studien, die sich mit den extremen Belastungen in der polizeilichen Arbeit sowie mit den potenziell traumatisierenden Ereignissen beschäftigen, so kristallisiert sich heraus, dass die Emotionen der Polizist(inn)en selbst auch einen Einfluss auf ihre Arbeit haben (vgl. Hallenberger/Müller 2000; Klemisch et al. 2005; Latscha 2005; Steinbauer 2001).

Die meisten Studien zu den Belastungen in der Polizeiarbeit haben zum Ziel, bedeutsame Belastungsbereiche polizeilicher Tätigkeit zu identifizieren und Ranglisten besonders emotional anforderungsreicher Einsatzsituationen zu generieren (bspw. Latscha 2005, Scheler 1982). Dabei wird deutlich, dass primär Eigengefährdungen, Schusswaffengebrauch, das Überbringen von Todesnachrichten und Einsatzlagen mit geschädigten Kindern zu den zentralen Belastungsmomenten gehören. Alltägliche Belastungen, wie Konflikte im Team, Defizite in der technischen und personellen Ausstattung oder unklare Anweisungen sowie administrative Vorgaben, werden zwar in ihrer Häufigkeit und Intensität erfasst, insgesamt bleiben diese Belastungsmomente jedoch unterbelichtet.

Zudem ist die mikroanalytische Ebene – also das subjektive Belastungserleben der Polizeibediensteten – bisher nicht systematisch erforscht worden (vgl. Hahn 2008; Kahmann 2007; Wendtland 2008). Auch sind zwar das Verwaltungshandeln der Beamt(inn)en bzw. strukturelle Handlungsprobleme insoweit Thema, als dass die Auslegung von bürokratischen Normen und Gesetzen thematisiert wird. Es wird sich ebenso der Frage gewidmet, wie weit Polizist(inn)en bei der Auslegung von Normen gehen können (bspw. bei Behr 2000; Girtler 1980; Mensching 2008). Allerdings gibt es bisher keine Erkenntnisse dazu, welche Belastungen aus der Arbeit im Spannungsfeld divergierender Interessen und Verhaltenserwartungen von Verwaltung, Publikum und Personal resultieren und welche Umgangsweisen sich die Polizist(inn)en damit erarbeiten.

Es fehlt schließlich an Wissen über den Umgang mit emotionalen Belastungen über die seelsorgerisch-psychologische Betreuung hinaus (vgl. Behr 2004). Die Gefühlsarbeitsleistungen der Polizist(inn)en sind ein blinder Fleck in den empirischen Untersuchungen zur Polizeiarbeit. Es gibt lediglich ein paar zaghafte Ansätze bei Hahn (2008), die die Bedeutung von Gefühlen im Umgang mit Extrembelastungen jedoch nicht explizit herausarbeitet. Der Bewältigung der beruflichen Belastungen im Sinne einer professionellen Distanz widmen sich Franzke und Wiese (1997), die allerdings nicht erkennen, dass für die Polizist(inn)en die professionelle Distanz in ganz unterschiedlicher Weise relevant wird und ihr Erscheinungsbild sehr stark variiert. Hertel et al. (2006) und Fischbach (2009) beschäftigen sich mit dem Einsatz von Emotionen aus dem Blickwinkel der Bedeutung von emotionaler Intelligenz als Ressource im Polizeialltag.

Vor dem Hintergrund der emotionalen Anforderungen polizeilicher Arbeit sowie dem Stand der Forschung zur Bedeutung von Gefühlen in der Polizei werden in dem eingangs erwähnten Forschungsprojekt folgende Fragen beantwortet:

- Was sind die situativen Gefühlsanforderungen bei der polizeilichen Arbeit? Worin liegen die zu bewältigenden emotionalen Anforderungen?
- Welche Formen des Umgangs mit den situativen Gefühlsanforderungen (Gefühlsarbeitspraxen) eignen sich die Polizist(inn)en an?
- Welche sozialen Randbedingungen spielen dabei eine Rolle?

Zur Beantwortung dieser Fragen wurden 43 Polizist(inn)en eines ostdeutschen Bundeslandes befragt (26 Polizisten und 17 Polizistinnen). Die Befragten sind in ganz unterschiedlichen Bereichen tätig: Streifendienst, Ermittlungsdienst, Kriminalpolizei

(Höchstpersönliche Rechtsgüter; Eigentum, Rauschgift, Jugend; Wirtschaft und Vermögen sowie Zentrale Aufgaben), Verkehrspolizei (Verkehrsunfalldienst, Autobahnpolizei) und Polizeivollzugsdienst (Einsatz, Organisation). 21 der Befragten arbeiten im mittleren, 19 im gehobenen und drei im höheren Dienst.

Empirische Grundlage bilden erzählgenerierende, leitfadengestützte Interviews mit einer Länge von anderthalb bis zwei Stunden. Die Interviews wurden nach der Dokumentarischen Methode ausgewertet (Bohnsack 2000, Nohl 2006). Ziel ist, die konzeptionellen Ideen auf eine empirische Basis zu stellen, um einerseits die Bedeutung von Gefühlen in der Polizei herauszuarbeiten sowie andererseits den Begriff der Gefühlsarbeit zu konkretisieren und Polizeiarbeit in ihrer Komplexität darzustellen.

4   Empirische Ergebnisse: Typen des Umgangs mit situativen Gefühlsanforderungen

Die Ergebnisse zeigen, dass es unterschiedliche Typen des Umgangs mit den situativen Gefühlsanforderungen gibt. Dabei muss zunächst zwischen Mustern des Gelingens und Nicht-Gelingens unterschieden werden. Nur zwei der befragten Polizeibediensteten (ein Polizist, eine Polizistin) gelingt der Umgang mit den Gefühlsproblemen nicht (Überforderte). Alle anderen Polizist(inn)en finden einen Weg, mit den emotionalen Anforderungen des Berufs umzugehen. Dabei ist zu unterscheiden zwischen Beamt(inn)en, die sich von den situativen Gefühlsanforderungen distanzieren. Sie versuchen die Existenz emotionaler Belastungen zu kaschieren, indem sie die Einsatzsituationen rationalisieren (Stoiker), unerwünschte Gefühle abwehren (Abwehrer) oder die Auseinandersetzung mit dem eigenen Erleben in den Privatbereich verlagern und damit privatisieren (Verlagerer). Die Bewältigung der Gefühlsprobleme findet gar nicht oder außerhalb des beruflichen Bereichs statt. Davon zu unterscheiden ist eine kleine Gruppe von Polizist(inn)en, die je nach Situation die emotionalen Anforderungen mit dem persönlichen Erleben ausbalancieren und dadurch versuchen, den Verwaltungsvorgaben, Interessen des polizeilichen Gegenübers und eigenen Ansprüchen gleichzeitig gerecht zu werden (Oszillierer). Die mit der polizeilichen Arbeit verbundenen emotionalen Handlungsanforderungen erkennen diese Polizist(inn)en als praktisch immer wieder zu bearbeitendes Konstitutivum an.

Im Folgenden werden die einzelnen Typen unter Rückgriff auf Interviewmaterial beschreibend dargestellt und aufgezeigt, welche Mechanismen im Umgang mit den situativen Gefühlsanforderungen wirken.

4.1   Stoiker

Zunächst ein Ausschnitt aus dem Interview mit Frau Zimt, die als Streifenpolizistin tätig ist:

> *Frau Zimt:* »(…) also mich hebt das dann nicht mehr an. Wo manch anderer eben gleich sagt, nein das kann ich nicht, ich kann das nicht, das geht nicht. Mach Du mal lieber. Das ist für mich eigentlich kein Problem, dass sich jemand mit Tabletten vergiftet hat oder aufgehangen hat, wie auch immer. Bei manchen ist es ja, die liegen schon 2, 3 Wochen. (…).«
>
> *Interviewerin:* »Hast Du sozusagen gelernt, damit umzugehen, also dass es Dich nicht anhebt irgendwie?«
>
> *Frau Zimt:* »Also ich erinnere mich an meine erste Leiche, das war ein Bahntoter, der hat sich vor den Zug gelegt. (…) Und da war dann der Kopf abgetrennt. (…) Und der lag da eben noch im Gleisbett und der Körper daneben. Aber ich habe es mir schlimmer vorgestellt, sagen wir es mal so. Da war kein Blut weiter und so. Der Kollege hat zwar erst gesagt, ich guck erst mal, manche sehen zerfleddert aus, aber das war eigentlich, das hat mich nicht angehoben, sagen wir es mal so. Ich habe das meiner Mutti erzählt, die wollte es nicht hören. Ja, aber nein das, ja ich bin da hart im Nehmen sagen wir es mal so.«

Der Interviewausschnitt verdeutlicht, dass für Frau Zimt der Umgang mit Toten kein Problem ist. Ihr scheint es nichts auszumachen, Leichen – auch jene, die sich in einem sehr schlechten Zustand befinden – zu sehen. Um die zugrunde liegende Logik ihres Handelns zu verdeutlichen, reflektiert sie über ihr Erleben im Zusammenhang mit ihrem ersten Toten.

Der/die erste Tote ist für viele Polizeianfänger(innen) ein Schlüsselmoment. In diesen Momenten trifft die manchmal sehr harte Realität des dienstlichen Alltags von Polizist(inn)en auf die eigene Vorstellungswelt. Kritisch wird dieses Ereignis, wenn es von den kognitiv repräsentierten Erwartungen, Wünschen und Bedürfnissen des Polizisten/der Polizistin sehr stark abweicht. Das Ausmaß der auftretenden Spannungen richtet sich nach den Zuschreibungen, die durch die betroffene Person vorgenommen werden (vgl. Rosch Ingelhart 1988: 15). Die Ausführungen von Frau Zimt zeigen, dass sie sich die doch sehr grausame Unfallszenerie schlimmer vorgestellt hat. Den gelingenden Umgang schreibt sie persönlichen Eigenschaften zu – ihr macht das nichts aus, weil sie »*hart im Nehmen ist*«. Es sind persönliche Dispositionen, die dazu führen, dass ihr emotionales Erleben im Zusammenhang mit besonders krassen Einsatzsituationen gar nicht erst zum Problem wird. Wie andere Polizist(inn)en dieses Typus auch, setzt sich Frau Zimt mit dem Erlebten emotional nicht auseinander. Sie widmet sich der Erfüllung ihres beruflichen Mandats und macht ihre Arbeit stoisch weiter. Sie beschreibt das in Abgrenzung zu denen, die sich diese Aufgabe nicht zutrauen. Frau Zimt nimmt die emotionalen Anforderungen ihres Berufs als Bestanteil ihrer beruflichen Aufgabe an:

»Das ist dann einfach so. Ja und dann weiß man dann, was man zu machen hat und ja also, das gehört einfach mit dazu.«

Stoiker setzen sich weder mit den Schicksalen der Betroffenen auseinander noch reflektieren sie das Erlebte vor dem Hintergrund ihrer eigenen Empfindungen. Seine Pflichten zu erfüllen, sich von den eigentlichen Aufgaben nicht ablenken zu lassen, dem Tod gelassen entgegen zu sehen und seine Gefühle zu beherrschen – das sind die wichtigsten stoischen Tugenden. Auftretende Emotionen werden durch die Erkenntnis zu beherrschen versucht (vgl. Barth 1946: 335), wie das Zitat von Frau Kraut, Dienstgruppenführerin im Streifendienst, zeigt:

»Das interessiert mich eigentlich nicht so, dass ich sage: Ach Du lieber Gott, so ein Elend. Ich sage: Hallo, der ist zu schnell gefahren und am Baum gelandet.«

Hier spiegelt sich eine Rationalisierung der Sachverhalte wider. Das Erlebte wird auf die Fakten reduziert. Es wird kein emotionaler Bezug hergestellt. Für die Klärung der Schuldfrage bei einem schweren Verkehrsunfall ist es eben wichtig, zu ermitteln, wie schnell eine Person gefahren ist, ob sich das Kfz in einem verkehrssicheren Zustand befand und ob die Beteiligten ihren Sorgfaltspflichten als Straßenverkehrsteilnehmer(innen) gerecht geworden sind. Ob der Unfallhergang sehr dramatisch war oder welche bewegenden Einzelschicksale hinter den Beteiligten stecken, ist nicht relevant. Die Stoiker entsprechen diesen Anforderungen, indem sie sich sehr stark an der Norm des bürokratischen Handelns orientieren. Das Rationalisieren geht mit einem Bürokratisieren der erlebten Einsatzsituation einher.

Da das eigene Erleben nicht zum Problem wird, ist für die Stoiker auch die Gefühlsbearbeitung im Sinne der Bewältigung der Gefühlsanforderungen nicht vordergründig. Sie haben sich bereits im Vorhinein auf die emotionalen Anforderungen des Berufs eingestellt. Das ermöglicht den Stoikern die Einsatzsituationen von Anfang an aus einer sachlichen Distanz zu betrachten. Eindrucksvoll bringt das Herr Lauch, Dienstgruppenführer im Streifendienst, auf den Punkt:

»(…) mit Einstellung in die Polizei muss ich wissen, was ich mache. Ich höre das so oft, bei der seelischen Belastung hier – da muss ich Bäcker werden.«

Unterschwellig wird hier auch ein gewisser Zynismus spürbar – ebenso eine Art mit den emotionalen Belastungen des Berufs umzugehen (vgl. dazu Evans u. a. 1993). Aufgrund der hier eingenommenen soziologischen Perspektive kann jedoch nicht geklärt werden, ob sich die Stoiker hinter einer Fassade verstecken und nur nach außen als cool erscheinen. Hierzu wäre eine psychologische Diagnose erforderlich, die hier nicht geleistet werden kann.

4.2 Abwehrer

Auch hier soll zunächst ein Interviewausschnitt von Herrn Jäger, Polizist in der Mordkommission, zu Einstimmung auf diesen Typus dienen:

> »Man bildet eben eine dicke Haut, die dann schon etwas Besonderes braucht, um da durch zu kommen (…) Von daher ist das, das man in dem Job hier nicht durchdreht, ein Schutzmechanismus des Körpers. Dass man halt nicht dort, sag ich mal, dass man sich das nicht so annimmt, wie der Hinterbliebene das annimmt. Man entwickelt ganz einfach eine Abwehrreaktion (…).«

In Abgrenzung zu den Stoiker wird deutlich, dass das Gefühlsleben von Herrn Jäger durch seine Arbeit tangiert wird. Die Worte »*nicht durchdrehen*« und »*sich nicht annehmen*« deuten auf eine starke Beanspruchung der Gefühle des Kriminalpolizisten hin. Die emotionalen Beanspruchungen erlebt Herr Jäger als Bedrohung für seine psychische Gesundheit:

> »*Wenn man jetzt jede Leiche im Kopf mit Nachhause nimmt, dann denke ich, das stehst Du nicht durch.*«

Um das zu verhindern, versucht er sich eine »*dicke Haut*« zuzulegen. Diese dient als Schutz vor Gefühlen wie Mitleid und Trauer. Der installierte Schutzwall ermöglicht ihm, emotionale Betroffenheit abzuwehren. Dies ist dabei jedoch nicht nur wichtig für den sorgsamen Umgang mit sich selbst, sondern auch für das Erbringen der Arbeitsleistung:

> »(…) in erster Linie bin ich ja dort um eine Straftat auszuschließen (…). Soviel objektive Beweismittel zu sammeln, dass es dem Gericht nachgewiesen werden kann. Das ist ja mein Job.«

Die Arbeit mit den eigenen Gefühlen im Sinne der Bewältigung der beruflichen Belastungen – hier hergestellt durch Abwehren – ist demnach Voraussetzung für das erfolgreiche Arbeitshandeln der Polizist(inn)en. Die Emotionen nicht an sich heran zu lassen, muss allerdings hergestellt werden und ist mit Anstrengung verbunden. Das Abperlen-Lassen der eigenen Betroffenheit und der Emotionen der Beteiligten ist demnach eine aktive Leistung. Das wird durch unterschiedliche Praktiken erreicht. So ist bspw. Humor ein elementares Linderungsmittel. Die dienstlichen Erlebnisse werden ins Lächerliche gezogen und dadurch in ihrer Bedeutung verharmlost. Zudem hierarchisieren die Abwehrer das Erlebte, indem sie manchen Fällen mehr, insbesondere Sachverhalten mit *wehrlosen* geschädigten Kindern, den meisten Fällen aber weniger Bedeutung beimessen, zum Beispiel *Selbst*tötungen. Hier nehmen die Polizeibediensteten Zuschreibungen vor, die das subjektive emotionale Belastungserleben entweder verstärken oder schwächen.

Ebenso schützt eine ausgeprägte Selbstdistanz vor emotionalen Belastungen. Emotionen, die bestimmte Einsatzsituationen auslösen, gelangen dadurch nicht in das ›Innere‹. Speziell weibliche Polizeibeamte versuchen sich durch eine strikte Trennung zwischen professioneller Rolle und sonstigem Selbst an männlich besetzte Attribute wie Stärke, Durchsetzungsfähigkeit und Härte anzupassen. Sie schützen sich damit vor Angriffen durch die Kollegen, von denen sie glauben, dass sie ihre Professionalität als Polizistin in Frage stellen, wenn sie ihr Gefühlsleben im Dienst nicht verbergen. Dazu Frau Romanesco, Polizeioberkommissarin im Polizeivollzugsdienst:

> »(…) ich denke schon, dass das so eine Art Selbstschutz ist. Also ich will hier weder ein emotionaler Mensch sein, noch ein besonders lieber Mensch. Ich will hier als das anerkannt sein, was ich bin. (…) das gehört hier einfach nicht her. Hier bin ich die Oberkommissarin und zu Hause bin ich der Mensch.«

Die ständige Konfrontation mit den extremen Belastungen machen die Polizist(inn)en abgebrühter und härter. Das Abwehren ist ein Mechanismus, mit dem sich die Polizist(inn)en im Laufe der beruflichen Erfahrungen für ihre polizeilichen Aufgaben und damit verbundenen emotionalen Anforderungen präparieren.

4.3 Verlagerer

Das folgende Zitat von Herrn Rosmarin (Streifendienstpolizist) verdeutlicht, wie die Verlagerer mit ihren Gefühlen in Einsatzsituationen umgehen:

> »In dem Moment, wo man vor Ort ist, egal, ob es ein Unfall ist mit Schwerverletzten, mit Toten, egal ob man zu anderen Todesfällen muss, wo Tote aufgefunden werden, gibt es für mich keine Emotionen. Es gibt dort nur noch fachliche Arbeit und das Abfragen der grauen Zellen aus der fachlichen Ebene heraus (…) Das kommt, die eigene Emotion und das Gedankenmachen über verschiedene Sachen, kommt erst wesentlich später, eigentlich erst, wenn Sie aus dem Revier rausgehen.«

Die Verlagerer verschieben die Auseinandersetzung mit ihren Emotionen teilweise bewusst aus der konkreten Arbeitssituation heraus – unabhängig davon, wie emotional anforderungsreich sich die Einsatzsituation darstellt. Am Ort des Geschehens steht für sie, ebenso wie für die Stoiker und Abwehrer, die fachliche Arbeit im Vordergrund – es gilt den Unfallort abzusperren, Spuren zu sichern und Zeug(inn)en zu vernehmen. Eigene Emotionen und die anderer Beteiligter werden als Störfaktoren wahrgenommen. Sie bedrohen die technische Abwicklung des Arbeitsprozesses. Damit die Handlungsfähigkeit am Einsatzort nicht verloren geht, werden die Emotionen beiseite geschoben. Das Verlagern ist demnach wichtiges Mittel für die Erbringung der Arbeitsleistung. Herr Rosmarin beschreibt sein Gefühl der Lähmung als Berufsanfänger in Konfrontation mit der Aufgabe, eine Todesnachricht überbringen zu müssen:

> »(…) das war dort für mich das Schlimmste. Zu erkennen: Verheiratet, 2 Kinder und dann eben, dass dann eben Emotionen einfließen in diese Sache, die einen auch ganz schnell lähmen können in der Arbeit, wo ich jetzt vielleicht auch gelernt habe, oder es auch ganz schnell lernen musste, das zu steuern, das nicht zuzulassen, dort den Schritt zu machen.«

Herr Rosmarin fühlt sich nicht ausreichend auf diese Aufgabe vorbereitet, ist überfordert und erschrocken über die Erfahrung, dass seine Gefühle ihn in der Ausübung seines beruflichen Mandats beeinträchtigen können. In Reaktion darauf ist ihm bewusst geworden, dass er nur durch die Regulierung seiner Emotionen die Kontrolle über die Situation aufrecht erhalten kann. Dies gelingt ihm durch ein Ausblenden des eigenen emotionalen Erlebens. Allerdings verdrängt Herr Rosmarin seine Gefühle nicht, sondern er verschiebt die Auseinandersetzung damit auf einen späteren Zeitpunkt und in den privaten Bereich. Die arbeitskraftbezogene Gefühlsarbeit zur Bewältigung der emotionalen Belastungen wird verschoben und ist dem Erbringen der Arbeitsleistung nachgelagert – im Gegensatz zu den Stoikern und Abwehrern. Das Verschieben der eigenen Emotion geschieht aber zum Teil auch unbewusst. Manche Verlagerer haben vor Ort einfach keine Zeit, sich mit den eigenen Gefühlen zu beschäftigten. Die Emotionen kommen über sie, wenn sie die Arbeitssituation nicht mehr aufrecht erhalten müssen und zur Ruhe kommen.

Es fällt auf, dass das Privatisieren des eigenen Erlebens eine Strategie der männlichen Polizeibediensteten ist. Die Familie ist dabei ein wichtiger emotionaler Halt und Rückzugsort. Die Befunde zeigen, dass das Verlagern der Gefühlsbearbeitung einerseits entlastend wirkt. Dies ist der Fall, wenn die Familie als positive Gegenwelt zur polizeilichen Arbeit fungiert, in der man sich Rat holen oder Gespräche über das Erlebte führen kann. Die Praxis des Verlagerns kann aber auch zur Belastung werden, insbesondere durch damit einhergehende emotionale Übertragungsprozesse. So zeigt sich bspw., dass sich vor allem Polizisten in Führungspositionen in die Familie zurückziehen und dort im Stillen ihren Gedanken nachhängen, das Erlebte noch mal Revue passieren lassen und sich von den anderen Familienmitgliedern abkapseln. Ihnen fehlen dadurch mentale Kapazitäten, die sie allerdings benötigen, um sich mit der Partnerin oder den Kindern zu beschäftigten, mit ihnen zu reden etc. In der Spillover-Forschung[3] spricht man

---

3 Die Spillover-Forschung beschäftigt sich mit den (emotionalen) Übertragungseffekten zwischen den Bereichen Familie und Erwerbsarbeit. Beide Lebensbereiche stellen einerseits Ressourcen und emotionale Belohnungen zur Verfügung. Andererseits schränken Belastungen in einem Bereich die Rollen-

von Aufmerksamkeitskonkurrenzen, die sich negativ auf die Familie als Ganzer auswirken (Small/Riley 1990). Herr Kirsch (Revierleiter) beschreibt das so:

> »(…) wenn du dann Heim kommst, dass du sagst, du hast erstmal die Schnauze voll und sagst erstmal gar nichts. Und da sagt meine Frau natürlich mitunter äh oder bemängelt, dass ich zu wenig rede (…) und da kann das schon sein, dass man erst mal mit sich und der Welt alleine sein möchte und dass (…) also ich sag mal diese reine verbale Kommunikation (…) ganz einfach irgendwo auf der Strecke bleibt (…).«

Die Polizisten sind zwar physisch zu Hause anwesend, aber nicht mental und unfähig die familialen Aufgaben und Verpflichtungen zu erfüllen. Sie haben Übergangsschwierigkeiten im Wechsel zwischen ihrer Rolle als Polizist und ihrer Rolle als Ehemann und Vater (vgl. Nippert-Eng 1996: 105 ff.).

Aufgrund der negativen Wirkungen des Verlagerns auf die Familie, ist diese Praxis sehr prekär, weil zwar die Selbstsorge mehr oder weniger gelingt, aber auf lange Sicht der familiale Zusammenhalt gefährdet ist. Die Polizisten sind auf emotionale persönliche Bindungen und fürsorgliche Beziehungen angewiesen. Die Selbstsorge gelingt allerdings nicht, wenn in der Familie zusätzliche Belastungen auftreten und damit die Fürsorgearbeit und die anderen Gestaltungsleistungen, die für die Herstellung von Familie wichtig sind, nicht oder nur teilweise erbracht werden können (vgl. Jurczyk u. a. 2009: 216 ff.). Die Selbstsorge der Polizist(inn)en hängt demnach auf komplexe Weise mit der Herstellung von Familie zusammen. Man kann vor dieser Folie annehmen, dass das Verlagern bzw. Privatisieren eine teilweise fehlgeleitete Praxis im Umgang mit den beruflichen Belastungen ist.

4.4   Oszillierer

Im Gegensatz zu den Stoikern, Abwehrern und Verlagerern sind die Oszillierer darum bemüht, je nach situativer Anforderung, eigene Emotionen zum Teil zu unterdrücken, aber auch zum Teil zuzulassen. Ihr Handeln ist nicht nur darauf ausgerichtet, sich von den emotionalen Anforderungen zu distanzieren. Oszillierer/innen reagieren bei der Bearbeitung der Fälle nicht mit distanzierender Ablehnung, identifizieren sich aber auch nicht zu stark mit dem polizeilichen Gegenüber. Frau Zander, Polizistin im Bereich Sexualdelikte, beschreibt das so:

> »Ich habe immer versucht (…) eine menschliche Beziehung herzustellen zu den Leuten (…). Trotzdem habe ich immer versucht meine Emotionen soweit zurück zu halten, dass ich eben

---

ausübung im anderen Bereich ein (siehe dazu bspw. Dillitzer 2006, Galinsky 1999, Kupsch 2006, Moen 2003).

nicht angefangen habe zu weinen z. B. wenn jemand geweint hat. Eine gewisse Betroffenheit kann man nicht immer verdecken. Manchmal ist man eben auch betroffen und dann ist man eben auch ernst und muss auch mit sich selber arbeiten, um seine Gefühle in den Griff zu bekommen (…).«

Je nach konkreter Arbeitssituation dosieren Oszillierer ihre eigenen Emotionen. Sie spenden Trost, fühlen sich in die Situation des Opfers ein oder bringen sogar Verständnis für Täter(innen) auf, obwohl ihnen das im Inneren widerstrebt – alles nur, um eine Aussagebereitschaft des polizeilichen Gegenübers herzustellen und so den Erfolg der Ermittlungen sicher zu stellen.

Die Oszillierer sind bemüht, die Vorgaben der Polizeibehörde, die Interessen und Bedürfnisse des polizeilichen Gegenübers als auch eigene Ansprüche zu berücksichtigen. Im Gegensatz zu den anderen Umgangstypen ziehen sich die Oszillierer bei der Erbringung der Arbeitsleistung nicht auf die bürokratischen Vorgaben zurück. Sie handeln entlang der situativen Logik und mit dem Ziel einer allen Interessen gerecht werdenden Lösung. So steht für Frau Zander vor allem der Schutz der Opfer sexueller Gewalt und Missbrauchs im Vordergrund. Trifft der Ermittlungsrichter jedoch eine dem nicht gerecht werdende Entscheidung, dann muss sie das akzeptieren. Sie kann keine davon abweichende Entscheidung treffen, weil sie, gerade hinsichtlich der Frage der Inhaftierung von Menschen, weit in deren Grundrechte eingreift. Frau Zander umschreibt die sich für sie daraus ergebenden Gefühlsprobleme so:

»Also, wenn eben ein Ermittlungsrichter plötzlich sagt: ›Ich habe keinen Haftgrund. Es besteht keine Fluchtgefahr. Das Kind ist von dem Täter getrennt.‹ Also lebt nicht in der häuslichen Gemeinschaft und das ist aber nur ein Nachbarhaus, da muss man als Polizist das akzeptieren, obwohl es einen emotional nicht erreicht. Da muss man sich eben sagen, es ist die Entscheidung des Richters und die gesetzliche Lage, dass es so ist, aber das lässt sich ganz schwer weder dem Kind noch der Mutter verklingeln oder begründen, dass eben, wenn er nur im Nachbarhaus wohnt und eben nur durch Zufall dem Kind begegnen könnte, dass trotzdem keine Gefahr besteht der Wiederholung.«

Frau Zander leidet darunter, dass sie ihrem Anspruch an Opferhilfe nicht gerecht werden und den Bedürfnissen der Opfer nach Schutz nicht entsprechen kann. Sie möchte gern helfen, kann dies aber aufgrund geltender gesetzlicher Bestimmungen und bürokratischer Regelungen nicht. Herr Hasel (Revierleiter) ist der Überzeugung, dass dieser Konflikt einer der bedeutendsten emotionalen Belastungen nicht nur des Polizeiberufs ist. Das betrifft auch die Arbeit bei der Feuerwehr, beim Rettungsdienst oder im Krankenhaus:

»Wichtiger ist (…), dass (…) die meisten berufstechnisch drunter leiden, Leuten helfen zu wollen oder zu müssen und oftmals an soziale oder andere Grenzen zu stoßen.«

Oszillierer erleben emotionale Belastungen, weil sie die Wirkungslosigkeit ihres eigenen Handelns erfahren. Die Herausforderung, bei ihrer Arbeit allen Interessen gerecht zu werden, ist mit dem Erleben von emotionalen Widerstreitigkeiten verbunden, mit denen die Oszillierer einen Umgang finden müssen.

> »Da gibt es schon manchmal innere Kämpfe, die man ausfechten muss, weil man das gar nicht akzeptieren kann oder will. Besser gesagt man will es nicht akzeptieren, aber man muss es, weil die gesetzliche Lage so ist. (…) und das ist ein Widerstreit der Gefühle, den man erleben muss und aus diesem Widerstreit z. B. dieser Gefühle erlernt man eine gewisse sachliche Distanz zu bewahren.«

Ihre Umgangsweise erarbeiten sie sich in ständiger Auseinandersetzung um ein vertretbares Maß zwischen emotionaler Anteilnahme und professioneller Distanz. Dabei tarieren sie gleichzeitig arbeitskraftbezogene Gefühlsarbeit als Bestandteil von Polizeiarbeit – also die Herstellung von Nähe zur Beeinflussung des polizeiliches Gegenübers, um einen Ermittlungserfolg herbei zu führen – und arbeitskraftbezogene Gefühlsarbeit als Bestandteil von Selbstsorge – also die distanzierende Abgrenzung zum Fall im Sinne der Bewältigung der emotionalen Belastungen, um den gesundheitlichen Verschleiß zu reduzieren – aus. Die beruflichen Anforderungen werden in jeder Situation neu mit dem persönlichen Erleben in Einklang gebracht.

4.5 Überforderte

Wie eingangs bereits dargestellt, gelingt den meisten der befragten Polizist(inn)en die Bewältigung der beruflichen Anforderungen. Nur zwei der Befragten sind überfordert, weil sie keinen gelingenden Umgang mit den Belastungen finden. Dadurch manifestieren sich die erlebten negativen Emotionen.

So ähnelt Frau Majoran, Sachbearbeiterin Einsatz, zwar dem Typus des Verlagerers. Nach Dienstende kommen die in der konkreten Einsatzsituation erlebten Emotionen über sie. Im Unterschied zu den Verlagerern ist die Familie von Frau Majoran jedoch aufgrund von erlebtem Mobbing bereits stark überlastet, so dass sie keinen emotionalen Rückhalt hat. Auf die Unterstützung der Kolleg(inn)en kann sie auch nicht zurückgreifen. Aufgrund fehlender Ressourcen im Umgang mit den beruflichen Anforderungen, wird sie von ihrer emotionalen Belastung erdrückt:

> »Und, mein Kollege und ich haben die noch aus'm Auto rausgeholt und ganz instinktiv fing ich damals an den wieder zu beleben. (…) Bis die Retter dann kamen, hab ich den versucht wieder zu beleben. Weil ich einfach, ich dacht das kann doch jetzt nicht sein, Du kommst hier hin und hast jetzt den Unfall und da ist ein Toter oder was. Mhm. Na gut, wo der Not-

arzt dann kam, da sagte der Notarzt zu mir, sie hätten nicht wieder beleben zu brauchen, der war schon tot [Frau Majoran beginnt mit Weinen]. Na ja und das hat mich natürlich die ganzen Jahre tüchtig beschäftigt [verweinte Stimme]. Weil [sucht nach einem Taschentuch], weil immer wenn man wo hingefahren ist, hast du den Geruch gehabt von dieser Kühlflüssigkeit [weint immer noch]. Na ja da hab ich mir jahrelang noch einen Kopf gemacht, du hast nicht genug gemacht.«

Der Gefühlsausbruch von Frau Majoran zeigt eine Traumatisierung. Noch heute hat sie mit dem erlebten Verkehrsunfall zu kämpfen. Zu einer psychischen Traumatisierung kommt es, wenn ein Ereignis die psychischen Belastungsgrenzen einer Person übersteigt und nicht adäquat verarbeitet werden kann (vgl. Lüdke/Clemens 2004). Im Gespräch mit Frau Majoran bestätigt sich, dass ihr die Bewältigung des Erlebten nicht gelungen ist, weil die Erlebnisse im Streifendienst »*einfach zu krass*« waren. Vielmehr flüchtet sie sich in eine andere Aufgabe – heute ist sie als Sachbearbeiterin Einsatz für die Einteilung der Polizist(inn)en in Dienstpläne sowie für die Koordination von Urlaubs- und Fortbildungszeiten verantwortlich. Aber auch hier fällt es ihr schwer, die Anforderungen zu bewältigen, denn durch das erlebte Mobbing hat Frau Majoran einen sehr hohen Anspruch an die Herstellung kollegialer Harmonie. Sie möchte auf die Interessen der Kolleg(inn)en eingehen, darf dabei jedoch nicht die dienstlichen Erfordernisse außer Acht lassen:

»(…) sicherlich lernt man ein bissl abzustumpfen, dass man die dienstliche Notwendigkeit in den Vordergrund rückt, aber in aller erster Linie bin ich Mensch und will das auch bleiben und weil bei mir die Menschlichkeit nicht auf der Strecke bleibt, ist das mit dem Abschalten, na ja, es ist halt einfach schwierig.«

Daher fällt es ihr auch in dieser Funktion schwer, die mit ihrer Arbeit einhergehenden emotionalen Anforderungen zu bewältigen.

Das Interview mit Herrn Mangold, Polizist in Kommissariatsausbildung, zeigt, dass ein nicht gelingender Umgang mit den emotionalen Belastungen auch zu einem gewalttätigen Überreagieren führen kann:

»Der Frust hat mich fast zerbrochen, mein Zorn, meine Wut. Und da habe ich so viel Sport gemacht, war 5, 6, 7 mal die Woche im Kraftraum, war dazwischen auch laufen und schwimmen, mein Körper hat angefangen sich aufzuessen. Ich hatte Schmerzen, ohne Ende bis mein Arzt dann sagte, dass meine Muskeln verdaut werden vom Körper, weil ich einfach nicht mehr genug Energie zuführen konnte. (…) das war der erste Wendepunkt (…) Es wurde dann immer schlimmer. Es gab Situationen an die ich mich nicht mal mehr erinnere, weil ich Straftäter, da bin ich hinter gerannt, hab die nicht mehr festgenommen, sondern ich habe die zusammen geschlagen.«

Die nicht bewältigten Emotionen stauen sich an und führen zu Wut, Frust und Aggression – aber nicht nur gegenüber dem polizeilichen ›Klientel‹, sondern auch gegenüber sich selbst. Die nicht gelingende Bewältigung der beruflichen Belastungen hat demnach Konsequenzen für die Gesundheit der Beschäftigten als auch für die Polizei insgesamt.

5   Diskussion der Befunde: Mechanismen und Bedingungen von Gefühlsarbeit bei der Polizei

5.1   Mechanismen von Gefühlsarbeit

Zentrale Leistung der Polizist(inn)en im Umgang mit den emotionalen Anforderungen des Berufs ist Gefühlsarbeit. In den fünf verschiedenen Typen des Umgangs mit den Gefühlsanforderungen konnten vier unterschiedliche Gefühlsarbeitspraxen heraus gearbeitet werden. Den Gefühlsarbeitspraxen der befragten Polizist(inn)en liegen unterschiedliche Mechanismen zugrunde, die man verdichtet wie folgt darstellen kann:

1. Die Gefühlsarbeitspraxis der Stoiker ist kaum sichtbar. Es schält sich heraus, dass sie durch *Rationalisierungsstrategien* ihren Berufsalltag bewältigen. Sie betonen, sich mit Einstieg in den Beruf bewusst für die damit einhergehenden emotionalen Anforderungen entschieden zu haben. Diese sind Bestandteil der beruflichen Aufgabe. Deutlich wird eine starke Identifikation mit der männlich geprägten Norm des Aushaltens. Resultat der Bewältigungsprozesse ist, dass erst gar keine Emotionen entstehen. Das versetzt die Polizist(inn)en in die Lage, stoisch ihre Arbeit zu machen.
2. Ähnlich entwickeln die Abwehrer eine Gefühlsarbeitspraxis, die zur Konsequenz hat, dass die Polizist(inn)en nicht immer wieder neu mit der Anforderung konfrontiert sind, einen Umgang mit den Gefühlsproblemen zu finden. Zwar machen die Abwehrer im Gegensatz zu den Stoikern Erfahrungen, in denen ihr Gefühlsleben stark beansprucht wird, aber durch den Gebrauch von *Distanzierungspraktiken* entwickeln sie mit zunehmender beruflicher Erfahrung eine dicke Haut bzw. harte Schale. Das Abwehren wird auf unterschiedliche Weise praktiziert: Humor, Hierarchisierung und Selbstdistanz sind zentrale Mechanismen.
3. Ebenso wie die Abwehrer/innen erleben die Verlagerer Einsatzsituationen, in denen die Gefühlsanforderungen die Handlungsfähigkeit bedrohen. Allerdings führt ihre Gefühlsarbeitspraxis zu keiner generellen Abschottung von den beruflichen Gefühlsproblemen. Vielmehr *schieben* die Verlagerer, die in den Einsatzsituationen aufkommenden Emotionen *beiseite*. Sie gewichten, indem sie sich auf die sachlich orientierte Erbringung der Arbeitsleistung konzentrieren. Die Bearbeitung der Gefühlsprobleme wird *privatisiert*. Die Familie ist zentraler Ort der Belastungsbewältigung, was jedoch auch negative Auswirkungen auf das familiale Miteinander haben kann. Verlagerungen finden auch unbewusst statt.

4. Oszillierer erleben wie die Verlagerer immer wieder Gefühlsprobleme, jedoch resultieren diese aus dem Versuch, den divergierenden Interessen von Polizeibörde, Polizeipublikum und eigenen Ansprüchen gerecht zu werden. Sie stellen sich diesem Spannungsfeld immer wieder neu und *tarieren* zwischen dem eigenen Wohlbefinden und den beruflichen Anforderungen *aus*. Sie fechten die emotionale Zerrissenheit aus, die aus den widersprüchlichen Anforderungen resultieren. Dadurch *jonglieren* sie ständig zwischen Nähe und Abgrenzung zum Fall, je nach situativem Erfordernis.

Das Rationalisieren der Stoiker, das Abwehren der Abwehrern und das Privatisieren der Verlagerer schützen die Polizist(inn)en vor den Gefühlsproblemen, die im Arbeitshandeln aus den beruflichen Gefühlsanforderungen resultieren. Sie orientieren sich sehr stark an den bürokratischen Handlungsvorgaben und an den damit verbundenen Tätigkeitsanforderungen. Sie kaschieren damit die Existenz der emotionalen Belastungen bzw. legen sie still. Auch die Oszillier erleben Gefühlsprobleme. Diese resultieren jedoch aus der offenen Begegnung mit den zum Teil auch emotionale Ambivalenzen generierenden beruflichen Anforderungen. In der Folge bearbeiten sie ihre emotionale Zerrissenheit je nach situativer Anforderung immer wieder neu. Das ist eine zentrale Kompensationsleistung im Umgang mit den vielfältigen emotionalen Tätigkeitsanforderungen.

Insgesamt zeigt sich, dass die befragten Polizist(inn)en ganz unterschiedliche Handlungskompetenzen in Auseinandersetzung mit den beruflichen Anforderungen erwerben. Aufgrund der besonders hohen emotionalen Beanspruchung der Beamt(inn)en ist dabei deren Gefühlsarbeitskompetenz von besonderer Relevanz. Die Bewältigungsprozesse sind über Gefühlsarbeit vermittelt, weil das Gefühlsleben der Polizeibediensteten aufgrund von Extrembelastungen, widersprüchlichen strukturellen Handlungsanforderungen und einer Vielfalt an Interaktionssituationen stark beansprucht ist. Die etablierten Gefühlsarbeitspraxen ermöglichen den Polizist(inn)en, die erlebten Gefühlsanforderungen entweder still zu legen oder ihnen offen zu begegnen.

Zusammenfassend kann man konstatieren, dass polizeiliche Arbeit nicht ohne das Einbringen subjektiver emotionaler Leistungen erbracht werden kann. Die von den Polizist(inn)en geleistete Arbeit an den eigenen Gefühlen ist dabei einerseits relevant für die Polizei. Die emotional-gefühlsmäßigen Bewältigungsprozesse dienen der Stabilisierung des Arbeitsprozesses und dem sachgerechten Erbringen der geforderten Arbeitsleistung. Die etablierten Gefühlsarbeitspraxen sind jedoch andererseits für die Polizist(inn)en selbst wichtig, denn der reflexive Umgang mit den eigenen Gefühlen dient der Belastungsbewältigung und unterstützt damit den Erhalt der Arbeitskraft, was wiederum der Aufrechterhaltung der Verwaltungsprozesse zuträglich ist. Damit erweist sich Gefühlsarbeit als zentrale Komponente polizeilicher Arbeit.

5.2 Bedingungen von Gefühlsarbeit

Die Etablierung der unterschiedlichen Formen emotional-gefühlsmäßiger Bewältigungsprozesse wird durch unterschiedliche Rahmenbedingungen beeinflusst. Dabei
spielen individuelle Dispositionen als auch strukturelle Randbedingen eine Rolle, auf
die im Folgenden eingegangen wird.

5.2.1 Individuelle Dispositionen

Ein erster zentraler Aspekt, der den Umgang mit den situativen Gefühlsanforderungen
beeinflusst, ist die subjektive Bewertung dieser. Das geht einher mit der Annahme von
Lazarus (siehe bspw. Lazarus/Launier 1981, Lazarus/Folkman 1984), dass für die Stress-
entstehung von Bedeutung ist, wie eine Person ein stressendes Ereignis kognitiv bewertet. In Anlehnung an das transaktionale Stressmodell lassen sich drei Formen der
stressenden (primären) Bewertung von Situationen unterscheiden: 1) Herausforderung,
bei der die Möglichkeit eines positiven Ausgangs gegeben ist, 2) Bedrohung, bei der
der Verlust der Kontroll- und Handlungsfähigkeit antizipiert wird und 3) Verlust, bei
dem ein positiver Ausgang der Situation nicht mehr möglich ist. Es ist deutlich geworden, dass einzig die Oszillierer/innen die Möglichkeit einer positiven Bewältigung der
emotionalen Anforderungen sehen, was zur Folge hat, dass sie nicht wie die anderen
Polizist(inn)en die Existenz der Gefühlsprobleme kaschieren.

Zum Zweiten ist von Bedeutung, wie der Polizist/die Polizistin die eigene berufliche
Rolle ausgestaltet (vgl. Treutner/Voß 1986: 63 f.). Ist der Beamte/die Beamtin eher ver-
waltungsorientiert, so führt das zu einer mehr oder weniger ausgeprägten Ausrichtung
an den Verwaltungsvorgaben, wie das bei den Stoikern, Abwehrern und Verlagerern zu
beobachten ist. Die gleichzeitige Orientierung an Verwaltungsvorgaben, Interessen des
polizeilichen Gegenübers und eigenen Ansprüchen spiegelt sich in der situativen Logik
des Handelns der Oszillierer wider. Die Etablierung emotional-gefühlsmäßiger Bewältigungsprozesse als Schutz vor den beruflichen Belastungen verweist auf eine ausgeprägte
Orientierung an eigenen Interessen insbesondere bei den Abwehrer(inne)n, Verlagerern
sowie Oszillierer(inne)n und z. T. auch bei den Stoiker(inne)n.

Zum Dritten spielt die emotionale Subjektivität der Polizist(inn)en eine Rolle. Emotionale Subjektivität bezeichnet das je Eigene und Besondere des Polizisten/der Polizistin, das auf individuellen Eigenschaften beruht, aber auch – durch Auseinandersetzungen der Person mit seiner sozialen Umwelt – sozial und kulturell geprägt ist (vgl.
Kleemann et al. 2003: 59 ff.). Emotionale Subjektivität meint, dass die auf Subjekteigen-
schaften beruhende emotionale Lebendigkeit und die daraus resultierende ganz persönliche Art und Weise des Umgangs von Personen mit Emotionen im Arbeitsprozess ver-
nutzt werden. Es kommt also darauf an, wie jemand persönlich ›gestrickt‹ ist. Manche
Polizist(inn)en sind ›nah am Wasser gebaut‹, weshalb sie gefordert sind, ihre Emotio-

nen zu steuern; andere sind eher ›hart im Nehmen‹, was sie darin unterstützt, ihre Arbeit stoisch zu erledigen. Die Polizist(inn)en bringen das in ihre Arbeit ein, was ihnen an emotionaler Subjektivität zur Verfügung steht. Es zeigt sich zudem eine unterschiedliche Wirkungsweise von emotionaler Subjektivität – ›reflexive‹ emotionale Subjektivität begründet sich im bewussten Gestalten und Bearbeiten von Gefühlen und Empfindungen im Arbeitsprozess, wie das bei den meisten der Befragten zu beobachten ist; ›ursprüngliche‹ emotionale Subjektivität zeichnet sich durch begrenzte Intentionalität sowie Regulierungs- und Steuerbarkeit von Emotionen aus, wie das die Überforderten und einige der unbewusst Verlagernden beschreiben. Ihre Handlungen sind von einer gewissen Impulsivität und Eigensinnigkeit geprägt (vgl. Voß/Weiß 2009).

Zum Vierten ist die emotionale Kompetenz der Polizeibediensteten im Umgang mit den emotionalen beruflichen Anforderungen von Bedeutung und moderiert die Etablierung der individuellen Gefühlsarbeitspraxis. Bei der polizeilichen Arbeit sind nicht nur die fachliche Qualifikation der Polizist(inn)en relevant, sondern auch zusätzliche Qualifikationen, wie beispielsweise die Fähigkeit zur Gefühlsbearbeitung. Eng damit zusammen hängt die emotionale Intelligenz, die eine wichtige Ressource im Polizeialltag ist. Die emotionalen Fähigkeiten der Polizist(inn)en sind entscheidend für eine effektive Leistungserbringung (vgl. Hertel 2006, Fischbach 2009) und Belastungsbewältigung. Es kristallisiert sich heraus, dass die befragten Polizist(inn)en im Umgang mit den Gefühlsproblemen auf ein mehr oder weniger ausgeprägtes Gefühlsarbeitsvermögen (Dunkel 1988) zurückgreifen.

Dies führt fünftens zu einer differenten Ausgestaltung der ›professionellen Distanz‹ durch die Polizist(inn)en. Der Begriff der ›professionellen Distanz‹ steht für den schwierigen Akt des Balancierens zwischen Nähe und Distanz, Hilfe und Kontrolle, Macht und Ohnmacht usw. Er ist bisher ein weitgehend undefiniertes und undifferenziertes Füllwort (vgl. Franzke/Wiese 1997). Es kann aufgezeigt werden, dass die Polizeibediensteten diese professionelle Distanz ganz unterschiedlich definieren und sich in unterschiedlicher Weise erarbeiten. Sie finden ihre je eigene spezifische Balance im Umgang mit den beruflichen emotionalen Spannungsfeldern unter Abgleich mit den zur Verfügung stehenden Ressourcen und Orientierungen. Die unterschiedlichen Formen der Gefühlsbearbeitung weisen darauf hin, dass die individuelle Erarbeitung der professionellen Distanz mit unterschiedlichen Professionalisierungsgraden verbunden ist. Resultat sind Unterschiede in der Gleichzeitigkeit von arbeits- und bewältigungsbezogenen Handlungen der Polizeibediensteten. Die Handlungen der Bewältigung und die Handlungen der kriminalistischen Arbeit gehen also nicht immer Hand in Hand, wie das Hahn (2008: 225) im Umgang von Beamt(inn)en eines Landeskriminalamts mit den Extrembelastungen konstatiert.

5.2.2 Strukturelle Rahmenbedingungen

Die Modi des Umgangs mit den situativen Gefühlsanforderungen lassen sich jedoch nicht nur durch die emotionalen Eigenheiten der Polizist(inn)en erklären. Polizeibedienstete sind nicht aufgrund individueller Dispositionen zu einem bestimmten Umgang verdammt. Die Befunde verdeutlichen vielmehr, dass auch strukturelle Rahmenbedingungen bedeutsam sind. So ist zum Beispiel wesentlich, welche Möglichkeiten die Beamt(inn)en haben, die zur Verfügung stehenden Ermessensspielräume auszunutzen. Mit Einführung der Zielvereinbarungen, die die Qualität polizeilicher Arbeit verbessern, die Effizienz und Leistung steigern, die Belastungen der Polizeibediensteten reduzieren und für mehr Transparenz sorgen sollen, hat sich der erlebte Widerspruch zwischen dem emotional geleiteten ›Wollen‹ und dem aus bürokratischen Vorgaben resultierenden ›Können‹ vor allem für Streifenpolizist(inn)en verstärkt.

Darüber hinaus ist zentral, welche Stellung die Polizist(inn)en im hierarchischen Gefüge haben. So privatisieren insbesondere männliche Vorgesetzte die Auseinandersetzung mit ihren berufsbezogenen Emotionen. Die befragten Revierleiter haben keinen Gesprächspartner auf ›Augenhöhe‹, so dass ihnen in weitaus geringerem Maße kollektive Bewältigungsformen zur Verfügung stehen. Frauen in Führungspositionen neigen dazu, eine harte Schale in Auseinandersetzung mit ihren männlichen Kollegen zu entwickeln. Insgesamt zeigt sich die geringe Bedeutung kollektiver Formen des Umgangs mit den emotionalen Belastungen. Es ist anzunehmen, dass hier die männlich geprägte Norm des Aushaltens, die mit impliziten Erwartungen an das Verhalten und die emotionale Selbstdarstellung der Polizist(inn)en geknüpft ist, dazu führt, dass die Polizist(inn)en die Belastungen für sich selbst bearbeiten. Gerade bei den Stoikern, Abwehrern und Verlagerern ist von einer mehr oder weniger ausgeprägten Internalisierung dieser Norm auszugehen, was einen Einfluss auf die innerpolizeiliche Gefühlskultur hat.

Schließlich hat das Tätigkeitsfeld der Polizist(inn)en einen Einfluss auf die etablierten Gefühlsarbeitspraxen. Es kristallisiert sich heraus, dass hauptsächlich die Beamt(inn)en im Streifendienst stoisch handeln. Streifenpolizist(inn)en müssen permanent außerordentlich komplexe, vielfältige und wenig standardisierbare Krisenbewältigung betreiben (Oevermann 2000). Um die emotionalen Kosten möglichst gering zu halten, scheint es für sie effektiv zu sein, sich im polizeilichen Alltag auf die Norm des bürokratischen Handelns zurückzuziehen. Streifenpolizist(inn)en sind zudem immer als erste vor Ort und müssen schnell die Situation erfassen und die notwendigen Maßnahmen einleiten. Das erfordert einen anderen emotionalen Umgang, als wenn man, wie die Kriminalpolizist(inn)en, den Fall erst im Anschluss daran übernimmt. In Bereichen mit beständig hohen emotionalen Anforderungen, wie der Unfallbereitschaft oder Mordkommission, neigen die Polizist(inn)en zu abwehrenden Gefühlsarbeitspraxen. Oszillierer sind demgegenüber in Bereichen tätig, in denen emotionale Kompetenzen für den Erfolg polizeilicher Arbeit besonders wichtig sind. Zwar ist das emotionale Eingehen auf die Bürger(innen) auch im Streifendienst und bei der Mordkommission im Umgang mit den Angehörigen relevant. Aber im Zusammenwirken mit dem persönlichen Anspruch, dem polizeilichen Gegenüber konkrete Hilfestellungen zu geben, ist vor allem hier eine ausgeprägte Problem- und Gefühlsorientierung festzustellen.

Insgesamt stellt sich die Frage, inwiefern die strukturellen Handlungsbedingungen eine kausale Wirkung auf die Gefühlsarbeitspraxen der Polizist(inn)en haben. Dem emotionalen Handeln der Polizist(inn)en ist durch Verwaltungsvorgaben, Bürgerinteressen sowie eigenen Ansprüchen und Orientierungen ein Rahmen gesteckt, der die ›Qualität‹ der Gefühlsarbeit beeinflusst. Nicht klar ist jedoch, ob die strukturellen Handlungsbedingungen, z. B. durch konkrete Anforderungen in ihrem Tätigkeitsbereich, eine bestimmte Gefühlsarbeitspraxis hervorbringen – das zeigt sich vordergründig bei den Abwehrern und Oszillierern – oder ob sich die Polizist(inn)en aufgrund ihrer emotionalen Eigenheit für einen bestimmten polizeilichen Tätigkeitsbereich entscheiden und diese in den Umgang mit den dort vorfindbaren emotionalen Anforderungen einbringen – wie das bei den Stoikern der Fall zu sein scheint. Dem wechselseitigen Zusammenhang von Gefühlsarbeitspraxis, strukturellen Rahmenbedingungen und individuellen Dispositionen muss noch ausführlicher nachgegangen werden.

6   Ausblick: Erkenntnisse für das Konzept der Gefühlsarbeit

Gefühlsarbeit ist zentrales Medium im Umgang mit den emotionalen Anforderungen des Polizeiberufs. Die emotional-gefühlsmäßigen Bewältigungsprozesse sind dabei nicht nur für die Polizist(inn)en von Bedeutung, sondern für die Polizeibehörde insgesamt, da durch die subjektiven Kompensationsleistungen im Umgang mit den situativen Gefühlsanforderungen gleichzeitig die Arbeitsprozesse aufrechterhalten werden. Vor dieser Folie kann man einerseits fragen, welche Relevanz Gefühlsarbeit in bürokratischen Organisationen als angebliche »Hochburgen der Rationalität« (Flam 2002: 182) generell hat. Andererseits drängt sich die Frage auf, welche grundsätzliche Konkretisierung das Konzept der Gefühlsarbeit durch die herausgearbeiteten Gefühlsarbeitspraxen und den zugrunde liegenden Mechanismen erfahren kann.

Vor dem Hintergrund der dargestellten empirischen Ergebnisse soll sich abschließend der zweiten Fragestellung zugewandt werden. Die Konkretisierungen zeigen sich, an die erste Fragestellung anknüpfend, in der Bedeutung von Gefühlsarbeit für Individuum und Organisation (a), in den herausgearbeiteten Mechanismen von Gefühlsarbeit (b), in den Rahmenbedingungen, die die Etablierung der Gefühlsarbeitspraxen moderieren (c) und in der Zeitlichkeit von Gefühlsarbeit (d).

a) Die Bedeutung von Gefühlsarbeit für Individuum und Organisation
Anhand der Befunde konnte einerseits die Bedeutung von Gefühlsarbeit als berufliche Kompetenz und als Selbstsorgekompetenz demonstriert werden. Dass die Gefühle

der Gefühlsarbeitenden selbst einen Einfluss auf die Arbeitssituation haben, hat Hochschild nur unzureichend herausgearbeitet (vgl. Rastetter 2008: 24 f.). Es tritt jedoch deutlich hervor, dass Emotionen vor allem hinsichtlich der Bearbeitung der Gefühle der Polizeibeamt(inn)en selbst, aber eben auch für die Organisation eine wichtige Rolle spielen. Damit konnte andererseits gezeigt werden, dass Gefühlsarbeit nicht immer Belastungen zur Folge hat, sondern dass die Tätigkeit der Polizeibediensteten zu emotionalen Spannungsfeldern führt, die durch Gefühlsarbeit bewältigbar sind.

b) Mechanismen von Gefühlsarbeit

Die Darstellungen haben hervor gebracht, dass die Polizist(inn)en nicht nur die Wahl haben zwischen echter Gefühlsarbeit (Deep Acting) und Oberflächenhandeln (Surface Acting) (vgl. Hochschild 1990). Es wurde vielmehr dargestellt, dass die Polizist(inn)en mit dem Rationalisieren, Abwehren, Privatisieren und Oszillieren Mischformen entwerfen[4], mit der sie eine mehr oder weniger große Nähe bzw. Distanz zum Arbeitsgegenstand herstellen. Es gibt demnach auch keine strikte Trennung zwischen gefühlsmäßiger Anpassung und der Entfremdung von den eigenen Gefühlen. Die Einteilung der Techniken von Gefühlsarbeit in oberflächliches und inneres Handeln ist zu stark und zu einfach (vgl. auch Flam 2002: 203).

c) Bedingungen von Gefühlsarbeit

Vor der Folie der dargestellten empirischen Ergebnisse lässt sich die These aufstellen, dass Gefühlsarbeit und Gefühlsarbeit nicht das Gleiche sind. Es gibt nicht nur Unterschiede zwischen den Gefühlsarbeitspraxen beispielsweise von Call Center Agent(inn)en und Altenpfleger(inne)n (vgl. Egger de Campo/Laube 2007), sondern es gibt auch Unterschiede innerhalb einer Berufsgruppe. Deutlich geworden sind speziell Unterschiede in den Gefühlsarbeitspraxen von Streifenpolizist(inn)en und Kriminalist(inn)en, aber auch zwischen männlichen und weiblichen Polizeibediensteten in Führungspositionen. Dies begründet sich primär im kontextuellen Embedding von Gefühlen und Gefühlsarbeit in den unterschiedlichen Bereichen polizeilicher Arbeit sowie den dort durchzuführenden Einzeltätigkeiten, aber auch in individuellen Dispositionen.

d) Zeitlichkeit von Gefühlsarbeit

Schließlich scheint Gefühlsarbeit auch eine zeitliche Dimension zu haben. Es lassen sich verschiedene Phasen des Empfindens von Emotionen im Polizeidienst unterscheiden. So ist die Fahrt zum Einsatzort von Gefühlen der Unsicherheit, vielleicht auch Angst geprägt. In der Situation selbst zeigt sich, dass primär Beamt(inn)en des Streifendienstes ihre eigenen Empfindungen ausblenden. Ursache ist, dass sie in der Regel als erste am Ort des Geschehens eintreffen und erste Maßnahmen einleiten müssen. Mit Übernahme dieser ersten Ermittlungen, wie das für die Kriminalpolizist(inn)en typisch ist,

---

4   Das zeigen bspw. auch Bolton und Boyd (2003).

sind ganz andere Bedingungen für den Umgang mit den eigenen Gefühlen verbunden. Bei den Oszillierern findet die Bewältigung der Gefühlsprobleme inmitten der Arbeitshandlungen statt. Die Auseinandersetzung mit ihren Emotionen ist für die Verlagerer erst nach Dienstende von Bedeutung. Bei den Stoikern und Abwehrern spielt die Phase danach zur Verarbeitung des Erlebten eine weniger wichtige Rolle, weil sie einen Selbstschutz im Vorhinein installieren. Die Gefühlsarbeitspraxen im Sinne von Bewältigung können demnach vor, in und nach den Arbeitshandlungen ansetzen.

Literatur

Barth, Paul (1946): Die Stoa. Stuttgart: Fr. Frommanns Verlag.

Behr, Rafael (2000): Cop Culture – der Alltag des Gewaltmonopols. Männlichkeit, Handlungsmuster und Kultur in der Polizei. Opladen: Leske + Budrich.

Behr, Rafael (2004): »Wir haben nie gelernt über unsere Gefühle zu reden«. Erfahrungen mit Supervision in der Polizei. In: Forum Supervision, Heft 24, S. 43–56.

Bohnsack, Ralf (2000): Rekonstruktive Sozialforschung. Einführung in die Methodologie und Praxis qualitativer Sozialforschung. Opladen: Leske + Budrich.

Bolton, Sharon C./Boyd, Carol (2003). Trolly dolly or skilled emotion manager? Moving on from Hochschilds Managed Heart. In: Work, employment and society 17(2): 289–308.

Christe-Zeyse, Jochen (2006): Die Macht der Profession. Beobachtungen zum Selbstverständnis einer starken Kultur. In: Jochen Christe-Zeyse (Hg.): Die Polizei zwischen Stabilität und Veränderung. Ansichten einer Organisation. Frankfurt am Main: Verlag für Polizeiwissenschaft.

Dillitzer, Susanne (2006): Zwischen Beruf und Familie: Der Einfluss von Belastungsfaktoren und Ressourcen auf die Zufriedenheit. Europäische Doppelverdiener-Paare im Vergleich. Marburg: Tectum.

Dunkel, Wolfgang (1988). Wenn Gefühle zum Arbeitsgegenstand werden. Gefühlsarbeit im Rahmen personenbezogener Dienstleistungstätigkeiten. In: Soziale Welt 39(1): 66–85.

Egger de Campo, Marianne/Laube, Stefan (2008): Barrieren, Brücken und Balancen. Gefühlsarbeit in der Altenpflege und im Call Center. In: Österreichische Zeitschrift für Soziologie 33(2): 19–42.

Fischbach, Andrea (2009): Viele Mythen, erste Befunde und offene Fragen. In: Personalführung 6: 36–47.

Flam, Helena (2002): Soziologie der Emotionen. Konstanz: UVK.

Focus-Online vom 01.03.2003: http://www.focus.de/politik/deutschland/debatte-ueber-folternachdenken_aid_194696.html (Abruf: 21.01.2010)

Franzke, Bettina/Wiese, Birgit (1997): Emotionale Frauen – coole Männer? Vom geschlechtsspezifischen Umgang mit emotionalen Belastungen im polizeilichen Alltag. In: Kriminalistik 7: 507–523.

Galinsky, Ellen A. (1999): Ask the Children. What America's Children Really Think about Working Parents? New York: William Morrow.

Girtler, Roland (1980): Polizei-Alltag. Strategien, Ziele und Strukturen polizeilichen Handelns. Opladen: Westdeutscher Verlag.

Hahn, Annefried (2008): Grenzjongleure. Der Umgang mit der Extrembelastung in einem Landeskriminalamt – eine qualitative Untersuchung. Dissertation. Freie Universität Berlin. Onlineressource: http://www.diss.fu-berlin.de/diss/receive/FUDISS_thesis_000000006103;jsessionid=A8E448E4757524FAC7CF3D5414A3DA1C [Zugriff: 01.12.2009].

Hallenberger, Frank/Müller, Simone (2000). Was bedeutet für Polizist(inn)en und Polizisten ›Stress‹? In: Polizei & Wissenschaft 1: 58–65.

Hegner, Friedhart (1978): Das bürokratische Dilemma. Zu einigen unauflöslichen Widersprüchen in den Beziehungen zwischen Organisation, Personal und Publikum. Frankfurt am Main/New York: Campus.

Hertel, Janine/Schütz, Astrid/Simchen, Sabrina (2006): Emotionale Intelligenz als Ressource im Polizeialltag. In: Clemens Lorei (Hg.): Polizei & Psychologie. Kongressband der Tagung »Polizei & Psychologie« am 3. und 4. April 2006 in Frankfurt am Main. Frankfurt am Main: Verlag für Polizeiwissenschaften, S. 683–696.

Hochschild, Arlie Russel (1990). Das gekaufte Herz. Zur Kommerzialisierung der Gefühle. Frankfurt am Main/New York: Campus.

Hüttermann, Jörg (2000): Polizeialltag und Habitus: Eine sozialökologische Fallstudie. In: Soziale Welt 51(1): 7–24.

Jurczyk, Karin/Schier, Michaela/Szymenderski, Peggy/Lange, Andreas/Voß, Günter G. (2009). Entgrenzte Arbeit – entgrenzte Familie. Grenzmanagement im Alltag als neue Herausforderung. Forschung aus der Hans-Böckler-Stiftung, Band 100. Berlin: Edition Sigma.

Kahmann, Jürgen (2007): Stressbewältigung von Polizeibeamten beim Überbringen einer Todesnachricht. Frankfurt am Main: Verlag für Polizeiwissenschaft.

Kleemann, Frank/Matuschek, Ingo/Voß, G. Günter (2003): Subjektivierung von Arbeit. Ein Überblick zum Stand der Diskussion. In: Manfred Moldaschl/G. Günter Voß (Hg.): Subjektivierung von Arbeit. München/Mering: Hampp, S. 57–114.

Klemisch, Dagmar/Kepplinger, Joachim/Muthny, Fritz A. (2005): Belastungen, Belastungsbewältigung und psychische Störungen von Polizeibeamten. In: Polizei & Wissenschaft 1: S. 27–42.

Kupsch, Melanie (2006): Vereinbarkeit von Familie und Beruf in Europa. Auswirkungen beruflicher und familiärer Stressoren und Ressourcen in Doppelverdienerhaushalten mit jungen Kindern auf die Konfliktübertragung zwischen Familie und Beruf sowie die individuelle Symptombelastung. Hamburg: Kovac.

Latscha, Knut (2005): Belastungen von Polizeivollzugsbeamten. Empirische Untersuchung zur Posttraumatischen Belastungsstörung bei bayrischen Polizeivollzugsbeamten/-innen. Dissertation. München: Ludwig-Maximilians-Universität.

Lazarus, Richard S./Folkman, Susan (1984): Stress, appraisal and coping. New York: Springer.

Lazarus, Richard S./Launier, Raymond (1981): Stressbezogene Transaktionen zwischen Personen und Umwelt. In: Jürgen R. Nitsch (Hg.): Stress, Theorien, Untersuchungen, Maßnahmen. Bern: Huber, S. 213–260.

Lüdke, Christian/Karin Clemens (2004): Kein Trauma muss immer sein: Überfälle, Unfälle, Schicksalsschläge und das tägliche Unglück. Hilfreiche Informationen zum Verständnis und zur Bewältigung von Krisen, extrem belastenden Erfahrungen und außergewöhnlichen Lebensereignissen. Bergisch Gladbach: EHP.

Mensching, Anja (2008): Gelebte Hierarchien. Mikropolitische Arrangements und organisationskulturelle Praktiken am Beispiel der Polizei. Wiesbaden: VS.

Moen, Phillis (Hg.) (2003): It's About Time. Couples and Careers. Ithaca: Cornell University Press.

Nippert-Eng, Christina (1996): Home and Work. Negotiating Boundaries through Everyday Life. Chicago: University of Chicago Press.

Nohl, Arnd-Michael (2006): Interview und Dokumentarische Methode. Anleitungen für die Forschungspraxis. Wiesbaden: VS.

Oevermann, Ulrich (2000): Dienstleistung der Sozialbürokratie aus professionalisierungstheoretischer Sicht. In: Eva-Marie von Harrach/Thomas Loer/Oliver Schmidtke (2000): Verwaltung des Sozialen. Formen der subjektiven Bewältigung eines Strukturkonflikts. Konstanz: UVK, S. 57–78.

Rastetter, Daniela (2008): Zum Lächeln verpflichtet. Emotionsarbeit im Dienstleistungsbereich. Frankfurt am Main/New York: Campus.

Reichertz, Jo (1992): Meine Schweine erkenne ich am Gang. Zur Typisierung typisierender Kriminalpolizisten. In: Jo Reichertz/Norbert Schröer (Hg.): Polizei vor Ort. Studien zur empirischen Polizeiforschung. Stuttgart: Enke, S. 183–200.

Reichertz, Jo (1992a): Über das Schrottplatzdenken – zur Systematik kriminalpolizeilichen Arbeitens. In: Jo Reichertz/Norbert Schröer, Norbert (Hg.): Polizei vor Ort. Studien zur empirischen Polizeiforschung. Stuttgart: Enke.

Rosch Ingelhart, Marita (1988): Kritische Lebensereignisse. Eine sozialpsychologische Perspektive. Stuttgart: Kohlhammer.

Scheler, Uwe (1982): Stress-Skala polizeilicher Tätigkeiten. In: Die Polizei 9: 270–273.

Schröer, Norbert (2003): Zur Handlungslogik polizeilichen Vernehmens. In: Jo Reichertz/Norbert Schröer (Hg.): Hermeneutische Polizeiforschung. Opladen: Leske + Budrich, S. 61–77.

Small, Stephen A./Riley, Dave (1990): Toward a Multidimensional Assessment of Work Spillover into Family Life. In: Journal of Marriage and the Family 52(1): 51–61

Steinbauer, Martina (2001). Stress im Polizeiberuf und die Verarbeitung von belastenden Ereignissen im Dienst. In: Polizei & Wissenschaft 4: 46–59.

Süddeutsche Zeitung vom 20.02.2004: http://www.sueddeutsche.de/panorama/278/319150/text/ (Abruf: 21.01.2010)

Süddeutsche Zeitung vom 28.06.2007: http://www.sueddeutsche.de/politik/339/399123/text/(Abruf: 21.01.2010)

Süddeutsche Zeitung vom 20.07.2008: http://www.sueddeutsche.de/kultur/artikel/293/186703/ (Abruf: 23.04.2010)

Treutner, Erhard/Voß, Günter G. (1986): Bedingungen innovativer Verwaltungsarbeit. In: Thomas Lau/Erhard Treutner/G. Günter Voß/Gerd-Uwe Watzlawick (Hg.): Innovative Verwaltungsarbeit. Frankfurt am Main/New York: Campus, S. 15–73.

Voß, G. Günter/Weihrich, Margit (2002): Detektivische Lebensführung. Arbeit und Leben von Guido Brunetti, Kurt Wallander, Kay Scarpetta und V.I. Warshawski. In: Margit Weihrich/G. Günter Voß (Hg.): tag für tag. Alltag als Problem – Lebensführung als Lösung? Neue Beiträge zur Soziologie Alltäglicher Lebensführung 2. München/Mering: Rainer Hampp, S. 235–271.

Voß, G. Günter/Weiß, Cornelia (2009): Wenn die Arbeitenden immer mehr zu Subjekten werden. Entgrenzung und Subjektivierung von Arbeit – erläutert am Beispiel eines Außendienstmonteurs. In Inge Baxmann/Melanie Gruß/Sebastian Göschel/Vera Lauf (Hg.): Arbeit und Rhythmus – Lebensformen im Wandel. München: Fink, S. 37–58.

Voswinkel, Stephan (2005): Welche Kundenorientierung? Anerkennung in der Dienstleistungsarbeit. Berlin. Edition Sigma.

Welt-Online vom 27.06.2007: http://www.welt.de/politik/article979878/Kritik_an_Polizeieinsatz_in_Heiligendamm_verschaerft.html (Abruf: 21.01.2010)

Wendtland, Matthias (2008): Polizisten und berufliche Belastungen. Eine empirische Untersuchung zu Interaktionspräferenzen nach besonders belastenden Ereignissen im Polizeidienst. Frankfurt am Main: Verlag für Polizeiwissenschaft.

»Structures of Feelings« und Emotionsmilieus

Eine programmatische Forschungsskizze über den
Zusammenhang von Emotionen und Sozialstruktur

Rainer Schützeichel

In welchen sozialstrukturellen Dimensionen entfalten sich Emotionen? Variieren Emotionen in ihrer Genese und Form mit sozialstrukturellen Differenzen? Gibt es sozialstrukturell geprägte ›Emotionsmilieus‹? Und lassen sich sozialstrukturelle Dimensionen ihrerseits auf Strukturen unterschiedlichen Fühlens zurückführen? Haben sozialstrukturelle Differenzierungen ein emotionales Fundament? Dieses sind die Fragen, um die es in den folgenden Überlegungen gehen soll.[1] Sie nehmen dabei eine Frage und einen Begriff auf, die von Raymond Williams aufgeworfen wurden. Williams (1977: Kap. 9) zufolge handelt es sich bei den »structures of feelings« um einen zentralen Parameter der Sozialstruktur von Gesellschaften. Sie stellen nach Williams neben ökonomischen Austausch- und politischen Herrschaftsbeziehungen einen wesentlichen kulturellen Faktor im Aufbau gesellschaftlicher Beziehungen dar.[2] Williams, einer der Inauguratoren der frühen, marxistischen Phase der ›Cultural Studies‹, suchte mit der Betonung solcher »structures of feelings« eine Korrektur an ökonomistischen Verkürzungen gesellschaftstheoretischer Analysen anzubringen. Gefühlsstrukturen, so Williams, manifestieren sich vornehmlich in den symbolischen Selbstbeschreibungen von Gemeinschaften, in den Werken der Literatur und der Kunst, in denen Emotionen, Gefühlen und Sentiments in besonderer Weise Ausdruck verliehen wird. Diese Forschungsfrage von Williams soll in den folgenden Ausführungen aufgenommen werden, wir geben ihr jedoch eine andere soziologische Begründung. Nicht die gesellschaftlichen Klassen und auch nicht die Manifestationen der Kunst stellen in erster Linie die dominanten Bezugsebenen dar, sondern soziale Milieus mit ihren alltäglichen Kommunikationen und Konflikten.

Seit Williams wurde das Desiderat einer emotionssoziologisch fundierten Sozialstrukturanalyse häufig beklagt.[3] Eine ›Sozialstruktur der Emotionen‹ stellt eine der

---

1 Für wertvolle Anmerkungen danke ich Annette Schnabel.

2 Mit Williams ist also solchen Positionen eine Absage zu erteilen, die die soziologische Befassung mit Emotionen als einen subjektivistischen, ›cartesianischen‹ Irrweg und als eine Absage an gesellschaftstheoretische Analysen betrachten (so beispielsweise Ehrenberg 2010 u. 2011).

3 So weist Mustafa Emirbayer (2004) in seiner Kritik an der Kultursoziologie, insbesondere dem Ansatz von Jeffrey C. Alexander, darauf hin, dass kultursoziologische und gesellschaftstheoretische Analysen kaum in der Lage sind, transpersonale emotionale Dynamiken zu konzeptualisieren. Neben der Kultur

großen weißen Flecken auf der soziologischen Landkarte dar.[4] Zwar findet sich eine Reihe von bedeutsamen Untersuchungen mit makrosoziologischer und sozialstruktureller Affinität, beispielsweise in der Elias-Schule die Analysen von Cas Wouters (1999) zur ›Informalisierung‹ von Normen zur Affektkontrolle oder aus kultursoziologischer Perspektive die Arbeiten von Eva Illouz zum ›emotionalen Habitus‹ im ›emotionalen Kapitalismus‹.[5] Es gibt eine Reihe von wichtigen Untersuchungen zum Zusammenhang von Emotionen und sozialen Bewegungen (vgl. Goodwin/Jasper 2006) oder zu Formen affektiver Vergemeinschaftung (vgl. Maffesoli 1986). Von erheblicher Relevanz sind zudem die Analysen hinsichtlich der Gender-Dimension von Emotionen (vgl. Schields u. a. 2006). Dennoch stehen einer Forschung über »structures of feeling« bisher immer noch große Hürden entgegen.

Das größte Problem ist sicherlich ein solches der wechselseitigen ›Übersetzung‹ der beiden Theoriesprachen, der sozialstrukturellen und der emotionstheoretischen, mit dem Ziel, eine handlungs- und emotionstheoretische Fundierung sozialstruktureller Dimensionen und eine strukturtheoretische Fundierung emotionaler Dispositionen leisten zu können. Es mangelt an ›Brückenhypothesen‹, die es erlauben, die beiden Ebenen aufeinander zu beziehen. Welche sozialstrukturellen Dimensionen sind auf welche Weise in emotionstheoretischer Hinsicht überhaupt relevant – und umgekehrt? Damit geht ein zweites Problem einher: Will man über einfache variablensoziologische Analysen, beispielsweise der Korrelation zwischen bestimmten sozialstrukturellen und emotionalen Lagen, hinauskommen, so muss man über theoretische Explikationen verfügen, die nicht nur deskriptiv, sondern auch explanativ gehaltvolle Aussagen erlauben. Variablensoziologische Untersuchungen haben explanative Mängel insofern, als sie nicht über die Mechanismen informieren, mit Hilfe derer man diese Zusammenhänge dieser Variablen oder funktionalen Relationen erklären kann.

---

als den symbolischen Bedingungen des Handelns und dem Bereich der materiellen Voraussetzungen des Handelns empfiehlt Emirbayer deshalb mit dem Ziel einer ›thick sociology‹ die Analyse eines dritten, mit einer eigenen Logik ausgestatteten Bereichs sozialer Emotionsdynamiken.

4   Selbst das ansonsten umfassende »Handbook of the Sociology of Emotions« (Stets/Turner 2006) weist zwar Überblicksartikel zum Verhältnis von Emotionen und sozialen Bewegungen, Emotionen und Arbeitsplatz und Emotionen und Gesundheit auf, aber keinen, der den Zusammenhang von Emotionen mit einer sozialstrukturellen Kategorie näher beleuchten würde.

5   Die Bezeichnung ›emotionaler Kapitalismus‹ hat Eva Illouz (2006) eingeführt. Sie verweist darauf, dass die früheren sozialen Grenzziehungen, die vielleicht noch für die frühbürgerliche Gesellschaft des 18. und 19. Jahrhunderts maßgeblich waren, im späten Kapitalismus erodieren. Die Grenzen zwischen dem Privaten und dem Öffentlichen oder dem Emotionalen oder dem Ökonomischen verwischen sich nicht nur, sondern sie lösen sich nach Illouz auch insofern auf, als diese Bereiche sich ineinander verschränken. Das Emotionale wird zu einem wichtigen Bestandteil des Ökonomischen, und umgekehrt findet, so Illouz, auch eine Ökonomisierung des Emotionalen statt (vgl. auch die affine Argumentation von Stäheli 2007). Diesen Prozess bezeichnet sie als ›emotionalen Kapitalismus‹. Besonderen Ausdruck findet dies darin, dass die Konsumideologie und die Warenästhetik Einzug in emotionale Beziehungen und in die emotionale Befindlichkeit halten (vgl. Illouz 2011).

Die Sozialstrukturforschung weist aber eine Heterogenität von unterschiedlichen Zentralkonzepten wie Klasse und Schicht, Milieu und Lebensstil auf, deren inneren Zusammenhänge ebenso umstritten sind wie diejenigen zwischen eher differenzierungstheoretischen angelegten Forschungen und solchen, die die Formen sozialer Ungleichheit in den Mittelpunkt rücken. Zudem fehlt es an einer tragfähigen und emotionssoziologisch anschlussfähigen handlungstheoretischen Fundierung der sozialstrukturellen Forschung. Wenn solche handlungstheoretischen Skizzen vorliegen, wie beispielsweise im Habitusmodell von Bourdieu oder in dem verhaltenstheoretischen Modell von Rössel (2006: 147 ff.), dann sind sie in Bezug auf die Emotionen nicht ausgewiesen.

Auch auf Seiten der soziologischen Emotionsforschung gibt es erhebliche Lücken. Ihre Konzepte sind nicht auf sozialstrukturelle Analysen hin angelegt. Man weiß im Hinblick auf das Modell der soziologischen Erklärung nicht – wie dies Annette Schnabel (2012) treffend charakterisierte – welche sozialstrukturellen Dimensionen man in die ›Situationslogik‹ der Modellierung von Emotionen hineinstecken muss, welche Handlungen in der ›Selektionslogik‹ entstehen und welche sozialen Effekte dies in der ›Aggregationslogik‹ auslösen könnte. Emotionstheorien weisen zudem einen kognitivistischen und normativistischen ›bias‹ auf. Das heißt, sie rücken die Genese von Emotionen in einen engen Zusammenhang mit kulturellen Wissensformen und Deutungsmustern sowie mit der Etablierung von normativen Regeln. Sicherlich sind damit wichtige Dimensionen benannt, auf die nicht verzichtet werden kann. In den sozialstrukturellen Dimensionen von Gesellschaften geht es aber nicht nur um normative Institutionen oder um kulturelle Regeln, sondern auch um die Verteilung von Ressourcen, um Wünsche, Bedürfnisse und Ansprüche, um Opportunitäten und Restriktionen. Selbst avancierte Forschungsprogramme bekommen diese Dimension kaum in den Blick. Dies gilt sowohl für die Austauschtheorie, die emotionale Reaktionen auf die Gratifikationsmöglichkeiten in sozialen Beziehungen zurückführt, für die Power-Status-Theorie von Kemper, welche die Genese von Emotionen mit Macht- und Status-Relationen in dyadischen Austauschbeziehungen in Verbindung bringt, und selbst für solche nunmehr schon klassischen Untersuchungen wie diejenige von Neckel (1991) zum Zusammenhang von Status und Scham. Sie alle werden nicht von einer solchen handlungstheoretisch fundierten Emotionstheorie getragen, die eine adäquate theoretische Anbindung an sozialstrukturelle Parameter erlaubt.

1 Emotionen und ›Wünsche‹

Im Folgenden soll nun eine kombinierte Emotions- und Handlungstheorie vorgestellt werden, die ein größeres Potential hat, um einen Link zwischen Emotionen und Sozialstruktur herzustellen. Sie beruht auf der Integration von der Belief-Desire-Theorie der Emotionen und von handlungstheoretischen Belief-Desire-Theorien (vgl. Schützeichel 2012a – in diesem Band). Die belief-Desire-Theorie der Emotionen (vgl. Reisenzein

2007, 2009, 2010) ist eine Theorie über die Entstehung wie über die Phänomenalität von Emotionen. In phänomenaler Hinsicht werden Emotionen in erster Linie als Lust-Unlust-Gefühle verstanden, also nicht, wie in anderen Emotionstheorien, als arousals (Erregungen) oder als appraisals (Kognitionen). In Bezug auf die Genese werden Emotionen auf Vergleichsprozesse zurückgeführt zwischen Kognitionen bzw. Kognitionen und Wünschen. Emotionen entstehen dadurch, dass in Kognitionen (Wahrnehmungen, Bewertungen) Umwelt- oder Eigenzustände des Organismus oder der Person daraufhin überprüft werden, ob sie den Wünschen und Zielsetzungen entsprechen. Emotionen sind Signale über das Vorliegen oder Nichtvorliegen von gewünschten oder erwarteten Zuständen.

Diese Belief-Desire-Theorie der Emotionen kann mit handlungstheoretischen Überlegungen gekoppelt werden. Handlungstypen lassen sich mit emotionalen Differenzerfahrungen in Verbindung bringen. Diesbezüglich lassen sich drei Formen unterscheiden: Gibt es keine großen Abweichungen zwischen erwarteten bzw. gewünschten Zuständen einerseits und von der Person als real interpretierten oder als möglich imaginierten Zuständen andererseits, so stellen sich Gefühle ein, die mit keinen großen Valenzen verbunden sind, sondern der Person eine Kongruenz zwischen Wünschen und Zuständen signalisieren. Bei diesen Gefühlen, für die wir sprachlich kaum über geeignete Kategorien verfügen, handelt es sich um ›Ruhe‹, ›Sicherheit‹, ›Zufriedenheit‹ oder anderen. Aus ihnen resultiert keine Notwendigkeit, an seinen bisherigen Handlungen, d. h. an den den Handlungen zugrunde liegenden Überzeugungen und Wünschen etwas zu ändern. Das Handeln kann kontinuiert werden. Gibt es erhebliche, positive oder negative Abweichungen, so führen diese zu diskontinuierenden Handlungen mit je nach situativer Gegebenheit spontanen oder reflexiven Handlungsmodifikationen. Bei positiven Abweichungen, also erheblichen positiven Differenzen zwischen erwarteten bzw. gewünschten und eingetretenen Zuständen, stellen sich je nach Situation angenehme Gefühle ein, Freude, Glück, Stolz etc. Bei negativen Abweichungen, also negativen Differenzen zwischen gewünschten und realen bzw. als möglich vorgestellten Zuständen, treten negative Gefühle auf, Gefühle der Unlust, der Abwendung von der Situation, die mit Impulsen einhergehen, die Situation zu verändern oder ihr zu entfliehen wie Ärger, Wut, Hass, Neid oder Eifersucht. Aus Sicht einer solchen Belief-Desire-Theorie sind Emotionen in erster Linie Differenzerfahrungen. Emotionen informieren und signalisieren Differenzen zwischen gewünschten und realen bzw. vorgestellten Zuständen. Daraus folgt: Will man etwas über die Emotionen von Personen wissen, dann muss man wissen, welche Wünsche sie haben und welche Wünsche ihnen zugestanden werden. Und die Kategorie der ›Wünsche‹ muss hier möglichst breit gefasst, also auch normative Erwartungen, Regeln, Präferenzen und Werte und damit allgemein solche Ordnungen umfassen, die die Identifikation und Bewertung von Zuständen und Situationen erlauben und die die Funktion haben, bestimmte Zustände oder Situationen zu realisieren. Selbst körperliche Habitualisierungen oder Körperschemata können in diesem Sinne als ›desires‹ verstanden werden, da sie mit selektiven Umweltzuständen vorreflexiv gekoppelt sind. Wünsche beziehen sich auf zu realisierende oder zu vermeidende Zustände. Sie sind insbesondere daran orientiert, durch die Realisierung bestimmter Handlungstypen solche gewünschten Zustände herbeizuführen oder ungewünschte Zustände vermeiden zu können. Allgemein kann man alle solche Intentionen als ›Wünsche‹ beschreiben, die eine ›world-to-mind direction of fit‹ haben, die also die Funktion haben, Zustände, Situationen oder Ereignisse gemäß den intentionalen Gehalten zu realisieren. Im Unterschied zu den Intentionen wie Wahrnehmungen, Meinungen oder Überzeugungen, die eine ›mind-to-world direction of fit‹ haben, weil sie im System der intentionalen Akte dann ihre Funktion ausüben können, wenn sie sich den Zuständen oder Situationen in der Welt anpassen und diese konstatieren, kann man sie auch als konative Intentionen bezeichnen. Für die Genese von Emotionen sind beide Klassen von unhintergehbarer Bedeutung – Emotionen entstehen aufgrund der durch konstative Intentionen festgestellten Abweichung oder Nichtabweichung innerer oder äußerer Ereignisse von konativen Intentionen.

In soziologischer Hinsicht haben nun drei ›Wunsch-Dimensionen‹ eine herausragende Bedeutung. Personen haben besondere ›desires‹ hinsichtlich

- der physisch-leiblichen Integrität (ihrer selbst oder anderer Personen);
- ihrer Position in sozialen Konstellationen. Diese betreffen die Ressourcen, in sozialen Konstellationen gewünschte Handlungen realisieren zu können. Dabei handelt es sich um
  - materielle Ressourcen und
  - symbolische Ressourcen (Identitäts- und Anerkennungsansprüche);
- der Geltung von normativen Ordnungen in sozialen Konstellationen.

Die Dimension der physisch-leiblichen Integrität ist eine der wichtigsten Dimensionen, auf die sich Wünsche beziehen. Diese sind mit Gefühlen verbunden, die sich auf die körperliche Unversehrtheit, die Vermeidung von unangenehmen Empfindungen wie Hunger oder Schmerzen beziehen oder auch auf die Herbeiführung von Lustbefriedigungen zielen.

Die Dimension der ›Position in sozialen Konstellationen‹ betrifft die Möglichkeit der Realisierung von Handlungen in sozialen Beziehungen. Kann man aufgrund seiner Positionen bzw. den Ressourcen, über die man in einer sozialen Konstellation verfügt, eigene Handlungen realisieren bzw. die Handlungen anderer, auf die man zur Realisierung eigener Handlungen angewiesen ist, erwirken? Dabei spielen vornehmlich zwei Formen von Ressourcen eine besondere Rolle, materielle Ressourcen und symbolische Ressourcen wie personale, soziale und kollektive Identitäten, Formen der Achtung und Anerkennung. Die positive wie negative Emotionen generierenden ›desires‹ beziehen sich also auf die Verfügbarkeit über materielle wie symbolische Ressourcen, mit denen sich in sozialen Konstellationen spezifische Handlungen realisieren lassen.

Die Dimension der normativen Ordnung (Gruppenethos) kann ebenfalls als eine bedeutende ›desire-Kategorie‹ begriffen werden. Gefühle und Emotionen stellen sich insbesondere bei der Einhaltung bzw. der Verletzung von Gruppennormen ein. Solche Gruppennormen bewegen sich von einfachen Konventionen und Anerkennungsdimensionen bis hin zu wertbehafteten Identitäten, die man als moralisches Subjekt der einen menschlichen Gesellschaft genießt. Aber die Dimension des Gruppenethos reicht weit über diese normative Dimension hinaus. Sie bezieht sich auf die affektive Bedeutung von kognitiven Strukturierungen der Welt. Wie insbesondere die Affektsteuerungstheorie (affect-control-theory) von David Heise (2007) herausstellt, sind die kognitiven, kulturell generalisierten Schemata alle mit affektiv bedeutsamen Konnotationen, mit ›sentiments‹ ausgestattet, die allen Situationsdefinitionen einen normative Dimension und allen solchen ›desires‹ eine affektive Dimension verleihen.

Die Dimensionen physisch-leibliche Integrität, soziale Position und Gruppenethos gelten gewissermaßen als kybernetische Kontroll- und Steuerungsfaktoren. Sie sind die desire-Kategorien, die in besonderer Weise maßgeblich für die Generierung von Emotionen sind. Sie sind auch diejenigen Kategorien, mit Hilfe derer sozialstrukturelle Zustände bewertet werden. Die sozialstrukturellen Ordnungen als solche sind emotionsneutral, sie werden erst dann emotionsrelevant, wenn sie mit Hilfe dieser ›desire-Kategorien‹ in das intentionale Gewebe der Individuen einbezogen werden. Und im Gegensatz zur ökonomischen Theorie, in welcher ›Präferenzen‹ bzgl. gewisser Handlungsziele als externe Faktoren aus der Theoriebildung ausgeklammert werden, muss sich die Soziologie mit der Frage nach der gesellschaftlichen Konfiguration und Konstitution von Wünschen befassen. In emotionssoziologischer Hinsicht stellen soziale Verhältnisse eine Form von ›Wunschökonomie‹ dar, in welcher über die Verteilung von Ressourcen zur Erreichung von bestimmten Handlungszielen in Bezug auf die physisch-leibliche Integrität, die Teilnahme und Anerkennung im Austausch von materiellen und symbolischen Gütern wie über die Geltung von normativen Regeln und Maßstäben befunden wird.

Über die ›desire-Kategorie‹ lassen sich emotions- und handlungstheoretische Konzepte einerseits und sozialstrukturelle Konzepte andererseits verbinden. Sie stellt den zentralen ›link‹ zwischen beiden dar. Da die Realisierung solcher Wünsche sich auf dem sozialen Parkett vollziehen, also die Realisierung von Handlungszielen mit ihren entsprechenden ›desires‹ von den Handlungen anderer Personen abhängt, stehen wir permanent in sozialen Konstellationen mit anderen Akteuren. Diese sind ebenfalls wie wir darauf angewiesen, dass andere Handlungen anderer Personen realisiert werden, damit sie ihre Handlungen vollziehen können und ihre Handlungsziele erreichen können. Dies betrifft insbesondere solche ›desires‹, die nicht von ihren individuellen Eigenschaften abhängen, sondern auf ›emergenten‹ sozialen Beziehungen beruhen: die symbolischen Güter der Achtung und Anerkennung, die für eine Vielzahl von Emotionen, nämlich den so genannten moralischen oder sozialen Emotionen ausschlaggebend sind und welche eine konstitutive Rolle für unsere personale und soziale Identität wie unsere kollektive Identität als Mitglied sozialer Gruppen und Gemeinschaften spielen. Unsere Identitätsfiguren sind die Sinnfiguren, an welche sich eine Vielzahl von ›desires‹ heften und welche somit die Kontrollgröße darstellen, die bei sozialer Bestätigung positive und sozialer Invalidierung negative Emotionen auslösen (vgl. Stets 2006).

Damit stellt sich im Hinblick auf den Zusammenhang von Emotionen und Sozialstruktur die zentrale Frage: Wie und in welchen sozialen Konstellationen und sozialstrukturellen Einheiten bilden sich ›desires‹ oder personale und soziale Identitäten als der Kulminationspunkt solcher ›desires‹? Hierbei scheinen eine Vielzahl von Mechanismen eine Rolle zu spielen, soziales Lernen, soziale Vergleichsprozesse und soziale Bestätigung. Allgemein aber wird man die These vertreten können, dass ein Rückkopplungsprozess vorliegt zwischen der Genese von ›desires‹ und der Selektion sozialer Konstellationen. Wir wählen, präferieren oder wünschen solche sozialen Konstellationen, in denen unsere ›desires‹ in Bezug auf die drei oben genannten Dimensionen eher validiert als invalidiert werden, und es sind somit die in solchen Konstellationen vorherrschenden, von anderen Individuen präferierten ›desires‹, an denen wir unsere eigenen ausbilden. Auf diese Weise bilden sich also soziale Konstellationen, die sich durch die Struktur ihrer ›desires‹ von anderen sozialen Konstellationen abgrenzen und die aus diesem Grunde kommunikative Verdichtungen aufweisen.

2 Emotionsmilieus

Wie beziehen sich die Sozialstruktur von Gesellschaften und die Emotionen ihrer Mitglieder aufeinander? Wie kann man die ›structures of feelings‹ konzipieren? Nimmt man die Belief-Desire-Theorie der Emotionen zum Ausgangspunkt, so kann man die sozialstrukturellen Differenzierungen als Differenzierungen von ›beliefs‹ und ›desires‹ auffassen bzw. solcher Ressourcen, mit denen man in Abhängigkeit von bestimmten Situationsdeutungen durch Handlungen bestimmte Ziele und Wünsche realisieren kann. Oder präziser: Der sozialstrukturelle Raum ist ein Raum, in welchem Möglichkeiten der Realisierung von Handlungen in Abhängigkeit von den materiellen Opportunitäten und Restriktionen wie dem Vermögen und dem Einkommen, von askriptiven, deskriptiven und konstruierten Merkmalen wie dem Geschlecht, dem Alter und den biographischen Phasen, von kommunikativen Verdichtungen und Identitätsgeneratoren wie Milieus mit ihren spezifischen Lebensstilen oder von kollektiven Handlungseinheiten wie Gruppen oder Gemeinschaften in unterschiedlicher Weise verteilt sind. Die Sozialstruktur von Gesellschaften weist ihrerseits verschiedene Ordnungsparameter auf:

- In Bezug auf die funktionale Differenzierung von Gesellschaften stellt sich die Frage, welche Handlungstypen institutionalisiert sind und von daher in einer erwartbaren

Weise realisiert werden können (vgl. Schützeichel 2010, 2011). Funktionsbereiche können dann als solche sozialen Konfigurationen verstanden werden, in denen sich spezifische Handlungstypen wie ›Kaufen/Verkaufen‹, ›Lehren/Lernen‹ oder ›Recht sprechen/Rechtsprechung befolgen‹ in eigenen Konstellationen ausbilden. Die funktionale Differenzierung führt also zur Bildung von unterschiedlichen funktional spezifizierten und deshalb strukturell voneinander abhängigen Kommunikationsbereichen.

- In Bezug auf die sozialstrukturelle Differenzierung von Gesellschaft stellt sich die Frage, wie die materiellen und symbolischen Ressourcen in einer Gesellschaft verteilt sind, mit Hilfe derer von Individuen oder Gruppen bestimmte Handlungstypen realisiert werden können. Sie weist zwei komplementäre Dimensionen auf. Die generative Differenzierung von Gesellschaften betrifft die Verteilung von materiellen Opportunitäten und Restriktionen führt zu einer klassen-, schichtspezifischen oder ›intersektionalen‹ (vgl. Winker/Degele 2009) Differenzierung von Handlungsressourcen. In Bezug auf die soziokulturelle Differenzierung differenziert sich eine Gesellschaft in kommunikative Milieus. Milieus differenzieren zwischen den ›beliefs‹ und ›desires‹ von Individuen, also in Bezug auf deren Wissensbestände und Erfahrungsräume, auf deren Normen und Identitäten und damit in Bezug auf deren Handlungsziele und die materiellen wie symbolischen Ressourcen, die zu ihrer Realisierung benötigt werden. Generative Differenzierungen sind also immer milieuspezifisch gebrochen.

Es lassen sich also funktionale Differenzierungen in Bezug auf die Realisierung von Handlungstypen, generative Differenzierungen in Bezug auf die Ressourcen zur Realisierung von Handlungstypen und milieuspezifische Differenzierungen in Bezug auf die Wissensbestände und die Normen und Wünsche in Bezug auf die Realisierung von Handlungstypen unterscheiden. Von besonderer Bedeutung für die sozialstrukturelle Dimension von Emotionen sind also Milieus, in denen sich ›beliefs‹ (in der Form von Überzeugungen und kognitiven Mechanismen wie Attributionsmustern) und ›desires‹ (in Bezug auf die leibliche Integrität, die personale und soziale Identität und Position in sozialen Konstellationen) und darauf beruhende emotionale Dispositionen, also ein ›emotionaler Habitus‹ ausbilden.

Milieus können mit Schulze (1992: 174) verstanden werden als »Personengruppen, die sich durch gruppenspezifische Existenzformen und erhöhte Binnenkommunikation voneinander abheben.« Damit sind zwei wichtige Aspekte benannte: Milieus weisen differenzierte Existenzformen auf, die sich von den Existenzformen anderer Milieus unterscheiden. Sie weisen zweitens kommunikative Verdichtungen auf, d.h. die Kommunikation innerhalb der Milieus ist in verschiedener Hinsicht ›dichter‹ als die Kommunikation zu Personen außerhalb des Milieus. Es empfiehlt sich aber, Schulzes Explikation weiter zu präzisieren. Milieus sind keine Gruppen, sondern Konstellationen oder Netzwerke von Gruppen oder, da auch Gruppen als spezifische Konstellationen oder Netzwerke aufgefasst werden können, eben Netzwerke von Netzwerken.[6] Milieus stellen keine handlungsmächtigen sozialen Einheiten dar, sondern ›Resonanzböden‹, solche Erfahrungsräume, in denen sich handlungsmächtige, auf einer kollektiven Intentionalität beruhende Einheiten wie Gruppen oder Gemeinschaften bilden.[7] Diese Netzwerke müssen in Bezug auf die Erfahrungsräume oder Existenzformen eine hinreichende Ähnlichkeit aufweisen, damit sie sich von ihren Angehörigen als Repräsentanten eines Milieus bestimmt werden können. Es reicht eine ›Familienähnlichkeit‹ von Netzwerken, d. h. sie sind in ihren Eigenschaften nicht identisch, sondern weisen trotz aller Diskrepanzen hinreichende Ähnlichkeitsstrukturen auf. Auch die von Schulze angesprochenen ›Existenzformen‹ sind präzisierungsbedürftig. Man muss von der Frage ausgehen, weshalb sich kommunikative Verdichtungen zeigen. Sie zeigen sich dort, wo die Kommunikation und Interaktion mit anderen Personen in besonderer Weise ›positiv sanktioniert‹ wird. Damit nehmen wir einen Gedanken der ›affect theory of social exchange‹ auf (vgl. Lawler u. a. 2009), der zufolge soziale Beziehungen in besonderer Weise dort und dann aufrechterhalten werden, wenn die Kommunikation in diesen sozialen Beziehungen mit positiven Emotionen einher geht. Dementsprechend kann man die These aufstellen, dass sich Milieus dort von anderen Milieus abgrenzen, wo sich in den Kommunikationen eine stärkere Invalidierung von emotionalen Ansprüchen zeigt. Kurz: Milieus sind kommunikative Verdichtungen, weil sie in ihren multiplexen, funktional sowohl diffusen wie spezifischen Kommunikationen, eine affektive Differenzierung und Integration von sozialen Beziehungen vornehmen und somit auch die Träger nicht nur von Existenzweisen, sondern auch von Lebensstilen (vgl. Rössel 2011) und Sozialräumen (vgl. Lehnert 2011) als besonderen Gestaltformen von ›desires‹ und ›beliefs‹ darstellen.

Diese affektive Differenzierung und Integration[8] in den kommunikativen Konstellationen von Milieus bezieht sich nun besonders auf die oben genannten Dimensionen, in denen sich die ›desires‹ von Personen bilden und die damit von besonderer affektiver Relevanz sind, insbesondere auf den Austausch von symbolischen Gütern in der Gestalt der Anerkennung von personalen und sozialen Identitätsansprüchen und von normativen Regeln. Milieus sind diejenigen Instanzen, in denen sich solche Identitätsfiguren und Regeln normativer Integration in besonderer Weise bilden, Milieus sind aber auch diejenigen Instanzen, in denen solche Identitätsfiguren und Regeln verletzt

---

6 Auch Rössel (2009: 335 ff.) empfiehlt eine netzwerkanalytische Ableitung von Milieus, schränkt die Netzwerkformen aber mit seiner Fokussierung auf Ehen und Freundschaften in ihrer analytischen Reichweite zu stark ein.

7 In gesellschaftstheoretischer wie in emotionssoziologischer Hinsicht ist die Ausdifferenzierung einer spezifischen, auf affektive Vergemeinschaftungen angelegten Sozialform besonders bemerkenswert. Eine erste soziologische Beschreibung findet sich bei Hermann Schmalenbach mit seiner Kategorie des ›Bundes‹, aber auch die ›posttraditionalen Gemeinschaften‹ (vgl. Hitzler/Honer/Pfadenhauer 2008).

8 Zu diesen affektiven Formen gehören nicht nur ›individuelle‹, ›soziale‹ oder ›kollektive‹ Emotionen, sondern auch vorreflexive, nichtintentionale Stimmungen (vgl. Schützeichel 2012b).

werden. Dies zeigt sich beispielsweise darin, dass die Emotion des ›Neids‹ (vgl. Paris 2010) auf solche Personenkreise beschränkt ist, mit denen man sich vergleicht, also auf die Personen eines Milieus. Dies zeigt sich darin, dass sich Scham und Schuld zwar auch bei der Verletzung universaler Regeln und Normen zeigen, insbesondere aber in Bezug auf die subtilen Regeln und Normen, die dem Gruppenethos von Milieus gehorchen. Und dies gilt auch für eine Vielzahl anderer Emotionen, die einen spezifischen sozio-kulturellen Rahmen wie solchen von Milieus voraussetzen. Milieus sind – und hierin ist Renn (2006: 416 ff.) zuzustimmen – vor allem kulturell differenzierte soziale Einheiten, die damit eine Zuständigkeit für die Evokation einer Vielfalt von Emotionen beanspruchen, nämlich solcher sozialer Emotionen, die einen sozialen Vergleichsrahmen voraussetzen wie Scham und Schuld, Neid und Eifersucht, Stolz und Glück.[9] Und wenn zudem Raymond Williams in seinen literatursoziologischen Analysen von ›structures of feelings‹ davon ausging, dass sich die Emotionen vor allem in den künstlerischen Selbstrepräsentationen von Klassen zeigen, so wird man in Bezug auf Emotionsmilieus heute nicht umhin kommen, über diese Manifestationen hinaus auf die konstitutive Rolle der Massenmedien für die Produktion von ›desires‹ und Emotionen zu verweisen.

Und darin dürfte die in sozialstruktureller wie in emotionssoziologischer Hinsicht besondere Bedeutung von Milieus liegen: Sie markieren diejenigen sozialen Räume, in denen aufgrund kommunikativer Verdichtungen besondere Vergleichshorizonte zur Genese von ›desires‹ und ›beliefs‹ und damit zur Genese von Emotionen gezogen werden. Zugleich sind sie auch diejenigen sozialen Räume, die in ihrer Reproduktion in besonderer Weise von der kommunikativen Bestätigung von ›desires‹ und ›beliefs‹ und damit von der Bestätigung durch emotionale Gratifikationen abhängig sind. Die sozialen Grenzen von Milieus beruhen auf affektiven Grenzziehungen. Milieus sind ›Emotionsmilieus‹ – sie sind der Horizont, in welchem sich eine Vielzahl von Emotionen bilden können, und sie sind zugleich soziale Einheiten, die in besonderer Weise durch Emotionen und damit durch eine gewisse Homogenität von ›desires‹ und ›beliefs‹ geprägt. Sie stellen – mit Karl Mannheim (1924) gesprochen – konjunktive Erfahrungsräume dar, und zwar konjunktiv sowohl in epistemischer und konativer wie auch in affektiver Hinsicht.

Literatur

Ehrenberg, Alain (2010): Depression: Unbehagen in der Kultur oder neue Formen der Sozialität. In: Christoph Menke/Juliane Rebentisch (Hg.): Kreation und Depression. Berlin: Kadmos, S. 52–62.
Ehrenberg, Alain (2011): Das Unbehagen in der Gesellschaft. Frankfurt am Main: Suhrkamp.

---

9   Ein besonders einschlägiges Beispiel für eine milieuspezifische, nämlich jugendkulturspezifische Genese von Emotionen bildet die ›Coolness‹ dar (vgl. Stearns/Walker 1994).

Emirbayer, Mustafa (2004): The Alexander School of Cultural Sociology. In: Thesis Eleven 79(5): 5–15.

Goodwin, Jeff/Jasper, James M. (2006): Emotions and Social Movements. In: Jan E. Stets/Jonathan H. Turner (Hg.): Handbook of the Sociology of Emotions. New York: Springer, S. 611–635.

Heise, David R. (2007): Expressive Order: Confirming Sentiments in Social Action. New York: Springer.

Hitzler, Ronald/Honer, Anne/Pfadenhauer, Michaela (Hg.) (2008): Posttraditionale Gemeinschaften. Wiesbaden: VS.

Illouz, Eva (2006): Gefühle in Zeiten des Kapitalismus. Frankfurt am Main: Suhrkamp.

Illouz, Eva (2011): Emotionen, Imagination und Konsum. Eine neue Forschungsaufgabe. In: Heinz Drügh/Christian Metz/Björn Weyand (Hg.): Warenästhetik. Frankfurt am Main: Suhrkamp, S. 47–91.

Lawler, Edward J./Thye, Shane R./Yoon, Jeongkoo (2009): Social Commitments in a Depersonalized World. New York: Russell Sage.

Lehnert, Gertrud (Hg.) (2011): Raum und Gefühl. Der Spatial Turn und die neue Emotionsforschung. Bielefeld: Transcript.

Maffesoli, Michel (1986): Der Schatten des Dionysos. Frankfurt am Main: Syndikat.

Mannheim, Karl (1924): Eine soziologische Theorie der Kultur und ihrer Erkennbarkeit (Konjunktives und kommunikatives Denken). In: Ders.: Strukturen des Denkens. Hg. von David Kettler, Volker Meja und Nico Stehr. Frankfurt am Main: Suhrkamp 1980, S. 155–322.

Neckel, Sighard (1991): Status und Scham. Frankfurt am Main/New York: Campus.

Paris, Rainer (2010): Neid. Von der Macht eines versteckten Gefühls. Leipzig: Manuscriptum.

Reisenzein, Rainer (2007): What is a definition of emotion? And are emotions mental-behaviorist processes? In: Social Science Information 46: 424–428.

Reisenzein, Rainer (2009): Emotional Experience in the computational belief-desire theory of emotion. In: Emotion Review 1: 214–222.

Reisenzein, Rainer (2010): Moralische Gefühle aus der Sicht der kognitiv-motivationalen Theorie der Emotion. In: Marco Iorio/Rainer Reisenzein (Hg.): Regel, Norm, Gesetz. Frankfurt am Main: Peter Lang, S, 257–283.

Renn, Joachim (2006): Übersetzungsverhältnisse. Perspektiven einer pragmatistischen Gesellschaftstheorie. Wiesbaden: Velbrück.

Rössel, Jörg (2006): Plurale Sozialstrukturanalyse. Wiesbaden: VS.

Rössel, Jörg (2009): Sozialstrukturanalyse. Wiesbaden: VS.

Rössel, Jörg (2011): Soziologische Theorien in der Lebenslaufforschung. In: Jörg Rössel/Gunnar Otte (Hg.): Lebensstilforschung. Kölner Zeitschrift für Soziologie und Sozialpsychologie, Sonderheft 51. Wiesbaden: VS, S. 35–61.

Schmalenbach, Herman (1922): Die soziologische Kategorie des Bundes. In: Die Dioskuren. Jahrbuch für Geisteswissenschaften, S. 35–105.

Schnabel, Annette (2011): Emotionen und Sozialstruktur – ein Projektentwurf. Mskr. Umeå

Schützeichel, Rainer (2010): Die Logik des Sozialen. Entwurf einer intentional-relationalen Soziologie. In: Gert Albert/Rainer Greshoff/Rainer Schützeichel (Hg.): Dimensionen der Sozialität. Wiesbaden: VS, S. 339–376.

Schützeichel, Rainer (2011): Doing Systems. Eine handlungstheoretische Kritik der Theorie funktionaler Differenzierung. In: Thomas Schwinn/Jens Greve/Clemens Kroneberg (Hg.): Soziale Differenzierung. Erkenntnisgewinne handlungstheoretischer Zugänge. Wiesbaden: VS, S. 73–91.

Schützeichel, Rainer (2012a): Emotionen in Handlungen – Überlegungen zu einer soziologischen Integration von Emotions- und Handlungstheorie – in diesem Band.

Schützeichel, Rainer (2012b): ›Stimmungen‹ als soziologische Kategorie. Mskr. Bochum.

Schulze, Gerhard (1992): Die Erlebnisgesellschaft. Kultursoziologie der Gegenwart. Frankfurt am Main/New York: Campus.

Shields, Stephanie A. u. a. (2006): Gender and Emotion. In: Jan E. Stets/Jonathan H. Turner (Hg.): Handbook of the Sociology of Emotions. New York: Springer, S. 63–83.

Stäheli, Urs (2007): Poststrukturalismus und Ökonomie: Eine programmatische Skizze der Affektivität ökonomischer Prozesse. In: Caroline Arni u. a. (Hg.): Der Eigensinn des Materials. Erkundungen sozialer Wirklichkeit. Festschrift für Claudia Honegger zum 60. Geburtstag. Frankfurt am Main: Stroemfeld, S. 503–520.

Stearns, Peter N./Walker, Lisa (1994): American Cool. New York: New York University Press.

Stets, Jan E. (2006): Identity Theory and Emotions. In: Jan E. Stets/Jonathan H. Turner (Hg.): Handbook of the Sociology of Emotions. New York: Springer, S. 203–223.

Stets, Jan E./Turner, Jonathan H. (Hg.) (2006): Handbook of the Sociology of Emotions. New York: Springer.

Williams, Raymond (1977): Marxism and Literature. Oxford: Oxford University Press.

Winker, Gabriele/Degele, Nina (2009): Intersektionalität. Zur Soziologie sozialer Ungleichheiten. Bielefeld: Transcript.

Wouters, Cas (1999): Informalisierung. Opladen: Westdeutscher Verlag.

Angaben zu den Autoren und Autorinnen

Max Dehne, Gastwissenschaftler am DIW Berlin, 2008–2011 Doktorand am Max-Weber-Kolleg Erfurt Arbeitsgebiete: Emotionen, Wertesoziologie, sozialer Wandel, Sozialstrukturanalyse, quantitative Methoden Veröffentlichungen: M. Dehne und J. Schupp (2007): Persönlichkeitsmerkmale im Sozio-ökonomischen Panel (SOEP) – Konzept, Umsetzung und empirische Eigenschaften. Research Notes No. 26. Berlin: DIW

Hella Dietz, wissenschaftliche Mitarbeiterin am Institut für Soziologie der Georg-August-Universität Göttingen. Arbeitsgebiete: Sozialtheorie, historische Soziologie, Länderschwerpunkte: Polen und Südafrika. Neuere Veröffentlichungen: Prozesse erzählen oder was die Soziologie von der Erzähltheorie lernen kann, in: Schützeichel, Rainer; Jordan, Stefan (Hrsg.): Prozesse – Formen, Dynamiken, Erklärungen, VS Verlag (im Erscheinen); Handbuchbeitrag zu Jack Katz: How Emotions Work, in: Schützeichel, Rainer; Senge, Konstanze (Hrsg.): Hauptwerke der Emotionssoziologie, VS Verlag; Opposition der Siebziger in Polen. Ein Beitrag zur Integration neuerer Theorien sozialer Bewegungen, in: Archives Européennes de Sociologie (3), 2008, 207–252.

Jens Greve, Privatdozent, derzeit Lehrstuhlvertreter am Institut für Soziologie der Universität Münster. Arbeitsgebiete: Soziologische Theorie und Sozialtheorie, soziale Differenzierung und Ungleichheit sowie Religionssoziologie. Neuere Veröffentlichungen: Soziale Differenzierung. Handlungstheoretische Zugänge in der Diskussion. Wiesbaden: VS Verlag für Sozialwissenschaften 2011 (gemeinsam mit Clemens Kroneberg und Thomas Schwinn). Emergenz. Zur Analyse und Erklärung komplexer Strukturen. Berlin: Suhrkamp 2011 (gemeinsam mit Annette Schnabel). Emergence in Sociology: A Critique of Non-reductive Individualism. In: Philosophy of the Social Sciences (2010). Globale Ungleichheit: Weltgesellschaftliche Perspektiven. In: Berliner Journal für Soziologie (2010).

Christoph Henning, Leiter eines SNF-Projektes zum Perfektionismus am Fachbereich Philosophie, Universität St. Gallen, Schweiz. Arbeitsgebiete: Praktische und Politische Philosophie, insbesondere Kritische Theorie und Pragmatismus, daneben Schwerpunkte in Ästhetik, Gefühlstheorie sowie der Ideengeschichte der Sozialtheorie und Kritischen Theorie. Neuere Veröffentlichungen: Schwerpunkt Perfektionismus (Hg.) in der Deutschen Zeitschrift für Philosophie 5/2010; Glück: Ein Interdisziplinäres Handbuch (Hg., mit Dieter Thomä und Olivia Mitscherlich, Stuttgart: Metzler 2011); Hg. der Schriften von Gottfried Salomon-Delatour (Wiesbaden: VS Verlag).

Nina R. Jakoby, Dr. phil., Oberassistentin am Soziologischen Institut der Universität Zürich. Forschungsschwerpunkte: Soziologie der Emotionen, Thanatosoziologie, Soziologische Theorien, Methoden der empirischen Sozialforschung. Neuere Publikationen: Wo sterben Menschen? Zur Frage des Sterbens in Institutionen, Zeitschrift für Gerontologie und Geriatrie 2011 (zusammen mit Michaela Thönnes); Grief as a Social Emotion. A Theoretical Review, Death Studies (erscheint 2012); Harriet Martineau (1802–1876): Die erste Soziologin und Pionierin der empirischen Sozialforschung. In: Onnen-Isemann, Corinna und Vera Bollmann (Hg.): Studienbuch Gender & Diversity. Einführung in Fragestellungen, Theorien und Methoden, Frankfurt a. M.: Peter Lang.

René John, Dr. rer soc. arbeitete als wissenschaftlicher Mitarbeiter an der Philipps-Universität Marburg sowie im Institut für Sozialinnovation, Berlin. Seine Forschungsinteressen richten sich insbesondere auf Themen wie Sozio-kulturelle Evolution, Sozialer Wandel und Innovationen, Organisation, Gemeinschaft, Identität, Geschlecht sowie Ernährung. Ausgewählte Publikationen: – mit Aderhold, J. (Hg.): Innovation. Sozialwissenschaftliche Perspektiven (Konstanz 1995), Modernität der Gemeinschaft (Bielefeld 2007), mit Henkel, A. und Rückert-John, J. (Hg.): Methodologien des Systems (Wiesbaden 2010), mit Borman, I, und Aderhold, J (Hg.): Indikatoren des Neuen (Wiesbaden 2012), mit Rückert-John, J. und Esposito, E. (Hg.): Ontologien der Moderne (Wiesbaden 2012).

Alexander Henning Knoth, Akademischer Mitarbeiter am Lehrstuhl für Geschlechtersoziologie an der Wirtschafts- und Sozialwissenschaftliche Fakultät der Universität Potsdam. Forschungsschwerpunkte: Historische Soziologie, Politische Soziologie – Staatsbürgerschaftstheorien, Geschlechtersoziologie, Emotionssoziologie. Neuere Veröffentlichungen: Bürgerin – Citoyenne: Semantiken der Zugehörigkeit in Deutschland und Frankreich im 19. Jahrhundert, in: Theresa Wobbe, Michel Lallement, Isabell Berrebie-Hoffmann (Hg.): Die gesellschaftliche Verortung des Geschlechts. Diskurse der Differenz in der deutschen und französischen Soziologie um 1900. Frankfurt a. M./New York: Campus; Entgrenzte Staatsbürgerschaft? Die ungarisch-slowakische Kontroverse, in: Welt Trends. Zeitschrift für Internationale Politik, Nr. 77, 03/04 2011.

Alexander Leistner, Doktorand am Institut für Kulturwissenschaften der Universität Leipzig. Arbeitsgebiete: soziale Bewegungen, DDR-Geschichte, qualitative Methoden, Soziologie der Gewalt. Neuere Veröffentlichungen: Das Lob der ersten Schritte und der Nutzen von Vielfalt und Konflikt – Strömungen und Schlüsselfiguren der unabhängigen DDR-Friedensbewegung. In: Deutschland Archiv 12/2011; Sozialfiguren des Protests und deren Bedeutung für die Entstehung und Stabilisierung sozialer Bewegungen. In: Forum Qualitative Sozialforschung 2/2011; Fans und Gewalt. In: Roose, Jochen, Mike S. Schäfer & Thomas Schmidt-Lux (Hg): Fans. Soziologische Perspektiven. Wiesbaden: Verlag für Sozialwissenschaften 2010; Zwischen Entgrenzung und Inszenierung – Eine Fallstudie zu Formen fußballbezogener Zuschauergewalt. In: Sport und Gesellschaft 2/2008.

Takemitsu Morikawa, Privatdozent am Soziologischen Seminar der Kultur- und sozialwissenschaftlichen Fakultät der Universität Luzern und Forschungsmitarbeiter für das SNF-Forschungsprojekt »Transformation der Liebessemantik in Japan« unter Leitung von Rudolf Stichweh. Arbeitsgebiete: Soziologische Theorie und Philosophie der Sozialwissenschaft, Wissenssoziologie und Kultursoziologie. Neuere Veröffentlichungen: Japanizität aus dem Geist der europäischen Romantik. Der Schriftsteller Mori Ôgai und die Reorganisierung des japanischen ›Selbstbild‹ in der Weltgesellschaft um 1900. Bielefeld: transcript 2012 (im Erscheinen); Kanonisierung der »schöngeistigen« Literatur und Schaffung des kulturellen Gedächtnisses im modernen Japan. Ein Beispiel von Mori Ôgai. In: Brunnert, Christian, René Lehmann, Florian Öchsner und Gerd Sebald (Hg.): Formen und Funktionen sozialer Gedächtnisse. Sozial- und kulturwissenschaftliche Perspektiven. Bielefeld: transcript 2012 (im Erscheinen); Das frühneuzeitliche Japan in der Medien- und Literaturgeschichte: Zur Erweiterung der gesellschaftstheoretischen Perspektive Niklas Luhmanns, Working Paper, Universität Luzern 2011; Platonic Bias in der Sozialtheorie. Über den Begriff des Handelns bei Hannah Arendt und eine philosophische Kritik an der soziologischen Praxistheorie. In: Archiv für Rechts- und Sozialphilosophie, vol. 96, 2010, Heft 4. S. 498–515; (als Herausgeber): Japanische Intellektuelle im Spannungsfeld von Okzidentalismus und Orientalismus (Intervalle 11. Schriften zur Kulturforschung). Kassel: Kassel University Press 2008.

Andreas Pettenkofer, Dr. phil., wissenschaftlicher Mitarbeiter am Max-Weber-Kolleg, Universität Erfurt. Forschungsschwerpunkte: Soziologische Theorie/Kulturtheorie; Protest, Gewalt, Vertrauen. Neuere Veröffentlichungen u. a.: Radikaler Protest. Zur soziologischen Theorie politischer Bewegungen. Frankfurt a. M. 2010, Campus (›Theorie und Gesellschaft‹, Bd. 67); Die Entstehung der grünen Politik. Kultursoziologie der westdeutschen Umweltbewegung. Frankfurt am Main, Campus (erscheint 2012).

Angelika Poferl, Professorin für Soziologie mit Schwerpunkt Globalisierung am Fachbereich Sozial- und Kulturwissenschaften der Hochschule Fulda. Arbeitsgebiete: Globalisierungstheorie- und forschung, Europäisierung, Kosmopolitisierung; soziale Ungleichheiten/Armut, Geschlechterungleichheiten, Kultur der Menschenrechte, transnationale Solidarität, nachhaltige Entwicklung. Neuere Veröffentlichungen u. a.: Jenseits der Solidarität? Globale Probleme und die kosmopolitische Konstitution von Sozialität. In: Beck, Ulrich/Poferl, Angelika (Hg.): Große Armut, großer Reichtum: Zur Transnationalisierung sozialer Ungleichheiten. Berlin: Suhrkamp 2010, S. 134–167; Die Einzelnen und ihr Eigensinn. Methodologische Implikationen des Individualisierungskonzepts. In: Berger, Peter A./Hitzler, Ronald (Hg.): Individualisierungen. Ein Vierteljahrhundert

›jenseits von Stand und Klasse‹? Wiesbaden: VS Verlag für Sozialwissenschaften 2010, S. 291–309; Problematisierungswissen und die Konstitution von Globalität. In: Soeffner, Hans-Georg (Hg.): Transnationale Vergesellschaftungen. Verhandlungen des 35. Kongresses der Deutschen Gesellschaft für Soziologie in Frankfurt am Main 2010, Teil 1. Frankfurt am Main/New York: Campus 2012 (im Erscheinen).

Frauke Rischmüller, Diplom-Sozialwirtin, studierte an der Georg-August Universität Göttingen mit besonderem Interesse auf dem Gebiet der soziologischen Theorie. Sie diplomierte bei Wolfgang Knöbl und Frank Adloff zum Thema Gabe und Interaktionsrituale. Ihr Hauptaugenmerk galt dabei der Idee der Gabe nach Marcel Mauss und dem mit ihr verbundenen Gabenparadigma, mitinitiiert in den 1980er Jahren durch den französischen Theoretiker Alain Caillé, um die rahmengebende Kompatibilitätseigenschaft zur amerikanischen Interaktionstheorie zu untersuchen. Durch das Zusammendenken von Gabe und Interaktion ergibt sich für die Autorin ein neues Verständnis soziologischen Denkens. Weitere Interessengebiete: Reziprozität und Interaktion, Vergebung, Emotion und Vertrauen, soziologische Theorie, soziale Ungleichheit, Konflikttheorie, Institutionentheorie, Integration und Sozialpsychologie. Schriften: Gabe und Vergebung. Eine soziologische Analyse des Vergebens. Göttingen, unveröffentlichte Vordiplomsarbeit; Gabe und Interaktionsrituale. Eine Analyse der Interaktionstheorien von Goffman und Collins aus der Perspektive des Gabenparadigmas nach Mauss und Caillé, Göttingen: unveröffentlichte Diplomarbeit.

Thomas Schmidt-Lux, wissenschaftlicher Mitarbeiter am Institut für Kulturwissenschaften der Universität Leipzig, Arbeitsgebiete: Soziologie der Gewalt, Kultursoziologie, Religionssoziologie, Qualitative Methoden. Neuere Veröffentlichungen: Wissenschaft als Religion. Szientismus im ostdeutschen Säkularisierungsprozess. Ergon 2008; Fans. Soziologische Perspektiven. Herausgegeben zusammen mit Jochen Roose und Mike S. Schäfer, VS Verlag 2010; Kirchenkampf und Aulastreit. Die Debatten um den Wiederaufbau der Leipziger Universitätskirche. In: Pickel, Gert; Sammet, Kornelia (Hg.): Zwanzig Jahre nach dem Umbruch. Religion und Religiosität im vereinigten Deutschland. VS Verlag 2011, 343–356.

Annette Schnabel, Associate Professor am Department of Sociology der Univerity of Umeå. Arbeitsgebiete: Allgemeine Soziologie und Sozialtheorie, Theorien rationaler Handlungswahlen, soziale Bewegungen, Geschlechtersoziologie, nationale Identität und quantitative Methoden. Neuere Veröffentlichungen: Mobilizing Nationalist Sentiments. Which factors affect nationalist sentiments in Europe? Social Science Research 2011 (zusammen mit Mikael Hjerm); Geschlechterarrangements in der Sozialität – Sozialität in den Geschlechterarrangements. In: Albert, Gert, Rainer Greshoff und Rainer Schützeichel (Hg.): Dimensionen und Konzeptionen von Sozialität. Wiesbaden: VS Verlag (2010); Das Makro-Mikro-Makro-Modell in der Soziologie: Theorie, Methodologie und Ontologie, Wiesbaden: VS Verlag (zusammen mit Jens Greve und Rainer Schütz-eichel 2008).

Tobias Schröder, DFG-Forschungsstipendiat und Postdoctoral Fellow am Centre for Theoretical Neuroscience der University of Waterloo, Ontario, Kanada; außerdem Re-search Affiliate am Waterloo Institute for Complexity and Innovation (WICI) sowie Mit-glied des Exzellenzclusters »Languages of Emotion« an der Freien Universität Berlin. Derzeitige Forschungsinteressen: Integration kultureller, psychologischer und neurona-ler Mechanismen von Emotion und sozialer Interaktion, kognitiv-affektive Grundla-gen gesellschaftlicher Innovationsprozesse sowie die mathematische Modellierung und Computersimulation sozialer und emotionaler Prozesse.

Rainer Schützeichel, Vertreter einer Professur für Soziologie an der Universität Duis-burg-Essen, Privatdozent an der FernUniversität in Hagen. Arbeitsgebiete: Soziologi-sche Theorie, Wirtschafts- und Finanzsoziologie, Wissens-, Religions- und Medizin-soziologie. Jüngste Veröffentlichungen: Kontingenzarbeit. Die psycho-soziale Beratung als Funktionsbereich. In: Michael N. Ebertz, Rainer Schützeichel (Hg.): Sinnstiftung als Beruf. Wiesbaden: VS Verlag 2010; Die Logik des Sozialen. In: Gert Albert, Rainer Greshoff, Rainer Schützeichel (Hg.): Dimensionen der Sozialität. Wiesbaden: VS 2010, 339–376; Soziologie der Stimme. In: Reiner Keller, Michael Meuser (Hg.): Körperwis-sen. Wiesbaden: VS Verlag; Emotions, Rationality and Rational Choice. In: Gert Al-bert, Steffen Sigmund (Hg.): Soziologische Theorie kontrovers. Wiesbaden: VS Verlag 2010; Doing Systems. Eine handlungstheoretische Kritik funktionaler Differenzierung. In: Thomas Schwinn, Jens Greve, Clemens Kroneberg (Hg.): Soziale Differenzierung. Wiesbaden: VS Verlag 2011.

Konstanze Senge, wissenschaftliche Assistentin am Institut für Soziologie, Universi-tät Hamburg. Lehr- und Forschungsschwerpunkte: Organisations-, Wirtschafts- und Emotionssoziologie, insbesondere Neo-Institutionalismus, Finanzmarkt und Emotio-nen. Wichtige Publikationen: Senge, Konstanze; Schützeichel, Rainer (Hrsg.) (2012): Hauptwerke der Emotionssoziologie. Wiesbaden: VS Verlag. Senge, Konstanze (2011): Das Neue am Neo-Institutionalismus. Wiesbaden: VS Verlag. Senge, Konstanze; Hell-mann, Kai-Uwe (Hrsg.) (2006): Einführung in den Neo-Institutionalismus. Wiesbaden: VS Verlag.

Jan Slaby, Juniorprofessor für Philosophie des Geistes und Philosophie der Emotionen, Exzellenzcluster »Languages of Emotion«, Freie Universität Berlin. Arbeitsgebiete: Phi-losophische Emotionstheorien, Phänomenologie, Philosophie der Psychiatrie, kritische Wissenschaftsphilosophie (Schwerpunkt Hirnforschung). Neuere Veröffentlichungen: Critical Neuroscience. A Handbook of the Social and Cultural Contexts of Neurosci-ence (HG, gemeinsam mit Suparna Choudhury, Oxford: Wiley-Blackwell 2012); Affektive Intentionalität. Beiträge zur welterschließenden Funktion der menschlichen Gefühle (HG, gemeinsam mit Achim Stephan, Henrik Walter und Sven Walter; Paderborn: mentis 2011).

Jan Straßheim, Doktorand am Institut für Philosophie der FU Berlin (bei Gunter Gebauer). Arbeitsgebiete: Sozialtheorie, Sprachphilosophie, Ästhetik, Phänomenologie, politische Philosophie. Veröffentlichungen: Relevance theories of communication: Alfred Schutz in dialogue with Sperber and Wilson. Journal of Pragmatics 2010. Politik oder Polizei? Jacques Rancières ›Unvernehmen‹ zwischen Platon und Obama. In: Baratella, Nils, Sven Rücker und Juliane Spitta (Hg.): Perspektiven politischer Subjektivierung. Münster: Verlag Westfälisches Dampfboot (im Erscheinen).

Peggy Szymenderski, Projektleiterin im Frauenstadtarchiv Dresden. Arbeitsgebiete: Alltägliche Lebensführung, Gefühlsarbeit, Polizei, Frauen- und Frauengeschichtsforschung. Neuere Veröffentlichungen: Gefühle als Qualifikationsanforderung im Polizeidienst. In: Die Polizei, 11/2011, S. 25–28; Gefühlsarbeit im Polizeidienst. Wie Polizeibedienstete die Anforderungen ihres Berufs bewältigen. Bielefeld: transcript (im Erscheinen).

Michael Urban, Universitätsprofessor für Sonderpädagogik mit dem Schwerpunkt Diagnose und Förderung in der AG 3 Schultheorie mit dem Schwerpunkt Grund- und Förderschulen in der Fakultät für Erziehungswissenschaft an der Universität Bielefeld. Arbeitsgebiete: Pädagogik bei Förderbedarfen in der emotionalen und sozialen Entwicklung und im Lernen; Schultheorie mit dem Schwerpunkt Ausdifferenzierung inklusiver Strukturen; Systemtheorie. Neue Veröffentlichungen: Soremski, Regina/Urban, Michael & Lange, Andreas. (Hrsg.) (2011). Familie, Peers und Ganztagsschule. Weinheim und München: Juventa. Urban, Michael (2011). Anspruch auf Inklusion und Umgang mit Heterogenität in den Systemen der frühkindlichen Bildung und der Schule. In Birgit Lütje-Klose, Marie-Therese Langer, Björn Serke & Melanie Urban (Hrsg.), Inklusion in Bildungsinstitutionen. Eine Herausforderung an die Heil- und Sonderpädagogik. Bad Heilbrunn: Klinkhardt. Urban, Michael (2010). Beratungsdienste der schulischen Erziehungshilfe als Ausdifferenzierung reflexiver Strukturen im Schulsystem. In Michael Göhlich, Susanne Weber, Wolfgang Seitter & Timm Feld (Hrsg.), Organisation und Beratung. Beiträge der AG Organisationsberatung (203–211). Wiesbaden: VS Verlag. Urban, Michael (2009). Form, System und Psyche. Zur Funktion von psychischem System und struktureller Kopplung in der Systemtheorie. Wiesbaden: VS Verlag.

Christian von Scheve, Juniorprofessor für Soziologie am Exzellenzcluster »Languages of Emotion« sowie am Institut für Soziologie der Freien Universität Berlin. Zuvor war er Assistent am Institut für Soziologie der Universität Wien und Fellow am Zentrum für interdisziplinäre Forschung (ZiF) der Universität Bielefeld. Veröffentlichungen: Handbook of Emotions and the Mass Media (Hg. gemeinsam mit K. Döveling und E. Konijn)

(2010); Emotionen und soziale Strukturen. Die affektiven Grundlagen sozialer Ordnung (2009); Regulating Emotions. Culture, Social Necessity and Biological Inheritance (Mithg.) (2008).

Gernot Wolfram, Professor für Cultural Studies und Kulturmanagement an der MHMK Hochschule für Medien und Kommunikation Berlin und an der FH Kufstein (Tirol). Arbeitsgebiete: Cultural Studies Theorien, Kultursoziologie mit dem Schwerpunkt »Fremdheitsdiskurse«, Kulturmanagement aus kulturwissenschaftlicher Perspektive, Minderheitendiskurse. Wichtige Publikationen: »Interkultureller Dialog bei Paul Celan und Chajim Nachman Bialik« (Lang, 2006); »Der Widerstand der Wörter – Paul Mühsam« (Monographie, 2006, Hentrich&Hentrich); Die unruhige Figur des Lesers – die Arbeit des Exilverlages El Libro Libre aus kulturwissenschaftlicher Sicht. In: Alltag im Exil. Hrsg. v. Daniel Azuelos. (Königshausen&Neumann 2011); »Kulturmanagement und Europäische Kulturarbeit« (erscheint 2012, Transcript)